中国社会科学院老年学者文库

目　录

1912 年 ……………………… 431

　1 月 ……………………… 431

　2 月 ……………………… 533

　3 月 ……………………… 641

　3、4 月间 ……………… 723

　4 月 ……………………… 725

　5 月 ……………………… 817

　6 月 ……………………… 902

　6 月底 7 月初 ………… 964

　7 月 ……………………… 965

　7 月底 8 月初 ………… 1002

1912 年

(辛亥十一月十三日至中华民国元年 12 月 31 日)

1 月

(十一月十三日至十二月十三日)

1 日（十一月十三日）

▲蔡锷通电武昌黄兴、黎元洪，上海伍廷芳，各省都督，告以蜀省详情，并请此后重要事件，以"海线"联系。说：

> 滇反正后，内部谧安，即派一师团援蜀，拟蜀定后赴鄂会师。援军师长为韩建铎，梯团长为谢汝翼，旅长为李鸿祥等。自九月下旬以来已先后出发，前军现抵叙、泸。叠据谢梯团长叙府电称，成都皓日（按：十九日）反正，内乱频仍。同志会良莠不齐，颇扰治安，叙属尤甚。又称成都反正，由将军饬赵尔丰交出政权，推蒲（殿俊）、朱（庆澜）为正、副都督，赵带兵窜逃藏，所过屠杀，成都兵因放饷激变杀蒲，自是仇雠相寻，排外尤力。渝都督得鄂兵助，尚能自守。泸州温（按：指温翰桢，字筱泉，清举人，任副都督）、刘（按：指刘朝望，原永宁道尹，任都督）亦称都督，仅保一城，故泸属及自流井一带极糜烂，叙州无一寸干净土，同志会志在财货，纷争扰攘，迄无宁日。现川兵无一可用，新军、巡防皆会匪，无纪律。又称成都巡防队、同志会、新军先后三次哄争，公私交困，秩序大乱，省外土匪麇集，必成流寇，恐牵全局。又据韩师长昭通电称，成都独立，端方在资州被杀，赵尔丰逃入西藏，土匪假同志会名乘虚窃发，四出劫掠。又接驻滇法交涉委员韦礼敦交来电函称，四川建昌地方土匪暴动，戕杀教士，外人甚危。又据李旅长威宁电称，贵州威宁代表同称贵州土匪四起，商旅不行，破城之谣，一日数警，请留兵驻防，以定人心。又贵阳密电称，黔兵骄横，土匪尤炽，黔省糜烂过半，杨都督（按：指杨

苤诚）出巡至龙里即被劫，恐碍大局，恳滇援助各等语。窃意滇省毗连黔、蜀，唇齿相依，今黔、蜀匪势猖獗如此，万一蔓延，不惟阑入滇疆，恐大局亦为牵动。滇虽竭蹶，自当用以全力协助，以期恢复治安。现在派出之韩、谢、李诸君，皆智勇深沉，娴习军事，此间已电嘱其慎重将士，相机办理。事关大局，谨此通报。又滇处边远，各省电甚迟耳，黔湘、黔蜀各线现为土匪所断，消息尤不灵通，此后关于重要事件，请用海线为感。滇都督锷。元。印。辛（亥）十一月十三日。①

又电告李根源，"西防边务"，赖其"经营"，并请从缓"入川"。说："月密。真电悉。查刀上达前因构乱，监禁省狱多年。忽于去冬潜逃回籍。现复拥兵反抗，非亟加剿办，痛断根株不可。西事得兄解决甚速，然腾军甫就范围，土酋又复蠢动，设煽各土司以相援应，或入缅甸以为护符，后患皆不堪问。且腾、永各营能否照约裁撤，裁后能否各安生业，不生事端，皆不能不计虑。西防边务，胥赖我兄经营。入川之行，似可从缓。乞赐复。锷。元。印。"②

又电复上海民军协济总会，滇省当竭力赞助该会。说："公等组织是会，协济军饷，毅力热心，实深佩慰，敝省当竭力赞助。滇都督锷。元。"③

▲李根源电陈省城"军都督府"，"以后委任各项军职，应请先行饬知"。说："本日有陆军小学生十七人，到榆来见。据称系奉委西防国民军

① 曾业英编《蔡锷集》（一），第360—361页。
② 曾业英编《蔡锷集》将此电系为2月13日，误。因为刀上达占领永康发生在1911年11月17日，腾越李光斗、马洪发等部于12月23日围攻德党，24日夜刀上达逃离德党，潜往耿马。电文中的"元日"，当为十一月十三日。另外，此电也有三个版本，此为李根源《西事汇略》卷三，第2页所载。此外尚有李根源《曲石文录》（卷五，第3页）和《永昌府文征》（卷二十七，第27页）两个版本。三个版本的文字略有不同，《曲石文录》之"真电悉"前无"月密"二字。"非亟加剿办，痛断根株不可"一句改为"非亟痛加剿办，以断根株不可"。"胥赖我兄经营"一句多了一个"之"字。而最大的不同在最后一句。《曲石文录》将"入川之行，似可从缓"改为"入藏之行，事体重大，请从缓议"，《永昌府文征》则既无"入川之行，似可从缓"一句，也无"入藏之行，事体重大，请从缓议"一句。究其实际，《西事汇略》当属真实的原始文本，《曲石文录》和《永昌府文征》是后来的修改文本。
③ 曾业英编《蔡锷集》（一），第383页。

教习。查委派各生，源处并未奉有文电，西防国民军腾、永已允七营，此外营数无多，穷于位置。腾军疑惧未泯，尤虑不能相安，故此次带来人员，皆未敢据行委派，且机关部裁撤各员多怀觖望，彼见新生先邀委用，恒情必不能平。又军中阶级宜严，上轻予则下躁进。讲武堂特、丙两班学生到榆，多除其阶级，今小学各生，均服小队长服装，颇滋物议。源忝受斯任，事关军政，职在尽言。以后委任各项军职，应请先行饬知，庶协军制，而免窒碍。师长根源叩。元。印。"①

2 日（十一月十四日）

▲南京临时政府陆军部通电各省都督，"禁止私自招兵募饷"。说："本部自成立以来，调查民国义师，其编成正式军队者，现时为数已多，实足敷北伐之用，曾经电知各处，非有本部命令，不得擅行招募。乃查近来以个人名义呈请招募，或径自招募者仍不乏人。查其究竟，甚至自称军官名号，联络痞棍，借词筹饷，扰害地方，殊悖本部整饬军队之本旨。兹特重行申禁，务请各饬所属原有军队，严加训练。如有呈请招募者，一概不准。其敢托名招募，扰害地方者，即迅速严拿，由各该处军法会议讯取供证，电部核办，不决宽纵，以肃军纪。陆军部。冬。印。"②

2 月，陆军部再通电各省都督、各军政分府，"严禁私募军饷"。说："私自劝募军饷，本部前已三令五申，严禁在案。兹查仍有借筹饷为名，到处招摇闯骗者，殊属目无法纪。用特电达各省都督、各军政分府，凡各地若有此项募捐人员，应请就地一律严禁，以保民国名誉，而固民心。如有违抗不遵者，务请严惩不贷，以儆效尤，是为至祷。陆军部。印。"③

3 日（十一月十五日）

▲蔡锷电告成都尹昌衡、颜楷，阐述滇省出兵四川及后来转向剿匪原因，并请"将滇军援蜀宗旨一为布告"，以释四川"父老子弟"之疑。说：

---

① 《西事汇略》卷五，第 1 页。
② 《陆军部禁止私自招兵募饷文》，《临时政府公报》第 7 号，1912 年 2 月 4 日。
③ 《陆军部电致各省都督各军政分府严禁私募军饷文》，《临时政府公报》第 13 号，1912 年 2 月 11 日。

昭通探送韩师长专弁分道飞投成都军政府尹硕泉、颜雍者两兄鉴。接援蜀滇军电，知成都光复，欢慰无涯。自蜀路事起，满清蹂躏民权，致激天下公愤。武昌倡义，各省景从，独赵尔丰盘踞成都，仇视军民，惨加屠戮。滇、蜀谊切唇齿，诚不忍秦越相视。爰简劲旅，星夜赴援，不独以酬蜀省协济之恩，亦以伸天下同仇之义。现蜀告独立，滇军本可长驱武汉，直捣黄龙。惟闻蜀中匪徒乘虚窃发，四出劫掠，扰害商民。蜀苦苛法久矣，岂堪重罹涂炭，故电饬援军与蜀军联络，荡平匪乱，恢复治安。今道路流传，蜀人颇疑滇军入川，志在侵略，此不特不谅滇军之隐情，亦不察世界之趋势。我国激于时势，急欲扫除专制，建设共和，已为中外所公认。将来中央政府成立，则各行省皆须隶于统一机关之下，岂徒滇军不能侵略他省，即蜀军亦岂能割据一隅？滇军虽愚，决不出此。第以蜀省幅员既广，反正之初，兵力恐难遍及，土匪跳梁，重为民累；且滇、蜀境地毗连，土匪窜入滇边，东、昭、武、楚、永、丽（按：指东川府、昭通府、武定州、楚雄府、永北厅、丽江等与四川毗连之地）等属，警告频来；又外国教士为建昌匪徒戕杀，驻滇领事时以为言，万一外人借口保护，致生衅隙，滇境首当其冲，故不惮征缮，分兵应援，以期匪乱胥平，交受其益。至于经营善后，整理内政，皆蜀士大夫之责，非滇军所敢与闻。两兄在蜀，物望所归，乞将滇军援蜀宗旨一为布告，俾父老子弟释此疑虑，共济艰难，大局幸甚。如果无需援助，即希裁酌赐复，则滇军或会师北伐，或振旅而还，皆无不可。抑更有进者，中国地大人众，而势力未雄，实省界为之梗阻，欲图恢张国力，宜先破此藩篱，若省自为谋，必有分崩离析之祸。粤、蜀、滇、黔于国防上尤有密切关系，将来必如何通力合筹，以巩固西南屏蔽，苾筹所及，尚希时有以教之。滇于重九反正，秩序尚属严整，各属地方均令举办民团，并派巡按使分途抚慰，境内谧安。前蒙自稍有匪乱，立将首要缉办，现俱安堵如常，知注附闻。弟蔡锷。删。印。辛（亥）十一月十五日。①

▲李根源电请"省城军都督府"，迅订颁布"官绅办事权限简章"，

---

① 曾业英编《蔡锷集》（一），第364—365页。又见《要电》，《云南政治公报》第3期，1912年3月1日。

"以资法守"。说："禄丰绅民，对于现署令邓维霖，合词攻讦甚烈，源晓以公义，谓宜官绅协力，共保公安，该绅等亦颇觉悟。惟查邓令舆情既已不孚，办事实亦庸暗，应即撤换。该县典史萧庶恩，人尚明稳，舆论亦洽，已委暂行代理。惟众绅均请饬原任朱令廷铨回任。查朱令现署赵州，能否令其回任，拟俟到彼察看情形，再电请示。该县盗风甚炽，已饬官绅从严拿办，以靖地方。再查地方官绅，不必皆贤，非严定办事权限，则放弃侵越，抢攘无纪，实为地方之害。拟请饬军政部迅订官绅办事权限简章颁布，以资法守。根源叩。删。印。"①

▲蔡锷电复张文运，"特命榆军迎击，事非得已，心实恻然"。说：

> 来电具见恳诚，无任欣慰。此次西事，始因电线断绝，声气不通，继因陈云龙转信佥壬，妄图侵扰，诚恐陈军一出，蹂躏生民，故特命榆军迎击，事非得已，心实恻然。辛腾军翻然改图，调陈回永，使迤西之民不至重罹兵燹。屡接李师长、赵巡按使来电，言令弟文光颇明大义，本都督亦心谅其无他，故特委充腾、永国民军统领。此实推诚相与之意，期全滇联络一气，得以早日罢兵息民。今北虏未灭，国难犹存，释此内讧，共御外侮，非独云南之福，实大局之幸。腾、永代表诸君来榆，当能共喻斯旨。至会议条件，如裁兵勇、缴枪械、停苛捐、署官吏、收纸币、扎缅盐、惩首乱等，皆以弭后患而保治安，代表诸君均已承认。本都督当电嘱李师长、赵巡按使到腾、永后切实整理，以图补救。可先函告令弟知之。军都督府。删。印。辛（亥）十一月十五日。②

▲李根源电告张文光等人，拟于"二十六日"（按：1 月 14 日）由榆启程赴腾，"军队拟酌带二千余人，为防边弭乱之备。如何，乞速电复。善后一切，自可到腾筹商，期归妥善。"③

月初（十一月十四日前后）

▲蔡锷电询李根源，能否饬留腾越蛮允交涉委员赵开勋于"原差"，

---

①　《西事汇略》卷六，第 26 页。

②　曾业英编《蔡锷集》（一），第 363—364 页。

③　《西事汇略》卷一，第 29 页。

说："据腾越蛮允交涉委员赵开勋电称，今冬应办案，已经干崖土司刀安仁于腾越英领事处认归土司办理，该员拟即回省等情。查边案关于［系］国际交涉，土司何能有此权限，英领事亦断不肯与之直接，自亵国体。且本届边案，业已驻省额（必廉）总领事议允从缓，并报明缅政府矣。赵委（员）居边日久，与外人感情较洽，弹压夷匪亦颇得力，能否饬留原差，酌复。"①

7日（十一月十九日），李根源电告张文光说："查该员（按：指赵开勋）在腾日久，熟悉边情，自应仍留原差，以资熟手。除电禀军府外，希即转饬该员遵照。刀安仁越职妄言，干涉外交，实属乖谬已极，并希严加申饬，以戒将来。根源叩。皓。印。"②

9日（十一月二十一日），张文光电复李根源说："榆李总统鉴。皓电悉。遵查腾越边案，向系冬月上届会同缅政府办理，本年腾越恢复，光曾与赵委员至英领处晤商。据云腾越甫经反正，缅政府尚无约期会审边案之文，只好从缓。俟缅政府承认我中央后，再照约章办理。旋闻刀安仁亲向英领处认办本届野山边案，刻下刀赴瓦，英领亦无赴界消息，是边案从缓，实与军府在省所议相同。至赵委居边日久，诚信孚于外人，现在腾办理审判兼交涉事宜，深资其力，自应仍留原差，以资熟手。除遵示中饬刀安仁外，谨电闻。再，黄子和此次是否同来腾，祈便示。光叩。个。印。"③

李根源对张文光的答复表示满意，加上收到他8日的电报，告知"杜文礼凶悍狡险，因其党羽甚众，在永惩办，恐致惊及地方，是以将其计诱来腾。廿日由橄榄寨经哨官马占标突前刺之，杜匪连开两枪，马弁登时倒地殒命。杜匪旋为我军格毙，其死党受伤者二人，逃窜无踪。查马占标格匪身亡，猛勇可嘉，请转禀军府从优恤赏，用慰忠魂。文光叩"，④ 因而当即电复说："哿、个两电均悉。杜匪凶悍异常，兄计诱格毙，筹划深密，佩甚佩甚！马哨官占标，奋不顾身，被枪毙命，深堪悯悼。当即将兄电陈各

---

① 此电录自1912年1月7日李根源致张文光电中。见《滇复先事录》，《云南文史资料选辑》第17辑，第135页。

② 《滇复先事录》，《云南文史资料选辑》第17辑，第135页。

③ 《滇复先事录》，《云南文史资料选辑》第17辑，第138页。

④ 《西事汇略》卷一，第28页。《滇复先事录》，《云南文史资料选辑》第17辑，第136页也辑有此电，文字不同处，主要是最后一句，改成了"已照《方略》从优恤赏，用慰忠魂。此闻"。

情，录呈军政府①，并请饬部查明军官阵亡例，从优议恤。俟奉复后再电闻。至第六营薪饷，已行知该营刘管带，即由榆城饷械分局请领矣。特复。根源叩。个。印。"②

▲蔡锷照准个旧锡务公司由"官商"转为纯"营业性质"，并札委吴琨等人为名誉总理、总理、协理。说：

> 日前滇军政府札委锡务公司人云，为札委事，军政部案呈，查个旧官商锡务公司为锡厂总汇之区，当此反正伊始，亟应维持整顿，以冀起色而裕利源。拟请销去官商字样，纯用营业性质，并拟添委名誉总理一员，以吴琨承充。仍派王赓虞充该公司总理，梁焕彝充该公司协理。除总协理薪水照旧外，其余董事及查帐各员只分红利，不支薪水。该公司出入款项，应由总协理切实清厘报部查核，如有浮滥侵挪等弊，应责令经手人赔偿，总协理同负责任等情，请委前来，应准照办。除批准外，合亟札委。札到，该总协理即便遵照妥为办理，用副委任。此札。③

又咨请临时省议会"查核决议"《官制草案》《官制简明表》。说："本军都督府官制，除参谋厅及军政司应饬军事人员另行拟定外，所有都督府以下应设各机关，现经议定，合将《官制草案》暨《官制简明表》咨请贵议会查核决议。盼速见复。此咨。计咨《官制草案》一册、《简明表》一纸。"

又函复临时省议会照所拟定的"各机关公文程序"办理。说："贵议会拟定对于各机关程序四条。查议会与军府及议会对于各机关往来行文，

---

① 李根源电陈军府之电如下："省城军都督府钧鉴。案查土匪杜文礼，兹在乔井一带冒称腾军统领，聚众数百，肆意抢掳，焚烧民房，击杀团兵，实属不法已极。前拟与腾、永代表会议条款内，曾经列为元恶，并于元日电饬腾越张文光缉拿严办，删日准复，即于铣日合并录呈各在案。兹据张文光哿电称，杜文礼凶悍狡险，因其党羽甚众，在永惩办，恐致惊及地方，是以将其计诱来腾。廿日由橄榄寨经哨官马占标突前刺之，杜匪连开两枪，马哨官登时倒地殒命。杜匪旋为我军格毙，其死党受伤者二人，狼窜无踪。查马占标格匪身亡，猛勇可嘉，请转禀军府从优恤赏，用慰幽魂等语。查该哨官马占标突刺悍匪，被枪殒命，深堪悯恻，拟请照阵亡例，从优恤赏。可否，乞饬部妥速议复示遵。师长根源叩。个。印。"（《西事汇略》卷五，第31页）
② 《滇复先事录》，《云南文史资料选辑》第17辑，第138—139页。
③ 《金马碧鸡新光采》，《申报》1912年1月7日。

应用何项程序，将来中央政府必规定颁布。现在暂照贵议会所拟定者办理可也。除通令外，此咨。"

按： 临时省议会所议定的对于各机关公文程序如下："一、本会对于军都督府、军都督府对于本会互用咨文；二、本会对于军都督府以下各行政衙门自各部、各司、各属地方官，互用照会、知会；三、本会对于各属自治公所用照会、知会；四、本会对于绅民各团体社会均用知会，各绅民到会文件，事属请愿者用请愿书，事属报告者用报告书。"

▲蔡锷函复临时省议会照准该会选举之窦居焱充补华为柱议员遗缺。说："呈悉。华议员为柱调委厘金局务，所有常驻议员差使应准辞退，所遗之缺既经该会选举窦居焱充补，应即照准。希即转知可也。摘由批。"[1]

又为官吏任用资格，札复临时省议会说："为照复事，准议会咨杨议员开源提议本省任用官吏，拟定限制六条，开会议决，咨请核准公布施行一案，当经发交军政部核议签复去后，兹据呈称，议会议决各条，系为整顿官吏起见，尚属允协，似可照准。理合呈请衡核，并饬登庸局办理地方官吏任用状时，并即照知议会，以便查考。至现任官吏由本部造具职名表，呈候照发议会知照等情前来。本都督复查无异，除饬登庸局遵照办理，并令军政部嗣后任用地方官长，由该部悬牌通谕外，合行照复。并将该部造呈官吏职名表一纸并发，希即查照。须至照复者。计发官吏职名表一纸。"

按： 临时省议会所议定之任用官吏六条如下："一、年在六十五岁以上、二十五岁以下者不用；二、现尚吸食鸦片烟者不用；三、有劣迹昭著，为舆论所不容者不用；四、有神经病者不用；五、文理不通者不用；六、凡由本籍人作亲民官吏，在司法未独立以前，须隔本属，但非作亲民官吏，不在此例。"[2]

4 日（十一月十六日）

▲1 日（十一月十三日），李根源电告"云南军都督府"，拟派景绍武、

---

[1] 以上各文均见《滇省谘议局光复后之报告》。
[2] 曾业英编《蔡锷集》（一），第 424 页。该书原定二文发于 1 月，今细察内容，似定为 1 月初更合理一些。

段振基及任宗熙等前往滇西北潞江以外地方"考察"，以定经营办法，请示可行与否。说：

> 滇西北隅潞江以外，地极边荒，土舍居民半不归化，间有隶属中国者，羁縻而已。进至球江及恩梅开江之外，则更孤悬绝徼，汉土人等足迹罕到。其地面积寥阔，上通藏卫，中连印度，下接缅甸，实为我沿边一带藩篱，外人眈视已非一日。从前法亲王某及教士等，先后由此取道至印，均以粮乏路绝而返。片马之役，源命潘万成、王秉钧等员冒险深入，所经各地抚摩煦育，受抚者百十余寨，咸泐石纪念。若再加以经营，设官分域，开垦通商，更以军队镇之，必皆望风皈附。源尝深念及此，在军政部时曾经电饬丽维统领、丽江府派员调查。窃恐未能得力，此次到榆，携有景绍武、段振基及任宗照［熙］等，适值腾、永军事渐定，拟即授以方略，分遣前往。应如何筹备设施，俟该员等到彼地后，考察确实禀复，再分别次第办理。是否，特先电，乞示遵。师长根源谨叩。元。印。

4 日，蔡锷电复大理赵藩、李根源说：

> 蒸、元电悉。滇边辽阔，逼处强邻，南界早经画分，尚无异议。西北境既衰远，界限未清，履勘数回，糜地千里，皆缘视为滇边荒，漠不置意，致启戎心。若非及早经营，不特土舍居民永沦榛狉，且外人眈视，浸撤藩篱，日紧一日。去岁片马之役，已为前鉴。印公规模宏远，熟习边情，将来改抚辑绥，使皆回面内向，较之率师援蜀①，其功尤伟，尊意以为如何？又昨接张文运来电，意颇恳诚，然腾军仓卒号召，势涣党分，裁兵善后一切事宜，断非张文光等所能收束，亦须两公前往，示以诚信，临以兵威，方易就范。前电劝止入川，意即为此。援军到川，蜀人颇怀疑忌，而宁远、会理阻止滇军之文电，乃一日数至。盖蔡管（按：实际指蔡管带）太无纪律，贻人口实，然蜀人心理，亦可概见。故出师宁远之说，不能不熟筹也。锷。谏。印。辛

---

① 《永昌府文征·文录》卷二十作"藏"。《西事汇略》卷九作"蜀"。

亥十一月十六日。①

▲李根源电请"省城军都督府"仍以由云龙委任永昌缺。说："删电奉悉。机务殷繁，乏人襄理，伏睹征求之切，敢以才智自私。惟由君云龙，拟委永昌，实出永绅同意，各代表代为请求，辞极坚恳。永遭此变，抢攘无纪，镇康刀上达据地戕官，边局尤为杌棍，非官绅同心协力，实难以共济艰虞。如果委任非人，因应失当，万一贻误边事，既负钧府绥边之意，亦失永绅望治之心。反复思维，惟有仍恳钧府俯念边地重要，得人为难，仍以由云龙委署斯缺。秘书一职，可否由寒电所陈各员中，量加委用。区区之愚，实为边计，非敢重违命令也。师长根源叩。铣。印。"②

5 日（十一月十七日）

▲蔡锷邀请驻昆明领事团和城内的主要外国侨民前往离城八里的黑龙潭庙"参加非正式的聚餐；后来两国领事馆对他的款待进行了同样非正式的答谢"。③

上旬（十一月十三日至二十二日）

▲蔡锷与李伯庚、殷承瓛、张子贞、李曰垓联名发布《劝捐军费启》。说：

在昔毁家纾难，子文称楚国忠臣；输财助边，卜式实汉朝义士。然而一则席富强之势，一则蒙休养之遗，未有民鲜盖藏，国方缔造，如今日华夏中兴，军需尤亟者也。矧云南山陬僻处，未登货殖之书；畲亩畸零，难定田车之赋。矿人失职，弃地徒咨。醝政不纲，驽末无力。傥非我同胞共襄大义，激发天良，或纳粟以济军，或酾金而报国，则执雕虎以试象，如赪鱼而方羊，同舟中流，将何以济？今请自隗始，公费所入，衣食而外，一以佐军，不欲使家有赢余，负民负国。窃耻独为君子，用敢呼助同人。愿勿营诸葛桑田，更加古人一等；量与原

① 以上二电见曾业英编《蔡锷集》（一），第365—366页。又见《西事汇略》卷九，第17页。第二电《永昌府文征》《西事汇略》两书均未载"又昨接张文运来电"至"不能不熟筹也"一大段文字。

② 《西事汇略》卷六，第27—28页。

③ 《英国蓝皮书有关辛亥革命资料选译》下册，第509页。

思斗粟，非徒惠洽比邻。分王阳之黄金，则军皆挟纩；效公孙之布被，则士尽兴廉。维集腋以成裘，遂汇川而学［归］海。若夫千金之子，素封之家，念怀璧而知几，懔多藏其足戒。大车小担，饷馈胡忧；涓河尘山，积累亦易。不恤婺纬，妇人怀忧鲁之心；喜咏戎车，孺子抱强秦之志。守卫严则身家泰，军实足而保障坚。理本相因，情当易感。围防巩固，土田乃保先畴；斥候精严，商旅无虞伏莽。共塑熙皞之化，毋忘创造之劳。同乐同忧，自耕自获。各奋愚公之愿，即可移山；共怀精卫之心，不难填海，我同胞共勉旃。谨启。发起人蔡锷、李伯庚、殷承瓛、张子贞、李曰垓启。①

6 日（十一月十八日）

▲下午 3 时至 6 时，军政府召开各部局、各军官会议，讨论援蜀与北伐问题。蔡锷发表讲话，说：

> 云南地居极边，英法相逼，兵力既薄，经费尤少。现在川乱正亟，川、黔匪徒又不知倡立民主国之宗旨，间扰良民。虽滇已出三梯团，仍未大见效力，似宜注重援蜀。蜀最有关大局，且与滇为唇齿，能平定四川，其功亦不浅。将来功成，再图经略西藏，为他日威力及乌拉岭之预备。其计划未尝不善。无如各军官均热心北伐，谓不入虎穴，焉得虎子。扫穴犁庭，痛饮虏血，诚豪杰之快事。又荆襄重镇，北接秦晋，西连巴蜀，南通湘黔，东合武汉。若我军巩固荆襄，而北虏犹不知愧悔反正，则联合蜀军，经营秦晋。我军攻其左［右］背，进窥武汉，我［蜀］军摧其右［左］臂，掣北虏之肘，寒北虏之胆，壮民军之威。纵横中原，放光彩于史册，在此一举。有此两方面，请众一决，（以）此权衡缓急，弟意如此。②

另报所载，文字略有差异，说：

---

① 曾业英编《蔡锷集》（一），第 379—380 页。
② 上海《民立报》1912 年 2 月 1 日；《申报》1912 年 2 月 3 日。据《民立报》《申报》当日载：众“均赞成”。北伐总司令委唐继尧，联队长（又称参谋部长）委韩凤楼，参谋委李镜明，决死队长委何海清、盛荣超，学生队长委梅治逸。

云南军政府蔡都督于十一月十八日下午三时，会合各部员军官开大会议，至六时散会。都督谓，云南介居两强，兵力不甚厚，川、黔匪徒又不知倡立民主国之宗旨，间扰良民。滇已出三梯团援蜀，蜀最有关大局，且与滇为唇齿，若滇能平定四川，其功亦不浅。且大军集中于蜀，经略西藏，为他日威力及乌拉岭以外之预备，其眼光更巨。而军官均热心北伐，谓不入虎穴，焉得虎子。扫穴犁庭，渴饮虏血，诚豪杰之快事。又荆襄重镇，北接秦晋，西连巴蜀，南通湘黔，东合武汉。若此一梯团巩固荆襄，以二梯团代弭川乱后，联合蜀军经营秦晋，以攻北兵之右。弟意如此，请诸公一决。众均赞成，总司令即委唐继尧，联队长即委韩凤楼，一等副官参谋委李镜明，决死队长委何海清、盛（荣）超，学生队长委梅治逸，其余步、工、马、炮兵刻日编成，二三日间即须拔队北进。①

▲蔡锷电告昭通专送叙州谢汝翼转方声涛、叶荃、姜登选、赵康时、董福开、郭松龄，不宜"组织中央民军"。说：

惠电敬审。组织中央民军，维持全局，愿力宏大，无任佩仰。惟鄙意有欲奉商者。蜀中土匪蜂起，扰攘盘踞，各属糜烂，成都政府无力维持，诸君发此宏愿，期欲拯此生灵，更远而推之苗蛮夷族，此真第一伟业。惟现驻川境，而名以中央，则名不协，推及边疆，而名以中央，于义亦未宏，宜酌一。孙君逸仙海内仰望，将来各省或推为大总统，固在意中。然就今日而论，则孙君于中国尚无一席之地，孙君既未便遥为节制，中央军亦未便遥为禀承，宜酌二。各省独立，虽非长局，然反正之后，有土有人，饷械尚易筹措。中央军浮寄孤悬，欲劝集则恐呼应不灵，欲分派则违义师本志。而各省恢复之初，人心未定，匪警时闻，亟图自保，其有余力者，又以援鄂伐燕急需饷械，欲望协济，亦觉为难，宜酌三。各省举义，多由新军，官长兵丁皆有职务，今中央军别树一帜，此项人员搜求不易，若从新召募，则训练经时，急切难用，宜酌四。川省兵丁，多系会匪，志在劫掠，饱则扬去。今于四川组织中央军，招川兵以平川匪，犹以涂附涂，缓急容不可恃，

———

① 《蔡都督联川北伐之硕画》，《申报》1912年2月3日。

宜酌五。蜀军政府势力薄弱，然既已宣告独立，只宜辅助之以戡乱，不宜抗衡之以生嫌。滇军援川，即以助鄂，已为各省公认，进退尚可裕如。若别自成军，易生疑忌，万一利害冲突，转贻操戈同室之讥，宜酌六。诸君毅力热诚，凤所钦佩，凡所计画，自当赞同。唯与诸君既有相知之雅，又负同仇之谊，愚虑所及，辄敢奉商。如以鄙意为然，拟请诸君或来滇赞助，或联合我军，一致进行，共维大局，尤为企祷，尚希裁复。辛亥十一月十八日。①

▲李根源电告腾越张文光，省军政府对于腾、永防军改编，坚持先前"通示"所列原则。说："顷奉军都督府电开，防军改编，应照通示，不得参差歧异，致与军望〔府〕相妨。所有西防国民军营制饷奉，应仍查明以前巡防队编制办理，以符通章，而昭划一。"他希望腾、永各军"编制""遵照军府电示办理，至饷项一节，尤为照章发给，不可稍有出入，致碍定制。根源叩。巧。印。"

▲1日（十一月十三日），赵藩、李根源电请"省城军都督府"授张文光为"协都督"，其兄张文运为"同副都尉"。说："张文光身在边陬，首倡义举，爰策群力，克告成功，宜于策勋，以矜殊劳。张文光拟请授协都督，统领腾、永驻国民军七营，并通电各省军都督府，以彰其烈。其兄张文运赞划一切，勤劳单〔卓〕著，拟请授以同副都尉，示我军府功懋之赏至意。其余在事出力人员，容到腾查实，电请奖叙。是否有当，伏候衡核施行。师长根源、巡按藩谨叩。元。印。"

按：同日《西事汇略》（卷一，第27页）所载此电文字不尽一致，《西事汇略》文中，没有"并通电各省军都督府，以彰其烈""其余在事出力人员，容到腾查实，电请奖叙"二语。

6日（十一月十八日），蔡锷电复大理李根源、赵藩说："元电悉。张文光倡义腾越，商民安堵，又能力顾大局，共保治安，卓著勤劳，实堪嘉尚。伊兄张文运赞划一切，颇合机宜，自应授赏，以嘉劳勋。张文光着授为正都尉，张文运着授为同协都尉，并通电各省军都督府，以彰其烈。其

① 曾业英编《蔡锷集》（一），第369—370页。

余出力人员，希即到腾确查列报候奖。军都督。巧。印。"

按：同日《西事汇略》（卷一，第 27 页）、《永昌府文征·文录》卷二十所载该电内容，与此略有不同，并录如下："元、铣两电悉。张文光倡义腾、永，商民安堵，又能力顾大局，共保治安，卓著勤劳，实堪嘉尚。伊兄张文运赞划一切，颇合机宜，自应同膺懋赏，以嘉劳勋。张文光着授为正都尉，张文运着授为同协都尉，其余出力人员，希即确查列报候奖。军都督府。巧。印。"

又电告腾越张文光说："执事举义腾冲，复我邦土，腾、永一带，安堵无惊，令兄赞划机宜，并着勋劳，亟应懋赏，以彰有功。今援执事为正都尉，令兄文运为同协都尉，其余出力人员，已电达李、赵两公调查，列报候奖。腾、永嗣后正赖经营，尚望赞助李师长、赵巡按使戮力同心，妥为部署，腾、永幸福，惟公造之。都督锷。巧。印。"

8 日（十一月二十日），李根源再电蔡锷，胪陈张文光"伟功"，力申前电（按：即 1 日之电）之请。说："张文光改授正都尉，揆之起义人员升叙通章，固不为薄。惟查张文光奋起边陬，不持寸柄，联合同志，辑定边陲，内抚商民，外敦睦谊，衡其艰辛，实遂寻常。源西巡以来，与张文光文电往来，咸倾肝胆，因得备知表衷，拟应特加懋赏，以表殊功。张文光深明大义，虽不言功，惟赏罚为天下之平，不敢避同里小，嫌使赏功之典，有所未尽，不惮渎请，伏候钧裁衡核。源叩。号。印。"[1]

9 日，蔡锷以"军都督府"名义电复李根源说："号电悉。张文光前经授职正都尉，张文运授职同协都尉，当经电达在案。兹复据电称，该正都尉等在腾倡举义旗，商民安堵，又能力顾大局，共保治安，应请崇赏殊勋，以示优异等语。张文光着升授协都督，张文运着升同副都尉，以示本军府功懋懋赏，有加无已之至意。札付候发，希即转饬遵照。军都督府。马。印。"[2]

11 日，张文光以"协都督"名义电复"军都督府"说："前奉巧电，备荷褒加，正甬禀申称间，旋奉李师长传到马电钧谕，复蒙升授协都督，

---

① 以上各电依次见《滇复先事录》，《云南文史资料选辑》第 17 辑，第 133—138 页。

② 《西事汇略》卷一，第 27 页。曾业英编《蔡锷集》依据《永昌府文征·文录》卷二十，定其发于 1 月 21 日，误。

胞兄文运稍效微劳，并蒙擢授同副都尉之职，兄弟同升，莫名感悚。伏念光一介草茅，仰借钧府威棱，赖诸同志协心之力，辑定边陲，勉图公益，分所应尽。乃蒙钧府鉴及微忱，叠加懋赏，抚膺自愧，戴德难忘。惟有殚厥血忱，力筹善后，合众志以成城，绥安边鄙图公益于有众，勿负初心，以期仰答钧府于万一耳。协都督文光谨叩。漾。印。"①

7 日（十一月十九日）

▲英总领事务谨顺函告朱尔典说："本省邮政司里奇先生沿大道自重庆经资州前来成都途中（1 月 7 日至 17 日），遇见一大批南下的部队（按：指成都派兵南下抵制滇军）。他获悉，这些部队打算支持成都军政府对云南和贵州部队北进的抗议。如果云南和贵州部队满足于那些据说是他们向自流井和叙府的知名人士及商人所勒索的款额，而且满足于继续从四川获得津贴的诺言，那么，他们也许接受劝告返回家乡，否则继续发生战事似乎是不可避免的。"②

▲1911 年 12 月 30 日（十一月十一日），谢汝翼急电"滇军都督府"，请电告"成都哥会政府"之罪于天下，"由滇、黔、湘、鄂增发大兵，剿此乱逆，组织新政，付之川人，然后退师，以达我援川目的"。说：

> 据确实侦探报告，成都哥会政府，以排斥外省、横取财货为无上政策。尹昌仪［衡］演说排外，大乱以起。罗纶提倡哥会，匪势遂炽。其法以政府为哥会机关，凡官于蜀之积有宦囊，以及富商大贾均勒出银若千万，以罄尽为率，予以哥会大爷名目，始可保其生命。否则，不唯财产不保，即生命亦与之俱去。其次等、下等机关，以能磕取之数之大小为准。则如赵康时被杀于成都，方声涛拘于半边街，皆无金钱赎命之故。其他文弱之官，遭横死者不知凡几。暗无人道，惨无生理，不谓近今世界犹有此昏暗惨毒之怪现象。外人侦知，未有不借口而插足者。祈电告天下，大声其罪，由滇、黔、湘、鄂增发大兵，剿此乱逆，组织新政，付之川人，然后退师，以达我援川目的。张支队

---

① 《滇复先事录》，《云南文史资料选辑》第 17 辑，第 140—141 页。

② 《总领事务谨顺致朱尔典爵士函》（1912 年 1 月 20 日于成都），《英国蓝皮书有关辛亥革命资料选译》下册，第 442 页。

覃日（按：十三日）出发嘉定。饬韩军速进，以增后援。在叙有黔军三十余人来附，均携有枪械，由辛大队再拨目兵四十人，新募五十人，编游击第一队，附属于辛。庚日（按：八日）之捷，有永善人魏焕章率众来投，挑取精壮，得二百余人，即以自流井所获枪支配发，编为第二游击，附于辎重。现派工程副官毛本良赴东（川）、昭（通）募兵，为第三游击，附于工程。则我兵足用，不必由省再发。请电苏镇，俟毛兵募足，发给九子枪百支，子弹四万。募费已由梯筹汇，勿庸在滇支取。翼。尤。印。①

7日，蔡锷以"都督府"名义电复谢汝翼说：

尤电悉。成都政府助匪残民，惨无人理，殊出意想之外。前接俭电，已将蜀匪蜂起，仇杀相寻情形通电各省，原冀各省忠告该政府，令联合滇军，早平匪乱。乃该政府如斯黑暗，实不足相与有成，亟宜联络渝都督府，赞助其戡定川乱，以副我军援蜀之初心。泸、叙二府经会党骚扰，民何以堪？我军克复泸、叙，应切实布置民政，以为全川模范。叙、泸以外为会匪攘踞地方，亦宜代为驱除，节节进取。凡攻克之地，即交渝都督府接理，俾蜀人知我军援助，并无侵占蜀土之心，亦可以省我军经营善后之力。其自流井、贡井既经黄军（按：黄毓成，字斐章）克复，宜派熟习盐务之员，切实整顿，期浚利源而供军饷。并可以分济渝军，不必稍分畛域。惟期渝军同心戮力，俾蜀乱早告肃清，是所望耳。都督府。效。印。辛亥冬月十九日。"

又电复大理李根源，"请遴派妥员，留守榆防，免生他虞"。说："月密。巧电悉。腾、永善后，正费经营，应烦公与樾老一行，妥为布置。惟大理为西防重要之地，匪党尤多潜踪，非有得力将官，驻兵防守，不足以资坐镇。请遴派妥员，留守榆防，免生他虞，是为至要。又钟、王两大队即令如期出发，所余之六米八枪及附件，并背囊、水壶、饭盒、外套、毛毯等项，一并运省，以备北伐队之用。锷。效。印。辛亥冬月十九日。"②

---

① 《云南辛亥革命资料》，第328页。
② 以上二电见曾业英编《蔡锷集》（一），第370—371页。

8 日（十一月二十日）

▲滇军第二梯团抵达四川永宁。①

▲5 日（十一月十七日），李鸿祥"火急"电告蔡锷其"决意入泸（州）"，请指示"是否可行"，说："滇军都督鉴。顷接泸州公文，声称泸州驻有粤兵数标，足资保护，欲我军道出江安，先援成都，然后再出中原，若取道泸州，恐无宿营地等语。玩其辞旨，诸多荒谬，有自恃兵力，欲阻我军入泸之概。鸿决意入泸，预先准备战斗，倘彼稍有抵抗，则以土匪看待，是否可行，乞立电告。第三梯团请即出发，以为后援。鸿。□（筱）。印。"②

8 日，蔡锷电复李鸿祥说："筱电悉。蜀乱未平，我军自当援救，但须相机因应，不必轻开战端。请先调查泸军内容，如宗旨正大，尚有秩序，可劝其取消都督名号，归渝节制，与渝一致进行。或所驻粤③兵系胡文澜统率，尤可与为联络，共向成都。设未能自保治安，又抗拒我军援助，即亟应联络渝都督府助平匪乱，以副我军援蜀初心。我军节制之师，戡匪固自易易，然蜀方怀疑忌，一起冲突，收束为难，故联络一层，实为最要关键。现在清廷未倒，战事方殷，此间续发第三梯团预备北伐，蜀事如于我无碍，可听其自行勾当，不必多糜吾兵力也。锷。哿。印。辛亥冬月廿日。"④

又电复张培爵、夏之时，表示"滇派援军，志在平乱"，"其内政诸端，仍归贵军整理"。说：

顷奉惠电，借审成都独立，欣慰无涯。惟叠接蜀中报告，土匪蜂起，仇杀相寻，成都、泸州两军（府）角立，岌岌不遑自保，而匪徒乃假其名义，以行劫掠，民不聊生。独尊处秩序紧严，军民安谧，将来戡定川乱，惟渝军是望耳。滇省于重九恢复，境内一律敉平。时值赵尔丰盘踞成都，残民以逞，滇军谊切唇齿，不忍坐视其摧残，乃派一师团前往援助，已陆续抵叙、永。原拟蜀事一定，即东下武昌，会

① 《云南光复纪要·援川篇（二）》，第 152 页。
② 《云南辛亥革命资料》，第 334 页。此电原仅标示"辛亥年十一月"，未标示具体日期，此据蔡锷复电中说"筱电悉"，可知发于十七日。
③ 曾业英编《蔡锷集》在此处改正为"奥"，误，应为"粤"，指广西，当时称"粤西"。因胡景伊任过广西新军协统，故有此想象。
④ 曾业英编《蔡锷集》（一），第 371—372 页。

师北伐。今赵、端逃毙，而匪乱未平，诚恐祸势蔓延，致碍大局，故电饬前军与蜀军联络，共平匪乱，以副援蜀初心，而清援鄂后路。惟现在蜀中各都督府分立，事权不一，党派纷歧，几成割据之势，曾经通电各省，公认尊处为蜀军都督，其继起之成、泸各处，亟应联为一气，照各省成例，将都督名义取消，庶可统一事权，维持秩序。至滇派援军，志在平乱，凡匪徒扰攘之地，自当协力廓清，其内政诸端，仍归贵军整理，滇军未便干预。前因土匪踞自流井、贡井等处，横肆苛扰，商民请援，已由援军第一梯团分兵援救。旋据报称已除匪党，即饬令严守军纪，毋扰商民。并选妥员整顿盐务，分饷渝军。近因电报不通，恐生隔阂，特此奉闻，并希裁复。蔡锷。哿。印。①

关于入川滇军在川南的情况，英国驻成都总领事务谨顺在致驻北京公使格雷的一封信的副本中说：

> 都督张列五（按：指重庆军政府都督张培爵）将于今天或明天动身前往叙府，因为在应邀前来参加进军成都的云南部队与同志会之间已在该处发生纠纷。张列五将去那里对此事进行调解。此后他还将前往自流井及其附近地区，那一带深受土匪的骚扰。

> 今天的《鹃声报》载有川南道宣慰使洪平儒②写给成都都督的一份报告。他发现（似乎是在嘉定）关于云南分遣部队的谣言很盛行。有些人相信他们策划吞并四川的某些部分领土，特别是南溪和屏山（在叙府的上游和下游）；另一些人则认为他们反对大汉军政府。但是，所有这些谣言都来源于那些被云南部队击败的保路同志会的成员。

> 1月7日，宣慰使抵达犍为，他在该处会晤了云南分遣部队指挥官张开儒。张开儒说，云南部队打算促成四川的独立，直到他们抵达叙府后，他们才了解到，事情已经获得解决。他们在叙府发现有自称同志会的大批暴徒，这些人正在扰乱公共的安宁。他们驱逐这些人，并下令予以解散。该指挥官说，整个川南道遭到所谓保路同志会和土匪

---

① 曾业英编《蔡锷集》（一），第372—373 页。又见《要电》，《云南政治公报》第 3 期，1912 年 3 月 1 日。

② 原注：译音。

的蹂躏，必须对他们加以镇压，否则将危及总的形势。孙文（孙逸仙）
不是曾经宣称，除非六个月内恢复和平，中国可能被列强瓜分吗？此
外，蜀军政府曾经两次发电报，请求帮助四川；居住在云南的四川人
曾捐献银钱，并且紧急呼吁云南军政府提供支援。十八省均已得到通
知。如果云南真正抱有兼并领土的残暴野心，难道那些省份不用武力
干涉吗？四川的问题一旦获得解决，他便将率领他的部队返回家乡。

宣慰使在评论这次谈话的时候说：情绪是很好的，但没有完全澄
清云南部队首领为什么任命一位名叫潘和书①的人充任叙府的地方官
吏。任命地方官吏的权利［力］应由军政府享有；他建议现在派某位
能干的官吏接管此项职务。犍为地方行政官的职位也是空缺的，宣慰
使推荐王淮宣②担任。的确，云南部队仍然守卫该城，但他们不干涉地
方行政……宣慰使极力劝告成都军政府立即派一位特使与他们的总司
令官谈判，以便阻止他的前进。该宣慰使希望，军政府将同时派一支
部队沿各条道路清除农村的土匪，以便消除其他人进行干涉的所有借
口。对那些已经携带枪支前来成都的保路同志会员可以加以使用；对
那些没有完全武装起来的会员应当解散，但不许他们回去骚扰地方。

他注意到，在川南道的南部地方（大概是自流井），必定有好几百
人在保路同志会的名义下，干着完全不正当的行为。对这些人也必须
采取一些镇压措施，使人民不再遭受蹂躏。"③

另有宣慰使黄璋函告四川军政府说：

十七日晨买舟东下，沿途调查滇军情形，谣啄［诼］纷纷，莫衷
一是，有谓抱侵略之策者，有谓反对汉旗者，有谓占据南溪、屏山者，
凡此诸说，皆为被击同志军所造。十九日晨抵犍邑，遂与滇军支队长
张开儒相晤，叩其来意，实系援川独立，宗旨极其正大。既抵叙府，
方知大局已定，适同志会啸聚叙城，扰害公安，故用驱逐之法，令其
解散。川南一带皆为假同志军所蹂躏，故不惮其劳，冒风霜而削平匪

---

① 原注：译音。
② 原注：译音。
③ 《总领事务谨顺致朱尔典爵士函》（1912 年 1 月 20 日于成都），《英国蓝皮书有关辛亥革命
资料选译》下册，第 440—442 页。

类。如川乱不平，将来牵动大局。况孙汶［文］对外交涉，以六个月为平定界限，过期即为各国所瓜分，加以蜀军政府两次电请援川，驻滇省同乡官亦［员］开会集款，向滇军政府请求限期逼迫，请援恳切，乃布告十八行省整军出行，如存侵略之野心，岂不受十八行省武装之干涉乎。只须川事大定，即行班师返梓，他则勿遑及之。璋聆是言，实深钦佩。惟其在叙驱逐同志会之后，即以彭和叔为宜宾县令，叙城人士不免怀疑，警报叠来。非谓无因。况用人行政为我主权，竟可另委干员前往接办，以免一般人士之口舌。现时犍为无主，前曾函禀请照会王槐轩任之。滇军虽在城中，民财二政尚未过问，宅心正大，可见一般。刻已函催槐轩令其不日来犍就事。闻由叙来援之滇军分为二梯团，第一梯团长谢汝翼，二梯团长李鸿详［祥］，韩国朝［饶］则为总司令，刘积之为总参谋，其兵力约五六千人，到犍邑者则有步兵九队，山炮二尊，机关枪二标，工兵二队，计约一千二百人之谱。彼欲在犍休养数日，即行开往嘉定，到成都与否，尚未可卜，请速派专员前往与彼总司令官交涉，方可阻其前进。还希多派兵队出游平匪清道，以免他人借口。目［日］间同志会之来省者有枪支则可编练成军，无枪械者急宜设法解散，万勿令其返里，遗害地方。下南一带以同志会之名而行不规正之行为者，不知数十百起，亦请筹议及之，方免民生涂炭。①

▲蔡锷以四川"成、泸、叙、永均有都督角立雄长，匪徒益得乘间劫掠"，请李根源、赵藩详告"平乱方略"。说：

大理李师长、赵樾老鉴。成都独立后，土匪纷起，仇杀相寻，官蜀者尤岌岌不安，多因苛派荡产。我军援蜀，原期共平匪乱，恢复治安，至善后经营，则仍归蜀中人士。乃蜀人多怀疑忌，辄阻进兵。昨接谢梯团长电称，齐日在叙驱假同志会，毙匪颇多，军纪甚严，叙人敬悼。拟俟韩军至，联为一气，进取资、嘉。又称自流井、贡井为匪党所踞，骚扰万端，商民请援，黄斐章率支队于麻（按：十一月六日，1911 年 12 月 25 日）日到井，匪徒顽抗，我军猛攻，大获全胜。当经

---

① 《川人释疑滇军》，《申报》1912 年 2 月 21 日。

电饬约束军人，严守纪律，不得滋扰商民，想我军自能遵守。惟成、泸、叙、永均有都督角立雄长，匪徒益得乘间劫掠，非急谋统一，乱象不止所底。樾老在蜀多年，绅民钦服，如有平乱方略，希详告为祷。锷。哿。印。辛亥冬月二十日。

又电告贵阳军政府枢密院、立法院等人，改革之初，"似宜稍除意见，一致进行"。说："筱电敬悉。前闻黔省土匪横行，杨都督（按：指杨荩诚）被劫，私念粤、蜀、滇、黔于国防上有密切关系，故饬援蜀军及北伐队过黔境时，有土匪骚扰居民，即联络黔军协力扫荡，期复治安。初无有干涉之心，亦不识黔省党见未融，稍存偏助之意。兹悉杨（荩诚）、张（百麟）两公出巡，诸事就绪，佩慰良深。惟改革之初，人心未定，即将来中央政府成立，而整理内治，胥赖地方绅士，似宜稍除意见，一致进行，或于应办事宜，较易措手。愚昧之见，敬希裁择。锷。哿。印。辛亥冬月二十日。"①

▲李根源就省军政府要求湖北小口径枪运省等事，电陈"省城军都督府"说：

巧电谨悉。湖北小口径枪，除三营右、后两队在腾遗失者，赵巡按使卫队及所带国民军二十一、二两营前奉电准由标拨给者，暨方大队在省未经领齐到榆补发者外，遵饬饷械分局及孙联长将所存此项枪支，尽数派员起解。惟存榆枪械损坏甚多，虽经赶饬修理，机器不备，修理未完，到省后仍须饬局修治，方可应用。将来到腾后，如能将各项枪械收回，仍将此种枪全行抽换，解省备用。省城根本重地，西事稍定，即当移缓就急，以期轻重相维。腾、永军队，自起事之初四出召募，至二十二营之多，嗣因迭电裁汰，始并为十九营。除俟到腾后，仍扼定前定营数，严行裁并外，从前积欠薪饷，遵示到后，体察情形，请示办理，余均分别转饬遵照矣。师长根源叩。哿。印。②

▲云南留皖将校徐祚、高本智、朱廷标、秦文英、沈保纲等人，电请

① 以上二电见曾业英编《蔡锷集》（一），第373—374页。
② 《西事汇略》卷五，第19—20页。

"云南都督蔡（锷）、军务［政］部长李（根源）、学务长李（华）、实业部长吴（琨）及李曰垓、李白［伯］庚、董鸿勋、南防总统罗佩金、开化总镇夏豹白［伯］"等人"速筹"对付"汉奸"朱家宝"家族办法"。说："朱家宝甘为汉奸，领兵犯亳，请速筹对付其家族办法，以谢同胞。同人等当挥戈赴亳，手刃其腹，以洗滇羞等语。乞贵报代为登载。徐祚、高本智、朱廷标、秦文英、沈保纲等泣血叩。号。"①

随后，报载蔡锷拘押了"朱家宝生父"。说："前安徽清抚朱家宝奴隶性深，倾心满虏，竟敢率带多营，抗拒民军，似此行为，实为汉人公敌。滇都督正拟以最后手段，对待伊家属。日昨又接南京来电，亦请由滇抄其家产，掘其坟墓，以为效忠清廷者戒。现都督已饬人将朱之生父拘来，禁于民政司署，勒令函电朱某，劝其早日归降。否则，即照南京来电办理。"②

▲报载腾军反对榆军，源于杜育"诬腾、永军为匪党"。说："杜育者永昌府人，向来办理永昌民团。张文光于九月初六日在腾越起事，杜育不知是何宗旨，竟乘机将永昌公款卷逃万余金，并拐去枪械百余支，至榆投效。杜育固不知陈云龙所做何事，亦不知榆军所做又何事，信口雌黄，诬腾、永军为匪党。榆军急于救乱，未及详察，即使杜育回击之，遂埋伏于合江浦诱陈军过河，两面夹攻，致败陈军三百余人，因此滇腾两军大起冲突，彼此相持不下。蔡都督恐人民久遭涂炭，特派李根源师长统兵前往。李师长赴西之后，始访明腾军反对原因，实由杜育所酿成，特将杜育斩首。"③

▲丽江统领李德泳电告蔡锷，他与占领营盘街及喇溪井之匪战况。说："都督府鉴：统领奉电前已于十三日统兵团兼程援喇井，十六日到白地评，乘夜分兵五股，到四更将匪严密围困开仗。初犹死拒，互有伤亡，后知不敌，将修尹放出投诚，陆续缴出快枪、铜帽枪五十余支，随再册报。因念既投，该匪亦未十分骚扰井地，情尚可恕。但有一杨姓率匪往占营盘街，已派木［本］张弁星夜往剿。统领李德泳电。"④

---

① 上海《时报》1912年1月22日。
② 《碧鸡新语录·朱家宝生父被拘》，上海《时报》1912年3月9日。
③ 《云南军声记·杜育被杀》，上海《时报》1912年1月8日。
④ 《云南军声记·丽统与匪战情形》，上海《时报》1912年1月8日。

9 日（十一月二十一日）

▲蔡锷通电苏州程德全、各省都督，望各省都督商请程德全回川主政。说：

> 成都独立、匪乱未平情形，叠经电闻，想均登鉴。近据叙州来电称，重庆举义最早，尚有秩序。泸州继起，仅保一城。惟成都最纷扰可虑，蒲、罗皆负人望，蒲既为匪党所戕，罗亦避匿，尹硕泉、颜雍耆诸君亦为匪党胁制，任意横行。且一省有数都督分立，事权不一，威令不行，匪徒益得四出劫掠，糜烂不堪言状。现北房窜扰秦、晋，势甚披猖，若川乱不早戡平，恐西北岩疆，均非我有。滇军援蜀，已派出一师团，然地隔情疏，联合亦颇费力。窃念程都督威望凤著，又系桑梓之邦，拟请回川主持，此事当易收束。果使川事早定，则滇军即可与蜀军联为一气，或东下援鄂，或西出助秦，当共戮力中原，扫出毡房。万望各省电商程都督，并赐复为祷。辛亥冬月廿一日。

18 日，又电请程德全，如能返蜀，希先到滇小住数日，以"奉商蜀省事宜"。说："海线。苏州程都督鉴。前因蜀势未靖，连电商请台驾回川主持，计邀亮察。苏省光复，公绩甚伟，善后经营，想苏人必挽公驾。然为大局计，公之回蜀，急于留苏。顷闻公辞苏督，如果能返蜀，请遵海而先到滇小住数日，俾得一聆伟教，并奉商蜀省事宜。如何？请先电知为祷。滇都督蔡锷。巧。印。"

2 月 1 日，再电请孙中山任命王人文主持川事。说："川事急，前电请程雪老回川主持，现任内务难归。闻王采臣（按：王人文，字采臣）、胡文澜（按：胡景伊，字文澜）已抵蜀，请电令一任川事，一规西藏，大局幸甚。锷。东。"[①]

▲月初（十一月十四日前后），李鸿祥电告蔡锷入川沿途情况。说："云南蔡都督鉴。自入黔境，招待办理，极为周到。每站因寺店甚少，多宿民房，而兵民亦相洽无事。十二吉〔日〕抵毕节。由威以下，连日雨雪，路途淋漓，幸军士强健，均能耐劳。惟沿途抢案叠出，我军侦探孔照同亦于棋掷湾被劫，行李一空，并身负重伤。鸿抵棋，急饬该地头人严拿，捕

① 以上各电见曾业英编《蔡锷集》（一），第 374—375、395、426 页。

获之人内张润龙，经孔认确，即就地正法。又得探报，永宁虽独立，而城外土匪猖獗，商旅不通。瓢儿井为盐商根据，亦被匪劫。鸿。印。"①

9日，蔡锷电复李鸿祥说："电悉。雨雪载途，诸军劳苦，甚念。近闻袁世凯以停战议和，缓我南军，而并力西向，秦、晋势甚危急。长沙谭都督来电请滇、蜀联兵入陕，为北伐一大军。现在筹议进止机宜。谢梯（团）长仍驻叙府。张支队翌日出发嘉定。谢又募编游击队三队，以厚兵力。知念并闻。再，以后尊处来电，务将发电之日注明，以便查考。中国临时大总统已举定孙逸仙。附及。都督。马。印。"②

▲报载蔡锷电令大理派兵往助截堵丽江匪党。说："迤西丽江府本在滇省极边，省城宣布独立，该府亦深表同情。讵于十月中旬，该府所属营盘街，忽来匪党无数，欲攻取丽江府，地方人心甚为恐慌。现已由李统领带兵赶往截堵，蔡都督得电，并电令大理派兵往助。"③

10日（十一月二十二日）

▲蔡锷电告李根源，赏马占标家属"银三百元"。说："个电悉。哨官马占标突刺杜（育）匪被枪毙命，实堪悯恻，着照阵亡例从优恤，赏银三百元，即由尊处发给该家属祗领可也。"

12日，李根源电告张文光，"务须转饬该哨官家属知照，俟源到日再为照数给可也。根源叩。敬。印。"④

▲蔡锷电请贵阳军政府枢密院，催促戴戡早日赴滇协商有关事项。说："前接庚电，以李军门方资坐镇，必唐君省吾（按：唐尔锟，字省吾）回黔接替，李公始能回滇。又接真电，以川乱迭兴，盐务梗绝，淡食堪虞，拟销滇盐各等因。时值唐君省吾出省，戴君循若（按：戴戡，字循若）回黔，拟俟同返滇垣，商定办法。旋接唐君来函云，愿承办兴义销岸。又接安顺来电，李公删日起程回滇。当即与同人筹议，金以贵州茅口河以西各属距川较远，可销滇盐，而土匪出没无常，亦宜有知兵之员以为坐镇。如

---

① 《云南辛亥革命资料》，第330页。又见《云南之要电一斑》，上海《时报》1912年2月2日。
② 曾业英编《蔡锷集》（一），第376页。
③ 《滇南独立之乱事》，天津《大公报》1912年1月9日。
④ 《滇复先事录》，《云南文史资料选辑》第17辑，第141页。

得唐君为贵州西防统领兼办滇省济黔盐务，于两省边防、财政均有裨益。云云。特此奉商，即希裁复。并催戴君循若早日来滇协商办法为盼。锷。养。印。辛亥冬月廿二日。"①

▲李根源电告"省城军都督府"，拟饬永平县令李治"暂驻曲硐"。说："委署永平县李令治，现已到任视事。查该属曲硐地方，地当冲要，为榆、永往来孔道。源本日驻此，审察情形，拟饬该令暂驻曲硐，俾因应一切，得以迅赴事机。合肃禀闻。师长根源叩。养。印。"②

又电请"省城军都督府"，惩治为李德沛"回腾接眷，沿途招摇"的其弟李德增。说：

> 李德沛之弟德增，为伊兄回腾接眷，沿途招摇，经源访闻，电饬曲硐、永昌查缉，并请将李德沛撤差，发交审判局讯办，已于巧日电陈。奉电复准在案。昨晚行抵曲硐，李德增已被黄鉴锋拿获。复加查访，该李德增在途招摇，称奉军府命令到腾，与张绍三联络，并假军府编修官名目，勒派沿途地方，差团护送，举止荒谬，大违法纪。本应禀请重惩，姑念该生曾肄业师范，此次虽属招摇，尚无磕索情节，拟请从宽发交永平县监禁四年，满日再罚充苦工六年，以示惩儆。其兄德沛前因犯赃监禁释放，此次源在军政部用为二等编修，在稍知自爱者，必能痛改前非，力图晚盖。乃闻其私受耿保煌、叶如桐贿赂多金，并出重金买妾，住于永昌同乡会公所上房。彼本寒人，居然暴富，迹其行为受贿之说，更属有因。李德增年只廿余，狂妄如此，盖亦其兄所使以为足恃。律重主谋，李德沛之罪，更浮于李德增，并请饬军政部转饬审判局，即提李德沛审讯，从重治罪，以为怙恶不悛者戒。是否，仍核衡候办理示遵。师长根源叩。养。印。

李根源在饬知腾冲府知府、腾冲自治局的"特札"中说，其所请"奉军府批饬，从宽发交永平县监禁四年，满日再罚充苦工六年，以示儆惩"。③

---

① 曾业英编《蔡锷集》（一），第 379 页。
② 《西事汇略》卷六，第 2 页。
③ 《西事汇略》卷六，第 62 页。

19 日（十二月初一日），又电请允准永平停解该县牲税一年，以作该县"修理县署及监狱之费"。说：

> 查永平县署原驻老街，前源与赵巡按到永，该县全体士绅以曲硐为往来必由孔道，反正之后，回汉互生疑忌，匪徒出没无常，若县署仍设老街，僻处一隅，照料实有难周，请将县署移驻曲硐，当经根源电陈奉准在案。源昨旋抵该县，复详细体察情形，曲硐地方最为扼要，县治改建于此，化除顽梗，抚字人民，均为适当。惟移署必须移监，修理非款莫办，永平素称贫瘠，又经此次匪祸，民生益敝，财政益绌，若就地设法筹措，实属无计掘罗。查该县牲税年约收获钱一千二三百串，易银六七百金，拟将此款停解一年，即以为修理县署及监狱之费。李令办事结实，即责令该令经修监狱，必期坚固，不碍卫生，县署足敷办公，不求廊大，一年税入，必能敷用。设有不敷，再由李令设法筹补，公家既不大损，民间可免重累，诚为两便。钧府轸念民瘼，必蒙俯如所请。倘邀俞允，即乞饬部知照，伏候示遵。师长根源谨叩。东。印。①

▲蔡锷在昆明贴出告示，"宣布采用西历，并规定 1 月 15 日开始实行"。据额必廉说："官方庆祝这个日子，但除了在每家大门口普遍悬挂五色旗之外，人们并不注意这个改变，生意照常进行。现在，人们为庆祝旧历新年正加紧准备，但已出告示禁止燃放鞭炮。"②

11 日（十一月二十三日）

▲蔡锷电商桂林陆荣廷、王芝祥，龙州军政分府陈炳焜，可否对调龙觐光与夏文炳，令其"各回本籍"。说：

> 敝省前因边防重要，镇慑需人，拟邀龙子诚、龙怡庭昆仲两君回滇赞助。时怡庭方镇右江，子诚移镇钦、廉，皆地当重要，未敢遽请。兹接敝省开化夏镇函称：桂省系桑梓之邦，反正以来，屡接乡函，劝

---

① 《西事汇略》卷六，第 2 页。
② 《总领事额必廉关于云南省至 1912 年 2 月 15 日为止的半季度情况报告》，《英国蓝皮书有关辛亥革命资料选译》下册，第 509 页。

归佐理，拟电商桂都督，与龙怡庭君对调，庶得各回本籍，稍尽义务云云。查云南开化一郡，逼处强邻，夏君坐镇，南疆深资倚仗，曾经函电慰留，以滇、桂连疆，无分省界。惟改革之初，人心未定，土匪窃发，妨害治安，如用本地情形熟悉之人，戡定较易为力，所（请深）中肯綮。用特电商尊处，可否准予龙君与夏君对调，尚希卓裁赐复。锷。漾。印。辛亥冬月廿三日。

12 日（十一月二十四日）

▲蔡锷电请南京孙中山，敦促江苏都督程德全回籍主持川事。说：

接各省代表蒸电，知公襄然举首，可为民国前途贺。神州光复已十五省，扫荡北廷，可计日待。惟蜀独立后，军府分立，成都先有蒲、朱，后（有）罗、尹，重庆有张、夏，泸州有温、刘，川北有李，雅州有傅，各称都督，党竞势分。土匪复假同志会名，四出劫掠，全川糜烂。滇省毗连蜀境，警告频来。又闻北虏袭取太原，潜窥秦、蜀，英于卫、藏，日益添兵。设吾乱纷纭，日久未定，内为民祸，外启戎心。滇、蜀唇齿相依，未敢漠视，先于赵尔丰盘踞成都时，派一师团赴援，本拟蜀平赴鄂，乃蜀难未已，不能不暂留以相援助。惟滇本瘠壤，筹饷维艰，而逼处强邻，不宜稍疏防守，现在出省各军队已及万余，兵力亦难再分耳。蜀中方割据纷争，于援兵转生疑忌，故滇军援蜀亦种种困难。诚恐祸势蔓延，妨害大局。拟请尊处通电各省，妥筹办法，以期川乱早日肃清。川虽一隅，关系全局，有可尽力，滇纵竭蹶，不敢告劳。前曾电请苏州程都督回川主持此事，当易收束，请尊处一敦促之如何？希卓裁赐复。滇都督蔡锷。敬。印。辛亥冬月廿四日。①

2 月 24 日，孙中山电复蔡锷说："敬电悉。蜀省军府分立，势甚危险，诚如敬电所云。幸近日逐渐取消，办理略有端绪，可为告慰。此间拟即派一娴熟该省情形之人，前往筹划一切统一事宜。总统孙文。敬。印。"②

① 以上二电见曾业英编《蔡锷集》（一），第 382—384 页。后电又见《要电》，《云南政治公报》第 3 期，1912 年 3 月 1 日。

② 《滇南公报》1912 年 3 月 13 日。

▲蔡锷电复武昌黎元洪，非不愿举袁世凯为总统，"实不能举清廷之内阁总理大臣也"。说：

> 覃电悉。项城闳才远略，实近代伟人，即孙中山先生亦曾有民国大总统宜推项城之论。徒以清廷关系尚未脱离，故此次选举不及项城者，非不愿举项城，实不能举清廷之内阁总理大臣也。要之，中国有必为共和之时机，而项城亦自有被举总统之资望，如果大局大定，此事自在意中。设北军必出死力以抗民军，徒为项城树敌，恐非项城之所愿闻。且建设共和，正以求国民平等之幸福，亦断无大总统为南人则南人占优胜，大总统为北人则北人占优胜之理。若北军只为个人争利害，而不为全局计安危，当与天下共弃之。滇简精兵为北伐队已出发，惟公马首是瞻矣。滇都督蔡锷。敬。印。辛亥冬月廿四日。①

13 日（十一月二十五日）

▲李根源电告张文光，已屡电省军都督府，民国"首须各国同志承认"。说："今我民国独立，首须各国同志承认，中央临时政府即以外交为第一问题，屡电军府至为郑重。良以吾辈介居两大，影响所及，全局攸关。并我民国对于各国信用，首在担任赔款，以为立国基础。"②

▲12 日（十一月二十四日），李根源电告"省城军都督府"前往腾越的时间安排。说：

> 谨将出发腾越命令，电请鉴核。一、方大队（按：方涵）于二十五日（1 月 13 日）由榆出发。二、刘支队长于二十六日率郑中队、赵中队、邓炮队、邢机关枪队、马队，由榆出发。三、王大队于二十七日由榆出发。四、师司令部人员及卫队随同于二十八日由榆出发。五、西防国民军第二十一营，于二十九日出发。第二十二营于三十日出发。六、第八联所部步队及警卫队，均用湖北小口径枪，无者即具领，由饷械分局领换。七、第八联步枪子弹应驼载十万发，步兵每人携带一百发。八、王大队用新式枪，子弹应驼载二万发外，每人携带一百发。

---

① 曾业英编《蔡锷集》（一），第 384—385 页。
② 《滇复先事录》，《云南文史资料选辑》第 17 辑，第 142—143 页。

九、西防国民军第二十一、二十二营子弹，尽所领有者携带。十、邓炮队（按：炮兵队长为邓填）带新式管退炮四尊，每炮带子弹一百发，开花子母各半。十一、邢机关枪队（按：机关枪队长为邢春芳）带机关枪四挺，子弹全带。十二、各部队应需驼马若干匹，核实具单，呈请发给。十三、孙联长（按：孙绍骞）率钟大队、陈大队、陆中队、施中队留守榆城。钟大队仍驻第七联营舍，陈大队仍驻守下关，施中队驻师司令部，陆中队驻饷械分局，陆中队、施中队着归孙联长管辖指挥。十四、凡榆城及附近州县，一切卫戍事宜，责成孙联长担任。十五、本师长公出，各处来文，由孙联长及本师参事官、署大理府秦守（按：大理知府秦恩述）会同代印行拆。寻常事件，由该联长、参事随到随办。惟重要事务，仍送行营办理等情。再，赵樾老亦于全日出发，并陈。师长根源叩。敬。印。①

同日，又呈"省城军都督府"两电，一请省城军都督府转饬各属民团局，须"一秉至公"，启用合格之人。说："前民团局所委各属团绅，沿途接见，或疲弱不堪，或少年喜事，殊少乡望素孚、实心实力之人，业经分别撤留，另委充任。拟请饬知军政部转饬民团局通饬各属，以后所用绅团，须责成该地方官会同自治绅董，选举公正明干之人，认真考询，报明给委，有不合者，随时禀撤，毋稍瞻狗。当此地方初定，官绅均责无旁贷，总须一秉至公，人无废事。祈衡核示遵。师长根源谨叩。敬。印。"

二是电呈待赵藩返榆后再会商择员，撤换维西副职。说："案据维西廖倅效电通禀，受教堂教士要求挟制各节，适值姚守春魁抵榆，询据称该倅平日迹近张皇，舆论亦颇不洽等语。查教堂教士只须地方官妥为保护，不出事端，教士虽横，何所用其要挟？若无故而受其要挟，则该倅之畏葸可知，否则必因前请增兵截款不获，故假此以怂恿钧听，冀遂初请。姚守迹近张皇之言，不为无因。本拟即时撤换，惟该厅地居边要，非干员不能胜任，拟俟樾老旋榆，再为会商，择员请委。合先电呈。师长根源谨叩。敬。印。"②

蔡锷随即电复大理李根源说："月密。敬电悉。陈（按：即陈云龙）

① 《西事汇略》卷一，第30—31页。
② 以上二电见《西事汇略》卷六，第27、32页。

势穷蹙，勉就范围，然野心未戢，防范宜周。所拟带兵赴腾，自是要着。以鄙意可将榆标中第一营及第三营所余之两队带往腾、永，以第二营归刘联长或孙联长留榆防守，较为合宜。榆标所剩军械装具，省中待用正亟，速照前电派专员解省，并将数目及启解日期电复。川事及省中均望樾老前来赞画。惟兄既赴腾、永，宜留樾老坐镇大理，专办一切善后事宜，俟事大平，再定进止。刀安仁已来省，此间仍优礼，以羁縻之。能否乘此时机，将干崖土司改流？乞卓裁密告。锷。有。印。辛亥冬月廿五日。"①

▲10 日（十一月二十二日），张文光电告李根源及腾、永代表张鉴安、林春华、李治和张文光等人，他反对赵藩与李根源同赴腾越。说："全腾审时度势，集众妥议，请樾老暂留榆，请印兄速上，俟腾将一切布置妥善，又为电请樾老，始属完美。请速复为要。全腾同志及仰瓦代表张文光等同叩。养。印。"② 12 日又电李根源说："公与樾老之来，久望之如渴。养电所呈，系因地方绅商过于谨〔矜〕持，权作百密一疏之防。及送阅电稿，光始得知，极已不能挽阻。失信爽约，光之罪也。我公维持桑梓，百折千曲之苦心，并樾老恺悌慈祥之仁德，腾、永百万同胞，靡不共晓，望兄速整行旌，邀同樾老克期临腾，俾善后事宜，早日治理。光拟将腾事暂请蔚伯坐治，亲赴永城欢迎。祈速赐复。弟张文光叩。敬。印。"③

13 日，李根源电复腾越张文光，赵藩慨允与其同行赴腾，是因省城"军府敦促之殷，腾电欢迎之切"，以及要求其负起"辑军心，一众志"的责任。说：

敬电悉。腾中近情与兄等深意，微兄言，源亦审知。若源之苦心，与樾老盛德，又兄等所共晓，而代表诸君所共见，夫何待言。养电及密电所云，思欲密而转疏于事理。樾老当昔日之无事，已谢政告归，值此日之艰虞，尚何心复出？只以反正之初，英领屡以腾事致诘，军府以外交所在，坚请始出。迨榆、永既有违言，樾老即力辞斯任，徒以军府维系，不得遽行。时榆绅已有机关部之组织，一切未尝过问，兵柄自有专属，又非巡按所得而干，此代表诸君所知也。此次代表诸

---

① 曾业英编《蔡锷集》（一），第 385 页。
② 《滇复先事录》，《云南文史资料选辑》第 17 辑，第 140 页。
③ 《西事汇略》卷一，第 30 页。

君要［邀］同源往，坚致勤恳，重以军府敦促之殷，腾电欢迎之切，慨许偕行，非以大局为念者不至此。今我民国独立，首须各国同意承认，立国基础，即以外交为第一问题，吾滇介居两大，影响所及，全局攸关，且我民国，对于各国信用，首在担任赔款，迭奉中央来电，各省所认之款，亟须按年摊还，关税稍有差池，赔款从何应付，此皆根本至计。倘以一隅而动大局，其何以谢同胞？樾老此行，为大局计，亦为我同志计也。源以腾人，忝受斯任，举迤西陆防各军，悉归统率，榆军为我部曲，腾、永各军独非我部曲乎？自兹以往，凡我将士，亟宜共肩一心，岂可妄生意见？所有西防各军队，如有自相别异者，即以违我节制论。当此邦家新造，务思共济艰难。其或昧于大义，犹挟小嫌，匪维军纪所不容，抑亦满虏所窃笑，希将此意剀切通谕知之。辑军心，一众志，其责唯吾兄是望也。再，腾事重要，断难暂离，万勿远至永城，拘小节而轻重任，是所切祷。先电布复，行期续告。根源叩。有。印。①

14 日（十一月二十六日），张文光急忙电复李根源说："有电敬悉。嘱光坐镇腾城，不可赴永亲迎台驾，在光微意，不过知己遥来，实有相见恨晚之私，既承勉以腾难暂离，光亦只可遵命而行，稍纾锦注。特未获远迎，于礼殊缺，于心滋愧，不得不转望曲谅耳。永郡之行，现有马登云深得军心，人尚晓事，渠愿力承斯任。光已令其克日赴永，将公原电晓谕各军，并着钟春芳传知各军，于驾临时，一体致敬欢迎。切望不必过事谦拒为祷。张文光叩。宥。印。"②

▲广东都督胡汉民电告武昌黎元洪、各省都督，各省邮政局章程暂"仍其旧"。说："邮政办法，尊电未详，此间邮政局一仍其旧，盖以兹事体大，且费繁而事琐。况敝省侨外人民奇多，交通机关不能一刻迟滞，故

① 《西事汇略》卷一，第 29—30 页。《滇复先事录》，《云南文史资料选辑》第 17 辑，第 142—143 页也收录此电，但文字稍有不同。主要有：一是"樾老即力辞斯任，徒以军府维系，不得遽行"一语，被"樾老即力辞斯任，徒以军政维系，不得遽行"代替；二是"首须各国同意承认，立国基础，即以外交为第一问题"一语，被"首须各国同意承认，中央临时政府，即以外交为第一问题，屡电军府，至为郑重"代替；三是在"倘以一隅而动大局，其何以谢同胞"之后，加了"是岂我辈武人所能铨此臣责"一句。

② 《西事汇略》卷一，第 30 页。

广旧有之邮局从新再造，则章程条约须——改订，不特现在无此从容之时间，宽裕之资力，借曰有之，外国亦以大局未定，未必能慨然与我订联络条约。故鄙意不欲纷更，一俟大局既定，外国承认之后，由中央政府举行及各省，始能有效，高明以为何如？汉民。有。印。"①

按：《云南政治公报》转载此电，表明蔡锷对胡汉民主张持支持态度。

14 日（十一月二十六日）

▲黎元洪电告蔡锷援川滇军速趋河南，以便会同北伐。说："川乱已定，贵省援川军改请饬速至宜昌，经襄阳趋河南唐县，以便会同北伐。"②

22 日，蔡锷电复武昌黎元洪，解释未能尊电"往救"武汉原因，并望其代劝程德全回川主持一切。说：

> 庚电悉。前因赵尔丰拥兵据蜀，荼毒生灵，滇省以唇齿之谊，分兵援助。前锋至叙，赵贼闻风逃窜，成都乃告独立。滇军拟即北征，适蜀中土匪蜂起，四出劫掠，民不聊生，纷纷告急。又接尊处歌电，以强邻压境，不能往救，深望滇军代清内患。滇军徇蜀军之请，又重违尊处之命，留蜀平匪，并拣员经营善后，以期恢复治安，非独以拯蜀民于水火，亦欲以固西南之屏蔽。蜀人不察，反启猜疑。今匪势蔓延，全蜀糜烂，北兵已袭太原，侵秦陇，联豫又率藏兵踞雅州，窥成都，西藏叛兵啸聚数千至川边察木多，渐逼巴塘，内匪外兵，势甚猖獗，滇军不敢置之而去，实欲释中原南顾之忧。若湘、鄂能派兵分援，使蜀乱早日戡定，滇亦得息仔肩，大局幸甚，尚望裁复。前曾迭电程雪老回川主持一切，迄未得复，尚望为大局计，代为劝驾是幸。滇都督蔡锷。祃。印。③

▲1 日（十一月十三日），谢汝翼电请"军都督府"告知全国大局和张毅至川任务。说：

---

① 《要电》，《云南政治公报》第 3 期，1912 年 3 月 1 日。
② 《黎副总统政书》卷四，第 20 页。
③ 曾业英编《蔡锷集》（一），第 404—405 页。

项得湖北安、襄、郧、荆招讨使致川都督电，大意谓满酋未灭，嘱川入陕，连［联］兵北伐。究竟目下全国大局如何？张蓬山（按：张毅，字蓬山）至川担任何任务？均祈示悉。购军械宜速。□［翼］。元。印。"①

同日，李鸿祥照录季雨霖"豪"电原文电告蔡锷。说：

项接泸州公文，内附沙石过电，原文照录如下。"重庆、成都都督鉴。武昌倡义，各省先后宣布独立。武汉相持，战事未终，大势已定。袁贼狡赖，窃据灵器，拥寡妇孤儿，号召党徒，复布私人，矫辞议和。休兵半月，阻北上之师，乘间图攻山、陕，绝后顾忧。然后悍然抗议，蓄意南犯，胜则直攻长江，败则固守燕豫。我军艰于北伐，恐南北局成，战事将无已时，非内部决裂，即外人伺隙，收渔人之利。武昌上至岳州，下至九江，皆有重兵布置，黄州一带，江西又以全力侧攻。霖与外属同志，将分率师旅，一出德安，散击各屯房军，分防兵力必疲。赣军振师夹击，则武胜关以南，可计日扫清。另以偏师堵襄河下游，阻房军不能上窜汉阳，残余自游釜底。一出襄阳，进取南阳，东出信阳，断敌后路，使不能兼顾。再令江浙两广之师，由海道直捣燕京。山西虽曰自立，兵力甚单。陕西内部尤棼。蜀密迩秦境，应速率师入陕，会兵北伐。滇、黔若有余力，亦可由粤出军，与南方大军联合。民气方锐，众志成城，时不可失，稍纵即逝。霖招讨安、襄、郧、荆，粗有端倪。现在计划进兵南阳，与山、陕联接。余事已商黎都督与各处筹议。贵都督平和革新，风闻钦仰。袁贼未灭，前途可虑，务乞一采所言，顾全大局，即日出师，由陕入豫，并请转电滇、黔，共定大计，实为盼祷。安襄郧荆招讨使季雨霖叩。"等语。又重庆电复，谓成都十月十八日巡防队溃乱，蒲、朱两都督逃匿，复内乱方棘，根基未固，此时须先赴成都，平靖内乱，乃能会师由陕入豫云云。特此报告。鸿。（元）。叩。②

---

① 《云南辛亥革命资料》，第 331 页。
② 《云南辛亥革命资料》，第 335—336 页。

14 日，蔡锷电复"昭通飞送叙府"谢汝翼说："幼密。电悉。正拟复间，昭通送到幼密元电原稿，阅悉。川乱情形暨我军入川宗旨，业经通告各省，并专电请程雪楼回川主持一切，近又电告孙大总统矣。戡乱虽我军之责，但一国三公，吾谁适从？目下自以联络渝军，节节进取，早平川乱为目的。惟现在秦、晋危急，待援孔殷，我军与渝军联络入陕，以为山西声援，而牵北虏南下之势，自系正当办法。李〔季〕招讨豪电筹划，深合机宜。即渝都督亦有援川军队能否先行以待彼军之说。究当如何办理，希体查情形，并就近电商渝都督取得意见，相机进止。中国临时政府暂定南京，举孙中山为临时大总统。张蓬山系请假回蜀，无甚任务。军械现正商议购置。并闻。锷。宥。印。"①

▲报载"永昌府属镇康州本为土司所治地方，前三年改土归流者也。署州牧陈奎元于数月前始到任接事。不意九月初旬，腾军起事，永龙镇各处占据。镇康土目闻知，亦乘机统率夷民图乱。当时杀入州中，初遇陈牧之妻，用刀砍毙。陈牧闻知，以为伊与土夷无仇，可以理喻。不惟不逃，并敢出而劝慰，意使之散。不意土夷一见陈牧，不容分说，即用枪轰毙，将州地占据"。②

15 日

▲蔡锷电令全省各州厅县，遵即自本日起"改用阳历"。说：

> 为通饬遵照事。法制局案呈，查昨奉临时大总统孙电开，中华民国改用阳历，以黄帝纪元四千六百九年十一月十三日为中华民国元年元旦一案，当经行饬公布，通饬遵照在案。事关正朔制度，自应查照办理。自奉文之日起，即行一律遵用中华民国元年，月日即以旧历辛亥年十一月十三日为元年正月一日。惟正朔既改，新旧接替之间，所有公私文书及一切关于日期计算之事件，不能不规定标准，俾免纷歧謬辖。兹定凡关于公私文契、文约、各种合同、钱债结算，并司法上之罪犯处罚，及一切关于日期计算之事件，凡在改正朔以前所订，现在尚未完结者，概依旧历推算，奉文以后新订一切契约、合同，及一

---

① 曾业英编《蔡锷集》（一），第 386 页。
② 《金马碧鸡之新剑气·陈州牧居然受杀》，上海《时报》1912 年 1 月 14 日。

切关于日期计算之事件，均以新历为准。仰即通饬军民，一体知照，并已制成民国元年新历月日节候一览表，兼附旧历，以资对照，合行札发，仰即遵行。为此札仰该知照，并通饬所属公布，一体遵照。切切。特札。计发新旧月日节候一览表张（表附后）。①

16 日

▲李根源应张文光之请，与赵藩出发赴腾冲，酌带军队"二千余人"。②

▲清军陷灵宝、函谷关，陕西民军退据潼关。17 日，清军陷大同。20 日，张钫率民军再弃潼关，退驻华州。

17 日

▲蔡锷电复韩建铎，如川事果"无赖于我"，"即联合川军，速筹入陕，以顾大局"。说：

> 列密。电悉。所筹各节，均属周妥。我军援川，固始终以恢复治安为宗旨。无如川省不幸，始则困于端、赵，继又扰于匪党同志会。人类不齐，妨碍秩序安宁，致我久糜兵力，稽延北伐。蜀人未知，方且啧有烦言，实属不谅之甚。今同志会既汰莠留良，稍有纪律，泸政府决议取消，重庆、成都合并为一。果尔，实全川民之幸，我军但确守客道，助其不及。果彼事无赖于我，可听其自行勾当。我即联合川军，速筹入陕，以顾大局。已将此意电达幼澄，令与渝商榷办理。清廷未倒，后患方殷，望与幼澄催促进行，以免老师糜饷。此间已派唐蓂赓率第三梯团专事北伐矣。张开儒交卸后，即令为幼澄参谋可也。锷。阳历筱。印。③

18 日

▲蔡锷致电孙中山暨各部总、次长，参议院诸公，黎元洪，各省都督，各部总司令，恭贺新年。说："谨率全体〔滇〕国民恭贺新禧。蔡锷。嚷④。"⑤

---

① 《命令》，《云南政治公报》第 1 期，1912 年 2 月 11 日。原件未标注日期。
② 《雪生年录》卷一，第 23 页；《滇复先事录》，《云南文史资料选辑》第 17 辑，第 130 页。
③ 曾业英编《蔡锷集》（一），第 390—391 页。
④ 原注：代日韵目无"嚷"日，疑为"啸"之误。
⑤ 曾业英编《蔡锷集》（一），第 396 页。

又电告南京孙中山，武昌黎元洪，上海王宠惠、黄兴，长沙谭延闿，各军总司令，各省都督，袁氏"停战期间，西侵秦、晋，南攻颍、亳"，请"大总统赫然震怒，长驱北伐"。说："谭都督盐诘，想均注意。我军乘此朝煊，何敌不揪之，甘受袁氏久愚，一再停憩，旷日持之，总饷老师，试盼彼挡。停战期间，西侵秦、晋，南攻颍、亳，朱家宝人屯，再寿州连□，凤山纠咬，洼蜀阗兵，株守议和，外尴必为所误。伏乞大总统赫然震怒，长驱北伐，相捣□（虏）廷。滇军北伐梯团，业已出发，现正厉兵秣马，预备增加。滇都督锷。吃①。"②

又电昭通飞送韩建铎，要求严办"胆敢纠众行劫"的李翰州，并议处其官长。说："呈悉。李翰州身为正目，胆敢纠众行劫，实属败坏军纪，应将该正目缉获严办，并将该管官长分别议处，以维军纪。都督府。阳历巧。印。"

又电告天津英租界杨觐东、上海天顺祥转日本东京帝国大学张耀曾，速赴南京"组织参议院"。说："接南京代表会电开，临时政府成立，照章各省应派参议员三名，组织参议院。其职权在参与立法，监督政府，关系甚巨，应选精通法理、文言并妙之人。参议员未到以前，暂由代表摄行职权。滇省道远，宜速派来等语。当经开会集议，金以上开（资）格，惟公足膺其选。除电达临时政府外，特行电闻，请速赴南京为祷。川资百元由北京、上海天顺祥汇用，行期请先电告，余函详。滇都督蔡锷。巧。印。"

---

① 档案原文如此。查韵目代日并无"吃"日，疑为"巧"日之误，故定此电发于 1912 年 1 月 18 日。

② 《南京临时政府遗存珍档》（二），第 894—895 页。此电的影印原档有如下批示："来码错误太多，不敢擅改。"又说此电"二月廿七下午一钟Ⅵ分到"。由此可证，此电的确存在，但也可说明孙中山并没有及时看到。该电初见于 1912 年 2 月 5 日的上海《时报》，但文字与此颇有不同。现同时录之如下："谭都督盐电，□均注意。成军乘此朝愤，何敌不破？乃甘受袁氏之愚，一再停战，旷日持久，糜饷劳师不问。其于停战期内，西侵秦、晋，南攻颍、亳，朱家宝又进兵寿州，我再株守议和，大局必为所触动也。伏乞大总统赫然震怒，长驱北伐，直捣虏廷。滇军北伐师团，业已募发，现正运兵莓酴，预备五营。滇都督锷。印。"此外，刘达武等 1943 年编辑刊印的《蔡松坡先生遗集》也收录有此电，系为"哿"电，故曾业英编《蔡锷集》也定其为发于"1 月 20 日"。而其文字也与此不完全相同，再抄录如下："谭都督盐电，想均注意。我军乘此朝气，何敌不捷？乃甘受袁氏之愚，一再停战，旷日太久，糜饷劳师，试问彼于停战期内，西侵秦、晋，南攻颍、亳，朱家宝又已纵兵寿州，我再承守议和，大局必为所误。伏乞大总统赫然震怒，长驱北指，直捣虏廷。滇军北伐民团，业已出发，现在厉兵秣马，预备增加。"

又电复滇省南京代表团吕志伊、张一鹏、段宇清，告知滇省选派的参议员。说："支电悉。参议员关系最巨，金推莘翁（按：吕志伊，字莘农）及张耀曾、杨觐东两君。除分电外，特此电闻。锷。巧。印。"①

▲16 日，李根源电询"省城军都督府"，可否将"西防国民军第一营右半哨兵四十名"留作由云龙"募为卫兵"，说："西防国民军第一营右半哨兵四十名，快枪四十杆，先后在永昌、漾濞为陈云龙裹胁缴械。经李提督（按：即李福兴）铣电陈明请示募补，奉饬就源商办。查榆城现有陆军驻扎，此项国民军四十名，无妨暂阙。永昌当兵燹后，守土者若无一兵，实不足以资调遣。拟请即将第一营右半哨四十名兵额，令由守云龙募为卫兵，饷照国民军核发。可否，乞示复，以便分别令行遵照。师长根源谨叩。铣。印。"

18 日，蔡锷电复李根源说："删、铣两电均悉。李统领请添募土兵一节，尊意饬将中哨弁兵拨半哨分扎喇井等处，不必增兵，两能兼顾，所论极是。昨据电同前由，当以饷绌未准。丽城需兵防范，由所辖各防营内酌拨驻扎，电饬在案。至西防国民军第一营右半哨兵四十名，既于榆城无关损益，永昌无兵，自可令由守云龙带往作为卫兵，饷项照发。希转饬遵照。军都督府。巧。印。"②

19 日

▲蔡锷电陈南京孙中山、武昌黎元洪及各省都督，中央政府新立，宜注意"破除省界"为先，用人"惟贤是任"，新旧递嬗，"目光固宜高远，而手法即不妨平近"。说：

临时政府成立，内政外交得有主持，无任欢忭。惟造端宏大，正费经营，非集群策群力，一致进行，不足以巩固国基，而恢弘国势。我国幅员既广，省界夙严，势格情疏，每多隔阂。此次武昌倡义，各省响应，已除往昔秦越相视之弊风。惟改革之初，事权莫属，不能不

---

① 以上各电见曾业英编《蔡锷集》（一），第 394—395 页。
② 曾业英编《蔡锷集》（一），第 393 页。李根源、蔡锷电原刊《西事汇略》卷五，第 7 页，未署月份，但从蔡锷复电中有"可令由守云龙带往作为卫兵"一语可见，由云龙此时尚在大理，未能抵永昌就任，因此可推断此电当发于 1 月 18 日。

各设军府以为行政机关，然宜有通力合作之谋，不可存画疆而守之势。设用人行政，省自为谋，恐土豪浸起割据之思，边境又有孤立之虑，于国家统一障碍实多。今中央政府成立，缔造经营当先从破除省界入手，此宜注意者一。我国人士跧伏于专制政体之下者数千年，几以谈议国是为厉禁。自外力内侵，清廷穷蹙，国人激于时势，急图改良，于是革命、立宪，君主、民主各党竞出。虽政见不同，而谋国之心则一。今政体确定，歧论自消，全国思想皆将冶为一炉。即平日政见稍殊者，果系杰出之才，皆可引为我用。现值肇造之初，万端待理，只宜惟贤是任，不必过存党见，使有弁［弃］才，益自附敌，此宜注意者二。清廷朽腐，弊政相沿，诚宜扫荡廓清，与民更始，惟外鉴世界之趋势，内察本国之舆情，必审慎周详，节节进步，庶全国得以按弦赴节，不致有纷扰滞碍之虞。若期望过望［高］，变更太骤，恐事实与理想不相应，而人民未易奉行，或法令与习惯有相妨，而急切难生效力。故新旧递嬗之交，目光固宜高远，而手法即不妨平近，此宜注意者三。（锷）才识无似，惟坚守以上三义，与滇中士夫循轨进行，不无小效。卑无高论，聊备甄采。尊处必有伟画远谋，尚希随时电告，用资圭臬。滇都督锷叩。效。印。①

▲18 日，李根源电请"省城军都督府"，西事"善后事宜，得以从容就理，务恳俯全初志，解职奉亲"。说：

源以驽下，待罪行间，意广才疏，力小任重，省己循涯，怵惕惟厉。只以时方多难，未敢乞身，亦冀借手西事，以自效于万一。兹伏睹大总统已立，正朔已颁，义师云集，虏势已穷，奠定中原，旦夕可望。滇中大势粗安，腾事仰蒙威福，亦渐就范围，边境之事，不难救平。久忝负乘，实速罪谤，加以蚤岁负笈，久别庭闱，定省不亲，子职多旷，重因西事，迫促出乡，惊疑交集，尤非高年所堪。一俟善后事宜，得以从容就理，务恳俯全初志，解职奉亲，以遂乌私，而全末节。源之思款，夙为钧府所知，敢用预陈，必蒙鉴察，将来迤西民事，自有樾老主持，惟军事以何人接替，尚恳预为简择，是所薰祷。师长

① 曾业英编《蔡锷集》（一），第396—397页。

根源叩。巧。印。①

19 日，蔡锷电复西路行营李根源说：

> 有、筱②两电均悉。反正之初，一切军职多沿旧号，"总统"二字实与共和国首领名称混淆。公独尊崇体制，首请更定名称，所见甚大，应即改为总司令官，已通行知照，先此电闻，关防随发。此次滇省光复，公力甚大，西事纷纭，复得公解决，乃急流勇退，切欲伏处养亲，此固吾辈本怀，人子至性。惟滇中大局粗定，尚待经营，此间同人早欲促驾回省，共担责任，亦以腾、永初就范围，不能不仗公收束，俟西事就绪，仍望早返省垣，公侍奉情切，自可迎养，于私情公谊，两无所亏。时局多艰，尚非吾辈息肩之日也。忝居同志，辄以大义相规。锷。效。印。③

▲11 日，谢汝翼急电"滇军都督府"，拟联合李鸿祥进剿"已抵新津"、危及"省城"的"清兵"。说："据可信消息，成都于十三、四、五等日又有暴动，互相战斗。并闻傅嵩秋（字华峰）、凤山、联豫等合清兵数千人，由西藏进据雅州，意图为满虏效用。由成都所派同志军，屡战皆败。清兵已抵新津，省城危急。拟联合李旅长进攻。张藻林固属粗暴，其忠勇可嘉，不过听言无择，往往轻信一面之词，苟善用之，亦有裨益。翼。漾。印。"④

19 日，蔡锷飞电昭通韩建铎、谢汝翼说："谢梯团长漾电悉。联豫、凤山由藏据雅，清兵已抵新津，成都危急，我军急宜分道进剿，勿任他窜。已电饬李军速进，联合叙军，一面迎剿联豫，一面救援成都。兵贵神速，望联合蜀军，会商迅行。张藻林即由幼澄委用。锷。皓。印。"

下旬，又通电孙中山、黄兴，武昌黎元洪及各省都督说："据援蜀滇军来电，联豫、凤山、傅嵩秋等纠合清兵数千，由西藏进据雅州，现攻新津，

---

① 《西事汇略》卷十一，第 1 页。
② 《西事汇略》卷十一记为"巧"电，当为发电时日，而此处当为收电时日。
③ 曾业英编《蔡锷集》（一），第 397—398 页。《西事汇略》卷十一文中无"共担责任"四字。
④ 《云南辛亥革命资料》，第 346 页。该书定此电发于 1 月 23 日，误，因"漾"电指的是十一月二十三日。

成都危急等语。当饬滇军各部队联合蜀军，分道援剿，谅不至于蔓延。惟北虏以和缓兵，彼则兔突狼奔，我乃劳师糜饷，若不迅扫其穴，恐大局终难底定。如何，希复。滇都督锷。"①

▲袁家普接到蔡锷调其赴滇"襄助一切"电，31 日即"与郑君开文、肖君堃、彭君廷衡、王君兆翔由沪起程"。2 月 9 日抵云南省城。13 日，奉蔡锷"委任为云南都督府军政部总参事官"。5 月，蔡锷"密保"袁为"云南财政司长"。②

20 日前后

▲李根源呈报省城"军都督府"，"拟制银质光复功章"，分发所带西巡原驻省旧军与榆军。说：

> 窃据第七、八联长面称，各大队所部官弁兵夫，于此次反正，不无微劳足录，拟请量予奖励等情。据此师长查该联长等所请，自应准行。拟制银质光复功章，分别发给出力员兵，用旌其功。此次西巡军队，除新募者不计外，其驻省旧军自九月初九日起至十二日止，驻榆军队自九月十二日起至十五日止，所有在事出力之官弁兵各发给功章一枚，并填给石印执照一张，以示旌奖。兹于阳历正月十四日躬亲颁发，计功章一千六百八十五枚、执照一千六百八十五张，合将功章、执照各一件，具文呈报钧府查核备案。惟此次功章、执照，尚有出差在外，未及承领者，应俟嗣后查明颁发，再为续行呈报，合并声明。为此具呈。须至呈者。计呈银制功章一枚、执照一张。右呈军都督府。③

20 日

▲蔡锷电告"大总统、武昌黎副总统、黄（兴）元帅"，各省都督，滇省代表日内启程赴宁。说："本省爱派参谋李佃［伯］庚、雷风［飙］

---

① 以上二电见曾业英编《蔡锷集》（一），第 398—399、423—424 页。
② 《记袁厅长所述蔡公遗事》，《长沙日报》1916 年 11 月 11 日。又见曾业英编《蔡锷集》（二），第 1530 页。
③ 《西事汇略》卷五，第 25—26 页。

二员赍文赴宁，日内起程，先电陈。滇都督蔡锷叩。"①

▲6 日（十一日十八日），李根源电请"省城军都督府"，核示腾、永各军饷糈办法。说："腾、永各军饷项，曾经密电请示办法，刻又查悉，彼中军饷，自秋季即未散放，应如何办理之处，伏候衡核示遵。师长根源叩。巧。印。"

20 日，蔡锷电复李根源说：

> 巧电悉。查旧有腾、永各巡防队第四、五两营驻腾城，第六营驻蛮允，第七营驻永康，第八营驻龙陵，第十一营驻古永猴桥，第十三营驻永昌；保卫队第一营驻陇川。秋季薪饷已由前防团兵备处，照章筹解交大理府收存。现据周前守册报，仅第十三营来榆具领，余均未发，尚存榆局等语。惟反正后，闻第四、五、七、八、十三等五营，均被胁溃散，其余各营是否仍扎原防，迭经电查，迄未得复。前接尊处宥电，有腾、永确系二十三营之语，应请我公到腾确查，旧营未溃逃者，应按届接续发饷，新营按成军日起支饷，照旧章款暂由大理饷局拨发，实有不敷，再由省筹济。惟滇饷奇绌，公所深知，以一隅之地，骤增十余营之多，饷力断难为继。希体查情形，将新营大加裁汰，妥遣归农，以复旧有八营之数为断。并请查明确定，即将营数饷章及管带姓名、驻扎地面，详晰电知，以便饬令编制，俾归一律。军都督府。阳历哿。印。②

▲1 月 15 日，姚春魁等人电告"云南军都督府军政部、大理迤西总统李（根源）、巡按使赵（藩）"，川边散勇意欲"由中甸入滇"等情况。说：

> 感日戌刻，准中甸冯丞牒称，据格咱哨庞弁禀探，川边定乡有散勇数百人，欲由中甸入滇，虽无军械，人至数百，必滋事端。已派防团，出瓮上堵御，如率众闯入，即迎头痛击，以免反客为主。并据哨弁庞廷柱函禀，川边人民，会聚四五百人，二三日间到甸，请准予开

---

① 《临时政府公报》第 3 号，1912 年 1 月 31 日。
② 以上二电见《西事汇略》卷一，第 32 页。

枪各等情。核其所报情形，似尚未确。如果属实，自是匪党无疑。惟相距六七站之遥，若不先事筹维，临时恐有不及。现在驻中甸有九营，左哨八棚，保卫队五十名，喇嘛团约可集三百名，冯丞老练机警，尚能布置。当已星夜回函，嘱令迅筹堵御，如敢入境，即痛击示惩，一面飞移维西厅协，拨调兵团，传谕土弁，即将阿墩奔子栏其宗各口，扼要探防协助。查丽城仅有驻防兵四棚，其余兵团悉赴援喇井未回，除请李统领酌留兵六棚防井，已催其星夜回丽，预备策应。迭据喇井函报，匪已肃清，当无他虞，不得不统筹兼顾，先其所急。除由冯丞径电，并随时探报外，谨此候示饬遵。春魁、庚吉、承汉、木荫谨禀。感。印。①

20 日，李根源电复"省城军都督府"，已两次电复姚春魁所陈相关事项。说："东电奉悉。昨接姚守艳电，当即会赵巡按电复文曰，昨得冯丞电，已电饬严堵，并函催李统领、贺管带撤喇乔兵团回丽。至剑防半哨，系派援喇，非马遇春部，然有事仍可调援。译发后，于东日复会电姚守文曰，现派第七联第三大队之第一中队长李钟瀚率领该队驰丽协防，如中甸有事，即开赴中甸剿御，无事即率该队自丽江，经鹤庆、永北、大姚、姚州、定远、楚雄回榆。所经地方，如遇有匪徒滋扰，确有实据，准其拿获，就地正法，并须随时劝导地方，安抚人民。该队官兵，尤不得借事生端，致滋纷扰，而违纪律。除命令外，合行电达，仰即知照各等语。谨录电陈。师长根源叩。冬。印。"②

▲李根源电告顺宁李学诗，省军府同意以方濂接任云州缺。说："迭接来电，具知同寅协恭，边境安谧，甚慰。云州一缺，前经兄与张守会电，保以方濂接任。当即转电军府奉准，并饬兄仍回驻旧协署，整饬操防，地方事务应归各地方官办理，俾专责成，而清权限，希即遵办。近情如何，随时电知，责任日重，诸希加勉。酒宜有节，以免贻误。因爱奉规，唯祈采纳。根源。哿。印。"③

---

① 《西事汇略》卷八，第5—6页。此电仅有韵目代日，但发电对象中明确标明有"大理迤西总统李（根源）"，而李获准更改"总统"名称是1月19日，由此可推定此"感"电当为十二月二十七日，即阳历1912年1月15日。

② 《西事汇略》卷八，第6页。

③ 《西事汇略》卷一，第33页。

▲蔡锷电复陆荣廷、王芝祥，现先荡平川事，"以清后路"。说："五号电悉。援蜀滇军先后出发两梯团。近又组成北伐军一梯团，日内出发。将来自应联络滇、川、黔三省，会师入陕，合关中之兵，以向宛、洛，俾朔方虏迹不至窜入西南。惟现在川事未靖，不能不先事荡平，以清后路。特此奉闻，尚希裁复。"①

▲胡汉民再次通电黎元洪、黄兴、各省都督、各军政分府，主张各省合力公认预备金发行民国纸币。说："现在各省出师，饷项输运皆赖原省，事繁费重，仍时虞不给。临时政府既经举定专人任财政事，似宜由各省合力公认预备金，发行民国银〔纸〕币，布告各省一律流动行用，所有军饷及各项支出统以纸币支给，则饷源不匮，百事易举，事至切要，尤贵急行。粤当竭力筹出预备现金，各省亦希协同尽力，早早成立，大局实赖之。如蒙赞同，即乞各电鄂军政府公议决设立地点，发行额数，应备预备金若干，从速设立，并希与张季直君速商办法，复示祗遵。粤都督胡汉民叩。冬。印。"②

按：《云南政治公报》转载此电，表明蔡锷支持胡汉民这一主张。

21 日

▲军政府通饬各属遵照参议处所议决之税契规则办理后，多有临时议会议员提出不同意见。

其一为李沛泽等人的《临时议会议员对于参议处议决税契事件意见书》，说：

窃维税则之颁，原国家行政之首要。我滇自光复以来，无不扫除满清积弊，与民更始，力图振兴，故我军府拟定税契规则，通饬各属遵照办理。然欲推行之尽利，虽据法理以规定，必与风俗习惯相变通，若习惯所不能行者，即有法律以绳其后，适足以生扞格而滋纷扰，此立法者所以不能不慎之于始也。伏读正月二十一日议决税契事件，谨就其可行、不可行之处，分别言之。

---

① 曾业英编《蔡锷集》（一），第 400 页。
② 《要电》，《云南政治公报》第 3 期，1912 年 3 月 1 日。

一、凡换契者，杜买取百分之一，典当取千分之六。云云。

谨按[1]：此条所取，原不为多，然证之社会情形，恐有难行。以换旧契之说，历代原无此政策，愚民无知，转滋疑惧。拟请俟后能行印花税时，此等旧契令其呈验粘贴印花税，或俟他日调查产业时，仿日本之登录法，取其手数料。

一、凡立新契者，杜卖取百分之五，典当取百分之三云云。

谨按：此条杜卖取百分之五，是已将旧弊，一扫而清，民可必其乐从。惟典当取百分之三，则又骇人听闻矣。滇省典当，向来原无纳税名目。谚云：原主赎原业，酒肉算成钱。若取百分之三，则此项税银，若令出典者纳，则因紧迫而当业何能再有负担；若令受典者出，则必加并于原当价之内，责原主后日赎时偿之，而原主不认，必生缪辒，此其滞碍难行之情形也。故满清近年来，已强迫行之，卒无效力。虽然考之滇省旧习，凡典当田地、房屋者，仅出当者立契与受当者，无论有红契、白契，概须随带之，历年一久，人世代谢，隐契谋业者屡见于词讼之间。其他如实当倒租种种弊端，尤难枚举。拟请仿日本登记法，取以百分之一，令其两方面分任，以双方对立如受当者，则书以收管业若干，交价银若干，随契几张，出当者则书典当业若干，收受价银若干，随带去原契几张。似此两面登记，历久不至隐谋，讼端亦少矣。

三、凡换旧契者，自阳历四月初一日实行，实行后以三个月为一期，在第一期内换契者照此次定额征税，在第二期内换契者照定额加一倍征税，在第三期内换契者再加一倍。过第三期后仍不换契者查出，以半数充公，余一半仍按数照定额征税云云。

谨按：此条以个月为一期，初期照上，过初期至二期或三期递加，过三期不上，以产之半充公，立法之严，特欲迫民之服从，然恐牧民者之不胜其烦也。拟请与第一条稍从缓。

四、新契征税亦自阳历四月初一日实行。凡杜卖典当者，自两方签字画押之日起算，以两个月内为第一期，在第一限内投税者照此次定额征税，在第二限内投税者加一倍征收，在第三限内投税者再加一

---

[1] 此系原文按语，下同。

倍。逾第三限者查出，以半数充公，余一半仍按数照定额征税云云。

谨按：此条吾滇社会情形，民间杜卖产业有立契时即银契两清者，有立契时只能交银一半或将老契仍存原主手中，或托中证人收执，至三五月银始交清而取契纸者，如此等类，限期太迫，是银未清而契已当罚。又有先当后杜立契时，只补找尾数者，若此等杜契买主是陆续凑银交偿，限以五六个月，税契或转难一时筹措，是限以两个月一期至三期后，即以一半充公，恐民难堪，而司牧者亦不胜其扰也。虽然立法不可不严，而法太严亦易以滋弊。在立法之意，不过恐民间之有隐漏总之，此后共和成立，两三年间，州县之警察发达，则警察有调查产业之责，至彼时民间虽欲隐漏而不能。拟请以半年为期，至一年则加倍惩罚。

五、旧有红契已经失落者，应于第一期内报明登记，查明确据，准予填换，若无确据者，仍按新契征税云云。

谨按：此条拟请给以执照，报明价值税取百分之三。

以上各节，是否有当，请诸公裁决。本会议员李沛泽、何秉谦呈。赞成员：梅增荣、毕宣、黄士钧、孙嘉荣、蒋国恩、杨开源、李炳泰、李映乙、萧械。

其二为《临时议会议员孙嘉荣对于换契之建议》，说：

军政府议订换契一件，固为财政困难，将以济一时之急，为国民者应宜勉力输将赞成公益，以尽纳税之义务。无如当此之时，处此之势，而遽出此特别之税法、急遽之命令，必生种种之滋扰，实有不可遽行者，请申其理由。

滇自咸同之变，契券半失于煨烬，承平以来，亦自各守各业，未有纷争，一旦令其换契，将舆论沸腾，疑惧交迫。加以官吏之吓诈，必有激之不安者，此不可遽行换契者一也。契券在信用而已，民间旧有之契券既为实效之信用，一旦令其改换，将使狡狯之徒秘自造作，乘机以为换契之伎俩，办事者但据其所执之契而换与新照，而莫须有之狱由此起矣。以为无凭而究非无凭，以为有据而究何所据，聚讼纷纷，恐地方官亦有不能尽行裁判者，此不可遽行换契者二也。鸦片禁绝，谷贱银荒，完纳正供，往往有稽延数月，经枷号管押，必称贷而始能清款者。若又换契，将何所取偿乎。稽延数月，无可奈何，惟有将田地充公而已。民多失业，将何以为国哉，此不可遽行换契者三也。人民值缺用之时，往往押契券于人，一旦换契而无银取赎，人必不能将契券交付，其中困难，更有过于寻常者，此不可遽行换契者四也。人随之贫富无常，有广厦数间，未几而空如悬磬者，论其房产之价值，则不下千金，而典卖不出，无以敷换契之费，惟有将房产充公而已，此不可遽行换契者五也。地方人民迁徙无定，有服贾于地方者，有宦游于别省者，所有旧产，托人经理，契券则不带而去，一旦换契，远道难归，托人转换，又恐失落，稽延数月，不免田地充公矣，此不可遽行换契者六也。剪发之便，其易行耳，而穷乡僻壤之愚民，不识告示之宣布，遂有一等蠹役，下乡敲磕者，而况在换契之必需银钱乎。换契令下，彼差役之借此磕索者更甚矣，此不可遽行换契者七也。然则契终不可换乎？非也，俟中原大定，民困渐舒，人人咸有爱新国家之观念，所有产业必经一番之清查，彼时普令换契，固有行之裕如者，如以为现在财政困难，请实行劝捐可也。愚见如此，诸君以为何如？①

▲迤西腾越各地自本日起"照阳历计期"。②

▲21日之前，军政部签呈蔡锷，报告赤水行营电局遭匪报复，请求"钧府查核施行"。说：

> 军政部为签呈事。案据电报总局报告，据赤水河行营分局学生缪熙臣、冯家言急电禀称，赤水一带，素系匪巢，大兵过时，匪等稍避。现大兵已过数日，匪复猖獗，李统领未拨兵驻守，学生督工至风水桥，匪徒数十，拦路而来，幸而逃快，未遭毒手。又因李统领沿路杀去窃线匪数名，故匪恨生等入骨。赤水无团无兵，万分危急，赤局危在旦夕。伏乞代禀军政府电饬毕节保管带，迅速拨兵来赤保护，则赤局有兵防守，即该工丁等沿途栽杆，亦可无虑。如何之处，乞伏示遵，不胜待命之至等情。据此，查毕、泸县阻，端赖赤水居中转报，仅报生两人，实属危险。且赤水不守，难免贻误要电。可否由军府电请贵阳

---

① 以上二文见《杂录》，《云南政治公报》第6期，1912年4月1日。
② 《滇复先事录》，《云南文史资料选辑》第17辑，第146页。

军政府，转饬毕节保管带，迅速拨兵前往保护，抑应如何办理之处，理合报告，俯赐核示饬遵等情到部。查该局所陈危险各节，自系实情，应请电饬贵阳军政府转饬毕节保管带，迅速就近拨兵保护，以重电政，理合报告钧府查核施行。须至签呈者。①

21 日，蔡锷电告泸州李鸿祥，速拨兵两棚驻赤水，保护电局。说："据赤局电称，赤水匪徒猖獗，电局甚危，请派兵保护等语。查赤局居中转报，关系匪轻。该处无团无兵，请尊处速拨兵两棚驻赤保护。至要。都督府。阳历马。印。"

又电请贵阳军政府枢密院，飞檄保管带就近派兵驻赤水，以资保护。说："查援蜀滇军取道叙永，曾于赤水河安设电局，以通消息。兹据赤局电称，赤水一带素系匪巢，前因毁坏电线，经李统领斩决数名。该匪积恨，赤局危在旦夕，请派兵保护等语。该局传达军情，关系至重，亟应设法保护。查毕节驻扎保管带一营，应请贵军府飞檄保管带就近派兵往赤水河驻扎，以资保护。事关电政，盼切施行。滇都督。阳历马。印。"②

▲谢汝翼电陈蔡锷援蜀滇军与重庆军政府所签条约文。说：

> 云南蔡都督府鉴。方韵松、姜超六至叙，得愁〔悉〕成都情形确不可收拾，嘉定以上且有敌视我军事意。前日小斋由自回叙，本日即令带辎重大队及炮兵、机关枪往犍、嘉增援，并充该处支队长。韩师长昨日至叙，李仪廷本日可抵泸州。成都、重庆现有联合之说，已互派使者。但成都以哥老会为中坚，终恐不能划一。已命陈副使在渝与重庆军政府订结条约如下：
>
> （一）蜀军政府请托援蜀滇军协力维持大局，驱除民贼。滇军到川之两梯团，关于饷项事件，蜀军政府有提助协任之责。但当运转不周时，得由滇军就地筹借各公款应给，日后统由蜀军政府筹还（附注：饷项每月约五万两正）。
>
> （二）滇军有赞助蜀政府调和统一全川军政府之责。如蜀军政府有请托滇军赞助事项，滇军须竭全力以应之。

① 《云南辛亥革命资料》，第342—343 页。
② 以上二电见曾业英编《蔡锷集》（一），第403 页。

（三）援蜀滇军之进行方向，概以蜀军政府所请托参酌行之。但方向酌定后，其进行之战术计划，得由滇军相机行动，一面通报蜀军政府。

（四）援蜀滇军受蜀军政府请托后，滇军进行所过之后路，其各种行政机关由蜀军政府自行建设。但于滇军之密切关系之地，其运输粮草各事，得由滇军直接该地方行政机关筹办，务于滇军进行毫无窒碍。

（五）援蜀滇军所到之地，有为蜀军政府维持秩序之责。

（六）全川大局统一廓清后，即为本条约完结之日。

（七）本条约效力完结后，或未完结之前，蜀军政府及援蜀滇军彼此如有他种要求，得另行协议。翼。马。印。①

现藏台北中国国民党党史馆该条约文本，与此文本有若干文字差异，现照录如下：

蜀军政府与援川滇军协定合同

本军军政府当成都未返［反］之先，民贼赵尔丰等与同志会血战不解之日，驻防满房兵力尚雄，本军政府力图诛殛民贼，恢复全川同胞于水火，以谋中华民国之统一，是以电请滇军府派兵援川，协力共济。今滇军到川，民贼赵尔丰虽已就戮，而大局未稳，内乱未靖，当互相借助之事颇多，故与援川滇军略定条件如左。

（一）本军政府请托援蜀滇军协定维持大局，驱除民贼。滇军到川之两梯团，关于饷项事件，本军政府有担任协助之责。但当运转不周时，得由滇军就地筹借，令各公款应给，日后统由蜀军政府筹还（附注：饷项每月约银五万两正）。

（二）滇军有赞助本政府调和统一全川政府之责。如本军政府有请托滇军赞助事项，滇军须竭全力以应之。

（三）援川滇军之进行方向，概以本军政府之请托参酌行之。但方向酌定后，其进行上之战术计划，得由滇军相机行动，一面通报本军政府。

（四）援川滇军受本军政府请托后，滇军进行所过之后，终其各种

---

① 曾业英编《蔡锷集》（一），第401—402页。

行政机关由本军政府自行建设。但于滇军有密切关系之地及运输粮草各事，得由滇军直接该地方行政机关筹办，务期于滇军进行毫无窒碍。

（五）援川滇军所到之地，有为本军政府维持秩序之责。

（六）全川大局统一廓清后，即为本条约完结之日。

（七）本条约完结后，或未完结之前，本军政府及援川滇军彼此如有他种要求，得另行协议。

（八）此合同援川滇军特派使与蜀军政府总务长互相议定后，如用图章作为草约，待滇军特派使报告滇军第一梯团长谢汝翼认定回电后，由滇军特派使与蜀军总务长以两军政府委任全权盖印，即认为有效交涉，遵守实行。①

同日，蔡锷飞电昭通谢汝翼，提出酌改意见。说："马电悉。条约二至七均甚周妥，惟一条尚须酌改。滇军援蜀饷项，本应自筹，财政奇绌，只能暂就蜀筹借，将来滇力稍裕，仍应如数归还，以明援蜀本意。我军到川两梯团，若专计兵丁饷项，则每月五万两亦敷散放，然临时支出，如购械、添装、恤养军士等项费亦不资［赀］，颇难遽定确数。惟有宽为筹备，俟事平后将援军用款决算，一面知会蜀军政府，一面报告中央政府。其由蜀省筹借者，仍由滇分期筹还，庶足以充军实而昭大公。希速与渝军另商妥订。锷。阳历马。印。"②

再电谢汝翼，补充意见说："幼密。我军援蜀，本属仗义兴师。蜀人不察，反怀疑忌，恐一生冲突，转不足以副初心。故电嘱联络各军，以利我军进行，殊非有求于彼，要不必过为迁就，转使牵制我军。其筹饷事宜，勿庸与之预定确数。如财赋充足区域，我军可暂为经理，以余力分饷蜀军，事定后仍将地方交还，以明吾无侵略之意，庶内不致有掣肘，而外可以平物议。至筹借款项，无妨明言将来由滇如数筹还。届时中央政府已成立，此项自有着落。希与韩师长、陈副使密筹之。锷。马二。印。"③

▲李根源电请"省城军都督府"，酌予招集志愿兵，协同镇慑榆城月余

---

① 台北中国国民党党史馆藏，档案号：356/290。

② 曾业英编《蔡锷集》（一），第401页。

③ 《云南辛亥革命资料》，第345页；《电光集》第二册。两种资料所载，有两处不同之处，一是"无妨明言"四字，《电光集》作"无待明言"，但如与后文联系起来看，应是"无妨明言"较为准确。二是《云南辛亥革命资料》所载缺"以明吾无侵略之意"一语。

的杨恒昌为"同副校尉职衔"。说："据第七联长孙绍骞呈称，当合江各处警告频来，榆军开出九队，榆城兵单，匪类在榆谋为不轨，有太和杨恒昌招集志愿兵团二百，协同镇慑月余，并未需耗公款，恳请转禀酌予职衔等语。师长复查属实，拟请酌予同副校尉职衔，以示鼓励。可否之处，乞衡核示遵。师长根源谨叩。个。印。"[1]

又电请"省城军政部"，饬将大理各中学照旧办理。说："大理中学堂几费经营，始克成立。源到榆后详加考察，非惟不可议废，且当力图扩充。昨以由云龙委署永昌府电请军府以杨琼接任校长，奉复允准在案。继复以学生人数过多，无考定教科稽核功课之人，教务必致揉杂，当予暂行添设教务长一员，札委教员张肇兴兼充，电知学政司备案。顷准该司复电称，大理、蒙自中学、师范各校，明年均并归省校办理，已详奉贵部批准等语。查云南地方寥阔，建设需材，榆城中学办理得宜，甫议力筹款项，再予扩充。今乃议均并省校，在学生或惮跋涉之劳，逡巡而止，在省校必形拥挤之患，管教为难。源既与闻民事，学务亦民事之一，实大以为不可，应请将前案更正，饬将各中学照旧办理，庶于建设前途有裨。愚虑所及，希核办示复。根源叩。个。印。"[2]

23 日

▲报载蔡锷已令军政部同民政司议定道府厅州县"公费"。说："云南因远在边陲，素称贫瘠，所有道府州县官公费前虽已定，自光复后多有未能领获，因此不免观望。军都督现已令军政部同民政司议定，道员月支公费五百元，府厅州县头等月支公费五百元，二等月支四百元，三等月支三百元，佐杂职头等月支公费四十元，二等月支公费三十五元，三等月支公费三十元。"[3]

▲李鸿祥电告"滇军都督府"，合江已于21日克服。说：

合江已于江日（按：辛亥年十二月初三日，1912 年 1 月 21 日）

---

① 《西事汇略》卷五，第 26 页。
② 《西事汇略》卷七，第 1 页。原电仅有韵目代日，据电文中"昨以由云龙委署永昌府电请军府以杨琼接任校长"一语推定为 1912 年 1 月 21 日。
③ 《云南新事记·公费》，上海《时报》1912 年 1 月 23 日。

克服请降。重围城中，防勇全众降服。擒获围城同志军三百余人，并刀枪三百余支，审讯后均系良民，即行遣散，合城百姓欣喜莫名。唯泸州异常狡猾，昨我军赴合时，彼欲从中取利，亦派总司令黄方率防军三四百随往。及我军克服该地，彼即仗我军威先行入城，肆行劫掠。我军出而阻止，彼反行抵抗，遂经我军枪毙百六七十名，并掳获毛瑟枪百七十余支，我军并无死伤。其合江所降巡防五营约五百人，已另行编配，仍驻合江。至泸州政府内容极其腐败，拟设法改良，如何处置，俟办妥再为详报。鸿叩。微（按：当为辛亥年十二月初五日）。印。①

25 日，又电"滇军都督府"说："叙府合江事，川人未加深揣，传闻误会，固执拘疑。闻王采臣、胡文澜二公不日来泸、叙，解释川人一切疑虑，并赴成联络，会师北伐。此事如何筹划进行？乞示，以便对二公酌商，俾得早日北上。鸿。阳。印。"②

同日，张培爵、夏之时电告南京孙中山、武昌黎元洪，已派胡景伊等三人"调和排解"滇军、成都争端，希望双方和平解决，"早日联师北伐"。说：

> 昨接川南军政府杨家彬等电称，援川滇军第二旅长李鸿祥，分队下援合江，由司令部长黄方带队同往，方先到合城，城内开门投降，转请滇军驻城中，代办善后事宜。方率队回泸，道经蔡坝，滇军伏队袭击，迫缴枪械，将黄方及将弁军士百数十人，尽行杀害等语。旋又接援蜀滇军李鸿祥电称，黄方、韩侯带兵赴合，既未预先通告，该两员又未能约束部下，以致入境肆行抢掠，敝军前往婉劝阻止，彼即开枪轰伤数人，士气难遏，致开战斗，黄、韩二人及军士数人，登时轰毙等语。据双方报告，情形不同，十分焦灼。现在秦中告警，千万火

---

① 《云南辛亥革命资料》，第 363 页。此电原署"微"电，因此《云南辛亥革命资料》系为 1912 年 2 月 5 日。但从以下蔡锷复电可知，此电显然发在蔡复电之前，而且"微"日实际是阴历的日子。

② 《云南辛亥革命资料》，第 366 页。此电原署"阳"电，因此《云南辛亥革命资料》系为 1912 年 2 月 7 日。但从以下蔡锷复电可知，此电显然发在蔡复电之前，而且"阳"日实际是阴历的日子。

急，电文日四五至，援陕问题，非常吃紧。吾川及客军方且统一联合不暇，何可内残同胞，外增虏焰，贻祸大局，见笑外人。兹特派联合滇黔蜀北伐团全权大使胡景伊、副使刘声元、中路支队总指挥但懋辛等，前往调和排解，顾全大局。一面确实调查，务祈和平解决，早日联师北伐，特此电闻。蜀军都督张培爵、夏之时叩。正月二十五日。①

26 日，李鸿祥再电告蔡锷说："东密。韩、刘抵资，川人疑阻。刘便服入城，电商尹昌恒［衡］姑许带兵两队、机关枪二挺，晋省商议。韩仍挈眷返井，已由泸派兵傍助。合存款无多。泸都督坚辞，拟以但懋辛继之。永款已派人往解，系以盐易铝，取获若干，再报。鸿叩。庚。印。"②

2 月 1 日，蔡锷电复李鸿祥说："微、阳、庚电均悉。收复合江，布置一切，均属周妥。泸军府分立，无力保安，自应取消。现既辞退，毋庸另设都督，只须设一泸叙巡按，仍统属于渝军府或成军府，以一事权。但君（按：指但懋辛）贤士，已另电以此劝之。王采臣、胡文澜到川，若以一主持川事，以一经营西藏，川事既易解决，边塞亦可无虞，希即以此商诸王、胡两公。此间北伐队艳日出发，取道贵州，援蜀军将来援陕规藏，届时再商。锷。东。印。"③

同日，又电告黎元洪，援蜀滇军克合江，"俟与蜀军平定内乱，即会师援陕"。说："接援蜀滇军电，合江为匪徒啸聚，肆行骚扰，该处绅商乞兵，滇军于江日率兵驱匪，合城安堵，商民欣感。乃泸军派（黄）方司令率防军三四百随同我军克城后，彼乘间入城，肆行劫掠。我军出而阻止，彼反抵抗，遂经我军枪毙百余名。合江所余巡防五营已另行编配。并云当即电饬约束，我军秋毫无犯，俟与蜀军平定内乱，即会师援陕，早定大局。特闻。中华民国元年二月一日到。"

12 日，黎元洪电复蔡锷说："据川南总司令官但懋辛等电开，确闻成都尹都督亲自督师出发，望速主持等因。窃以为中原未靖，万不可同室操戈，致生种种障碍。况目下已与北军联为一致，清帝退位，不日即可发表。

---

① 《蜀军政府派员调解滇川军冲突电》，《张培爵集》，第 16 页。
② 《云南辛亥革命资料》，第 366 页。此电原署"庚"电，因此《云南辛亥革命资料》系为 1912 年 2 月 8 日。但从以下蔡锷复电可知，此电显然发在蔡复电之前，而且"庚"日实际是阴历的日子。
③ 曾业英编《蔡锷集》（一），第 428 页。

务望滇军即返昆明，川军仍还成都，各保本省治安，以奠西南大局。"

22 日，蔡锷电告李鸿祥，速电达滇军，勿启内衅，以全大局。说："前接微电，我军解合江围，泸军乘势劫掠，遂枪毙百余人。现南京来电云，川南军政分府杨家彬等上孙总统电称，滇军于正月十七日（按：1 月 17 日）分队下合江，家彬等以客军远来，深恐到彼处龃龉，特由司令部长黄方带队同往。十八日先到，合城迎降。当即布置一切，请滇军进城驻扎。二十一日率队回泸。道经蔡坝，滇军伏兵袭击，迫缴枪械，将黄方及弁兵百数十人尽杀等语。窃思滇军援蜀，原为救邻。蜀军司令黄方系革命入狱党员，遽遭惨害，必双方误解，致起冲突。请速电达滇军，勿启内衅，以全大局云云。我军援蜀，志在救民，仍望和平了结，勿生恶感。锷。养。印。"①

合江事件发生后，川南军政分府杨家彬、邓邦植等人随即"火急"电陈孙中山、黎元洪说：

> 宁孙大总统、武昌黎副总统钧鉴。援川滇军第二师团长李鸿祥于正月十六日率队到泸，敝处欢迎到城。十七日，滇军分队下合江。家彬等以客军远来，难悉该处情形，且合江被围月余，前办事诸人未能解决，家彬等受事仅旬日，曾选派人和平交涉，深恐客军到彼龃龉，特由司令部长黄方带队同往，于十八日方先到合城。城内开门投降，当即布置一切，下（令）解散围城。各军转请滇军进城驻扎，代办善后事宜。方于二十一日率队回泸，道经蔡坝，滇军伏兵袭击，即迫缴枪械，将黄方及将弁军士百数十人尽行杀害。某等闻之，不胜骇异，盖黄方本属同盟会党人，于伪清光绪三十三年，同党人熊克武在成都倡义，事泄被赵贼尔丰永远监禁。九月成都独立后，始克出狱。现李鸿祥在泸城出示捏诬泸军抢劫，不受劝谕，先行开枪等语，意在借此掩饰。家彬等以大局尚危，未便轻开内衅，交涉仍守和平，谨此电闻。设法维持，顾全目前大局，而事曲直姑候大局定后，再求公判。川南军（政）分府杨家彬、邓邦植、席成元、卢峻、李鸿彦、王树等同叩。印。

---

① 以上三电见曾业英编《蔡锷集》（一），第 426—427、467—468 页。

1912 年 11 月 19 日，有人从泸州原川南都督刘朝望的角度记述了合江冲突的情况。说：

当是时，南北和议未决，北军破潼关，陕督张凤翙数电告急，君（按：指刘朝望）方与成、渝议联军西援陕，而滇军之难作，部将黄方、刘祚楷死焉。初，鄂、黔皆遣军援蜀，君令所过供给刍粮，均相安无虞。滇军第一梯团之至叙者，叙人亦礼遇之，而滇军志在侵略，既入叙城，则持其管据盐局揽财。民团长某某等人入谒滇军将，滇将置酒为欢，酒三巡，伏甲起，尽杀之，叙人大哗。而滇军第二梯团长李鸿祥方率师自黔边入永宁，君以滇军之暴厉也，乃电黎副总统请止之，毋深入。副总统复电谓滇军既名援蜀，必无他志，且共谋北援陕、甘，其开诚相处，必毋害，亦电令李鸿祥与川人协力北伐，事必咨而后行，勿开内讧，端贻天下笑。李鸿祥于是率师至泸，君以礼相待，且示以副总统电，约自今开诚相与。鸿祥亦矢天日，誓毋相诈虞。然卒艳蜀中财赋，思并兼。会合江方纷扰，于是滇军伺隙起矣。初，君之下令解散同志会也，各属皆奉行，遣者日有所闻。而重庆军府初建，兵力弱，思利用之，以张声势，多编改为军队。合江与川东接壤，枭黠者集党，假同志会名围县城，县令拒之，相持月余。君屡檄令解散，若曹恃川东之为声援也，不肯解去，屡攻城。君使人持函密谕县令，树汉帜响应，城（上）见人附城下，以为侦谍也，则举枪击，函竟不得达。乃觅得县令姻戚之在泸者，令持函往令闻川南已独立，即树汉帜，请赴城外解围，已则开门迎泸军，同志会亦请给款遣散。议既定，川南司令部长黄方将率师往，而滇军闻之，遽令其管带黄毓英率师趣赴合。方追及之，约分道并进。滇军遵陆迂远，方由水道先至，县令果开城迎之入，则解散徒众，安辑居民。合江已定，而滇军始至，黄方延之入城镇守，自率卫兵百余返泸。毓英怨方之先己也，设伏狙击之，弹中方骑，方惩副总统内之戒也，禁军士还击，释枪投滇军。滇军强与入合城，毓英拒不见，遽备令缚赴营门外。方大呼毓英出与若一言，毓英卒不应。方乃仰天叹曰：呜呼，方竟死于今日乎！遂与刘祚楷及士卒百余人均被害，割舌剖腹，备极残酷。时民国元年日正二十二日也。方与毓英故皆同盟会员，毓英父久宦蜀，曾任川南盐务部长，故方不意其出此。方前以谋刺川督，事泄被逮，锢成都狱中数年，反正后始出狱。为人倜傥，有奇气。祚楷泸人，任侠好客，家故中资，以好客故贫，然犹日食侠十人。至是均及于难，闻者识与不识，莫不流涕，泸军尤愤，必思复仇。君曰：黄、刘之冤，必为昭雪，然城内外皆有滇军，今与巷战，则城内十万生灵必波及之，岂我辈保民之初志乎。诸君必欲暴动者，其先杀我泸军。乃不敢动。君乃询李鸿祥何故杀黄方等，鸿祥复书谓为乱枪误，且谢罪焉。君于是电诉南京、武昌军政府，请裁断。卒镇慑军队，禁交哄，地方赖以保全。会南京孙大总统电令滇军撤回，成都亦发兵拒之，滇军乃返。①

1913 年 5 月 1 日后，北京《中华民报》又载有《川南军司令长黄君方行状》一文，并附有《滇军在合江宣告川南司令部长黄君方罪状驳议》一文。说：

> 君觇知之②，即与刘君等率小队轻舟以行。同人或止之，君不可，曰：彼客我主，往职也。且滇军新来，不谙情事，我不去，惧有变。晚抵弥陀场，与滇军遇，滇军队官马为麟、黄毓英阻其去，君以义晓之，马、黄不能屈，仍以舟先行，至合，黄令开城迎入，君申明军纪，抚谕兵民，并解散城外民军，民皆安堵如故，而滇军则愤嫉深矣。君见滇军至，则派人招待入城，悬旗置酒，开诚布公，慰劳款至，而滇军则阳为浃洽，阴掩谋袭。知者以告，君仍推诚相与。然以滇军既有恶感，恐终不测。而合江县令业已举定，善后有人，将各城交托滇军。次晨即拔队归。马、黄佯送君，而暗设伏蔡坝以待，发机关枪击我军。我军咸震怒，欲举枪还击。君亟传令止之，曰：滇蜀邻也，谊不可伤，当以理与彼军官和平解决。滇军伪许曰：可缴械。械缴，而君与刘君、韩君、杨君及君士一百十余人均被缚。君大呼马、黄，欲质问。马、黄匿不见，但闻微语曰：杀杀杀！君遂遇害，刘君、杨君及军士等从焉，并取君心肝及舌烹食之。军民闻者皆痛悼泣下。君既死，滇军遂攫合江盐款七万余金以去。先是韩君被执，自分一死，后闻君惨死状，

---

① 朱家磐：《书刘朝望光复川南事》，上海《民立报》1912 年 11 月 19—20 日。

② 该文此前内容，因该报缺损，未能知晓。

大骂马、黄无人道，马、黄气慑，合人亦有为言韩君实倡义者，乃释韩君。韩君乃嘱其兄夜夺君尸，棺殓归泸，州人焚香设祭，迎枢入城者不下数万人，妇女皆巷哭，欷歔淹泣，泪簌簌不止。而韩君则雇舟下渝呈报蜀军政府云。

附滇军在合江宣告川南司令部长黄君方罪状驳议

一、合江围城两月，求救数次，该司令既掌兵权，坐视糜［靡］烂，其应诛者一。查合江自阴历九月二十七日（11 月 17 日）被围，其时川南尚未反正，黄君犹囚成都狱中，及后川南反正，改良组织，黄君于冬月十一日（12 日 1 日）始受川南司令部长之职。是黄君受职前，合江虽被围困，实与黄君无丝毫关系。至称求救数次，究竟求者何人，证明何据，将谓求救于黄君受职以前耶，则不能以此罪黄君，谓求救于受职以后耶，则此间无可稽之案牍，且以新任而接办旧事，其间困难，万众共晓。该军谓为既掌兵权，坐视糜［靡］烂，岂一朝受事，即可拔队出发耶。况黄君赴合，仅距受事十余日，乌得谓为坐视耶。不查事实，横拟罪名，武断周内，虽极野蛮专制之国，亦鲜闻此，况当光复汉族、号建共和政体时代之援军乎。

二、该司令所率之兵，肆行抢劫，十八日（阳历 12 月 8 日）来至弥陀场，即将该地当铺及绸缎铺搂抢一空，后与本军交涉，未经允准，即私行率队潜入合城，煽惑军民，其应诛者二。查黄司令此次下合，十八日与滇军同宿弥陀场，一驻彭永丰，一驻王爷庙，相距咫尺，该地团保，招待黄君，十分殷勤，黄君亦曾亲到滇军行营，晤谈良久，军民相安，且当深夜，乌有抢劫情事，况黄君所带之兵，仅二百余人，滇军则号称千人，果有黄君所带军人抢劫，何不就地诘问？即使决裂战争，该军亦操必胜之数，讵肯当场隐忍耶，其为事后捏诬已可概见。又查滇蜀接壤，各有主权，援军来川客也。现在全川反正，区区一合江，何能负隅久存？滇军倡议开往时，黄君曾派员阻止，面说已有密谋，旦晚可下，勿须客军帮助。该军坚执前往，黄君始宣布率队先发，深虑客军到彼，不悉情形，致生龃龉也。该军果不悦，密怀诡谋，何不于同宿弥陀场之夜，率先发难乎。别人冒死入城，该军坐享其益，事后蜚诬，天良何在？如该军所云，后与本军交涉，未经允准。与者相互之谓，与该军交涉，即阻止该军，单由黄君率队前往之谓。可见该军并未先与主人交涉，自由运动，反客为主，其意何居。犹且不知愧怍，辄言未经允准，试问允准二字如何解释，是何体制，专制国之君主，对于臣民，威严乃尔，将谓为客者对于主人，亦可适用之耶！且无论何项客军，开入主人领域时，一切行动，似宜商之主人，万无听客欲为之理。未经允准四字，若非不识文义，即是丧心痛狂，否则夜郎自大，仍袭专制淫威，独立苟容（接当时和县尚未告成），藉恢复满清，势力怪象如此，良足悲矣。至谓黄君私率军马，潜入合城，煽惑军民一层，合江为川南属邑，黄君又先有密谋，堂堂正正，合城绅民，开城欢迎，一面即出示安抚，非布置在先，安能如是轻便。可见黄军之阻止该军不必开往，早已操诸左券矣。该军肆口雌黄，宁不惧人言畏公理耶。

三、入城后，即率军赴盐店，估借公款，并勒逼各当铺缴银，其应诛者三。黄君率军入城，即往中学堂，除过劝学所与该军接洽外，并未他往，及与商民交涉情事，合城士庶，共见共闻。该军此罪状，与上条弥陀场云云，同一情虚反噬，信口诬毁，毫无实据，岂知两地人民，尚可为此事确证耶。盗铃掩耳，可笑实甚也。

四、勾通土匪秦以发等，将合江旧有枪枝私行运泸，其可诛者四。查秦以发，在同志军中，声名颇好，合邑士民且公认之。如以发果与黄君勾通，何以不投黄君，而转投黔军耶。既投黔军，即或私运枪支，亦必运往黔营，何至运泸耶。况当日黄君由合反泸，仍属原有军队，并未加多一人一械，万目共睹。该军之意，得毋谓黄君已死，不能置辩，可以任意捏诬耶。噫，有旁人在。

五、运动合城守卫防军，带枪随伊赴泸，使合无枪守卫，听其麋[糜]烂，其应诛者五。黄君入城即协同城内绅耆布置一切。一面请该军驻扎合城，并将四门锁钥交该军自行看管。合城防军出入，该军自当稽查，尚肯听其带枪出城，不加拦阻耶。即黄君当日率军出城时，亦系该军亲司启闭，且系该军长官送出合城，何不登时诘责，而必先行埋伏要击于路耶。此条罪状与前条同一用意，均注重枪械，不过一为同志军，一为防军耳。黄君在合仅二日，该军所诬勾通运动，无论此事件非一二日所能做到，即使做到，而以如许之众、若干之枪，讵能凌虚以飞、怀藏以逃乎。黄君之出合城，原枪原人，毫无增益，人所共见，如该军所云诬人实以自诬也。假使黄君果有此事，秦以发投入黔军，仍不过问，而合城防军系在该军势力范围之内，又何以置而不议耶。访闻该军借犒合城防军为名，收其枪械，给资遣散，戕杀黄君军队后，所有迫去枪支，未见归还一杆，由此观之，以此两条罪状还加该军，真乃情真罪当也。

六、妄造谣言，败坏本军名誉，以致合城军民惊疑，致失我军大义，其应诛者六。此条似是而实非也。该军名誉当以该军行为断之。该军前在叙府、永宁、南溪、富顺、自流井各处，一切行动早足令全川惊疑。虽在川鄂军亦且见而生愤，岂至合城而始然哉，又岂待散布谣言而该军名誉始致败坏哉。驳议之所谓似是者此也。黄君在合返泸，转请该军驻防其地，并办理善后事宜，对于该军不可谓不厚矣，距［讵］忍再造谣言以伤邻谊耶。驳议之所谓实非者此也。要之，该军所最痛心者，此条之败坏名誉数字耳。

前之五条，不过拉杂阑入，以作陪衬，或的非该军初志，抑知挟嫌借故妄杀无辜百数十人，并施割舌刳心种种惨酷，遂足以钳川人之口，掩天下之目，恢复该军之名誉乎哉。何不反己自思之甚也。又按原文，条条均有应诛字样，无论黄君有罪无罪，即有可死之罪，试问应诛二字，果应出该军之口否耶。判决宣告与死罪执行，果应出该军之手否耶。且一人有罪，而军士尽该诛戮耶。即令罪至应死，或刃或枪，均无不可，又何必割舌刳心，食其肝胆，出其肠胃耶。滇军自号援川，客也，黄君一司令部长耳，部长有罪，尚有节制部长者，在川人士当亦自有主持清议者。客曰应诛，为客者当不应如是。伏兵猝攻，迫缴枪械，胁回合城，遽行惨戮，未闻问询一语，主权者对于臣民，尚且无此办法，为客者更当不应如是。既缴枪械，则已去其武力，国与国战时，捕获犹且视俘虏，各因其身分而为待遇之等级，不闻有骈戮之事。省与省并未决裂，而号称援军之为客者，竟已如是。世界既进文明，则刑罚自当单简，汉人之对满族亦未尝有若是之残酷也。不意割舌刳心等事，而号称救同种同胞者则竟如是，嗟乎！该军之所谓大义者如是如是而已。准天理，酌人情，据公法，究应如是，不应如是，还以质之滇军与蜀中之父老昆弟，并以质之各省各国，以求适当之评议焉。①

另外，还有被重庆蜀军政府委为"川南总司令"，而且是事后"调查人"之一的但懋辛后来的回忆，他说：

> 在赴泸州途中遇到胡文澜，他是蜀军政府的顾问。文澜向我介绍滇军黄子和大队长同川南军政府黄方总司令因围攻合江县而发生斗争的过程说："合江县知县因同志军围攻太久，怕见仇不敢开城，而且城内存有盐税银三十多万两怕受损失，望泸州派正式军队去，他即正式交代。黄方与黄子和相约，黄方走水路，子和走陆路，水路快而陆路慢。黄方到合江后，该县知事立即交代。黄方收到银两用原有的驮马驮了，随带兵一营回泸州。因归路系上水，就改由陆路而行。出城几里，遇到滇军黄子和，黄子和已闻知黄方抢先运银两的事，并决定夺取，登时开枪射击。黄方的监务巡防不能抵抗，于是缴枪投降。黄子和令一并押返合江，将黄方及所有官兵一律枪毙。孔阵云、韩砺生、邵正福（另有一人已忘记）等四人在被绑时大吼：才反正就革命党杀革命党，岂有此理！黄闻之，把他们放了。后来滇军回到泸州。防军驻泸州者有九营之多，要报仇与滇军打仗。蜀军政府派我去调解。我到泸州，滇军的李梯团长倒没有话说，而黄子和大队长不接受，指名要你但先生去才愿洽谈。"胡又说："重庆电要我上成都与尹都督联系，路过隆昌，催你赶快到泸州。"和胡文澜分手后，我去泸州。黄子和是我在日本的同学，他进同盟会是我介绍的。我刚到，他就来见我，并说他先不知黄方系同盟会的同志，而今事已经做错了，要我说如何处理才好，他无不依从。我主张他主动的提议开追悼会，治丧昭雪，认罪赔礼，加重抚恤金。黄依此做了。双方撤除警戒，复归和好。②

24 日

▲李根源就西行所闻，密陈"省城军都督府"有关钱泰丰、李光斗、

① 以上见北京《中华民报》1913 年 5 月 1—3 日。
② 但懋辛：《四川辛亥革命亲历记》，《辛亥革命回忆录》第 3 集，第 35—36 页。

黄鉴锋等人的情况。说："月密。源在永平途次，黄鉴锋来迎，随赴曲硐。昨抵永昌。彭蕣、钱泰丰、李光斗等出迎，均开布公诚，激以大义。彭蕣心地无他，人望亦洽，永城反正之始，颇赖保全。此次裁撤各局司，赞成甚力，尤明大义，将来自可量予擢用。钱泰丰、李光斗均粗庸。黄鉴锋人较有才，惟前后密侦，颇难深信。昨已饬黄率所带一营半，至永驻扎，俾易收束。现由守、杨委均已视事，一切款项，经严饬逐一交代。永事粗已就理，其驻永之五营半，到腾再行区处。惟闻腾中现驻有兵十三营，其心不能邃测，彼中人自为计，内容极形纷扰。据沿途所闻，张文光心地光明，颇得人望。其余凭籍［借］较高，及素行不法、名誉太劣者，咸恐不保，颇怀疑惧，有无他志，尚未敢必。沿途惟外孚信义，内严戒备，应付之方，俟到腾相机图之。谨先密陈。根源叩。敬。印。"①

▲蔡锷飞电昭通谢汝翼并译转韩建铎、刘存厚、李鸿祥，"若蜀军自启猜疑，妄行抵抗，我军惟有自由行动，不能复避嫌疑"。说：

幼密。东密。前致各电，计均达。蜀于我军颇怀疑忌，若能和平解决，固所甚望。惟蜀独立后，土匪蜂起，成都十九之变，劫略一空，公私赤立，省外各属，蹂躏尤深。项得蜀军政府电，言新军已成四镇，大约系同志会铺张之词，果使有此多，则械绌饷繁，益难支拄。尹、罗为会匪所劫持，不能镇慑，必有溃裂之时，终为民患，此蜀乱之荼毒生灵者一。蜀省地广民殷，为西南奥区，现北虏袭晋入秦，骎骎向蜀，又闻联豫率兵占雅州，窥成都，西藏叛兵数千至察木多，渐逼巴塘，英人亦增兵入藏。若蜀久未定，万一为敌所乘，既可以扼滇、黔之吭，又可以拊湘、鄂之背，大势岌岌可危，此蜀乱之妨害全局者又一。我军为蜀民计，为大局计，皆不能听其糜烂。而其责全在诸君，万望同心戮力，相机进行。并密商成、渝各军，互相援助。如果联为一气，俾匪乱早平，则或会师北征，或经营卫、藏，皆为急要之图。若蜀军自启猜疑，妄行抵抗，我军惟有自由行动，不能复避嫌疑。将来匪清乱平，终当为全国所共谅。滇、蜀相去窎远，军情未能遥度，惟大概计画如此，望诸君抱定宗旨，一致进行，办理情形，并希会商

_____
① 《西事汇略》卷一，第35—36页。

电告。此间早将川情迭电中央及各省，并请程雪老回蜀主持一切。闻王采臣已回川，此公在蜀颇著声望，如能出而任事，抑大局之福也。滇省刻拟借债，事成当分济川、黔，解目前之困，并闻。锷。迥。印。

25 日

▲蔡锷电陈南京孙中山，滇"拟借外债一千万元，借以扩充实业，并分济黔、蜀军糈"。说："前上敬、效各电，略陈黔、蜀匪乱情形，想蒙注意，未识计划如何？近闻匪势益张，两省蹂躏殆遍，而蜀则军府林立，黔则山口遍开，方以争权夺利为图，决难望其荡平匪乱，不惟民罹涂炭，恐将为外患所乘，请饬中央参谋部速筹平乱之方。如得程雪老回川主持，或王正雅君分兵援应，俾匪乱早平，庶不至牵动大局。今北虏未灭，军事方殷，援蜀救黔，滇军宜专任此责。然滇中兵力尚强，而饷项奇绌，若旷日持久，财力实有不支。现拟借外债一千万元，借以扩充实业，并分济黔、蜀军糈，亦未识能否如愿。惟有请中央政府统筹全局，指示机宜，滇军当勉为其难，不敢卸责。滇都督锷。有。印。"①

▲蔡锷电请陈其美、谭延闿、陆荣廷、王芝祥，迅速解决桂林电局滞延"长江一带来电"问题。说："陈都督长〔阳〕电悉。彼此电报均经月始达，不免有误事机。查敝省至长江一带来电系由桂林转达，请饬由电政总局转饬桂局，务令迅速办理，以收呼应灵捷之效，并希桂都督认真将事。至盼。滇都督锷。有。印。"②

▲15 日，谢汝翼电告"滇军都督府"有关叙府军情。说："富顺匪徒盘踞，绅民屡次求援。二十四日（按：系阴历时间）黄（毓成）支队已派一小支队进攻。韩师长（建铎）于二十五日率步一大队、机关枪营，早由叙向自流井出发。其家眷出叙城约二十里，被匪抢劫，并抢〔抢〕去护兵马枪四支。重庆派来步兵约四百，本日入叙城，与我军尚属（融）洽。援川黔军在资州，亦于十八日早驱逐同志会出城。翼自省出发后，未寄家信，祈冀赓随时将翼之所在，告知家父。翼。沁。印。"

次日，又电告"滇军都督府"说："目前川中情形，除我军及重庆兵

① 以上二电见曾业英编《蔡锷集》（一），第 405—407 页。

② 《申报》1912 年 2 月 5 日。又见上海《民立报》1912 年 2 月 5 日，但日期晚了一天，署为"宥"电。

力所及之外，成都并各州县之公口码头如故，奸淫虏掠如故，假同志会之
猖獗如故。同胞居不安席，寝不安眠，伤心刺目，不忍问闻。叙城附近之
各州县、各市场，纷纷求救之禀，以数十计，其原因皆由无一统一确实完
全之军政府所致。渝蓉军政府之统一，易为解决，唯省城同志军之问题，
颇难对付，因其由哥老、棒匪、游民杂聚而成，不可以理喻，不可以法约，
终不免有决裂之一日。韩（建铎）、刘（存厚）二公，主和平解决，翼深
为赞成，但恐难如愿相偿耳。翼。勘。印。"

又次日，再电告"滇军都督府"说："顷重庆接南京电，称各省已公
举孙逸仙为民国总统，以十一月十三日即位于南京等语。我中央政府成立，
实深欣幸。现成都情形依然如前，加以无知之徒，佥谓滇军侵略四川，非
有中央政府命令，碍难行动。恳请速详电南京，对于川事，须如何处置，
由中央政府决定办法，使川事得早日肃清，以便北伐。翼。艳。印。"①

25 日，蔡锷电复谢汝翼说："幼密。沁、勘、艳电均悉。蜀中匪乱，扰
害治安，我军自当尽力援剿，进止机宜，已具昨回［迴］电。并将援蜀情形
电告中央，请其决定办法矣。接陈副使电，渝军甚望援助，如果能联为一气，
庶可免疑忌而便进行。近北虏袭晋入秦，驶驶有向蜀之势，而卫、藏亦颇不
靖，殊为滇、蜀之忧。各省来电，多望滇、黔、蜀三省合师防御。如早平蜀
乱，当共经营藏、卫，戮力中原，不惟可释蜀人之疑，并可以塞全国之望也。
希将此旨转达韩（建铎）、刘（存厚）、李（鸿祥）诸君。前致尹硕泉、颜雍
耆一电，饬昭通飞投韩师长专送成都，已达否？并询复。锷。有。印。"②

▲李根源电请省城"军都督府"，按新体制"酌核改定"所用"关
防"。说："迴电有奉。临时总统举定中山，民国幸甚。当即布告各军民，
以庆祝新年之日，为庆祝孙大总统举定之期，并悬新定国旗，以彰盛典。
惟源所用关防，有西防国民军总统官字样，似于体制相淆。拟请钧府酌核
改定，并乞另颁关防，以定一尊，而免淆误。师长根源谨叩。有。印。"③

下旬

▲蔡锷以"军都督府"名义，通饬各部院局所兼差人员概不兼薪。说：

---

① 以上三电见《云南辛亥革命资料》，第 350、351 页。
② 曾业英编《蔡锷集》（一），第 408 页。
③ 《西事汇略》卷五，第 6—7 页。

"为通饬事。照得本军都督府成立以来，百端待理，经费支绌，而各项税课多未解到，所有用款，均应力求撙节，以济目前。查各部院局所人员，多有派充兼差者。夫有兼人之才，原应食兼人之禄。惟目下经济困难，不能不稍事变通。现定兼差人员概不兼薪，各官长员司素抱热忱，谅能同济时艰，共体此意也。除通行外，仰即转饬所部，一体遵照特行。"

又以"军都督府"名义，通饬公务员遵守"札发公务员受贿及侵吞款项暂行条例"。说：

为札行事。查旧律，受贿有官吏受贿之条，侵吞公款有监守自盗之律，条分缕晰，判□□□，引用殊嫌其太繁，罪名又不能一致，按之今日社会情形，已不适用。方今维新伊始，即应另订专条，以肃官箴，而儆贪墨。当经本都督饬由法制局拟订，兹经该局就旧有条律，悉心研究，参照各国刑法官吏受贿罪，体察本省社会情形，另行拟订《公务员受贿及侵吞公款暂行条例》，凡十条签呈，经本都督核定，自应通行遵守。至此项条例之施行，于追缴赃物限期之长短，当由裁判官斟酌犯人之境遇而定之，此属于事实问题，不必规定于条文中。其漏报公款数目，系出于经理者之过失，一经察出，尽可饬令更正，无庸遽予处分。若出于恶意而故意漏报者，一经查出，即以匿款论，可援侵吞例处罚之，故条例不复特别规定。又此项条例系属刑法之一部分，将来编纂刑法，仍应一并定于刑法中，目前应即作为暂行条例可也。为此札仰该　，即便遵守勿违，并转饬所属一体遵照。切切。特札。计发条例　份（条例登规章类）。①

公务员受贿及侵吞公款暂行条例

（一）公务员（即依于法令从事公务之官绅士庶）于其职务收受贿赂或为要求及约束者，处二月以上二年以下之禁锢，附加二十元以上二百元以下之罚金。因而为不正之行为或不为相当之行为者（即枉法），处四月以上四年以下之禁锢，附加四十元以上四百元以下之罚金。

（二）司法官吏于民事裁判收受贿赂或为要求及约束者，处三月以

① 以上二命令，见《云南政治公报》第 1 期，1912 年 2 月 11 日。

上三年以下之禁锢，附加三十元以上三百元以下之罚金。因而为不正之裁判者（枉法），处六月以上六年以下之禁锢，附加六十元以上六百元以下之罚金。

（三）司法官吏及警察于刑事裁判收受贿赂或为要求及约束者，处四月以上四年以下之禁锢，附加四十元以上四百元以下之罚金。因而为不正之裁判者，处八月以上八年以下之禁锢，附加八十元以上八百元以下之罚金。

（四）前数条所载之贿赂追缴之，若系金钱以外之物品或已消费之者，则追偿其价额。

（五）犯前一、二、三条之罪，因而致人于死伤者，照各本条所定之刑期金额加一倍处罚。

（六）下属官吏收受贿赂长官知情故纵或通同舞弊者同罪，未知情而止失察者分别记过、罚薪或撤任。监征员或稽查员有前项之情者，其处罚亦同。

（七）交付提供贿赂于各官吏或为约束者，处三年以下之禁锢，或三百元以下之罚金。

（八）知犯前数条之罪而为之居间说合及过付者，处二年以下之禁锢，或二百元以下之罚金。

（九）凡公务员侵吞公款（国币及地方款），除追缴外，处二月以上二年以下之禁锢。管理公款有藏匿不报者，照前项处罚。

（十）以上各罪之未遂犯、从犯及自首者，得酌量减轻其刑。

又颁布《陆军缺额不报侵吞饷项暂行律》。说：

一、凡军营缺额，不报侵吞，饷入己，不问银数多寡，犯者皆斩。

一、凡本营专管官及统辖官与本犯通同舞弊分赃入己者，与本犯同罪。若仅钤束不严，失于觉察，并无通同舞弊者，酌予赔罚、记过、撤差。若知情容隐不行举发者，酌予赔罚外，即行撤差，处以二年以下二月以上之禁锢。

附订稽核办法。

一、各营按月造报截旷银数表分晰注明事由日期，不得稍涉含混，并按月造具什兵花名箕斗清册，连同截旷表分报该管统辖官暨军都督府参谋部，以备参考。

一、各营专管官务须随时赴各哨点验，并宣告军律。

一、同驻防所及邻近各营，准其互相稽查，如有何营舞弊，互相举发，禀候查办，但不得挟嫌捏报。

一、该管统辖官应不时分赴各营，亲自点验，或派委员密往抽查，按照该营月报表册，详细考验，不得徇隐。

一、各营专管官及统辖官务认真稽查，以期弊绝风清。倘放弃职务，不随时查察举发，一经军都督府查出此等弊端，或别经发觉，定严行究治。如其实心任事，不避劳怨，著有成绩，本军都督府亦必加以奖励，以示优异。

一、以上系暂订办法，如有未尽事宜，随时增订。①

又札复云南临时省议会，查照军政部"所呈条件办法"施行。说：

为札复事。前据议会质问该会议决李师长（按：指李根源）条陈各节，呈请本军府核夺公布施行，月余未复批答一案。当以此案前经批饬军政部核办，尚未据［具］复，兹复行饬该部迅速核办具复等情批复在案。兹据军政部签称，查前奉发此案到部，因头绪繁多，非一报告所能赅括，业经次第札饬举办及拟定条文，呈请核定公布施行在案。正拟并案签复奉批前因，谨逐条缕注办法，签呈查核等情前来。本都督复查无异，合将所呈条件办法，抄具清折，札复议会查照施行。须至札复者。

计发清折一扣。计开：

一、各县公费。按：此条业经呈请核准公布施行。不独州、县公费，全省文武官吏均规定公费在案。

一、各属裁革房书，分科办事。按：此件已拟定州、县分科办事章程，并讼费章程呈核在案。

一、各属钱粮杂税，由参、议两会绅士监收。按：此件已实行，维监收改为监征。因征收、报解系属地方官专责，故于监征员章程中明白规定由地方官征收，由议会举定监征员监视征收，并查核有无浮

---

① 以上二《规章》，见《云南政治公报》第 1 期，1912 年 2 月 11 日。

收及漏报陋规，随时禀办。

一、监收确定二员，由议会投票公举，津贴酌给八元以上十二元以下。按：此件已于监征员章程中定为每属一员，由议会举定，由司札委，津贴每月四元。因各属自行禀定津贴，以此数为酌中也。

一、征收钱粮，尚有串票等款应准征收，但其数若干应提归公用，每月册报榜示。按：此件系为提陋规归公起见。查陋规名目甚多，即钱粮中之陋规亦不仅串票一项，业于监征员办事章程中历指各项陋规名目，饬令详细查明禀复，以期分别裁留，涓滴归公。

一、征收钱粮，以银元上纳。按：此件已呈请核准，通饬遵办。以银一元作库市平七钱二分，其向收钱粮税厘，以一元五角作一两计，合银元一两零八分，内系正银一两升补，平色八分。现仍照旧征收，通省一律，以便民商，而昭划一。

一、随粮征收积谷一项，本年迭受水灾，应请缓办。至夫马团费应照该会原议之案办理。按：此件原案系以夫马团费拨作办团之用，俟撤团再行解省。查现在各属借口办团，纷纷挪用应解之款，势将报解无人，省库何以支付？已通札不准支用正款，其造报到省者，分别准驳。并通饬酌量情形，裁撤团丁，以节费用。则此项夫马团费，自应仍行解省。至积谷一节，钧府前经通布，所有各属应征本年积谷钱文，一概停止在案。

一、各属牲酒税、肉税、升斗税、府县百货税，应照旧额实收实解，已提归地方公用者，仍照案办理。按：此件现在各属均照旧办理。

一、各属陋规，前经具报有案者，应全数解省以外，不许需索分文。按：此件已规定于监征员章程，凡已报未报一切陋规，监征员有调查禀报之责任，以便分别裁留，充作公用。

一、各属因案罚款及讼费充公之款，应行分别办理。按：此件讼费既已规定章程，充作公用。维因案罚款系由各州、县承审员随时因案判罚，并无一定数目，现拟札饬各属按月造报，听候拨充公用。至赎罪银两，照旧解缴民政司。[1]

---

[1]　曾业英编《蔡锷集》（一），第421—423页。

又颁发《严禁公口山堂告示》。说：

为出示严禁事。照得开山设堂，结盟拜会，在当初时候，都是为宗国沦亡，异族专制，不敢显然反抗，故苦心志士组织一种秘密的社会，抵抗恶政府，其用意很好的。但是日子久了，越聚越众，伙党太多，流品太杂。有一种狡黠的，借了此种名目，哄骗良家子弟，磕诈钱财；有一种凶悍的，结党成群，奸淫抢掠，毫无一点人理，这两种人，便失了原来的宗旨，不能算为良民了。清朝的官吏，捕风捉影，种种的苛虐，你们是不甘心的。于今清朝也亡了，共和政府也成了，无论贵贱贤愚，只要守得正当的法律，造得相当的学识，个个都是平等的，个个都是自由的。你们岂不是同胞么，大家趁此时代，要努力为一个良民，不要蹈从前的覆辙。如不晓得改过，私立名目，私结党羽，扰害一般人民，这真是法律不能容了。现在本都督府订定了一种惩治律，剀切的宣告你们，从今以后，父戒其子，兄戒其弟，未入会的，勿再失足，已入会的，早早回头，只要改得前非，就是一个好人。从前的公口山堂等名目，都要一律解散，那些票布标识，都要自行缴出，或缴归地方官，或缴归巡警局，或缴归自治局，就将那票布销毁了。销毁了这票布，做一个新国民，岂不快乐呢？你们试想想，这惩治律一定要实行的，你们若不晓得利害，执迷不悟，隐瞒票布，不肯缴出，或已经缴了，还不肯解散会党的名目，一经别人告发，或被地方官查觉，本都督府只有按律惩治一法，你们也改悔不及了。思之思之，各有天良，各有父母，各有妻子，良民不做，做一个匪类，生被人骂，死受刑戮，值乎不值！除通令严密查办外，为此出示晓谕，其各懔遵勿违。切切。特示。

惩治律附列于后

计开：

第一条　凡群众聚合立公口，开山堂，歃血订盟，结拜弟兄，图谋不轨者，从下之区别处断：（一）首魁处死刑；（二）参与谋议，居该党重要之职者，永远监禁；（三）其他从事于诸种职务者，处十年以上十五年以下之监禁；（四）附和随行其他干预公口山堂事务者，处五年以上十年以下之监禁。

第二条　若抗官拒捕，持械劫抢等情，不分首从，均处死刑。

第三条　虽无图谋不轨及抗官拒捕、持械劫抢情事，而与聚从［众］歃血订盟、结拜弟兄者，分别查照第一条各款所定之刑减一等处断。

第四条　将有意谋开公口山堂时，曾由该管地方官及警察命解散而仍不解散者，为首者处十年以上十五年以下之监禁，为从者处三年以上五年以下之监禁。

第五条　邻里宗族及团保首人知情而不告发者，处一月以上一年以下之监禁，或处一百元以下之罚金。

第六条　知有犯第一、二、三、四条之罪，而给与场所、器械、金谷者，处三年以上五年以下之监禁，或一百元以上三百元以下之罚金。

第七条　犯第一、二、三、四条之罪，于未发觉之前而自首者，得免除其刑，仍责令该地警察或团保随时监视。

第八条　其被胁迫而入会或出钱者，不论罪。①

按：蔡锷这时对哥老会之类的"公口"，基本持仅有"流弊"的负面看法。因此，与孙中山、黄兴有所不同，对其采取了戒备、限制，甚至镇压的措施。其实，公口的是非也是随着时势的变迁而变化的。1914年4月8日，尚在云南大理省立第二中学求学，后来成为中国共产党早期党员的王复生烈士，在这天的日记中表达了这一看法，他说：

> 记吾人现今后日有一最重要当注意之大问题甚可忧焉，即不名誉、无知识之叛乱是也。今试执途人而询之，曰：现世女所崇拜之伟人维何？必佥曰：孙、黄。则是虽妇孩脑海中，孙、黄之名誉，已轰震无不遍矣。间有一二野心家，今时号召为乱易，亦可忧焉。夫孙、黄首倡革命时，联络哥老会分子，其流弊遂致于今日。时有匪徒假二公名

---

① 曾业英编《蔡锷集》（一），第481—483页。该书依其发表于《滇南公报》1912年3月2—3日，系于2月，据下文李根源有关呈文可知，实际应发出于1月，甚至更早。又见《文告》，《云南政治公报》第3期，1912年3月1日。《云南政治公报》题为《军都督府通谕开山设堂会党从速解散白话告示》，而附列于后的"惩治律"，又见《法规》，《云南政治公报》第3期，1912年3月1日，题为《军都督府核定开公口山堂惩治律》。

义号召煽乱，然其咎不在二公也，二公之联络哥老会徒，不得已也。当清之季，专制手段森严无既，对于革党特为尤甚。二公斯时既无其位，又无其力，欲举事也，岂不忱忱乎难哉。且欲举事则羽势不可不众，而当时复不敢明目张胆号召同胞，顾吾国民中分子占大部分者为哥老会徒，概自郑成劝倡哥老会于台湾后，此风浸入廿余行省外，无处无其势力，故联络之，以张吾势力而图成功。夫孙、黄岂不知哥老会分子半系游手之辈，不能裹赞吾志，其所以如此者，不得已也，且斯会分（子）未必尽皆无识游民乎。清末叶，举事不克者数矣，死志者半属博识志士、怀才君子，而哥老会徒亡命者亦不乏人，可见哥老会中志士亦复不少焉。旧岁河南、江苏、浙江、福建、巴蜀及榆郡之叛，虽属哥老会之滥觞，然亦属乎改革建新建之公例而不可逃焉。①

▲李根源为解散榆城各会公口事，发布告示一件及呈蔡锷文多件。其告示说：

> 为剀切劝谕事。照得去逆效顺者人心所同，然拨乱反正者改革之宗旨。此次兴师建义，实合二十二行省诸同志雷迅霆击，风起云涌，排除满清，光复故物，建立民国，布政共和，固为各省之哥老、三点、大刀等会公认为异流同源也。查哥老等会之缘起，实肇自明末之郑成功不甘以异族蹂躏中原，故以结盟拜会，倡义集合，冀图恢复。事虽未济，而义声曼［蔓］衍，深入人心，久之而有川楚之役，又久之而林清、洪秀全、张总愚辈后先继武，类能招揽豪杰，崛起纷争。推原其心，皆不愿受满清之羁勒，咸思起而代之。维时每借结义弟兄，拜会纠集，不幸屡起屡蹶，竟尔赍恨以终。虽归于人谋之不臧，而其联合同党、翦灭胡人之心，固未可湮没也。本总司令抚今追昔，惩后惩前，故于归自东瀛，参预军事，亦即号召同志，以期同心戮力，克迪前光。今幸天运绝胡，人心思汉，义师飙举，多士云从，排满之志愿已偿，光复之目的已达，苍山翠海，扫尽逆氛，金马碧鸡，焕兹壮采。

---

① 《王复生烈士日记之一——求己斋主人甲寅日记》，《云南档案史料》1991 年第 3 期，第 7—8 页。

凡我滇人，自必欢欣鼓舞，共尽国民之义务，增我祖国之光荣。从前所磅礴郁积，不克展布者，现已发扬蹈厉，可倾心吐胆而行之，更何事有秘密之举动，而再结盟拜会，自相疑贰耶。且既立共和民国，应取大同主义，无所用其竞争。若更以拜会，分立党徒，则心迹不见光明，情意未免隔阂。设或有人用间以谋我，恐阋墙者不为御侮，同胞转为仇敌矣。而况夫人类不齐，薰莸难辨，倘有行为不正、妨害治安者，能不为社会之公敌，而执法相绳耶。本总司令前本极力赞成此举，然而揆时度势，有不得不为吾党正告者。拜会之手续，实为排满之机关，在昔日为有病之呻吟，在今日则为无病之狂易。爱国家者必能力顾大局，解散而廓清之。若再沿习旧日之名词，坚执旧日之主义，是必懵于时务，见解不同，抑或别有所图，宗旨不合。本总司令有维持治安之责，断不能不筹对待之方。公义所在，国法无私，与其贻悔于事后，而贻团体羞，何如改悟于几先，为大局计乎！为此，出示劝谕诸色人等知悉，须知秘密结社集会，必有与为敌者而后协以谋之，兹国仇已复，民贼已除，更无构难时期，渐享自由幸福。此后宜抱持民国主义，各思同仇敌忾，以与异己者周旋，切勿自相猜嫌，仍沿拜会之旧习。自出示之日起，凡以前所有各会名目，一概取消，所卖之自治同志会等票纸，克日自行消毁，断不可再执意见，以便私图。滇省地方边瘠，凡所建设，来日大难，吾人并力经营，尚恐瞠乎其后，而岂可同行异趣，暗生阻力耶。本总司令开诚布公，苦口劝导，明白事理者，当能默喻苦衷也，其各遵照勿违。特示。[①]

其呈文之一说：

[①] 《西事汇略》卷六，第49—50页。有研究者依据《申报》1912年2月8日刊载的《劝禁结盟拜会公告》，将其定为蔡锷颁布的公告，收入岳麓书社2015年版的《蔡锷集外集》中（第122—123页），显然有误。内容的不同如下。一是此文中的"改革之宗旨"，彼文为"政治之原理"；此文中的"兴师建义"，彼文为"义师革命"；此文中的"光复故物"，彼文为"光复汉族"；此文中的"本总司令"，彼文为"本总统"；此文中的"亦即号召同志"，彼文为"倡设同志会"；等等。二是此文的"本总司令前本极力赞成此举"一语，彼文在"本总司令前"之后是"本会中首领，极力造成此举"。但是，这些文字差异，并不足以说明它们分属于蔡锷和李根源两人，而仍只能说明它是李根源的，因为第一，蔡锷并不自称"本总统"；第二，倒是蔡锷委任过李根源为迤西国民军总司令；第三，孙中山当选为南京临时政府大总统后，李根源曾亲自请求取消这个"总统"称号，以免与孙中山的尊号混淆（见以下1912年1月19日蔡锷复李根源电）。

窃查榆城去年九月反正以来，无论绅商学界，往往托名自治，并以稽查匪类、保卫地方为词，各结团体，开立公口，各会名义，则有义字复兴公口，礼字川云公口、同协公口、同心公口，实则哥老举动，大害地方安宁。当经出示劝禁，立即解除。适奉钧府颁发开公口山堂惩治律八条，诚恐遁迹，未能周知。又经照抄多张，遍贴晓谕。复经谕饬驻榆代理第七联长缪嘉寿妥为宣布，切实劝导，各种公口均皆遵照取消，一律解散。所有各公口会内图记、票纸，除已自行焚毁外，并据缴到迤西自治会引九十八本、同兴公联二票二十七本、迤西自治会总局图记一颗，暨各项总理代表小图记四颗，均由缪联长取具各公口遵示解散甘结三张，一并呈送前来。除将甘结备案，并将会引、会票、图书咨送军政部核明涂销外，所有榆城各会公口一律解散缘由，理合呈报钧府俯赐查考。此呈。

其呈文之二说：

窃照设立公口，实为盗贼社会，若不严为禁止，何以保卫公安。迤西幅员辽阔，良莠不齐，反正以还，开山设堂，烧香拜会之风，尤为倡炽，曾经剀切示谕，劝导禁止，复派委员密查，宣布解除，先后解散多起。并据缴呈会引、会票、图记、名片、诗笺各件，均已呈报各在案。兹续据代理第七联长缪嘉寿报告，现又劝谕解散强华公口一起，并据自缴强华公名戳及大小方条木质图记共十九颗，敢死会序则一本，强华公名片暨票布各一束转呈前来。除咨缴军政部核明销毁外，所有续行解散强华公口缘由，理合呈报钧府俯赐查考。为此，呈乞照验施行。此呈都督。①

26 日

▲蔡锷电陈南京孙中山，武昌黎元洪，长沙、安庆、福州、广州、杭州、苏州、上海、南昌、九江、西安、桂林、贵阳各都督，此时与袁世凯"无和议可言，惟有诉诸兵力耳"。说：

和密。谭都督咸电，鄙意极为赞同。现民国中央政府已成立，大

① 以上二呈文见《西事汇略》卷六，第50—51页。

总统已举定，民主君主问题无复有研究之价值，此其一。国民会议袁世凯欲于北京开议，又欲各省、州、县公举代表，无非为狡展播弄之地步，以充彼战备，懈我军心，此其二。主张共和，殆全国一致，所反对者惟少数之满清奴隶耳。设开会议而堕袁之狡诈，守定君主国体，则各省必不肯承认，战祸终无已时，仍拥戴满清为君主，固理所必无，即别以汉人为君主，亦事势所不容，故君主国体为中国今日所万不能行，必强留存此物，将来仍难免第二、三次之革命，此其三。唐使签定之约，而袁不承认，方在停战期间，而北军袭取颍州，进攻陕州，在清廷亦并未决议，和洽其中，故此时直无和议可言，惟有诉诸兵力耳。至作战计划，孙、陈各都督所见皆甚是。滇处僻远，未敢遥度，惟有亲率精兵，结合黔、鄂，长驱伊、洛，期共戮力中原。进止机宜，敬候中央指示。滇都督锷。宥。印。①

又电陈孙中山、上海黄兴、武昌黎元洪、九江马毓宝暨各省都督，滇军将"专事北伐"，并受黄兴、黎元洪"两元帅指挥调度"。说："马都督（按：指江西都督马毓宝）电悉。备多力分，伟筹极佩。望黄、黎两公，决定进行。滇军牵于川乱，未能即刻会师。现更挑选精兵，现［组］成第三师团，添配机关枪械，专事北伐。已饬到前途，受两元帅指挥调度矣。滇都督叩。宥。"②

▲1月22日，贵阳军政府电复蔡锷，对四川会党的干涉，"未免稍急"，主张成、渝问题应"听之中央支配"。说：

贵部昭通尤电（按：指1911年12月30日谢汝翼致云南军政府电）哥匪云云，想已早达钧鉴。成都与敝处，至今尚未直接通讯。由各家私缄测之，大乱方殷，前之秘密会党，不免乘时蔓延，当事者虚与委蛇或有之，似当不如尤电之甚。贵部热心救济，甚佩高谊！但干涉次第，未免稍急。昔汤征葛，三使往问，始终不改，然后义师随之。就令成都确如黄部（按：指黄毓成部）所言，尤当禀承［陈］我公，先由政府尽朋友之谊，劝其改良，果其不可收拾，殃及

---

① 上海《民立报》1912年2月5日。据《临时政府公报》第10号，1912年2月8日校。
② 曾业英编《蔡锷集》（一），第411页。

邻省，义师之出，始无訾议。万一贵部云云不免传闻，则驷不及舌，如蜀中父老感情何！又前接钧电称，专认重庆①协同定乱等情。鄙意蓉、渝至今尚未交恶，似可权宜相安，听之中央支配，不必深求，致启兵衅。大抵蜀中事，仍须听蜀人自主张之，力有不及始为助。我公以为如何？②

26 日，蔡锷电复贵阳军政府枢密院，表示在会党问题上对成都军政府督责确实"未免过激"了。说："养电敬悉。无任佩仰。此次蜀省举义，初为赵尔丰所钳制，受祸独深。反正之初，借资会党，亦事势使然，其功正不可没。援蜀滇军初到叙府，见商民颇受匪徒滋扰，悯商（按：此处疑有脱字）遂于蜀军政府有深加督过之词，实则未免过激。迭经电令破除畛域，以副援蜀初心。现已与成、渝两军互相联络。日前分兵向自流井，亦系从蜀军之请，想蜀政府已将详情电达尊处。黔军亦于十八日进资州矣，并闻。滇都督锷。宥。印。"③

又飞电昭通谢汝翼并转韩建铎、刘存厚、李鸿祥，请妥为照料保护旅滇川人公举的回川代表。说："旅滇蜀人公举王哲夫、张左丞、周问余、魏怀相、孙树猷诸君为代表回蜀，意在通滇蜀两军之声气，解释猜疑，以期一致进行，共维川局。到时务望妥为照料保护。凡关于川中事务，并须与接洽协商，是为（至）要。都督府。宥。印。"

又电告大理李根源，蒙自罗佩金，昭通韩建铎、谢汝翼，威宁李鸿祥云南减薪办法。说：

> 云南夙称瘠壤，政费所出，多受协济。近因各省举义，协饷遂停，财源顿涸。吾滇自反正以来，整理内治，扩张军备，经费骤增，入不敷出，深恐财政支绌，不足以促政治之进行。惟有约我同人酌减薪俸，以期略纾民困，渐裕饷源。
>
> 现拟定军官薪俸办法。上等一级四［月？］俸六百两，以二成支发，实银一百二十两；二级四百两，以三成支发，实银一百二十两；

---

① 原注：当时该地都督为张培爵。
② 《贵州辛亥革命资料选编》，第48—49页。此电原未署日期，由以下蔡锷复电知为"养电"。
③ 曾业英编《蔡锷集》（一），第411页。

三级二百五十两，以四成支发，实银一百两。中等一级二百两，以四成支发，实银八十两；二级薪俸一百五十两，以四成支发，实银六十两；三级一百两，以五成支发，实银五十两。次等一级五十两，以七成支发，实银三十五两；二级二十五两，以八成支发，实银二十两；三级二十两，以八成支发，实银十六两。额外十六两，以八成支发，实银十二两八钱；司书十二两，以八成支发，实银九两六钱。兵士饷银仍照旧额。其各文官由军政部仿照此表，按级酌定，呈核施行。

　　窃念滇中反正，得诸君同心戮力，共济艰难，本应颁厚糈以酬劳绩。惟诸君素明大义，共体时艰，即前日举义与现在奉公，本以求群众之幸福，而非为个人之荣利。此次减薪办法，谅无不乐赞其成也。特此通电，希即查照，转饬周知。都督府。庚。印。辛亥腊月初八日。[1]

又以"军都督府"名义通饬各属"一体遵照"《云南军都督府酌定薪俸等级成数表》规定办理。说：

　　为通饬遵照事。照得云南凤称瘠壤，政费所出，多受协济。近因各省举义，协饷遂停，财源顿涸。又吾滇自反正以来，整理内治，扩张军备，经费骤增，入不敷出，深恐财政支绌，不足以促政治之进行。惟有约我同人酌减薪俸，以期略纾民力，渐裕饷源。现拟定军官军佐薪俸办法，另表札行。窃念滇中反正，得诸君同心戮力，共济艰难。本应颁厚糈以酬劳绩，惟诸君凤明大义，共体时艰。即前日举义与现在奉公，原以求群众之幸福，而非为个人之荣利。此次减薪办法，谅无不乐赞其成。至各文官薪俸由军政部仿照此表按级酌定呈核施行。兵士饷银仍照旧额合亟通饬。为此札仰该部即便转饬所属一体遵照，并将各文官薪俸迅速酌定，列表呈候核夺。切切。勿延。特札。计札发薪俸表一张。[2]

---

[1] 以上二电见曾业英编《蔡锷集》（一），第412—413页。
[2] 《命令》，《云南政治公报》第 1 期，1912 年 2 月 11 日。

云南军都督府酌定薪俸等级成数表

等级	上等			中等			次等			额外校尉	司书生	备考
	第一	第二	第三	第一	第二	第三	第一	第二	第三			
官阶	正都督	副都督	协都督	正都尉	副都尉	协都尉	正校尉	副校尉	协校尉			弁护目兵匠夫饷银仍照旧章支发
原定薪数	六百两	四百两	二百五十两	二百两	一百五十两	一百两	五十两	二十五两	二十两	十六两	十二两	各文职官吏薪俸由军政部照此表等级酌定，呈候核夺
酌定成数	二成	三成	四成	四成	四成	五成	七成	八成	八成	八成	八成	
实发银数	一百二十两	一百二十两	一百两	八十两	六十两	五十两	三十五两	二十两	十六两	十二两八钱	九两六钱	

但是，后来的北京中央政府却无法如云南一样，推行减薪措施。有报载说："北京电：各部司员本拟减薪为六十元，部员大反对。赵谓二月份各省地丁预计月内可到，议从缓减。"①

▲李学诗、张汉皋电告李根源，"顺宁、云州土匪如毛"，要求添哨成营。说："两奉有电，饬领一营两哨薪饷，自应遵办。诗、皋深知饷绌，何敢一再琐渎。只以顺宁、云州土匪如毛，缅宁远在五程以外，诗、皋再四筹量，力求节省，请留两营，以两哨住顺城，一哨住右甸，以两哨住云州，一哨住缅宁，不过只添一哨，补足两营，请补发一哨枪械，庶使顺宁全局，无复缺憾。乞再酌核示遵。再，邵华一营，请留一哨，其应裁者因以前饷银未到，不能即裁，已派第二营帮带白芝璞赴腾请领前此饷银，诗到任以后，薪饷似应概由师长处核发，每月应发若干，请速电示，以便具领。学诗、汉皋同叩。寝。印。"

同日，李根源电复李学诗、张汉皋，省军府"不准多增一兵"。说："寝电悉。添哨成营，俾足分布，亦见苦心。惟军府迭次来电，均以饷项奇绌，不准多增一兵，强以为请，万难照准。源意拟于分驻营哨中，酌量抽出匀扎，未始非计。至到任以后应领薪饷，仍请查照巡防饷章，就现有员弁、兵夫核数具领来榆，以凭饬发。此复。师司令部。宥。印。"②

▲蔡锷电复李根源，准由云龙为殉节故母，"在籍建坊，以式乡闾"。说：

> 案据该师长电呈，据中学堂监督由云龙禀称，九月初，四川宁远土匪张耀堂围攻郡城，先母李氏年六十七，见事急，于九月七日以药殉。今葬期将近，倘蒙转电军府，得我新中国一命之褒，存殁俱感等情。查该监督之母，守节多年，临难复以身殉，贞操义烈，洵属可风，请酌予褒扬，以风巾帼，并乞速饬核议示复，以便饬知等请，转请前来。当即饬由登庸局核议具复。旋具复称，查该由李氏，籍隶滇西，侨居蜀北多年，守节志，励柏舟，阖境称贤，垂训获画，方庆家山光复，常怀悱纬之心。忽惊寇盗，披猖遂殉，磨笄之节，宜崇褒典，用示旌扬。拟请钧赐匾额，准予在籍建坊，以式乡闾。并饬由绅云龙详

---

① 《专电》，《申报》1913 年 2 月 28 日。
② 以上二电见《西事汇略》卷一，第 34、33 页。

具伊故母行述，备志史乘，而树女型。是否有当，伏候鉴示施行等由。据此，应即如议办理，赐予"贤节可凤"四字。除饬登庸局注册外，仰该师长即便转饬遵照。此行。计发匾额四字、印花一颗。①

27 日

▲中旬，报载蔡锷组织北伐队。说："滇都督蔡公以满酋未灭，北方未清，总非我等安宁之时。滇省兵力虽单，北伐讵可再缓，特由滇赶速组织北伐队，即日出征。其组织之法，系拨训练成熟之新军一标，并干部学校之学生，与前月云南学界组织北伐队，一体编成。又分陆军北伐队、学生北伐队、志愿北伐队，并委唐继尧、庾恩旸带领，一俟稍为就绪，即行开拔。"②

北伐队初拟取道永宁、泸州，会合援川滇军两梯团，由重庆出秦、晋，以趋燕云。其间，受贵州宪政党人"密遣"代表戴戡到达昆明，会同旅滇黔人周沆"效秦庭之哭"，请滇军援黔平乱，"滇都督轸念黔人，不分畛域，乃允北伐军道出贵阳，代平黔乱，爰与代表订定援黔条约"（按：迄今未能见该条约），议定"改道贵阳，代平匪乱后，相机进行，或由遵义出重庆，或由湘鄂出荆襄，以势而定。爰调查由昆明至贵阳行军计划，制表宣布准备。出师准备完毕，择期民国元年正月二十七日，齐集省城承华圃，蔡都督亲临郊天誓师"。③ 其词曰：

大中华民国元年正月二十七号，滇军都督蔡锷暨滇军北伐司令官唐继尧谨具豚、羝、清酒诸品，敢昭告于上天神后、始祖黄帝之灵曰：
唯我汉族，抚有此土，惨淡经营，历宗与祖。
惟祖有德，惟宗有功，四夷八蛮，罔不率从。
祖宗神圣，传子传贤，不私君位，曰命自天。
秦汉而后，帝制自为，牛马奴隶，平民当之。
然犹可曰，是我汉裔，玉步改更，此兴彼替。
运衰典午，陆沉神州，中原名士，不善自谋。
南北分朝，不思进取，长江天堑，偏安自诩。

---

① 《西事汇略》卷六，第48—49页。
② 《云南兵气录》，上海《时报》1912年1月29日。
③ 庾恩旸：《云南北伐军援黔纪事》，《贵州辛亥革命资料选编》，第378页。

有唐统一，突厥胚胎，迄于天宝，祸极胡埃。

五代石晋，称侄称臣，苟贱未已，割我燕云。

赵宋右文，受祸最酷，怀愍再见，宗社遂屋。

天厌汉人，佑及蒙古，几于百年，娲石谁补？

明祖雄杰，还我河山，千秋万岁，方期永延。

不图满虏，犬羊贱种，蹈瑕抵隙，天骄天宠。

自是而后，厉行专制，文字兴狱，增加赋税。

欧潮东来，不能闭关，图治乏术，弃地撤藩。

上下贫窘，外债倍热，君主立宪，情见势绌。

民军革命，应天顺人，希踪汤武，借鉴欧邻。

首难以来，十有七省，闻风响应，积愤难忍。

燕京发发，已不终日，甘冒不韪，乃有袁贼。①

螳臂挡车，龙蓥为瑞，虏酋昏庸，不知自计。

我滇万里，僻处西南，光复而后，巨任再担。

匈奴未灭，何以家为？古人如此，我志奚疑。

别我父老，率我昆弟，秦风歌咏，袍泽同忾。

万众一德，一德一心，兵兴以义，虏无坚城。②

浑浑我旅，钖盾雕戈，如貔如虎，十万横磨。③

大地三春，蛟龙起蛰，机会成熟，不烦驰檄。

兵行首月，雨雪载途，功成淮蔡④，以讫天诛。

天道好还，炎黄翌运，师行以律，古有明训。

载告我旅，无即于欲，无逸于骄，保此武德。

道行经迥，为黔为川，任务所在，期必尽焉。

寡可敌众，弱可敌强，不寡不弱，何用不臧。

我祖黄帝，在天有灵，保兹子孙，大告武成。

---

① 原北伐队参谋长兼支队长庚恩旸 1912 年 9 月写成的《云南北伐军援黔纪事》一书将此四句删除了。

② 以上四句据《云南北伐军援黔纪事》补入。似原分二处，从全文顺序看，似以置此为宜。

③ 以上二句顺序据《云南北伐军援黔纪事》改正。

④ 此句《云南北伐军援黔纪事》作"直抵黄龙"。尚有其他个别互相出入的字句，因不妨原意，不一一指出。

今当出发，誓师于郊，神其降鉴，太羹清醪。①

▲又电告贵阳赵德全，滇军北伐队拟出湘、黔。说："电悉。敝处北伐队已派参谋部次长唐继尧为司令官，原拟取道蜀中，督率援军，共出关陕。嗣接湘都督电，朱道盘踞镇筸，颇为湘军牵掣，故滇军拟出湘、黔，顺道促其反正。近闻黔中匪势甚炽，遵义、大定皆抢掠一空，滇军到贵阳时，若贵军约其暂驻一二日，以资镇慑，滇军自当尽力。若恐人民惊疑，则滇军即行通过，决不逗留，万望宣示人民，共释疑虑。滇、黔、蜀三省北伐联军总司令，请由尊处及四川推定，敝省无不赞成，此复。滇都督锷。感。印。"②

赵德全随即电复蔡锷，婉拒滇军北伐队入黔。说："元电敬悉。敝省自反正以来，党见尚未全消，各拥兵力。徒以首事诸人尚有维持大局之心，兼以形格势禁，莫敢先动。故两月以来，暂得无事。近来势〔事〕机日逼，又有借外间兵力干涉内部之意。东日密电之来源，大概不外乎此。此件未经众人核定，不知何人所发，亦不知是何内容。就目前情形而论，省内则互相维系，莫敢犯不韪以取大戾。然或有外兵入境，则势有偏重，大乱即在顷刻。故贵省垂念之殷，感激不尽，至大兵之来，尚请暂作罢论。如敝省实有不支之时，自当由府、院及各界士民合辞吁请。至省外各处间有不靖，现杨都督巡视下游，张院长巡视上游，已渐就绪矣。"③

关于蔡锷允准滇北伐队取道贵阳，"代平祸乱"的由来，有以下多种记载。

第一，黎元洪与赵德全的来往电报。1 月 6 日，黎元洪致电贵州杨荩诚、赵德全说："顷阅报章，载贵处立法、枢密两院各树党援，想两都督深谋远虑，必能防微杜渐，消弭无形。尚希详示为祷。"

24 日，赵德全电复黎元洪说：

> 来电敬悉。黔省党派发生于谘议局成立之年。是年春间，自治学社成立。九月中旬，宪政会成立。两党皆以催促宪政进行为宗旨，但

① 上海《民声日报》1912 年 2 月 22 日。
② 曾业英编《蔡锷集》（一），第 416 页。
③ 《贵州辛亥革命资料选编》，第 49 页。此电原未署日期，由电中所述内容和以下蔡锷复电推断。

自治主急进，宪政主渐进，而尤有异者，宪政多贵绅，自治多寒士。以此之故，意见日深，时有冲突，至独立后数月，竞争尤急。我省举义之后，长沙继之，自治中人密谋响应，而为宪政所发，互相猜忌，不可终日。乃有党外数人，出为调和，期以不相倾陷，始终相安。德全时在新军，与同志预备举事，自治中人来相联合，遂于云南独立之后，合力成此事业。事定之后，德全在都督府任军事，自治党魁张百麟为枢密院长，任行政事。张以事体甚大，惧党人不克负荷，乃与宪政党解仇，引其党魁任可澄为副院长，期以共济时艰。而党员多数未能消尽畛域，仍复暗斗，变态百出。枢密、立法两院，两党皆各有人，仍为两党之竞争，而非两院之竞争。是时，杨都督在省，德全除军事外，一不过问。九月念日，杨都督为赏贵事，为新兵镠镉委过张院长，张几被戕害，因与杨大起意见。旋由绅众调停，杨都督东出助战，张院长西上平匪，始得无事。德全于是代理正都督，始与两院交涉日密。两党争激烈，危机四伏，智尽力穷，无能和解。目前，两党皆各具[有]兵力，即新军将士，亦皆各有偏重。代理以来，奇险迭生，德全制驭无术，告退不能，茫茫前途，诚不知税驾何所。苟无外兵到来，尚能保持和平。除电告中央，请大总统指示办法外，因我公之垂询，始敢略陈大概，尚望我公有以见教，黔人幸甚。①

第二，1月13日，英国驻昆明总领事额必廉函告驻北京公使格雷说："来自安顺府的亚当先生告诉我，目前的贵州政府处于哥老会的掌握之下，或至少是该会在处理事务中享有绝对的权力。"② 2月18日又在介绍2月15日之前半季度云南省情况的报告中说："贵州省的情况给此地政府（按：指云南军政府）带来了很大的忧虑。在一位前陆军士官、现任都督（按：指杨荩诚）的领导下，'哥老会'是最有势力的；据说全省很不安宁。"③

第三，3月10日，一位不具名者在报纸载文说：

① 以上二电见《贵州辛亥革命资料选编》，第74—75页。
② 《关于12月份云南、贵州及四川部分地区情况的报告》，《英国蓝皮书有关辛亥革命资料选译》下册，第423页。
③ 《总领事额必廉关于云南省至1912年2月15日为止的半季度情况报告》，《英国蓝皮书有关辛亥革命资料选译》下册，第508—509页。

顷得黔中某志士函云，前闻吾黔党派纷争，故拟还乡联络各党，谋一致进行，以达完全共和之目的。殊到此间后详查内容，始知自治党各首领，一变而为匪类，目前只有邪正之争，不足言党派矣。先是未反正时，自治社与宪群社素不相能，九月初由蔡衡武等力为调和，设全省自保会，共谋举义。九月十四，省城反正，推杨荩诚为都督，赵德全为副都督，张百麟为枢密院长，任可澄为枢密院副长。杨、赵皆军界中人，张为自治党首领，任为宪群党首领，张百麟以非军人故，未得为都督，心甚恨之，遂于军政府设枢密院，与都督对立，将一切实权，划归枢密院，由伊掌握，并使其戚黄泽霖号弗卿者，广募会匪约万余人，给以军械，盘踞省城。通省提镇及防军将领大都由张、黄委派，黄竟自称为巡防大总统。若辈于新旧军事毫无知识，专用哥老会办事，扩张势力。省内外积年会匪，莫不联络入会，明开山堂，横行掳掠。杨都督为人正派，惜才短兵单，因张等累谋夺其位，遂借援鄂为名，离黔入湘。赵德全以副都督代理其职，深与张、黄相结。从此都督府亦明开山堂，迎元帅印，鸣炮二十一响，煌煌王榜张贴甬壁矣。以代理都督之赵德全出银一千三百两，仅得充一承堂，其阶级尚去正副龙头远甚，亦可见张、黄势焰之大，而黔军政府遂变为会匪之政府矣。援川议起，群以黄泽霖所部甚众，推令援川，黄要挟饷银二十余万，财政部被其胁迫，如数给之。殊黄得饷后，以强半入私囊，其所部各会匪垂涎未得，颇议劫之。黄惧，因以其余分润各首要，并添募会匪。父老惊骇，向黄诘问理由。黄云我素不知兵，必先将通省哥弟联络，然后可息内乱，乱息然后可以援川。既而按兵不动，父老又复诘问，黄始分两营先行，一营取道大定，一营取道遵义。近得警电，遵义、大定皆被黄部之兵抢毁一空。昨阅报，见援川滇军致滇军政府电，亦云贵州续发之援川兵，连合川匪作乱。据近日调查，黔省共有公口（公口即会党所开之山堂）七十八所，滇川会匪纷纷入黔，其势岌岌可危。只有刘如周之兵及胡锦棠所带由耆老会募集之团勇，共约千人维持大局，阖城父老倚之如父母。前闻赵德全将刘如周调回兴义，阖城号哭大震，纷纷到都督府泣留，赵因中止。匪党遂愈嫉之，谋暗杀者数次。现因滇省北伐队将取道黔、湘，黔父老具血书公恳滇都督将北伐队驻黔镇摄［慑］。赵、张、黄等见蔡都督前有解散哥老会告示，恐滇北伐队过黔，不利于彼辈之所为，迭电阻止。而黔中父老及一般良民皆日望滇军之至，且深恐滇都督不允助黔。于是赵、张、黄等发电谓各省，滇军取道黔、湘，系宪群党所为，又谓系耆老会及通省团防总局所请，恨之入骨。近日盐行一带，已被抢劫数十家，又扬言欲劫财政部及银行矣。闻黔父老血书到滇后，旅滇黔人又屡效包胥之哭，滇都督始允援助。惟盼早慰云霓之望，扶正除邪，出民水火，则黔中幸甚，大局幸甚。①

4月13日，又有报载滇军援黔的由来说：

贵阳函云，滇军之援黔，实出于黔省耆老会团防总局与一般殷实绅商之请求，代表则戴戡也。戴只身返往，奔走千余里，到滇后与旅滇黔人周沆（滇外交司长）等多人再四筹议，屡向滇督效包胥之哭。时滇督亦迭派军校到黔访查，归述张、黄、赵等淫虐骚扰，甚于戴之所言，滇督始允助饷济师，为黔中平乱。旧历正月十日，滇军抵筑，适黎副总统有电至滇，命滇军暂驻黔中弹压匪乱，赵德全、兰鑫、叶占标等复谋杀绅耆郭重光、何季纲诸人，烧劫省城。十二日夜四点钟，赵之卫兵多人伏于郭宅门外，郭警觉，由旁门避出始免。绅商见祸机危迫，泣请滇司令出兵，于是始有十四日之战，伤毙匪党约百余人。"②

第四，4月17日，北伐滇军司令官唐继尧在劝"援鄂军前都督"杨荩诚勿回黔的电报中说：

判襟经年，推衿无日。前闻台端在黔，为张（百麟）、黄（泽霖）匪所扼，郁郁东出，不胜愤慨。嗣因黔代表周（沆）、戴（戡）二君承乡人父老之托乞援于滇，尧奉蔡公命令，率北伐队道出贵阳，代平祸乱。救灾恤邻，自是应尽天职，原冀黔乱少定，仍旧振旅北伐，遂我初衷，特以议和幸成，无事北伐，而黔耆老又复百端挽留，不能不允为担任，一月以来，幸无陨越。嗣接尊电，谓将反〔返〕黔，幸卸

---

① 《贵州将成为会匪世界》，上海《时报》1912年3月10日。
② 《黔绅乞援戡乱》，上海《民声日报》1912年4月13日。

仔肩，复获良晤，愉快何似。殊省中耆老等闻信之余，惊惶无措，环泣军门，历举台端前此深负黔人各情，谓苟回黔，决不承认，当经力为开谕，群情一致，矢口不移。并接铜仁、镇远各属绅民电禀，谓贵部兵队出巡时，所在扰民，同深疾苦，闻将回黔，已结合各属团民，力图自保，并祈早加电阻各情等语。尧再四筹计，知黔人于兄感情巫恶，即令复任，仍难善事，黔危兄亦不安，论公谊私情，均以要求勉徇黔人之意为上策。至贵部兵队应如何安置，自可商同办理。兄志尧所深知，谓黔未安，自当归为援手，黔已安矣，宁以一人之名位为念？即吾兄视尧，亦岂是窃权固位、操戈同室而不顾者？特为黔计、为兄计，均不能不出此。区区之心，天日可鉴。尊意如何？翘企待命。继尧。筱。印。①

29 日，又在呈请袁世凯、黎元洪和各省都督的电报中说：

清政不纲，群情解体，武昌首义，次则湘滇。继尧与滇都督蔡公密谋定计于前，组织维持于后，冀竭棉［绵］薄，力卫桑梓。不图黔省反正，执政非人，招纳匪徒，倡开公口，糜烂状况，举国咸知。匪国之讥，腾于报纸，影响所及，滇实为壑，池鱼之惨，俦不痛心。然以反正伊始，省界犹严，遽事干涉，恐遭物议，无可奈何，听之而已。会黔人所举代表戴戡暨旅滇黔人代表周沆七日哭庭，合词请救，略谓蜀方多难，粤息罕通，和议未成，湘难西顾，微滇唇齿，援手伊谁。黔中父老，复函电交驰，佥谓棘地荆天，不知死所，釜鱼幕燕，已无生机。盖匪焰益张，民生日瘵，商不得市，农将失时，学堂尽变山堂，军府都成盗薮。方且日夕密计，大举劫掠，洗富室以饱囊橐，焚贫户以牵救护，祸机酝酿，迫于燃眉，缕缕呼号，闻之酸鼻，恻隐之心，凡人皆有。人将入井中死，我乃作壁上观，并世果有其人，当亦公所不取。且其时北风［方］犹兢［竞］，战事方殷，反正者多一省治安，民国则多一分稳固，即免牵动大局，亦可安定西南。况滇黔分疆如犬牙相错，齐盗入楚，庚尘涸人，纵不代庖，宁不尸祝？诸公试为滇人

---

① 《贵州辛亥革命资料选编》，第 156 页。此电仅有韵目代日，由电中所述"一月以来"一语推定为 4 月。

设身处地，究当披发往救，抑竟袖手旁观乎？适继尧将率师讨虏，蔡都督遂命绕道贵阳，协同黔中父老及少数节制之师共平匪乱，并经电知孙总统及各省都督，到黔种种亦经电闻。嗣以民国统一，无事讨虏，继尧重违父老之请，因留督黔。嗣省议会成立，复有电请给状委任之举，方与邦人君子力谋进行，不意川督喷血，谓出侵略，匪党含沙，犹事诬蔑。夫民国统一，滇黔岂外生成，既非私土子民，何事争城争地。滇中糜饷劳师，继尧披荆斩棘，初谓悠悠之口，不足轻重，乃迭接各处来电，亦似已入谗言，曾参杀人已成铁案。继尧若复恋栈，来日方长，谗讥愈炽，刑罚可畏，虽俟诸百世，自有直道之公，其如谗人高张，事无可为，何用？特电恳大总统转饬全黔人民，俾释继尧早归，率我子弟八千，复见江东父老，出固有名，归亦得计，黔中治乱，听之自然。况有我大总统事事主持，自当无远弗届。归后即当商请蔡都督慎固滇圉，静待新猷。回视从井救人，真为多事，倘得早卸子肩，不致长此劳苦者，未始非大总统诸公之赐也，不胜迫切待命之至。黔都督唐继尧叩。艳。印。[1]

第五，8、9月间，原贵州都督杨荩城在其上袁世凯书中言及贵州反正时说：

> 客秋武汉起义风声传于黔中，当是时清吏沈瑜庆、袁义保等调集军队，防卫甚严，疑忌新军，侦探四出。黔中志士急谋响应，绅学各界运动于内，诚率军界逼于外，于阴历九月十四举兵入城，清吏慑服，各界公举诚为正都督，组织军政府，贵州乃独立。未起义之初，黔省即有自治、宪政两党。自治党以张百麟、黄荤卿、钟昌祚为魁。宪政党以任可澄、唐尔镛为魁。始因私人意见互相冲突，遂各厚其党援，扩张势力，省中人士，不归自治，即归宪政。故两党重要人物，均各占有政、学两界之势力。每遇省中政、学两界问题发生，辄借公济私，借题报复。数年以来，相倾相轧之案，层出迭出。如往年巡警鸡奸案、法官犯奸案及互争校址案，皆两党冲突之彰彰在人耳目者。及起义之际，自治党人运动革命甚力，故组织军政府时，各机关任事者，以自

---

① 《贵州辛亥革命资料选编》，第160—161页。

治党人为多。宪政党人既不能反对，又恐民军败北，贻祸身家，乃借口反正无功，不欲出揽政权。诚为调和党争计，亦多引用之。自时厥后，虽不免暗潮屡伏，究于大局无损。至十月初旬，武汉军事紧急，迭电请援，贵州东路亦未肃清，湖南西路尚未光复，谭督以湘省悉师援鄂，对于西路之反抗，势难兼顾，屡电促诚出师，代平辰、沅、永、靖一带。黔省既派兵援川，且财政异常支绌，本难再兴师旅，惟念东路松桃、安化等属，恃湖南之西路、四川之秀山为奥援，负隅反抗，养痈遗患，大局攸关，遂定计援鄂，经营湘境。然统帅乏人，诚与副督赵德全均欲往，乃开会议，佥以诚出赵守为宜。爰整行旅，于十月下旬由贵阳出发。东路松桃、安化等属传檄而定，军抵铜仁，而四川之酉阳、秀山亦同时光复，假道湘西，镇篁清吏亦闻风反正，沿途招抚安降，延至腊月中旬，始抵湖南常德。电达南京政府及黎副总统，旋得两处复电，均嘱暂住勿进，谓南北可望和平解决。不数日而共和之诏果下，诚委参谋田宗桢为司令，暂行管理军队，即只身赴宁，意在报告贵州反正情形及呈请解职，而孙前大总统不许，竟委诚仍返黔省……

第六，9 月，北伐滇军参谋长庾恩旸在其所撰《云南北伐军援黔纪事》的《序》中说：

云南光复，部署迅捷，不兼旬而内政已有端倪，即出余力，以从事于援川北伐。援川之师既行，北伐军亦将由川道出秦晋。适黔人公举代表，奔诉匪乱，呼吁求援，因改道贵阳，借予戡定，救灾恤邻，当仁不让，初不知有所谓党争也。乱平而南北已就统一，我军遂屡欲旋滇。无如黔人以乱事虽定，尚多余匪，泣留镇慑，苦不相放，重以中央委任，尤为义难容辞。乃于疲劳之余，组织游击队，分道出巡，肃清伏莽，秩序益以大安。然全黔固庆更生，我军则以耗饷数十万、死伤将士数十人，苦心孤诣，岂有所恋于黔？要皆为唇齿计，为大局计，不忍黔人再罹水火，致贻为德不卒之讥耳。乃反对者流，贸不加察，以怨报德，谤口交加，毁我名誉，使关心世道，犹鉴受谤之诬，为抱不平之叹？顾余本当局者，又乌能坐听雌黄，而噤若寒蝉耶？爰将当日军中记录，集付诸梓，用告国人，并备民国信史资料。事皆纪实，语尽有征，而文之工拙弗计也。是为序。①

又在书中专辟"会匪乱黔"一节说：

贵州光复，继湘、鄂、滇而起，军学界同人倡之，农工商和之，即满清官吏，自沈瑜庆以下亦全无抵抗之表示，上下两游，传檄而定，齐王反手，足以喻之。且兹举亦人人共有之天职，鄂省民军百战，劳苦功高，曾不矜伐。乃赵德全、黄泽霖等自诩功劳，互相标榜，妄谓非我辈力，出水火而登衽席，黔人当不及此。于是挟兵要赏之事，层见迭出，将卒骄横，败征迭见。又以前都督杨荩诚不与同谋，极力加以排斥，使之不安于位，杨乃率师援鄂，出避其锋。赵等益得为所欲为，肆行无忌。此会匪乱黔之真相一。

公口者，哥老会之变名也，闾阎受害，妇孺皆知。黔省反正，既无假于公口之力，更无取乎公口之事。赵等自居高位，一举一动，治乱因之。乃于众所不为之时，倡设公口，名曰光汉。张身为枢密院长，出巡上游，随带公口飘布、徽章无算，到处散布，政权匪势混而为一，党羽鸱张，气焰天灼。旧日哥匪，慕而效之，公口日多，为害日烈。一家不入公口，号曰漏户，一人不入公口，詈以白衣，轻则吊打罚金，重则致死。良民身受其毒，苦诉无门，竞入党籍，以求自保，苛派勒捐，仍皆不免。用致匪国之讥，大为贵山之丑。推原祸始，岂伊异人？是诚别有肠肺，毫无心肝。此会匪乱黔之真相二。

夫兵古人不得已用之，将以保国卫民，何敢轻心从事。黔之反正，既无反抗之力，岂须挞伐之威？赵等欲饰己功，滥招匪类，置之不用之地，授之无知之徒。黄泽霖自为总统，其党分掌兵权，益之公口既成，兄弟相与。遂致将不知兵，兵不用命，负利器则横行街衢，遇富户则肆劫财物。甚至官长兵弁，四行奸淫，省垣受害之人，总在千家以外，凡属良家妇女，不敢一出户庭。十月中旬，更有焚掠省城，席卷而逃之谣，屡濒于危，差幸不果。黄泽霖毙于所部，咎由自取，而赵德全犹不后悔，漫无约束。腊月十五以后，巡防某营，抢劫多处，指控有案，佐证有人。赵虽诿为不知，其如责无旁贷。况龙井巷朱、

---

① 以上二文见《贵州辛亥革命资料选编》，第75—77、371页。

任两姓被劫，即都督府卫队所为。事前既授以命令，假搜枪械以为名，事后复寄其赃私，公然承认而不悔。此会匪乱黔之真相三。

反正以后，上下游安静如恒，毫无反抗，乃赵、张威权于各属，置官吏如奕棋，又分派党羽，妄充代表副署，劣绅习棍，并握政权。官吏而不善，则勾结把持，共肆毒虐于闾阎。官吏而善，则玩弄迫胁，坐受剞割于若辈。官不自保，遑论吾民。代表副署之中，岂无一二善士，而如此之类，什九为然，各属乱事，因之并起。此会匪乱黔之真相四。

世界任何国家，政权应归统一，军事时代，尤忌政出多门，乃赵等欲揽利权，妄逞私臆，张百麟为枢密院长，据行政最高机关，黄泽霖为总统，节制全省绿、练各军，与都督势成鼎立。此外尚有立法院、司法院，与军府并为同等机关，致黔中有五权分立之讥。非驴非马，大贻讥评，攘利争权，弊政百出。此会匪乱黔之真相五。

黔初反正，各界同情，即省外绿防各营，亦共表赞成之意。乃赵等欲揽兵权于一手，动辄易置其私人，又皆无赖之流，不为各军所信，处处损失威重，滋生祸端。如某某路统领某某等，皆老成宿将，地方所倚重者也，而赵等辄夺其兵柄。中路管带宋运枢，劣迹昭彰，国人皆曰可杀者也，而赵等反假以重权。诸如此类，难可尽言。此会匪乱黔之真相六。

赵等自恣威权，仇视异己，老兵同心会代表某某，一言不合，辄下格杀勿论之谕。黄尤残酷，滥用非刑，总统府冤惨之声，常达四外。又以柄权三月，糜饷无算，库帑如洗之余，更负商款数十万。贼党张某助桀为虐，更创设逍遥车等各种刑具，将恃为筹款之方。黄死前数日，遍请城中富户多家，勒逼捐款，幸刑具尚未造就，而黄贼已伏刑诛，省垣绅富，始免荼毒。追怀前事，犹共战兢。此会匪乱黔之真相七。

黔未反正以前，民间疾苦已甚，乃反正以后，于从前习绅劣团之外，加以公口之暴横、代表副署之纵恣，层层剥吸，种种摧残。又有出援各兵队及防营多数弁兵，其害尤甚于匪。以致疮痍满目，豺狼当道。北路及下游各属人民，住屯移洞，十室九空，一门灭绝，往往而有。通衢大道，路断人稀，商旅不行，万民歇业，控诉无所，呼吁皆穷。谁苦吾民，至于此极！此会匪乱黔之真相八。

川、黔唇齿相依，四川始困于赵逆尔丰，继困于匪乱，独立既难，治安亦败。黔中父老子弟，盼援川军出发，切于风火。援川军者，黄泽霖所部亲率以行之巡防营也。乃赵等存拥兵自卫之私，忘救灾恤邻之谊，行者迁延不发，居者督劝罔闻。其前遣援川新军，又复到处滋扰，饱欲而归。统带某等，占抢良家妇女多人来黔，日日演戏饮酒，以为笑乐。此等举动，闻者发指。乃川中屡有电告，赵等讳莫如深，反与叶匪联结，不殊形影。又赵等新军统带萧某，率师援鄂，逗留常德，纵兵虐民，大为湘中之害。四邻责言，交驰函电，使黔人士无以对友邦。此会匪乱黔之真相九。

黔之以贫瘠闻久矣，反正以来，度支尤困。赵等既当大任，岂可旁观，而乃多立名目，广植私人，滥费饷薪，几穷库帑。甚至本身俸给，辄支三倍以上，恨不竭民膏脂，以供一己挥霍。财政部左右为难，进退维谷，一纸飞来，虽十万金必奉。片刻稍缓，则捉刀人已随，此种行为，何殊抢掳？此会匪乱黔之真相十。

黄泽霖以克扣兵饷，为众枪毙。张本黄至戚，扶同侵蚀，知众怒之难犯，爰拥兵而逋逃。行至安顺，私镌枢密院长之印。查诸伪文，传于各属。或集土匪围攻省城，或恫喝官绅勒供巨款。除在安顺索去六千金，在贞丰拒捕杀毙官兵多人外，其于各属横遭掳抢，不法已极，固黔人之公敌也。乃赵等既纵匪于前，复通匪于后。其纵之也，黔人咸共闻知；其通之也，据搜获函信。至以兵拥张，破城逃出之分统陈某，罪无可逭，法所当诛，赵又阴给照会，令扎古州，与张为掎角之势。是诚何心，真所不解。此会匪乱黔之真相十一。

尤可怪者，洋烟为中国害，无愚无智，罔不知之。满清以愚民、弱民为唯一政策，犹且悬为厉禁，有犯必惩，官吏尤严，吸食不贷，根株虽犹未净，滋生实已不繁。反正以后，赵等宜如何以身率先，为民楷则。乃闻各署人言，又据军士传述，自赵、张、黄诸人，莫不短榻横卧，烟具毕陈，斗胜矜奇，俾昼作夜。民间化之，遂致已绝之烟萌从此复生，已闭之烟馆从此复市。污我新国，实谁之辜？假使外人有言，某将何词以对？此会匪乱黔之真相十二。

总此十二大端，仅举重者而言，其他扰害情形，实为更仆难数。

各省旅黔人士所共见共闻也。"①

▲蔡锷电复成都尹昌衡、罗纶，为国家统一和"西南国防"，希勿"互相疑忌"。说：

元电悉。前月所上删电，未审达否？贵省独立，全国欢庆，乃土匪乘虚窃发，属境骚然，不能不重为悲悼，非及时戡定，后患滋多。改革之初，人民先罹其祸，将有仇视新政府之心，此其一；匪徒纷窜，扰害治安，邻封难免责言，此其二；抢攘之际，难保不扰及教堂，外人将起干涉，此其三；民不安业，致失农时，又必有饥馑流亡之患，此其四；且蜀省地广人殷，为中国西南屏蔽，今北虏袭晋入秦，英人增兵入藏，皆以蜀为中枢，将来协助山、陕，经营藏、卫，胥为蜀军是赖。然匪氛未靖，则兵力难分，后路未靖，则饷糈无出，故必靖内，然后能对外。

蜀事纷扰，将及一年，失业之民既多，而匪徒复假同志会名，以肆劫略。成都十九日之惨剧，耳不忍闻，滇军初到叙州，商民即纷纷求救。时叙府虽云反正，而宜宾县令首鼠两端，颇怀观望，故撤县留府，以定人心。旋复从渝军之请，驰赴自流井、贡井等处驱逐土匪。急欲尽同胞之谊，遂不暇避越俎之嫌，成、泸两军致滋疑虑。在滇军本可悉师北伐，或班师南旋，亦何必久滞蜀中，劳师糜饷。然为蜀省计，非解散同志会，惩创匪徒，安置失业游民，则内乱终难底定。而欲清内患，不能不济以兵威。蜀省新军闻亦足资镇慑，但幅员辽阔，兵力既苦难分，且新募之兵，缓急究难足恃。滇军援蜀所派不过两梯团，然训练经年，实有协赞蜀军靖内之能力。倘蜀省破除畛域，正可利用滇军使一致进行，早平匪乱。俟蜀事既定，滇军自当撤还，于蜀省善后事宜，决不能稍加干预。若互相疑忌，声气不通，滇军仗义兴师，而未达恤邻之志，蜀军深闭固拒，而反得排外之名，将来西南国防，自此亦益难联络，于大局关系尤深，想尊处必早已见及。

抑更有进者，此次各省光复，同时响应，诚为我国光荣。惟独立之名，颇滋误解，致有一省而军府林立，不能统一政权，或因排斥官

---

① 《云南辛亥革命资料》，第254—257页。

吏，而省界加严，或因仓猝成军，而财政益绌，此皆为将来国家统一之害。贵省似亦蹈此弊，敢直掳所见以闻。狂瞽之言，统希裁复。滇都督锷。感。印。①

▲李根源电陈"省城军都督府"永昌现状及接管等情况。说：

> 永昌乱后，主兵者号令不行，主民者事权不一，一城之中，揉杂纷歧，分设有因粮局、财政局、府粮总务司、县粮总务司、厘税总务司、审判厅各项名目，办理各事绝无条理。幸督带彭蓂尚知大义。此次由守随源莅永，该员即先将府署腾出，由守已于昨日视事，所设各局司厅，亦具呈请裁撤，遵照现行通章办理。当由源札饬该督带，并分饬各局司厅，将征收府县钱粮管收、支放、出入各款，暨受理民刑诉讼分别造册，送交由守接管，抽收厘金及带征各税，造册送交厘金杨委员接管。均饬将接收款项数目、日期，具文通报，所有目前接收及以后经收各款，并饬直接解省。至彭蓂所统各营饷项，当令切实清厘应支应放，饬赴师司令部请领，照章核发。除俟交收清楚，再行电陈外，谨闻。师长根源叩。感。印。②

又电陈华坪"夷匪倡乱"相关情况。说：

> 案查华坪江令（按：即江椿）感电称，夷匪倡乱，当电丁镇就近查明，并于个日录电呈报在案。兹接丁镇有电称，华坪江令咸电称，夷匪乘机坐聚，日肆杀掠各情，昨尹营侦探回报，川匪贺二麻子于十月二十二日率夷匪数百，先扑大兴街，被我军枪毙数名后，又围攻华荣厂，旋即退去。顷于二十五又据探报，十八九等日，该匪在灰窝子、朗水坪、乌木河等处烧抢。廿日保卫队防营至灰窝子，与之接仗，取获首级三付。廿一日李队官抵华坪，次早即率队前往助剿等语。以上情形，惟未据该营、县禀报。查华坪现驻防兵一营、保卫队一哨，此次又得李队官到彼，兵力似不为单，现已知会江令并札周管带（按：即周连彪）速将近日情形，据实飞报，倘有需兵之处，自当酌量策应。

---

① 曾业英编《蔡锷集》（一），第416—417页。
② 《西事汇略》卷一，第35页。

承示江令所请枪械，碍难照准，即转饬知照。现在永北地方，尚称安谧，请纾廑念等语。谨陈。师长根源叩。感。印。[①]

▲报载在四川的外省"援兵，十月底（按：此为阴历时间），黔军至重庆者约二千人，至泸州者约二千人，将官兵士与渝办事人极为融洽。滇军冬月初至叙府者只一梯团，闻尚有大队续来，另有一支由宁远入川。叙府各处人民多怀疑莫释，渝军政府宣告人民，以滇军为援川而来，实无恶意，群疑始解，且派员招待，故滇军感情亦甚洽。鄂军在资州诛端方后，川人极感激，欲挽留整理蜀事。彼以武汉战事方殷，急欲回鄂助战不果，但沿途极受欢迎，此客军在川情形也。"[②]

28 日

▲孙中山电告各省都督，禁止仇杀保皇党人。说："近闻各省时有仇杀保皇党人事。彼党以康、梁为魁首，弃明趋暗，众所周知。然皆系受康、梁三数人之蛊惑，故附和入会者，尚不能解保皇党名义。犹之赤子陷井，自有推堕之人，受人欺者，自在可矜之列。今兹南纪肃清，天下旷荡，旧染污俗，咸于维新，法会所加，只问其现在有无违犯，不得执既往之名称以为罪罚。至于挟私复怨，借是为名，擅行仇杀者，本法之所不恕。亟宜申明禁令，庶几海隅苍生，咸得安堵。"[③]

▲蔡锷电告重庆张培爵、夏之时，重庆"首先倡义，秩序厘然"，内安外攘，"惟渝军是赖"。说："专使来，并接照会，具审成都独立，赵、蒲擅定密约三十六条，贻误大局，贵军拟兴师问罪，此当为全国所赞同。近闻蒲遁赵诛，此约自归无效。惟土匪窃发，属境骚然，而联豫拥重兵据雅州，成都危迫，西藏兵叛，浸逼巴塘，英人亦增兵入藏，倘蜀事久未定，不惟民罹其殃，恐大局亦为之牵动。鄙意亟宜解散同志会，惩创匪徒，安集失业游民，乃能西［北］出汉中，北［西］防藏、卫，以巩我屏蔽，挫彼戎心。否则，匪氛未靖，而兵力难分，后路未清，而饷糈无出，将成坐

① 《西事汇略》卷八，第1—2页。

② 《四川光复始末记》，上海《时报》1912年1月27日。

③ 《临时政府公报》第1号。又见王耿雄编《孙中山史事详录（1911—1913）》，天津人民出版社，1986，第140页。

困之势。蜀中军府林立，惟贵军首先倡义，秩序厘然，将来内安外攘，胥惟渝军是赖。承示各节，已电嘱敝军尽力援助，以敦邻谊，而保公安。先此电闻，余详照复。滇都督锷。勘。印。"①

▲李根源电陈"省城军都督府"永康之乱的缘由及应对措施。说：

> 永康之乱，因刀上达谋复土职。刀上达之敢于为乱，因刀安仁许复土职，刀某（按：指南甸土司）暗助兵械。其间寄居缅属果敢，原籍顺宁县人。杨福顺等自称中国国民军总司令，率众由麻栗坝而入；张文光、彭蓂等派委之先锋第一营管带张祠梁、二营管带郑明轩由小猛统板户乃而入，同会于德党州城。其时，刀上达纠结夷众，占据衙署，四面筑碉，与杨党张营、郑营宣战抗拒。陈牧文光避至邦密坝遇害，所属猛朗李巡检、小猛统蒲巡检，亦先后被戕。嗣刀上达战败逃逸，张营调回，杨福顺等及郑营仍留永康，地方糜烂达于极点。陈牧人尚有为，初至该州，急欲为地方兴利。到任旬日，即罹惨祸，尤为可悯。昨委和朝选前往接署州牧，兼节制郑管一营。郑管行为，亦多不法，暂示羁縻，容后查换。该州两巡检，现均缺员，猛朗一缺，查有李国俊，人尚明白，拟委往署理，到时斟酌情形，移驻麻栗坝。该地与英缅接界，借便巡缉稽查。小猛统一缺，僻在夷地，且属烟瘴，乱后人更视为畏途。查有封镇国熟习夷情，虽名誉稍劣，而才具可用，拟即委往署理。已分别颁印给委，乞饬部备案。至杨福顺等，由缅而入，国界所关，虽无滋扰，亦难优容。该杨福顺且敢串窃永康团总士庶百数十人姓名，迷禀彭蓂，请管理镇康，世守其职。明冒中国之国民，暗欲占中国之土地，贪妄已极。虽经彭蓂严词驳饬，现尚拥兵逗留。已令和牧谕令迅速率众回国，如敢抗延，即照土匪剿办。刀上达逃匿无踪，亦分饬严密踩缉，获日并穷治党羽，一并呈请究惩，合先电陈。师长根源叩。俭。印。②

29日

▲蔡锷电复重庆张培爵，"靖内实急于对外"，"不必博北伐之虚名"。说：

---

① 曾业英编《蔡锷集》（一），第418页。
② 《西事汇略》卷三，第3页。

号电悉。川、滇、黔联军援陕北伐，实为要图。惟近接秦都督电，已驱敌出潼关，沪都督电言袁贼被炸虽未中①，而京城大扰，溥仪允逊位，奔热河，虏廷有瓦解之势。窃计贵省情形，靖内实急于对外。闻蜀中匪氛尚炽，商民不安其生。又泸州军府移散军李旅长文，有"傅嵩秋、凤山率八千余人由西藏攻踞雅州，进逼新津，成都危在旦夕"之语，非及时戡定，后患方长。蜀中军府分立，独渝军秩序厘然，平匪安民，胥赖都督是望。若一旦出省，恐戡乱无人，匪势益张，川事必将糜烂。滇军在蜀如相需，则尽力援助，不相需则立即班师，或经营藏、卫，进退皆无不可。惟贵都督似不宜轻动，盖此时宜亟除川省之实患，不必博北伐之虚名。愚见如此，希酌。余已商贵专使宗绪先归，时当能详述。滇军都督锷。艳。印。②

▲报载蔡锷函告上海《民立报》记者，滇军入川实为救邻，"并无别意"。说：

滇蜀军队冲突，屡志本报，咸谓滇军强横，或谓川多土匪。兹得滇都督致本馆一函，声明滇军入川实系救邻之意，并无别意。特录如下，从此川滇同胞可不再生恶感矣。

函曰：天祚汉族，光复神州，建设共和，与民更始，当为我民国前途额手称庆。惟西徼方罹涂炭，朔方尚苦陆沉，驱建虏以拯同胞，不能不尚费擘画耳。滇省自重九反正，境内敉平，时值清督赵尔丰拥兵据蜀，荼毒生灵，蜀中人民，末由脱其钳制，滇省以谊切唇齿，派兵赴援。师至叙府，成都宣告独立，拟即东下援鄂，适遇中土匪蜂起，多假同志会名义，劫掠横行。成都十九日之变，损失至数千万。复蔓延省外各属，嘉郡陆巡闻变，掳掠一空，商民纷纷求援，爰留兵暂为镇慑。土匪志不得逞，遂以滇军侵略蜀土之说，谣惑蜀军政府，成泸两处致启疑虑。但蜀事之起，将及一年，民间已不堪蹂躏，而土匪纷窜，滇蜀毗连，地方警告频来。又闻北虏袭晋入秦，骎骎有向蜀之势，联豫等率兵数千，踞雅州，窥成都，西藏叛兵至察木多，进逼巴塘，

① 指 1 月 16 日，革命党人张先培、杨禹昌、黄之萌等在东华门外投弹谋炸袁世凯事。
② 曾业英编《蔡锷集》（一），第 419 页。

英人亦增兵入藏，倘蜀事久未定，不惟民受其殃，恐全局亦为之牵动。滇军为蜀民计，为大局计，实不敢置之不顾，贻中原各省西顾之忧。当经电饬援蜀滇军与蜀军联合，共平匪乱，俟地方稍靖，则整理内政，当以归之蜀人，滇军勿庸干涉。现渝都督以滇军纪律严明，匪徒畏惮，商请移驻自流井，并协力进行，以期肃清全蜀，恢复治安。惟成泸两军未能见谅，以滇军侵略蜀土，遍布流言，恐滇军兴仗义之师，而反启阋墙之诮。用特肃函布达，敬祈鉴存。如中央政府别筹伟策，俾蜀事早定，尤所企祷。敬请筹安。愚弟蔡锷顿首。

按：此函系正月二十九所发，因道路阻隔，昨日始接到，其中所言有与今日情势不相合者，阅者幸勿以辞害意也。记者志。[1]

▲李根源电告大理杨琼，省城军政府已允准任其为"迤西陆防总司令部参事"。说："电悉。顷得省电，委李君厚本接任校务，俟李君到榆再行交替，我公宿学雅望，源已电准军府任为迤西陆防总司令部参事，至教务长一职，本为章制所无，前以整饬之际，暂行变通增派，现在榆事就理，应即裁撤，以符通章。张君肇兴即专任国文教员，李君文源因培初任校，诸多不便，所任教员暂行销差，另候委用，并希转达知照。根源。艳。印。"[2]

27日，又电请"省城军都督府"暨罗佩金、殷承瓛、沈汪度，指示如何处理杨秋帆遗榇事。说："秋帆遗骸，永绅易棺改殡，顷寄郡城。源抵永之日，率队诣殡所致奠。其弟振国以归葬请，已属派人护丧旋省。惟据彭冀、方函〔涵〕、杨毓铣、何兴及永绅林景清等，同称杨君举师城下，殒身蒲缥，凭吊河山，仿佛灵爽，请以秋帆遗榇葬于郡城太保山之巅，以光志乘，而昭来许云云。询之振国，仍坚请归葬先茔。惟永昌一隅，为秋帆建义之地，如以忠榇营葬名山，表扬风烈，于兹最切。又况子孙之祀，不如桐乡之祭，前哲所叹，以为美谈。振国之意，虽出至情，永人所请，实当公义。如何？乞示。根源叩。感。印。"

29日，蔡锷电复永昌行营李根源说："感电悉。杨君秋帆遗榇，既据永绅公请葬于太保山，以光志乘，甚合公义。乃弟振国坚欲扶榇归葬先茔，

---

① 《滇军援蜀之真相》，上海《民立报》1912年3月22日。
② 《西事汇略》卷七，第3页。

揆之狐死邱首之训，虽近于礼，究系私情，自应如永绅所请，以昭公论，而阐幽光。希即转知照办。锷。艳。印。"①

又电告永昌赵藩、李根源、由云龙，已饬部分别核办"所言各节"。说："连接来电，知已先后抵永，布置一切。由君亦履任，永事渐次就理，甚为欣慰。所言各节，已饬部分别核办矣。锷。艳。印。"②

又电复永昌李根源，对腾、永军宜"勿激勿纵"，并告知北伐队已于28日出发。说："月密。感电悉。腾、永兵至十五营，分别裁留，正费擘画。各该将领虽已帖服，防范自不可疏。所云'外守信义，内严戒备'二语，深中肯綮，望相机区处，勿激勿纵。北伐队已于勘日出发，并闻。锷。艳。印。"③

▲报载"腾、永各处，刻已一律敉平"。说："腾越因与缅甸毗连，有新军排长陈云龙素有革命思想，遂连合彭哨长冀、防勇及哥老会多人，于九月初六日在腾越起事。旋占据永昌、龙陵、顺宁、云州各属后，陈云龙进至曲洞，遇永平县知县蒋树本为其充当参谋，令陈进据大理，然后再图滇垣。随一变从前宗旨，到处抢掠。省都督蔡公以民不堪扰，始令榆军设计诱过合江，断桥痛击。陈经此败衄，大挫其锋。蔡都督又令李部长根源统率大军，前往征讨。腾越张文光知势不敌，特派张鲁香、张卫臣、李昆田、杨谢诚代表，至榆议和。现在张文光已将陈云龙撤回，并倾心投诚。故腾、永各处，刻已一律敉平。"

又载为安排失业人群，滇省设立游民习艺所。说："滇省于反正初时，城中抢劫之案，无日无之。巡警吴局长到差后，以抢窃时出，由于失业之人难谋生计，特于元通寺内筹设一游民习艺所。将一般无业游民收入所中，令习一艺以谋活，庶盗源可清，而民不扰矣。"④

① 《西事汇略》卷七，第63页；又见曾业英编《蔡锷集》（一），第341—342页。后一书定二电发于1911年11月27日和29日，误。因为：第一，李根源此时尚在昆明；第二，李根源电中明确说了他"抵永之日，率队诣殡所致奠"，而李抵永昌之日是1912年1月25日（见《滇复先事录》，《云南文史资料选辑》第17辑，第148页）。

② 《云南辛亥革命资料》，第92—93页。

③ 曾业英编《蔡锷集》（一），第418页。

④ 《云南兵气录》，上海《时报》1912年1月29日。

月底

▲贵州军政府电告黄毓成，正与蔡锷共筹北伐。说："感电敬悉。承关系敬谢。敝省小有不安，兵力尚能自了。顷与贵都督议，合滇、黔、川、陕之力，共筹北伐，阁下想终当北行。"①

30 日

▲蔡锷电请南京孙中山，速造民国银、铜圆新模，颁行通用。说："查各省通用铜圆、银币均系满清旧模，现神州光复，建设共和，总统已立，民国基础确定，亟应铸造新币，以重圆法，而崇国体。拟请饬部议定速造中华民国银、铜元新模，颁行通用，以便陆续收回旧币，免致淆乱耳目。滇军都督锷叩。全。印。"

又飞电赤水河李鸿祥、昭通谢汝翼并转韩建铎、刘存厚、郭灿、陈先沆，"我军援蜀，志在救民"，"万勿轻开衅端"。说："东密、幼密。歌电悉。接李旅长电称，成都疑我侵略，派兵二千赴资、嘉，势欲迎击，并将韩师长武器扣留在资云云。我军援蜀，志在救民，若蜀人误会宗旨，致以兵戈相见，是蜀民重罹其殃，而我军亦违初志。亟宜退回叙、泸，敛兵屯扎，毋庸多分兵力，致难遥顾。其资州等处土匪，业经驱除，如蜀军力能镇慑，即可交还管理，万勿轻开衅端。一面由韩、刘、郭、陈诸君向蜀军协商和平解决，俾释疑团，而免交哄。锷。全。印。"②

▲29 日，张文光电告李根源，"陈云龙心殷北伐"，"已于本日起程"。说："陈云龙心殷北伐，度日如年，又有仰、瓦各代表俱怀此志，坚邀速行，已于本日起程，留之不能，实深怅恨。彼犹有函呈，一时难达，特先奉闻。张文光叩。艳。印。"

30 日，赵藩、李根源特电复腾越张文光说："陈奎生心迹行藏，相信有素，故敢于群疑众谤之日，先为剖白。迨出榆以来，途次所闻无间，军民莫不极口交称，益自喜其所知为不谬。初拟俟事定后，延襄军事。抵永之顷，又闻其志中原，尤欲于北伐队中图一职事。刻忽闻奎生已先一日起程，相慕之切，相见之悭，咫尺天涯，怅惘何极。犹忆奎生来滇，初入

① 《贵州辛亥革命资料选编》，第49页。此电原未署日期。
② 以上二电见曾业英编《蔡锷集》（一），第419—420页。

戎行，亦源与闻其事，非敢自翊前识，盖借以志渊源。兹者远道长征，旅费尚须宽筹，如有不敷，即由腾从丰馈致，并希将鄙意转达为盼。藩、根源叩。全。印。"①

31 日

▲蔡锷电告广西陆荣廷，滇军"现仍全力向川"。说："桂省援军已发，同胞均感。此间文电计达，现仍全力向川，借通电广东，援川北伐，均无阻梗。当否？祈教。"②

又电复永昌由云龙并转黄鉴锋、和朝选，望"抚慰军民，毋令滋生事故"。说："卅电悉。彭蕙深明大义，人望素孚，乃因误伤钱太丰，遂为钱部下所戕，殊堪悯恻。除饬登庸局议恤并电饬李师长查办外，希即抚慰军民，毋令滋生事故为要。都督府。卅一。印。"

又电请西路行营李根源严查彭、钱互戕事件。说："月密。由守等卅日电计达。彭蕙颇明大义，人望夙孚，乃因误伤钱太丰，遂为钱部下所戕，殊深悯恻。已饬登庸局议恤，并电饬由守等抚慰军民。此次彭、钱互戕，究竟其中有无别项情弊，希严密查办。又腾、永军外虽就范，其心地尚不可测，务须严为戒备，勿稍疏虞，并转达樾老注意。锷。卅一。印。"③

2 月 9 日，李根源急电告知"省城军都督府"，彭蕙、钱泰丰死事经过。说："彭蕙、钱泰丰死事，前据由守等电禀各情，经具电转陈在案。顷据已裁永昌裁判员鲁璠来腾面称，是日钱泰丰饯和朝选于永昌之腾越会馆，彭蕙、黄鉴锋、李光斗、张定甲等咸在。钱新得手枪一支，出以示客，枪为新式七响枪，已实弹，不习用之之法。问于彭蕙，彭望空发两弹，视之指按枪机。未释，遽以还钱。甫脱指，机动弹发，中钱，遂仆。彭惶遽拾枪自拟，已为众所夺。复请于众，愿自诣狱抵罪，以谢死友。众力为解，趋之归。时钱卫队未集，彭去犹可以免。而彭与钱交素深，伤其死，伏尸恸哭不已，固不肯行。钱卫队闻变至，遂聚攻。钱卫队管带李岐山在侧，亦为乱枪贯脑死，彭身被四枪亦死，并毙李光斗从人一名。幸得宋宝奎等出而约束，由守王大队长安辑戒备，乱始定等语。又据李光斗来文呈报，

---

① 以上二电见《西事汇略》卷一，第 35 页。
② 《军政文电上》，《蔡松坡先生遗集》（四），第 2 页。
③ 以上二电均见曾业英编《蔡锷集》（一），第 420—421 页。

情形相同。查彭蕽误伤钱泰丰，期以死谢，心迹皭然。钱泰丰所部兵丁，痛主将之遭变，激而出此，其事虽悖，其情可矜。除该队兵丁解散情形，另电禀报外，合肃电陈，用备查核。根源叩。青。印"①

23日，蔡锷电告李根源，不宜为彭、钱等人"追加职衔"。说："月密。彭、钱死事，已饬议恤，惟彭系督带，而钱系何职，无案可稽。李岐山系钱卫队管带，奋身殉彭，尤人所难，应予优恤。惟三人均非临战捐躯，又非因公毙命，似以名义恤赏为宜，如追加职衔，及其子孙长成入学堂免收学费之类，如何办理，希核议电复。锷。漾。"

24日，李根源电复蔡锷说："漾电奉悉。彭、钱等死事，并非因公殒命，兹蒙恤赏，已为异数。惟彭蕽当反正之初，保卫永昌，最为得力，此次师行至永，奠安反侧，其力居多，方拟请加优奖，遽遭变故，酬庸未逮于生前，褒赠宜邀于死后。查该员前系永军统领，后蒙钧府电委督带，可否仰恳加恩，比照军政部所定阶级，表加一级追赠官职，以旌有功，而慰幽滞〔魂〕，钱泰丰亦系永军统领，未经另予委用。惟与李岐山同在起事出力之列，可否于恤赏外，分别量予追加职衔之处，统候钧裁。师长根源谨叩。敬。印。"②

29日，蔡锷电告腾越李根源，同意对彭蕽、钱泰丰、李岐山"表加一级"。说："腾、永反正，彭蕽保卫地方，最为得力。前经委充督带，又能同心戮力，懋著勤劳。钱泰丰、李岐山等均属在事出力，方冀分别擢用，遽遭变故，悼惜殊深。彭蕽着照本军府所定阶级表加一级，追赠正都尉，钱泰丰着追赠正都尉职衔。李岐山奋身殉彭，死事甚烈，着追赠协都尉。以旌有功，而慰幽魂。除饬登庸局注册行知外，特先电闻。都督府。艳。印。"③

本月

▲蔡锷以"军都督府"名义，札饬各部司局随时将文件择要抄送法制局，以备选登《云南政治公报》。说：

---

① 《西事汇略》卷一，第37页。
② 以上二电均见《西事汇略》卷五，第31—32页。
③ 《云南辛亥革命资料》，第128页。

为札饬事。法制局案呈，照得滇省反正，全局大定，所有一切章制、法令，均由本都督府及各部各司各局随时发表。惟是文牍之颁布，势不能使全滇人士一律周知，有所遵守，欲谋补助之方，非特设一种政治机关报不可。此种报册，凡本都督府命令及各部各司各局文件，俱分类登载，定名曰《云南政治公报》。其编辑处附设法制局内，由局长遴派委员办理。现已拟定简章，定期出报，由印刷局发行，应随时由本都督府及各部各司各局，于日行文件印发后，择要抄送法制局，以凭选登。除本都督府文件饬速抄送外，合行抄发简章札饬。为此札仰该　即便遵照办理，并先将反正后所办关于政治进行重要文牍、章程、规则等件，于文到一星期内，迅速抄送法制局，以后并陆续抄送该局。勿违。特札。计抄发简章一份（简章见册首）。

云南政治公报简章

第一条　本报以登载命令、规章暨选录关于政治进行之一切文告，俾全省官绅士民知所遵守为宗旨，即定名曰《云南政治公报》。

第二条　本报编辑处附设于军都督府法制局，即以法制局参事一人、编修一人、录事二人，兼任编校、缮写事务，由局长酌派。

第三条　本报所登文件，上自军都督府命令，下至各部、各司、各局之申、详、咨、移、通告、札文、批牍、章程、规则、报告等项，均照第一条所定宗旨，分类登载。

第四条　本报约分五项：一命令，二规章，三要电，四文告，五杂录。

第五条　本报自中华民国元年二月起，月出三册，上册于本月十一日发行，中册于二十一日发行，下册于次月初一日发行。惟每年正月上旬、十二月下旬不出报。

第六条　本报每册约三十页，定价一角，全年三十四册，定价三元四角，邮费照邮章另加。

第七条　本报每期脱稿于发行七日前，送交印刷局排印，即由印刷局照第五条所订日期发行。

第八条　本报每期出版，除分送军都督府及各部、司、局、厂各一份外，府、厅、州、县各发六份。所余报册，即由印刷局发售。至各属应缴报价、邮费，责成地方官每年分两届解交财政司。上届限六月，下届限十二月，一律缴清。如有蒂欠，得由财政司就领款坐扣。其印刷局所售报价，亦按月汇解财政司核收。

第九条　凡有通行各属命令、规章、文告等件，如各属尚未奉到公文，而先阅见本报业经登载者，不必另候文札，即可遵照实行。①

又饬军政部"即行司查照"李根源所呈自治局所不得违法擅受地方词讼案件。说：

据云南陆军第二师长李呈报称，窃照司法独立，久为世界所公认。现在各属审判厅尚未成立，暂仍以行政官兼司法权，如果违法婪赃，酷刑滥押，地方绅士尽可查获确切证据，依实纠举，听候查办，万不得于案情未确之事、谳狱未定之先关说请托，干预把持。查各自治局绅只有监督行政之责，并无干涉司法之权。倘或收理民词，任情参预，无论其事情舛谬，弊窦丛生，就令审断适平，而事权既不划一，办理必多纷歧。况是非曲直，无可瞻徇，稍涉偏私，则控负者胥动浮言，旁观者群相诃责，吾侪同处里闬，又何必冒嫌府怨，得罪于宗族乡党乎。兹与吾父老子弟暨各丞倅牧令约，以后地方词讼案件，悉由地方官理审判断，秉公主持。凡自治一切局所，不得违法擅受，亦不得借案要挟，有意为难。果其审断不公，或联名公呈，为之伸雪，或具禀上控，候核平反。该地方官如确有贪酷劣迹，以及听任丁役欺朦，致令吾民生命财产误遭损失，本师长必执法严惩，分别究办。倘各绅董不遵约束，假公济私，挟制阻挠，主唆生事，亦必指名惩治，决不姑宽。此系慎重司法，划清权限，为改良政治之根本。该丞倅牧令等其各矜慎庶狱，一秉至公。大小案件，务须随控随审，即判即结，不准借口稽迟，任意延押。更须严驭在官人役，毋得借端酷索，妄用私刑。如有违犯，一经查觉，定必重惩，广通县之门丁斯荣可为炯戒。本师长于官绅百姓，均无歧视，法权所在，官不可自负委任，绅不可有所挠夺，百姓更不可妄肆诬张。有敢各存意见、扰乱治安者，本师长断不曲为之贷。除通行迤西各属府厅州县暨自治公所，并出示晓谕外，理合呈请衡核照验等情。饬即行司查照。

---

① 《文告》，《云南政治公报》第 1 期，1912 年 2 月 11 日。

军政部奉蔡锷此饬后，即发出"行司通饬遵照文"。说："奉此，合行札饬。为此，札仰该司即便移行通饬，一体遵照。切切。特札。"[1]

又札饬各部转饬各司局厂所各员编制五年政纲，以便交临时议会议决，颁布施行。说：

> 照得滇省反正以来，大局已定，不能不亟图建设，以期恢张势力而巩固治安。惟缔造之初，头绪纷繁，非总挈大纲，无以收纲举目张之效；非统筹全局，无以为按程递进之资。现中央临时政府已告成立，将来必宣布大政方针，为各省所宜遵行。但滇处边远，与腹省情形不同，措注缓急之间，必先预为筹定。兹拟自大中华民国元年起至五年止，所有省内一切应办事宜，预先规定政纲，以为进行之准则。惟事关大计，非由各项行政主管官员悉心筹拟，恐无以切事实而利推行，合饬通行札饬。札到，仰该部即便转饬所属各员，体察国情民力，将该管职务于五年内应行筹备事宜，拟定大纲，限新历二月初十日以前汇呈核夺，以便发交临时议会议决，颁布施行。该司、局、厂、所人员等责任所归，研求有素，必能切实筹议，幸勿敷衍塞责，是为至要。切切。特札。[2]

军医局遵饬拟订《五年筹备事宜汇呈采择文》。说：

> 为报告事。案奉军务部札奉都督札饬将该管职务于五年内应行筹备事宜，拟定大纲，汇呈核夺，以凭发交临时议会议决，颁布施行等因一案。窃维政治进行，医务尤关紧要，岂惟个人死生所系，抑实种族强弱之原。故凡军医之与普通医皆与生人有密切关系，断不可仍旧日相沿之积习，以无足轻重视之。惟进行之法，端赖在上者极力提倡，在下者实事求是。筹备之说，要求见诸施用，不可徒有空言。滇省僻在边徼，财力支绌，当此百度维新，齐进并奏，欲求至美尽善，恐或无米难炊，谨就五年内一切当务之急，于现在情形势不容缓者，胪列于后，以冀采择。

---

① 《文告》，《云南政治公报》第 1 期，1912 年 2 月 11 日。
② 《蔡锷集外集》，第 118 页。

一、滇省陆军医院，虽久成立，而规模粗具，缺漏殊多。又际兵燹之余，院宇荒凉，品物散佚摧败，现时医疗应用，颇以他物充替，不过窘于财政，勉为其难。然只可权宜一时，非即恃为长久之计。又如病人被服、衣履，破坏蓝缕，用经三年，臭恶垢污，洗濯迄难消灭，如此等类，洵宜急为添购。虽不求十分完备，亦必须当用无缺，故整理陆军医院，即为本年筹备先着。事有次序，理有固然，滇省医材缺乏，苟为不蓄，恐难常借于楚。现在已属不敷分布，即使留学天津者，将来毕业齐归，亦是为数寥寥，宜于民国元年一面整理陆军医院外，即一面建设省城中等医学堂，广招生徒，延聘中外专门西医，认真教授。自元年起至四年止，一般医学生毕业，则各联队军医无乏材之叹。即悬壶自给者，亦少不学无术之人。计元年军医局除各联队应发药费不计外，所有医院添购药品、器械、被褥、衣物等件，因陋就简，亦约需银八千元。创设学堂，生徒膳费，教习薪资，购办标本图书，事关创始，为费自应稍巨，本年需银约一万八千元之谱。

一、民国二年，各出征军队陆续旋省，分驻距远，病人之数，必倍于今。一陆军医院顾应难周，宜于临安、大理、干海子、巫家坝各设军医分院一所，以便就近疗治，免随时异送为劳。其有重病，非分院所能施治者，乃送陆军医院医治。至于林林总总，居陆军医院范围以外者，不乏患病之人。胞与为心，恫瘝在抱，宜由公家添设平民医院于省城，一则普济穷急，二则为医学堂学生多事见习之所。又于此年中饬各府治建一初等医学堂，仍用西医教授，以谋教育普及。定为三年毕业，毕业后升送省城医学堂，再资造就。计各分医院本年应添药品、器械，统由军医局领取，不过两千元之谱。军医院元年筹备之八千元，因有添置各项用费在内，本年添置各项用费既减，分院药品、器械费，即足于中。惟经常费为数不多，须由各联队自行筹备。平民医院即以学堂教习担任治疗，不过酌加津贴。建筑、陈设、药品、器械诸费，造端伊始，至少约用银五万元。各外府之医学堂，可即由本地酌量筹款兴办。

一、民国三年于既设医学堂之各府添立平民养病院一所，以为医学生见习之地。其费仍由本地筹拨，或由军政府酌量帮助。

一、民国四年省城医学生毕业，各府之初级学生亦当应考选升送之期，即可送入省城开第二班，毕业者分发各联队，或行政机关，见习数月，酌量差委，或分遣各府充当教习。本年除军医院及各分院、平民医院、医学堂常年应用经费外，别无添费之处。

一、五年时医材众多，各旧日之业医者，即于此时实行淘汰，非有经验学理，禁止行医，以重人命。

统计以上筹备数端，创始似难且费，收效不远而确，倘使款不虚糜，事归实际，即剜肉补疮，亦当事者所乐为也。奉饬前因，谨陈管见，除报告卫戍司令部、军务部外，理合具文，呈请钧部，俯赐核转施行。须至报告者。①

2 月

1 日

▲蔡锷电请上海陈荣昌归滇。说："前电计达。见致聚五函，知公澄观时局，将宏远谟，无任佩仰。惟此间经营缔造，切盼公归，特再速驾，请先电复。锷。东。印。"

又急电昭通飞送谢汝翼，请查复重庆所置宜宾县彭令被"斩首"有无特别原因。说："接重庆张都督由隆昌来电称，滇军所置宜宾县彭令，不识何故，将蜀军政府所委之屏山司令邓树北斩首，与本军政府政体主体大有关系，请饬将彭交出，由敝军政府看管，以便查明办理云云。究竟彭令诱斩屏山司令有无特别原因，希即查复，并径与渝军府剖白，免生蝥辖。锷。东。印。"

又电询谢汝翼，究系何故未收到叙州天顺祥所欠盐款。说："前接冬月删电，有叙州天顺祥欠盐款九万两，已饬令由省缴纳军府五万两等语。迭经向滇同庆丰询问，据称未接叙府号信云云。该号信迄今未到，究系何故？希询明电复。锷。东。印。"

又电赤水河飞送但懋辛，对其将主持泸州军政分府事"甚为欣慰"。

---

① 《公文》，《云南政治公报》第 3 期，1912 年 3 月 1 日。

说："闻泸都督辞退，将以公主持一切，甚为欣慰。鄙意泸、叙只须设一巡按坐镇，仍统率于渝军府或成军府，事权既一，措施较便。以公贤者，敢贡狂言，尚希裁择。锷。东。印。"①

▲李根源抵达腾越。3月30日，由腾越回榆。驻永昌8日。4月25日抵榆（大理）。

2日

▲蔡锷"万急"电告南京孙中山、黄兴，上海陈其美，成都尹昌衡，重庆彭都督，已电饬李鸿祥率部援陕。说："迭据川省来电，升允猛攻乾、凤，虏威甚张，陕省兵单，急望援助。敝省已电饬援蜀滇军旅长李鸿祥率所部赴援，期与秦、蜀两军联合，早平丑虏。特此奉闻。滇都督锷叩。冬。印。"

又电赤水河飞送李鸿祥，昭通谢汝翼并转重庆、成都各都督，请"速清蜀省内患，合师援陕"。说："连接西安张都督（按：指张凤翙）电，满清派毅军进攻潼关，甘军西下长安，陕省两路抵御，兵单械寡，恐力不支，请速派兵赴援，以解重围之困云云。查陕省为北虏必争之地，一有疏虞，关系大局，滇军出一混成协赴敌，请速清蜀省内患，合师援陕。锷叩。冬。印。"②

▲李鸿祥电请蔡锷速电南京中央政府派程德全回川出任都督一职。说："祃电悉。四川成、渝、泸各自树立。渝以首先反正自恃，成以地居首境为词，泸州则属渝、属成，尚无一定，互相争权，各自为私，而外属州县，盗贼蜂起，生民涂炭，漠不关心。我军介居其间，欲用和平，则难图挽救；欲强迫，又恐贻人口实。顷接谢梯团报称，成、叙一带，人言啧啧，佥谓滇军侵略四川，栗栗危惧。现闻成都派兵千余来嘉定，派兵二千余来自流井，均欲与我军开衅。又清军第六镇，由洛阳西上，乘势猛攻。长邠、洪陇、三水、永寿相继沦陷，兼之太原失守，阎都督已退据大同，黄河流域，再失虏手，大局不堪设想。秦晋如彼，而川事又糜烂如此，筹划北伐，甚属困难。恳请速电南京中央政府，派程德全到川任都督事，成、渝副之。

---

① 以上四电见曾业英编《蔡锷集》（一），第427—429页。
② 以上二电见曾业英编《蔡锷集》（一），第429—430页。

统一全省，整顿各事，使川事早平，北伐自易。是否之处，伏乞钧裁。合江事业已克服，附及。鸿。冬。印。"①

同日，蔡锷电赤水河飞送李鸿祥说："东密。艳、冬电悉。川事迭经电达中央请定办法，并劝程雪老回川主持，均未得复。程现任临时政府内务，恐未能归。闻王采臣、胡文澜已抵蜀，就中以一人为之，当易为力。若猝难办到，惟有仍赞助渝军共平匪乱耳。我军以联络蜀军、勿分兵力二者为最要，联蜀则疑易释，兵聚则敌难乘，切望注意。锷。冬。印。"②

▲夜，贵阳兵变，黄泽霖死，张百麟逃安顺。③

3 日

▲李根源电告"省城军都督府"，遵省府电示腾、永各军裁汰为七营，以及各营人事安排等情况。说：

腾、永各军，经与张协都督文光议决，遵照钧府电示，严行裁汰，仍照旧额并为七营，及保卫队一营。其所留军队，拟编为第十一至十七营，应委管带、帮带各员，并商由张协都督文光慎选妥员，保候委派。兹准拣员，开单到师，经师长复加查核，第十一营管带拟委腾军统领黄鉴锋，帮带委腾军副统带李光斗；十二营管带委腾军副标统宋学诗，帮带委腾军管带邵华轩；十三营管带委腾军管带刘品三，帮带委腾军副管带李绍清；十四营管带委腾军管带兼龙陵厅李槐，帮带委腾军管带汤显伯；十五营管带委腾军统领薛朗，帮带委腾军副统带周绍昌；十六营管带委腾军管带杜云山，帮带委腾军管带周希儒；十七营管带委腾军管带刘得胜，帮带委腾军副管带窦寅生；保商营管带委腾军管带黄安和。每月薪公，均遵改定新章支领，兵丁月饷，照巡防旧章散放。惟查黄鉴锋、薛朗资望较高，拟请加级，准服副都尉服章，余仍照本职穿服。该协都督本部，拟设中军官一员，阶级视副都尉，以马登云委充，稽查官一员，视正校尉，以张海清委充。腾军模范队总教练官郎保泰，调委第二师司令部一等副官；模范队第一营管带何

① 《云南辛亥革命资料》，第 359 页。
② 曾业英编《蔡锷集》（一），第 430 页。
③ 《云南光复纪要·援黔篇》，第 88 页。

泽远，调委筹办猺獞边务副委员长。其所设士林军模范队新军第一营、第二营、炮队营，及刘竹云所统之先锋第一营、第二营共七营，即饬刻日全数遣散，余则或汰或并。裁撤之兵，每名给差盘银二两，令其即日回籍。裁撤各营官长，准将得力之员，由张协都督择尤开单送师。其方涵、钟春芳、刘竹云、辛正清、张定甲等五员，以管带记名；周维美、田吉安、赖瀛洲、林和廷、邬梁栋、孔玉廷、袁吉成、刘仁俊、李源、李辉祖、张祠梁、陈廷员、郑明轩、张寿、曾汉章等十五员，以帮带记名，听候录用。未委差以前，暂照管带、帮带新定薪水，月支半薪，并每人给护兵二名，以慰觖望。除呈报外，谨先电陈。师长根源谨叩。江。印。①

又电陈"省城军都督府"，唐璆不能胜任腾越缺，改委赵开埠，并升腾越厅为府，且恢复旧名腾冲等事。说：

> 腾越一缺，地处极边，内政外交，均关重要。昨以到榆代表称②，前委唐璆，不能胜任，当肃元（按：即1月1日）电禀陈，并拟请升厅为府，筹办一切。随奉筱（按：即1月17日）电开，腾越唐丞希即详加考察，如不胜任，遗缺就近遴委。至拟改该厅为府，并添设州县，极佩卓见，统望于到腾后，察核拟议，妥速筹办，详细示知等因。源、藩到腾后，详加考察，唐璆实属难胜繁剧，且力辞面恩回省。查前驻蛮允交涉委员赵开埠，才具尚可，谨遵前次酌委腾、龙两厅电谕，委令署理，并升厅为府，复旧名为腾冲府，腾越改为县名，照案由府兼摄，以崇体制。将来筹办改流，添设县治，庶可以资统率而专责成。藩他日出巡，所有关务、外交，亦便与驻腾英领直接办理。公费仍照原定腾越厅数目支给，不必再加。除颁印给委，并将筹办情形随时禀陈外，合肃电禀，乞赐查核饬部备案。再此案本应先行请示，俟复到遵办，因前曾奉妥速筹办之电，观察事机，亦刻不容缓，故会商便宜先行更名，委赵署理，即饬本日视事。至道厅两署案卷，均被干崖刀

---

① 《西事汇略》卷一，第41—42页。

② 腾越代表"阳（按：即1911年12月26日）日抵榆"（见《滇复先事录》，《云南文史资料选辑》第17辑，第121页，李根源致张文光庚电）。

土司安仁乘机盗毁，合并陈明。根源谨叩。江。印。①

4 日

▲1 月 24 日，谢汝翼电询"滇军都督府"，中央政府究竟如何处理四川问题。说："成都哥老会政体，惨酷人民，暗无天日。重庆彼善于此，同胞颇有怨怼革命之举。屡电请中央政府命令，究竟如何？南京都督程德全，果能回川主持一切尤妙，否则后患何堪设想。成都同志军，官长类多捧客，兵丁半系匪徒，军纪教育毫无，器械子弹缺乏。以我军之势力，可扫尽妖氛，目下按兵不动，惟待命而已。翼。麻。印。"②

2 月 4 日，蔡锷电复谢汝翼说："麻电悉。成都军府既无纪律，又乏枪械，致匪徒滋扰，不能维持治安。我军本可扫荡廓清，代平内患。惟援军宗旨本属正大，而客兵地位，易启猜疑。顷接李旅长电，有成都派兵抗拒之说，我军此时不宜多分兵力，为匪所乘，亦不宜轻开衅端，予人口实，惟有与渝军联合，节节进行，较为稳健。前迭经电请中央政府命令并催程雪老回川主持，迄未得复。现雪老已任中央内务，恐难遽归。闻王采臣、胡文澜已抵川，若能出任，此事当易收束，望与韩、刘、李诸君密筹之。阳历支。印。"③

▲1 月 26 日，李鸿祥电告蔡锷，已汇滇款 25 万。说："顷奉秘札，敬悉。永款已取七万，又由渝交来十万，由叙筹获八万，共计二十五万，已一律由叙汇滇，谅必收到。兹又派人往渝，取北伐四个月薪饷四十万，取获与否？尚不得知。何部长（按：指何鹏翔）已抵永，因北伐未定，弹药暂留永城。鸿叩。宥。印。"④

2 月 4 日，蔡锷电复李鸿祥说："宥电悉。前电催赴援陕，达否？速复。由叙汇滇款二十五万尚未收到，是否由天顺祥汇交？乞电告，（以）便查询。锷。支。印。"⑤

---

① 《西事汇略》卷六，第 2—3 页。由电文中"统望于到腾后，察核拟议，妥速筹办，详细示知"一语，可知此电发于 2 月 3 日。
② 《云南辛亥革命资料》，第 364 页。此电原署"麻"电，因此《云南辛亥革命资料》系为 1912 年 2 月 6 日。但从以下蔡锷复电可知，此电显然发在蔡复电之前，而且"麻"日实际是阴历的日子。
③ 曾业英编《蔡锷集》（一），第 432 页。
④ 《云南辛亥革命资料》，第 349 页。
⑤ 曾业英编《蔡锷集》（一），第 433 页。

▲2日，李根源电告"省城军都督府"，他已抵腾并与张文光开议"首裁营数，以七营为限"等情况。说："月密。根源东日入腾，与张文光等相接，察其向背，张蒙钧府褒美，升授协督，既居成功，又保令名，极思所以善全。陈云龙现已去腾，余或内怀疑贰。现惟开布公诚，先安其心，大势既定，再图收束。前颁条件七款，于善后要略已具。兹熟审情势，必先停捐派，以断其财源，而后裁并易为功。亟设官吏，以收其治权，而后政柄无所假。本日与张文光等严重开议，首裁营数，以七营为限。由张先保妥员委充管带，责成办理裁汰归并，及遣散安置事宜。次停捐派，与张会衔出示，明白宣布办法，另电详陈。次改府治，将所设各局所名目取销，均经承认。以上三端，办理就范。其余各节，自可次第进行。目今因应之方，惟以诚信祛其疑，以武力盾其后。谨遵钧示，勿激勿纵，审度机宜，以为进止。伏冀训示。根源叩。冬。印。"

次日，又与赵藩电告"省城军都督府"，留用各级官长，暂酌给半薪，以及各项摊捐"一律停止"等情况。说："腾中起事，募兵过多，用人亦夥，关款、盐款、铁路公司存款、粮税各款，取用罄尽，不足复索取诸民，现核出款已及二十七八万金，而各项摊捐，尤有加无已，民力竭矣，其何以堪。现藩、源会商，邀集张协督文光公同议决，将旧有添募各军，照旧额裁并为七营，并保卫队一营，薪饷统照旧章支给。裁差之后，以管带、帮带、哨官、哨长记名录用者，并照减成章程，暂时酌给半薪，并每人给护兵二名。各项摊捐，已于本日会同出示，一律停止，以舒民困。各绅商民已缴各款，容饬核明数目，开具地方人名，呈请钧府，饬部核议，分别发给公债票，用执为据，不限期，不认息，俟财力充足，再行酌偿本金。其情殷报效、因事罚充各款，不在此例。已于示中声明，限旧历年底，如数缴清，不准观望延宕，违者仍予严追。合肃电陈。藩、根源谨叩。江。印。"①

4日，蔡锷电复腾越赵藩、李根源说："月密。冬、江电悉。腾事先从裁营、停捐、设官入手，办理甚合机宜，此三端就范，余事自易解决。但求军情帖服，民困稍苏，自可徐图善后，固不必操之太蹙。至大纲所在，则事在必行，不可过为迁就。其裁差后之记名录用各员，暂予半薪，免生

---

① 以上二电见《西事汇略》卷一，第38页。

觖望。仍须留心考察，如有堪造就者，将来可令入学堂，授以军事教育，亦可以备任使，不至成为弃材。其太阘冗无能者，自应即时裁汰，免耗饷糈。余均照所议办理。锷。支。印。"①

▲2月2日，李根源电询"省城军都督府"，可否豁免已故蒋辅丞所欠公款，"以示衿恤"。说："据孙联长绍骞报称，据第一大队长钟湘藻呈，查本营前管带蒋辅丞，于旧历正月②奉饬率队赴腾，曾在榆局预领差盘银七百两，闰六月开拨回榆，往返共开除差盘等项银四百四十六两三钱八分二厘，尚应缴余银二百五十三两六钱一分八厘。又据称，该管复由副军需官处借过银一百两，二共亏空银三百五十三两六钱一分八厘。该管业已身死，家无余资，所遗一子，甫经弥月，寡妇孤儿，殊堪悯恻，恳将所亏公款，免其追缴等情。查该故员于出发时预领之款，除开支外，应缴还银二百五十三两六钱一分八厘。兹据该联长等查明，实系家无余资，孤寡可悯，拟请饬部准其豁免，以示矜恤。其由副军需官处所借银一百两，查无案据，系属私交，自应饬令该副军需官如数赔缴，以重公款。是否，祈示遵。师长根源叩。冬。印。"③

4日，蔡锷电复李根源说："冬电悉。蒋管所亏公款二百五十三两六钱一分八厘，既据孙联长查明，实系身后家无余资，自可免其进〔追〕缴，以示体恤。其由副军需官处借用过银一百两，系属私交，无论有无证据，公家断难认可，应饬该军需官如数赔缴，以重公款。希即转饬遵照。都督府。支。印。"④

▲报载蔡锷改委杨宗熙署理广南知府。说："广南府地方，地居极边，事务极繁。先本为满人桂福任理，反正后桂福即来电投诚，并解囊助饷，军政府只得电委仍然任理斯缺。不意广南绅民以该府种族歧异，不能再为汉官，不肯公认。蔡都督只好另行改委杨宗熙署理。"⑤

---

①　曾业英编《蔡锷集》（一），第 431 页。

②　此时间系指"宣统三年辛亥"的正月。

③　《西事汇略》卷五，第 20 页。

④　曾业英编《蔡锷集》（一），第 432 页。

⑤　《云南近事一斑·新委广南府》，上海《时报》1912 年 2 月 4 日。

5 日

▲1 月 27 日，谢汝翼电告"滇军都督府"，重庆张培爵、夏之时促滇军援陕真正意图，以及其已婉拒意见。说：

> 接重庆张、夏两都督养电，称陕西危急，迭次请援。甘回马安良，占据汉中。经黔代表、滇陈副使，举培爵为川、滇、黔北伐团总司令官之时，滇军第一、二梯团，请由重庆向西安进发。已电告中央政府，鄂、湘、秦、陇、滇、黔、川各都督，尚未见复等语。窥其来意，一、欲以援陕之美名，归之于彼；二、欲节制我滇、黔两军；三、欲滇、黔援军皆去，然后无论其内部如何溃烂，无人过问，只求密缝姑息于目前。要之，川省今日之现象，危险已极，若不确实整顿，将来西南大局，实不堪设想。勿论不能援陕，恐一出北境，而后路已糜烂不堪也。昨已函请韩团长、刘参谋，向成都政府交涉，以后四条为宗旨：一、取消成都哥老会政体；二、令同志军缴枪解散，另招新兵，编练军队；三、不得排斥外省人；四、统一军政府。愚见若此，敬祈示遵。并附呈复蜀军政府电文如下："顷接养电，会师援秦毅力等语，宏筹硕划，实深钦佩。但此事关系重大，非有本军府命令，不敢自由行动。以现在情形而言，川省军政府未能统一，政治淆乱，伏莽遍地，全蜀糜烂。藏兵在西乘间伺隙，黔、滇、川重兵皆出于西北，恐匪徒猖獗于内，藏兵乘之于外，川省不可收拾。鄂省即首承其祸，大局何堪设想。故今欲救西北，非先使四川之独立，确实完全不可。倘能以最短之时期，速祛以上所陈二害，固当请命于本军政府，执鞭□以相从耳。"云云。翼。佳。印。[1]

5 日，蔡锷电复谢汝翼，表示同意谢的意见，但又表示"我军此时固不能曲从，亦不必遽与决裂"。说：

> 佳电悉。前接渝号电，当即电复，略谓联兵援陕，自系要图。惟蜀中匪势甚炽，联豫据雅窥成，西藏叛兵逼巴塘，英人亦增兵入藏，

---

[1] 《云南辛亥革命资料》，第 368—369 页。此电原署"佳"电，因此《云南辛亥革命资料》系为 1912 年 2 月 9 日。但从以下蔡锷复电可知，此电显然发在蔡复电之前，而且"佳"日实际是阴历的日子。

倘蜀事久未定，不惟民受其殃，恐大局亦为之牵动。亟宜解散同志会，惩创匪徒，安集失业游民，乃能西［北］出汉中，北［西］防藏、卫，以巩我屏蔽，挫彼戎心。否则匪氛未靖，而兵力难分，后路未清，而运馈不便，故现在情形，靖内实急于对外。蜀中军府林立，惟贵军首先倡义，秩序厘然，将来内安外攘，胥惟贵都督是望。若一但［旦］出省，戡乱无人，恐匪势益张，川事必更糜烂。此时宜急除川省之实患，不必博北伐之虚名云云。与来电意同。渝军用意，诚如尊论，我军此时固不能曲从，亦不必遽与决裂，惟有屯集兵力，先固础基，徐待其变，相机进行耳。成、泸各军府宜取消，以谋统一，此间亦迭经电劝，然恐难以口舌争。前闻成、渝有联合之意，果能做到，我军似毋庸干涉也。锷。歌。印。①

又电复昭通局专快探送谢汝翼，厘款、铜价碍难拨充。说："哿电悉。尊处川饷均发给三个月以上，所请提井渡厘款及运局存铜变卖各银拨充饷银一节，碍难照准。惟该梯团长督队进行，不能坐理，现已托天顺祥号设法变卖，希即就近督催，迅将卖款解省，以济急需。希即照办。军都督府。歌。印。"②

又电复盐井渡厘金委员、泸州云南京铜店委员，请将变卖铜款解省。说："本府据援蜀谢梯长哿电称，拟提井渡厘款及运局存铜变价充饷，当以饷已敷用，所请碍难照准电复在案。惟查该梯长督队进行，不能久待，今泸店存铜已托天顺祥设法变卖，仰即就近督催迅将卖款解省，勿违。此复。滇军都督府。歌。印。"③

上旬

▲蔡锷电告南京孙中山、黄兴，北伐总司令，武昌黎元洪及南方各都督，云南北伐队已出发，"取道黔、湘"。说："云南简练精兵编为北伐队，派唐继尧为司令官，韩凤楼、庾恩旸④为参谋长。编为兵队。计千步［部］

---

① 曾业英编《蔡锷集》（一），第433—434页。
② 《要电》，《云南政治公报》第3期，1912年3月1日。
③ 《要电》，《云南政治公报》第3期，1912年3月1日。
④ 《蔡松坡先生遗集》收录此电时删除了"庾恩旸"之名。

学生一大队、步兵四大队、骑兵一中队、炮兵一中队、机关枪二中队，及宪兵、卫生、辎重、弹药纵列各队，已于阳历勘日出发，取道黔、湘。军饷先拨发十五万元。特闻。滇都督锷。印。"①

▲额必廉不相信蔡锷会以四川、贵州，云南组成一个"独立的国家"。说："蔡锷将军的明显意图是要兼并四川（或至少是南半部）和贵州，组成云南府统治下的一个大省，由四川提供该政府所需要的大部分金钱。有人谈到建立一个独立的国家，但这几乎是令人难以置信的：象［像］蔡锷将军这样一位有能力和有远见的人物会从事于这样一种充满危险的活动，而且这种活动的唯一结果将使云南招致中国民党人士的愤怒。"②

按：说蔡锷意在建大省是没根据的，欲通过四川解决云南当时的财政困难是事实。

6 日

▲蔡锷电陈孙中山、黄兴，"亟应罗致"留学东西洋十余年的蒋方震为"参谋部总长"。说："临时政府成立，各部长官皆极一时之选，仰见任官惟贤，无任钦佩。惟缔造伊始，军事方殷，折冲撙俎之才，相需尤亟，苟有所知，不敢壅闻。蒋方震君留学东西洋十余年，品行学术、经验资望，为东西洋留学生冠，亟应罗致，以餍海内之望。闻蒋已由奉返浙，如畀以参谋部总长，或他项军事重要职务，必能挈领提纲，措置裕如，不独中枢有得人之庆，而军国大计亦蒙其庥。锷于蒋君相知最深，为国荐贤，伏希留意。滇都督锷叩。鱼。印。"③

▲1 月 27 日，谢汝翼电请"滇军都督府"派兵恢复建昌、会理等处。说："建昌、会理等处，被蛮子扰乱不堪，与成都一线之交通，早已断绝，成都势力万难达到。该处糜烂影响，波及于滇。请都督府派兵恢复，暂为建设，以免人民涂炭。俟川省平静，再为移交。翼。佳。印。"④

① 曾业英编《蔡锷集》（一），第 444—445 页。又见上海《时报》1912 年 2 月 13 日。
② 《总领事额必廉关于云南省至 1912 年 2 月 15 日为止的半季度情况报告》，《英国蓝皮书有关辛亥革命资料选译》下册，第 509 页。
③ 曾业英编《蔡锷集》（一），第 435 页。
④ 《云南辛亥革命资料》，第 367 页。此电原署"佳"电，因此该书系为 1912 年 2 月 9 日。但从以下蔡锷复电可知，此电显然发在蔡复电之前，而且"佳"日实际是阴历日期。

6 日，蔡锷电昭通专送谢汝翼说："佳电悉。前接李印泉电，拟派钟湘藻等率榆兵，取道建昌、会理援蜀。嗣接宁远、会理绅民等文电，迭称各属业经反清［正］，止发大兵，以免人民惊疑，遂电止榆军出发。彼既深闭固拒，未便遽尔进行，反生疑沮。惟有严为戒备，免其窜扰而已。锷。麻。印。"

又电赤水河飞送李鸿祥转韩建铎，请就近询明蜀军政府是否自行修复永、泸一带被毁电线。说："据电报总局禀称，前因永、泸一带电线被毁，泸局无料修复，奉饬无分畛域，亟筹修通，以通川汉消息。遵即发款运料，派员往修。兹报生冯嘉言电称，查明由永至泸共坏杆线二百卅里。并闻泸局称成都已委员来查，似有自修之举等语。查永、泸被毁电线本属川境，惟前因泸局无料，故派员修理，以期早日规复川汉交通机关。兹据称前情，请电询成都、重庆，是否确有此事，应否仍由滇局已派员役修整，不致虚縻运费，且可早日修通等情。据此，请即由尊处就近询明蜀军政府是否自行修复，速行电复，以凭转饬该局遵办。锷。麻。印。"

又电复桂林军政府转陈炳焜，当与林帮统"随时联络，慎固边防"。说："接二十二号电，借悉兄晋省，龙州事由林帮统代理，足资镇慑，甚为欣慰。敝处当与随时联络，慎固边防。锷。鱼。印。"[1]

又电复思茅方宏纶，道署建筑事，军都督府"无案可稽"。说："思茅方道台鉴。支电悉。建筑事本军府无案可稽，俟册报到，再行饬司核销。都督府。鱼。印。"

又电复思茅刘钧密查道署建筑事。说："思茅刘道台鉴。鸿密。方道电称，前奉清督谕，移驻思茅，随就游署地修建道署，约需四千两，由省筹拨三千余，作三年流摊。曾于九月鱼电报告，工料共备。适值反正，支款已千余金，爰饬陆续动工，将次落成。现值交卸，即交由该道接修等语。查此项建筑，本军府无案可稽，应俟册报到日，再行饬司核销。除电复外，并将建筑工程是否核实，密查详复为盼。锷。鱼印。"[2]

▲李根源电陈"省城军都督府"，拟"派随同来腾之第七联第二大队第三、四中队"，前往永康德党剿办勾结刀上达的"匪首穆大寰"。说：

① 以上三电见曾业英编《蔡锷集》（一），第 434—435 页。
② 以上二电见《云南辛亥革命资料》，第 100—101 页。

"顷据永昌由守云龙电，据驻永康德党国民军郑管带明轩星夜飞禀，州属有匪首穆大赍，复勾结刀匪上达，聚匪三千余人，在苏家寨一带，肆行抢掠，分扑州城，势甚猖獗。该营力薄，难期剿除，请派劲兵往剿等语。查和牧朝选，今尚在途，请速派军队往剿等情。复据张协督文光来商，拟派黄鉴锋、宋学诗两营前往剿办。惟查腾、永各军，现当裁并、改编之际，黄、宋两营均应调腾，力加淘汰，另予编制，未便又行更调。兹仍由源遣派随同来腾之第七联第二大队第三、四中队，饬该联教练官徐鸿恩率队，于阳日（按：指1月25日）起程，驰往剿办，务在歼除刀匪，驱逐杨福顺出离该境，并解散郑明轩所部兵勇，以靖乱机，而固边围。谨陈。师长根源叩。麻。印。"①

7 日

▲尹昌衡、罗纶通电各界，驳斥滇军对成都军政府的指责。说：

大汉四川军政府都督尹、罗为通告事。川省自七月以来，西南各属保路同志会，纷纷倡义起兵，反抗满清政府，为十八行省发难之先声。经数月之血战，损失生命财产，不可胜计，迄于阴历十月初七日，始克推倒强顽政府，宣告独立。又以赵贼未除，暗中主动，致有十八日防军之变。前都督蒲君殿俊自甘引退，昌衡迫于公推，承乏斯任，以纶副之。受事以来，寝食不遑，竭蹶万端，力所能为，罔敢不尽，其间经过困苦，匪易殚述（另详）。

川、滇本唇齿相依，派兵来援，诚所感佩。然细查滇军入川以来，对于川省极重大困难问题（如赵贼据督署为窟穴，傅华封率藏兵据雅为声援，满城枪支亦未缴出等事），未闻遣一介之使，帅一旅之师来相援助。惟日顿兵叙郡，以行其侵掠主义（事实另详），包藏祸心，不可测度。本军政府以虏巢未覆，大局未定，为同仇敌忾之时，非阋墙操戈之日，故加意涵容，屡次遣使，冀为和平之解决，得以专事于北征。乃顷得驻川滇军报告本省及各省电文，任意诬蔑，颠倒是非，欲以捕风捉影之谈，冀耸中外之听，并欲假联军定乱之名，阴遂攘夺之谋。

---

① 《西事汇略》卷三，第4页。

凡有血气，其谁可欺。特就原电，逐条签驳，质诸海内同胞，一详论焉。

一、据确实侦探报告，成都哥老会政府以排斥外省、横取财货为无上政策，因日日演说排外，大乱以起云云。

窃川省自十月初七日宣布独立，即已通告各属，凡满清时代所谓种种恶税，得由地方官绅分别呈请酌量减免，以示体恤，此尚有案可查，并非事后掩饰。即经十八日之乱，财政万分支绌，更于盐厘改为就场征收，较前减少十分之六，肉厘减少十分之二，糖厘减少十分之七，茶税一项则全行罢免，焉有横征暴敛之举。况川省客籍官商，不下数万，试问本军政府成立以来，除照章征税外，曾否向所有者勒派分文。虽因军饷无出，议募公债，均系听其乐从，毫未加以强迫，即以侵吞巨款之路广钟，监守自盗之沙天泽，尚且从宽免罚。此外客籍同胞，不问可知。又况防军统领叶荃（叶系陆军标统）籍系滇人，于川省已告独立，竟敢不受照会，并密约盐运司杨嘉绅捞卷库款二十余万，拐挟新式五子枪二千支、子弹二十万，逃据嘉定，图谋不轨。及当众宣布，经军人反对，始行潜逸。昌衡与纶尚不肯援法通缉，致伤邻省感情，何论其他？乃该电竟谓本军政府横取财货，不知果何所据？

至谓演说排外，大乱以起，尤属诬罔。查本省独立之后，所任文武官吏，客籍最占多数，内而各部科长、科员，外而府厅州县知事，属于外省人员十之六七，首府两县，即其例也。虽在职间有请假回籍，均经再四挽留，不肯就职，始行允准，并给护照送出境，以守前约。此犹谓为排外，其谁信之？如论十月十八之变，则不应归咎于本军政府，而应归咎于客籍中之田（征葵）、王（棪）诸人。查川省独立宣言，于在职官吏，均令仍旧任事。客籍中向归闲散之人，未及一概录用，遂有客籍救亡会之发生。彼时外省人民，编入我川防军者，均被田征葵等多方煽惑，乃有东较场点名不受约束之暴举。即以客籍会长李克昌，于是夜假赵贼名义出示招募散军，希图乘机恢复一事觇之，孰是孰非，公论俱在。乃滇军既假援川为名，不将我省受祸之原，据实报告各省，以张公理，反捏词相加，借以煽动各省与我为难，则援川适以陷川矣。

二、罗纶提倡哥会，匪势遂炽，其法以政府为哥会最高机关。凡官于蜀之积有宦囊以及富商大贾，均勒令出银若干，务以罄尽为率，予以哥［老］会大爷名目，始可以保其生命财产（中略）。如赵康时被杀于成都，方声涛拘于半边街，皆无金赎命之故云云。

窃纶充当谘议局议长，已逾两载，果系哥会中人，何以当选之时，未被告讦？况本年川省争路一狱，纶亦被逮，以赵贼之故入人罪，尚且不能以哥会名目处罚，则罗纶是否为哥会中人，当不辨自明。

至于川省哥会之发生，历年已久。当其纶与蒲（殿俊）、颜（楷）就捕之后，赵贼派兵四路出剿，苟非同志军先后起义，拼死抗拒，则我川生灵早被屠戮罄尽矣。即至十八日变起仓猝，赵贼既未伏诛，满城犹拥枪械，而又暗调藏兵数千，突至新津以为外援，如无同志军中途截阻，并相继入城助斩，赵贼将死灰复燃，全川亦必不为我有矣。虽其中不无哥会中人，而自编入军队以后，均能各守纪律，协保公安，即间有未就范围，亦应促其逐渐改良，俾图自新，方与人情国法两不相背。且据上海报告，伪清尚未拔尽根株，和议亦未及时告成，人心摇动，处处皆然。必如滇军在我川叙、泸一带之肆行杀戮，其不至为渊驱鱼、为丛驱爵［雀］，殆亦几希。况本军政府对于假冒同志会之人，前后正法不下数百。而滇军犹谓纶等提倡哥会，匪势遂炽，其显与事实相违，更何待言。

若夫以政府为哥会机关，则不惟诬纶一人，并举我川一般绅商及客籍中之最有学识品望者，均以匪类视之。夫所谓政府者，即以多数人组织之政治机关也。我川此次军政府之组织，非共和党中人，即系本省或外省素能任事之人，皆有册可查，无可隐饰。滇军欲以匪党坐纶，遂举组织政府之全体人员一并诬之，恐客籍中稍有天良者，亦当同抱不平。

至谓旅居我川之官员及富商大贾，均被勒令出钱若干，始予以大爷名目，生命财产乃能保全，尤不足以欺三尺之童。夫以十八日之变，其客籍中之富商大贾，诚有因此被劫者，然以第二次军政府成立之后，无不一律保护，用化畛域，前后文告，历历可考。现在各省旅川人士尚未归，试请出而问之，果有何人生命财产，系由军政府予以大爷名目始得保安全者乎？即以该电所举赵康时之被杀，方声涛之被拘，已可证明其所报之概属虚诬矣。夫康时之被杀，事诚有之，但溯厥原因，乃系十八日康时乘机纵兵劫掠，致遭所属兵丁立时枪毙于营门之内。至于声涛被拘，则因未领护照，私持枪械出城，同志军疑系逃兵，因此截阻。旋经本军政府询明情节，随即补给护照，并川资银五百元，派兵四十人护送回籍。现在我川军官客籍尚多，知其事者，当不乏人。该电捏诬赵、方两人，因无钱赎命，致被拘戮，非真毫无根据，希图挑衅而何？

三、不谓近今世界，犹有此次黑暗惨毒之怪现象（中略）。祈电告天下，大声其罪，由滇、黔、湘、鄂增发大兵，剿此乱逆组织新政府之川人，然后退师，以达我援川目的云云。

查我川最初所布紧急命令，不惟禁止戕害官长，并于旗籍诸人极力保全，何况外人。即以十月初七日之宣告独立而论，各外宾之来府观礼，均以我川此次办法优待旗民，优待故官，不修私仇，不寻旧怨，一基人道之正义。其中如美国人尤为称道不置，并将所拟办法各条抄寄回国，登诸报章。较之滇军入川，在叙则诱杀党人刘杰，并其所带新军数十；在泸则仇杀党人黄芳，并其所属民军数百。孰为文明，孰为黑暗，孰为宽仁，孰为惨毒，不辨自明。而滇军反欲捏词煽动各省灭我川民，是直为逞无餍之野心，遂欲相率天下之人，同蹈不义，其有背世界公理，孰过于此！万一各省竟为所惑，因此同室操戈，而外人遂乘间干涉，咎将谁归？洪、杨之败，前车之鉴也。中央政府果能据实论罪，以彰挞伐，则义旗所指，当必有在。

四、张支队不日出发嘉定，饬黔速进，以增后援。在叙有黔军三十余人来附，均携有枪械。由重庆大队再拨（兵）目四十人，新募五十人，编游击第一队，附属于辛庚之捷。有某某所率之二百余人，即以自流井所获枪支配发，编为第二游击队，附属于辎重（中略）。则成兵足用，不必由省再发云云。

据此则滇军蓄意侵略，尤属显然。值此大敌当前，即使我川果有内乱，滇军亦当退谋北伐，以顾大局。乃昌衡与纶屡次电请会师，分往陕、甘，牵制北兵。而驻川滇军，不惟不肯同行，并欲乘其不备，覆我政府。且近日滇军所在地方，其受虐人民，无不来省控告，请与滇军开仗，以伸冤抑。昌衡与纶方且曲为解免，以全邻谊。而滇军竟忍怀此诡谋，诱结黔军，而惟利是逐。万一北军乘据西安，进取我川，则南北之势一成，岂惟川民不免受害，即全国大局亦不免同受影响矣。

五、请电苏镇，候毛兵募足，发给枪支百支、子弹四万，募费已由梯（团）筹，勿庸在滇支取云云。

查滇军入川，已逾两月，所带兵队不下万余，军饷是否系由自备，未敢臆断。然据各处近日报告，滇军入川后所用军饷，皆系于所过州县迫令绅商预为筹备，或于所占我川各处盐厂加抽税厘，希图肥己，不饱溪壑，继以抢封。甚有谓在泸则将我川所存税厘私运二十余万回滇。昌衡与纶方以该军既假援川为名，万不至如此横行，致伤和气。今观该电"勿庸在滇支取"云云，足征各处报告，不为无因。夫以我川之地方糜烂，甲于各省，昌衡与纶且不肯以军饷无出，丝毫苛派人民，而滇军在川，竟忍四处搜括，天良何在？以故此电传来，全川人民，无不为之发指！现已呈请中央政府转知各省，勿为所愚。并恳电饬滇军及时退归，或速同北伐，以赎前愆，而释群疑。倘既不同赴陕、甘，又不及时回籍，则非有意吞并，即系阴受满清政府指使，牵制我军北出，甘为天下之公敌。昌衡与纶亦惟有谨率全川人士，固我疆宇，如其不济，以死继之。临颍涕泣，诸维鉴察。尹昌衡、罗纶谨告。①

2月21日，英国驻成都总领事务谨顺在致朱尔典的函中，谈及他当时对尹、罗此电的感受。说：

本月初，滇军与成都军政府之间的关系紧张到了很危险的程度，那时（2月8日左右）军政府都督发表了一个很长的通告，驳斥云南人对他们提出的某些指责。这些指责已通电全国各地，大意如下：

一、成都的'哥老会政府'正在奉行一种排斥其他各省人和普遍掠夺的政策。二、罗纶正在使成都军政府成为哥老会手中的纯粹工具。仅对那些给哥老会捐献大批款项的人，才答应保护其生命财产。有些人（说明了他们的姓名）被处决或囚禁，因为他们没有钱购买哥老会的职衔。

云南人声称："现在世界上没有比这更愚昧或更残酷的事情。"他们在向全国宣布成都方面的罪行时说：云南、贵州、湖北、湖南等省

---

① 曾业英、周斌编《尹昌衡集》第1卷，社会科学文献出版社，2011，第64—67页。

的一支大军"准备消灭这些无法无天的反叛者,并为四川人建立一个新的政府"。

另一方面,成都军政府都督指责滇军牺牲了他们所占领的四川的那些部分土地,使他们自己发财致富。"他们对各处盐场横征暴敛,劫夺存放在泸州的二十余万两税款,并运往云南。"都督摘录滇军致云南方面的一份电报(没有泄露该电是怎样落入他们手中的),要求拨给一百支步枪和四万发子弹,但说明"云南方面无需为支付款项而操心"。都督又说:四川在各省中受害最重;他们(尹昌衡和罗纶)无意强迫居民捐献军费,然而滇军缺乏良心,向人们进行敲榨。他们请求中央政府命令滇军立即撤回本省或直接参加北伐。如滇军拒绝此项命令,将证明滇军蓄意破坏四川的完整,或是充当满清的秘密代理人——人民的公敌,其目的是要阻挠对北京采取军事行动。由于滇军"贪婪残忍",他们正在挑起一场自相残杀的战争;如果外国人乘机干涉,象〔像〕对太平天国首领洪秀全进行干涉一样,那就必须归罪于他们。

当然,情况也许是这样:由于来自北方的共同危险已经消除,曾经在全国如此激烈地互相攻击的敌对双方,对互相厮杀一事将不再受任何约束,甚至不受担心外国干涉的约束。但是,总的说来,我倾向于认为,他们之间的互相攻击将被制止,滇军现将撤回本省。①

▲蔡锷电告南京孙中山,"滇军为人道计,为全局计,不能不代平蜀乱",对程德全未能回川主持颇为不满。说:"蜀独立后,土匪蜂起,劫略横行,全省糜烂,军府林立,拥兵自守,不能维持治安。现联豫率藏兵据雅州,逼成都,北虏袭晋入秦,骎骎向蜀,势益可危。迭经电陈中央,并请程雪老回川主持,迄未示复。岂西南数省不足恤耶,抑滇军不足与谋也!蜀乱一日未定,大局即一日未安,滇军为人道计,为全局计,不能不代平蜀乱,一以救蜀民于水火,一以促国家之统一。事机切迫,恐再迟延,贻误大局,惟有督饬援军,不分畛域,竭力进行而已。谨此电陈。滇都督锷。阳。印。"

---

① 《总领事务谨顺致朱尔典爵士函》(1912 年 2 月 21 日于成都),《英国蓝皮书有关辛亥革命资料选译》下册,第 531—532 页。

又电曲靖专人星夜飞送北伐司令官唐继尧，命其"率队改道入蜀"。说："蜀氛未靖，陕势颇危，援蜀军函请添兵。当经开会决议，请率队改道入蜀，会合援军，先平蜀乱，即援陕北伐，于大局关系甚巨。希先电复，余另密详。锷。阳。印。"

又飞电密告唐继尧改道入川原因。说："北密。近因北虏猛攻潼关，陕势危迫，迭请救援，而蜀中匪势甚张，非速平蜀乱，碍难援陕，大局可危。又接叶荃、张璞等自流井来电，川事糜烂，非厚兵力，难望速平。谢、李来电亦云，韩师长武器为蜀扣留在资，拟率兵应援，又恐泸、叙为匪所乘，请派三梯团速行入蜀。日内又连接黔电阻兵，且探悉黔省情形，党竞甚烈，吾兵一到，冲突立生，即代为戡平，不过为一党人争势力，而劳师糜饷，于我军妨碍实多。当经开会研议，佥以审时度势，宜暂置黔事，并力赴川，先固根基，再图进取，既免树〔树〕黔省之敌，又可增援蜀之兵。蜀事早平，于北伐尤易为力。业经电商改道入蜀，兹特以改道原因奉闻，希将大旨宣告军士，立行督率入川。盼切。祷切。锷。阳。印。"①

9日，唐继尧急电请示蔡锷改道的特别原因。说："阳电敬悉种情。在省迭经会议，始决计援黔。昨因周、戴二君未到，疑有特别原因，遵即佳复照办。顷周、戴到平彝言，十八日在省起程，并无别故特议，且先遣各队，入黔已深，抵威、毕一路，粮草既未预筹，改道种种困难，谅在洞鉴。果有何种重要特别原因，请详细密电，自应遵办。如何之处，即时盼示，已着人在曲靖候示。尧叩。佳。印。"

10日，戴戡、周沆也急电蔡锷、罗佩金、沈汪度等人，务恳力除浮言，"电唐、韩锐意进行，一篑收功"。说：

> 宜（按："宜"，指译电的密码种类。）顷发循电，即接宜庚所论黔事，皆在军府与公，再四计议，实不足为大军改道理由。钟、刘等均张、黄朋友，新由沪来，或不悉黔内容，故为危词耸听，何足轻重，此层已早虑及，订成条约，并非意外事。滇军此行，计划本密，非旅滇黔人所能尽识，谣议纷纭，有不免疑为党物者。惟戡、沆自信，实无私见，且十年来奔走于外，贵阳绅耆向非熟识，只以戡此次回黔，

---

① 以上三电见曾业英编《蔡锷集》（一），第436—438页。

目击社会，受种种痛痒激刺，驰赴滇作秦庭哭；沆亦以滇军仗义扶危，方冒险请行，岂尚有丝毫个人权利思想。前给戡委状，各绅均正派殷富，人所共知。滇军入黔，已迫通消息，预备欢迎。兴义刘显潜、寒先陶已嘱令调集两营，又饬普安易荣黔另募一营，进扎镇宁、郎岱作援，前领械子饷银均运赴兴，以供军用。又得唐省吾带滇兵继进，此皆得公许可。如中途作罢，该兵作何解散，而滇助械饷，为刘营领去，张、黄切齿，迁怒贵阳，预谋诸人，必遭残害，株连良善，势所必至。元气正气，从此丧失殆尽。是滇兵不发，黔祸或缓须叟；滇兵改途，黔害立见糜烂。戡、沆负黔负滇，惟有请戮于贵军府，以谢不慎之咎。至虑剿黔敌，所敌者只少数匪魁。吾黔驯良，父老子弟得滇救出水火，有感激，无猜忌，可以断言。况黔公口流毒及滇，徐、韩（按：即徐进、韩凤楼）两公在巩平搜出票帜，是其明证。诸公不为黔生灵计，当为滇治安计，而顾钟、刘一言，轻听摇惑。试问钟、刘能保黔之公口永不为黔害否，又能保黔生命财产不再为该公口蹂躏否。现唐、韩迭接前队入黔报告，深悉黔民痛苦，热心赴援，忽受改道命令，以成约所在，无从反汗，乃决策北伐，置黔事不问，但又念黔不定无以平川固滇。大局所关，殊为扼腕。故取道安顺，听候进止。务恳诸公力除浮言，订定契约，电唐、韩锐意进行，一篑收功，全黔戴德。再作[昨]晤杨晋言，援黔湘军已由常德出发，仍恳公速拨兵赴毕节防堵。戡、沆偕唐军行，留人候电。戡、沆叩，蒸印。

同日，又电告蔡锷、罗佩金、殷承瓛说："循密。佳午在途，遇杨君晋自黔回，论黔事。伊驻黔数旬，闭城三次，其危险已达极点。竟尔涕下，非速得滇援，万难挽救。黔省正绅知有北伐队通过，维持之事，亦感激万状。迨抵平彝，唐司令出示公北密阳电，令军队改道入蜀，不胜骇异。细绎来电意，房攻潼关并蜀事，均非目前最急问题，若待唐军往援，亦难济急。虑树黔敌，有类示怯，我先叨惠，谅不遽易初衷。戡、沆妄测，皆非正当理由，或近有何邪说摇惑军府耶。在军队已深入黔境，风声所播，匪党公口已纷纷解散，乃中道废止，不惟黔事愈危，抑损军队威严，为匪轻视。戡、沆对于黔局，只有是非无恩怨，此心可矢天日。且前此与公种种计划，已密达黔中绅耆，预为布置。滇军改道，张等心以为电阻有效，匪焰愈张，滇计已泄，迁怒各绅，逞其残酷，不堪设想。戡、沉牺牲此身，亦无以谢我黔父老子弟，又无以对我都督府诸公。万乞主持大计，抱定方针，饬唐司令振旅前进，扶此危局，全黔幸甚。翘迫待命。戡、沉百叩。蒸。印。"①

而蔡锷则电复唐继尧，告知改道入川的特别原因说："北密。改道详情，已具阳日密电，计达览。近日旅滇黔人连递公禀，谓滇军以北伐之名，而为黔中党人利用。且谓协黔饷械，乃专以接济唐、刘（按：指唐尔镛、刘显治）两家。又连接黔电阻止，强欲入黔，必生冲突。以我兵力，无难荡平，然劳师糜饷，而究蒙阋墙之恶声，终非得计。现川事略平，而陕势甚急，不如并力赴陕，早竟北伐之功。韩师长已派赴南京陆军部，拟以兄为北伐滇军总司令，希即迅饬前军一律改道入蜀。威、毕一路粮草已令军务部电饬沿途赶为筹备，并闻。锷。蒸。印。"②

11 日，周沉、戴戡又电蔡锷、罗佩金、殷承瓛、沈汪度说："本日戡、沉在平守候钧电，亥刻唐司令及咨谋官由亦资孔缄。据谍查员由黔报告，及转黔专公缄均称，黄、张残扰已达极点，黔民冤愤，于本月十五（按：指十二月十五日，即 2 月 2 日）夜，黄泽霖被诛，张百麟闻风率匪遁匿安顺，图窜川、滇，贵阳居民尚安，正设法捕张，望戡、沉乞北伐队兼程往助，早定黔局，以免蔓延各属。当商唐司令从速进行，知注谨闻。外交司长周沉、宝华公司总理戴戡叩。借平彝县印。真。"③

12 日，蔡锷再次"火急"电曲靖飞递唐继尧，仍坚持"改道入蜀，迅赴事机为宜"。说："北密。接泸州李旅长电，成都军府不听交涉，发兵数万，突于自流井以北界牌攻击我军。此系衅自彼开，不能不为正当防御，请速调北伐军入蜀增援云云。查援蜀滇军悬军深入，不能不急添后援，北伐军由安顺出渝，恐缓不济急。此间佥议改道入蜀，迅赴事机为宜。希复。锷。侵。印。"④

同日，庾恩旸部"本拟续向宣威进行，乃连接唐司令来函，并派来将

① 以上三电见《云南辛亥革命资料》，第 242、245—246 页。
② 曾业英编《蔡锷集》（一），第 443—444 页。
③ 《云南辛亥革命资料》，第 244 页。
④ 曾业英编《蔡锷集》（一），第 450 页。

校数十人，令本军返杨松，仍须取道贵阳"。①

13 日，蔡锷又急电唐继尧，解释"军情瞬息万变，不能执一而论"。说："函悉。当初计划固然如此，惟军情瞬息万变，不能执一而论。现连接泸州电，蜀军数万在自流井以北界牌与我军开衅。而皖则颍州、三河失守，寿、亳均危。陕则灵、阌、潼关失守，西安甚危。我军自当先其所急，力顾大局，并非失信于黔。惟现（接）周、戴两君电，删夜（按：指十二月十五日夜）贵阳黄泽霖被杀，张百麟遁匿安顺，乞望北伐队往助，早定黔局云云。希由执事酌量分拨数队代定黔事，余军仍须入蜀，以应援蜀之急，并速北伐之师。盼切。并希转达韩、庚、周、戴诸君。锷。元。印。"

14 日，又电复戴戡、周沆说："宜密。蒸、真电均悉。滇于黔事，本不分畛域，惟连接贵阳电阻，旅滇黔人也迭上书阻止，此间实亦为难。然此特小原因，其大者则秦、皖告急，皖则颍、寿、三河均失，秦则灵、阌、潼关均失，大局颇属可危。而成都又发兵数万至自流井以北界牌地，与滇军开战端。我军虽精，然悬军深入，又散驻势分，不敷防御，亟请添援，故会议决定改道入川，先其所急，并非为一二言论所撼摇。现接电示，贵阳删夜有事，黄死张逃（按：指黄泽霖、张百麟），不能不代为镇定，已嘱唐蓂赓酌分队伍赴黔，余仍入蜀。黔事固不忍坐视，而亦不得不为大局计也。两公当能见谅。锷。盐。印。"

同日，又电曲靖飞送唐继尧、戴戡、周沆，请注意防范钟元黄。说："北密。循密。黔人钟元黄系自治党首领，由沪来滇，屡开密会。现于文日起程潜行赴黔，请注意防范。锷。盐。印。"

15 日，又电曲靖飞送唐继尧，告知清帝已退位。说："元电计达，行军计划，远道殊难悬揣，进止机宜，未便遥制，究应如何办理，希即电复。顷法领来函称，接驻京法使电，清帝退位已于二月文日公布，从此共和确定，可为民国前途贺云云。并闻。锷。删。印。"

17 日，又电曲靖飞送唐继尧说："连接泸州电，川军由资州、威远、荣（昌）、富（顺）四路分进，于初七日晨急攻我军。刘参谋（按：指刘存厚）入成都带去马聪所部二中队、机关枪二挺，全被拘留勒收，请催第三梯团改道入川增援云云。已电告我军及成、渝两军和平商办，勿轻开衅。

---

① 庾恩旸：《云南北伐军援黔纪事》，《贵州辛亥革命资料选编》，第 386 页。

惟我军悬军深入，不能不添兵援应，请照前电酌定速复。盼切。锷。筱。印。"①

按：蔡锷所说"删夜贵阳黄泽霖被杀，张百麟遁匿安顺"一事，实指贵阳十二月十五日夜发生的事变，即史称的"二·二事变"。蔡锷13日之电表明，贵阳"二·二事变"是他改命唐继尧"酌量分拨数队代定黔事"的直接动因。

关于此次事变的有关情况，当时舆论机关，主要有以下报道。

第一，上海《民立报》报道说："自称巡防大总统之黄泽霖，以援川为名，要挟饷银，掠民虐下，匪特黔人公愤，即其党羽亦深怨之。某日有先锋第二队兵二人向黄总统府伙夫某磕索，伙夫鸣冤于总统，总统遂擒一人斩之。众谓罪不至死，大抱不平，总统又斩伙夫以慰之。众谓磕索者非一人，总统又将余一人责红棍一千。众益怒，谓得饷甚少而性命甚危，遂通信于保安营、防营、新军，嘱其勿须过问，彼辈将有要事云云。某日清晨，先锋二营十余人，假缚二人面恳总统问斩，总统卧方起，枪声已作，立即毙命，两耳两手均被割去。张百麟及某某家同时被抄掳，在张宅搜得款物极多，张已先逃……军政府出示谓张、黄贪功糜饷至巨，扰害治安，鸡犬不宁，干犯众怒，既经枪毙，无须追究云云。"又说："黔省自黄莆卿被部下枪毙后，所部匪兵，肆行抢掳，副都督赵德全因系黄匪同类，阴纵使之，虽经胡、刘两军极力维持，城内稍安，而距城稍远之地，黄部余匪骚扰不堪，仍复一夕数惊，寝不安枕。张百麟逃遁后，率其哥弟数百人而趋安顺，实行抢掠，所至搬徙一空。幸滇省北伐军适至，沿途居民借被保护，人心始定，省中各界闻此情形，亦甚望滇军速至。闻近日绅商父老已纷纷飞书到滇军前锋乞援矣。"又说："贵州函云，副都督赵德全系光汉公承堂，故耆老会暨军学各界公布张百麟、黄莆卿罪状时，赵不署名，各界均愤，函责赵纵匪殃民，欲另选贤能，赵与该党兰某等密谋拟劫银行而遁。"

第二，重庆《中华国民报》报道说：

① 以上五电见曾业英编《蔡锷集》（一），第451—452、454—455、457、460—461页。

　　中华民国元年二月二日天怒人怨，降罚民贼。巡防总统黄泽霖（莆卿）枪毙于军，枢密院长张百麟（石麒）遁。初黄之总统巡防也，非众意，张、黄有戚谊，黄揽兵权，可助张专横，故有是举，舆论沸腾，终莫如何。自时厥后，专横凶暴，罪恶昭然，日惟思自卫，积枪弹、集粮饷，大兴土木，出入警跸，令人想见莽操之挚焰。且时纵反间，离军挑衅，布散谣言，惊皇民间，闭城闭市，视若寻常。知交谏之不纳，部从遇之不亲，报纸畏知，不敢倡论，惟以愤惋不平，无可奈何之语隐秘字里行间，使人得知言外。嗟嗟！七百万同胞，存时日曷丧，及汝偕亡之心久矣！但观外表之文明，谁知其中之荼毒。黄未死之前数日，内自惊扰，时令戒严，形色奇异，刚愎非常，所部军士，已怀疑贰。殆天夺其魄，将甚其罪，后假手于人以诛之欤，然犹蓄未发也。吴子清者，东路巡防先锋队之什长也，与黄仆夫不睦，遂进谗言，黄不察，初十日竟斩吴首。当时谏者甚多，皆置不理。分统李香池亦谏，仍不听。斩吴之夜，先锋队大动公愤，质问何故，黄尚强压以威，遂大哗，放空枪数十，欲其悔悟也。而黄又不晓，大肆暴怒，且悬一牌：某某革，某某绌，某某摘宝星。此牌一出，祸端遂兆。巡防军人人自危，皆以为不杀黄不足以自保，亦不足以保民，其密谋于是乎定。二月二日午前十一时，先锋队伪缚一人，持枪环从者二十余人，解入总统府，云某某携械私逃，现已擒获，解来请发落。黄方出内室门，炮声大作，轰轰烈烈，势顷一时之民贼遂亡。先是张、黄狼狈为奸，张之专，黄大其焰；黄之恶，张助其成。先锋队知张为众怨之所归也，又以杀黄不杀张之将有大不利也，乃同时并围张宅。张先有所觉而逸去。然杀一二民贼后，民间惊惶，警备戒严三四日，竭尽若干之心力以维持，始行初定，其从前专横之象尚复何言。夫张、黄二人之意，岂不曰可患者惟兵，若兵权在握，虽奔走呼号，莫如予何耶？而不知以自卫者适所以自杀。吾七百万同胞之意，岂不曰若除民贼求自由，非二次革命不可耶？而不知以利始者以利终，祸自起于萧墙，故不必劳吾居民之力也。吾黔反正，虽曰大势所趋，非人之力，而张、黄运动组织，亦未尝无功，而持功以自私自利，速其丧亡，实令人悟功之不可贪。身居高位，而祸机临头，毫不自觉，实令人叹利之甚迷人。张、黄拥兵握权时，其气焰之逼人，为何如而其亡也？忽又实令人愤，然不利民必不利已之公例，真丝毫不爽。同人等恐省内外不知其真相，惑于谣琢，爰述其始末，并略列其罪于后，以见彼二人假革命之功，矜骄自满，贪忍居心，祸实有以自取也。谨将罪状录后。

黄芾卿借名援川，招兵领饷，所定出发之期，迁延弥月，迨饷项领足（十七万零），竟拥兵不行，徒享操练各营总统之名。而外属之被匪骚扰也，置若罔闻，省城之一日数惊也，不曾过问。且督二营造私第，华丽无异王府，此其拥兵糜饷之罪一也。侵越权限，藐视都督，杨都督未出省时，黄尝面唾骂之，其跋扈已可想见。及赵都督代理，黄又大肆淫威，军官之黜陟升迁，一任已意，致军事不能统一。更擅理民刑诉讼，造悔过室、拘留所及各种刑具，故黔垣有第二都督之谣，此其跋扈专横之罪二也。贵州进款，盐厘为大宗，近因川黔路塞，盐厘无着，盐价陡涨。前经立法、枢密两院公议，请于仲芳出而办理，事将就绪，黄知有利可图，又恐他人有兵，于己不利，与张百麟密议攘夺，致使仁、永两岸已招盐务防军处处解散，为害地方，此其藐视公论、破坏大局之罪三也。学务部示，凡属学堂，不得驻扎军队。黄以大权在握，不先知会，即行占据公立中学堂为总统府，前后高筑墙垣，紧修栅子，力图自卫，所有堂内古今书籍仪器（约值二万余金）均被毁散无遗，此其坏法自专之罪四也。此则黄泽霖之罪略也。若夫张百麟自充枢密院长后，揽权专擅，俨然帝制自为，行政用人，一任私意。旋因舆论不容，假相机援川为名，出巡西路安、兴两府，沿途骚扰，民怨沸腾。尤可异者，所过地方，文武官吏任意罢免，竟不照会枢密院，以致枢密院所委之人，不得到任。此等情事，不一而足。夫以枢密院长之名为安抚之事，何等光明，乃张则随代公口公事若干，借以为结党敛财之手段，安、兴一路被骗者无算，饱载归来，犹以三月义务为名，索酬金万两。而前此通告之援川、安抚等事，则置诸脑后，其与黄贼并积怨于兵士，且无故哉？然此皆其大略也。若夫详细罪状，稍久驻黔中者，有目共睹，有耳共闻，无俟喋喋矣。现黄已伏罪，而张犹在逃，恐未周知，特此通告。唯我黔中父老昆弟，随地扣留，声罪致讨，是则同人等之所馨香祝祷者也。

第三，上海《神州日报》以《贵州政象种种》为题报道说：

贵州夙多党派，反正以后，志士颇思联络各党，一致进行，以达完全共和之目的。讵料详查内容，自治党各首领已一变而为哥老会……先是未反正时，自治社与宪政党素不相融，九月初由蔡衡武等出面调和，设全黔自保会共谋举义。九月十四日省城反正，推杨荩诚为都督，赵德全为副都督、张百麟为枢密院正长、任可澄为枢密院副长。杨、赵皆军界中人，张为自治党首领，任为宪政党首领。张百麟以非军人故未得为都督，心甚恨之，遂于军政府设枢密院与都督对立，将一切实权划归枢密院，并使其戚黄泽霖号弟卿者，广募会党约万余人，给以军械，盘踞省城。通省提镇及防军将领，大都由张、黄委派，黄竟自称为巡防大总统。若辈于新旧军事毫无智识，专用哥老会办法扩张势力，省内外积年会党莫不联络入会，明开山堂，横行掳掠。杨都督为人公正，惜才短兵单，因张匪累谋夺位，遂借援鄂为名，离黔入湘。赵以副都督代理其职，深与张、黄相结，从此都督府亦明开山堂，迎元帅印，鸣炮二十一响，煌煌天榜张贴甬壁矣。以代理都督之赵德全，出银一千三百两，仅得充一承堂，其阶级去正、副龙头远甚，亦可见张、黄党羽势焰之大，而黔军政府遂变为会党之政府矣。援川议起，群以黄泽霖所部甚众，推令援川，黄要挟饷银二十余万，财政部被胁，如数给之。讵意黄得饷后，半入私囊，其所部各会党垂涎未得，颇议劫之，黄因惧，以其余分润首要……黄云：我素不知兵，必先将通省哥弟联络，然后可息内乱，内乱息然后可援川。既又按兵不动，父老又复诘问，黄始分两营先行，一营取道大定，一营取道遵义。近得警电，遵义、大定皆被黄部匪兵一抢而空。昨阅报，见援川滇军致滇军政府电，亦云贵州续发之援川兵，连合川匪作乱。据近日调查，黔省共有公口（公口即会党所开之山堂）七十八，滇川会党，纷纷入黔，其势岌岌可危，只有刘如周之兵及胡锦棠所部，由者老会募集之团勇共约千人维持大局，黔人倚之如父母。前闻赵德全将调刘如周回兴义，阖城哭声大震，纷到都督府泣留，赵因中止。会党遂愈嫉之，谋暗杀者数次。现因滇省北伐队取道黔湘，黔父老具血书上恳滇督将北伐队驻黔镇慑。赵、张、黄见滇都督前有解散哥老会告示，恐滇北伐队过黔不利于彼辈，迭电阻止滇军取道于黔。而黔中一般良民，皆日望滇军之至，且深恐滇督不允助黔。赵、张、黄等电各省，谓滇军取道黔湘，系宪政党所为。又谓系耆老会及通省团防总局所请，恨之入骨。近日盐行一带，已被抢数十家，又扬言欲劫财政部及银行矣。闻黔父老血书到滇后，旅滇黔人又屡效包胥之哭，滇都督始允援助。究未识滇军到筑后，能否扶正除邪、救民于水火耳。

又报道说：

兹悉光汉公口正龙头黄莳卿（即泽霖）已为众所诛，张百麟亦狼狈万状，盖得之黔人私函所述者，今节录其函如下。（前略）昨日（未详何日）又有惊恐，今日犹未定，结局如何，未可知也。先是总统某屡失士心，新军意见亦久未能平。日前有防军（先锋第二队兵）二人向伙夫某（总统府人）哗望望（此殆黔语不知何解），伙夫于总统府前呼冤，因擒一人斩之，同营者不平，谓罪不至于死，随又将伙夫斩而偿之。众谓哗望望者非一人，何独罪此？乃将余一人办一千红棍（公口例办棍不得过四十），众愈怒，且谓月饷无多，而性命甚危，遂密发通信于防营、新军、保安营及各公口，全体定于前夜起事，有以黑夜扰民戒其不可者，延至昨晨则枪声大作，纷扰满街矣。闻系由彼先锋二营十余人假缚二人谓为劫人者，面恳总统讯斩。总统方欲起床，其卫队知情先已走散。枪声作时总统已被数枪而毙，两耳两手随为众截去。工业学堂旧存书籍、药品、器械、门窗玻璃搬毁一空。随又闻张石麒（名百麟，枢密院院长）、张秉衡、李香池数家亦均被抄掳，盖谓所领援川各款分藏数家，而张家尤满载而归云。都督（即赵德全）出示有谓张、黄贪功糜饷数万，鸡犬不宁，干犯众怒，既经枪毙，无须追咎云云。嗣又闻张院长在逃，或曰缚付军政府借以保护，而防军搜索甚急，入夜十时，家人方寝，则枪声又作，且有大炮声矣，急照应家人贴地而卧，一时许，枪声始息。初以为好事者乘夜动作也，今晨着人出探，则防军向军政府索张不与，乃开枪。军政府原置机关炮二门，随开炮还之，幸皆朝天放，未伤人。人问何故仇张如是？则张由安顺满载而归，全营出城迎接，张不下轿，亦不点头，直冲而过，以是大动公愤，其卫队又以彼满载而不发饷，亦仇之，故如是激烈也。

闻抄获款物甚多，防军尚声言不杀张非得十万金不可，故张事未决，军心尚未平。闻有将举刘如周继任者，不识刘愿就否？更不知赵副都督能否趁此谋军政统一？然恐赵亦未必能镇压防营也。闻今晨又复抄张院长宅，其母身藏黄物甚夥，紧抱身子倒卧于地，被兵士挪扯搜索罄尽，邻右亦波及，亦云惨矣。（下略）

第四，上海《神州日报》以《黔乱抉微》为题，发表社论说：

黔地原为山国，道途险阻，交通延滞，文化之输入远逊于他省，夫人而知之矣。以吾所闻，近五年来之黔有留学东西洋及各省者若干人，有男女学校若干所，有报纸三五种，且有两党对立，一为自治学社，一为宪政预备会。谘议局之成立也，两党始因选举而争，继因政见而争，壁垒森严，互为雄长，立宪国政党之雏形，俨然发现于筑王旧域焉。去岁各省反正，黔省响应最早，与川滇诸民军呼吸相通，伟哉！黔之为黔，足引吾人注意，自反正以来，其当事者措施如何，未悉其详。然闻保护旧官，皆安然出境，无流血之惨；复派兵援川，派兵援鄂，张讨虏之旗，以赴公义。谓其中大有人在，谁曰不然。乃于阴历正腊之交，中途变起，巡防统领黄泽霖被人枪毙，身受肢解；枢密院长张百麟赤手脱险，家属沦亡；而代理都督赵德全实为滇军攻走。黔军逃散者半，杀戮者半，百姓因之受害者不知几千百家，省议会议员逃散一空，外府士绅至主张分裂，以图自卫。溃兵崩窜四出，占据城邑，所过为墟。省垣复分遣兵力征讨，扰乱尚无已时。近者，正都督杨柏舟北伐旋师，与新举之临时都督唐继尧争为都督，将启战端。唐拒杨入黔，指杨为哥匪，有某某罪状焉；杨必欲回黔定乱，指唐为民贼，亦有某某罪状焉。长此争持不下，黔且有宁宇哉？吾人隔居辽远，多于黔乱膜置，统观彼此通告之词，互有是非。自治党通告则以任可澄辈为匪，宪政党通告则以张、黄等为匪，吾敢一言以断之，黔乱之起，不外以党争而酿成兵祸而已。如党争问题不解决，黔乱尤不能解决。姑为抉其隐微，以质黔人，并以备吾当轴者筹黔之助焉。

自治党通告书，历叙五年来惨淡经营之绩及此次反正之关系，事实昭然。彼宪政党亦有张、黄虽有大功之语。惟自治党陈述各节，虽意在矜张己功，而遭忌引祸之媒，实已流露于言外。张百麟初让都督，不为希息党争，品似高矣。果能始终如一，专谋社会之治安，谓为洁身自好。夫何间然，乃始让都督，继复出任枢密院院长，居都督与行政机关之中枢，名曰调和军政民政，实则隐握大权，纵或迫于事实，然自好者，岂舍此即无善法自处哉？此吾敢以问自治党一也。自治党于反正时，引用敌党，意非不善，然未及旬月，宪政党除任、华、刘三人任事外，余皆辞职，虽云两党共事，旨趣不合，而自治党在职诸人，岂无恃功骄人之事？其待遇他党，使人不安于位之情形，概可想见，此记者敢以问自治党者二也。刘如周居心险诈，既夙有跋扈之名，最初率兵到省，杨都督不发枪械，不编列新军，已逆料其足以祸黔。张百麟以党魁自居，且在黔生长，对于刘氏之行动未必无所见闻，安能听蔡财政长衡武之介绍，即推诚相信？吾知张之原意必以为引用健者，足以增厚势力，不意其荼毒之终及于己，故不惜与杨都督力争，竟发枪弹给刘，则引虎自残，张实自取之，此吾敢以问自治党者三也。黄泽霖身拥重兵，为刘氏所结之少数人所毙，其非谨慎之士可知，且明知祸机已伏在肘腋，乃绝无防卫，尚曰杀吾一人，而社会获安，亦吾之愿，此尤心粗气浮之语。试思军政时代，岂有杀及统兵官长而社会尚得平静哉？卒致敌党内谋举事，外引援军，黄既被杀，张亦蒙哥匪之名，死者有知，当不瞑目，此吾敢以问自治党者四也。以上数端，可见自治党非无可议。兹已失败矣，就党仇说，则此后明战暗杀，将无宁日。为大局计，黔中元气大伤，若再酿乱，前途岂堪设想！自治党果以国利民福为前提，宁使人负我，不使我负人，黔中乱事应听中央政府之处理、邻省执政之判断。反正不为无功，事后自可昭雪，固不必争胜负于一日，因一隅而扰全局，致为有识者所讪笑，此又吾所希望于自治党者也。

宪政党通告以黔乱归狱〔咎〕张、黄，其罪状有九，如果一一属实，即人人皆得而诛之。惟证以张、黄自述，其指摘宪政党者，亦复罗举无遗，既出自仇雠之口，均不免言之过甚耳。如所云张、黄一统枢密，一统巡防，酬功可谓至矣。是明认为有功可酬，则功与罪不容偏没。又云人民卧不安枕，省外糜烂，诚为当时实情，不知当时有都督，有提镇、守令，何以坐任若辈之横行？岂军队骚扰、土匪蹂躏，均为张、黄之罪，而余人无与，果足服若辈之心否？此吾敢以问宪政党者一也。张、黄既多行不义，为黔公敌，则谘议局议员非尽聋瞽也，黔民非木石也，何故未闻致讨之声？即或一时慑于威焰，至黄死张逃后，何故宣布罪状，谘议局不与，军官军士不与，地方自治团不与？仅见少数之耆老暨宪政党刘、胡、陆、何四君署名，致彼引为口实，此吾敢以问宪政党者二也。至谓黄泽霖拥兵靡饷一节，此种现象各省多有之，未闻以是杀其身也。宪政党谓其部下所为，自治党则谓宪政党嗾使，黄固有自取之道，杀黄者果纯为地方而不杂以他念呼？闻黄曾办学堂、报社，反正之时奔走最力，无怪自治党痛泣称冤，亦颇持之有故，此吾敢以问宪政党者三也。若张百麟者，以狡狯之资蓄谋运动，其初联合会党以备临事之助，而不计事后之难收拾，名让都督而取巧揽权，如宪政党通告末二条所谓散放徽章，勾结亡［氓］民，更换官吏，分商同事者，皆势所必至。然吾闻两党皆有公口，踵起效尤，无异扬汤止沸，论者谓刘如周率兵入省已启内讧之机，此吾敢以问宪政党者四也。今自治党一蹶不振，已为宪政党迭起乘权之时代，固无庸讳，当何以表异于前，顺守于后，策万全之计，以杜局外之喙，非仅为一党计，当为全黔人民计也。有漆君柱臣投各报公函，以自治党自恃反正之功，气焰稍炽，尚未杀人流血，而宪政党报复之惨，至于此极，亦足见其结怨之深矣。设犹瓜蔓株连，则鹬蚌相寻，必同归失败而后止，此又吾所希望于宪政党者也。

以上略就两党报告而加以质难，如以为是，则应从（此）蠲除党见，以冀黔乱早定；如有以为未合，则是非终有襮著之日，何为徒逞笔舌，淆人观听，专恃偏激之论，怀报复之私，以祸黔而辱吾民国耶？至唐、杨两都督之争，以吾私意，宜令杨柏舟暂缓回黔，速召集临时省议员，正式选举都督，听候中央委任。今唐都督已被任命矣，果足以服全黔人民之心，争吾且执笔以觇其究竟焉。[①]

第五，《申报》刊文说："黔省自黄萚卿被部下枪毙后，所部兵丁肆行抢掳。副都督赵德全因与黄为同类，阴纵使之入城，以致杨伯昭、胡桐生、

---

① 以上各文见《贵州辛亥革命资料选编》，第78—89页。

雷子明等家均被抢劫，其余不能指名者尚多。虽经胡、刘两军极力维持，刻下稍安，然距城稍远之地，黄部余党仍复骚扰不堪。张百麟逃遁后，率其哥弟数百人，西趋安顺，实行抢掠，所至搬徙一空。幸滇省北伐军适至，沿途居民借被保护，人心始定。省中各界闻此情形，亦甚望滇军速至。闻近日绅商父老已纷纷飞书到滇军前锋乞援矣。"①

成都《中华国民报》也刊文报道说：

（贵州二次）改革之原因：筑垣自反正后，盗贼四起，民不聊生。赵、兰坐拥重兵，纵其掳掠，坐视各属糜烂，危险达于极点。耆老会诸公热心桑梓，因派代表到滇，与贵州同乡诸公商议，拟请北伐队路过贵州，代平黔乱，以救斯民于水火之中。

改革之进行：耆老会与在滇同乡会代表周、戴二先生，既与云南都督蔡公商订密约后，蔡都督以云贵唇齿相关不能不救，又恐稍有未合愈酿纷争，因先派军事侦探若干，到黔探明乱形，然后密令北伐司令官现任都督假道平乱，相机办理，并随带机关枪炮由滇东来。

滇军在途之态度及希望：滇军司令既密奉都督令，取道安顺来黔，所过之地，秋毫无犯。盖滇军素明军纪，与从前全无纪律之黔军不啻霄壤。既抵省，赵德全命邝某招待于公立中学，翌日滇军遂移至东山住扎，投书赵德全，令其引身自退，冀达和平解决之希望。

赵德全之反抗：赵德全得书后，乃召集部下密议，有主张反抗者，有主张和平者，惟执法部兰少亭与新军标统叶占标主张反抗尤力，德全素来庸懦犹豫不决，故有十四日战争。

十四日之战争：滇军司令既不得赵德全复书，又闻其联合部下行将反抗，乃于十三夜派军围攻。以一军攻黔灵山，一军攻南厂，一军攻报国寺，其余分兵数支分攻各地，城中胡、刘二军亦联合响应。剧战竟日，赵等始分行逃匿。

滇军之安抚及父老之公推：赵等逃匿之后，滇军乃于次日午刻（即十五日）入城安抚，出示安民。略谓赵等纵兵害民，本司令奉云南蔡都督密令代平黔乱，所有居民商市概行照常办事，勿得惊扰云云。

---

① 《黔滇军政与哥会之关系》，《申报》1912年3月19日。

父老等以滇军安抚有方，因共推司令官唐继尧先生暂任临时都督。①

▲尹昌衡派军"由资州、威远、荣（昌）、富（顺）四路分进"，急攻滇军。②。

▲1 月 19 日，黄毓成等人自自流井电请唐继尧速取道川中北伐。说："川事糜烂，非厚兵力，难资攻守。刻派员回滇召募，兵器弹药，请由省拨给。并希补充全军弹药。俟江外黄、魏、石三君兵到，由讲武堂遴派学生督卒前来。赵又新现在何处，请探悉，电令带兵速来协助。如君组织北伐，请速取道川中为盼。余详致军政府电。自流井黄毓成、叶荃、张璞、方声涛同叩。东。印。"

同日，黄毓成又电告蔡锷，"欲固滇藩、维大局，非速平川乱不可"，"拟由滇再派一师团，继续来川，借保滇藩，并图北伐"。说：

> 我军援川目的，原以平定川难，促其独立，借固滇藩，而维大局。我军行动自应视川难之曾否救平，蜀人之确否独立为进止。乃查蜀之军政府则纷纷成立，都督则所在皆是，如成，如渝，如泸，如宁，此其最著者。至州县中之盗名窃号者，尤指不胜屈。既无完全之建设，又乏强大之武力。加之彼此竞争，各不相下，日形冲突，莫期统一，甚至一军府中，亦复人各一心，互相倾轧，如成都已两次破坏，重庆则惨杀倡义诸人。现虽为我军所迫，力谋统一，然按其实际，恐难收效。其各处匪类，大则带甲数万，盘踞州县，小则纠众千百，打家劫舍，大都假名同志会，而实则盗贼之行。各军政府微特不足以制之，反惜为声援，其内患如此。伪钦差傅华崶、伪统领凤山、驻藏伪大臣联豫等，带兵万余，由雅、邛进扑成都，蜀军屡战败北。满贼长庚，纠合甘回二万余，谋复陕西，陕军亦败。近更有进攻汉中之说，其外患又如此。川祸未已，北伐之计，恐非滇能独任。况蜀不惟不能济我，反忌我而排挤之者乎。刻下我军已定叙府、自流井、富顺等处。查蜀中财源，大半出于自、贡两井，约计年出款几近千万金。但因匪乱破坏，运输不通，我军虽将盘踞匪党驱除，稍复旧规。然不乘势扫荡川

① 《贵州第二次改革纪事》，成都《中华国民报》1912 年 3 月 30 日。
② 《蔡锷致唐继尧电》（1912 年 2 月 17 日），《云南辛亥革命资料》，第 375 页。

东南，则运道仍阻。不惟长江一带有淡食之虞，且以此最大财源，听其漫无经理，将何以平蜀固滇而维大局乎。目前，鄂豫停战，南北局成，亡国之祸，迫于眉睫。蜀以天府之国，不惟外人视线所集，其势居长江上游，又取天下者所必争。满势未减，必由陕入川，力争上游，则川亡而滇亦亡，中国前途，何堪设想。故欲固滇藩、维大局，非速平川乱不可。然川军政府无力维持，又决非我军监督、改造、催促进行不可。然欲达此目的，又非据此自、贡两井财源，打通江路不为功。是以毓成现拟办法，唯有死守已定之地，多筹游击之师。俟兵力稍厚，节节进取。大要打通江路，连贯湘鄂，既掘饷源大纲，亦便兵器运输，小之足以富强滇蜀，大之足以接济各省，将来北征计划，自易为力。此愚者千虑，以为不如此不足以筹全局者也。我军叙府、自流井各方面之战，在我实出于万不得已，代川剿匪，不知彼军政府是何居心，反予我以恶名，陷我以危险。阳虽见好，阴实巨测，殊深危惧。据昨、今谍报，资州、荣县两方面，均有成都派来同志会数千，给以新式枪炮，声称来井报复。绅商闻风惊畏，纷纷迁徙，惟恐我军他去。然我军欲去不可，不去又虞兵单。曩者，师团长到井，当即要求增兵，并请在井镇慑。而师团长所统来只一大队，又与总参谋分屯贡井，即日开上成都，成谏不可，而此间战机已动，沿途或阻进行。又满孽未净，边传麇集。成都若不能支，必迫我军往应前敌，又属义所难辞。设战事延长，或师团长兵力不及，势必调动全军，则我军前所规划，必尽归泡影。保全之地，又变为贼窟，而前此受我惩创之同志会，必群起而尾其后，则我此时进不能战，退无所归，不至全军失败不止。总之，蜀不统一，则战事方殷，亟宜加增兵力。即幸蜀归统一，我军徐谋北伐，亦宜厚集兵力，谨拟由滇再派一师团，继续来川，借保滇藩，并图北伐。至于增募兵勇，刻已专员回滇，由东、昭及云州、景东一带召募，以备充补，尚乞酌发枪枝子弹，并请派员佐理。不胜祷切待命之至。联队长黄毓成叩。东。印。[1]

---

[1] 以上二电见《云南辛亥革命资料》，第354—355页。此两电原署"东"电，因此《云南辛亥革命资料》系为1912年2月1日。但从以下蔡锷复电可知，此电显然发在蔡复电之前，而且"东"日实际是阴历的日子。

7 日，蔡锷电昭通飞送谢汝翼译送叶荃（按：叶荃，字湘石，时任援蜀滇军右纵队司令），告知已令唐继尧"改道入川"。说："接东日致唐蒉赓电，极佩热诚。唐为北伐司令，取道湘黔，已出发十日。兹接东电，已令改道入川，所率皆节制之师，入川足厚兵力。请与黄、张、方（按：指黄毓成、张璞、方声涛）诸君商，可毋庸派员添募。蜀事未靖，昭通与蜀境毗连，为我军后援，镇慑尤贵得人。拟挽兄为昭通镇，请克日还滇，并先电复。锷。阳。印。"

又电赤水河飞送李鸿祥转韩建铎，告知已应命公推其赴南京陆军部"襄助一切"。说："接临时政府陆军部电开，本部开办伊始，事务浩繁，加以各省军队必须联络一气，请派学识优长人员一员，迅速来部襄助一切云云。此间公推执事，请即顺道赴宁。行期望先电告。台端才识学行，为同人所钦佩，必能措施裕如，为军国谋幸福也。滇都督。阳。印。"①

▲6 日，赵藩、李根源电请"军都督府"委任张文光为西防国民军第11 至第 17 营统领，署腾越镇。说："月密。腾、永各军以二十三营而并为七营，其裁汰遣散事宜，现正责成张文光督率办理。昨日共解散五营，本日又解散原编之第十六营、杜云山一营，余应裁撤营数，陆续次第解散。张文光此次办理，不避烦难，深可嘉尚。近复详加考察，张言动颇知大体，任事亦有毅力，腾、永各营本归统率，现甫就范，遽难易人，且自受命后取销军都督而称协都督，官秩与职任之分不明，尤无以正名称而清权限。现各营既经改编分扎，各有卫戍地段，拟请即以西防国民军第十一至十七营委张文光统领，并予委署腾越镇，俾兼负镇守地方之责，以资约束，而便责成，于名称、权限亦得借以厘正。如蒙俞允，乞先电委，并颁发关防委札。是否之处，伏乞核示。藩、源叩。鱼。印。"

7 日，蔡锷电复赵藩、李根源、张文光说："张协都督文光着委署腾越镇总兵，兼统领西防国民军第十一至十七等七营。合先电达，希宣布遵照。委札印信关防候补发。军都督府。阳。印。"②

---

① 以上二电见曾业英编《蔡锷集》（一），第 436、437 页。
② 以上二电见《西事汇略》卷一，第 43、44 页。

8 日

▲报载蔡锷公告各界，"所有地方钱粮厘税，自治局只许监督征收，不得擅自收解"。说：

照得各属钱粮厘税，一律仍照本年新案办理，不准丝毫抑勒，由各地方官、自治局监征。所有前派出各监征委员，一律撤回，业经通电各属遵照办理在案。盖以各属钱粮厘税，历经地方征收报解，恐有浮收滥用情弊，故派监征委员以监督之。兹当改革伊始，虑前次派出监征委员不谙地方情形，致类虚设，故一律撤回，由各自治局监征，俾官办绅督。如有额外征收、虚构报解情弊，准由各自治局据实报告，听候查办。如此，则官负征收之责，绅司监督之任，涓滴归公，冀除从前征多报少之弊，并非由自治局自己征收也。乃近各属自治局来电，纷纷请求派绅收解厘金等情，阅之殊甚诧异，经索解始知各自治局误解监征二字为征收。抑知监征者监督征收也，并非直接收解，何得误会自行接办，致滋纷扰？值此饷需浩繁、待用孔急之际，各厘金纷纷交代，必致军用缺乏，陷前途于危险，亟应明白宣示，俾共周知。除通电各属外，合再通知各界人等，所有地方钱粮厘税，自治局只许监督征收，不得擅自收解。地方官及委员如有借故推诿及弃职私逃者，始准由自治局公举正绅暂行管理，仍一面报告来司，以便派员接办。①

▲2 月 5 日，钟元黄为阻止滇军入黔上蔡锷书。说：

旅滇国民一分子钟元黄，为传闻滋疑，敢为黔省八百万人请命，谨上书大都督麾下。窃惟滇黔两省，唇齿相依，在中国廿余省中，素称贫瘠，而两省中以黔为最。此次两省反正，滇军政府念黔协款无着，内治维艰，慨助黔军政府军饷三万元，枪一千支，子弹五十万颗。此等义举，不特黔省八百万人民感激涕零，元黄闻之，亦不胜望风拜首。乃数日以后，传闻种种，有谓此项军械，非赠黔军，系赠兴义刘显治家者，故有兴义先运去一百支之说。有谓非赠刘氏，实赠黔军。特刘氏传说，谓黔军枢密院长张石麒有意劫取，故不由大道运送，而有取

―――――――――――――――――

① 《滇军政府文告录要》，《申报》1912 年 2 月 8 日。

道兴义之说。传闻如此，元黄午夜滋疑。夫此项军械，乃滇军政府公物，万无赠及私人之理，前说当然不确。惟云张石麒有意劫取，则张非黔军枢密院长乎？既赠黔军之械，而黔军政府之重要人不正受之，而反劫取之，有是理乎？果欲劫取之，滇军不赠可也，而又由兴义运去，大道不保，兴义犹可保乎？兴义可保，兴义以往如何保乎？由此以推，则知此等传说，直刘氏争权夺势，欲巧取此项军械利用之，以推翻黔军政府而遂其霸图耳。此则传说之可疑者一也。又闻滇军北伐队，先本取道川省，因刘氏于中用诈术，求改道黔省，以为借滇军便道平治黔匪，此说更觉可骇。夫黔省有匪无匪，元黄不敢悬揣。反正后之抢劫与反正前之抢劫比较如何，元黄亦不敢臆断。惟黔省果然有匪，黔军力不能及，不如 [知] 滇军曾否电询乎？黔军曾否复电乎？黔即有电，究公允确实否？若仅据刘党之传说，系党人争势，借滇军势力以扑灭黔军耳。盖黔人之贵族宪政党与平民自治党，兴革命大狱，演杀人惨剧，已非一次。此则元黄之疑且骇者又一也。总之，黔滇两省，唇齿相依，利害相系，滇既义助黔人军械，即当使黔人实受其赐，而不当使一二跋扈贵族利用之。滇既举行北伐，则当早使满虏扫除，俾民国政府统一，而不当为党人利用，妄杀同胞，挑动战祸。此等传说不实，则亦已耳，如果属实，恐助黔而反致黔危，安黔而反致乱黔。枪声一举，盗贼乘机，汉族自戕，回苗蜂动，八百万人之生命财产，从兹灰烬。以两党之争权夺利，竟不恤父老子弟，无辜受殃，抑可惨矣。元黄自沪旅滇，数日以来，闻之同乡，不胜惶恐。伏祈都督洞察，迅电维持，免开战端，则滇黔幸甚！民国幸甚！①

8 日，蔡锷电告戴戡、周沆，为免滇军多树敌与黔省亦重罹殃，已饬唐继尧"改道入蜀"。说："宜密。日内连接陕电告急，援蜀军亦屡请添兵。又此间黔人纷传滇军入黔，将以扑灭黔军。刘荣勋、钟元黄等上书至云滇军助一二人之党争，将戕八百万人之生命。浮言固不足恤，然黔军府既深怀疑忌，将来到黔，必生冲突。滇军既多树敌，而黔省亦重罹殃。当经开会密议，金称只宜暂置黔事，并力赴川。已饬唐司令改道入蜀，特闻。

---

① 《贵州辛亥革命资料选编》，第 55—57 页。

锷。庚。印。"①

而戴戡、周沆则电复蔡锷说："钟、刘乃张（百麟）、黄（泽霖）朋友，新自泸［沪］来，或不熟悉内容，故为危词耸听。其滇军入黔，已通讯预备欢迎，设中途作罢，则贵阳与谋诸人必遭残害，株连良善，势所必至，元气正气，丧失殆尽。是滇军不发，黔祸或缓须臾；滇军改道，黔害立见糜滥。至虑剿黔敌，所敌者仅少数匪魁，吾黔驯良父老子弟，有感激，无猜忌，可以断言。现唐司令迭据前队入黔报告，深悉黔民疼苦，热心赴援，忽受改道命令，仍决策北伐，置黔事不问。但又念成约所在，无从反汗。且黔不定，无以平川固滇，故取道安顺，听候进止。"又说："戡、沆对于黔局，只有是非，无恩怨，此心可矢天日。"②

▲6日，李根源电告"省城军都督府"、参谋部、军政部、军务部，有关腾、永各营分别裁并，以及各营卫戍地与驻扎处所等情况。说：

> 驻扎腾、永国民军，现经分别裁并、编制，并将各营管带、帮带拣员委任，电奉复准在案。所有各营卫戍地及驻扎处所，亟应妥为区划，以便防守而专责成。拟以西防国民军第十一营管带率一哨零四棚驻盏达，以一哨弁率半哨驻昔马，以一哨驻蛮允。凡盏达土司属境及蛮允地方皆该营卫戍地。第十二营管带率两哨驻南甸地面，以半哨驻猴桥，半哨驻芷那。凡南甸土司属境及古勇盏西一带地方，皆该营卫戍地。第十三营管带率两哨驻干崖，以该营帮带率一哨分驻户腊撒，凡干崖户腊撒三土司属境，皆该营卫戍地。第十四营管带率一哨驻猛夏，帮带率一哨驻龙陵厅治，以一哨分驻遮放、芒市地面，由该营官长择扼要无瘴地方驻扎。凡龙陵厅及芒市、遮放两土司属境，皆该营卫戍地。第十五营管带驻腾冲府治，以一棚驻灰坡，一棚驻禾木树。凡腾越县属十八练八卡及西北边界各地方，皆该营卫戍地。第十六营管带率一哨驻陇川地面，以一哨驻猛卯地面，均由该营官长择扼要地方、烟瘴较轻者驻扎，以帮带率一哨驻杉木笼。凡猛卯、陇川两土司属境及杉木笼地方，皆该营卫戍地。第十七营管带率一哨驻永康州治，以一哨驻麻栗坝或小猛统，以帮带率一哨驻保山县治。凡保山县、永

① 曾业英编《蔡锷集》（一），第440页。
② 《云南光复纪要·援黔篇》，第187—188页。

康州属境，皆该营卫戍地。举凡协助地方官吏保卫地方、巡查边界、缉捕盗贼、弹压土夷，皆其职务。其卫戍地段内如有防务懈弛、抢劫滋事各情，均该营专任其责。保卫队一营作为张协都督文光本部卫队，由该管带率驻镇署，以资调遣。保商营一营，系专为保安商旅而设，该营薪饷亦系由骡马专钞项下拨用。其卫戍地及驻扎地点，仍照旧办理。除分别呈咨札饬外，谨先电陈。再腾、永各营编为第十一至十七营，此外西防国民各军，应请饬部查核营数，厘定编制，通饬遵行，合并陈明。师长根源叩。鱼。印。

同日，又以李学诗"经验尚欠，将来经营边地，恐非所能胜任"，建议"省城军都督府"调其"署维西协，仍兼带第六营"。说："月密。顺宁甫经平定，边防亟待整理，非有老成干练、富于经验之员，实难期其得力。署协李学诗，心地才具，均尚可用，惟经验尚欠，将来经营边地，恐非所能胜任。且所部弁勇，皆该协旧部，不予更调，亦难整饬，以惄其后。拟请调署维西协，仍兼带第六营。丽维现称安靖，兼有统领驻丽，以供任使，较为合宜。递遗顺云协，查有前西防巡防队管带钟春芳，明白老练，熟习边情，堪以胜任。其归李学诗督带之第三营，拟改归接任协兼带。马前协长安所留两哨，饬李干橹率领，开赴耿马地方，择要驻扎。顺云得人，西事更少顾虑。如蒙俞允，即由源处分别给委。是否，乞核示遵行。根源叩。鱼。印。"①

8 日，蔡锷电复李根源说："鱼电悉。腾、永各营，经台端分别裁并，并将各营卫戍地及驻扎处所，布置妥当，深佩伟筹。此外，西防国民各军，拟仍以李提台兼带之营编为第一，熊其勋营为第二，归大理提台统辖。李德泳兼带之营为第四，马遇春营为第五，姜德兴营为第六，归丽维统领统辖。尹明玉营为第七，周连彪营为第八，归鹤丽镇统辖。杨钟骧营为第九，赵勋泰营为第十，归西道统辖。庶与尊处所定之第十一至十七营，前后编次衔接。惟旧时之第三营，系前顺宁协马长安兼带，驻扎缅宁。反正后该营右哨溃散，只余两哨，不足一营，应即剔出，分并各营，或径遣散。李协学诗前所部之五营，曾饬并为一营，似应以此营编第三。但旧时之第三

---

① 以上二电见《西事汇略》卷一，第 42—43、50—51 页。

营，系归大理提台统辖，兹李协之营既编第三，应否仍归大理统辖，抑归腾、永统辖之处，统候察夺办理，饬遵电复。再第十一至十七营，归何处统辖，并盼复。军都督府。齐。印。"①

11 日，李根源电复"省城军都督府"说："齐电奉悉。李协学诗兼带一营，应照钧电编为西防国民军第三营，旧日第三营溃散后所余两哨，前据李协电请暂留，当经照准转呈钧府，并请委帮带李干橹一员在案。查该两哨现驻云州，一时碍难裁并，拟请暂编为西防国民军第十八营，以上二营暂请直接隶于师司令部。至第十一营至第十七营，仍请归腾越镇统辖，其余九营即遵照钧电办理。除通饬外，乞饬部备案。师长根源谨叩。敬②。印。"③

9 日

▲蔡锷电请黎元洪电告尹昌衡"顾全大局，勿生内讧"。说："滇军援蜀，志在救灾恤邻，并欲为武汉后援，固西南屏卫，军队所至，父老欢迎。不意土匪未遂劫掠之徒，造谣污蔑，谓滇军侵略蜀土，以至我（与）泸、全〔叙〕军政府皆启冲突。现闻成都发兵至资州、自流井一带，欲与滇军开战，诚恐滇人兴仗义之师，反贻骚扰之诮。迭经电饬军中将领，和平办理，勿启衅端。然非成都共释疑团，恐难双方解决。乞电告成都都督顾全大局，勿生内讧。滇蜀幸甚。"④

又致电南京孙中山、武昌黎元洪、各省都督，建议中央政府先从用人、财政、军事三方面入手，实施全国统一方针。说：

> 各省自起义以来，扫除专制，建设共和，已为全国公意。惟改革之初，因幅员辽阔，故用人行政，省自为谋，非亟图统一之方，恐难免纷歧之虑。现氛氛未靖，战事方殷，琐屑者固不暇计，惟大纲所在，似宜先为规定，期于全国一致进行。窃观目前情形，当从数端入手。
>
> （一）用人。各省军府分立，组织机关互有不同，宜由中央参酌各

---

① 《西事汇略》卷一，第 43 页。

② 此"敬"电，当为十二月二十四日。李根源不可能拖到阳历 24 日才给蔡锷复电。

③ 《西事汇略》卷一，第 44 页。

④ 曾业英编《蔡锷集》（一），第 440—441 页。此日期为黎收到时间。

省之现行制度，拟具大纲，颁布通行，以归一律。其上级长官由中央委任，次级长官由本省呈请大总统委任，下级官由本省委任后报明中央政府。至关于外交、财政官应由中央遣派。似此办理，庶可统一事权，将来地方制度颁行，亦不致多窒碍。

（二）财政。我国各省，区域不同，丰瘠互异，往往省自为政，痛痒漠不相关。即以目前而论，有为边要者，有当敌冲者，若专视一二省之财力以为支持，虽反正者十数行省，而实则力分而不厚。谓宜将各省岁入悉报中央，由中央视各省缓急情形，量为分配，庶可得酌济盈虚之益，不致以一部分而妨害全局。

（三）军事。现中央已设陆军部、参谋部，而各省北伐军队皆受节制于总司令官，是军事已有渐趋统一之势。惟反正以后，各省多添募新兵，略无限制，至有非临战区域，亦有以一省而骤添五六镇者，枪械既缺，饷糈尤为不支，恐将有不戢自焚之祸。谓宜由陆军部体察各省情形，酌定应编镇数，通令汰弱留强，勤加训练。已成之镇，悉听中央调遣，庶全国军队联为一气，可以互相策应。

此外若币制，若邮政，以及一切行政，或中央已经筹及，或现在未能猝行，不敢复赘。伏希裁择。锷。佳。印。[1]

至于南京临时政府对蔡锷此举的态度，周钟岳在 1914 年的"补记"中说："南京政府成立，而规模草创，政令纷歧，蔡公迭电政府，先从统一军政、财政入手，凡千余言。又电请破除党见，广罗人才，辞甚恳切，皆不报。"[2]

▲赵藩、李根源电告"云南军都督府"，此前腾越收支用款，以及遵示晓谕持有未用银票者，一律按时前往银行兑换，"过期不兑，一律作为废纸"。说：

> 腾中自旧历九月初八日起至改元二月初四日止，共收入铁路、银行、正关银号厘税，盐务，官米各局、各分局、分卡抽收海私、蛮允、弄璋自治会资各项公款、公产、公捐，及旅缅商号捐款，各号汇款，

---

① 曾业英编《蔡锷集》（一），第 441—442 页。
② 《惺庵日记》第二册。

各练捐款、借款，各项私款，实共入公估银十八万两零。又收入张文光军用银票合银六万两，刀安仁军用银票合银二万两。其票式样不同，刀所发者在前，谓之老银票，张所发者在后，谓之新银票，合现银、纸票两项共收入二十六万两零。除用去公估银一十七万八千两零、新银票合银一万二千两零、老银票合银七千两零，三共合开除银十九万七千两零外，有新票一万两，发存龙陵。查尚未用现在存腾未用新银票三万七千两零，老银票一万二千九百两零，已遵照钧府前电，出示晓谕，自本月初六日起至十一日午后六时止，凡有持票领银者，俱由银行分别兑给，过期不兑，一律作为废纸。至各项开支，均自源到腾之日截止，以后找补薪饷及遣散差盘，概由师部核发。除收入、支出、存积各项详细款项数目，已饬清厘，克日开折另文呈报外，合撮大要电陈。再永昌、永平、顺云各处，约共用去公私款项银六七万两，已饬开报，俟到再为核办，合并声明。藩、根源谨叩。青。印。①

10 日

▲蔡锷电陈孙中山、黎元洪、各部总次长及各省都督，滇派张耀曾等三人为参议员。说："本省派张耀曾、顾视高、席聘臣为中央参议员。特此布闻。滇都督蔡锷。蒸。印。"②

21 日，驻宁云南同盟会全体电告顾视高，"务望自爱，勿来南京"。说："各报馆转顾视高鉴。阁下前在北京充资政院议员，新政茫然，毫无表见。南京光复以后，资政院议员已纷纷辞职，而阁下犹忍心执笔起草奏请宣布伪宪法，欲以收拾已去之人心，巩固将倒之君位。前在日本留学数年，区区豚尾，极力保全，以为求媚虏廷之奇货。凡此种种，皆阁下之荣誉，而国民之深耻也。今滇中来电，以阁下为中华民国参议员，务望自爱，勿来南京。否则，必不利于阁下也。驻宁云南同盟会全体。个。"③

▲蔡锷致电贵阳军政府枢密院，深以贵州公口林立为虑。说："滇派北伐队取道黔中，已于前月勘日出发。现因连接陕电告急，已电饬改道入川，会师援陕矣。前闻贵省独立，初则有"英雄""尚武"各社，继而公口林

---

① 《西事汇略》卷一，第 40—41 页。
② 曾业英编《蔡锷集》（一），第 442 页。
③ 《公电》，《申报》1912 年 2 月 23 日。

立，颇扰治安，殊深骇诧。嗣复查悉，举义之初，虑匪徒乘虚窃发，特借此联络团体，收为我用，亦属具有苦衷。但恐相沿日久，土匪效尤，分党寻仇，为患滋大，尚望轸念时艰，廓除畛域，俾全黔人士冶为一炉，深（为）企望。若匪势稍有不靖，亦希随时见告，滇尚可分兵应援也。滇都督锷。蒸。印。"

又电请湖南谭延闿劝告贵州军政府"消除党见，共保治安"。说："闻黔省独立后，党见未融，借助会党，以为声势，遂至土匪横行，颇扰治安。诚恐分党寻仇，为患滋大，而匪徒窜扰，于湘、滇关系亦深，特先电闻，请时加戒备。并希劝告黔军政府消除党见，共保公安，大局幸甚。滇北伐队已于前月勘日出发，现因陕电告急，已饬令改道入川，会师援陕矣。并闻。锷。蒸。印。"

又电告开化夏文炳、临安朱朝瑛、蒙自何国钧、河口陆国桢，拟抽调其部分军队"来省会齐"，入川北伐。说："滇北伐队已派出三千余人。近接陕都督连电告急，虏势颇张，非添兵不足以制敌。现拟抽调开化一营、临安二营、蒙自一营、个旧一营、河口一营来省会齐，克期出发。其通海、临、蒙一带，由省派兵填扎，即毋庸另行招募。前朱渭翁（按：朱朝瑛，字渭卿）倡率绅商捐集银十万元，热忱可感，希即解交财政司核收转发，以济急需。办理情形，并先电复。都督府。蒸。印。"①

11 日

▲张培爵、夏之时为调停成都与入川滇军的矛盾，发表"通咨成、滇两军误会冲突缘由电"。说：

> 火急。南京孙大总统、武昌黎副总统、云南蔡都督、贵阳赵都督、各共和省都督、各军政分府鉴。当本军十月独立之初，滇、黔军政府各派援军匡助。两月以来，颇赖大力，得以维持全川之和平。迄今成都军队与滇军在资州陈宣场界牌、自流井一带，因彼此误会，致起冲突。爵、时屡电调停，以谓陕祸方殷，北伐吃紧，请两方捐弃小嫌，顾全大局，立即停战，勿负初心，致令同胞相残，坐增虏焰，操戈内

---

① 以上三电见曾业英编《蔡锷集》（一），第442—444 页。

室，见笑外人。并谓培爵克日亲赴前途，解释两方之疑团。乃致电无功，战衅已开，爵、时尽心苦口，排解无术。此时对于成、滇两军，调处地位极为困难，于成都已居统一之名，于客军应守唇齿之义，与滇军缔结合同，彼此固当界限于合同之内。两军冲突，只有力劝息争，不能强迫停战。除亲到两军驻处，直接调解外，谨电呈总统，并报滇都督请示办法。谨略陈成、滇两军误会之点，惟详察焉。

成军疑滇军之点如下。

一、在叙府业出示，有得尺则尺，得寸则寸之语，初川南亦疑之以为侵略。

二、滇军以兵力解散同志会，施放机关炮，杀伤稍多。又枪毙国民军司令长刘礼谦。

三、在合江执川南司令长黄方，宣布罪状六条，后闻黄被枭首，复挖心拔舌，党人法人，皆以为过当。

四、在叙府一带及自流井、贡井建设盐政机关，把持盐政。

五、滇军真日通电滇军政府、共和各省，痛诋成都哥会，请电告天下，□滇黔湘鄂增发大兵，声罪进剿。

滇军疑成军之点如下。

一、成都哥会，公口太多。成都重用同志会，而叙、井同志会，匪人亦多，滇军遂不满同志会，益不满成都。

二、成都疑滇军假名援川，实行划［侵］略，资州、嘉定皆备重兵钳口，相传将与滇军作战。

三、滇军梯团长来电，成都不先开衅，我军断无首先破裂之理。据滇军李旅长电，亦称成都发兵，向我军前进，于自流井以□［北］之界牌，突然攻击，此系衅自彼开，成［滇］军不能不为正当之防御。

现接援蜀滇军统带张子贞参谋杨发源电，李旅长已往富顺视察一切云云。似此衅端一开，西南半壁，皆成战场，一则不能援助关陇，二则不能出兵自卫。北事方殷，内讧如此，民国前途，何堪设想。俯［伏］乞俯念大局，速电两方，立息战争。或两军会师北伐，滇军后路布置，由蜀军政府担负，便不至有所妨害；或令滇军直趋西藏，镇压番人，以固边围；或电商湘督，电饬援川滇军，全行暂返（滇）境，开战曲直，付之公断。不仅全川之福，实为民国之幸。并将援川滇军与蜀军政府订立合同条（约）录如下。

一、蜀军政府，当成都未反正之先，民贼赵尔丰等与同志会血战不解之日，驻防满虏兵力尚雄，蜀军政府力图诛杀民贼，恢复全川，出同胞于水火，谋中华民国之统一，是以电请滇军政府派兵援川，协力共济。今滇军到川，赵贼虽已就戮，而大局未定，内乱未靖，当互相借助之事颇多，故与援川滇军，略定条件。

二、蜀军政府请托援川滇军，协力维持大局，驱除民贼。滇军到川之两梯团，关于饷项事件，蜀军政府有担任协助①之责。但当运转不周时，得由滇军就地筹借各公款应给［急］，日后统由蜀军政府筹措附拨②，饷项每月约五万两③。

三、滇军有赞助蜀军政府调命［和］统一全川军政府之责。如蜀军政府有请托滇军赞助事项，滇军须竭全力以应之。

四、援川滇军之进行方向，概以蜀军政府之所请托参酌行之。但方向确定后，其进行上之战术计划，得由滇军相机行动，一面通告蜀军政府。

五、援川滇军受蜀军政府请托后，滇军进行所过之后路，各种行政机关，由蜀军政府自行建设。但于滇军有密切关系之态［地］，及运输粮草各事，得由滇军直接该地方行政机关筹办，务期于滇军进行，毫无窒碍。

六、援川滇军所到之地，有为蜀军政府维持秩序之责。

七、全川大局统一廓清后，即为本条约效力完结之日。

八、本条约效力完结后，或未完结之前，蜀军政府及援川滇军彼此如有他种要求，得另行协议。

九、本条约以签字盖印之日，即作为实行之日。④

阳历正月四日，蜀军政府特派全权委员谢持等、援川滇军全权特派使巡按副使陈先沅等签字。正月十八日，蜀军都督、援蜀滇军巡按

---

① 《云南光复纪要·援川篇（一）》将"担任协助"作"提助协任"。
② 《云南光复纪要·援川篇（一）》将"筹措附拨"作"筹还"。
③ 《云南光复纪要·援川篇（一）》将此句表达为"并注明饷项每月约银五万两"。
④ 《云南光复纪要·援川篇（一）》，第128—129页公布的"草约"，无其中的第一条和第九条。

副使调印。蜀军都督张培爵、夏之时叩。真。印。①

▲黄兴电告夏之时、蔡锷，"西安告急"，请星夜赴援陕西。说："蜀军夏都督、云南蔡都督鉴。潼关幽陇相继失守，升允盘据陇上，西安告急，川军及滇军，请饬星夜开陕西，俾西北早日肃清，并将兵力、方略、首途日期先行电示为盼。黄兴。真。印。"②

▲10日，张文光电请蔡锷"赏假十日，借资调养"。说："窃光才谫任巨，昕夕黾皇，反正以来，已三阅月，惕历忧勤，心力交瘁。数日来，积劳成疾，本欲勉强支持，靖供厥职，以仰体委任之意。奈耐久愈笃不能起床，近复加以呕血等症，若在〔再〕搘柱，恐误军政，难免从脞之咎。祈钧府格外鉴原，赏假十日，借资调养，着可速期就痊，实荷鸿慈无现。协督张文光叩。蒸。印。"

11日，蔡锷电复张文光说："腾张镇台鉴。蒸电悉。执事保卫边陬，安危絜于一身，举义以来，理烦治剧，因劳甚得疾，闻之不胜灼艾，应照准假，期借慰同志心曲。现李师长抵腾，诸事商办有济，务望上紧调治，静为珍摄，勿庸过虑一切。都督府蔡。真。印。"③

▲晚，永昌府突发兵变，商民损失惨重。

关于此次兵变的经过及应对措施，署永昌府知府呈报蔡锷说：

> 为申报事。窃阳历二月十一日夜，永城兵匪交变，为祸最烈，损失亦广，迭经署府会同王大队长电陈在案。所有此次变故始末及办理情形，敬再为我大人一详陈之。先是正月三十日，因钱、彭二统领传视手枪失误致毙之变起，营勇即生猜疑，居民每多惊扰。旋经署府出示弹压，亲到各营抚慰，稍觉安静。嗣因永康告警，谣言沸腾，而腾越散勇，纷纷云集，鼓噪煽惑，兵民交慌。各营兵勇，前已奉调赴腾，黄鉴峰、宋学诗两营，均有驻扎处所。惟李光斗一营并无明文，遂借端生事。二月初十日午间，风息不佳，探系闹饷，署府即借与银三百两散放。乃是夜又复鼓噪，声言陈文案子清在永康时私受投诚银二千

---

① 《广西官报》第 3 期，1912 年 3 月 1 日。
② 重庆地方史资料组编《重庆蜀军政府资料选编》，1981，第 95 页。
③ 《滇复先事录》，《云南文史资料选辑》第 17 辑，第 156 页。

两，又复扣饷不发，须杀之以谢众人。就中唐弁为首，实则不过欲借此抄抢，以饱欲壑，旋以势孤即罢。十一□刻，宋营朝行抵南城外十余里，为所部及第六营兵截阻，向空开放数枪，声言须清饷后始准全行，否则开枪等语。迹近恐吓要挟，宋即率兵回营。署府询悉情形，恐酿事变，为委曲求全之计，当邀齐各营管带会议，由府暂借宋营银一千二百两。李营先经借过三百，再借给五百两，黄营九百两，暂纾眉急。领银后，第六营于傍晚忽然出发潜回附近散伏，而在城之三营亦颇勾串煽动定期起事。署府王大队长目击巨变将成，榆军势孤，虑难维持，当即飞电师长请示办法。尚未奉复，兵匪以裹串一气，分伏东南北三城内外，伙同腾来散房及土匪约二千余名，是夜恰当二鼓，枪声自南门街来，旋即全城响动，火光四起，枪弹横空，贼兵数次分扑陆军坐营、知府衙署及大街民居铺号，城外伏贼呼声相应，势极猖獗，老幼号啼之声，惨不忍闻。署府军队均系兵单力薄，两处又各有军火，深虞为敌所乘。王大队长当于两中队中，各留一小队保护坐营军火，余二小队出队攻击，当场击毙叛匪数名，夺获枪械数十节，并力同救火。署府闻前面枪声激烈，亲督卫兵四十……（按：以下报纸残缺，文字缺略）[1]

李根源、张文光也多次电禀"省城军都督府"。11 日，李根源电禀说：

顷接永昌由守云龙、王大队长太潜真电称，近因有本地土匪，及腾越散兵到永，耸动各营，谣惑繁兴。兼因第六营文案陈子清在永康有财物暧昧之事，致昨晚该营兵勾结各营与陈为难，声势汹汹，几成事变。本日宋营出发，行抵南城，为所部及第六营兵截住，开放数枪，声言须清饷后始准行，否则开枪等语。迹近恐吓要挟，宋即调兵回营。旋邀齐在府署公议，虑民惊扰，由府（按：指由云龙）暂借宋营一千二百两，李营昨借三百，今再借五百两，黄营九百两，共银二千九百两，暂纾眉急。现六营甫行，三营不服命令，勾串煽动，旦夕将成巨变。我军势孤，虑难维持，乞速示办法。当即密电由守、王大队长文曰，腾越散兵到永，造谣煽惑，摇动兵心，以致六营兵，勾结各营，

---

① 《云南永昌兵变之详录》，上海《时报》1912 年 4 月 13 日。

始与陈文案为难，继复伙同三营向宋管带索饷，迹其情形，似六营首先发难，其受惑者必多。今宋（学诗）、黄（鉴锋）、李（光斗）三营既由府垫借饷银二千九百两，六营行而三营又复止而不行，其违抗为尤甚。十一营未经提及，想黄管带尚能约束，然亦未有不暗通声气者。现该大队率两中队驻永，数虽较单，兵精器利，制之有余。惟遽予剿办，恐牵大局，且害治安。愚意现在宜分两层，六营已行，十一营未动，不服命令者只宋营耳。若一二日中，黄营继行，则宋营尤孤，再不行则由该大队长乘早晚不意，率兵掩入该营，勒令缴枪解散，一面驱逐游勇，一面严守各城，已散之兵无械不足虑，在途之兵知有备，亦必不敢回，想可无事，此一层也。若黄营、宋营均不肯行，须密察是否官弁主使，抑系目兵违抗官弁号令不行。若官弁无心，则会同黄、宋，齐集各兵，切实开导，晓以利害，令其速赴腾越住扎，只须有多数服从，少数不遵，仅可拿办。若官弁有心，则暂勿擅动，一面驱逐游勇，以杜勾结，一面阴勒军队，以备不虞。一面由密电飞报，以便分拨接应，诱于隙地，聚而歼之，罪亦应得，此又一层也。总之，事机万变，不能执一，务须静察默应，毋激毋葸，至要至嘱。仍将办理查察情形，随时密报等语去讫。办理情形如何，再为续陈。师长根源叩。真。印。

12日，又急发"省城军都督府"两电，一电说：

永昌兵匪勾结煽动，及密电指示办法各情，昨经具电陈明。旋于昨晚十二句钟以后，查得永昌电局，无人管理，今晨始通。询据该局报生电称，昨夜十二句钟，叛勇等起事，焚毁城内三牌路附近四十余家，至今日早七句钟枪声始息，火势渐减，电局亦经被抢，由守无恙，该生事后回局检查电机，幸未毁坏等语。继自本日午前十一点钟，至午后七点钟，该局又复无人接收电报，由机呼唤，迄无应者。幸机门直开，来往各电，得以通过。由守、王大队长亦无电来，不识是何情形，诚恐匪乱又炽。查现在驻永陆军，仅王太潜之两队，腾事甫就范，近复形恐慌，兵力亦难遽分，刻已电饬孙联长，飞饬严衍恒速带驻扎漾濞之两队，克日开拔赴永，听王大队长指挥，漾濞地方派李中队长钟瀚率领该中队开往填扎，以为后援。藩所统国民军第十营，饬该营管带赵勋泰率领赴永，于明日起程。并电饬永平李令治、郑中队长则严行防堵，无任窜扰去后，永康一面已有徐教练官鸿恩率队前往兜剿，防御均可无虞。谨此电陈，乞纾廑念。藩、根源叩。文。印。

另一电说：

项据由守云龙、王大队长太潜尤电称，三、六两营午间闹饷，业已电陈。兹探悉实第六营兵勾串而起。现虽开出两队，尚余一队潜伏，伙同腾来散兵，谋今夜起事，以口令为连络。现已严加戒备，并由马、宋、黄三君分头约束所部。马、宋拟后日出发，并闻旋据王大队长文电称，真日二更后，驻永防军第六营反乱烧抢。永城匪势太甚，我军力薄，请速派兵，星夜到永援应。复据管带张定甲、警局长丁上达电称，昨夜永城内，兵营忽变，将城内居民财物，全数掠抢，尚焚烧街面铺户数拾所。如何处置，请速示复各等语。当即会同张镇文光电饬一面由该守等飞速扑灭，严密防维，无任蔓延，一面已由腾、榆分拨军队，兼程赴永，协同搜剿，并将起事详情，迅速电复去讫。谨陈。根源叩。文。印。[①]

13 日，蔡锷电复腾越李根源说："月密。两文电悉。散兵均给川资，营兵垫支旅费，待遇不为不周，乃犹勾结煽乱，致永昌横遭劫掠，非痛加惩创，不足以弭乱安民。希即分饬军队，协力兜剿，毋任纷窜。闻刀上达尚拥兵图逞，设溃兵阑入土司界内，足以增匪势而滋事端，尤宜预为防范。榆、丽、顺、云各处并希饬令戒备为要。"[②]

同日，张文光也电告"军都督府"，说："本日接永昌府由云龙及管带队长黄鉴锋六人等元电称，昨晚散军烧抢永城，十三日早复蔓回城，会同击散等因。斯时光疾卧在床，神昏志乱，得此惨耗，更方寸崩裂。念永郡自反正后，鸡犬不惊，闾阎欢庆，乃因散军煽结，酿成今日现象，锦绣金齿，顷变为焦土荒墟，同胞何辜，罹此奇难，上不能质钧府，下无以对该郡父老兄弟，只有病中负咎，以谢地方。除电饬驻永各执事及自治局等，

① 以上三电见《西事汇略》卷二，第1—3页。
② 曾业英编《蔡锷集》（一），第453—454页。

克期筹划，极救疮痍，并抚辑军心，严捕匪党外，合肃禀闻，祈核示遵办。临禀无任悚惶待罪之至。协都督张文光叩。元。印。"

蔡锷随即电复张文光说："元电悉。此次变起仓猝，殊难预防，执事可勿庸引咎。惟此辈胆敢勾结煽乱，非大加惩创，不足以弭乱安民，仍望协助李师长设法剿抚，以靖边陲，而安黎庶。都督府。元。印"①

李根源再连发"省城军都督府"三电，外加一《悬赏缉拿宋学诗、李光斗示》附件。其一说：

> 本日午前接永昌由守元电称，十一日，兵匪裹串入城潜伏，伙同腾来散勇，及匪二千余。是夜二更起事，枪声自南门街来，旋即全城震动，火光乱发，通宵达旦。铺家共焚一百二三十家，除赤贫外，无不被掠一空。知府卫兵四十名，仅能保护署藏军火。幸匪枪系向空击，尚未伤人。积谷保惠各仓，及府署存银，均有损失。各军旋出救火，天明始定。刻正抚恤灾黎，调查损失。知府忝任地方，不能先事挽救，以致误国误民，愧悚曷极。现匪党尚伏附近，当会同第二大队及第十一营，分头严拿惩办，并由电机询问永局报生，据称现在城内有由守，王大队长，马、宋、黄、汤、邵、张各管带等弹压。李光斗所带兵丁，于十一日出发，又复整回。有云兵整回时，李光斗不见者，张定甲现尚在永，黄住财神庙，宋住川主庙，王住学宫。所烧铺户民房约百四十家，以三四牌路为最多，同丰街次之，通商巷又次之。各大号多抢掠一空，福顺店并被烧去，店内盐线［钱］货物，尽系本地无赖抬去。火起系从三牌坊至朱子街，又对面从通商巷至北门街对面处，放火不知何人。是时由守在署，宋、马已避。起事时，适当府署放二更炮，随闻街中枪声继起，又自川主庙内连放数十枪，并闻系以独立二字为号。十二日早，火熄乱定，各官长即行搜拿叛匪，清查财物，遇有拿包袱者，均即查问。闻叛勇抢后，多逃出城，现街上击毙七八名，并正法一名，城内渐形安静各等语，谨陈。师长根源叩。元。印。

其二说：

---

① 《滇复先事录》，《云南文史资料选辑》第17辑，第157—158页。

昨晚午后九句钟，接由守、王大队长、黄鉴锋、汤显伯、宋学诗、邵华轩、马登云文电称，十一日晚，防军第六营烧抢，军民惊惶，街市掩闭。十二日早复蔓回永城，会同各军兜缉，至午已全数击散，夺获枪弹多件等语。当即会同赵巡按、张镇电复文曰：元电悉。此次叛勇焚抢，协力兜拿，全数击散，办理尚为迅速。现在虽经击散，窜匪窜扰，在在可虞，务须严拿首要，解散胁从，一面拨派军队，分投跟踪，搜剿余匪，迅速殄除，以谢地方；一面飞饬防团严扎要隘，防范诘查，如敢抗拒，即行格杀，以防窜扰，勿稍松懈，是为至要。此次变生不测，地方受害，实深悯恻。究竟民间被焚被抢者各若干家，应即由府详晰查明，妥为抚绥，以免失所。仍将肇乱详情、善后办法，从速电复切盼等语，并录呈鉴。师长根源叩。元。印。

其三说：

项据永昌原归黄鉴锋所统之第四营管带汤显伯、卢海廷等专禀称，十一日夜第六营李光斗带兵作乱，并放火烧抢，恳请救兵赶紧整队前来等语。当经会同张镇文光，电饬由守、王大队长及黄鉴锋、马登云、宋学诗、汤显伯文曰，李光斗此次反正，并无殊功，到腾之初，即委充帮带，待遇不为不优。此在稍具天良者，宜如何力图报称，乃胆敢率兵倡乱，肆行烧抢，狼子野心，为之发指。腾、永各军，前因招募太滥，纪律不严，大被恶声，几于无以自白。幸得李师长力为湔雪，我将士争自濯砺，腾、永各军名誉，始有此表白之一日。该叛首李光斗倡乱焚抢，躬为盗贼之行，若不协力迅将叛该［该叛］首李光斗立予擒斩，并将该部下作乱之叛勇悉数歼除，不但无以谢地方，无以对军府，即我军之污点亦无自而湔除。电到希即遵照办理，毋使倡乱之徒得以漏网，是所切盼等语，合录呈鉴。师长根源叩。元。印。

其所附《悬赏缉拿宋学诗、李光斗示》说：

为悬赏缉拿事。照得前国民军第三营管带宋学诗、第六营管带李光斗，前在反正之际，率带军队，并无表率。本师长到永之时，姑念其曾经随同张协都督在事出力，免其前愆，勖以忠义，并于裁并编制各营后，分派宋学诗为西防十二营管带，李光斗为十一营帮带，以策将来。方冀其感待遇之恩，必力图桑榆之盖［益］，乃此次永昌游民散勇，勾结烧抢，宋营兵丁，尚知利害，有多数不为所动。而该管带宋学诗于临事之际，始则伙同逼饷，继则弃军潜逃，形迹既属可疑，地方实为贻误，衡情论罪，绝无可逭。李营兵丁，已经出发，该帮带李光斗竟倡谋为乱，率队扑回府城，首先放枪惊众，乘夜纵火，大肆抢劫，涂炭生民，败坏军纪，尤属罪不容诛。除六营从逸兵丁，已饬分投搜捕追拿，获即就地正法，并通饬文武，严缉该在逃管带、帮带，不使有一人漏网外，合行悬赏晓谕。为此示仰各属军民团保诸色人等，一体知悉。如有将该逃管带宋学诗、帮带李光斗拿获，捆送行辕，或永昌府署及各地方官者，获一人赏银五百元，两人并获赏银一千元，验明即行核发。查宋学诗系楚雄县人，年约二十五六岁，原在榆标充当正目，身材强干，面紫色无须。李光斗系昆明县人，年约三十二三岁，面紫黑色，寡瘦无须。合并示知。特示。

14 日，又致"省城军都督府"两电，一电说：

本日午后，接永昌由守、王大队长、黄鉴锋、马登云、邵华轩等元电称，真日永城烧抢竟夕，幸未伤人，天明始定，然余匪尚伏。文日复有蠢动之势，当会派兵队，把守各城，严密搜查，并勒缴第六营枪械，击毙抗傲［缴］官弁四人，正法获赃劫匪数人，是夕得免无事。本日居民来报窝赃匪类多家，复派队严查，清出赃物，交自治公所收存，分别取保具领，并酌散积谷，以资赈恤。其实在抢劫之匪，仍即就地正法，以儆其余。宋管带似有为难情形，于真夜离城，李光斗于是晚出走，均不知去向。张定甲现在城内，尚无别故。因第三营无主，署府从权照会马君兼管第三营事，嘱即遵电率领全队开拔赴腾。乞即会电饬知现城乡散勇游民，到处潜伏，人心未安，公私储蓄一空，百政无从措手，疮痍满目，仰思无计，除仍督饬严密稽查驱逐并随时抚绥外，谨恳师长速驾，否则恐难收拾等语。当即会同张镇电复文曰，守城查匪，勒缴六营枪械，击毙抗拒官弁，正法得赃劫匪，办理均是。居民所报窝赃窝匪多家，其窝藏各户既经清出赃物，应即查讯明确，就地正法，以昭炯戒。在场行劫各匪，及六营叛兵，亦即派兵分投搜捕追拿，获即正法，毋使一人漏网。李光斗为首倡乱，宋学诗临事脱逃，其罪均不容诛，更须上紧踩缉，明正典刑。此事非愿多事杀戮，实非此无以谢地方，而恢复军人名誉也。城乡散勇游民，如在场者拿获，仍予正法，其不在场者仍随时督饬兵团，认真稽查驱逐，被难良民已酌散积谷，尤须妥为抚绥，勿使流离失所，至嘱。本师长现已整理一切，不日即躬率大队到永，督办善后事宜。赵管已开拔，此复等语。谨录呈鉴。师长根源叩。寒。印。①

另一电则说：

前腾、永军统领张文焕在合江、漾濞、杉阳、永平一带纵兵掳掠，怨声沸腾。源至腾之初，本拟曲予宽贷，电明暂置不用。乃此次永军叛变，半皆该统领旧部所为，若不伸明军法，实不足以谢永人。又前帮带马鸿发率兵在顺云永康各处，肆行抢劫，行同盗贼。且该马鸿发即系此次永昌叛管李光斗之帮带，足见同为匪类。两人一辙，不予诛锄，后患滋深。连日分遣总稽查钟先达及差遣员梁说、何俨然、姚永俊等，严密侦缉，本日就获，当即就地正法，以快人心。除续获各犯，再行禀请惩办外，乞赐查核，饬部知照。师长根源谨叩。盐。印。②

15 日，蔡锷电复李根源说：

腾越李师长鉴。三元一寒电均悉。前因腾、永起事，征敛军需，民间已不堪扰累。此次永城匪乱，毁劫至百数十家，深堪悯恻。据由守等电称搜查匪党，赈恤灾民各情，办理尚为合法。惟匪徒潜伏，窜扰堪虞，应饬严为防堵，以免别生事端。如该处兵力未厚，希酌派队伍，协力兜剿，并缉拿首要，立正典刑，毋任珠脱。现在张文焕、马鸿发等业经正法，其李光斗、宋学诗等仍应严缉惩办，以弭后患，而靖地方。都督府。删。印。"

同日，又电复由云龙、黄鉴锋、马登云、邵华轩、王太潜，命其务必

① 以上各电见《西事汇略》卷二，第3—6页。
② 《西事汇略》卷一，第48页。

随时禀承李根源、赵藩指示，以除"匪乱"。说："元电均悉。前因腾、永起事，征敛军需，已为民间苦累。此次永城匪乱，复毁劫至百数十家，深堪悯恻。据称搜查匪党，赈恤灾民各情，办理尚为合法。惟（匪）徒尚（潜）伏，宵扰堪虞，务须严密防堵，一面缉拿首要，立正典刑，毋任漏网，致贻后患。仍随时禀承李师长、赵巡按认真办理，以除匪乱，而奠民生。都督府。删。印。"①

关于永昌兵变对腾越的影响，赵藩、李根源电告"省城军都督府"说：

> 月密。永昌匪乱，腾中颇受影响，近二三日大有蠢蠢欲动之势。现一面严加防范，一面仍示镇静，并派员严密侦察，如有滋事散勇，以及著名匪棍，拿获即行处决，以昭儆戒，而遏乱萌。惟不由根本解决，机芽暗伏，滋蔓可虞。虽幸一时之安，终贻后来之患。昨电密陈各节，窃为根本之图，是否悉合机宜，伏乞衡核训示。目前事机瞬变，如蒙俞允，恳迅赐施行，以靖边圉，无任翘切。藩、根源叩。②

关于永昌兵变的善后处置，2月14日李根源电告"省城军都督府"说：

> 永昌叛勇滋乱，及布置一切情形，节经电陈在案。惟此次裁撤各营，前者通盘筹划，腾、永两处，以腾中驻扎军队为最多，入手之初，自必先将腾军分别解散，然后可调永军入腾。递知永军调回，难保不无波折，故虽在兵力难分之际，犹留王太潜率兵两队驻扎，又以控驭永军责之彭蓂。迨之彭蓂遭变，深虑统率无人，故一面赶将腾军遣散，一面即调永军来腾。又经由永厚支薪饷，以安其心。其李光斗所带之第六营，知其难信，电饬首先开拔；亦因有黄鉴锋营，借以牵掣，王太潜两队资之镇慑。但能开出永城，即不患其难制。不意已经出发，中途又复蹩回，煽乱烧抢，实非初料所及。此次地方受害，皆源计虑未周，深切疚负，应请严加议处。现在惩前毖后，腾事益宜慎图。来腾陆军，现止一营及一中队，用备调遣之资，难作卫戍之用。迨将来

---

① 以上二电见曾业英编《蔡锷集》（一），第458、456页。
② 《西事汇略》卷一，第49—50页。

随同出发，恐腾军亦不足恃。方今饷项奇绌，添练又虞不给。叛管李光斗一营，本在裁撤之列，拟将逃管宋学诗一营亦全数解散，征募本地土著，改练陆军两中队，以资镇压，而备不虞。该队拟设督队官一员，驻扎腾城，官长均用带腾可靠之员，薪饷即以解散之宋营拨给，核计尚无出入。国民军薛朗之第十五营原拟驻腾，并定以腾越县属境为卫戍地。现宋学诗既逃，拟将该营改扎南甸等处，以第十二营卫戍地段为该营卫戍地，庶饷糈可节，防范有资。是否，伏候核示遵行。师长根源叩。寒。印。①

16 日，又电告拿获人员，一律"军前正法"。说："昨访闻散勇等有藏匿军械，图由和顺乡起事情事。当经调查属实，即派中队长谢昆山率所部前往严密缉拿。该散勇等匿迹于素行不法之谢春和店内，并本地人寸尊瑜家，并敢开枪拒捕。现已拿获黄登太、赵玉才、杨海清、余盛昌等四名，及店主谢春和一名，并获枪械军装等件，实属罪无可逭。当即一并在军前正法，以示惩儆。合肃电陈，乞饬部备案。师长根源谨叩。铣。印。"② 第三营则于本日"经署府派员"点名"缴械解散"。说："顷接永昌由守云龙、黄鉴锋、马登云删电称，本日第三营愿遵电缴械解散，经署府派员点名、收取枪械，并借拨云井盐课存银二千两，每名给川资银五两，各官弁目兵共给银二千两。其饷是否长支，登云担任赴腾结算。点收各种枪支二百八十五杆，子弹一万四千六百余颗，给与路票，督令即日离永。该营官长亦由登云克日偕同赴腾。现匪党窜走，已飞札分饬各乡，严密缉拿，如遇持枪拒捕者，准其格杀无论，并电邻境，严加防堵。惟市井荒凉，人皆菜色，贼心狼毒，一至于斯，我民何辜？言之惨恻，涕泣以闻等语。谨陈。根源叩。铣。印。"③

同日，蔡锷电复腾越李根源，表示："寒电悉。李、宋两营，野性难驯，尚非措置失当。台端引咎自责，足征谦抑，所请严处之处，应毋庸议。薛营改扎南甸，及将裁撤宋营薪饷征募土著，改练陆军两中队驻腾，均属可行。

① 曾业英编《蔡锷集》（一），第 459 页。
② 《西事汇略》卷一，第 48 页。
③ 《西事汇略》卷二，第 7 页。

腾、永防务，悉听主持，不为遥制也。都督府。铣。印。"①

20 日，李根源又两电"省城军都督府"，禀呈赵勋泰已抵永昌，拟分路清乡，然后再清城市。其一说："顷接赵管带勋泰筱电称，泰营筱午抵永，遵扎县署。查看永情，惨莫可言。而匪已逃散，四处潜匿。应如何捕拿，当与由府、王大队长妥议办法，俟商定再为禀闻。再泰在途，先后拿获逃匪杨子安等五名，并获枪刀赃物数件。讯据供认不讳，当遵临行面谕，立即就地正法。赃物候汇报呈缴。并闻。等语。谨陈。师长根源叩。号。印。"其二说："顷接永昌由守电称，赵管带于三十日到，现与王、黄各营会商先行派兵分路清乡，搜拿余匪。本日出发。昨由署府正法要匪十一名，俟乡间静谧，跟即再清城市等语。谨陈。师长根源叩。号。印。"

21 日，还就蔡锷所询对第十营的处置等事项，电复蔡锷说："号电敬悉。现驻永城国民军第十营，自管带以至目兵，均赵巡按所选募，且系剑、丽等处土著，各有身家。此次在永甚守纪律，访缉盗匪尤为得力，曾经该府自治局绅电请留永，当即照准。国民军十七营又饬其全部驻扎永康，一郡之地，共有两营，足资镇慑，所请挑选土著两大队之处，似可勿庸置议。至此次被难人民，源屡电由守及自治局绅，妥筹抚恤之方，以免失所，并行清乡之法，以靖乱源。现均次第办理，所请提款数万赈济之处，拟俟源到永后，再为斟酌请示核办。谨复。师长根源叩。马。印。"

24 日，蔡锷电复赵藩、李根源说："号、祃、哿电悉。赵营到永，即令协同由守办理清乡，以清余孽。李营给饷遣散，甚善。锷。敬。印。"

同日，李根源又电"省城军都督府"说：

> 源于马日会同张镇电饬永昌由守云龙、黄管带鉴锋将该管所部一营零一哨，按名点验、收缴枪械后，即算清饷项应否补发若干外，每兵发给恩饷银二两，令其遣散回里，由府发给路票。该管带暨汤、邵两都带即来腾，听候委用去讫。漾据由守电称，奉马电，当与黄管带面商，自应遵电遣散，惟核计欠饷需三千四百两，合恩饷计之，共需四千余金。署府竭力借凑，只得一千余两，公私匮竭，无从筹措，应请速由腾运永，并随寄光复功章三百余个，以资配发等语。当即电复

① 《西事汇略》卷二，第 6 页。又见曾业英编《蔡锷集》（一），第 458 页。

文曰，漾电悉。黄营饷项自九月初八起至腊月初七止，一营零一哨，即照腾军所定饷项计算共三月，不过约需银八千两，又自腊月初八起至本月电饬解散日止约一个月，照防营饷章核算，需饷银一千八百余十〔十余〕两，二共及各项杂费亦不过九千多金。又每兵各给恩饷二两，所需亦仅六七八百金。统计约需银一万一千两左右。查该管在腾、在永、在永平暨由该守处，已共领过银九千四百五十两，以应支应放各数相较，似已足以相抵。但念该管反正之际，尚资得力，不能不稍事优异。所有前领之九千四百五十两，概作为腊月初七以前饷项及奖赏并各项杂费。自初八日起至解散日止，特别准照一个月按防营章制算给。其恩饷仍照腾中遣散例，每兵给银二两，不得破例多予。希即转知黄管带即日将全营所有军装、枪械、子弹，全数交清后，即行核发功章。惟须详查果系在光复时初六、七、八三日以内出力者，方能发给，按名开单具报，不得滥予。再查一月饷项及恩饷约需二千金，该守既筹有千余，不敷之数，希向商号暂挪，明日即汇还。特复。并电黄鉴锋文曰，该营编为第十一营，已定卫戍地点。查系烟瘴之区，转瞬即发，因虑该营兵勇，概系客籍，断难耐瘴，特将该营就永解散。俟该管来腾，另招土著，率赴所定防地。其该管迭次支领，共银九千四百五十两，概作为腊月初七以前饷项及各项开支。尚有不敷之数，来腾再为算结。现准在永暂领二千两，作为腊月初八日起至解散日止一个月薪饷。照防营饷章核计，下余即为解散恩饷。该营所有军装、枪械、子弹，务须全数点交由守，迅速来腾，以便面商一切，勿延等语。谨录呈鉴。师长根源谨叩。敬。印。①

3 月 7 日，张文光也电告省城"军都督府"说："协都督查前永昌散兵哗变，焚掠街市，黄鉴锋附合，贻害地方，且亏欠饷银，并欲嫁祸宋宝奎，意在分咎，居心实为叵测。昨经电调来腾，讯明正法示众。除电知由守宣示地方，以快人心外，谨电闻。协督文光叩。阳。印。"

30 日，又以"提督"名义，报告他 27 日到达永昌后的"管见所得"。说：

---

① 以上各电依次见《西事汇略》卷二，第 9—14 页。

光沁日抵永，调查永城兵匪之变，实由本地匪首刘光辉串合陆防兵丁，纵火焚劫。缘永城现有榆标第二营营长王太潜率领陆军驻扎，土匪串合陆军，以军火［伙］是枪械利也。陆军若不应允，虽有防营散军，土匪亦不能有此变乱。更有无耻妇女，窄袖包巾，带引军队择稍有家资者，破门抢劫，由府卫队亦自行掠取府署存银什物一空，种种变相，询属骇人听闻。刘光辉主谋勾结，黄鉴锋随声附和，前经正法示众。永昌府卫队长何春芳、教习何天福后所带卫队为首者十三人，昨经会同李师长讯明正法，以昭炯戒。其余为从者二十余人，亦经分别惩禁，听候讯办。再查此次之难，腾商损失财物约在四五万金，鹤庆川帮约共损失三万余金，本地商民连铺房财物损失亦不下三四万金。现在永绅之意，在在要求团练乡兵。惟查永城无业游民，出入其间，反正之初，杜文礼、张文焕均系永人，始则借名办团，继则自称管带，肆行抢掠，贻害地方。兹若招募团练，难免不溷迹其中，恐不足为保卫之资，而转为薮盗之关。再陆军执事人员，候李师长密查禀请惩办，文光辱荷殊知，谬忝重任，管见所得，不敢不以上闻。现李师长在永筹办善后，尚有筹商事宜，光拟驻永六七日，再行驰赴新任，并陈。提督文光叩。全。印。①

4月13日，赵藩、李根源电陈"省城军都督府"，有关大队长王太潜在永昌事变中的表现及处置经过，并恳请军府对他们的过失，仍"从严议处"。说：

月密。王太潜前经撤差，饬由缪代联长监视，赶将经手交代办理完竣。本日交代已清，当由源会藩传案，详加审讯。据称永昌起事之先，即闻黄鉴锋等图谋肇乱，因畏其势大，不敢干涉。起事之日，黄鉴锋营屡至大队，请发口令。初未允许，旋有本队小队长吴培源，目兵苏殿培、吴成先、王光忠持枪迫胁，始发出"独立"二字。继闻枪声四起，各队目兵，半已离营，少间愈形纷乱，相率出外，不能禁止。及市面火起，大队长亦即出营看视。次晓，目兵始陆续归队，共谋逃窜。由守时亦至营，与大队长权力阻止，始渐安定。嗣于是月二十六

---

① 以上二电见《滇复先事录》，《云南文史资料选辑》第17辑，第159—160、167—168页。

日，黄鉴锋复约大队长及由守等，在财神庙吃鸡血酒，后奉饷回榆。所封驮马一百五十四，除公用六十驮外，余均各兵所掳财物。又有各兵占夺妇女二十余口同行。途次多为本夫追回，亦有半路弃置者。大队长无法禁制，只好听之。各官长中，惟第二中队小队长李元盛，尚能恪守纪律，极力遏止。第一中队长郭昌明，平日人尚纯谨，未必在场。吴培源本与黄鉴锋等通谋，故带兵持枪迫发口令。小队长王得胜、刘景中、朱云能、杨世成，司务长荻孟贤，或伙同在事，或被胁随行，均经出营，大队长不能约束，乞宽典等语。核与迭次所查情形，尚属相同。查王太潜于永昌之乱，事前既有所闻，乃竟毫无防范，致成巨变，临事尤无约束，任令所部官长、目兵，抢掳奸淫，甚至明目张胆，捆载财物，胁夺妇女同行。至今永昌人民，畏军队过于盗贼，军人名誉，扫地无遗，实属罪无可逭。且事后并无片语只字，据实报告，其为纵容欺饰，百喙奚辞。若不明正典刑，何以伸军纪而谢地方。拟请将该大队长王太潜即行正法，并将罪状宣布周知。吴培源等七员，均于退伍后请假回籍，目兵苏殿培等三名亦经退伍回里。惟离榆未久，计尚在途，现已分电楚雄等处，严密查拿。并派员分途踪缉，务获解案讯实，分别拟办。源任命不当，贻误地方，重蒙钧府，宽其置议，负疚难安，且法行自上，乃足以悚军心，仍恳从严议处，使军中知法令之严，虽在贵近不避，而根源于将士之失，益得执法以绳，其有裨于军政者实大。是否之处，伏候衡核示遵。藩、根源叩。覃。印。

军都督府"复电，饬即立予正法，并宣布罪状，以昭炯戒"。李根源遵电于 18 日"派大理府秦守（按：即秦恩述）提标杨参将监斩"，并"由该府出示通谕周知"。

同日，李根源再电告"省城军都督府"，已正法参与永昌之变的国民军第三营正兵朱家修、陆福春。说："前顺云协李学诗，派所部国民军第三营哨弁侯彩，率兵十名，赴腾请饷，于阳历二月十一抵永郡，宿城内嘉乐店。时值兵匪纵火抢劫，该营正兵陆福春，竟敢持枪威吓侯哨弁，估劫去纹银十六两，及衣物等件，并约同正兵朱家修、罗文彬、杨飞保、赵树三、陈士清等六人，乘势出店，抢劫逃逸。经该协派兵拿获朱家修一名，讯据供认听从陆福春出店抢劫，得赃不讳，禀报前来，当即批饬正法在案。兹值该协交卸来永，复将陆福春拿获，并起获赃物多件，解送来部。派员鞫讯，该兵供认不讳，即予正法，以示儆惩。仍饬上紧严缉在逃之罗文彬等，务获究办。谨陈饬部备案。师长根源叩。元。印。"

18 日，又电"省城军都督府"说："永昌匪党，自此次严密搜拿，率多逃匿附近各乡寨。近因分派员弁，率队前往各乡清查，复敢暗布谣言，希图扰乱，以致居民惊恐迁徙，并访有潜集洗马塘地方开立山堂情事。当派员弁分头严密侦拿。兹据国民军第十营赵管带勋泰拿获会匪周凤鳌、万大年、周凤清、杨二蛮即杨拴麦等四名，并起获铜帽枪四杆。解案讯据，供认听从在逃周凤朝、赵凤梧私立云华公山堂，迭犯劫窃各案，并欲潜谋作乱各情不讳。当经立予正法，以昭炯戒。除将枪枝存案，并饬严缉首要各匪，务获惩办外，谨陈祈饬部备案。师长根源叩。巧。印。"

关于永昌兵变的原因，3 月 7 日赵藩、李根源、张文光联名电陈"省城军都督府"说：

> 昨据永昌自治局绅赵端等联名禀称，此次永昌变乱，事后细查原因，虽自第六营发起，第三、四营亦同声相助，三营管带宋学诗即宋宝奎，平时为人尚属诚朴，四营管带黄鉴锋弄弄剧为生，比暱匪类。此次所部驻扎南城内财神庙，该营帮带汤显伯分扎宝丰店。是夜难作，始自该营，迨至清查失物，该两处附近居民，俱闻焚烧绸缎、布匹臭味。嗣后查知，该两处焚毁渣滓，概埋地内。现在黄已调腾，汤赴龙陵，若得除此渠魁，庶永郡绅民少伸怨愤等情，密禀前来。并据派去侦查员林景新等报同前情。查宋宝奎经藩等调查，委因事起仓卒，无法禁止，愧惧交集，投河遇救。前经电陈钧府，奉准宥免在案。昨日该逃管已到腾自首，黄鉴锋亦旋踵至。当经会同质讯永事，宋则据理以陈，黄则无词以对，其罪状已昭然在目，若不亟伸显戮，实无以谢永民。当由文光于本日将黄鉴锋宣布罪状，立予正法。宋宝奎查其心实无他，此次获咎，系为黄鉴锋所累，亦经藩、源等宣示钧府德意，令其尽心效力，以赎前愆。谨电陈明，并恳饬部备案。藩、根源、文光叩。虞。印。①

---

① 以上各电依次见《西事汇略》卷二，第 27、24、12—13 页。

另有媒体报道，由于腾、永"添招国民军未及详察良劣，匪徒亦间有溷迹"，"该兵等一旦被裁，无可为生"，致使永昌实施裁军政策时，引起不满而发生"变乱"，"焚杀抢劫，比户受灾，街市半成焦土，货财靡有子遗，惨痛之状，莫可言喻"，"损失不下数百万"。"现在云南联合会、国民会、同盟会、永昌同乡会以及军学各界联合报告军政府，陈述灾情，请设法赈恤，以救余生。军政府批云：报告阅悉。前因腾越办理裁营，遣散各兵，均已优给奖牌，给予川资，令各回原籍，待遇不为不厚。乃该散勇等犹复勾结煽乱，致永昌横遭焚掠，言之实堪愤恻。现选据李师长及永昌由守（云龙）来电，所有作乱首要如张文焕、马鸿发、张祠梁、唐明臣等均已缉获正法，叛乱各勇亦擒获多数，分别惩办，现正分头搜捕逃亡首要及余党，以期尽绝根株，消弭后患。维永郡民商遭此惨劫，元气大损，经该守散放积谷，略资赈恤。现并饬李师长、由守调查损失，妥为抚绥，其清获赃物，交自治局收存，分别取保具领，其余一切善后应办事宜，已饬李师长亲往永昌，妥为料理矣。"①

30 日，李根源再次电陈"省城军都督府"有关永昌事变的前因后果。说：

> 月密。永昌之乱，前经派员密查，证以地方密禀，实由土匪勾结永军，联合陆军，乃酿祸变。惟虑遽行发布，更至激生巨变，不可收拾，因拟到永彻查情形，再行请示办理。昨夕抵永，面询由守及公正士绅，据称此次主谋纵火，系已正法之本地匪首刘光辉，管带黄鉴锋、李光斗两营兵丁全数在场，宋宝奎营约六七十人，陆军因而混同抢夺，地方匪徒尤夥，约在四千余人。甚至自治局议员、地方巡警，亦出而乘机掳掠。而妇人孺子，且负扁担、肩布囊以从事。有以甥劫舅家者，有以婿劫岳家者，有以堂弟兄而相劫者，人心奇变，深骇听闻。由守所带卫队长何春芳、教习段天福及各兵丁，均系大理自治机关两部已撤之员兵。到永后，该队教长习，即与会匪勾结。是夜事起，派守前后门卫兵，竟［竟］向署内放枪，该队长等复危词胁由守避出，即率卫兵入室毁柜，将府署存银以及衣被、什物抢取一空。做扰之际，由

① 《云南通讯》，上海《民立报》1912 年 3 月 17 日。

守亦不敢问。迨赵管带勋泰到永，始勒令缴枪，将该卫队长、教习，及尤为凶悍之卫兵九名，先行监禁。昨经提出讯明，立予正法。余廿八名一并拘押，派员会同由守严加鞫讯，讯明分别办理。王太潜所部兵丁，于天晓后始稍稍归营，群议逃窜，由守敦嘱不可离城，众心始定。由永开拔时，捆载财物数十驮，散勇同行者六七十人。拟俟到榆后，彻底查办，以伸军纪。昨午到后，复会同官绅，勘验被焚铺户共百一十一间，拆毁者十间，据称确实。调查此次鹤庆、腾越、四川各商邦损失，约在八九万；永城铺户、居民合计被毁房屋、被抢什物，共约十二三万，总计约二十余万之谱。目击惨状，悯恻实深。源坐昧几先，尤多疚负。勘后至自治局，与局绅商办善后大纲有三：一严拿余匪；二饬造报确数，妥议赈恤；三整理地方政治。各绅复坚留驻永一月，筹划诸务，情词迫切，且有厚腾榆而薄永之怨。源虽借故辞谢，环请益坚。审察地方情形，亦属千疮百孔，不从根本整理，机芽潜伏，滋长可虞。惟榆城当军警冲突之后，谣言四起，刻虽稍平静，不能不防。拟饬高级副官缪嘉寿与方大队长率两中队，先于明日起程前往，会同孙联长、秦守办理一切，以资防范，而期接洽。缪嘉寿警敏精练，西事深资臂助，到榆如有缓急，必能维持。谨电陈明。根源叩。卅。印。

同日，又电陈"省城军都督府"说："昨于到永后，即将乘势抢劫府署在禁之卫队哨长何春芳、教习段天福及什长并土匪十三名提讯明确，立予正法，电陈在案。本日复将随同抢掳在禁之卫兵二十八名鞫讯。查有情节较重之陈海清一名，并窝留匪赃犯妇刘杨氏一名，一并正法，以伸法纪。其余卫兵二十七名，除饬由守分别轻重，另案拟办外，合肃电陈。师长根源叩。卅。印。"

31日，再次电陈说："昨在腾冲，据云龙州五井地方民人杨金呈称，去岁反正之后，有永城关庙街住之段小常，即段厨子，自称段大人，随同杜文礼率领匪徒一百余人，来至五井地方肆行抢劫，烧毁房屋，占霸该民之女为妾，不从即被该匪枪毙等语，当经电饬由守严拿管押讯办在案。昨抵永后，又据商民王炳等公呈，该匪于二月十一夜，勾结散兵匪党，在袁氏街一带纵火抢掠。该民等眼见，甘愿质证。当派员提讯该犯，均各供认不讳，即饬正法，以彰法纪。合肃电陈，并祈饬部备案。师长根源叩。卅一。印。"

又因杨毅廷（按：即杨觐东）"箴告"王太潜也参与永昌抢掠，却至今逍遥法外，再特电罗佩金、李曰垓和周钟岳，解释说：

> 月密。顷接毅廷电，有新军大队长王太潜抢掳劫夺，至今尚未惩办云云。查永昌土匪，勾结永军，联合陆军各情，迭电密陈，想已入览。榆标皆系旧军，此行始隶源部，到榆目击弊习，即议援蜀或北伐，为之消纳。后因腾、永反复，不能不借兵威。然虑榆军难恃，仅调一营同往，而钟大队甫与交绥，感情甚恶，陈松寿仅余一队，含王太潜一营别无可用。且该营目兵，十九皆系榆人，大理反正之际，各队谋抢榆关，实赖该营兵丁不允，得免于难，在榆标中最为难得矣。前初到永，黄鉴锋、李光斗、宋宝奎各军屯聚永城，设有不测，前则牵动腾军，后则截断榆援，故酌留陆军两队驻扎，并属彭蓂防维一切。拟抵禾木树即调宋宝奎抵腾，再调李光斗、黄鉴锋陆续赴腾，以备解散。不意行抵禾木树，猝闻彭蓂之变，其时惟以能安辑为幸。最初计划遂不能行，此中艰难曲折，当为诸公所鉴及。惟此次焚抢，皆源防范未周，何敢辞咎？事初电请严议，又蒙军府宽免，疚负益深。昨经亲往察勘，饬局调查造册，妥赈筹恤。至在场抢掠官兵，自不容稍事姑容，致负地方。特恐遽行发布，必至激变，愈难收拾。因拟俟退伍后，再行彻查严办，此为顾全大局，非敢置之不问，当亦为诸公所谅。近来日夜焦灼，专在于此，先后去电，推较可知。毅廷来电箴告，深感关爱。惟榆城月来，谣言蜂起，一日数惊，又当各队退伍之时，军警冲突之后，大势岌岌，省电往来，必由榆局通转，前事明白宣布，实恐风声传播，关系甚大。以后关于此事，望用密电见示，乞转达毅廷为祷。根源叩。卅一。印。[①]

4月1日，蔡锷电复李根源说："月密。卅、卅一电均悉。永昌兵匪勾结肇乱，致商民横遭焚掠之惨，深堪悯恻，自应详加查勘，分别议恤，免致灾民失所。至首乱匪犯，除已正法各名外，在逃兵匪，仍须严缉惩办。

---

① 以上四电见《西事汇略》卷二，第14—16、22、23页。

其由守所带之卫队长何春芳、教习段天福等，及自治局绅刘元魁、刘元善等，尤为罪不容诛，应即一并正法，以肃法纪，而餍人心。陈汇渊领匪劫掠，厥罪惟均，亦应缉办，免致漏网。现绅民既经恳留，自当略为整理。惟榆城会党，势颇不靖，且恐由永窜回之匪，潜相煽动，尤为可虞。务饬缪副官与方大队长等迅速赴榆，会同孙联长、秦守妥为办理，并将情形随时电陈为盼。锷。东。印。"①

2日，李根源电告"省城军都督府"，他"昨到永后，即访闻地方巡警有勾匪抢劫情事。兹派员拿获永郡巡警教练所毕业生陈廷元一名。讯据供认，纠约土匪王廷梁等，抢劫三牌坊如意祥、怡兴号两家货物，并起获赃物可证。又缉获土匪余连朝一名，供认伙同赵有礼等抢劫熊家善家，得赃物不讳，亦有赃物可凭。当即正法，以示儆惩。在逃逸匪王廷梁等仍饬严缉究办。谨请饬部备案。根源叩。冬。印。"

又电告其拟整顿永昌巡警队伍，委任正副巡警长等情事。说："巡警之设，本以诘奸禁暴，保卫治安。永昌原日巡警教练无素，劣习甚深，奸宄游惰，亦皆溷迹其间。前当永城匪乱，竟至乘机抢夺，现象至此，可为慨愤。除已将抢掳各名，拿案讯明正法外，当与由守及各绅会商整饬之法。拟将原日警长即行撤差，另拣妥员接充，将旧有巡警严行淘汰，略仿征兵法，由土著中审慎选募补足六十名，认真训练，并略授以陆军教练，庶几遇有匪警，亦可期其捍卫。兹查杨惠增堪以委任正警长，包国本堪以委任副警长。所有淘汰教练，责成该员等悉心办理。除另文呈报外，谨先电陈。师长根源叩。冬。印。"

又电告本城土匪勾结兵丁抢劫绅士财物等情。说："查永昌此次变乱，有本城之土匪袁建勋，约同黄鉴锋、宋宝奎营内兵丁李迎春、杨海山、唐松廷、李开元等抢劫绅士夏从武家。昨将该匪拿获到案，并起获赃物百余件，派员研讯，供认纠约李迎春等抢劫得赃不讳，即饬正法示儆。该犯妻马氏收存赃物，已饬监候待质，赃饬事主认领。又查李迎春等系顺宁、新兴、永北三属人，除电各该属严缉李迎春等外，谨陈。乞饬部备案。根源叩。冬。印。"②

① 曾业英编《蔡锷集》（一），第533页。
② 以上三电见《西事汇略》卷二，第22—23、19页。

同日，再次电告"省城军都督府"，说明先前命徐鸿恩率队取道顺宁回榆缘由。说："月密。徐教练鸿恩所率之七联第二大队第三、四两中队，前自永康返永（昌），正该大队第一、二两中队，由永开拔之际。恐其合并，难以防维，因饬该教练率领取道顺宁，以分其势。并饬暂驻顺城十日，俟第一、二两队到榆退伍后，再调该两中队回榆退伍。顷接张守汉皋密电称，榆军习气甚深，徐教练不能管束，请饬早日出发，以免不虞。并据徐教练电称，两队驻顺，人数太多，请电饬右队先行回榆各等语。查一、二两队到榆，已电饬孙联长速将该两队先退四分之三，计将退毕，自可令该两队全行回榆。当经电饬该教练，克日率领，由顺开回，以备退伍，而免他虞。惟兵骄难驭，至于此极，深切隐忧。惟有节节为防，期以免其横溢。谨陈。根源叩。冬。印。"①

3 日，又电请"省城军都督府"，拨款"四五万两"，以赈恤永昌事变中的灾民。说："月密。源抵永日，当经会同张提台文光亲往察勘被毁铺户，并饬自治局绅将被焚被抢户数造报去后，兹据该绅等造册由由守转呈前来。查此次变乱，损失固多，然赈恤之施，亦只能以贫困为限，况当公帑奇艰，博济尤属不易。惟念永城遭此焚抢，除殷实之户受损未巨者外，贫民流离失所，无以自存，为数亦复不少，疮痍满目，深恻上仁。拟恳筹拨赈恤银四五万两，发交官绅，调查确数，分别极贫、次贫，核实散放，以资拯济，而广仁施。可否之处，伏候衡核施行。根源叩。江。印。"

7 日，再电告"省城军都督府"，已饬"将刘元善正法"，并饬对刘元魁须"研讯确供"。说："本日拿获从匪抢劫之永昌议绅刘元魁，并其弟刘元善二名。讯据元善供认乘乱抢劫、得赃不讳，当饬将刘元善正法。刘元魁供词狡展，应饬研讯确供，再行核办，以昭信谳。师长根源叩。阳。印。"②

按：刘元魁后被判"监禁三年"。③

远在南京的段宇清闻讯此次兵变给永昌商民造成惨重损失，也急函蔡锷说：

---

① 《西事汇略》卷四，第4页。
② 以上二电见《西事汇略》卷二，第16、23—24页。
③ 《由云龙令》，《西事汇略》卷二，第23页。

都督麾下。窃查民国肇造，开幕之功，鄂湘而外，滇省最巨。将校则龙骧虎奋，军卒亦如貔如貅，是以援蜀抚黔，均不纽刃，而义声震于远近，功德在于邻封，此诚旷世未有之勋，实麾下暨幕府英睿明断之力，钦极佩极。现川黔之事已竣，外勋既立，宜廑内忧。滇南隐忧，佥云西南，南则开广两府，西则永昌、顺宁。开广民俗强悍，兼近个旧锡厂，商贾辏集，财货易通，又巡防新军数十营，兵力雄厚，即有祸患，尚可勉强支撑。西自罂粟禁种，利源已绝，鸠形鹄面，愚氓可矜，草窃萑苻，到处抢劫，片马交涉未结，外患时虞。合大理、丽江、永昌、顺宁四府之地，斜长不下二千里，处处与西藏、英缅接通，约计新军防勇不到十三营，防广兵单，更兼土司生心，藩篱莫恃，一旦祸生，真如地雷埋布，爆裂无遗，思之可为寒心，言之不觉粟然危惧。宇清永昌人，谨将永昌之被害不能不急求维持者，为我都督陈之。永昌自东汉立郡以来，声名人物，久光志乘。蜀汉雍闿附吴，郡人吕凯，檄谕敦勉，义正词严，孤城自守，卒使孟获不能得志。诸葛尝称之曰不图永昌风俗，敦厚如此。六朝唐宋，陷没南蛮。有明一代，文教勃兴，衣冠礼乐，等埒中土。永明离永，民间多痛苦相从。咸同杜乱全城，有阖门殉节。盖种族念深，自昔皆然。去岁彭、钱师下，士绅则牛酒郊劳，百姓亦欢呼雷应，遂使八百里严疆，旬日尽有。二万家图籍，掌握全收，其赞成我民国为何如也。至东下之师，不免与榆军稍有抵牾，溯厥原由，乃蒋树本包藏祸心，陈云龙不知将略，几致推刃兄弟，同室操戈。但省垣军府之电命一下，同乡泣告之书迭贲[赍]，李师长西巡队出，而全郡代表竭诚欢迎，其想望共和、恭顺恪敬又何如也。近接省永公函云，去年腊月二十三晚（按：应为腊月二十五日），腾越散兵，连结新军，开城掳掠，烧去民房二百九十余间，阖城除贫困之户，无不抢掠罄尽，五十年休养培植，将断送于兹。市场尽为瓦砾，殷富顿为饿莩。西望乡邦，血泪俱枯，固知伐罪吊民，政府自有权衡，然而清等难安缄默者，永严邑也，腾越与英通商，滇西门户，即在永昌。其地点之价值，当不与寻常疆场全其宝贵，顾欲保土地，宜必保此土地之人民。保人民之道惟何？一曰施抚恤以定人心。共和政治，最重人道，一夫不获，国家即负其责。北京、天津之乱，江苏、汉口之乱，及南京、赣省之乱，商民邀求，政府均认赔偿损失。永昌之被抢焚，惨状虽不及京津汉阳之巨，而较苏赣则为过之，宜急认真调查，酌予赔偿，庶与内省之民事成一律，同受共和普及之实惠，此急当务者一。一曰兴教育以培元气。永昌前设中学堂、师范学堂，培养人才，合腾、龙、永、保、康五属之力，始成此学堂。兹腾冲设府，镇康无官，二处与永已断绝关系，仅余凋敝残破之永昌，与夙称贫瘠固儌［塞］之永平、龙陵，竭三属之力，万不能成立各学校。宜由军府速筹补助，开办学校，以挽游移之人心，而培斯文之元气，此急当务者二。一曰设银行官钱局，以整理商务。永昌自烟禁厉悬后，商业一落千丈，地方所出，仅有土布粗纱，然布则永棉稀少，全靠洋纱，兵火余生，无多桑种，光绪三年以后，市廛银根紧贵，即称银荒时代，历年交易，多用制钱。兹经大劫，各家皆箧匮梭逼，不唯银不能有，即钱亦恐无，若不速设银行官钱局，以振兴市场，整理商务，恐贫极思乱，不待伏莽丛生，外患迫入，地方不成为地方。永昌有事，迤西动摇，即省城亦难安枕卧矣，此急当务者三。一曰开矿厂，炼铜质，以兴鼓铸。永昌矿质，五金皆有，而沙河红铜尤冠全滇，特限于财力不充，又距省途远，逊清时代，矿政敝坏，交铜领价，非贿不收，以致商人裹足，厂务难兴，弃财于地，诚为可惜。永距省二十余站，生铜解运，诚不合算。查沙河之铜，天然红赤，以铸铜元，较日本铜片尤佳，在永鼓铸，分布各属，公家亦有利。宜永铜可以扩充。其次金银各厂，再请矿学专家研究集股采办，立可转穷为富，公私两有裨益，此急当务者四。一曰缓钱粮，除烦苛，以苏困阨。钱粮为输入正供，本不宜轻于豁免，但取民之财必视民力能胜。夫民之有财，喻羊之有毛，毛本可以剪取，但毛未养而即剃之，与年数剪而净去之，其羊未有不冻冷而死者。逊清时代，各省水旱灾祲，一经入告，无不蠲免。民国共和初立，四海皆如兄弟，五族一视同仁，军府诸贤多起自民间，尤知百姓痛苦，谅不忍竭泽而复为敲比追呼之计。又滇省厘金杂捐名目不一，病商病民，所收者微，为害者大。现中央政府议行统一税法，此项弊政不日扫除，当仁不让，我军府何惜捐此微利以翕舆情，此急当务者五。一曰扩充警察，以保治安。各处反正后，土地虽称无恙，而秩序岂能无紊，况当法律未颁，人民之程度不齐。弱者诿缩，强者武断，鼓磋鱼肉之风难免，乡曲之沉郁莫问，即边氓之屈直弗知。果能扩充，改良得法，以滇人而治滇警务，不唯人地娴熟，侦察有效，而且烟尸［户］调查，较为省便，奸宄之潜伏莫遁，痞棍之狡黠易锄。扶善安良，禁暴惩奸，最为上策，此急当务者六。一曰广募乡勇，以厚兵力。永昌三面临边，外患之来，已临卧榻。土司之祸，近在萧墙，郡城孤悬天末，一旦变生不测，坐守孤城，如吴明彻卷土堰堤之来援，既恐缓不济急。倘若贺兰进明之不救，势必困毙睢阳。西陲重镇，严扃锁钥，乃固金汤。乌合之众既不可恃，征兵之制又难遽行，唯有用釜底抽薪之计，于龙永各管出一名，即招补乡勇一名，营军开除名粮及散遣他处者，亦招乡勇补之。三年之内，外来之勇，必尽换成乡兵，庶可收指臂捍卫之助，此急当务者七。清京华远滞，南斗遥瞻，听鼓鼙之声喧，心惊战伐，望音书之断绝，目极河山。愿尽一得愚忱，为我九隆同胞请命，虔修寸楮，尚乞都督俯赐衡夺，批示遵行。①

中旬，又致函李根源，除报告全国有关政情，以及推荐若干人选外，还请其"与都督荩划统筹"，抚恤永昌受兵变损害的商民。说：

别来已逾五月，渴想时殷。阅省抄及接南来音信，知旌节尚在腾冲。国事焦劳，不遑宁处，可钦可佩。现临时政府虽设北京，统一稍有基础，外国尚未承认，财政竭蹶，南北同符。北方都督，总统命委，人民多闻反对，政府无统一之权，省界有割裂之患，欲统一难。陆军总长既设北京，黄克强又称南京留守，诸将则拥兵自来。柏（按：指柏文蔚）某欲平上海（柏某近函沪上商团，欲带兵平上海，不知何意），徐（按：似指徐绍桢）某阳辞都督，手握强兵三万，尚闻招军买械，若此之类，不堪枚举。欲散军难，汉口全毁，北京天津烧杀掠掳，损失六七千万，而苏州南京淮徐赣州祸乱接踵，流离满野，饿殍盈途。欲抚民难，银根紧贵，纸票充斥，月饷军需之费，炮火子弹之资，百姓竭脂膏支应，官府如泥沙是挥，欲兴商务难，败象已现。所冀起义诸公破除意见，巩固共和，则自由之花，庶可茂见于神农大陆间也。永昌客岁腊月廿三日之变，惨状实不忍言。查津京宁汉苏赣乱

---

① 《致云南军政府书》，《永昌府文征·文录》卷二十三，第14—15页。

兵，焚劫商民，报告损失，求政府抚恤，总统留守，均允赔偿。固知帑库匮虚，不过空文。惟命令公布，想不致全属子虚。我公热心桑梓，睹此残黎，应饬地方认真调查极恤。虽涓滴之水，不能普惠涸鱼，而细草逢春，未始不有生机可望。恳我公与都督芟划统筹，俾九隆父老，不致失所，未始非我公盛德赐也。抑又闻之，辅世长民莫如德，老成硕彦经验实多。公为腾永杰出，左右更不可无人，赵月村先生敦请出山，足见我公虚怀。今吾乡尚有老成，其文章经济与洞达边情，有与月村先生相伯仲者。首则称吴绍春先生，次则有吴子和先生。兹羁留上海，吾滇正在需才，何妨电请回滇，共襄新政。又吴子和先生，与杨士骧系属姻亲，杨又与袁总统原儿女姻谊，若能挽请子和回滇，则吾滇诸事与中央政府自易灵通。如鄙言可采，请与都督府详细确商电致二吴。弟实为人才起见，非有阿私援引其间也。再同乡李春曦，字竹樵，精明廉干，勤慎耐劳，今由浙回滇，命其面谒麾下。如蒙录用，必不致有负委任。弟阳历四月十一由宁到申，因买轮延搁，本日始乃上船，约月之念七可抵北京。以后情形，再函肃陈。①

12 日

▲蔡锷电陈孙中山、王宠惠，滇与蒙自"谭税司"达成"将正、分各关收款均暂存本关，两不提用，以示诚（信）"协议，"并非挪欲他用"。说："各关税款，总税司拟汇存汇丰银行（抵）偿外债。窃各国外债，民国虽担任按期允还，然欲履行债务，必各国承认民国，正式表示或正式交涉，而后条约有继续之效力。今各国既未正式承认，亦未正式交涉，债务名义尚未确定，我民国尚无（履）行义务之责，即不能提存我税款。滇收数虽微，事关全体，且系主权，未敢稍让。现与蒙关谭税司极力抗争，已允将正、分各关收款均暂存本关，两不提用，以示诚（信），并非挪欲他用。俟我国大定，全体如何，滇再照办。抑另有妥善划一办法，祈示遵。滇军都督锷。十二号。"

又电复王宠惠，蒙自德商遭"土匪抢劫"，"议赔不日当可完结"。说：

---

① 《寄李印泉师长函》（1912 年 4 月中旬），《永昌府文征·文录》卷二十三，第 15 页。

"卅一电真悉。蒙自系土匪抢劫，德商斯波顿曾有损失，现该商回蒙，正饬关道调查确数议赔，不日当可完结。至旅滇外人生命财产，数月以来，已竭力保护安全。英法领事咸谓滇地宁谧，均各挈眷来居，堪以奉慰，请转前途。斯波顿案议赔款若干，俟关道报到，再行电达。蔡锷叩。文。"①

▲9日，北伐司令官唐继尧急电告知蔡锷，拟派兵往剿平彝巨匪龙长毛。说："本军行抵平彝，据陈令铸禀，该属乃外地方，距城一百二十里，巨匪龙长毛聚众千人，有快枪百余枝，延逃兵教练。该匪等亦谙操法，官绅无敢过问，民不堪扰等因。当派兵六十名，乘马兼程往剿。该匪住处，石墙厚三尺，坚固异常，胆敢拒捕。韩联长续带兵数十名前往，计本日当可擒渠除患。又庾联长出发在前，计抵杨松，已专人将改道详情函告，并闻。北伐司令官继尧叩。佳。印。"②

12日，蔡锷电复唐继尧说："佳电悉。乃外匪首龙长毛为害地方，前经陈令迭经派兵缉拿。此次大兵经过，自应严行搜捕，歼渠解胁，为民除害。近日想已就擒惩办矣。都督锷。文。印。"③

▲10日，李鸿祥"万急""火急"电蔡锷，请速饬北伐滇军增援资州。说："成都军政府任信谗言，不听交涉，妄兴无名之师，发兵数万，向我军前进，已于自流井以北之界牌，突然攻击。此系衅自彼开，我军不能不为正当之防御。请速饬北伐滇军，出仁怀或綦江、江津，向资州增援。并请电告中央政府及各省军府。风闻此次衅端，系张鹏［蓬］山、曲［刘］存厚鼓惑所致，并有张鹏［蓬］山弁兵来资州之说。余事如何，再报。鸿叩。蒸。印。"④

12日，蔡锷"万急"电复李鸿祥说："东密。蒸电悉。北伐军已饬令改道入蜀。惟近日陕、皖两省连电告急，势甚可危。我军急宜准备北伐。蜀军开衅，可敛兵不动，与之和平交涉，勿轻启内哄［讧］，致碍大局。锷。文。印。"

又电泸州速转成都军政府，望释嫌疑，共维大局。说："滇军援蜀，本属仗义兴师。嗣闻蜀军颇怀疑虑，迭经电陈宗旨，未审得达否？又饬滇军

---

① 以上二电见《南京临时政府遗存珍档》（二），第590—591、588页。
② 《云南辛亥革命资料》，第243页。
③ 曾业英编《蔡锷集》（一），第449页。
④ 《云南辛亥革命资料》，第370页。

协商贵军速清内患，联军北伐，滇军复电皆甚乐从。顷接泸州来电，称成都发兵数万，在自流井以北攻击我军云云。现陕、皖告急，敌势方张，正应戮力同心，歼除鞑虏。滇、蜀谊系唇齿，宁可反操同室之戈？万望释此嫌疑，共维大局。滇军早已饬令顺江东下，出襄阳截敌攻鄂攻秦、晋之后路。并闻。滇督锷。侵。印。"①

▲6日，赵藩、李根源电告"省城军都督府"，拟统一腾冲各行政机构，"以符通案"。说："腾军起事之初，旧日行政官吏仓皇出走，无一存者，因之分设财政、公款公捐等局，审判一厅，自属权宜之计。现在军事已平，政治亟宜统一。新任腾冲府厘金杨委员均已到任到差，自应裁并划分，以符通案。当与张协都督会同商明，将财政所管各款，属于税关款项者，仍归关道管理，属于粮税厘金由绅监督，由印官委员征收管理公产一项，如关于行政经费，向归官收者仍归官收，如关于地方公益应归自治局者由自治局接管。公捐已会衔出示，一律停止。昨经电陈，应即将该局取销。审判未能独立，亦应同时裁撤。除分饬将款项数目词讼卷宗妥为清厘交代，并另文呈咨外，合先电陈。藩、根源谨叩。麻。印。"

9日，李根源再电"省城军都督府"说：

> 腾中百端待理，军事尤亟。前将国民军裁并，照旧复为七营，并保卫队一营。昨夜撤销第一、第二两标本部，遣散国民军刘品三之第十五营，收军械，给差盘，勒令出境回籍，幸获无事。近一二日中，始有余力，渐及民事。查腾城为交通商场，因商情涣散、隔膜，不能谋竞争而占优胜，爰饬腾冲府并传商界领袖，谕令迅速组织商务分会，以冀维持。当经商界公同承认，议决推举办事各员。源、藩复加查核，酌委张映芳为分会总董，蔡盛昌为参议长，李本裕、金殿书、许佩、王百川、明瑞元、董友兰、萧富增、董朝富、张显然、王朝绅为参议员，令其妥筹款项，会订简章，克日成立。腾属地方，无论城保之繁，边地之广，即腹地各练，亦多汉夷杂处，时虞扰害。原设巡警八十名，不敷分布。爰饬府会商自治公所，详细筹划，推广旧额，设立巡警二百名。以八十名派驻府城内外，以一百二十名分布各练乡镇，经费就

① 以上二电见曾业英编《蔡锷集》（一），第451、450页。

地添筹，采诸公议。酌委解敦临为正警察长，张华亭为副警察长，会同筹商，克日开办。此外，自治学务会委曹琨为自治公所正议长，寸开泰为副议长，曹之骐为高等小学校校长，刘楚湘为城保两等小学校校长。既已任人事，斯可举商会、警察成立日期。办理情节，俟报到另文呈咨。根源自永到腾，夜以继日，五官并用，困惫已极。昨晨以来，呕血不止，只期尽一分心，办一分事，以求上可对钧府，下可对乡人而已。知劳廑念，并陈。根源谨叩。青。印。

12日，蔡锷电复赵藩、李根源，表示所拟"办法甚善"。说："赵橚老、李师长鉴。麻、青各电均悉。财政事项，分别管理，裁撤审判一厅、公捐两局，并出示停止公捐，办法甚善。开支各款，俟文折报到，再行饬部核销。商会、巡警、学务、自治各内政，切要之图，惟巡警可设百名。此外，由商会组织商团，以辅兵警之不足，较为妥善。两公国事贤劳，心力交瘁，实深悬念，切望珍摄。所委商董等各员，候行部备案。锷。文。印。"①

▲蔡锷电询黎元洪此次段祺瑞忽然通款，"有无别谋"，说："最急。武昌黎副总统鉴。和密。先电悉。段祺瑞率军北上，促进共和，大局可望早定，甚为欣幸。惟闻段夙无种族思想，而与袁世凯关系甚深。此次忽然通款，自当推诚相与。然究竟有无别谋，亦宜密为筹备，免堕奸计，而误事机。锷。侵。印。"

又电请南京司法部吕志伊，代北伐滇军陈请中央给予军械"赞助"，并请其"设法扣留"干崖土司刀安仁。说："莘密。艳电文悉。参议员前经推举执事及张耀曾、杨觐东，嗣闻执事已任法部，另由临时议会推席聘臣。既而杨觐东到，辞参议职，复另推顾视高。早经派定，分别电达。尊电到滇甚迟，所拟各员未便再派。滇军北伐，原拟取道黔中，因接陕电告急，遂令改道入川。合援蜀军约一镇人，拟顺江东下，出襄阳，截敌攻鄂、攻秦晋之后路。此次所派之兵，训练有年，又经战阵，器械精良，将校学术经验俱有特长，决操胜算。惟炮弹枪弹道远不便输送，特派员赴沪、鄂，筹备接济事宜。请代陈中央竭力赞助，至为盼祷。干崖土司刀安仁夜郎自大，

---

① 以上三电见《西事汇略》卷一，第44—47页。

几启衅端，迭据腾越李印泉、海防张堂之函电揭其罪状。前到省要求封爵，未惬其望，业已赴宁。近得其文告，有'合夷灭汉'语，殊属狂悖。将来放归土舍，实为养虎贻祸，应请设法扣留。余函详。锷。文。印。"①

13 日

▲1 日，李鸿祥电请蔡锷速示应派何人及如何与胡景伊磋商北伐事。说："东密。雅州近况，未得确耗。惟闻傅华嵩已被擒斩（按：实际是 1 月 10 日被俘），成渝已定约统一，尤［犹］未实行。渝与我缔约，已双方许可，蜀军足镇，实欺人语。虽有同志军二万余，均系乌合，械窳弹乏，不足惧也。昨胡文澜到泸会商北伐兵［事］，其意欲我速出川境。鸿以须先撤嘉川兵前并实行统一后，再来资或井会商。北伐饷项，由川承担。胡君概诺，刻已赴□［蓉］。但会商此事，应派何人及如何磋商，一切祈速电示。鸿叩。先。印。"②

7 日，又电蔡锷说："东密。联长子贞，皓（按：此为阴历皓日，阳历即为 2 月 6 日）日抵泸，现已到差。昨接斐章报称，资州、荣县一带，成都兵络绎不绝，以欢迎滇军为名，实则欲雄全力以威逼我军退让，否则以兵相见，四旗大书'七千万同胞代表尹'等字。鸿已准备一切，倘衅由彼开，拟即加兵痛剿，直卷成都。同志军虽众，不足惧也。鸿二十日（按：指 2 月 7 日）与谢幼臣同往富井访查，及会商北伐事件。匪情如何，再报。鸿叩。哿。印。"③

12 日，又电告殷承瓛、唐继尧、李伯东、沈汪度、韩建铎、刘存厚、庾思旸，"拟联络黔蜀，会师北伐"。说："军事旁午，恕未修□［函］。沿途情形，谅邀洞鉴。刻泸、永僭号已削，成、渝已定约统一，全军一律反正。然伏莽甚众，非一时所能肃清。此等细事，付之地方办事可也。兹拟联络黔蜀，会师北伐，黔蜀出秦晋，滇出襄阳，粮饷虽就地可筹，而弹药无由补充。请设法仍由滇运经叙、宜，水道输送，接济较为便，如何望速

---

① 以上二电见曾业英编《蔡锷集》（一），第 447、446 页。

② 《云南辛亥革命资料》，第 354 页。

③ 《云南辛亥革命资料》，第 376 页。此电原署"哿"电，因此《云南辛亥革命资料》系为 1912 年 2 月 20 日。但从以下蔡锷复电可知，此电显然发在蔡复电之前，而且"哿"日实际是阴历的日子。

复。鸿。文。印。"①

13 日，蔡锷电复泸州李鸿祥，"我军宜急图北伐，川事以和平了结为宜"。说："先、文、哿、歌四电悉。近日连接皖、陕两省来电告急，势甚可危，我军宜急图北伐，川事以和平了结为宜。若衅自彼开，则战非得已，务望团聚，以厚兵力，严为防御，相机进行。北伐军原拟取道湘、黔，现已饬令改道入蜀，互相策应。仍须及早收束，顺流东下，出襄阳，截敌攻鄂、攻秦晋之后路。饷项既由蜀担任，可以稍纾滇力，弹药自应由滇补充。惟道远输送不便，现拟派姜梅龄赴沪、鄂，筹备接济事宜。前接渝电，云滇、黔、蜀代表公推渝都督张培爵为北伐联军总司令，此事无妨认可，将来滇、蜀分道进兵，无虞牵制也。韩建铎已派令赴宁到陆军部，北伐滇军拟以唐继尧为司令官，希将以上各情转达韩、谢、张（按：韩建铎、谢汝翼、张子贞）诸君。锷。元。印。"②

▲9 日，张子贞电告蔡锷，拟与成都军"大搏一战，直取成都"。说："东密。贞已抵泸。黔边永宁一带，民颇欢迎。惟土匪较炽，内容糜烂不堪。永宁盐局存盐十一万八千两，联长交涉允解七万抵纳溪，奉旅长咨令转解叙府。成都一方面对付我军，感情甚恶。目下接韩师长命令，川军由陈家城连发，不听交涉，已夺界牌开战。李旅长同谢梯团长，曾往富顺亲察一切。驻泸部队，顷将集合，拟大搏一战，直取成都。石纵所需子弹，曾否派员运来，不胜盼望之至。贞叩。青。印。"③

13 日，蔡锷电复张子贞，"我军宜以北伐为急，川事可了则了"。说："青电悉。陕、皖势危，我军宜以北伐为急，川事可了则了，已详旅长电。若衅由彼开，战非得已，但须团集兵力，勿令势分力薄，是为至要。所需子弹，已派何鹏翔运解，日内可抵永宁。锷。元。印。"④

又电请张培爵、夏之时，将滇军推张培爵为北代联军总司，拟出襄阳攻敌后路计划转达成都。说："近接陕、皖连电告急，势甚可危。敝处已饬北伐军趱程前进，合援蜀军与川、黔会师北伐，即推张都督为联军总司令。滇军兵经久练，器械亦精，陷阵摧坚，尚有把握，拟令出襄阳，以截敌攻

① 《云南辛亥革命资料》，第 372 页。
② 曾业英编《蔡锷集》（一），第 453 页。
③ 《云南辛亥革命资料》，第 367 页。
④ 曾业英编《蔡锷集》（一），第 451 页。

鄂、攻秦晋之后路。接尊处径电，计划大略相同。惟闻成都派兵，欲与滇军开衅，诧异殊深。现在北虏未平，大局未定，正宜同仇敌忾，岂可同室操戈。已饬滇军和平办理，亟图北伐。请将鄙意转达成军为感。锷叩。元。印。"

15 日，又电请张培爵劝令成都"共维大局"。说："庚电悉。连接秦、皖急电，敌氛甚恶，非及早挫其南下，大局可危。元日电商贵都督联军北伐，蜀军出汉中援陕，滇军出襄阳，以截敌攻秦之后路各情，计达台览。敝军各将领已电令协商贵军，克期出发矣。闻成都发兵有与滇军开衅之说，万一滇军为防御计，致启兵端，既负援蜀初心，又为北伐障碍，请贵都督劝令释此疑团，共维大局。滇都督锷叩。删。印。"①

▲11 日，李根源电请"省城军都督府"，"开示"南北议和内情。说：

清使议和，事关大计，囿于边隅，近情难悉。惟据粤报，粗得梗概，又皆一月前事。顷得仰光华侨来电甚略，第云和议将成，条件如何，亦不之悉，深切悬蔽。和议得失利害，国中人士言之已详。即南北反正各省，莫不主战，无一以和为可恃，尤可觇国民敌忾之心。自源言之，今日之事，两言而决耳。其能去虚位归大柄，以与我共戴共和者，余不难议，非此别无可议。国民会议，其事尤悖，今日之革命，国民革命，非一二人之革命也。义声一唱，薄海响应，不征之事实，而征之言论乎？彼族计无所之，妄冀加入满蒙，行其蛊惑。不知平等对待，在我特尊重人道，不较民族优劣耳。就令行其狡谋，能以少数限多数乎？分地而治，能自存乎？坏我国防，能坐视乎？此又无待再计者也。属缓师期有百害而无一利，即谓因而用之，不过利兵力之集中，而老师糜饷，隳我民气，使彼得从容为备，固已不胜其害矣。又况争会地，诬签约，反复难信，更无与议之价值耶。源所知未审，所见未必有当，然其愚心则第知有铁血，而不知有口舌。统一之与共和，吾族之死生以之，有渝此者，当不容有立谈之地。且彼之违约屡矣，声罪致讨，与谢外人，不患无辞，径当誓师薄伐，直捣卢龙，扫穴犁庭，然后为最后之解决。源牵率在此，一切不得与闻，北望中原，肝

① 以上二电见曾业英编《蔡锷集》（一），第 452、457 页。

胆溃溢，憾懑所及，不知所裁。然大局久而不定，滇事何以支柱，讦谟定命，尚恳开示，至盼。根源叩。真。印。"①

13 日，蔡锷电复腾越李根源说："真电悉。清内阁派唐使（按：唐绍仪）到沪议和，民军以战事延长，终伤元气，如果溥仪退位，赞成共和，自可和平了结。提议各条，以清帝退位后之待遇、清室之年金等为重，民军皆承认优待。乃清廷忽主张民主君主问题，取决国民会议。又有清帝退位，临时政府亦同时取销之说，此则民军所万难从者，故其余条件均未议及。现在和议决裂，战事已开，我军在固镇颇获胜利（按：指 1 月 27 日北伐民军光复安徽固镇）。惟虏势尚张，皖之颍、寿、三河，陕之灵、阌、潼关皆入敌手。迭接飞电告急，滇北伐队已饬令改道入蜀，并拟趋临、蒙、开、广，国民军八营继发，合援蜀军，顺流东下，出荆、襄，以截敌攻鄂攻秦之后路。川军亦拟出汉中援西安，已有成议。近接鄂电，段祺瑞通款，拟率兵北上，促进共和。果尔，则大局可望早定。但未识段究可靠否？虏族反对共和，以铁良、良弼等为最。良弼现被炸伤足，袁世凯前亦被炸，未受伤，内部闻颇轧轹。要之，虏廷断无幸存之理，惟苟延一日，则多一日战祸，外族因而生心。近时俄以独立煽蒙，英亦添兵入藏，皆关系大局，为可虑耳。此闻，余续电告。锷。元。印。"②

19 日，李根源电请"省城军都督府""随时开示"和议成立后，北伐滇军的善后之策。说："月密。昨接罗总长、李次长密电，知和议有成，北伐军停止前进，代黔平乱，援蜀军拟驻叙、泸，经营西藏。窃谓今日之兵，不患在少而患在多，不患在怯而患在骄，兵多而骄，聚于一隅无所用之，将纪律无所施，而控御穷于术。源承乏师中，深睹其害，时凛厝火积薪之喻，实切绸缪未雨之忧。此次北伐军队，既各挟蹈厉之气，又未睹暴露之劳，气矜之隆，虑不能免。果能留黔为之弭盗，力有所注，势可稍纾。然黔地瘠贫，难供匮乏，转饷不便，久成实难。将来全军旋滇，安置之策，务宜预图。援蜀军经营藏卫，规划最为闳远，然必蜀中兵力、财力足以共济，或蜀人任转输，滇军任开拓，此议庶可实行。否则，因粮于藏，殊非

---

① 《西事汇略》卷十，第 2—3 页。
② 曾业英编《蔡锷集》（一），第 447—448 页。又见《西事汇略》卷十，第 3 页。该书作"元"电。

万全。倘蜀中内力不充，或怀偏见，终难相与有成。久驻叙、泸，益恐妄生猜议，此军人势尤众，消纳尤难。根源之愚，所为鳃鳃过虑者也。榆军骄纵已深，裁制匪易，兹以腾、永之事，分其势而辑其心，然分驻腾、永之军，防范抑制，深费心力，始得相安于外，戡服于内。腾事大定，即须首谋区处。源蒙委任，要当勉力图维，借纾西顾，管见所及，谨以上陈。关于黔蜀两军荄筹如何，伏冀随时开示，以释悬蔽。根源叩。效。印。"①

▲赵藩、李根源电陈"省城军都督府"，已就地正法抢劫腾越道署的匪首沈国祥。说："前此腾军起事，土匪乘机抢劫。藩、源到腾，密查抢劫道署者实沈国祥为首。当即设法踩拿，本日就获，讯供不讳。除饬就地正法，以昭炯戒外，乞赐查核饬部备案。藩、根源谨叩。元。印。"

15 日，又电陈说："查前腾越厅差役徐福昌，平日磕诈乡民，无恶不作。藩、源到腾，当据城乡绅民控告该役勒索旧案，至十三起之多。兹已缉获正法，以昭儆戒，而快人心。合肃电陈饬部备案。藩、根源叩。删。印。"

3 月 25 日，再次电陈说："昨据由守拿获著名会匪，绰号'半架牛'杨悦清，即杨果元一名，解送来辕。讯据该犯供认于去岁反正后，纠约匪党袁挖起、张喜培、杨朝颜等四百余人，在河上村私立云寿公山堂，敛派得钱三百余千文，并私置军械各等情不讳。饬即正法，以昭炯戒。在逃逸匪，仍饬严缉，务获究办。协从入会者，勒令一律解散。谨陈，祈饬部备案。师长根源叩。有。印。"

4 月 1 日，又电陈说："腾冲恶差赵洪，平日遇案磕索，控案累累。土匪番钟锦、陈长有，素行不法，私结党会。源在腾时，即饬黄守密拿正法。该犯等闻风逃匿。顷接黄守东电禀称，前奉钧谕，饬拿获立予正法之恶差赵洪一名，土匪番钟锦、陈长有二名，现均拿获，已于本日一并正法。理合电陈，乞赐查核电部备案等语。乞饬部备案。师长根源叩。东。印。"

2 日，又电陈说："据腾越李镇、黄守全电称，干崖土目刀管准，穷凶极恶，前刘管奉令密拿，立予正法。近来腾商张自春被杀，营兵李有才被戕，均系该犯所为。叠据交涉弹压委员刘管带等纷纷呈报，均由泳、谦分别饬令，会同密拿，获日遵照钧令，就地正法。嗣刘管百般设法，邀同土

① 《西事汇略》卷十，第3—4页。

司，只身亲往该寨。该犯坦然出迎，刘管伏于道侧，连发手枪毙之。援者既往枭首解腾，验明属实。该犯之罪，迥异寻常，已饬解回弄璋，示众三日，以快人心。合电请查核，转电备案等语。查刀管准乃刀安仁之飞廉、恶来，素行种种不法。此次反正，该犯率党焚抢蛮允、弄璋等处，几启边患。源前在腾，屡派员弁，密拿未获。兹刘管品三不避危险，亲身前往，设计将该犯枪毙，办事得力，殊堪嘉尚。除电饬将该管记大功二次，并赏银二十两以示鼓励外，谨陈乞饬部备案。根源叩。冬。印。"①

14 日

▲5 日，韩建铎电告"滇都督府"，川、滇感情日恶的四大原因，并建议"以会师北伐为急，万不可操同室之戈"。说："叙府一电，计已达览。川、滇感情日益恶劣，究厥因原，一为蜀已反正，滇军仍据其命脉地；一为同志会虽良莠不齐，剿办与否，应由川省请求，遽与剿办，致嫌越俎；一为假同志会虽云可剿，而建设行政，自应仍归川省，不宜由滇军檄委官吏；一为假同志会溃散后，即遍布流言，谓滇军实行侵略，致成都督政府仇视滇军。刘参谋行抵资州，拒而不纳，弁护缴械，始获入城。嗣与尹硕权用电交涉，方允其带队入省。计带去步二队、马十骑、机关枪二挺，铎行抵□，陈官醒、郭预二巡按，已先在彼，当属郭、陈先赴成都，会同刘参谋宣布援川宗旨，总期和平解决。盖大局未定，宜以会师北伐为急，万不可操同室之戈也。铎现驻自流井，听候交涉。其所结条约，俟开议即电请核示，如以为可，并请电饬遵照实行，俾免生枝节，是否，乞复。且所至川境各地，尚无糜烂情形，不过，富室多被假同志会扰耳，并闻。铎叩。微。印。"②

14 日，蔡锷电复韩建铎，称其言"甚是"，也指出对成都"开衅"之军"亟宜团聚兵力，严为防备"。说："列密。微电悉。所云蜀省疑忌原因甚是。近接秦、皖连电告急，自应以急图北伐为宜。惟闻成都不听交涉，发兵数万至自流井以北界牌，势将开衅，我军亟宜团聚兵力，严为防备。一面仍遣员与之和平办理，勿轻启内哄，致碍大局。前因陆军部调员赞助，

---

① 以上各电见《西事汇略》卷六，第64—66 页。
② 《云南辛亥革命资料》，第361 页。

特电商执事赴宁，计已达览，并希电复。锷。盐。印。"①

16 日，韩建铎电复"云南军都督府"，请另举贤员赴宁，"否则自应勉如尊命"。说："列密。阳电敬悉。满政府一日不倒，目前甚急，务应以北伐为亟。铎虽不敏，顾效□［命］疆场，直捣巢穴。赴宁之役［命］，应请由省另举贤员，俯如鄙愿，否则自应勉如尊命。幼澄才长心细，谙练老成，反正以来，勋劳日著，询［洵］为上梯团长之冠。铎差即请以幼澄暂任，一梯团以黄毓成接任，递遗以顾品珍接充。胡文澜日昨抵井，晤谈极畅。滇川问题，行将解决，一俟议结，铎即当奉告，并随北伐队同行。是否，乞速复。铎叩。（十六）。印。"②

27 日，蔡锷电复韩建铎说："十六日电悉。和议已成，当可无须战事。惟川事已和平解决，滇军可备卫戍中央之用，刻已电商陆军部黄总长，请执事仍充第一师师长，率师东下，以为赴宁地步。锷。感。印。"③

3 月 7 日，韩建铎再次电复蔡锷说："列密。铎初五日抵渝，盐已由张联长觅商转售。阅南京通告电，北京危急，请各省派兵速援，想尊处已有确闻。又奉感电，饬率队赴江宁，充中央卫戍之用。铎现已促成都政府照约纳款，先急北京之危，后应江宁之命。师长一席，仍请参委贤员为盼。铎叩。阳。印。"④

▲蔡锷电复南北军界统一会暨各省都督，推举黎元洪为临时会长，必能融和南北意见。说："漾电敬悉。鄙见武昌为南北中枢，黎副总统为通南北军情，以谋统一兵队，其苦心赤诚，早为全国所公认。武昌并推黎公为临时会长，必能融和南北意见，裨益军界前途。是否有当？仍希公裁。滇军都督蔡锷叩。寒。"⑤

15 日

▲英国驻成都总领事务谨顺函告朱尔典成都四川军政府与滇军谈判达成协议情况，说："本月 15 日傍晚，成都军政府收到他们派遣与滇军首领

---

① 曾业英编《蔡锷集》（一），第 455—456 页。
② 《云南辛亥革命资料》，第 383—384 页。此电原以"□"代日，现据以下蔡锷复电知发于 16 日。
③ 曾业英编《蔡锷集》（一），第 474 页。
④ 《云南辛亥革命资料》，第 392 页。
⑤ 曾业英编《蔡锷集》（一），第 456 页。

进行商谈的代表胡景伊等自资州发出的一份电报。该电已于昨日发表，大意如下：'我们到达自流井之后，同滇军司令韩建铎、两个梯团长谢汝翼和李鸿祥、独立团长黄毓成等举行了几次会谈。今天，2月16日，签订了一项协定。滇军将于2月22日撤出自流井和贡井，于2月27日撤出犍为盐井工程。他们将同驻叙府、泸州及其他地方的部队一起东下，经襄阳前进，进行北伐。早些时候由刘启智（按：译者注明是译音，实际是指刘存厚）率领派往成都的步兵队应立即开往泸州。请要求刘启智携带他所有的装备，以免稽延。我们明天开始驰赴成都，作详细汇报。'"①

▲报载蔡锷为应对财政困境，令财政司筹设富滇银行。说："滇省比年经济恐慌，市面银根时形紧迫，反正后虽龙元纸币照旧行用，而市面经济如故，且以军用浩繁，益形不支。前经临时议会议决，仿外省发行军用票办法，设立富滇银行，发行有限之军用纸币，与现所用纸币信用相同。现闻已筹足储款，制出纸币，现银一百万元，预备五十万元，存储于财政司，即由司委黄彩九为总理，解幼山为协理，朵颐斋为经理，旧腊二十八日（2月15日）已可开办矣。"②

又载蔡锷"拟发行军用纸币"。说："云南地处极边，素称贫瘠。自反正后，街市愈形冷淡，经济尤觉恐慌。虽纸币尚用从前大清银行旧行者，然金融界总不活动。蔡都督深以为虑，拟发行军用纸币，以为辅助，饬由临时议会议决。现已筹定基本金一百万元，于滇设一富滇银行，旧行纸币照常流通，定于日内开办云。"③

▲1日，盐政总理张謇电请外交部饬光复各省"千万不可擅行挪用"所收盐税，以免引起外交困难。说："外交部鉴：大咨敬悉。各国干涉盐政，关系甚大。各省盐课盐厘盐捐加价复价等岁入约共五千余万两，中间抵偿赔款者已居多，料现因军用浩繁，各省往往一概挪用，以致惹起外交问题。除由敝处电咨湘鄂赣皖四省都督请其注意，勿擅动指抵洋债之款项外，似应再由大部会同财政部通电已光复各省，查明各该省所收盐税已经指抵洋债者共有若干，并饬千万不可擅行挪用，以免起外交困难问题。是否有当，

①　《总领事务谨顺致朱尔典爵士函》（1912年2月21日于成都），《英国蓝皮书有关辛亥革命资料选译》下册，第530—531页。

②　《云南开办富滇银行》，《申报》1912年2月21日。

③　《碧鸡新语录·发行军用纸币》，上海《时报》1912年3月9日。

祈酌核施行。盐政总理张。东。"

15 日，蔡锷电复南京外交部、财政部说："江电敬悉。敝省盐税向来指抵洋款。此复。滇都督蔡锷叩。咸。"①

中旬

▲蔡锷以"军都督府"名义，令从前"所发未烙火印"之军都督府出入证，一概作废。说："军都督府为最重机关，凡出入人等亟应严密稽查，以期严肃。嗣后出入各项人等，非携有新发之烙有火印出入证并书有姓名者，不得任其擅自出入。其以前所发未烙火印证，一概作废。切切，此令。"②

▲蔡锷以"军都督府"名义，令民政司"讯办"唐继尧呈报杨家盛等一案。说：

> 为令知事。案奉都督府发交，据云南北伐军司令官唐继尧呈报，奉都督删电内开，杨家盛既据查明劣迹昭著，准予正法，以昭炯戒等因。奉此。并据马龙州绅士张书绅等禀称，钱粮积弊皆由杨家盛等捧官把持，又私吞祭龙公款等情。据此当传该原告张书绅暨该犯杨家盛到行营集讯，按照该原告张书绅所控各节讯问，言词殊属惝恍，不能确指吞款，实际应照诬告，拟定将张书绅杖一百，监禁一年，杖决收禁该犯。杨家盛虽无吞公实际，然当反正之初，聚集绅士多人，开会演说，意存结党把持，并借办团为名，擅用移文，令地方官交出公款。据称系用民团局关防，并未私刻印信，究属有心擅动款项。惟私吞祭龙款，讯无实据，移提之款，亦未入手。拟从宽免其正法，定以监禁三年，亦足示惩。该张书绅、杨家盛两名，着禁满释放，永不准经管公事。至该州自治总董，查有补用游击张显福，正直无私，拟变通委其办理。前电因恐讯实后请示不及，是以先请正法，合并声明。所有讯办此案缘由，是否有当，理合具呈，请俯赐查核等因，奉发到部，合行令知。仰该司即便知照，并行知曲靖府。此令。③

① 以上二电见《南京临时政府遗存珍档》（二），第390—391、696 页。

② 《命令》，《云南政治公报》第 3 期，1912 年 3 月 1 日。原未标注日期。

③ 《命令》，《云南政治公报》第 3 期，1912 年 3 月 1 日。原未标注日期，据文中有"删"电推定。

▲民政司报告军政部，拟改良审决刑事罪案办法。说：

为报告事。案查满清时代，滇省审办抢劫、盗案定章，由各厅州县于获犯讯供后录供通详，与本官［管］府道同城者，由法司饬解府道复审禀办；距本管府道窎远者，或委邻封州县，或委附近厘员，前往会审，供情符合，拟议开折禀办。又命案人犯，自上年满清部章停止解省审勘，凡属府及直隶厅州所辖者，饬解该管府州复审，妥拟详司核办；其直隶州厅属道管辖者，饬解该管道复审，移司核办；如距府道窎远者委员前往会审详办。今滇自本年九月反正以来，推倒满清专制，一切政令，尚待改订，曾经电札通饬司法全属地方官审断，暂仍其旧例，惩办固宜从速，而供证必期确凿。乃各属仍多误会宗旨，权宜行事，有讯供率略即禀请正法者，有供未审定即会同绅董正法、不禀不报者。司法为行政最要机关，命、盗有生死出入之别，似此漫无限制，擅自诛戮，稍有冤滥，则断者不可复续，殊非谳狱慎重之道。现在大局已定，自应酌定暂行变通办法，始足以昭划一，而资遵行。拟请嗣后各属缉获命、盗案犯，如谋反叛逆、会匪、土匪、游勇啸聚山泽，抗拒官兵，聚众劫狱，强盗行劫，白昼抢夺，持械杀伤事主数在三人以上，杀一家三命，及仇杀多命，图财害命光棍，设法讹诈等项情节重大，凡罪干斩、绞立决者，准其自行先移会审。若系厘员同城之处，即移请厘员，若同城无厘员者，即移请附近邻封州县会审，犯供相符，由该印委照现行刑律妥拟，通电处摘录紧要供情罪名，会电请示核办。无电处开具详细供折，按律议拟，专差飞禀核办。仍一面先行禀明，由司札委批准后，仍照旧章录叙全案供招，呈由本管道府核转到司备案。其谋故斗及寻常窃盗拒捕、奸夫拒捕等案，仍照旧例讯供通详，应否解府复审、委员会审，俟详到时核明情罪及程途远近，照章酌定。至旧例斩、绞监候，命、盗案犯秋审，递入情实或实缓，介在疑似，俟案定后由司按届核其情罪轻重，分别科以实斩、实绞及发充苦工年限，侯［候］新刑律施行时，此项人犯如何规定，再为遵照更正。又虚拟死罪及犯罪存留养亲老小、废疾收赎等犯，均照旧例办理。遣流徒罪人犯审供无异，亦照例拟定工作年限，收所习艺，专案禀报。其命、盗等案，有捐赎罚金银两者，应仍解司存储，听候拨用。如此明定办法，庶于变通之中，仍无枉纵之虑。各属均以奉文日为实力施行之期，倘有不肖官吏，于奉行后仍妄自擅杀，不禀不报，一经发觉，分别事体轻重，由司核明，轻则记过惩处，重则撤任究办。至各属厘员，邻封一经准移，即往会审，不得借词推诿，亦不得疏忽草率，致滋冤滥，并干咎戾。所有酌定通省审办命、盗案犯变通办法缘由，是否有当，理合具文报告钧部，俯赐查核示遵。如蒙俯允，奉批后由司通行各属，一体遵办。须至报告者。①

▲蔡锷以"军都督府"名义，令财政司核议改良李根源所提府厅州县收税办法。说：

> 为命令事。据李师长真电开，府厅州县现既明定公费，凡府收之百货税、厅州县所收之牲税，均当点滴归公。惟厘系由省给票，而税则由各府自行给票，是厘之难于稽核者只在零星，而税则几至无可稽核。官之廉者，以税包之司事，以所得之数尽解入公。其中饱尚只在司事一层，而浮征苛敛之弊，商民已身实受之，或遇贪吏则与司事通同舞弊。就其所解之数，亦从而侵蚀，上无所考，下无所诉，亏公帑而害市廛，达于极点。如永昌府税年包款至一万余两，而解款不过三千余；大理府税年包款至九千余两，解款不过三千余。以此类推，即税之中饱于官者，每年必至二十万左右，而厘员侵蚀落地过境各零星不预焉。倘大加整顿，凡收货税、牲税者，整数均给予三联大票，零数均给予三联小票，有厘局者或并归厘员兼收，无厘员者或仍归印官兼办，或公举绅商专办，归印委者不另报开支薪水，归绅商者则明定开支薪水，而又派公正绅商以监督之。分局分卡书巡舞弊苛收，准向承办之官商举发，官商舞弊苛收准向巡按使、道台、财政司举发，目视手指，法随其后，廉者固知自爱，即贪者亦可勉廉。如此办理，似于国家税项前途不无裨益。惟三迤地方，利弊不同，非悉心参考情形，切实厘定规则，亦难收划一整齐之效。务望统筹熟计，集议办法，呈请军府核定，克日颁行，至祷。仍盼示复等由。据此，合行令知。为此，令仰该司即便体察情形，

---

① 《公文》，《云南政治公报》第3期，1912年3月1日。

从速核议呈复，以凭复核转呈定案颁行。此令。①

17 日

▲蔡锷万急永宁飞送泸州韩建铎、谢汝翼、李鸿祥、张子贞（张时任步兵联长），令其"切勿轻开衅端"。说："连电悉。成都发兵，将向我军开衅，想系误会我军宗旨，应派专员与和平商办，顾全大局，切勿轻开衅端。近情如何？并希速报。锷。筱。印。"

又"万急"电请尹昌衡、张培爵速派员和平协商，勿生内讧。说："陕省告急，即饬敝军赴援，并于元日（按：13 日）电商贵军合师，推张都督为总司令，计达台览。日内连接敝军电称，成都发兵至自流井（按：1912 年 3 月 7 日成都《中华国民报》发表此电时，将该句改为'成都由资、威远、荣、富分道进兵'），将开衅端，殊深诧异。想因两军隔阂，致起冲突，请速派员和平协商，勿生内哄，妨害大局。锷叩。筱。印。"②

20 日，张培爵、夏之时电复蔡锷说："贵特派陈芷香等洽（十七）详电谢梯团长合同八条，计转电贵都督。连日接沪鄂赣各省通电，袁贼狡猾，于停战期内，背约攻我，秦陇军政府二百里飞书告急。十七敝军召集贵军陈副使、黔军叶统带，开大会议决北伐，以援陕为要着，急联合滇黔蜀军先后援陕，会师捣北。陈副使巧电谢梯团长，转贵军政府甚详。接黔军政府电云速筹北伐，进合中原豪杰，与敌争一旦之命。如有成议，敝处前派董福开一军，及此次面谕叶占魁一军，静候调遣，并望滇军同发等语。此间军事会议议决，以培爵为川黔滇三省会师北伐代表官，之时为北伐团总司令官，以方声涛、姜登选、孙吴、刘声元充北伐参谋官。爵克日赴叙，与谢梯团长接洽，请即移师援陕，并宣慰调解同志会与驻叙滇军之恶感，联合成都会师。一出汉中，一出阶文，进扼鸡头褒斜之要害，以沟通潼关联军，北捣虏穴，特此奉闻。乞尊处电谢梯团长，以便进行。敝省近情，端方由鄂军斩首携回湖北，赵尔丰在成都伏诛，田征葵为敝处拿获枭示，前有能（按：原文如此，韵目代日无'能'日）电奉告，线路不通，未察

---

① 《命令》，《云南政治公报》第 3 期，1912 年 3 月 1 日。原未标注日期，由李根源"真"电推定。

② 以上二电见曾业英编《蔡锷集》（一），第 459—460 页。

达否？并闻。蜀军都督张培爵、夏之时号（二十）。印。"[1]

18 日

▲李根源电陈"省城军都督府"，请补授合江、平坡、漾濞、蒙化各战中有功人员官职。说："顷接大理孙联长绍骞密电称，前次合江、平坡、漾濞、蒙化之战，我军迭获胜利，均系各将士效命之力，联长毫无建树。前奉军府电饬，将出力官兵，择尤保奖。遵将各役出力官长姓名电禀军府去后，旋奉札发目兵功牌札内有除各官长按职授官，另案办理之语。乃迄今日久，该各官长尚未奉到授官札付。窃联长愧无功绩，已蒙补授官职，而该各官长均能听命，克著勤劳，尚无奖励，联长自问，殊不足以对诸将士。在该各官长虽无邀赏之意，然不论功行赏，似不足以示鼓励。合无仰恳电请军府将该官长授官札付，早日发给，以慰军心，而激士气之处，出自钧裁等语。合电转呈，伏乞衡核示遵。师长根源叩。巧。印。"

又电告大理孙绍骞，蔡锷已允所请。说："顷奉军府电开，前在蒙化等处在事出力人员，步兵第七联大队长钟湘藻、王太潜、陈松寿等三员，均着授为协都尉督队官，丁恩远、严衍恒、何礼中队长，刘子衡、朱明德、杨兴武、李天佑、马庆海、李传统、杨赞东等十员，均着授为正校尉代理。中队长栗飞鸿，排长刘尊三、杨孝常，绅何其多、张体文、李国成、周怀植、谢树本、龙孝乌、杨魁、高存礼、赵棠、张琦、郝景魁、樊得胜、张子福、黄秉堂、邹学诗、鞠世成、李元盛、苏振邦、王得胜、朱云龙等二十四员，均着授为副校尉。司务长李正中、李达、林绍周、吴培源、周昶等五员，均着授为协校尉。除分别发给授赏状外，合行电知，希即转饬知照等因。希即分别转饬遵照。总司令部。巧。印。"[2]

19 日

▲李根源电请"省城军都督府"裁撤司务处。说："窃以财政奇绌，用宜求节，如府中司务处，特以草创之初，暂资综理庶务。近闻该处颇滋弊窦，人言啧啧，殆非无因。现在各部既设有军需、庶务等员，拟请都督府

---

[1]　《蜀军政府致云南军政府会师北伐电》，《张培爵集》，第 9 页。
[2]　以上二电见《西事汇略》卷五，第 27 页。

本部亦添设军需、庶务人员经理一切，司务处即可裁撤，以免烦言，而省虚糜。是否，伏候衡裁。师长根源叩。皓。印。"①

20 日

▲10 日，李鸿祥"万急""火急"通电孙中山、黎元洪、"黄内阁总理、共和省都督、西安军政分府"，请务祈成都军界"捐忿修好"，以便"联军北上，殄灭满虏"。说："川省受赵、端屠毒，民不堪命，屡电滇省救援。滇、蜀为唇齿之邦，不忍坐视，鸿祥不揣谫陋，披发缨冠，为民请命。原以除专制之苛残，造共和之幸福，保护同胞，为唯一不二之宗旨。比至川城，遍地皆匪，时间〔闻〕抢劫，当即分别剿抚。父老欢迎，街称巷颂。凡经过地方，各界邀求驻军镇慑者，不一而足。重庆军政府亦极为融洽。乃成都军界，任听谗言，疑忌仇视，发兵数万，向我军前进。屡经重庆军政府电劝解释，复请王人文、胡景伊双方调处。我军毫无意见，力主和平。无如成都军不听交涉，刻已在自流井以北之界牌，突然攻击。当此北虏未灭，大局危殆。汉族同胞，自应同心协力，以维共和，何得兵戎是逞，自相鱼肉，以贻大局之忧，外人之笑。惟衅自彼开，我军迫不得已，不能不为正当之防御。变生意外，祸起萧墙。务祈电达成都军界，捐忿修好，勿以私愤而害公益，始克联军北上，殄灭满虏，奠定民国，滇川幸甚，天下幸甚。"②

20 日，蔡锷"万急"电复李鸿祥："接致各省蒸电，词意正大。此间迭经电达成都军府早释疑团，共全大局，勿启内哄，贻笑外人。希与和平协商，勿轻开衅。现清帝退位，南北调和，山、陕应否赴援，亦可与蜀军就近酌定。藏事如何，并希电告。锷。号。印。"

又为"藏事不稳"，"万急"电尹昌衡"释内讧，以御外侮"。说："东电敬悉。成都独立后，复有兵变之事，致蜀民重罹祸殃，深堪悯恻。得贵都督戡平祸乱，民困始苏，无任欣贺。滇军援蜀，原以唇齿之亲，欲急鹡鸰之难，到叙府闻成都独立，匪乱未平，爰电饬敝军协助贵军共平匪乱，乃双方隔阂，致启猜疑。近接敝军泸州电称，成都发兵数万，分道进攻我

---

① 《西事汇略》卷十，第 4 页。此电说明蔡锷也曾因府中设"司务处"而被人不理解。
② 《云南辛亥革命资料》，第 369—370 页。

军，万一衅自彼开，恐不能不为正当之防御。当即电令和平办理，切勿轻启衅端，并电请贵都督共释疑团，用全大局。旋接陕电告急，复电商联军援陕，未审均得达否？现在清帝退位，南北调和，陕事自当解决，惟藏、卫为滇、蜀屏蔽，自当协力经营。现闻藏事不稳，应如何释内讧以御外侮，尚希裁复。弟蔡锷。号。印。"

又电复尹昌衡、张培爵、罗纶、夏之时，现清帝退位，山、陕应否赴援，请就近与韩建铎、谢汝翼、李鸿祥等"酌定协商办理"。说："电悉。敝处并无委任黄君玉田总理自（流井）、黄［贡］（井）两厂盐务之事，或敝军韩、谢诸将领因两井匪乱初平，暂时派人经理，当不过为维持井务起见，将来自应归还贵军。前接陕电告急，当饬敝军与贵军合师赴援，并经电商尊处，未审达否？兹得渝都督真电云成都军队与滇军在资州、陈家场、界牌、自流井一带，因彼此误会，致起冲突，屡电调解无效云云。滇军援蜀本属仗义兴师，乃反致同室操戈，此岂初念所及！已饬敝军和平办理，勿启衅端。并请贵军捐弃小嫌，顾全大局。现在清帝退位，南北调和，山、陕应否赴援，请就近与敝军韩、谢、李诸人（酌）定协商办理。藏中近事，亦希详悉电知。蔡锷叩。号。印。"①

▲11 日，援蜀滇军第一、二梯团全体军官电请蔡锷宽恕赵又新蒙自前愆。说："复祥（按：赵又新，原名复祥，字凤阶）严缉，若专为蒙自兵变，则有不可不为复祥言者。当反正之初，群心疑惧，能以只身甚燔众怒，备历艰险，倡义迤南，非复祥不克至此。迨蒙自兵变仓猝，而复祥力求救济，虽卒至无可挽回，然其用心之苦，固已为都督所鉴认。今兵变时在事军官，均蒙恕宥，独以其罪归于复祥，未免偏私，决非我都督本意。若果穷追重究，适足以寒任事者之心。而今援蜀军校，人人自危，知我都督必不出此。军官等窃查蒙自兵变，复祥亦有应得之咎。然其加责补过，瑕不掩瑜。且此时满虏未灭，四方多故，需才孔急。望我都督恕其前愆，策其后效，仍调回滇录用，或即派随北伐。在复祥感奋振作，更当为国效死。而滇省私党之意见，亦可消弭于无形。其是否有当，伏候钧裁。并祈转呈印泉、□先、叔桓，慎勿以私见误大局。援蜀滇军第一、二梯团军官全体

---

① 以上三电见曾业英编《蔡锷集》（一），第 461—463 页。

同叩。尤。印。"①

20日，蔡锷电复泸州援蜀滇军诸君说："泸州援蜀滇军诸君鉴。尤电悉。前布赵复祥罪状，未忍尽揭。今诸君致疑，当详言之。复祥在蒙自，凡省中委任人员皆拒不受，河口提省之协饷均被截留，又欲截个旧锡课、普洱茶课。意在独据一隅，遂滥招兵丁，匪徒溷迹，致酿成十月十三之变，道署、课储、洋行、商号均被毁劫。又窜扰芷村，车站被略，外人受伤，河口法兵遂欲乘势阑入。幸此间与外人夙睦谊，和平交涉，承认赔偿，竭力保护，法人乃稍退步。仍请派法越警兵数十人保护铁路，再四磋商，始允如一月半内不生他事，即可撤还。现已届期撤退，而洋育车站之损失，要索赔偿十余万金，尚未了结。蒙自商号之被劫者，亦屡禀控索偿。约计蒙自之乱，官私亏损至数十万。复祥事前毫无防备，临事率尔遁逃，酿乱殃民，贻误大局，商民切齿，外人亦时有责言，不得已乃宣布罪状，以谢中外人民。虽阳言严缉，然闻其遁至河口，犹给以川资二千元。军府之于复祥亦可谓仁至义尽，诸君犹以为过事追究，是必是非不分，赏罚不明，恐军中之纪律益隳，而人民之保障益失，殊非滇中之福，抑岂诸君所乐闻。至诸君援蜀，为锷所顾念不忘者，亦何嫌何疑，而有人人自危之说，此必因远道误会，故一道其详，望以告我最亲爱最劳苦之诸军士。锷。号。印。"

21日

▲蔡锷电请南京孙中山、武昌黎元洪、各省都督"电告成都都督顾全大局，勿生内讧"。说："滇军援蜀，志在救灾恤邻，并欲为武汉后援，固西南屏蔽。军队所至，父老欢迎。不意土匪未遂劫掠之图，造谣诬蔑，谓滇军侵略蜀土，以致成、泸两军政府皆启猜疑。近闻成都发兵至资州、自流井一带，愿［欲］与滇军开战。诚恐滇人兴仗义之师，反贻阋墙之诮，迭经电饬军中将领和平办理，勿启衅端。然非成都共释疑团，恐难双方解决。乞电告成都都督顾全大局，勿生内讧，滇、蜀幸甚。蔡锷叩。马。印。"②

---

① 《云南辛亥革命资料》，第370—371页。
② 以上二电见曾业英编《蔡锷集》（一），第461—462、465页。

又电告孙中山、黎元洪、各省都督"西藏陆军叛乱",已派兵"驰往防御,以免窜扰"。说:"据维西属阿墩弹压委员赵珩云电称,探闻西藏陆军叛乱,有百数十人至察木多等处。川边盐井张委员、江卡殷委员已派骑马五千匹驻扎察木多,屯兵三哨陆军。哈甲、江卡、乍丫各哨亦将响应。所至劫掠,联络威胁,不下数千。如由巴塘以窥蜀,或由江卡以窜滇,均系国防重要,请速派兵驻防等语。当电饬丽江李统领、维西姜参将分兵防堵,并电派榆军一大队驰往防御,以免窜扰。特此电闻。滇都督锷叩。阳历马。"

又电请孙中山和实业总长通电各省购销滇铜,"以维矿业,而塞漏卮"。说:"滇中产铜极旺,质料不亚日本。除商厂不计外,专东川一处而论,每年约计一百六七十万斤。现在东川改设公司,认真经理,将来每年可增三四百万斤。惟近因京铜停运,存贮甚多,现共存净紫铜一百六十余万斤,毛铜廿余万斤,货弃于地,公私交困。近闻各省有因铜币缺乏,开局鼓铸者,需铜甚夥,然多购自外人,利权外溢。拟请通电各省来滇购运,以维矿业,而塞漏卮。蔡锷叩。马。印。"①

9 月 3 日,报载滇铜畅销。说:"滇省产铜甚富,销路不广,除供本省用外,只有京铜一项。反正后京铜停运,销路滞塞,各处积铜至一百五六十万斤之多。后由实业司寄送样铜,函托中外各埠巨商广为筹销,并呈都督府电达中央政府转知各省都督销售滇铜。现湖北已购去六十余万斤,川商已购去五十余万斤,本省添铸铜元约需二十余万斤。近江北订购数万斤,川省订购百万斤,湖北又尽此存数订购。云丰泰商号订购十万斤,昭通商号订购四十万斤。故现已饬东川矿业公司加工赶炼矣。"②

▲蔡锷电请南京黄兴,将"滇省北伐、援川各军队"悉留中央陆军部。说:"和密。各省起义,多添募新兵,或赴应援,或资防守,然多未经训练,仓卒成军。现清帝退位,南北调和,战端可熄,似(应)裁汰冗兵,以纾饷力。大部有统辖全国军队之责,计以筹维及之。惟中央政府,国本所关,不能不有精练之师,以为模范,而资镇慑。滇省北伐、援川各军队,久经训练,纪律严明,各将领亦具有学术经验,此次援蜀平匪,所向有功,

---

① 以上二电见曾业英编《蔡锷集》(一),第 464 页。前电据《申报》1912 年 2 月 29 日所载同电校改了若干文字。
② 《地方通信·云南》,《申报》1912 年 9 月 3 日。

若以之留备中央，必资得力。拟饬令悉归部下，听候调遣。尊意如何，即请电复。锷叩。马。印。"

又电告重庆夏之时"张左丞、王用九回渝"事。说："奉电催张左丞、王用九回渝。查张左丞由旅滇蜀同乡会公举为回渝代表，已起程。王君用九据称因事刻难脱身，并面称前请款事，恳速施行云云。特为代达。锷。马。印。"①

▲李根源电询省城"军都督府"，巡防各队可否如陆军饷章，兼差不兼薪。说："陆军饷章，兼差不兼薪。巡防各队，似应一律办理。现如大理提督暨腾越、鹤丽两镇，均兼充统领，顺云、维西两协暨丽维李统领、大理提督并兼管带，应否饬令仅支各本缺俸薪，其统领、管带兼差薪水，概从裁撤，以昭划一，而节军帑。祈通饬遵办。当此库款奇绌，南防、普防、江防暨铁路上下段，可否一律照此办理，并祈核夺。师长根源叩。个。印。"②

22 日

▲李根源电陈"省城军都督府"，请另案奖叙刘得胜。说："刘管带得胜，人极诚悫，深可信畀，云龙当俶扰之际，该营保全之力为大。兹据面保该营各哨官长，均经照准分别给委。此次永、云一带，惟该管带纪律最严，名誉最优，歼匪保安，劳勚卓著，官绅士民，同声称之。可否另案优予奖叙，以资激劝之处，伏候衡核示遵。师长根源叩。养。印。"③

23 日

▲蔡锷电复陈其美及上海电政总局，因滇省"地广财绌，交通阻滞"，请对滇省电报价格，暂"援照李清督旧章第二条"特别通融办理。说："上海陈都督电政总局鉴。陈都督先后来电，请守共和主义，谓上海电政总局仍兼统辖各省电局，曾经复电承认在案。嗣接唐局长支电，核定民国报价暂行章程六条。当查所定报价，都督府以下之军政司、军务、参谋等部印电，列一作四等收半价，尚属有限。至省内之各司、局、所外及镇、道

---

① 以上二电见曾业英编《蔡锷集》（一），第 465—466 页。
② 《西事汇略》卷五，第 7 页。
③ 《西事汇略》卷五，第 27 页。

统领、军队，府、厅、州、县，防营局署，均因列作四等，每字一角，为费殊巨。窃维滇局边徼，地广财绌，交通阻滞，与腹省情形不同，应请援照李清督旧章第二条特别通融。本省内无论何等机关，何项明密印电，每字均收洋四仙。惟拍寄外省，仍照此次通章办理，每字收洋一角。以上系目前通融办法，即自元年二月一号起，一律实行。俟局势大定，仍查照通章办理。除备文咨复并分饬遵照外，合先电复，请贵总局查照备案，并请电复，实为公便。滇都督蔡锷。漾。"①

▲李根源电呈"省城军都督府"，释放马夫李学，改判唐璆长随潘玉清监禁三年。说："顷接永平李令、郑中队长养电称，何煦清已遵谕正法，李学反复质讯，据称为何之马夫，赃物系何所有，情尚属实，从宽拟监禁半年。潘玉清乃唐璆长随，烟物属实，但无抢劫等情，拟监禁二年。是否有当，请电示等语。当即电复，文曰：李学讯系何之马夫，应即开释。潘玉清私带烟土，既系唐璆长随，实属知法犯法，所拟监禁二年，尚不足以蔽其辜，着改为监禁三年，并将收禁日期通报。查考何煦清既已正法，赃物、洋烟仍照前电办理等语。合并录呈，乞查核饬部备案。师长根源叩。漾。印。"②

▲报载云南委任弹压委员和杨觐东为迤西道，是对土司地"改土归流"的准备步骤。说："云南迤西之地腾越厅因地居极边，素与英属之缅甸连界，该地版舆甚宽，向归土司治理。土司性极残暴，素以苛虐手段对待夷民，夷民不堪其虐，近年来私往缅甸求入英籍者，不下数万人，因之英人前年得汉奸为之乡［响］导，致我片马诸地被其占据。现在欲固边陲，非赶速将诸夷地改土归流不可。惟改土归流一事，颇费手续，若遽然从事，又恐另生他变，故现在先将腾越所属之干崖、盏达、蛮允、南甸诸土司地方各委弹压委员一人前往治理，一切民刑政事，现已委张筠、王崇矩等充任。稍缓数日，即另酌设州县等职。""云南迤西道先本设在大理府，近数年前因腾越开关，始移驻腾越。近日军府以片马之事又复发生，西道一职尤关紧要，乃遴委杨觐东君前往任理。杨君近极主张改土归流，重勘中缅界址，以职务甚重，一人难胜，禀请军府另委参事二员，以资臂助。现军

① 《公电》，上海《时报》1912 年 3 月 10 日。又见《申报》1912 年 3 月 8 日。
② 《西事汇略》卷二，第 8 页。

府已委杨兆龙、李森二君充任。"①

24 日

▲15 日，叙府各界代表梁亨吉、薛含忠等人电告云南军政府，谢汝翼及所任县令深惬民心，请勿调离。说："贵军保存叙郡，梯团长谢及摄县彭，尤惬民心，感谢。惟现乱机犹伏，恐有调动，遗孽必萌。万乞均留是荷。叙州阖属各界代表梁亨吉、薛含忠等叩。删。"②

24 日，蔡锷"万急"电复尹昌衡、罗纶：

> 蒸电敬悉。两军隔阂，谣诼频生，然颇传闻失实，特详陈之。滇军前锋到叙，商民纷纷求援，而同志会拒不令前，滇军因后路未靖，不得悬军深入，并非观望徘徊，此其一。滇军在叙，颇受商民欢迎，而土匪志不得逞，趁滇军后援未到，即欲围攻夺械，滇军急而抗御，并非衅自我开，此其二。对垒之时，惟力是视，枪弹所及，不复择人而施，屏山之雁，自井之围，富顺之危，皆无从分别，此其三。滇军援蜀，志在戡乱，至地方行政，宜本不干预。惟平匪之后，不能不暂设官员，以资整理。迭经电饬敝军将平定地方，交还贵军管理。然日内屡接叙府各界代表梁亨吉、薛合〔含〕忠等电称，滇军叙郡谢梯团长、彭慑〔摄〕县尤惬民心。惟乱机犹伏，恐有调动，遗孽必萌，万乞均留云云。滇军未敢轻退，此其四。敝省〔军〕代守盐场，实系徇渝都督之请。至所云输金归滇，系天顺祥欠款，由川拨还，此其五。敝军张联长与郭巡按（按：指张开儒与郭灿）至昭通互讦，此间已力斥张，一询郭巡按当知其详，此其六。要之，滇军援蜀果能于事有济，则种种嫌疑不足辨，亦不足恤。承垂询，故略言之。现在成、渝合并，内乱底定，滇军责任已尽，自可撤回。惟刻接武昌黎都督电，贵都督亲自督师，与滇军开衅在即。滇、蜀遥隔，未悉近状如何？已连电饬敝军和平办理，仍望贵军捐弃小嫌，顾全大局。锷叩。敬。印。③

---

① 《滇南筹备边防记·改土归流》《滇南筹备边防记·勘定界址》，上海《民立报》1912 年 8 月 1 日。

② 《云南辛亥革命资料》，第 374—375 页。

③ 曾业英编《蔡锷集》（一），第 470—471 页。

▲李根源电陈"省城军都督府",已饬国民军移扎南甸、盏达、蛮允等地。说:"南甸、盏达、蛮允地方,原系国民军第十一、第十二两营卫戍地点,该两营既经解散,必须抽调填扎。现在腾冲卫戍独立大队成立,即以原定驻腾之国民军第十五营以一哨移扎盏西芷那,以两哨移扎盏达昔马,其蛮允地方归第十三营卫戍,已饬于阴历佳日开拔。合肃电陈。师长根源谨叩。敬。印。"

25 日

▲李根源电请"省城军都督府"饬部备案腾越镇所统国民军。说:"西防第十一、第十二两营及第十四营之一哨,业经电准裁撤,改编陆军一大队。其腾越镇所统仅第十三、五、六、七及第十四营之两哨,除札行李镇通令外,谨陈乞饬部备案。师长根源叩。有。印。"①

下旬

▲报载蔡锷电饬大理郑开文于3月1日率部开往六库、登梗土司地附近驻扎,防范英兵。说:"云龙州丁牧润身电呈都督称,一月三十一日,英兵约有千人抵片马扎营于旧冶山脚,时询汉兵消息。又闻多入西藏,距[踞]片马之石灰下,修有洋式大营,住兵千余云云。当由滇督电饬大理郑团长开文派出第二营长萧荣昌率该营于三月一日开往六库、登梗土司地附近驻扎,严密防范矣。"②

▲刀安仁率弟刀安文函告章太炎,囚禁其弟兄之滇电"发生于江南,冤狱之构成于私怨"。说:

> 别后望日抵宁,假寓中西旅馆。突于十五号午后,有警兵十余人来寓,出示巡警总局提票,内开依内务部命令,转奉大总统命令,据滇都督电称,干崖土司刀安仁,并其弟郱安原名刀安文,勾结土匪,觊觎内地。查得现在江南碑亭巷中西旅馆,请即密拿囚禁。郱安曾充沪军先锋队参谋教练,悍勇异常,务派得力多人捕拿等语。安仁阅悉,不胜惶骇。比率郱安赴局申辩,未及一言,遽被拘留守卫所,管束严

---

① 以上二电见《西事汇略》卷五,第8—9页。
② 《云南边事谈》,北京《民主报》1913年4月28日。

密，屡欲呈书总统府及内务、陆军两部，冀得批示，借悉飞诬之究竟，未能上达。死非所惜，冤不可沉，曾经奉缄自明，未审已否察入，五中焦灼，敢再披沥陈之。

安仁热心革命，将近十年，清吏仇视，几遭不测。旧历客秋九月，在滇首先倡义，光复迤西一带。居民安堵，秩序如常。嗣庆全滇反正，大汉重恢，临时政府，建设金陵，当代伟人，风云会合，私心狂喜，慕为执鞭，爰将经手事件一并交代张文光君接受清楚，即于十月十三日（按：1911 年 12 月 3 日），由腾越经缅甸，绕海防而赴滇省。当将光复各属详情报告滇都督，并声明取消迤西都督名义，以昭统一。条陈关于各土司诸应兴革事宜，以裨采择。为此，迟至本年二月，始抵宁垣。比即晋谒大总统及各部长官，并将历识所及，禀奉大总统批由陆军、内务两部查核施行，静候祗遵在案。种种情事，前在申时，曾尘清听。安仁生平为何如人，固已早邀洞鉴矣。且以事劳言之，安仁果有觊觎内地之意，何不图谋于首举义旗之时，而必尝试于请解兵柄之后？况离乡四月之久，投身万里之遥，无论本非匪类，试问何由勾结？邮耶电耶？查获别项证据耶？一无所凭，而假不知真伪之一电以陷人于罪，且钳制之使不得伸其告诉，前清专制，犹不至是，而谓共和民国而出此乎！此可疑者一。安仁前抵滇省，住近匝月，既滇都督查悉安仁为匪党，何不就近拘捕，而必纵之远游，迟之数月，待其将归，然后下手？此可疑者二。舍弟郁安，自前清光绪三十二年游学日本，宣统二年八月回国，即游武昌。去年四月来苏，九月至沪，历充要塞司令部沪军先锋队指挥、参谋等差。嗣因汉阳失利，和议未成，禀准黄总司令回滇组织北伐军队，以冬月初间行抵滇边，运动蒙自、个旧、临安三属绅商，捐集军饷十万元。旋经公举晋省，与军政府办理枪械交涉，人所共悉。公件文牍，历历可稽。此次以北伐队代表名义来宁，未及五日，旅宁同乡尚有不悉其住处者，滇省相距数千里，来电乃知其寓中西旅馆。此可疑者三。安仁横被拘留，耳目昭彰，而《民立报》本月十七号专电栏内，则载安仁兄弟由巡警总局吴忠信奉滇都督密电捕拿，闻风逃溃等语。明明在公守法，乃捏逃溃登报，宁非欲置之死地者，借为周内张本乎！此可疑者四。由是观之，滇电之发生于江南，冤狱之构成于私怨，明眼人可不言而喻矣。至于迤西地方，安仁来时，甚觉安靖。行抵广州，传闻乱耗，或谓由张文光滥用非人所致，或谓由李师长横施压力所激。二者孰是孰非，则非天涯刑余之人所得遥为揣度，抑非三木刀锯之威所能压其申诉者也。

素仰主持公道，用敢缕陈心迹，伏乞赐登报端，以雪沉冤，而释群疑。曷胜迫切待命之至。云南土司刀安仁率弟安文涕泣上呈。①

26 日

▲蔡锷电复开化夏文炳，婉拒其"带兵援黔"。说："开化夏豹翁鉴。豹密。漾电悉。黔省内部糜烂，选据绅商请援，故派北伐队取道黔中，顺为戡定。现接黔电，绿防营总统黄泽霖于十五日为部众枪毙，枢密院长张百麟逃往粤西，巨憝已除，大局不致妨碍，请大军到黔省共为维持云云。适和局已成，无须北伐，当即饬唐司令赴贵阳镇慑，想黔事自易收束，可无再派重兵。如我公带兵援黔，极所钦企。若以黔事能［解］决，无须添援，亦请由公裁酌。前徇尊意，以对调事商桂都督，然南防重要，实望公始终维持。尚希坐镇从究［容］，不必遽萌去志。锷。宥。印。"

27 日，又电告夏文炳，表示"如必欲返桂，亦未便苦以所难"。说："豹密。有电悉。和议已成，战端当息。滇北伐队已令留黔镇慑，唐君省吾又率三营回黔，渠意亦以滇军在黔计三千余人，足敷防剿。黔凤贫瘠，饷糈全资滇济，若再添兵，饷尤不资，已在我公洞鉴。前商援黔一层，可作罢论。昨接桂林陆都督及陈舜卿电，切盼公归。惟此间方资倚重，实不愿公遽离。惟闻粤勇在开，颇与土著不甚相能，诚恐别生事端，反为公累，拟请支给两月饷银，遣令回粤，所领枪械，仍望饬令悉数缴还。滇中械缺，较粤尤甚，公顾念滇事，必能代筹。至开化谣言时起，闻公颇不乐久居，请即来省襄赞一切。如必欲返桂，亦未便苦以所难，请酌留枪械为护卫兵之用可也。统希裁酌。锷。感。印。"

3 月 6 日，又电告夏文炳，表示"仍望来滇赞助"。说："豹密。各电计达，希即照办。接冬电，借审携粤勇回籍，免生他虞。公于滇事始终维持，顾全大局，实深钦感。将来桂事敉平，仍望来滇赞助。令弟干练有为，此间正资倚任，希释廑怀。第一营弁勇请假归农，拟即并案办理。一律遣

_____

① 《节录云南土司刀安仁致章太炎先生书》，上海《大共和日报》1912 年 3 月 31 日。

散一层，自可照准。锷。鱼。印。"

11 日，再电告开化夏文炳，"已饬部核议"添拨万元，加发恩饷。说："豹密。冬、东两电，已于冬、鱼两日电复，计达。尊意恐裁勇生事，拟亲带出境，防患未然，至为佩仰。请即照尊议办理。惟昨接张守二号电称，开化各营，均请退伍，多番演说，持意甚坚。查一、二、三营粤勇居多，约五百，余则两湖、川、黔约二百，滇勇约一百。两湖、川、黔退勇恩饷若与粤勇歧视，恐生意见，请添拨万元加发恩饷等情。已饬部核议，即可发表，先此电闻。锷。真。印。"

13 日，又电复开化自治公所暨绅商学界，表示"不得已"才暂许夏文炳回籍。说："来电具悉，极佩公谊。夏公威望素著，此间倚任甚专，前曾屡电辞职，此间皆再四慰留。嗣复派员来省面商，词意殷恳，不得已乃暂许回籍，俟桂事平定，乃须来滇。至开郡治安，夏公必能与张太守妥筹善策，尚望维持现状，勿稍忧疑可也。都督府。元。印。"①

25 日，又与罗佩金等人电开化专送夏文炳，对其卸任开化镇表示感念。说："皓电悉。开化得公坐镇，边境帖然，兹返珂卿，犹殷殷以滇边利害为念不止，为锷等所佩仰，亦滇父老所感念不忘者也，临颖无任神驰。锷、佩金、承瓘、汪度、曰垓。有。印。"②

26 日，又密电开化张世勋，可"徇其初意，听归粤西"。说："参密。夏豹翁在滇，深资倚任，惟叠接来电，云开郡谣诼甚多，颇有不安之意。前既请与龙怡庭对调，现又请与唐省吾援黔。近黔事已渐就绪，无须添援，已电慰留豹翁。惟闻所部粤勇，人地终不相宜，难保不滋事端，反为豹翁之累，将来或止好徇其初意，听归粤西。特此密闻。锷。宥。印。"③

▲6 日，何鹏翔电告蔡锷，拟暂驻永城。说："北（密）。翔歌日抵永，人员、弹药无异状。李旅长闻现驻自流井，彼此电线不通。又闻大总统易袁，南北和平解决，战事或息，弹药是否解往前途，示遵。又，永款无着，拟暂驻永城，专函与李旅长商办。鹏翔叩。麻。印。"④

26 日，蔡锷电复何鹏翔说："北密。麻电悉。弹药暂留永宁。前途是

---

① 以上各电见曾业英编《蔡锷集》（一），第 472、476—477、490、501、507 页。
② 《云南辛亥革命资料》，第 154 页。
③ 曾业英编《蔡锷集》（一），第 472 页。
④ 《云南辛亥革命资料》，第 249 页。

否需用，速商李旅长决定办理。款项事亦专函密询李旅长照（办）。锷。宥。印。"①

▲赵藩、李根源电请"省城军都督府"调委寸开泰为盏达弹压委员等事。说："查盏达土司地方，前曾设有弹压委员一员，现当纷扰之后，亟应拣员委充，以资绥辑。查有自治公所副议长寸开泰堪以调委，所遗副议长一职，查有许绅藩国学识优裕，乡望素孚，堪以接任。除分别给委外，谨电陈，请饬部备案。再南甸土司刀定国，现来腾谒见，当经昭示大义，开布公诚，谕令安心供职。干崖土司刀安仁弟安善于日内在干病故，并陈。藩、根源叩。宥。印。"

3月5日，又电告"省城军都督府"说："盏达弹压委员寸开泰现患足疾，遵难到差，禀请辞退前来。查该委员患病属实，自应照准。兹有委弥渡通判黎民藩，前委调查各土司地方，尚属勤能，留心边事，本拟饬赴本任，现在边事乏才，拟请即委该员暂行充当是差。弥渡通判一缺，查有张文运，人尚老成，事理亦复谙练。此次核腾中反正用款，张镇固清白可风，该员复廉洁共信，若蒙委任，亦可为有守者劝。是否有当，乞示遵行。藩、根源叩。歌。印。"②

▲李根源电请"省城军都督府"特派聂绅文率队巡查腾、龙各土司地方。说："腾、龙两属各土司地方，幅员广袤，与缅接壤，诚恐此次散勇及外来匪徒匿迹其间，借事生端，煽惑夷众，外酿边案，内妨治安。且当纷扰之后，尤宜示以声威，用资慑伏。兹特派第八联第一大队第一中队长聂绅文率领本队目兵，于感日出发，循南甸、干崖、盏达、蛮允、户腊撒、陇川、猛卯，迤出遮放、芒市、龙陵各地方，巡行边境，查办匪徒。事竣即由龙陵率队回驻永昌，另候命令，以消隐患，而清乱源。除饬遵外，谨电呈请鉴核。师长根源叩。宥。印。"③

27 日

▲蔡锷电复黎元洪并转参议汪秉干、邓汉祥等人，"已饬北伐队留黔镇慑"。说："文、号电均悉。滇、蜀两军问题，已和平解决，乞免注。黔事

---

① 曾业英编《蔡锷集》（一），第 471 页。
② 《西事汇略》卷九，第 2—3 页。
③ 《西事汇略》卷一，第 47—48 页。

闻甚糜烂，现黄泽霖已就戮，张百麟逃粤西，惟匪氛尚炽，人心未安。迭接绅商文电请援，已饬北伐队留黔镇慑，适与尊意相同，特闻。滇都督锷叩。感。印。"

黎元洪随即电复蔡锷说："感电悉。滇蜀两军问题，已和平解决，甚慰。鄙怀现以维持地方秩序为第一要着，滇军留黔，镇慑土匪，甚好。"①

▲22日，李鸿祥电请蔡锷，请速复"北伐与否"。说："东密。滇、川北伐条约已成。鸿念二回泸。奉删电称，清帝退位。北方战事究竟如何？北伐与否？乞速密电示知。鸿叩。祃。印。"

24日，又电告蔡锷说："东密。顷接由渝转南京电，称现南北一家，无庸北伐，惟升允不服，陕又兵单，请贵军出汉中，后路令川人保护等语。当即电复，略谓滇、川、黔联合北伐，初已议定。成现有兵四镇，至少亦派二镇出汉中。渝亦派兵出兴安。我军顺江而下，出襄阳、潼、汉中进发。陕局虽危，可保无虞。且剑阁道狭人稀，若我军再出汉中，则运动迟缓，给饷惟艰。兹拟仍照原议办理云云。究竟如何决定，乞电示。并乞电中央政府。鸿叩。敬。印。"②

27日，蔡锷电复李鸿祥说："东密。祃、敬电悉。和局已成，战事自息。升允虽跳梁关陕，川军足以荡平，可无烦我兵力。现拟将滇军充中央卫戍之用，已密商陆军部黄总长及吕莘农，似宜仍照初议，出荆、襄，以为赴宁地步。设此事不成，则以分兵经营藏、卫为宜。希与韩、谢、刘、张（按：指韩建铎、谢汝翼、刘法坤、张子贞。刘时长滇省东路游击军）诸君，及与成、渝军府③妥商电复。锷。感。印。"④

▲16日，韩建铎、谢汝翼、李鸿祥、黄毓成电请蔡锷电委三梯团"统一司令官"，并电呈《川、滇、黔北伐条约》。说：

> 滇川问题，已平和解决，条约谨呈。川省另筹的款二十万两、卡子母弹二成、开花二成，枪弹酌办。兵站总机关设渝城。请饬速运作战大纲。川军出陕，我军径出襄、荆，铎如赴宁，三梯团应统一司令

① 曾业英编《蔡锷集》（一），第474页。

② 以上二电见《云南辛亥革命资料》，第380—382页。

③ "及与成、渝军府"一语，据《云南辛亥革命资料》第385页第126号《蔡锷致李鸿祥电》（1912年2月27日）补入。

④ 曾业英编《蔡锷集》（一），第475页。

官，祈电委。铎、翼、鸿、成叩。

附：《川、滇、黔北伐条约》

一、川、滇人各军组织北伐队，分道前进。俟会师中原，认为必要时，临时由各上级官公推总司令官一人，统辖全军。

二、滇军北伐一个梯团，所需薪饷，由川军政府担任。每月二十五万金为率。余先筹四个月分，于重庆交纳外，今后按月接济。

三、北伐团所设兵站机关，由川军政府组织。其所需弹药、被服、器具、材料、马匹等项，统由兵站机关筹备、输送、补充。

四、滇军出发日期。（甲）自贡支队，以旧历正月初五日（按：2月22日）以前出发完讫。（乙）五通桥支队，以旧历正月初十（按：2月27日）以前出发完毕。（丙）成都、简州部各队随赵、刘参谋去者，以旧历正月初十日出发，入泸州集合。（丁）叙泸军队出发之前一日，通告川军。

五、滇军援川以后，北伐条约未结以前，在各地筹获之款，由滇军报告滇、川两军政府，由两军政府直接商酌办理。

六、滇军援川时，在叙府自流、贡两井，因一时权宜计，暂行派员代理之行政事务，以后由川军政府斟酌办理。

七、本条件经双方调印以后，即作为有效。从前所定滇渝条约及各项草约，一律作废。

八、此条约共缮四份，滇川两军政府各存一份，缔约人各存一份。

司令官韩建铎、梯团长谢汝翼、李鸿祥，支队长黄毓成，川军政府联合北伐团两军大使胡景伊、委员王馨桂，川军政府滇军交涉全权委员邵从恩、王植昌。印。①

27 日，蔡锷电复谢汝翼、李鸿祥、黄毓成说："铣电悉。计划及条约均极周妥。惟和议已成，事局一变，究应如何进行，希协商随宜处置，此间未能遥制。锷。感。印。"②

又电告尹昌衡、罗纶，说：

---

① 《云南辛亥革命资料》，第384—385 页。所载原无具体日期，据蔡锷复电所载"铣电"，可知为 2 月 16 日发。

② 曾业英编《蔡锷集》（一），第 476 页。

　　元（13日）电悉。前月所上删（15日）电，未审达否？贵省独立，全国欢庆，乃土匪乘虚窃发，属境骚然，不能不重为悲悼，非及时勘定，后患滋多。改革之初，人民先罹其祸，将有仇视新政府之心，此其一。匪徒分窜，扰害治安，邻封难免责言，此其二。抢攘之际，难保不扰及教堂，外人将起干涉，此其三。民不安业，致失农时，又必有饥馑流亡之患，此其四。且蜀省地广人殷，为中枢将来协助山陕，经营藏卫，胥于蜀中是赖。然匪乱未靖，则兵力难分，后路未清，则饷糈无出，故必靖内然后能对外。蜀事纷扰，将及一年，失业之民既多，而匪徒复假同志会名以肆劫掠，成都十九日之惨剧，耳不忍闻。滇军初到叙州，商民即纷纷求救，时叙府虽云反正，而宜宾县令首鼠两端，颇怀观望，故撤县留府，以定人心。旋复从渝军之请，驰赴自流、贡井等处驱逐土匪。盖急欲尽同胞之谊，遂不暇避越俎之嫌。成渝两军，致滋疑□〔忌〕。在滇军本可□〔率〕师北伐，或班师南旋，亦何必久滞蜀中劳师糜饷。然为蜀省计，非解散同志会，惩创匪徒，安置失业游民，则内乱终难底定。而欲清内患，不能不济以兵威。蜀省新军虽有三四镇之多，但幅员辽阔，兵力既苦难分，且新募之兵，缓急究难足恃。滇军援蜀，所派不过两梯团，然训练多年，实有协赞蜀军靖乱之能力。倘蜀省破除畛域，正可利用滇军，使一致进行，早平匪乱。俟蜀事既定，滇军自当撤还，于蜀省善后事宜，决不能稍加干预。若互相猜忌，声气不通，滇军仗义兴师，而未达恤邻之志，蜀军深闭固拒，而反得排外之名，将来西南国防，自此益难联络，于大局关系尤深。想尊省必早已见及。更有进者，此次各省光复，同时响应，诚为我国光荣，惟独立之名，颇滋误解，致有一省而军府林立，不能统一政权，或因排斥官吏，而省界加严，或因好大骛远而财政益绌，此皆为将来国家统一之害。贵省似亦蹈此弊，敢直抒所见以闻。狂瞽之言，统希裁复。滇都督蔡锷。感。印。[①]

　　又电复尹昌衡、罗纶，表示应及早经营西藏。说："皓电悉。滇、蜀两军，言归于好，部署极为妥协，无任佩慰。惟现在清帝退位，南北调融，

---

①　《滇都督致成都电·解释滇蜀之芥蒂》，上海《民立报》1912年3月17日。

北伐计划，当有变更。西藏为我国屏藩，内部近颇不稳，似应及早经营，免为后患。又接西安张都督电，升允不听交涉，猛攻乾、凤。陕省兵力太单，尊处能否分兵应援？并希裁酌。锷叩。感。印。"①

▲22 日，唐继尧电告蔡锷，大局既定，其计划拟先平黔乱，再视情况而定其他。说："元、删电敬悉。清帝退位，共和民国完全成立，全军欢慰，俟后中央要电，悉由贵阳局转示知。大局既定，本军计划，自应向（相）机决定。窃查黔乱不过数日，即可略定。拟先平黔乱，再由遵义出重庆，北急则联合诸军以伐北，北定则并全力以援川，北、川俱定，则经营西藏，做民国杯土事业，尽云南军队任务。如何，乞电示。自安顺行营。尧叩。祃。印。"

24 日，又电蔡锷说：

> 廿日接仪廷蒸电，悉滇川两军冲突，操戈同室，良深扼腕。无论黔事糜烂当前，绅耆吁请援济，须有勾当，即弃置亟行，亦所谓远水不救近火。况此等间隙，惟宜和解，不宜添兵，重生疑忌。尹、刘与仪廷、幼臣（按：指尹昌衡、刘存厚、李鸿祥、谢汝翼）、继尧当日同学，皆至好莫逆，情逾骨肉，此必张鹏 [蓬] 山谍间，即以意气用事，尧宜辨明从前感情，以为调解。电文如左。

> 成都尹硕泉、刘积之两兄均鉴。项接李仪廷蒸电，川滇两军，陡起冲突，骇诧之余，实深悲愤。大局未定，衅起阋墙。如全国清议何。如外人之讥笑何，且无论是非矣，滇与蜀为齿唇，硕泉、积之与仪廷、幼臣、继尧皆同手足，以地以人，均不应出此。即馋 [谗] 间交作，木必先腐而后虫。尧请披发入山，以谢两造，不忍作左右袒，亦不忍作居间调停。革命之不幸，未有甚于此者也。即欲强赴珂省，面罄一切，千里云山，岂一蹴乃至。虽闻清帝逊位，而反侧尚多，宜共消除意见，戮力以清中原。已电仪廷、幼臣，约束军士，主持和平，亦请两君爱屋及乌，大同为怀，视滇军如蜀军。尧俟黔局稍定，即踵珂省，以听命令，如何祈复。尧叩。漾。仍祈都督指示。尧叩。敬。印。

同日，再电告蔡锷说："滇军自出发（后），雨雪严寒，泥泞路滑，幸

---

① 曾业英编《蔡锷集》（一），第 475 页。

军行严守纪律，行势整齐，经过地方无惊无扰；查办土匪，舆论翕然。行抵黔界，善良绅耆欢迎，各门前均有'北伐军万岁'，并立旗相赠，匪类闻风潜匿。时派弁兵巡边，拿获匪犯，予以正法，莫不称快。沿途张贴告谕，晓以共和宗旨、民国法律，暨黔省公口、山堂亟行解散，胁从罔治等语。查入境时，匪等造谣，人民智愚不一，间以腐败时代军营［队］状况相猜疑者。迨至本军经过，风纪军纪两无缺点，大喜逾望。耆老者至谓此等军容，未见未闻，颂美不置。现已行至安顺，休息二日。该处被张匪百麟前次经过，勒索银一万三千余两，现免去六千两余数。因闻滇军将到，猝遁走，故感激滇军，信至酒肉犒师，却之不得。贵阳同胞亦函电交驰，谓如望岁，请求速进。拟即出发抵筑垣，相机办理。旅次军行，尚可告无过于我滇中各界者，一则卫生甚谨，由官长以至目兵，严寒不侵，勇气数倍。次则上下辑睦，毫无偏私意见竞争。三则兵士素受教育，服从命令，无一人干犯法律。凡此皆都督平时训练所致。知念特闻。尧叩。敬。印。"①

27 日，蔡锷电复唐继尧，无庸改道入川了。说："安顺探送滇北伐军唐司令鉴。祃、敬电悉。昨得泸州电，滇川事已和平解决，拟与蜀分道援陕北伐。惟现在和局已成，战事自熄，计划当稍变更，已电令与蜀协商，经营藏、卫。至黔事糜烂，迭经绅耆请援，实难坐视，希即督率所部，戡定黔乱为要，无庸改道入川也。锷。感。印。"

又电告毕节龚铨转胡锦棠、刘显世，"已电饬北伐军留兵镇慑"。说："电悉。滇、黔关系密切，未能坐视其糜烂，已电饬北伐军留兵镇慑，并由唐省吾君率兵三营（回）黔矣。滇都督蔡锷。感。印。"

▲21 日，赵藩、李根源电请"省城军都督府"，饬董友芳报效银交富滇分银行存备。说："腾属商民春延记董友芳报效银一万两，前经电明在案。查此款昨已发交自治公所存储，拟请即饬由该公所转交富滇分银行存备将来经营腾冲边务之用。是否可行，祈示遵。巡按赵藩、师长根源叩。马。印。"

27 日，蔡锷电复腾越赵藩、李根源说："马电悉。董友芳报效银一万两交富滇分银行存备腾越边用，甚善。应即照办。除令司外，此复。都督府（军）政（部）。感。印。"②

① 以上三电见《云南辛亥革命资料》，第 249—250、122—123 页。
② 以上四电见曾业英编《蔡锷集》（一），第 473、476、477 页。

▲25 日，李根源致电"云南军都督府"，请示"去岁反正后，所有借垫马协长安及腾、永李学诗军饷银款"处理办法。说：

昨据云州方牧暨自治公所会呈，去岁反正后，所有借垫马协长安及腾、永李学诗军饷银款，共计八千四百零六两五钱，均系钱粮、税契、学租、团费、积谷各存项及民间借贷之款，应请发还，以便归款，而苏民困等情。当即饬令钟副将春芳确切查复，据称借垫属实。查马协长安共借该州饷三千一百五十三两八钱六分，曾经电准军政部复准发给其李学诗所部各军共用。该州银五千余两亦经该员造报各在案，自应准其一并支销。惟查该州垫借款项，系税契银三百三十两，粮款四百两，盐课四百两，牲税十三两三钱三分，共一千一百四十三两三钱三分，地方积谷、学谷、团费共银一千九百八十三两式钱，余五千二百七十九两九钱七分，即系由该州富户借支之款。如照所请数目，尽数发给，在公家虽无甚亏累，而腾、永各富户所捐各款十倍于此，若皆援以为例，安能有此巨款以应付之。现拟照军政部允发马协之款，除所借盐课、粮款、税契、牲税各项，应饬财政司准其核销，勿庸另发外，尚应发给银二千零一十两五钱三分，即由榆局发交该州承领，以作归还积学、团费、蒋［奖？］款。各项谷款，尚属有盈无绌，其由各富户借贷者，仍照腾、永例，作为报效，饬该州及自治绅，将各户姓名及捐款数目，造具清册，呈请分别奖叙，以昭激劝。可否之处，伏乞衡核示遵。师长根源叩。有。印。

27 日，蔡锷电复李根源说："有电悉。应给云州积谷、学团各费银二千零十两五钱三分，即由榆局发交该州承领，该州垫支盐、粮、税契各款银一千一百四十三两三钱三分，候饬司核销。至各富户借贷款项，应准作为报效。希饬该州迅造清册，呈候分别奖叙。都督府。感。印。"①

28 日

▲时为袁世凯幕僚的王锡彤，是日日记载：

---

① 《西事汇略》卷一，第 55—56 页。

谒袁大总统。公留午食。在坐者，袁公父子及锡彤三人而已。因论及天下大势，彤以国体已更，伏莽甚多，中国历史改革之际率多杀戮，今竟安然坐以致之，恐部下许多健儿热血未洒，仍要生事，宜推其锋使之外向（武汉归来之兵沿途滋事，京中剧园、饭馆、娼寮，辄有此辈骄悍滋闹之实。余不好明言，故微以此言劝公）。公大不谓然曰："我终欲煦妪之，不愿用武力也。"

按：公之仁心，真不愧为开国元首，然中国循环定例竟不能逃。阅十余日，竟有都城之变。

先是，和议既成，南京派代表蔡元培等来迓袁公赴南京就大总统职，都下纷纷盛传迁都，人心惶然。留守北京之兵为一镇、三镇，虽未出征，然每月加食米与出征者同，均不扣米价。至是，陆军部以大局已定，留守军食米每兵月扣银一两。檄下镇部，兵士忿怒，骤于民心惊疑之际，哗然溃变，时二月二十九日，阴历正月十二月夜也。余时在自来水公司，方与客张笃生谈，闻东城枪声起，登楼望之，火光熊熊。然遥指其处，在东单牌楼一带，正总统府左右，又南来代表所寓之煤渣胡同左右也。余思此两处一有不测，则大局立即瓦裂，此后中国不知将堕落至何地，我辈真罪人矣。天甫明，闻乱事少定，即觅人力车至石大人胡同谒视大总统，大总统固无恙也。遍询左右，亦多逃去者。嗣闻变兵虽抢掠，并未杀人，心为少安。又至煤渣胡同，问南来代表，亦已避之东交民巷外国旅馆，幸无损伤。又至东华门视之，门柱尚有余火，如燃巨烛，数巡警正在扫除煨尽。再访云台，则云台于夜中乱兵正盛时，由锡拉胡同宅往总统府省视，杂乱兵中，数小时始得达，亦幸矣哉。

次日晚间，西城兵乱又作，火光在西单牌楼一带。又彻夜不敢睡，饬公司同人备茶水，又储铜元一箱，备变兵若来，惟有犒之之一法，幸而未至。[1]

按：王锡彤所述 2 月 28 日的王、袁对话，与次日发生兵变的原因及袁世凯"无恙"等相关情况，尽管说者无意，却透露出一种此次兵变，实有

---

[1]　王锡彤著，郑永福、吕美颐点注《抑斋自述》，河南大学出版社，2001，第184—185 页。

人为操作的想象空间，颇值得玩味。

▲24 日，赵藩、李根源致电"省城军都督府"，请示可否将遮放、芒市两土司及猛板土千总改隶腾冲府。说："顷据芒市土司禀称，世受龙陵绅民朦陷，前年土司父放平安被其诬害，积案多年，始经了结，恳请改归腾冲府管辖，以恤边民等情。并据遮放、猛板两土司禀称，情事相同，均请改隶腾属前来。查地方绅民，倚借官势，敲搕土司，已成通弊。该土司等与龙绅积怨过深，当此边事初定，恐难相安。兹闻腾升为府，禀请改隶腾冲。查各该土司地方，距腾各四五站不等，尚可兼顾。考之志乘，遮放、芒市两土司，初本隶腾，兹若改隶腾冲，尤觉形利势便，似可照准，将该两土司及猛板土千总改隶腾冲府，以示军府怀惠拊循之德意。是否有当，伏候核示遵行。"

28 日，蔡锷电复赵藩、李根源说："敬电悉。所请芒市、遮放、猛板三土司改隶腾冲府，应准照办。希即分饬遵照。军都督府。俭。"[①]

▲李根源电陈"省城军都督府"，拟"并案添练新军一营"，以施继伯任该营大队长。说："前因宋学诗营自愿解散，拟就腾另募新军两中队，以资镇慑。又查黄鉴锋一营，客籍甚多，驻扎南甸、干崖等处，不惟瘴疠瞬发，难以支持，且恐素无教育，转贻边局之忧，亦经电饬黄管在永将所部遣散，来腾候用，先后电陈在案。惟黄营既裁，腾防兵力甚单，拟并案添练新军一营。一切编配，悉照陆军章制核计，裁节之饷，似足敷用，已商同樾老，札饬腾冲府，就所属各地方出示征募，其非土著及曾充过各军队目兵者不录。俟下月初征选成军后，即具文呈报。该营大队长拟委施中队长继伯充任。合先电陈。师长根源叩。勘。印。"

3 月 8 日，电请"省城军务部"速配武器等军用器材。说："前电军府，奉准裁撤西防国民军两营，添练腾冲卫戍独立步兵一大队，业已遵办，不日成军。所有该大队应需武器、被服、木器、工作器，除由腾制备及由榆拨解应用外，尚需军官佩刀二十一把，皮带附步号九枝，请贵部速饬按级配齐运腾，以便给领。至开办经费，俟成军后再饬造册咨销。仍希示复。根源叩。庚。印。"

23 日，又电告"省城军都督府"，该卫戍独立大队已于 22 日成军，

---

① 《西事汇略》卷九，第 1 页。

说："前电准裁撤西防国民军第十一、十二两营及第十四营之右哨，改编腾冲卫戍独立大队，于阳历廿二日成军。腾城绅商学警各界全体约五千余人，高张旗帜，欢送入伍。除由该大队长另具文册通报外，合肃电陈。师长根源叩。漾。印。"

25 日，再电"省城军都督府"，禀请"所有该队教练一切任务"，由该大队长施继伯"专任"。说："腾中独立大队，业已成军，具报在案。惟查腾为西南门户，内控诸夷，外邻英缅，偶有动静，即关国防。该大队长施继伯初次任事，边情不熟，非文武陆防协力相维，诚恐意见差池，致误边局。拟请暂行变通，所有该队教练一切任务，仍由该大队长专任。惟遇有重要军事，暂准由腾越道镇节制调遣。虽于统一之制稍有不符，而为固圉之计不得不尔。除分别咨令外，谨电陈明，乞饬部备案。师长根源叩。有。印。"①

▲26 日，李根源致电"省城军都督府"，告知永康州匪乱情况及其函复措施。说：

　　本日接徐教练官鸿恩、永康州和牧专函，禀称本月十二日，教练至姚关，与知州相遇，十六至小猛统。据团长罗金报称，刀上达匪党约有千四五百人，盘踞勐底一带。当即会商知州，次日率队进攻。行至南广，获刀匪侦探二人，并洋枪二杆，讯明立即正法。知州于是日赴德党视事，即饬防团分投踩缉。擒获刀匪之军官陈明方及其党羽六人，讯称刀匪与耿马土司罕华基系至戚，有密约，罕愿资助银二千，快枪二百五十杆，刀愿割十户土地以谢罕云云。教练十八午将抵勐底，匪约六百余人，猛然扑来，势若大敌。我军迎击，鏖战约三小时，毙匪三十八人，夺获铜帽枪十五杆、火绳枪十四杆，刀矛无算，余即溃散。次日大索，获活功武老三、张四、老六三人，遂押解德党，与知州会讯，所供俱与陈匪同，当即一并正法。惟陈党六人，讯实均系胁从，均经省释。至先锋队第二营管带郑明轩、哨长杜万祥、刘中和及冒充总查之贾正明，肆行抢掠，行同盗贼，均于知州未到之前相率潜逃。郑带有快枪十六杆，杜、刘带有快枪十三杆，铜帽枪九杆，前存

_____

① 以上四电见《西事汇略》卷一，第51—52页。

银物亦被掳一空。其第一营管带张祠梁、帮带唐明臣，前在永康贪暴尤甚，所过之处，搜括无遗，其罪殆浮于郑，虽百磔之不足以蔽其辜，请严拿惩办。果敢杨福顺闻我大军将到，畏惧潜逃，不知去向。惟永康自经此次扰乱之后，居民流亡殆尽，经教练、知州沿途出示招集，并晓以军府抚育边民之意，及师长爱民伐罪之心，始渐迁复。惟元气大伤，补救匪易，凡学堂之书器，州署之案件，化为灰烬，无片纸留存。且地属烟瘴，我军驻此，不服水土，多感时疾，可否准予调回？现有先锋队第二营帮带李有福所部之九十二人，及知州卫队驻扎。李帮带尚知约束军士，遵守军纪。惟兵力仍形单薄，请添派国民军一营，以资镇慑各等情，请示前来，当即分别函复。据称刀匪潜逃耿马，现已派员前往侦察，相机禀办。李有福尚有纪律，请以帮带记名，饬其暂行留驻该州，俟刘管得胜到时，再为解散，并饬徐教练官率队克日开回，取道顺宁，抵顺后听候本师长电命进止。夺获枪物，饬由和牧解交由守收报。所请拿办各犯，除张祠梁、唐明臣业已正法，余并饬其出示严拿，务获究办，以杜后患。再该州僻处边徼，甫经改流，加以刀匪迭次倡乱，人民流离失所，办理善后，尤为棘手。除饬和牧招抚流亡，劳来安集，及另电第十七营刘管得胜迅速开往防扎外，理合电陈，代乞鉴核。师长根源叩。宥。印。①

28 日，蔡锷电复李根源，肯定其措置"甚合机宜"。说："月密。两宥电悉。刀上达勾结耿马土司罕华基，恣为边患，郑明轩、杜万祥、刘中和、贾正明、张祠梁、唐明臣等复肆行滋扰，边民何以安？现经徐教练、和牧等率队进攻，击毙多匪，惟元凶未剪，后患堪虞。且各土司中耿马较为强悍，又时有外向之举，尤为西防隐患。复函一切措置，甚合机宜。至黄管带所部一营只缴枪百六十余杆，所云原领止有此数，究竟有无隐匿情弊，仍须严密调查，以重军储，而惩后患。锷。勘。印。"

又电请尹昌衡转电川军政府查询川边"聚众作乱"情况。说："据敝省丽江姚守（按：姚春魁）电称，准维西冯丞舜生函报，川边定乡县民庚日聚众作乱，围逐新军，三岩、德荣、稻坝同时响应，该处垦夫纷纷入中

---

① 《西事汇略》卷三，第6—7页。

甸逃难。又据中甸厅赵二弇报告，事同前由。查该县壤连中维，虑有牵动，已商姜协（按：即姜德兴，字克修，时任维西协）、冯丞并永北加意防探外，并恳转电川军政府查询等请［情］。据此。特为电闻。锷叩。勘。印。"

又电陈南京财政总长陈锦涛，赞成速设中央民国银行，发行纸币，调换"亡清旧有法定纸币"。说："前接湘、粤两都督电，议统一财政，通行民国纸币，敝省协力赞成。当经电复湘、粤，时因中央政府尚未成立，即并电商黎副总统在案。兹接副总统复电，统一财（政），通（行）纸币，莫若速设中央民国银行及各大埠分银行，发用纸币，全国通行，将亡清旧有法定纸币，以票易票，尽行换回。如滇省赞成，请速电中央政府云云。特此电陈，即希裁酌。滇都督锷叩。勘。印。"①

29 日

▲蔡锷通电袁世凯及各省都督，望袁世凯照粤都督所请"宣告民国成立"。说："北京袁项城、各省都督鉴。粤都督致袁公电，请遍悬民国军旗、下令限期剪发、宣布民国成立三端，系为统一政令起见，敝处极为赞成，尚望袁公照办。滇都督锷叩。艳。"②

又电告上海章太炎、张謇、熊希龄、张思緘，武昌黎元洪，长沙谭延闿，拟组织共和统一党，并与其所组之党"并为一大团体"，"监督政府，指导国民"。说："民国成立，百度维新，缔造经营，责任尤巨，非合全国军界、政界极有能力及社会上极有学识资望之人，组织一强固有力③之政党，借以监督政府，指导国民，鲜克有济。敝处顷拟联合海内同志，组织共和统一党，已筹集十万元为基金，设一机关报于上海或京都，以发撼政见，并谣诿肖立诚君④至各省筹商一切。适闻诸公近有民国联合会、民社等之组织，伟略远谟，无任钦企。且闻宗旨大致相同，如能并为一大团体，势力雄厚，尤易扩张。敬希卓裁赐复。敝处所拟政纲，当俟肖君面谒再呈。

---

① 以上三电见曾业英编《蔡锷集》（一），第478—479页。
② 《公电》，《申报》1912 年 3 月 8 日。
③ 在 3 月 15 日上海《大共和日报》发表时，将"强固有力"改为"稳健强固"。
④ 在 3 月 15 日上海《大共和日报》发表时，将"肖立诚君"改添为"肖立诚、袁家普两君"。

锷叩。艳。印。"①

▲15 日，韩建铎、谢汝翼、李鸿祥电询"云南军政府"如何惩处拐带军械、饷银赴蓉的刘存厚。说："幼密。刘存厚假我军队送眷同行，妇女咏余，道路传说，已属我军涂襟，至资州竟将师长兵队、枪械、饷银、机关二挺，拐带赴蓉。已任川军□卫统制，亦不通报。师长遣渠与蓉交涉，来信无一语道及。前派张开甲带兵五人往探，又被拘留。漏泄机密，反嗾团军四路包围自井。阳派专使联我北伐，隐实迫我退兵，欲乘我于不备。该参谋卑污心险，反复靡常，太无人格，应如何惩处，祈示。建铎、翼、鸿叩。删。"

21 日，谢汝翼又单电"滇军都督府"请示办法。说："自、贡井，五通桥、犍为、合江、富顺、南溪、屏山、歇宁、叙、泸等处，刻虽平靖，赖我军威镇慑，我军走后，势必糜烂。况渝地将有变乱之机。我军或北伐，或暂驻大关，究应如何，北方情形如何，请速电示。前电请中央政府命令，迄今尚未奉令，我军诚进退维谷，莫知所向。翼叩。马。印。"又说："我军现与川军政府订定条约，滇、川、黔会师北伐，我军一切军饷、军需并子弹费，皆由蜀军府担任。其饷每月十万，预交四个月。驻自、贡井，五通桥、富顺各军，陆续退集叙、泸，准备北伐。闻民国已统一，究竟如何行动，请速电示。翼叩。马。印。"

23 日，再电蔡锷说："幼密。骑联长刚愎自用，办事荒唐，□前所筹公款，朦混不报。现韩师长已命该联长独立，不归翼指挥。该联共六中（队）长。翼叩。漾。印。"

25 日，韩建铎也"火急"电请蔡锷"电示方针，以定行止"。说："列密。条约谅已邀览。讵铎今午抵泸，据李旅长报告，滇军全体官长，谓条约失败，意将群起暴动，并决意与铎为难。滇军性跳，久在洞鉴。惟将性命置之度外，一面设法补救。现在赶办报销。司令一席，究委何人代理，乞速电示。至现在下级官长以至目兵，大都不愿北伐，经铎、谢、李、黄再三解说，仍不应命。推厥原因，由李修家一营目兵首先倡议，影响波及各营。盖李营攻自流井时，各目兵得力不少（按：指财力），故决意回滇。

---

① 曾业英编《蔡锷集》（一），第 481 页。又见《要电》，《云南政治公报》第 6 期，1912 年 4 月 1 日。

其有谓条约失败者，非北伐亦志在得蜀之财力耳。闻大局已定，北伐可缓，或回滇退伍，抑经营西藏，以消隐患之处，统乞复。锷叩。有。印。"又说："东密。滇军已与川结约北伐，但北局将定，似宜会师。其所结约八条，想邀钧鉴。现军心稍不靖（按：指不愿北伐），请电示方针，以定行止，盼切。锷。有。印。"①

29日，蔡锷电复谢汝翼并韩建铎、李鸿祥，除李鸿祥率部赴陕外，其余暂留蜀。说："删、马、漾、有电均悉。滇蜀问题，和平解决，可睦邻谊，而全大局，幸甚。现拟遣我军至南京，为警卫中央之用，已电商陆军部黄总长，俟得复，即电闻。连接南京、西安来电，升允猛攻乾、凤，陕西兵单甚危，切望我军援救。希李旅长率（所部）赴援，陕事定，仍可赴宁会合。余暂留蜀，由韩、谢诸君妥为部署，以待后命。锷。艳。印。"②

3月6日，谢汝翼、李鸿祥再急电告知蔡锷，"我军仍宜照约东下，勷助一切"。说："东密。艳电悉。顷接南京冬电，略谓北京各军队，因宗社党运动，于念九日群起，与项城为难，肆行劫掠。第二镇自保至京，以勤王为名，攻击大总统府。现已派燕军及湘、桂、鄂军，并沪、宁各军由水陆进攻等语。北方既变乱如此，我军仍宜照约东下，勷助一切。北方平靖，若能留为中央卫戍，固属甚善，刻正筹划，准备进行陕西方面。尹昌衡电称亲率兵三镇往援，无须我军兵力，且剑阁道狭人稀，若再复往，则运输粮饷均属困难。是否有当，速乞电复。何部长昨日抵泸。翼、鸿同叩。麻。印。"③

▲肖堃函告梁启超，蔡锷委其"往日本、沪上等一行，担任借款等情事"。说："松坡卓识老成，吾国中所仅见。云南反正以来，所办诸事均出人意表，其有造于云南者至大，云南人无不称道之不置。惟财力颇艰，难于大事更张。现委弟往日本、沪上等一行，担任借款等情事，兼就商我公，并请我公为之绍介。弟准于旧历正月十六首途，然必先至上海小住一日方能赴日。盖弟犹负有开办报馆、组织政党之责任，不能不稍为勾晋[留]也。"④

---

① 以上四电见《云南辛亥革命资料》，第374、378、381、382页。
② 曾业英编《蔡锷集》（一），第480页。
③ 《云南辛亥革命资料》，第391—392页。
④ 《肖堃致梁启超函》（1912年2月29日）《梁任公知交手札》，第957—960页。

4 月中旬，又函告梁启超说："任公先生阁下。堃归沪月余，数往来于宁、沪之间，奔走政党及报馆事，未克赴东就商，至以为歉。今统一、共和党已成立，其分子虽颇复杂，而亦有不得已之苦衷。将来与共和建设讨论会合并，则吾辈占优势，彼异分子可渐就淘汰，其必成稳健之政党无疑。汤继〔济〕武、林宗孟君与吾党关系至密，允为撮合两党而暂推松坡总理其事，斯为两党结合之要点，即可见诸实行者也。云南借款事，沪上现有数处接谈，然皆以必得中央政府承认为要件，目下难以妥议，不知尊处能格外设法否？堃在滇临行时，松坡嘱云，公纵不临滇，亦祈对于云南财政计画详为指示，其他如对于全国之方针，公有所欲建白者，公如草就，伊当联络数都督为公代呈。接佛苏来信，公日内当往天津。堃意以为若无确实相当地位处公，公仍宜镇静不动。当兹建国之初，群言淆杂，无一足以为立国之的，如公于此时继续办报，指导国民，则国家幸甚。此叩德安，不庄。弟堃顿。堃明日即北行，复函请寄熊秉三或佛苏转交为妥。"[1]

5 月 2 日，再函告梁启超说："任公先生鉴。堃已由滇返沪，滇中事前函稍已言之，不知曾入览否？民国险状，现尚万千，不知何所底止。惟滇异常安静，倘将来不幸，全国果有大乱发生，则滇亦庶几可为补救之地也。滇人对于公感情颇好，且有望公一履其地之意，曾具公函达公，谅已到矣。堃现因军界旧日基础，犹欲重为组织，以为平乱之地，且将办一机关报，以主持舆论。现均大致就绪，半月后拟即来东就商我公。云南现欲借款，堃且带有借款责任，尚祈我公为之绍介，或美或日均可。公现有何举动，乞见告，倘欲他适，尤乞飞电示我，免致空劳往返也。觌面不远，均容面叙。手此，即请尊安。南佛及荷公均此致意。弟堃顿。十六。"[2]

3 月

2 日

▲蔡锷电告蒙自何国钧，开化夏文炳、张世勋，麻栗坡张宗靖，夏文炳辞职后的人事安排。说："夏镇屡电请辞职返桂，迭经慰留，而该镇词意

① 《肖堃致梁启超函》，《梁任公知交手札》，第 966—968 页。
② 《肖堃致梁启超函》，《梁任公知交手札》，第 969—973 页。

殷恳，未便强以所难，应即照准，以遂厥志。所遗开化镇一缺，着开化府张守世勋暂摄。开化属各营，除张守坐营外，着张副督办宗靖分统，麻栗坡仍暂归蒙自何道节制，希即遵照。任用状随发。都督府。冬。印。"①

又电陈孙中山等人，已电饬李鸿祥率部援陕。说："急。南京孙大总统、黄总长，上海陈都督，成都尹都督，重庆彭〔张〕都督，各省都督鉴。迭接川省来电，升允猛攻乾、凤，虏焰甚张。陕省兵单，切望援助。敝省已电饬援蜀滇军旅长李鹏〔鸿〕祥率所部赴援，期与秦、蜀两军联合，早平丑虏。特此奉闻。滇都督锷叩。冬。印。"②

▲李根源电请"省城军都督府"，委任腾越反正有功各文员。说："案准腾越张镇文光单开腾越反正，除各营员弁，已蒙分别给奖录用外，所有在事出力各文员，自应择尤请奖，以昭激劝等语。源复加考核，其寸尊福一员，系腾越和顺乡富商，前在缅甸致力党事，黄克强、居觉生、杨秋帆皆主〔住〕其家，尝资赞助腾中反正，首捐银一万余两，急公赴义，尤人所难，拟请从优奖给同副都尉，以示矜式。其黄宗淦、张映宝、张鉴安三员，维持赞助，所全实多，请给予同协都尉职衔。刘辅国、杨炳兴、曹琨、李时纯、寸开泰、李瑞伯、曹之骐、陈廷楷、李德贤、刘玉海、杨毓铣、何兴、许藩国、侯连三、毕光祖十五员，请给予同正校尉职衔。杨得馨、张洪纲、陈鉴明、冯其骥、马培元、革勋言、刘虏、陈定洲、杨春广、章纯学、杨大炳、杨纯健、杨钟埼、周钟琦、彭葵、杨钊、杨发锐、蔡盛昌、张映芳、张问德二十员，请给予同副校尉职衔。段文松、龚金溥、杨维铭、刘奠国、杨时中、王殿绅六员，请给予同协校尉职衔。是否有当，伏乞核示祗遵。根源叩。冬。印。"③

3 日

▲蔡锷以"门生"身份复函梁启超，禀报云南光复后的"百日内"事，并盼其能赴滇"一游"。说：

> 任师函丈：前奉赐札，如承謦欬，欣慰曷似。百日内事不可思议，

---

① 《云南辛亥革命资料》，第 129 页。
② 《公电》，《申报》1912 年 3 月 10 日。
③ 《西事汇略》卷五，第 27—28 页。

以夙计度之，危险万状，然竟得坦途，不独全局为然，即滇中一隅，多有出诸意想之外者。此中其有天幸欤？探本穷源，莫非吾师脑力笔力之赐。吾师种其因，万众食其果，仁人之德溥矣。

滇事作，始甚艰（士民思想单纯，不似腹地，兵卒尤甚。军中将校多北人，国家民族思想极薄，而防营力量颇厚。滇中举事之际，其时仅闻武昌起事，且有业行为清军所陷之谣，而英、法国际交涉尤为可虑），险状环生，全滇重要各地，如省城、临安、蒙自、开化、大理、腾、永等处历经血战，其他各属亦小有战事，均为时甚暂，秩序立即恢复，内外无间。九月秒发援川军约一镇，十一月内复发援黔军三千（即原用以充北伐队之一部），筹饷济械，颇费张罗，安内对外，备极艰困。幸同袍率能和衷共济，士民翕然归向，用是乱麻棼丝，迎刃以解。

惟滇省向以贫瘠著称，光复以来，政费骤增，收入较减（蒙关每月截去三四万为赔款之用，川、黔不靖，厘税减收），而蒙自两次变乱，所失几百万，竭蹶情形，虽局外人亦可揣想而得。节流一层，如裁并员司，减缩薪俸，力戒虚糜，裁撤旧军，缩小军备数端，皆已次第实行。开源一端，现时业经规画施行者，为整顿已办之实业（如锡、铜、茶、桑），清理盐务税务，创设银行，鼓铸银元，试办航业，振兴矿业（招商承办及由公家提款倡办两种）各端。综计节流所入，不下百万，开源所入，约计当有二百万之谱。滇省昔年每岁不敷三百余万，经此次改革整理，收支可望相合（但海关所入应算在内）。若无意外之增款（即援川、援黔）、无端之损失（蒙开、腾永之乱），尽可自立，不必如李合肥（按：即李经义）之逢人乞贷，哓哓纠缠也。

现为弥补缺陷及一面积极的进行计，不得不别筹巨款。滇省矿产遍地，经派员查勘，佥谓确有把握。而天气温和，尤利于蚕。童山濯濯，可以种植普茶，一经提倡改良，岁入当亦不赀。是以决议募集公债及大借外债为整理一切之资。此议前发之自锷，有识者极表赞成，俟议会表决，即可宣布。法人有运动借用该债者，议尚未谐。肖君（按：指肖堃，字立诚）述吾师前曾接美人卡勒齐电，有欢迎民军方面借款之意，此举能行，较之以债权授之于法较为有利。望吾师速为绍介，并代为筹度一切。借额少则五百万，多则五千万。

以锷揣之，无论借债多寡，绝对的投之生利一途，严定监督之方，并慎选用钱之人，有此三端，决不致掷黄金于虚牝，而贻无穷之忧。兹特派肖君立诚来东面陈一切，应如何规画之处，悉听主裁。若吾师能西来一游，尤所企盼。滇人于吾师颇抱善感，虽有一二叫嚣者流，不足虑也。肖君启行在即，匆匆述意，不尽拳拳。肃请道安。门生锷谨叩。三月三号。[①]

▲贵州代表周沆、戴戡暨耆老绅商学界电请"南京大总统、参议院、各部总长，武昌黎副总统，云南蔡都督，各省都督，各军总司令"，公举唐继尧暂任贵州省临时都督，并言戴戡、周沆曾在滇与蔡锷"订立密约"。说：

> 黔省赵德全、黄泽霖、张百麟窃据高位，专横恣肆，假共和之名，行盗贼之实。实黄泽霖开光汉公于前，赵德全开懋华公于后，身充龙头大贯，公口递运于全省。军纪荡然，兵匪莫辨，良善遭其荼毒，奸淫掳掠，惨不胜言，祸变四起，犹复拥兵自卫，虚糜巨款，置各属于不顾，陷吾民于至惨极痛之境，莫可如何。刘显世、胡锦棠以寡弱之兵，力保省垣，勉支危局。戡在黔受乡人耆老绅商之委托，沆在滇受旅滇同乡之委任，与蔡都督订立密约，恳求援助。蔡都督笃念唇齿，爰命北伐军道出贵阳，力助黔人，共平匪乱。滇军在途，黄泽霖已因扣克军饷，为部众枪毙，张百麟逃至□［归］北、贝［贞］丰一带，勾结游、土各匪，谋占省垣。滇军目击黔民困苦无告情形暨地方绅耆告□［举］，无不切齿，张、黄等吁求救拯，趋行赴省。沆、戡以赵德全庸暗无识，为人傀儡，特缄劝退位，资送出境；滇军亦力任保其身命，赵德全怙恶，辄敢开炮轰击，震惊间阎，经滇军四面围攻，德全潜遁，于三月初三日率队入城，居民安堵。诸绅耆学界以北方和议既成，而黔乱未已，再三恳滇司令官唐继堪［尧］君暂任临时都督，改良政府，幸蒙允诺。现正共同组织一切，俟规模大定，再当续陈。先此电闻。贵州代表周沆、戴戡暨耆老绅商学界公叩。江。印。[②]

---

① 曾业英编《蔡锷集》（一），第483—485页。
② 《南京临时政府遗存珍档》（二），第1082—1085页。

其间，唐继尧也曾致电孙中山，表达"遴委贤能"之意。孙中山随即分别电告贵阳省议会、蔡锷、唐继尧，表示唐继尧不能"遽行离黔"。说："惟唐君电请遴委贤能一节，现在贵州粗定，正都督杨君荩城以北伐之故，帅师外出，唐司令岂能遽行离黔。前月杨君来宁，以现在南北统一，北伐事竣，屡欲辞职归农。本总统以黔多故，已委任令其速返。"①

4 日，郭重光、刘显世、华之鸿、任可澄等人则代表黔省各界电谢蔡锷说："滇蔡都督均〔钧〕鉴。黔局糜烂，屡经禀陈，我公笃念唇齿，不分畛域，允令北伐队远临代平祸乱。抵筑后，十四日协攻军府，赵德全、蓝鑫、叶占标皆逃，余部尽降。贵军纪律森严，筑垣安平逾恒，父老欢念，如庆更生，公恳总司令唐公继尧任黔都督，此后黔获治安，实出我公之赐。谨此电达，共表谢心，并祈转谢滇军府诸公，伏祈垂鉴。黔绅商军学界代表郭重光、刘显世、华之鸿、任可澄等同叩。支。印。"

同日，唐继尧电告云南临时议会诸公就任贵州临时都督经过情形。说：

急。滇临时议会诸公钧鉴。别来月余，感念同深。前月由安顺寄都督养电，想已入鉴。沁日抵筑垣，耆老代表舆情，欢迎犒师，沥陈匪类怪现状三十一条，后再抄寄，实属暗无天日。本军分扎城外各要地点，三月二日耆老等宣布副都督赵德全状罪，迫令辞职，请求滇军入城镇抚。尧亦函告赵，众怒难犯，劝令辞职，愿为担保身家。赵置不复答，并同该党蓝绍廷、叶占标等谋为抵抗，掩击我军，攻扑洪城，先发制我。我军探悉，遂于黎明严队入城，分击都督府、火药局、执法部等处，均得手，商民争以肴酒饷军，酬钱不受。城外南场、黔灵山、头桥均匪党驻扎要路，亦为我军攻破，毙匪多人，生擒无算，赵、蓝、叶预逃未获，军队投诚，缴枪免死，下午七钟，一律肃清。我军负伤六人，绅民全体会议请求尧为黔省临时都督，再四推却，不得已勉如所请，仍与订约，北事如亟，蜀与滇有意外变故，应辞职赴援等件。继尧偕我昆弟跋涉远来，原以济困扶危，人道所在，并非有艳羡功名富贵意思存乎其中。兹勉任黔都督，亦为保全黔局治安起见。在前匪党运动报馆谓我军助一二党争，今详细调查刘胡两军对于贵州反

---

① 《贵州辛亥革命资料选编》，第 51 页。致蔡锷、唐继尧电略同。

正后保持公安，士民感激，刘胡犹逊让未遑，足见匪党居心倾险，实于我军名誉无损。特此布告，并道歉情。尧叩。支。印。①

4 日

▲蔡锷电告蒙自何国钧，对税司寄存铁路局遗失之款，"仍应抱定从前与该税司商定两不提用之议，未便遽行拨还"。说："冬电悉。查税司寄存铁路局遗失之款，为云南税关收入，自系云南公家存款，前由税司暂存，听候划还洋债。既经报明遗失，应准作正核销。将来中央政府与总税司议定办法，及滇省应摊赔款数目公布到滇，云南自应如数添拨汇交。此时尚未得中央命令，仍应抱定从前与该税司商定两不提用之议，未便遽行拨还。已饬军政部核议饬知，希先转告。都督府。支。印。"

又电请腾越李根源，对大理军"加意防范"，以免生"他虞"。说："月密。勘电悉。榆军积习已深，久为隐患，乘此时分扎，陆续遣散，较易为力。惟退伍以后，散漫无归，或潜相勾结，或分散滋扰，均难保其无。应如何妥筹办法，免生他虞之处，希饬联长、秦守悉心办理，加意防范，是为至要。锷。支。印。"②

▲2 月 24 日，李根源电陈"省城军都督府"，有小队长张祺到腾后"谋戕长官，抢劫地方"，以及暂作"监禁"处理等事宜。说："月密。第七联第二大队小队长张祺，结盟拜会，素不安分。此次率队，先期到腾，潜至各队，勾煽谋戕长官，抢劫地方。幸经徐教练官查觉，复为刘联长缪中军官及各队官长诇知，严行镇压，密为防范，得以无事。当将张祺先行撤差，发交腾冲府监禁。俟该队回榆退伍后，再行核办，以免疑惧。谨先电陈。根源叩。敬。印。"③

3 月 4 日，省军都督府电复李根源说："张祺煽乱，久禁非宜，应即就地正法，以昭炯戒。"

6 日，李根源电告"腾冲黄护道、施大队长"说："已撤第七联小队长张祺，前次到腾，勾煽军队，图谋肇乱，经发府监禁，电请省示在案。顷

---

① 《黔省更换都督之详情》，《申报》1912 年 3 月 31 日。
② 以上二电见曾业英编《蔡锷集》（一），第 486 页。
③ 《西事汇略》卷一，第 49 页。

奉军府支电开：张祺煽乱，久禁非宜，应即就地正法，以昭炯戒等因。希即将该犯张祺提出，会同处决，并出示晓谕，仍将行刑日期电复。根源。鱼。印。"①

▲李根源电陈"省城军都督府"，请奖给腾绅毕光祖正校尉职衔。说："腾绅毕光祖前在腾中反正，办理盐务，多所赞助。兹复据称，窃见百度待举，财力维艰，愿报效银一千元，由省祥兴号兑缴，恳转请饬收等情前来。查该绅报效情殷，拟恳准予饬收，以遂其诚。该绅前准张镇汇开请奖，已于案内电请奖给正校尉职衔，此次急公慕义，尤为难得，合无仰恳加恩，优予嘉奖之处，出自钧裁，仍候核示饬遵。根源叩。支。印。"②

5 日

▲张培爵、夏之时等人"万火急"电请南京参议院熊成章、李肇甫、黄复生及内务总长程德全，速陈孙中山、黄兴飞示维持川事方略。说："临密。支电计达。现北伐中止，川滇黔北伐条约自应取消，滇军乃云未见北伐中止电文。□〔然〕滇军在泸时，曾数电缓其东下，现列舰数百，源源来渝，据该约索饷四十万，坚欲驻扎城内。渝地人心初定，烟火稠密，自成都派来重要军队尚驻城外。而该军人数万余，在□州尚未上岸，在渝必欲进城，加之实无驻所，只以震怒人心，该军此种举动，诚不知其意旨所在。请速陈告大总统、陆军总长，设法维持，事机急迫，间不容发，乞即飞示方略，至切至祷。中央如来电，请由爵、时转该军长，并闻。培爵、之时及同人叩。歌。"

8 日，孙中山电复张培爵、夏之时，并转"滇军司令长"说："据蜀军政府歌电，滇军抵渝，索饷四十万，并欲驻扎城内，恐滋惊扰，请示方略各等语。查本总统前因川乱就平，曾电滇都督将驻川滇军撤回，慎固边圉。旋以陕西升允猖獗，由参谋部电命该军取道汉中，会师援陕。现闻该军东下，其意仍在北伐，不知自清帝退位后，北伐之事，久已中止，该军当确遵参谋部电命，由郧阳或襄阳援陕为要。至各地甫经安集，易起惊扰，该军军行所至，尤以客主相安为第一要义。军饷一层，蜀军政府自当量力筹

① 《西事汇略》卷一，第53页。
② 《西事汇略》卷五，第28页。

济，滇军亦不可任意要索，致伤邻谊。破坏之后，祸机丛伏，所持以维系者，唯顾全大局之一念耳，切切望之。总统孙文。印。庚。"①

▲蔡锷"万急"电告泸州、叙府韩建铎、李鸿祥、谢汝翼，决定部分援川滇军与唐继尧"互相策应"援黔，其余悉数回滇。说：

> 东密。幼密。俭、勘、冬电均悉。军队为川省留用，及携械潜逃各件，已电川军府遣回，并电刘、郭（按：指刘存厚、郭灿）缴还军械矣。蜀诚负我，然开衅端、伤邻谊，于滇无益，而于大局有损，希为我军士剀切言之。前接西安急电，迭经电催李旅长赴援。惟观现在情形，则川饷殊不可靠，即使滇自能筹备，而悬军深入，转徙艰难，援陕之举，可作罢论。又前电商黄董五（按：即黄兴），以滇军为中央警卫之用，迄未得复。闻湘、桂各军在南京者，已编隶中央陆军部，大约兵力已足，或可无需滇军。唯贵州匪势甚张，蔓延全省，匪首黄泽霖虽被杀，张百麟逃往大定，别立军府，苛派苗民，激变遂巨，黄平、遵义、大定一带尤为糜烂。屡接黔省绅耆文电请援，北伐军入黔，父老皆牛酒犒劳，泣求拯救。唐已率队到贵阳，匪徒甚多，恐其纷窜滇、桂。又西防各营，积习颇深，已次第遣散，亦须另调兵防守。现与各部长议定办法有二：一、李旅长所部组织一步队三营为基干之支队援黔，主力向遵义，以一部留大定、毕节，与唐司令官互相策应，余悉回滇；二、谢旅长所部，暂以步队一标退驻昭通、大关，余悉回省。此系统筹全局之稳健办法，希即照办。又军队撤回时，希先将枪械运省为盼。幼泉仍请督师返滇，不赴宁可也。锷。微。印。②

又电请郭灿将携去枪械缴回滇省。说："滇军援蜀，情谊隔阂，得公指导，所全实多，实深佩慰。顷接昭通苏镇（按：苏抡元）电称，公由滇携去单响毛瑟枪五十杆，至昭通时，向该镇换为九响毛瑟枪等语。川事现已敉平，滇中军械甚缺，请将尊处所携枪弹缴由援蜀军队携回，实纫公谊。滇都督锷。微。印。"③

648

又电请刘存厚饬令随其至成都的滇军携械还滇。说："滇军士随到成都，多蒙引用，感荷良深。惟滇省边防重要，需人较川尤亟，从行各军士仍请饬令还滇，所携机关枪等军械并饬携回，实纫公谊。锷。微。印。"①

6日，又电请尹昌衡允准滇军送刘存厚"赴成都各军士"回滇。说："东电鱼到。贵军外援秦陇，西定藏、卫，独任其难，实深佩慰。现在清帝退位，民国统一，北伐自应取消。昨已电檄敝军分道撤还，电到后当能遵办，并无困难情形。惟闻敝军送刘积之兄赴成都各军士，尊处拟暂借用，恐人地既不相宜，意见终难消弭，请仍饬令回滇为宜。若原系由蜀来滇之军士，此次随同回川，则情谊较亲，自可分别留用。至所携之枪械，务望悉数缴还敝军，缘贵省机器局能制造新式枪驳，不若滇省之枪械缺乏也。尚希谅察。又此间致敝军电，每多淹滞，请饬叙、泸电局速转，免误事机为感。锷叩。鱼。印。"②

▲月初，李根源致电省城"军都督府"，商讨张文光更调大理提督的时机问题。说：

> 月密。张镇此次更调，初虑人心浮动，拟俟李统领至，再行发表。兹查张镇于解散腾军，深资其力。自腾冲设府后，地方行政，从未妄干。而关于兵事及动用款目，亦必咨而后行。即有存款，皆送藩处，尤明大体。近与藩、源相处，并能诚信交孚。昨得李统领电称已抵榆，此事临时发表，转觉待以不诚，因乘机先与密商。据称前蒙钧府奖藉，幸初心得白，即欲乞归，只以军心未宁，善后未毕，不敢遽退。但出钧府命令，虽厕身士卒，皆所乐为，并云俟交替后，尚拟请示进省谒见，再赴调任等语。辞极诚恳，尤可推信。……拟请改委提督，量移腹里，似尤相宜。榆标旧军已饬退伍，亦不虑有冲突，如蒙俞允，请于电到后，即行发布。李统领接署腾越镇，即委兼统四营。其余三营，酌量裁留，改编陆军一大队。丽维统领差，暂由姚守兼代，容后保员接充。再张镇卫队，系将原有保卫队百名、绥边营一营合并，照巡防编制改编，前经电陈在案。将来张镇调榆，拟仍准随带前往，其记名管带、帮带，有心地可信、才具可用者，并准酌带同往，差遣委用。

① 《云南辛亥革命资料》，第134页。
② 曾业英编《蔡锷集》（一），第490—491页。

兹事就理，则西防可期救定，张镇亦借以保全，且使草泽起义之人，知钧府之曲全其终始。是否有当，伏候核示。藩、根源叩。

5日，蔡锷电复赵藩、李根源，准予升署张文光为大理提督。说："大理提督李福兴调充参议处参议员，所遗提督一缺，关系重要。查有署理腾越镇张镇文光堪以升署，着即迅赴新任。递遗腾越镇缺委丽维统领李德泳署理，递遗丽维统领差暂由姚守兼代。委状补发，希分别转令遵照。都督府。歌。印。"①

6日，张文光电复"军都督府"说："鱼日奉赵巡按、李师长传到歌电钧谕。张镇文光委任云南提督，着即赴新任等因，奉此，伏念文光待罪边庭，叠邀青昧［睐］，腾冲甫镇，未竭片长，虎符谬膺，益深祗惧。惟有正躬率属，竭虑弹［殚］精，冀答委任之隆，无负初衷之志。提督文光谨叩。鱼。印。"

13日，又以"提督"名义电呈"军都督府"说："昨蒙委权提篆，比经肃电申谢，谅邀钧聪。文日奉师长李刊发云南提督总兵官印一颗，洁送前来，当即敬谨祗领。适李镇是日抵腾，遵即变御镇篆，接受提篆启用任事。除分咨令外，谨电呈。"

16日，蔡锷电复张文光说："元电悉。知已接篆任事，慰甚。仍望迅赴任所，整顿一切为幸。都督府。谏。印"②

18日，李根源致电大理钟大队长，解释升署张文光为大理提督的原因。说："地密。腾、永之事，力保和平，本为大局，此弟所知。滋乱首要，先后骈诛，亦足对我地方，谢我军士。张君绍三，心地光明，尤识大义，不能不为保全。前此兵涣势分，不能收束，亦当宽其迹而原其心。现在调榆，意在联两方之感情，泯旧日之乖违，明达如弟，当喻斯意。且弟与彼，昔为公敌，既能急公仇而不恤私交，今为同袍，必能念公义而不计旧憾，要为大局计也。廉蔺交欢，昔贤所美，吾弟抗心希古，无庸多赘耳。兄根源。巧。印。"③

24日，张文光电告"省城军都督府"，"敬日由腾起程赴榆。谨电闻。

---

①　以上二电见《西事汇略》卷一，第49、50页。

②　以上三电见《滇复先事录》，《云南文史资料选辑》第17辑，第159、162页。

③　《西事汇略》卷一，第50页。

协督文光叩。敬。印。"①

▲赵藩、李根源电陈"省城军都督府",派员安抚、开导"腾冲沿边野夷"办法。说:"腾冲沿边野夷自西南蜿蜒而下,无虑数百寨,盖滇缅之疆索,西南之屏蔽也。历年以来,匪徽未加经营,抑且罕知绥辑,声教所弗讫,文告所不通,流官以其僻远,或漫以瓯脱视之,土司以其犷悍,或竟以寇仇遇之,靳其土田,夺其生计,剽劲之性,往往劫掠为生,内扰熟夷,外酿边案,关系良非浅鲜。源等究心边事,常议欲资以垦荒裕其生计,教以识字开其智识,用纾边患而固藩篱。惟兹事体大,且夕难期,念惟先行派员前往巡视,加意抚循,宣布德意,令受约束,导以内向,戢其野心,然后生聚教训可得而徐议也。兹特选派记名管带李遇顺为正委员,记名帮带李源、张寿,测绘员明士仲、朱文炳为副委员,由十五营拨兵两棚带同前往,循古勇迤逦而南,逐寨召集野夷头目,妥为安抚,剀切开导,谕令安分谋生,勿得越界滋事,仍分别犒赏,取具木刻呈案。每员除照支原薪外,每日发差费三角,目兵日给费七仙。除委办外,谨电陈明。师长根源、巡按藩同叩。微。印。"②

▲报载四川哥老会有关情况。说:

(一)川军政府中,哥老会人居多,不惟办事各员,即正副都督亦入其中,盖几成一哥老会世界。凡外省人员,不入川省之公口者,必不能出省回籍,间有入之者,必须捐银乃可。如旧藩台尹良出银八百,旧首府王宗桐亦出五百,以为仗该公口能保护出境矣。殊不知出省顺江而下,又有中兴场、苏码头、傅家坝、江口各处公口土匪肆行抢掠。故外省人员之居川者,看此情势,亦只得各立公口。如两湖、贵州、云南之在成都者,亦依样设立公口。窃意此项党派如不扑灭,将来蔓延各省,亦同胞之大害。

(一)川省在满清时代,距城八九十里繁盛州县,有抱童子、抱观音、扯肥猪、牵黄牛各奇异名目。均系挟所掠之人要索财产,如不照该匪定数缴纳,被劫童子等即行戕杀。平时尚且如此,今更何所忌惮。故自川省铁路同志会开端后,大粮户之被勒索残害者不少。

① 《滇复先事录》,《云南文史资料选辑》第 17 辑,第 166 页。
② 《西事汇略》卷九,第 14 页。

（一）川省政府任用私人，各分党派，名不排外，而实则省界甚严。

（一）川省政府将各省客籍私有财产，剥夺约三分之二。

（一）川省政府统领尽属当年棒客，如孙泽沛、罗八千岁等是。

（一）川省政府公有财产，被十月十八日之变抢掠殆尽，乱定后经财政部报告，藩库银行因利各局，共存银仅三百一十余万。

（一）川省办练民团，虽属按地筹款，实则按户摊派。因十八日之变抢掠一空，故现今川民不堪其苦。

（一）凡出省下叙府者，至傅家坝被江边代王唐吉安、岳云全等勒索银元，始行放过。如回湖南、湖北被勒索者，共银数竟不下一二百金。

（一）川省军界名虽成为两镇，而实则皆棒客滥人等，将来恐有暴动之忧。

（一）川省人民疑滇军非援军，实欲侵略其地，故云南人之在成都者甚危。

（一）川省平民怨声载道，金谓始以为独立可保安宁，不意改革后反不及满清时代，此种传言尤为可虑。

（一）川省自流井、贡井乃该省财源之地，滇军于该井必妥慎保护。恐成都军政府糜烂，将来财政困难，此宜注意。

（一）川省自七月十五后，外州县即无正供地丁解省。其存于外县者多为匪掠，民间亦不上纳，刻下公家经济困难异常。

（一）叙府为滇蜀交通之地、财赋之区，蜀中会匪遍行，防守尤关紧要。现滇军在叙，各守秩序，纪律严明，居民大为欢迎。

（一）黔军到川，因饷不继，业已解散。现重庆军政府仍招募成军，已开到叙府。两军同往，恐生枝节。请电中央政府，黔军既系援蜀，令归滇军统属，以防意外之处。

（一）由叙府到滇，惟横江上下尚有匪徒啸聚，为害行旅。该地管带彭国章任事颇勤，请奖励之，令其齐团缉捕，俾道路安靖，行旅无忧。由横江而上，现已清安如常矣。

（一）云南老鸦滩关税，从前解款在十二三万，几抵全滇钱粮之半。现因路梗，征收无多，请电中央政府由汉口至宜昌，由宜昌至横江，由横江至滇境，凡属湖北、四川、云南各边界，应请各省设法认真保护。商务既畅，关税必多矣。①

按：尹良遭遇抢掠，确有其事。3 月 15 日，说："各报馆均［钧］鉴。前清署藩司尹良因任内经手事件尚未交代清楚，遽行东下，当派警员于起程之第一日，将该员阻回。讵意行至中和场，忽有匪徒利其行囊乘夜抢劫，并伤毙警员一名、警兵一名，警兵受伤一名。闻报之后，即日派员严缉拿获劫匪多名，立地正法。现正搜寻失物，至该员及其家属回省无恙。特电奉闻。川都督昌衡、培爵叩。删。"②

上旬

▲蔡锷电陈南京孙中山、武昌黎元洪、"成都尹、罗都督"，赞成尹昌衡"恤赏"革命烈士意见，并呈报杨振鸿等 30 余名云南烈士名单。说："川都督冬电，本省极赞成。查云南革命死义诸烈士，前有杨振鸿，此次反正有教练官请［郭］昌龄，管带张桐，队官唐曙文，排长尤［文］鸿揆、周玉堂、罗鳌、湛鳌目、罗牧民、张桂臣，正哨李东铭、夏鸿兰、林玉春、李海清、陈獠聚、弥玉柳、李如桐、许兵、周之点、吴玉春、李沛春、袁正清、李兴、张燥清、柏金堂、语兵、呻正兄，号兵福金、浸学生、郅以宽，千总游剀宁等，皆藏院机绥，就中以排长尤鸿揆死事尤烈。除本省登时分别恤赏外，合此电陈。滇都督锷叩。"③

▲军政部奉蔡锷令，颁布私自劝募军饷一律严惩令。说："为通令事。案奉都督府命令，准临时政府陆军部电开，私自劝募军饷，本部前已三令五申，严禁在案。兹查仍有借筹饷为名，到处招摇撞骗者，殊属目无法纪，用特电达各省都督、各军政分府，凡各地方若有此项募捐人员，应请就地一律严禁，以保民国名誉，而固民心。如有违抗不遵者，务请严惩不贷，以敬［儆］效尤，是为至祷等因，准此，合行通令，仰该部即便晓谕示出［出示］，并转饬所属一体遵照，等因。奉此，除出示晓谕外，为此通令，

---

① 《四川之悲观（云南赴川调查员探告）》，上海《时报》1912 年 3 月 5 日。

② 《公电》，上海《时报》1912 年 4 月 21 日。

③ 邓江祁：《史海拾遗：蔡锷佚文 20 篇——纪念蔡锷诞辰 136 周年》，http://www.xhg-mw.com/html/xiezhen/renwu/2018/1214/26085.html。张培爵已于 3 月 11 日就任四川副都督，此电当发于 3 月上旬。

仰该即便将发来告示分发张贴，并随时严行查禁严办，毋违。切切。此令。"

又发布钱粮税课关系军需重要正供饬司从严催缴令。说："为命令事。照得近日军需浩繁，全恃各属钱粮税课以及各井盐课盐厘源源报解，方是以应急需。本年应解款项，照旧办理，业经本部通饬在案。现在上将届满，各属钱粮税课正杂各款，报解寥寥，催科不力，考成攸关，亟应严行令催。为此令仰该司即便遵照查照通行，严催依限完解。仍将归历本年完欠数目先行查明，开单送核。倘再有因循疲玩，准由司查其欠解成数最多者，呈请撤换，以为征收不力者戒。至已经交卸差缺欠解款项各员，尤即从严催缴，如有违抗，由司拟议听候核示饬遵，或咨会民政司拘留追缴。事关军需重要正供，勿任玩延干咎。切切。此令。"

▲学政司通饬各属赓续兴办实业教育，呈报情形，以便查考。说：

> 为通饬事。查文明各国于实业教育最为注重，故凡为农、为工、为商者，无不设立学校，以训育之、富强之，效〔肇〕端基于此。吾滇于农工商各实业学校，旧时业先由省会逐渐筹设。惟省外各府厅州县大抵限于财力，未能同时并举。然农业一方面，四民之中以是司为职务者，实居多数，自不能不审察地方状况，以定教育方针。现当反正之后，恢复秩序，亟谋建设。前此省内外各属已办有初等农业学校蚕业科，及男子蚕桑研究所，女子蚕桑研究所，并中学校、师范学校、高等小学校，均各添课蚕桑者，万不容中道废弛，亦不得借故停办，将款拨作他用。各该府厅州县地方农绅须知，农业为救济财源之根本，教育则又本中之本也，此时务当就现有者赓续办理，力策进行。其在本司学政公所未成立以前，各地方官绅如有已将初等农业学校经费筹定的款，组织就绪，尚未开办者，仍须一律开办，查照十项事宜表填报立案。至省内外各学校所栽桑秧桑树，比年以来成活数目亦已不少，并即通知直辖各学校长暨责成各府厅州县地方官劝学员长，督饬工役人等勤加灌溉，妥为保护，以备来年饲蚕之需。统限文到十日内，各将现办实业教育情形并桑秧桑树成活数目，以及培溉保护方法，据实具复，以备查考。除通知外，合行札饬，仰即一体遵照办理，依限具报。切切，特札。

又札饬各属高、初两等小学停止读经、讲经，加授国文、算术，俾收实效。说："为札饬事。照得教科配当须适合儿童心理，乃不至徒劳无功。旧章高、初两等小学，均有读经、讲经一科。经书文义深奥，以之作为小学教科，儿童心理，未能解此，徒耗脑力，枉费时间，深为可惜。现值光复伊始，教育改良，此种学科应留作高等专门教科，中学以下均应酌停。兹先将小学此科，即行停止，以腾出钟点，酌授国文及算术，俾收实效。除分行外，合亟札饬。为此札仰该即便转行所属劝学所员长及各小学校长遵照办理。特札。"①

6 日

▲蔡锷电贺黎元洪"连任"民国副总统。说："阅电，欣悉公被推连任。民国得人，谨率滇民额手称贺。滇都督锷叩。鱼。印。"②

▲2 月 27 日，黎元洪致电孙中山、袁世凯并各机关，力主建都武昌。说：

清帝退位，已经决旬，组织政府，瞬不容缓，徒以首都地点，南北争持，迁延未决，人心皇皇，危险万状。夫欲为民国谋统一，规久远，则临时政府自应以地形险要、交通便利、能管全国枢纽者为适当之地点。居中驭远，莫若武昌，有识者类能言之。

第值此新陈代谢，情谊未孚，陕疆有战云未靖之忧，胜国有死灰复然〔燃〕之虑。蒙藏诸边，尤为岌岌，倘非假因利乘便之势，从容坐镇，必不能维持秩序，控制中边。稍一疏虞，将至人心动摇，邻邦干涉，内忧外患，迭起丛生，言念及此，深为焦灼。南中参议院诸公，力持建邦金陵之议，原欲改弦更张，从新缔造，宅心未尝不善。然统筹大势，默相舆情，两害相权，必择其轻；两利相权，必择其重，此中关系，屡详各省函电中，毋庸赘述。且即舍北京而论，建业偏安，犹不若武昌形胜，征诸往史，利害昭然。然且以时势所趋，不得不力图治安，勉求让步。若参议院诸公，必欲胶执成见，事久生变，诚恐以一时未审之谋，贻全国无穷之祸。倘使后人追原罪首，悔将何及，

---

① 以上各件见《〈云南政治公报〉摘录》，《云南文史资料选辑》第 17 辑，第 246—248 页。
② 曾业英编《蔡锷集》（一），第 490 页。

谅热心爱国者，当不出此。窃谓为暂时权宜之计，必仍规定燕京，借消隐患。将来宅中建国，仍在武昌，既足涤三百年旧染之污，亦可辟亿万世奠安之局，折中定策，莫此为宜。

如蒙允诺，即请从速组织临时政府，规划一切。一面开辟武汉，建筑新都。洪虽不敏，愿董厥成，俟新都告成之日，即为总统移驻之时。胜朝反侧，已就范围，民国感情，亦孚一致，郅治之隆，胥操左券，岂惟我北方父老群相仰望，当亦我南中诸公所乐为赞成也。洪虽籍隶楚北，忝执鞭弭，为天下先，特以事机急迫，稍纵即逝，失此不言，祸患立见。审时立说，概秉大公，既不敢挟权利之心，以便私图；亦不忍存畛域之见，以误大局。皇天后土，实鉴此心。临颖盼复，神与电驰。

6日，蔡锷也电陈南京孙中山、北京袁世凯、武昌黎元洪及各省都督，主张奠都北京。说："建都之议，章太炎、庄思缄两君及各报馆所论，已阐发无遗矣。鄙意所尤当虑者，则建都南京后，北边形势当为之一变，诚恐遗孽有乘虚窃据之虞，而强邻启瓜分侵蚀之心，黄河以北扰乱破裂，甚非民国之利，尚望早定大计。建都燕京，可以控驭中外，统一南北，大局幸甚。若夫祛除私见，调和感情，袁公当优为之，似可无烦过计。滇都督锷叩。鱼。印。"①

▲李根源电请蔡锷改弥渡、漾濞为县治。说："省城军都督府钧鉴。查弥渡通判缺专管缉捕，而地方与赵州、蒙化、云南县三处接壤，华离交错，界限不分，钱粮互有隐匿，词讼互相歧控，事烦贵重，新政纷纭，断非一通判分防所克胜任。前该处绅商禀转改设县治，实为握要之图，拟请设县试办，饬即督绅会同赵、云、蒙官绅，将其插花地段划分疆界，分拨钱粮，绘图贴说，禀候饬军政部分饬各司核议，规定实行。又漾濞地居要冲，隶于蒙化，又与永平、浪穹、云龙四处插花，且距厅县城四五站不等，官民隔阂，呼应不灵。现经腾永兵乱后，抚绥安辑尤贵得人，巡检微员难资镇摄，拟请亦改设知县，于四属插花地面支配划分，仍会同四属官绅公同办理，禀候分饬妥议，核定饬遵。兹弥渡一缺，查有前署云龙州黎民藩堪以

---

① 以上二电见曾业英编《蔡锷集》（一），第491—492页。第二电中"若夫祛除私见"以下一段文字，不见于《黎副总统政书》。

委令，试办漾濞，俟奉电复后，再遴员请委。查大理府属已有七州县，弥渡、漾濞拟请均隶蒙化，便于联络，以资治理。是否有当，伏乞示遵。巡按使藩、师长根源叩。鱼。印。"①

▲蔡锷电告泸州韩建铎、李鸿祥、谢汝翼，清帝退位，"北伐自应取消"，我军当早日分别撤回，勿再与川方"争持"。说："东密。满酋退位，北伐自应取消，我军当分别撤回。昨于微电详达，希即照办。蜀省备送军饷未能如额，然此时机局一变，亦难以原约争持，惟有早日撤回，免生纷议。至借用军人及扣留枪械两事，已电川军府悉数送回。如原系由蜀来滇之军士，此次随同出川，可听分别留用。其现隶我军之川人，如愿就近回籍，亦可听其缴械退伍，免致携械潜逃，反多缪辕。锷。鱼。印。"②

▲李根源电陈"省城军都督府"，从宽惩处"应斩"罪犯董友芳缘由。说："董友芳所犯罪状，实属私通匪人，干犯众怒，贻害地方，当经拿获到案讯明，罪应斩决。嗣据报效银一万两，由自治绅商会代为吁请从宽，贷其一死，笼禁通衢示众，稍泄地方之公愤，而略示奸宄以创惩。兹复据腾冲自治全体及商会公呈称，该犯自守法后，深切悔过之诚。兹值南北统一庆祝大典，拟恩从宽惩办，予以自新等情前来。又于举行庆祝式后，公同面称，现议建腾冲开创殉国遗逸诸公祠堂及杨忠毅祠，该犯自愿呈缴银三千两，以资建筑而赎罪愆等语。查该犯情罪重大，本非罚锾可以自赎，惟出全体绅商再三邀求，且当民国统一，薄海同欢，维称庆之时，亦省刑之日，该犯董友芳拟准其呈缴银三千两，发府监禁三月，期满再行察看释放，以徇地方之请，而彰法外之仁。所缴之款，发交自治公所，以一半修腾冲开创殉国遗逸诸公祠堂，以一半修杨忠毅祠。惟此次系逢旷典，特别宽减，后此不得援以为请。除批饬外，谨电查核。师长根源谨叩。鱼。印。"③

7 日

▲3 月 4 日，郭重光等人致电蔡锷，感谢滇军代黔戡乱（见本书 1912

---

① 《弥渡、漾濞均改县治》，《申报》1912 年 3 月 28 日。
② 曾业英编《蔡锷集》（一），第 489 页。
③ 《西事汇略》卷七，第 61 页。原电仅有韵目代日，因电文中有"兹值南北统一庆祝大典"一语，而南京临时政府举行庆祝南北统一大典又在 2 月 15 日［《孙中山史事详录（1911—1913）》，第 186 页］，由此当可推定其发于 3 月 6 日。

年3月3日记事）。同日，唐继尧急电蔡锷，报告抵黔平乱，以及黔人请其出任"黔省临时都督"等情况。说：

> 我军二月二十七日抵黔，耆老会绅，均表欢迎犒劳，民人忭舞欣幸，谓为重睹天日。本部住螺狮山，各队分扎照壁山、东山、观风台、九华宫等处。连日耆老会诸君代表全黔，不承认赵都督德全，并要求继尧为黔省临时都督，代剿防、陆各营会匪，情词恳切，辞之再四。继见黔省人民倒悬待解，滇黔唇齿，关系密切，如再固辞，未免伤黔人感情，只得允许暂行担任，并立约五条，另详呈览。嗣由耆老会函告赵德全众怒难犯，晓以利害，劝令辞职，并担保生命财产。殊赵不听忠告，谓黔民倚仗滇军，敢于怀二，转约蓝绍廷、叶占标等，准备袭击我军，定期歌日烧抢。黔省绅耆探实，佥谓先发制人，刘如周、胡锦棠两军亦表同情，爰于冬日黎明，开城迎请我军严队而入，分攻都督府、执法部、火药局，各处俱得手，商民争以馈酒饷军，酬钱不受，有感激泣下者。城外南厂、黔灵山、紫行庵、头桥各营，亦为我军击毙多人，赵、蓝、叶扬逃未获，军队缴械投诚者无数，特会黔绅诛首恶数十人，余悉贷以不死。下午七钟，一律肃清，黔民大悦，悬旗志庆，我军负伤六人，凡此皆我都督威德所致，故能迅奏肤功。江日入城驻军，一俟建设完善，再当报告。特先电陈，请抒廑系。再到黔后，电局为赵阻止，随营电报，亦不能达，谨此附及。继尧叩。支。印。①

7日，蔡锷电复郭重光等人暨绅商军学界，表示仍希望唐继尧还滇。说："接支电，借悉滇军抵筑，纪律森严，平乱安民，父老欢庆，并公推唐总司令任黔都督，欣慰良深。唐总司令器识恢闳，声望素著，滇中反正，厥功甚伟。此次北伐，志在荡平胡虏，早定中原，适黔局不靖，屡经绅耆电请救援，复于沿途吁恳，滇、黔唇齿，不忍漠视，乃允代为戡乱，解此倒悬。至任黔都督一职，初非唐司令本怀，惟黔局甫定，喘息未安，自不能不勉徇群情，暂资镇慑。所冀诸公互相赞助，早复治安，不独黔省之幸。一俟全境安谧，仍望将唐君还我，唐君在滇，原任重要职务，未便久悬。

---

① 《贵州辛亥革命资料选编》，第97—98页。

黔饷维艰，不敷散放，驻黔滇军饷需，此间当谅力筹济。希随时电闻。滇都督锷。阳。印。"①

同日，又电复唐继尧，盼其能"与黔中绅民妥筹"黔省善后。说："支电悉。黔事不靖，全境阽危，我军俯念黔民，允为戡乱，兵威所至，一律肃清，父老欢迎，咸庆重睹天日，拔黔民于水火，而登诸衽席，厥惟执事之功，及我诸将士用命之力，闻之无任欣慰。现黔局甫定，镇慑需人，既经公推执事为都督，自应勉为担任，以副群情。所有一切善后经营，尤望与黔中绅民妥筹办理，期全局早日底定。至此次负伤将士，并希善为调护，俾得早就痊愈。以后办理情形，随时电告为盼。锷。阳。印。"②

9 日，戴戡等人反对杨荩诚"率队回黔"，并要求取消平刚代表资格。说：

> 袁大总统、黎副总统、孙中山先生、国务总长、参议院、各都督、各报馆均［钧］鉴。此间迭接旅沪、宁黔人来电，知前都督杨荩诚与前派临时代表平刚等串同私借外债，以黔省矿产作抵。查黔自反正以来，经张楚□黄哥匪蹂躏后，公私困竭，暂谋善后事宜，又复在在需款救时，借债尚无不合。但杨庸劣不职，当其在黔，信任张、黄，哥匪荼毒黔人，漠不措念。上年十月去黔后，更置黔人涂炭于不问，且出巡援鄂，所部扰民，尤甚于匪，黔人痛疾，业经公决，取消杨都督名义，并经电达。嗣有杨将仍率队回黔消息，即迭接镇、铜各属人民电禀，吁请代电湘鄂，限其勿来。是杨与黔省之关系已绝，自不能私借外债，擅用全省矿产作抵。此其颠顶荒谬，贻祸黔人，万无可忍，谨此电闻。且以一省名义借外债，非一二人可为之事，杨已非都督，亦非能借外债之人，全省矿产尤非抵借之物，杨借债事无论已否有成，黔人决不承认。至此后杨一切行为，自系私人之事，与黔无涉。平刚充代表数月，于黔事毫无裨益。举凡关系大局之事，亦始终无一字报告黔人，已属负黔溺职。乃更私相串合，希图分肥，其罪实无可逭。所有代表名义，公议即行取销，合并声明。黔绅学商界代表戴戡、周沆、郭重光、刘显世、朱勋、华之鸿、何麟书、黄裕贞、马汝骧等同

---

① 曾业英编《蔡锷集》（一），第 492—493 页。据《云南政治公报》第 6 期《要电》校补。
② 《要电》，《云南政治公报》第 6 期，1912 年 4 月 1 日。

叩。佳。①

18 日，杨荩诚通电自我辩护说：

北京袁大总统、唐总理、各部总长、参议院，南京黄留守使，各省都督，各报馆公鉴。黔省不幸，私党相倾，以致北伐滇军效假道伐虢之心，行远交近攻之计。于阴历正月十三夜潜兵入城，猛击军政府及驻省新防各军，黔军仓卒无备，遂为所败。滇军既逐赵副都督德全，即分兵占据电报局及各机关。其司令官唐继尧自称临时都督，一方假黔人名义捏电外省自褒自扬，一方买嘱私人妄造舆论淆乱听闻，其居心叵测于兹可见。诚在南京已闻其横暴，因恐不信，故置未理，及返至常德，阅黔中报告，询问省内来人，所言佥同。因撮其要，条例于次。（一）滇军假名会匪，欲一举歼灭黔军。彼围攻时，枪毙之三百余人无论矣。其投降及被生获者，即在敌国亦不至诛，滇军竟咸加惨杀，剜心剖腹，身首异坑，如是死者计又数百。夫黔军纵有不良，何至人人皆匪？即论诛匪，何军人以外之匪，并未闻诛戮几许？推其用心，不过以为黔无军队，便可为所欲为，故不惜残杀同胞，借张声势。（二）议院为立法机关，议员乃国民代表，共和国家，莫不尊重。唐等以各议员反对其行为，竟用兵驱逐议员，盘踞议厅，黔人畏威，莫敢谁何，此其摧残民气，实为中外所罕见。（三）经济足亡人国，银行票必本银根。滇军以滇票散行市面，并不设局兑换，民苟不用，则即杀身，扰乱社会经济，防害人民公安，孰有甚于此者乎。凡此三端，均专制时代所未有，乃不幸于共和时代见之，苟非有所利而为此，何至灭绝人道、违背公理若是乎。诚所部北伐军队及援川黔军，均以急公好义，出而在外，今仍归黔，乃以理有必然之势。诬为固位便私之计，分电湘、蜀，请其解散黔军。虽公道自在人心，湘蜀不为所动。然彼野心勃勃，早已路人皆知。以暴易暴，行同盗贼，较之在川滇军尤甚，反津津以平黔乱自诩，其自欺欺人为何如乎。夫吾辈革命，原以国利民福为宗旨。今民国伊始，黔民反居水深火热之中，诚既起义于先，万难坐视于后。兼北伐黔军多至数千，若不令回黔，恐祸邻省。况黔

---

① 《公电》，上海《时报》1912 年 4 月 18 日。

省仅恃军队，失此将可所恃乎，因不敢自重其身，率之归黔。苟黔秩序稍复，誓即退避贤路，此实万不得已之苦衷，非以区区位置争去就也。而彼等竟指为争位，固系欺人以方。然试思黔省正都督回黔为争位，则滇军司令官自称黔都督非争位乎，滇省北伐军据黔非争位乎。孰是孰非，不难立判。且彼此均以北伐在外，而滇军于己则以不回本省为是，于人则以回至本省为非，天下有是理乎。诚苟以瓜李为嫌，何难独善其身，惟恐此风一播，效尤踵接，强者陵弱，众者暴寡，统一之局，立见分裂，民国前途，何堪设想。且滇军在川，殷鉴不远，不早为之所，则滇军横行，日甚一隅，牵动全局，实于各国承认民国问题，大生障碍。至黔军在外不归，必为湘蜀之患，尤其余事。用特电闻，务祈主持一切，免贻外人口实。全黔幸甚，全国幸甚。都督杨荩诚。啸。①

19 日，李烈钧通电各报馆，推举唐继尧为黔督。说："各报馆鉴。黔公电敬悉。黔自光复后，会匪四起，民不聊生。滇军笃念唇齿，代平匪乱，出黔境同胞于水火，地方赖以安靖，毅力高议，薄海同钦。黔人士痛痒相关，见闻较确，推唐拒杨，具有苦衷。唐公以侠义名于同辈，素无欲利心，暂任都督，想非得已。大总统无偏无党，各都督主张公道，务恳电阻□杨公毋轻回黔，致损中央威严，加重黔人共愤。烈钧为黔境同胞请命，非有私意存于其间，事关大局，诸冀谅察。赣都督李烈钧叩。效。"②

22 日，旅鄂黔人邓汉祥等数十人则通电表示"调停"意见，黔省都督"由中央政府择贤简放"。说：

北京南横街黔学堂、天津云贵会馆、常德贵州行台、各省都督、上海陈都督、吉林并转安顺、兴义、大定、遵义、黎平、都匀、石阡、镇远、平越、思南、思州、铜仁各府转黔人公鉴。黔省党派纷争，互相倾轧，糜烂危险，立在目前，乡人聚讼纷然，莫衷一是。同人等复核事实，征诸舆论，窃以黔省反正，杨君荩诚首难倡义，不为无功。嗣以出师北上，当局营私，乱阶潜伏，杨君统兵驻常，不顾黔乱，责

---

① 《公电》，上海《时报》1912 年 4 月 22 日。
② 《公电》，上海《时报》1912 年 4 月 21 日。

有难辞。唐君继尧代平黔乱，义气昭然，而残杀过多，殊为已甚。杨、唐二君功过，自难掩饰。第值民国初成，大局未定，若唐为都督，则恶感既深，萧祸不免。杨为都督，则意见难洽，兵端立兆。消弭黔乱，维持桑梓，莫如□［以］杨、唐二君暂避贤路，俟黔局既定，再议相当报酬。黔省都督即由中央政府择贤简放，电滇军政府调回滇兵；黔省驻常军队即由新都督带领回黔，庶可免彼此之争持、将来之隐患。同人等众意相同，全体一致，祈尊处博采公论。如意见相同，即请列名电复鄂都督府参议厅处，以便公请副总统电商大总统立予解决，黔省幸甚。旅鄂黔人邓汉祥、汪秉乾、金谷、陈齐昌、赵铨章、王宪章数十人等叩。祃。①

5月3日，报载袁世凯对贵州都督之争，以"维持现状为第一办法"。说："杨荩诚、唐继尧争贵州都督……兹探闻总统府前日又得常德来电，大致谓杨之部众坚推杨为都督，杨虽不肯迁就，而其部众决不甘心唐［杨］之久假不归。恐将来不免有一场恶战。似此现象，贵州都督势必另行任人，或可息此争端。然在袁总统之意，以维持现状为第一办法，故于昨日仍命唐继尧为贵州都督云。"②

6日，蔡锷致电袁世凯、国务院、黎元洪、黄兴、各省都督、各报馆，请袁世凯"速派贤员主持黔事"。说："黔省匪氛甚恶，民不聊生，迭经绅民文电请援，并公举代表来滇，迫切恳求。虽以唇齿之亲，不忍坐视，然恐以恤邻之谊，又启猜疑，故皆婉词谢之。及敝军北伐，取道黔中，父老复力求援助，此间仍催敝军趱程前进，不必留黔。嗣因黔军统领黄泽霖扣饷生变，黔事甚危，绅商复急电请援，乃饬唐司令赴黔镇慑。黔人以唐司令拨乱，加推为都督，黔事甫定，不能不暂为维持。现匪乱渐平，商民复业，援黔义务已尽，滇军即应撤返。近闻前都督杨荩诚率部回黔，绅民惶恐，万一致生冲突，又必贻操戈同室之讥。且滇军到黔，饷糈皆由自给，财政本属奇绌，接济实属为难。应恳大总统速派贤员主持黔事，俾唐司令早日交替，振旅还滇，不独滇军得息仔肩，即黔省亦不至再罹兵刃。迫切

---

① 《公电》，上海《时报》1912年4月24日。
② 《北京通信记·杨唐争贵州都督》，上海《时报》1912年5月3日。

陈词，伏候裁示。滇都督锷叩。鱼。印。"①

9 日，驻常德黔军官佐蔡尔骏、席正铭等数十人联名通电袁世凯、各省都督等，表示"不受解散"。说：

> 万急。北京袁大总统、国务院、参议院，武昌黎副总统，南京黄留守，各省都督，各报馆鉴。项阅贵阳来电云，驻常德黔军一律解散等语，曷胜愤恨。我军非他，乃黔中良家子弟，光复黔省后随杨都督北伐之军队也，曾经中央政府编制为第二十一师，堂堂正正，非乌合之徒。前行至常德，奉副总统命令，以共和将次告成，暂为驻扎，非有所芥蒂不公也。今黔电云解散，果据何理由耶。黔中改编新军，本属无多，自滇兵诈入后，守者既杀逐净尽，行者复遣散无遗，黔无一可用之兵，异日保卫维持，将孰是赖耶。夫以滇兵占据黔省，黔中二三小人欲固其位，故不惜解散黔军，以媚滇兵，剥削黔中民膏民脂，供给滇兵，予取予求，举吾黔数百万伯叔兄弟诸姑姊妹奴隶于滇人之下，真闻所未闻。常德湘郡也，叠被水灾，伏莽堪虑，今如黔电（解）散军队，于是弱者或转徙沟壑，强者必走险路，设万一勾结为患，牵动全局，以邻为壑，谁生厉阶。揆诸顾全大局者，用心断不若是。有可骇者，叠接各处函电，镇远、鄮口一带，滇兵云集，凡归自湘者，都严密检查，形迹稍涉军界，即遭杀毙。驻常军士，其家居黔者，悉皆抄掠。夫以□除无政府，而北伐出师。今以北伐在外，故而遗祸家属，人孰无情，回首家山，莫不仰天长叹。哀痛泣血，滇兵之残杀，莫不曰□。试问黔中若干军队，果其匪乎，抑非匪乎，即云匪矣，亦不能以一人故，而波及全家。罪人不孥，残杀之，滇兵岂未之闻。吾侪武夫，曾读书，粗知大义，再四筹商，实无进行善策。若久驻常德，饷糈难济，一旦告匮，哗变邻虞，清人之论，何忍卒变。若接管回黔，始则勒缴枪械，继必横肆惨杀，前车已覆，后车当鉴。是久留湘死，散归黔死，等死耳。与其束手死，不如血战死。现在同决议，即日整队回黔，誓以数千健儿颈血，饱餍滇军锋刃，齑粉所不辞矣。然我军之出黔也，杨都督率之，昔日杨督率我军以出，今日我军必奉杨都督，

---

① 曾业英编《蔡锷集》（一），第607—608页。又见上海《时报》1912年5月15日。

以共群，以竞争，断不容杨都督中道弃我军于不顾。若占据我黔中之土地，惨杀我黔中之同胞，掳掠我黔中之钱财，如唐继尧辈必蠲除乃止，何承认之有？行将击楫中流，誓兹湘水，率吾黔壮士，还我河山。谨此布告，统祈察鉴。驻常德军官佐蔡尔骏、席正铭、徐鲲、田子玉（按：以下名单略）等暨全体军士同叩。佳。①

8月3日，袁世凯肯定滇军和唐继尧的"援黔"之举，在四川都督转递贵州代表张炳麟等胪陈唐继尧各节呈中批示道："据呈已悉。贵州代表张炳麟等所陈各节，阅之慨然。滇黔为唇齿相关，同属中华民国之行省，现今共和成立，五族一家，滇黔更非仇敌。唐都督到黔以后，维持地方秩序，不致生灵涂炭，于黔未始无功，昭昭在人耳目，非可虚饰。张炳麟等乃诬滇军以为贼，又诬黔人以为卖国奴，宁复有爱乡爱国爱同胞之思想，徒挟一偏之私见，不惜厚诬其乡人。古云：辩言乱政者，始是之谓。本大总统受国民之付托，以恢复秩序、息事宁人为首务，徐图建设，以巩国基，若如张炳麟等所请，天下宁有安枕之日耶。此批。中华民国元年八月初三日。大总统盖印。陆征祥署名。"②

8 日

▲袁世凯发布宣誓词。说："民国建设造端，百凡待治。世凯深愿竭其能力，发扬共和之精神，涤荡专制之瑕秽，守宪法，依国民之愿望，蕲达国家于安全强国之域，俾五大民族同臻乐利。凡兹志愿，履行勿渝。俟召集国会，选定第一期大总统，世凯即行解职。谨掬诚悃誓告同胞。大中华民国元年三月初八日。袁世凯。"③

▲蔡锷电告南京孙中山、黄兴，武昌黎元洪，北京军界统一会，各省都督，已命令滇军"退保滇边，暂行缓进"。说："前接陕电告急，即饬在蜀滇军赴援。旋接四川尹都督东电，以援助秦陇，川军可独任其难。又接军界统一会电，升允猛攻乾、凤，已有赵、倪五千兵往接，似可毋庸再添兵。此时北方兵心不定，南军北上，恐多误会等语。已饬敝军退保滇边，

---

① 《公电》，上海《时报》1912 年 5 月 15 日。

② 《政府公报》第 98 号，1912 年 8 月 6 日。

③ 《袁大总统宣誓词》，《申报》1912 年 3 月 10 日。

暂行缓进。秦中近况如何，仍望西安张都督随时电告。滇都督锷叩。庚。印。"①

又电告南京孙中山、参议院、各部总长，武昌黎元洪，各省都督、各军总司令，已令唐继尧"与黔省士民妥筹善后"，"一俟全境底定，滇军自当撤还"。说："黔省独立后，匪势甚张，劫掠奸淫，全境糜烂。选据绅民告急，并派代表来滇请援。时因建虏未平，急图北伐，未暇兼顾。嗣北伐队道经黔中，绅民复沿途吁恳，滇军乃允为戡乱，解此倒悬。昨接黔省绅商军学各界公电称，北伐滇（军）司令唐继尧君率兵抵筑，助平匪乱，纪律严明，匪党遁逃，黔省人民重睹天日，现公推唐君暂任临时都督。又接唐君电称，此次入筑，意在救灾恤邻，留充都督，殊非所愿。惟黔局甫定，喘息未安，不能不勉徇群情，暂资镇慑云云。已嘱令与黔省士民妥筹善后，以期一律肃清，庶黔省早复治安，滇军亦可早弛责任。黔省素瘠，饷糈甚艰，反正之初，公私赤立，前已由滇协济。现在整理一切，需款尤繁，不能不暂为筹措。一俟全境底定，滇军自当撤还，将来惟望中央维持，不独黔省之幸。谨以电闻。滇都督锷叩。庚。印。"②

▲李鸿祥电告蔡锷，"已准备东下助剿"。说："东密。支电悉。援陕一事，顷得尹昌衡电，谓川省能独力担任，无须劳我兵力，其不能出理由，已详前电。况川省兵即匪徒，祸机已伏，势必糜烂，后路堪虞。现北方变乱不堪，我军已准备东下助剿。款项系由叙汇昭解滇，计日可到。幼臣本日到泸，附及。鸿叩。庚。印。"③

▲2月29日，赵德全致电黎元洪等，禀报入黔滇军举动，令人生疑，并请示应对之策。说："滇军入境，假道赴鄂，沿途擅自行动，所过城乡均各自占领。黔滇素为唇齿，究非敌国可比。抵省后，其一切举动非为不合军律，兹略述如下。一、敝省自受蔡都督电告后，即出示安民，市廛无惊，照常交易。又特派招待员离城六七十里欢迎，以表敦睦，且备牛酒相犒，又代经理物品，而该军漠视招待。二、指定所驻地点，第二日即擅自迁移，

① 曾业英编《蔡锷集》（一），第495页。
② 曾业英编《蔡锷集》（一），第494—495页。又见《要电》，《云南政治公报》第6期，1912年4月1日。公开发表时，将"黔省独立"一语改为"黔省反正"，"前已由滇协济"一语改为"前已由滇稍筹协济"，"不能不暂为筹措"一语改为"不能不谅力援助"。
③ 《云南辛亥革命资料》，第392页。

并不预商承诺。证之公理，主权何在？三、擅据要隘，俨如临敌选定阵地。四、盘据省垣，出发无期。当此民国新造之初，基础未固，自不应多种召乱之因。设一旦祸生不测，黔局之破烂［坏］当如何。五、所带银票，蔡都督虽有电告，该军到日，并不送验，竟出示令民一体遵用，市面极形恐惶，民心大为震动。黔地虽极瘠贫，想各省同胞亦不肯决然舍去。该军对于黔省如此举动，人民不能无疑。德全担此巨责，不敢不洒血沥诚，为黔省七百万同胞请命，以保大局之和平。特此专电，以备公评，并望速赐对待之策。"

3月7日，黎元洪电复赵德全说："艳电悉。前屡据电告贵境不靖，党派冲突，恐贵军不能自保安宁秩序，故中央以援鄂滇军就便镇慑。滇军既为保护邻省安宁秩序而来，断不致扰害邻省治安。请一面转饬滇军司令官严肃纪律，免遭不韪；一面整顿贵省内部秩序。一俟肃清，即可商之蔡都督将该军队撤回。此复。"

又电蔡锷说："准贵阳赵都督艳日通电，谅已达览。贵军既负有保护邻省安宁秩序之责，万不可扰害邻省治安，请电饬贵军严肃军律，免遭不韪。如黔省安静，祈将贵军撤回。至祷。"[①]

8日，蔡锷电复黎元洪，表示一旦黔省"全境底定，滇军自应撤还"。说："昨接黔省绅商军学各界公电称，唐司令继尧率兵抵筑，削平匪乱，纪律严明，匪党遁逃，黔省人民重见天日，现公推唐君暂任临时都督。又接唐君电称，此次入筑，意在救灾恤邻，留充都督，殊非所愿。惟黔局略定，喘息未安，不能不勉从群情，暂资镇慑等语。已嘱令选举黔省士民妥筹善后，以期一律肃清，庶黔省早复治安，滇军亦可早卸责任。黔省素瘠，饷糈维艰，反正之初，公私赤立，前已由滇稍筹协济。现在整理一切，需款尤繁，不能不量力援助。一俟全境底定，滇军自应撤还。谨以电闻。"[②]

4月24日，有报纸刊发唐继尧的布告，径言其入黔平"匪乱"，是"经滇都督府公同议决"的。说："本司令奉滇军都督命令组织北伐军队，原拟取道威、毕出川进行，嗣因旅滇黔人接筑垣耆老会密函，知黔事糜烂达于极点，遂开全体同乡会要求滇军通过贵阳，相机代为整理一切，并由

① 以上三电见《贵州辛亥革命资料选编》，第50—52页。
② 以上二电见曾业英编《蔡锷集》（一），第494页。

耆老会公举代表赴滇作秦庭之哭。经滇都督府公同议决，滇、黔唇齿，自应持人道主义，救困扶危，特允黔人请求，改道平彝。入黔以来，迭据本军侦探报告暨沿途居民泣诉，黔省自首郡逮各府厅州县，公口林立，强迫人民入会，勒出洋银百数元以至数百元，地方官多属匪党，借簈为巢穴，淫杀抢掠之案，日数十起，呼吁无门，省城绅商，朝不保夕。"①

同日，又载周沆、戴戡等人通电孙中山等人说："戡在黔受乡人耆老绅商之委托，沆在须［滇］受旅滇同乡之委任，与蔡都督订立密约，恳求援助。蔡都督念唇齿，爰命北伐军道出贵阳，力助黔人，共平匪乱。"②

▲蔡锷电复贵州周沆，盼其"早日就绪"黔事，"返滇赞助"。说："阳电悉。黔中惨黩，一旦廓清，俾父老重睹天日，此黔省之福，实诸君经营惨（淡）之功也，闻之无任欣慰。现大局甫定，整理需人，父母之邦，谊不容谢。惟冀经营一切，早日就绪，即行返滇赞助，至为盼祷。蒙案尚未议结，并闻。锷。庚。印。"③

▲李根源电陈"省城军都督府"，永康邦卡等处 2 月 23 日以来剿办"匪类"的概况，以及命徐鸿恩率队前往耿马暗查土司罕华基是否包庇刀上达。说：

> 本日接永康徐教练官鸿恩、和牧朝选二月勘日（按：即28日）专函禀称，本月漾日探悉永属邦卡等处，尚有匪三四百人啸集，教练等当即会商派第三中队长萧云程，率队前往节节围攻，击毙匪十九名，夺获铜帽枪八杆，铜镘二面，刀矛数十件。翌日入山搜查，复擒获匪党鲁国中、罗春华二人。又派先锋队中哨官邓传兴，率队分往猛捧、汉家寨等处兜剿，击毙匪十三人，捕获李光明、李小七、林兆麟等三名，讯明李光明系罕华宗之队官，李小七、林兆麟系李光明之从匪，均籍隶耿马，鲁国中、罗春华籍隶德党，亦系罕华宗所遣来接应者。并据称刀匪上达及张学礼、刘老八等均在耿马，意图恢复。所有军饷，均罕土司协助云云。除将鲁、罗两犯立予正法外，其李光明等均押州署。知州飞函至耿马，饬将刀匪解州，即将李匪等释回，尚未据复。

① 《贵州都督之布告》，上海《民声日报》1912 年 4 月 24 日。
② 上海《民声日报》1912 年 4 月 24 日。
③ 曾业英编《蔡锷集》（一），第 496 页。

惟查永康汉夷人等投诚于刀匪部下者甚多，聚散无常，时出时没。我军跟踪追击，则逃入耿马，几视该地为逭逃之薮。该土司罕华基不能协缉，其胞弟华宗复敢拥兵入永，任意烧杀，似此甘为戎首，恳请酌核办理等语。查耿马窝留土匪，私助军饷，前接徐教练等函禀，业经派员前往密为侦察。兹复据禀各节，当即函饬徐教练率队先到耿马，名曰安抚，暗为访查。如果该土司窝留刀上达属实，即饬将该匪交出惩办，胁从免究，所率兵队，饬其严守纪律，不准稍有滋扰，到耿二三日后，即行率队由顺回榆。并另函和牧，出示剀切晓谕，凡从前为刀匪迫胁者，勿论汉夷，概免究治，准其各安本业，以免流离。所获李光明等三人，仍监禁州署，以备质讯。枪刀各物，解交永昌，由守汇报。复将该牧等所陈各情，电饬顺宁张守、李协，就近密派妥员，前往查明禀复，仍由张守转饬耿马土司，嗣后遇有永康逃入匪类，务宜不分畛域，协缉兜拿，以靖匪风，而固边圉。合并电呈，伏乞鉴核。师长根源叩。庚。印。①

▲省军政部电请李根源查明罗汉彩、杨载仁有无"带兵赴耿马勒缴枪支、盐课"等事。说："月密。养电悉。前据迤南方道等电禀，罗汉彩、杨载仁带兵赴耿马勒缴枪枝、盐课等情，已电请尊处查办。今尊电谓其人诚朴可用，熟悉边情，该罗汉彩与耿马土司来禀，亦力称保护地方，是方道等电禀，未足尽信。该罗汉彩在耿马举动，究竟是否纯正，又勒缴枪枝、盐课若干，请即查明核办。如果宗旨正大，即亦不必苛求，致伤同气。军政部。庚。印。"

24 日，李根源电请"省城军政部"代呈军都督府罗汉彩事。说：

罗汉彩现已来腾。当将前电属查各节，饬令明白具复。兹据禀称，前在耿马收缴缉私哨并枪码，当同罕土司点交杨载仁移交顺宁李协，有该哨兵丁出具收字存李协处可据。盐务银两并未经手，此外所到之处，并未索取民间一草一木，李协及耿马土司均可质询，如有丝毫侵扰，请按军律治罪。其布告宣言等件，系按照《革命方略》录出张贴，以昭大义而晓群疑，假托军政府命令之诬，想系由此而生。溯自前岁

---

① 《西事汇略》卷三，第7—8页。

由黄克强、吕志伊发与《方略》，去秋接杜韩甫函谓，滇将举义，沿边邻英，亟须安抚，迨汉彩到耿马时，道路僻远，尚未获见反正之宣告，是以办理一切，不能不照《方略》所载施行。后闻各属反正，即行整回内地，冀以沿边情形报告军府。杨载仁到耿后，汉彩即于彼时起程，经顺出永。至杨所为如何，并不知悉等情。核与顺宁李协来电所言相同，自属可信。查罗汉彩奔走党事历有年所，艰险危难，靡不备尝。在暹罗大山一带联络运动，毁其资财至二三万金，实吾党所罕觏。杜韩甫等身预其事，言之最详。此次在耿马举动亦极纯正，方道电禀未免厚诬。且其人尤诚朴，似不能弃置不用。渠于西南各土司情形最为熟习，拟派充顺宁府属耿马猛猛等处安抚委员，以资绥辑，且为将来经营边事之备。如何之处，仍希示复，并请代呈军府为盼。根源叩。敬。印。①

▲蔡锷电告腾越李根源，腾越英领诬称他"有反对外人之意"，已据理说明"属误会"，但也"仍希注意"。说："月密。准英领额必廉照开，滇省反正，各处教士来省，现拟各回原处。适接腾领电称，李师长有反对外人之意，且在迤西权力无限，外人不宜前往大理等因。当经照复滇省反正以来，地方称安静，各教士欲回原处，只可听其自由。至李师长开通文明，为滇人所并共称，亦本都督所深信，可决其必无反对外人之意。来照称其在迤西权力无限，本都督考其所办事项，亦俱为其职权所当为，腾领所言，恐属误会云云。特此电闻。仍希注意。锷。庚。印。"②

10 日，李根源电复蔡锷说："庚电敬悉。腾自开关以来，○○（按：当为"英人"二字）恣睢，官吏葺阘，事无巨细，听客所为，辱国丧权，更仆难数，奴隶牛马，视为固然。其间能自振作如秦树声，立斥之去，不得终日。于是奸民攀援，依附凌轹同种，破坏国防，狐鼠枭獍，遍地皆是。迨片马事起，且争为外人效命，有司熟视而不睹，国人切齿而莫报，此滇人腐心横虑，匪伊朝夕者也。幸赖钧府之主持，又得军政部为后盾，冀以寒奸胆，恢国权于万一。至于对外办法，均与樾老审慎以图，虽彼无理相干，在我无瑕可指，惟外人至强词干涉，虚声恫喝而无效，必将以政府为

---

① 以上二电见《西事汇略》卷九，第 11—12 页。
② 曾业英编《蔡锷集》（一），第 496 页。

挟制，以谣言为恐吓，此其惯技，早在意中。兹读照复之文，洞其心而穷其技。惟腾领习见旧日官吏怯懦性成，一旦反其所为，坚持不动，难保不多方思逞，尚恳预筹对付，力予维持国际边防，实深攸赖。仍乞训示，俾有遵循。根源叩。灰。印。"

又电陈蔡锷，请力予维持查核办理各案，"以保主权，而固边局"。说："月密。樾老函送腾领所交一纸，及税司抄来总税司转新举袁总统电一纸，昨经电呈鉴核。本日领事来晤，复将袁总统电抄送。查电内所开各节，董友芹现在缅甸并未拿办。李三宝、徐麟祥、伍嘉源系前十年拘禁在省，并非现在之事。所称海关写字人戴姓，即腾关副委员戴鸿勋，因被人控告，由关道传案饬府质讯，昨已由府取具亲供，取保回差候案。以本管官吏传讯所属委员，不但与外人无干，即税司亦不容妄庇，均与外交上全无关系。又电中一再托词土人为难，尤为失实，当以此语答之。该领乃强词谓董友芹若非在缅，亦不免拿办，无理取闹，至斯已极。源细阅抄电，尤多疑窦之，袁公新推总统，尚未就职，不发自临时政府，而转自总税务司，不由军府转行，而径行腾越官吏，均不可解。外人动以政府钳制官吏已成惯技，此次各案始则强词干涉，继则虚声恫喝，技无所施，乃出于此。现在办理各案，均经先后电陈，应请钧府查核办理，力予维持，以保主权，而固边局。根源叩。灰。印。"[1]

▲报载云南二刀之优劣。说：

刁〔刀〕安仁：云南干崖土司刁〔刀〕君安仁曾留学日本，声誉卓著。毕业返国，亟图自强，改良所属陆军，以待时期。去岁滇省独立，刁〔刀〕君约束所属土司，归附滇省。近以民国成立，条呈各土司行政事宜于孙大总统，以图中国之统一，而绝法国之觊觎。孙总统阅毕，深以所呈改土归流，于统一主权有莫大之关系，应视为正当之办法。旋命内务部妥议详复，以慰土司忠爱祖国之热忱。

刁〔刀〕上达：云南镇康土酋刁〔刀〕上达自回镇康后，纵匪抄掠，民不聊生，当经腾越协都督张文光派委张嗣梁、郑明轩两管带，率先锋队第一、第二两营，前往镇康相机剿抚。二月二号，由小极统

---

① 以上二电见《西事汇略》卷七，第55页。

分途进兵，一营由猛梯户而进，已经获胜。二营由羊槽出木瓜寨，近攻德党。四号午前八钟将衙门围住，午后一钟一营接应，合力围攻。该衙门十分坚固，极难攻破。四号午后九钟，一营正哨官田子元面带一伤。五号早六钟，二营管带郑明轩亦面带枪伤，迄未得利。由是该酋聚党数千，盘据永康州县，仇杀汉民，肆行抢掠，并于永康州署四隅建设碉楼，各要扎立营盘，并下书与抚办军约战。现已由李师长电请张协都督，饬张、郑两管带痛加剿办，务须歼此丑类，无留余孽。并请饬知各土司，无得轻为刁［刀］上达所惑，派兵助恶。倘刁［刀］上达逃遁该境，勿放过缅，拿获就地正法。如张、郑兵力尚单，即速饬腾越附近兵队，前往助剿云云。①

按：该文所述，未涉腾越起义中刀安仁的表现。

9 日

▲蔡锷电告贵阳唐继尧，已委派唐尔锟为贵州提督兼督办黔省上游盐务。说："前因贵州上游一带川盐停运，民苦（淡）食。又张百麟窜入贞丰，勾结遵义、大定各属匪徒，势颇猖獗。非得熟悉军情、盐务之员，前往镇慑，并运销滇盐，不足以拯民而纾困，特委巡按使唐尔锟充贵州提督兼督办黔省上游盐务。该提督早经奉委，不日启行，特此电闻。锷。佳。印。"

又"万急"电泸州李鸿祥、谢汝翼，重庆张联长，"希即查照前电，克期撤还"滇军。说："接渝都督电开，贵军驻泸军队，悉行开拔来渝，坚欲入城，恐生枝节。川滇唇齿，生死相依，贵军既仗义援助于前，尚望始终维持于后云云。查和局已成，毋庸北伐，前已电饬我军分道撤回，计当达览。希即查照前电，克期撤还，以全睦谊。其现在渝者赴遵义，在泸者酌拨队赴大定，以急黔乱。余照前电分道回滇。锷。佳。印。"②

又电令泸州李鸿祥，仍照前"微电"，组织一步队三营"援黔"。说："微、鱼两电计达。昨接贵阳电，黔前闻称黔局糜烂，蒙滇省笃念唇齿，允令北伐军过黔助平匪乱。唐司令抵筑，赵德全谋袭击我军，唐遂会商黔绅

---

①　《云南二刁［刀］之优劣》，《申报》1912 年 3 月 8 日。
②　以上二电见曾业英编《蔡锷集》（一），第 497 页。

于十四日协攻军府，赵德全逃，居民安堵，咸庆更生，现推唐为临时都督云云。闻张百麟前逃往大定，近得确报，张现据贞丰，势颇猖獗，遵义等属匪势甚张，希执事仍照微电前往肃清为盼，并转达韩、谢诸君。锷。佳。印。"①

▲报载迤南曲江坝禀请蔡锷改设县治。说："迤南之曲江坝为建水县所属，地方宽广，人民繁多，向来只设有一巡检驻彼治理其事。反正后，已将其巡检裁撤，现在该处人民以出现民事刑事诉讼，若远赴县城控告，途远不便，兼之新政待理，特禀请军都督速将该处改设县治，以资整理。蔡都督以初改县治须经重大手续，更非筹划妥贴不可，特先准于该处设一行政委员，暂为治理。"②

又载唐继尧电告蔡锷，其被贵州各界推任为都督事。说："贵州内乱，幸有滇军代平……兹悉云南北伐军于二月杪抵贵筑，其在安顺时，曾因事干涉公口（即哥老会），勒令取销，省中各公口闻之，于滇军到筑之前一日纷纷取销。到省时，并不入城，免致人心惊恐，故绕道至军官学堂及螺蛳山驻扎。其司令部禁止部中人役出外，外人亦不许入内。旋由黔省绅耆力恳滇军协同营团戡定内乱，副都督赵德全已潜逃无踪矣。赵督既逃，黔人即举滇军统将唐君继尧为都督。兹将唐君致云南蔡都督电录下：继尧承蔡都督委令北伐，复蒙黔中耆老函电挽留，代平祸乱。抵筑后，赵恃哥会力谋抗拒，当予纵击。幸托福庇，赵、蓝逃遁，余党分别驱除安抚，大局粗定，各界公推任都督事。自惭学识谫〔谫〕陋，固辞不获，暂允担任。黔乱已极，绥定不易，诸公长才，务乞时赐教言，俾免陨越，无任盼祷。唐继尧叩。青。"③

11 日

▲蔡锷与罗佩金、殷承瓛、沈汪度、陈价电告唐继尧并转戴戡、周沆、刘显世、华之鸿，滇已勉力代为黔筹措五万两财政经费。说："北密。电悉。黔省窘状，征诸公言，亦深焦虑，自应不分畛域，代为筹维。惟滇省

① 曾业英编《蔡锷集》（一），第498页。又见《云南辛亥革命资料》，第393页。二者文字略有差异。
② 《碧鸡新语录·曲江坝改设县治》，上海《时报》1912年3月9日。
③ 《贵州更换都督》，《申报》1912年3月24日。

医疮剜肉，万分为难情形，亦诸公所洞鉴。现于无可如何之中，筹措五万两，由（商）号汇解，暂济目前，特此电达。锷、佩金、承瑏、汪度、价叩。真。印。"

又电令泸州谢汝翼、李鸿祥，将"自行放卖"的四川富顺官盐，"如数缴还"重庆军政府。说："幼密。接重庆蜀军府电开，贵军将存储敝省富顺财政科之自井官盐廿五载认为战利品，自行放卖。敝军政府已复电明白解释，徒［往］复电商，而贵军始终坚执己见。敝省不便以口舌争执，只得照复，任其暂行变卖，一面商请酌量办理，并电寄来往照会二件。查滇省素瘠，每年仰给于四川者数十万金，将来需款尤繁，则借助正未有艾，若过伤邻谊，于前途窒碍颇多。此时对于蜀军即竭力让步，尤足以昭我军之义举，而雪侵略之嫌疑。当即电复，文曰：支电悉。滇、蜀唇齿相依，关系密切，又历年协济，受惠良多，此次援川实出报恩之意，并非因此为利，欲望报酬。富顺官盐，敝军虽得之匪手，惟现在川事渐定，自应交贵军管理，方为正办。兹接来电，殊深抱歉，已严饬敝军如数缴还。如已放卖分给军士，应由敝省按照所售价目，如数筹还，以清界限云云。特此电闻，希即照办，切勿徒顾目前之小利，致破以后之邻交，想两君当能计虑及此。锷。真。印。"①

12 日

▲蔡锷致电北京新举大总统袁世凯、南北军界统一会，南京孙中山、陆军部、内务部总长，武昌黎元洪，各省都督，请订立颁行统兵大员不宜参与政治集会令。说："集会结社自由，为文明国通例，惟军人入会，各国多有限制。鄙意同一集会，亦宜稍有区别。如现在南北军界统一会之类，系为维持大局起见，自为全国所赞同。至如政治集会，似不宜以统兵大员为之，诚恐因政见不同，遂至以武力盾其后，反足以劫持公论，而破坏和平。虽险象尚未昭著，而流弊似应预防。特贡管见，用备甄采。如以为然，应请由中央将集会结社律订定颁行，庶海内有所循率。锷叩。文。印。"②

▲10 日，谢汝翼、李鸿祥电询蔡锷，拟派两大队经营凉山等事"是否

① 以上二电见曾业英编《蔡锷集》（一），第 501—502 页。
② 曾业英编《蔡锷集》（一），第 502—503 页。此电誊定，但注明"未发"。

可行"，说："东密。微电悉。款项事交涉就绪，俟款到手，即遵命实行。泸州之铜，因蜀政府欲行截留，已派人暂运宜昌。第一梯团拟派两大队经营凉山，其余队伍驻扎盐井渡附近。以川事乱久，糜烂立见，一则防其波及于滇，一则便于侨〔实〕行援蜀。是否可行，乞电示。翼、鸿叩。蒸。印。"①

12 日，蔡锷电复谢汝翼说："幼密。微〔蒸〕电悉。前致艳电，计已达览。拨兵开通凉山，深佩远筹。查该地为蛮夷窟穴，地广人稀，最宜开拓其地，行实边殖民之策，以安集流氓。唯该地风俗犷悍，居夷率以盗劫为生，非多置兵队徐图布置不可。至开矿一节，未为不善。然非确实调查，未可轻议。闻前清督曾两次派员采办，均已失败。应俟兵队前进后，继以遴员调查。如果确有把握，再行酌定。此复。锷。文。印。"

15 日，又电复泸州李鸿祥说："蒸电悉。所议妥协，望即速行。款项交涉，似不必坚持原则。泸州运宜昌之铜确数若干？并希电告。锷。咸。印。"②

▲7 日，韩建铎电请蔡锷另委"贤员为盼"。说："列密。铎初五日抵渝，盐已由张联长觅商转售。阅南京通告电，北京危急，请各省派兵速援，想尊处已有确闻。又奉感电，饬率队赴江宁，充中央卫戍之用。铎现已促成都政府照约纳款，先急北京之危，后应江宁之命。师长一席，仍请参委贤员为盼。铎叩。阳。印。"③

12 日，蔡锷电复重庆韩建铎、泸州李鸿祥说："列密。东密。阳、庚电悉。北方虽稍不靖④，然项城所调之兵，已足镇压。前接黄总长江电，只饬湘、鄂、粤、桂、沪、宁各军分道进援，其余克复省份，但饬力持镇静，保持现状。又段祺瑞来电，有北方军心未定，南军不宜往北之说。渝军政府亦来电，称我军到渝，人心惶恐，故前屡电促旋师，由翼廷（按：即李鸿祥）分一支队取道黔省，代靖遵义匪乱，由幼臣（按：即谢汝翼）分一队退扎大关一带，或即经营凉山，余悉回省，计已达览。尚望转达谢、李、张、韩、谢、张诸君照办为要。至蜀军前允助军饷四十万，及我军所得之

---

① 《云南辛亥革命资料》，第 394 页。
② 以上二电见曾业英编《蔡锷集》（一），第 503、509 页。
③ 《云南辛亥革命资料》，第 392 页。
④ 指 2 月 29 日至 3 月 2 日，北京、通州、保定、天津等地相继发生兵变一事。

官盐，亦毋庸争持，致失邻谊。滇、蜀关系密切，将来相助之事正多，不必计较目前也。锷。文。印。"

又电告唐继尧，"昨已勉筹五万汇寄"。说："贵阳唐都督鉴。青电悉。滇蜀问题和平解决后，即电催李玉亭分一支队入黔，以靖遵义、安顺一带匪乱。因电阻尚未得复，现又电催矣。黔省财政困难，固在意中。昨已勉筹五万汇寄。昨接何鹏翔电，永宁并无款可提。来电所云速能[解]贵阳接济一层，已做不到，惟视外债能否成立耳。锷。文。印。"

13 日，又电复唐继尧，请酌定唐尔锟事权。说："真电悉。唐省吾（按：唐尔锟，字省吾）赴黔，以办盐务为主，但盐务非操兵力或地方权不易办理，故以提督任之。如既委任有人，将来省吾抵黔，应如何畀以事权之处，由尊处酌定可也。锷。元。印。"

14 日，又电复唐继尧，肯定其对贵州军政府的重新改造，并示意须拟定办法，早清省外"匪势"。说："蒸电悉。黔军政府从新改造，机关颇完备，委任亦甚得人，极为欣慰。现黔中省局虽定，而外属匪势尚张，所拟办法甚当。此间亦已电催李翼亭分兵策应，以期早清匪乱矣。锷。盐。印。"①

15 日，再电复唐继尧说："尤电悉。前接何鹏翔电，永宁无款可提，已于文日电达。所拟由盐商在黔划拨一节，恐滇军无款运渝也。锷。咸。印。"②

▲陆荣廷电劝蔡锷勿为黔同室操戈。说："赵君德全艳电、唐君继尧支电计达视览。此事颠末，未能遥度，是非曲直，当有公论。但戈操同室，非民国之福。敝省谊关唇齿，尤殷拳注。统希详示，盼切祷切。荣廷叩。文。印。"③

▲尹昌衡、罗纶通电袁世凯等，表示民国统一，北伐作罢，"滇军应回滇境"。说："大总统、副总统、（各省）都督、各报馆鉴。敝省前与滇军协议会师北伐，滇军取道襄阳，川军进援秦陇。嗣接中央政府电告，清帝退位，民国统一，北伐已作罢论，秦陇援师，川省力能专顾，滇军应回滇境，惟远道□[之]师，已由本军政府备送银十万两。除电告滇军政府外，

---

① 以上四电见曾业英编《蔡锷集》（一），第 503—508 页。
② 曾业英编《蔡锷集》（一），第 510 页。据《云南辛亥革命资料》第 147 页，作"咸"电更为合理。
③ 《贵州辛亥革命资料选编》，第 54 页。

特此奉闻。昌衡、纶叩陈。文。"①

13 日

▲蔡锷电请上海外交代表伍廷芳暨参赞温宗尧、汪精卫维持大局。说："铣电敬悉。和议告成，民国统一，达共和之望，免争战之危，皆我公苦心孤诣所致，全国受赐良多。惟大局初定，建设方新，尚望始终维持，以巩国基，而慰群望。滇都督锷叩。元。印。"

又电告腾越李根源，唐继尧平黔乱经过，及援川滇军东下为中央政府所阻，准备以一部做经营凉山准备，其余悉数回省。说："□□悉。黔省军府，提倡公口，土匪横行，奸淫掳掠，全省糜烂。至二月，军民反动，黄泽霖毙，张百麟逃，省城震动，连电请援。适唐蓂赓到黔，饬令赴贵阳镇慑。唐率兵抵筑，绅耆欢迎，即为戡平匪乱，赵德全遁，黔人遂公推蓂赓为临时都督。惟遵义、大定一带匪势尚炽，已饬李翼廷（按：李鸿祥，字翼廷）分一支队由蜀入黔助剿，唐省吾亦带兵返安顺，黔乱尚易肃清。惟黔饷奇绌，善后正费经营。又援蜀军闻北方余孽稍有不靖，拟仍东下赴援，而中央来电阻止，重庆亦以滇军到渝，深滋疑虑。已饬韩、李、张诸人，由翼廷分一支队援黔，幼澄分一队退扎大关，为经营凉山地步，余悉回滇，知注附闻。锷。元。印。"②

14 日

▲蔡锷电复庾恩旸，黔省事定，"自当电邀回滇"。说："真电悉。黔事得诸公赞助，必能振刷一新，无任欣慰。一俟事局敉定，自当电邀回滇，匡我不逮。锷。盐。印。"③

15 日

▲援川滇军同人致电"滇军都督府"，自述滇军援川始末，以告同胞。说：

---

① 《公电》，上海《时报》1912 年 3 月 16 日。
② 以上二电见曾业英编《蔡锷集》（一），第 505 页。
③ 曾业英编《蔡锷集》（一），第 508 页。

滇军仗义援蜀，凡旅川各界同胞及滇军所至各处之绅商人民，均晓然滇军援川宗旨，亲睹滇军举动，公论自在。而尹昌衡等以夺权肇大乱，旋复组织哥会政府，多行不义，冒大不韪。恐滇军声罪致讨，遂通电全国，谓滇军挟侵掠主义而来，以致川军不得北伐。又谓滇军欲托名援陕，经过成都，将图袭取。又谓滇军欲驻兵叙、泸，干涉川省内政。种种捏词诬蔑，殊难枚举。然其荒谬不经，本无足以淆听闻，而公是公非，究不能不据实宣布，以供评论。

辛亥重九，滇军革命成功，旅滇各界川人，效秦廷之哭，促我出师，川东、川南均急电请援。九月下旬，第一梯团出发，其时赵、端正草菅川人，苦虐万状，设非滇军兼程疾驰，而川人之被其毒害者，正难以数计矣。十月下旬，第二梯团继进，分巡永、泸各属。第一梯团则自叙分驻富、犍各井，为全局保固财产，使毋废弃。然两军所至，倒悬顿解，民庆更生，川人非尽无良，至今犹称颂之。他如端方授首，赵屠卸政，是否滇军影响所及，尚未敢知。当尔丰交出政权时，朱、蒲允诺以平等对待旗人，证之此次清帝退位，条件尚不大差，而尹、罗薰心权势，阴煽兵士叛乱，并许以不正当之利益，致演成十八日之恶剧，劫杀掳掠，惨无人理，蒲、朱不知所终，尹、罗之目的达矣。是时滇军已抵叙州，设果挟侵略主义，直抵蓉城如反掌耳，所以不出此者，更有急切待救者在也。南溪则二次被围，自井则周匪盘踞，叙州有数万排食之同志，犍厂聚众数千无赖之游民，泸州城门闭若深闺，永宁城下居然战场，合江重围二月，纳溪之土匪猖獗，行旅不通，四民失业，若不早为遣散，明季流寇之祸成矣。

尹、罗方醉酣梦嬉，莫知所止，得哥会之助而为都督，于是大肆提倡，政府各部皆加以哥会名称，大汉公即最高机关，大陆公则总摄军政。他且无论，以军事言，岂容有第二种势力厕乎其间。尹、罗身充龙头，自尊大顶，不崇朝而风行全川，妇人女子亦居然开辟山堂设施，如此能保其不自祸以祸民国耶。其军队则容纳匪党，组合败类。先是，滇军对于叙、泸各地同志会，晓以大义，给以路资，遣归田里，使各务业。而此类希冀非分，负固不服，乃略用武力，俾畏而归。而尹、罗则广为招徕，今日成兵一标，明日成兵两镇，叩其内容，则前日之哥匪棍徒，公然陆军官长矣，狗偷鼠窃，居然全副武装矣。是等军队有无援陕资格，不问可知，而谓为滇军牵掣，其谁欺天乎！尹、罗惧滇军攻发，凑兵五镇，自谓无敌，与滇军感情遂大激［决］裂，突派重兵将我界牌极少数之外卫兵猛攻逐回。衅自彼开，罪无可逭。本拟直趋成都，痛除邪政，而是时南北尚未统一，升允跳梁，关陇危迫。滇军奉中央总参谋电，东下出荆、襄援陕，又兼胡景伊、郭灿诸人先后旋川，而程德全都督亦有归蜀消息，哥会政府之改良不患无人。因顾全大局，随时隐忍，置不与较，与胡、王诸使草订条件，将富、健并各军队撤归叙、泸、重庆，组织北伐。所谓挟侵掠主义，托名援陕，故袭取成都之瞽说，谁实信之。方拟买舟东出，适南北现已统一，滇都督电援陕之事可缓，而黔省之乱方炽，饬改道援黔等因。滇军遂规定由叙、泸、重庆分道入黔。现已悉出川境，成都又复捏电北京，捕风捉影，信口雌黄，谓滇军干涉川省内政。无据之谈，不甚可笑。在彼以为自欺可以欺人，焉知前日被排斥、被劫夺、被羞辱之各省各界同胞，已将哥会政府之内容，播之海内，岂必滇军始能干涉，而乃工于掩著［盖］，巧于欺朦，谢过滇人，自鸣得意，不谓民国开幕有此举动，良堪痛悼。为述始末，敬告同胞。援蜀滇军同人公布。删。印。①

▲蔡锷电告重庆韩建铎、黄毓成，泸州李鸿祥、谢汝翼，滇军凯还须遵办各事项。说："列密。幼密。滇军凯还，凡外籍目兵，着即分别妥为遣散。其遣散队之武器、装具、被服及官给品，须责成该长官预先收清，解送回滇。又各军队除由李旅长部下派一支队赴黔清匪，谢梯团长部下派一支队经营凉山外，余悉凯旋。步队所带子弹，着即酌留数发存营本部，以资应用。余数即行收缴，于启程前妥解回滇。再此次恢复滇垣及援川、黔各军队在事出力之官佐目兵，均应论功叙赏。除七十四标应由罗总长调查外，其（七十）三标及援川右纵队由李旅长详细调查。其第一梯团并增援队及原□炮队由谢梯（团）长亦详细调查。均须造具清册，交先行解械回滇之员携呈核办。统希查照，分别办理，是为至要。滇军都督。咸。印。"②

---

① 《云南辛亥革命资料》，第156—158页。
② 曾业英编《蔡锷集》（一），第509页。

▲11 日，韩建铎"火急"电请蔡锷"给假二月，以便赴宁辨白"。说："列密。微、敬（电）悉。前闻北军兵变，大局岌岌，拟率师东下，先急北京之危，后应江宁之命，当与川军政府磋商，允助饷银三十万两，不日交付。一俟收清，即遵钧电援黔旋滇。唯孙大统领听信川人一面之言，对铎大加申斥。恳请给假二月，以便赴宁辨白，并将沿江情形，详细调查，一俟假满，即回滇听候驱策。叶荃已赴江宁。铎所遗差，请于谢、李二君中遴委一人接代为盼。铎叩。十一日。印。"

13 日，又电告蔡锷说："列密。铎决计东下，已电请给假在案。兹暂将司令部交黄参谋长保管。应请速简干员，向贵州一路担任。因遵义一带，匪气甚炽，恐张联长所带两营，骤难荡平。特饬黄由此道回滇，就便剿张[匪]，以早登斯民于衽席也。临别驰思，不尽欲言。铎叩。元。印。"①

16 日，蔡锷电复韩建铎，"无庸亲自赴宁"。说："十一日电悉。滇军[省]光复，赖执事之功最多，此后进行，尤资赞助。现滇、蜀事已解决，而北方乱易荡平，仍望回滇勷勤一切。孙公（按：指孙中山）所言，此问虽未得悉，然滇军援蜀宗旨及在蜀情形，前已汇抄文电，交雷时若（按：雷飙，字时若）携赴南京，疑谤之言，自易解释。或再以一电剖白足矣，无庸亲自赴宁。若决志一行，可委谢幼澄君暂代师长。实则此行似可以已，希酌之。锷。感②。印。"③

18 日，再电告韩建铎说："列密。元电悉。铣电慰留计达。如决志赴宁，仍望事毕返滇为盼。师长原拟由谢旅长代理，惟现在各队既已分派，拟即以赴黔之滇军由张联长（按：指张子贞）统率，商承黔都督唐蓂赓办理一切。谢部、李部均直接本军府统辖，暂可不设师长，其司令部人员除酌留用外，均着分别回省。锷。巧。印。"④

▲蔡锷通电南京孙中山、参议院、各部总长，北京袁世凯、各部首领，武昌黎元洪和各省都督，望统筹全局，早定定都北京大计。说："共和成立，南北一致。惟建都之议未定，内则人心摇惑，外则强邻窥伺，大局岌岌可危。前陈建都北京之议，未审达否？伏望统筹全局，早定大计。至北

---

① 以上二电见《云南辛亥革命资料》，第 395—396、398 页。
② 《云南辛亥革命资料》第 147 页作"咸"电，由以下蔡锷 18 日电可知实际为"铣"电。
③ 曾业英编《蔡锷集》（一），第 510 页。原系 15 日。
④ 曾业英编《蔡锷集》（一），第 513 页。

京积弊，亦诚如议者所云，应请袁公于用人行政之际，破除畛域，以协群情，痛扫弊风，以新耳目，使秕政余毒不至复生，民国基础得以巩固，大局幸甚。滇都督锷叩。感。印。"①

中旬

▲军政部发布经蔡锷"批准暂行"的文官试验等规则。

军政部通令司法行政需员治理现行文官试验文

军政部为通令事。照得反正之后，百废待兴。举凡司法行政诸事，无一不需员治理。前虽设立甄录处，借以延揽人才，然投效者多片刻晋接，无以觇器识之底蕴，别造谊〔诣〕之浅深，本部憾焉。现参照各国文明法理，按切本省情形，拟定文官试验规则，并高等文官试验施行细则，及普通文官试验施行细则共三种，呈请都督府核定，批准暂行。除试验日期随时登报通告外，合先布告，仰全省官绅人民一体知照。现在共和政体，人人有责，苟自信有扶持之具，斯问世无妄干之嫌，若果怀才未遇，情殷自效，本部实所欢迎。凡在省城附近者，可径赴本部报名候考；距省较远者，报由地方长官申送，听候核定结考可也。须至通令者。

云南文官试验暂行规则
第一章　通则

第一条　文官试验分为高等及普通二种。

第二条　高等文官试验委员，以精通法政之现任高等官员数人充任。

第三条　高等文官试验合格者，给付证书，以备府厅州县行政官员及司法官之选，并与府厅州县对品之差委。

第四条　普通文官试验合格者，给付证书，以备各府厅州县佐治员并各司局书记官录事及各项办公人员之用。

第五条　文官试验期日及处所，均先期登报布告，较远之地则饬令地方官出示通知。

---

① 曾业英编《蔡锷集》（一），第 508 页。据《云南辛亥革命资料》第 146 页，作"咸"电更为合理。

第六条　凡应考者，均宜遵守试验规则，倘以不正方法希图侥幸者，一经发觉，虽已付给合格证书，亦作为无效。

第二章　受验文官资格

第七条　凡受验者须具备如左之资格。（一）年龄满二十五岁以上之男子；（二）未犯过刑事上之重罪，及未剥夺停止公权者；（三）未受破产之宣告者；（四）身家清白者；（五）现未吸食鸦片烟者。

第八条　高等文官受验之特别资格如左。（一）中外法政学堂高等专门毕业者；（二）中外中学校毕业，及与中学校程度相等之学校毕业，曾入大学专门共有五年以上之程度者；（三）在中外一年以上之速成法政毕业，充直省法政学校教员，或办地方公益事务三年以上，著有成绩者；（四）旧时七品以上官吏，著有政声毫无劣迹者。凡有以上四种资格之一，及合于第七条之规定者，即得应高等文官试验。

第九条　普通文官受验之特别资格如左。（一）中外中学校及与中学程度相等之学校毕业者；（二）自治研究所毕业，曾办地方公益事务素有经验者；（三）旧时七品以下官吏，著有政声，毫无劣迹者；（四）旧日各衙署办公毫无劣迹者。凡有以上四种资格之一，及合于第七条之规定者，即得应普通文官考试。

第三章　文官受验科目

第十条　文官受验分为二种：1. 预备试验；2. 正场试验。预备试验合格者方得应正场试验。

第十一条　高等文官受验科目如左。（甲）预备试验科目：1. 国文；2. 外国语文（不能者听）；3. 中学外国历史地理；4. 中学中华历史地理；5. 文牍；（乙）正场试验科目：1. 宪法；2. 刑法；3. 民法；4. 行政法；5. 经济学；6. 财政学；7. 民事诉讼法；8. 刑事诉讼法。以上为必要科目，受验者不得选择取舍。1. 商法；2. 国际公法；3. 国际私法。以上科目，受验者得就中选择一门试验之。

第十二条　普通文官受验科目如左。（甲）预备试验科目：1. 国文；2. 书法。（乙）正场试验科目：1. 法学通论；2. 高等小学中国历史地理；3. 算术；4. 文牍。

附则

第十三条　本规则自公布之日施行。

高等文官试验施行细则

第一章　报名

第一条　凡应高等文官试验者，须按照公报所示日期先期赴本部报名，以凭汇册。

第二条　凡应高等文官试验者，其报名时须具呈左列要件：1. 保证书；2. 履历；3. 卒业文凭；4. 相片。倘有合于文官试验规则第九条第四项之资格无卒业文凭者，须于履历中叙明之。

第三条　保证书须有切实保证人署名印捺，方许报名。若由各司各局及道府厅州县申送应考者，须以正式公文添附履历书及卒业文凭、相片，一并呈部核示。

第四条　保证及履历书均规定式样印发，受验者以便照式填写。

第五条　报告后应俟本部查核榜示，凡榜上有名者均为合格，听候入场试验。

第二章　试验

第六条　试验分为三种：1. 论文试验；2. 笔述试验；3. 口答试验。上三种试验以文官试验规则第十二条所定学科为标准，如何分配归试验委员临时酌定。

第七条　试验以本部部长亲临点名监视行之。

第八条　试验时，受验者按照名次鱼贯而入，领卷就席，不得互相杂越，高语喧哗。

第九条　受验人除笔砚外，不得携带书类及挟带片纸。

第十条　受验人于试验场中，不准质问及请求阅览书籍等事。

第十一条　有违上三条规定以致紊乱场中秩序者，立即除名，不准与考。

第十二条　受验人于试验期日不到，或半途退席者，即作为无效，不准请求特别补试。

第三章　阅卷及揭示

第十三条　每场后由监临将试卷收齐，分交各试验委员，查阅详定，至场终积算分点以定去取。

第十四条　委员阅卷限于场内，不得携带出外。

第十五条　每卷以六十分为合格，百分为满点，四十分以下者不取。但四十分以上及六十分以上参半，而平均计算各科学以六十分者为合格。

第十六条　凡合格者，合计分数之多寡，区为甲乙两等。及第甲等者，为即补高等官，及第乙等者，为试补高等官。

第十七条　凡试验及第者，除示外并载公报，以便周知。

第十八条　凡及第者，关于领凭及试看各项手续，均由本部核定示遵。

附则

第十九条　本细则与文官试验规则同时施行之。

普通文官试验施行细则

第一条　凡应普通文官试验者之报名，适用高等文官试验细则第一章之规定，但有合于文官试验规则第十条二、三项之资格，而无卒业文凭者，须于履历中申明之。

第二条　普通文官试验手续，适用高等文官试验细则第二章之规定，但试验时由本部部长监视行之。

第三条　阅卷及揭示适用高等文官试验细则第十三条、第十四条、第十五条、第十七条、第十八条之规定。

第四条　凡合格者，按分数之多寡，区分为上、中两等。上等及第者，为普通即补官。中等及第者，为普通试补官。各部司局厂一有缺额便即录用。

第五条　本细则与文官试验规则及高等文官试验细则同时施行。[①]

▲毕节士商国民上书蔡锷，请饬令过毕援黔滇军，照单查办"驰名哥匪"，"诛罪魁以儆党众"。说：

民间过境滇军相聚而言曰：生不愿封万户侯，但愿常依蔡都督。何令人之感戴至于如此？及叩其所以，乃知滇自光复以来，官吏革面洗心，翕然而景从，内乱潜消，外患亦息，全省秩序安宁，人民得庆更生者，胥我都督所赐也。遂听之余，心醉神驰，极之深山穷谷，困苦无告之俦，皆引领而愿托于其宇下。都督若不以畛域而歧视之，解

---

① 《〈云南政治公报〉摘录》，《云南文史资料选辑》第17辑，第248—254页。

其倒悬，登诸衽席，则汤武之应天顺人、吊民伐罪，亦不过是耳。国民等乌蒙下士，不识不知，惟目击夫桑梓危状，寝不安席，食不甘味，实有不能已于言者，谨将迩日之怪现象为我都督缕晰陈之。

毕节居黔省西偏，为滇蜀之门户。虽风气晚开，而习尚朴实，士农工商，各勤厥职，本无所谓游民，亦无所谓滚龙也。洎乎叔季，法网疏漏，会匪乘间窃发，烧杀劫掠，指不胜屈。一般贪污官吏坐视不理，奸宄之势力愈张，故闾阎之受害愈剧。江湖满地，夫亦付之无可如何而已。及九月滇省反正，好音南来，吾黔步武后尘，外府州县闻风响应，吾侪小民方欣欣然有喜色而相告曰：今而后民国新造，河清可立俟矣。孰意祸机潜伏，全局糜烂。即就毕邑而论，实因一二轻浮浅躁之辈，自省垣拍一通电，倡办团防，不联络官绅，而召集匪党，以致太阿倒持，兵权归其掌握。侵假而汉刘［流］大会开矣，侵假而录［共］和码头之告示出现矣，侵假而录［共］和国之民军成立矣。毫无纪律，空费捐款，迹其意向，不过耀厥武威，压制良民，报仇寻衅而已。退虎进狼，曷胜浩叹。留学诸生回毕，睹此内容，始宣言曰：贵阳军政府开办尚武总社，欲使通国皆兵，实行尚武主义，以补军队之不逮。吾邑当此时局，城小兵弱，边防未筹，兼之土匪骄横，到处蹂躏，今兹不图，一旦烽烟告警，父老昆弟不将束手待毙乎？与其亡羊而补牢，孰若有备无患之为愈。因与官绅各界会议设立尚武分社，力谋抵制，是诚当务之急也。乃巡防总统黄泽霖野心勃发，故智复萌，开山堂，立公口，号召毕匪入山会萌［盟］，明目张胆，捧缴而归，党势骤盛，凶焰大张。行政官被其摧残，尚武社因之推倒，加之劣绅滥衿，助纣为虐，故黄泽霖今虽正法，而匪势未尝少衰。逞虎狼之余威，行野蛮之手段，霸占学堂为哥老会之公所，迫胁良善为乌合之党员。大开会场，登台演说，一则曰统辖各界也，再则曰斩杀自由也。呜呼！谁无心肝，谁无血气，而甘屈伏于暗无天日跳梁小丑之下乎？只以丁此作难，进退维谷，非贤都督顾念同胞，破除省界，出之于水深火热，则将来受害之残酷，诚为今日所不忍言者也。谨将著名会匪开单密呈，如蒙俯赐矜恤，祈即饬令过毕援军，照单查办，诛罪魁以儆党众，庶几暴除良安，风移俗易，毕邑幸甚，全黔幸甚。抑或乌芜弗当，滞碍难行，伏冀秘而不宣，以免同人碎身粉骨，丧家灭门之巨祸。临颖涕泣,不胜迫切待命之至。

　　附呈驰名哥匪姓名单:大劈刀杨心田、四老虎邱子乙、大帽顶夏玉亭、铁头和尚陈克哉、大带稍苏银山、三千岁冯少安、短脚虎王少周、大统领安龙亭、么带王刘毛毛、暴窜子邓玉章、四侯爷冯子青、小区区刘友章、二霸王易西成。①

▲蔡锷函告同盟会缅甸仰光总机关代表陈警天,"已拟定府、厅、州、县各署分科办事章程"等事项。说:

　　惠书备悉。当此改革伊始,经营缔造,百端待理,莫亟于财政,然必以实业盾其后;莫要于治安,然必以民政植其本。条陈于此二者,批陈[郤]导窾,言之侃侃,具征宏识,良殷仰[纫]佩。查滇省自禁烟以后,公私交困,主计兴仰屋之嗟,闾阎鲜盖藏之宝。反正以还,军需甚增,建设方始,捉襟肘见,措注维难。劝捐一事,不过一时权宜之计,苟始乐于输将,亦可稍资补助。然本计不立,大利坐弃,桑孔复生,亦将束手。所陈矿务一条,洵属根本至计,欲瘳贫而策福,非此莫望。其如何厘定章程,使策采易于收效,如何招集股本,俾人皆乐于投资,前已饬实业司悉心规画,实力整顿。再抄条陈,饬司采择办理。颁发民政章制一条,现值中央政府甫经成立,统一办法尚难颁布,兹已拟定府、厅、州、县各署分科办事章程。审判未设以前,征收讼费章程,以及钱粮官纸[制]划一办法,均经斟酌妥定,作为暂行章制,遵布实行。其余关于民政应兴成革各事,宜仍督饬分别次第筹画,力图改进,其与吾民更始,而副同胞望治之深心。至滇省此次举义,不为各省后者,全赖海内外各志士热心提倡,始有今日。尚望不时惠教,匡所未逮。是为至盼。②

16 日

▲12 日,韩建铎电询蔡锷,可否待黄毓成、李鸿祥"兵事行动渐次会合时,再如钧谕办理"。说:"列密。前结北伐条约时,尚未知南北合一。

---

①　《〈云南政治公报〉摘录》,《云南文史资料选辑》第 17 辑,第 256—258 页。
②　曾业英编《蔡锷集》(一),第 515—516 页。

曾将骑兵编作独立骑兵，故黄联长（按：指黄毓成）已随铎到渝，而李旅长亦派张子贞率黄毓英、马为麟二营，机关枪二挺，炮一队先在。今如来电以主力向遵义，队部向大定，按现在形式〔势〕上本属不合，但李在泸，黄在渝，若往来纷纭，转需时日，坐失时机。铎意与其往返迁延，不若暂以黄、马主动直趋遵义，李旅长则率王炳〔秉〕钧一营径赴大定，可望速救黔民于水火。黄之驭下，推心置腹，谋勇兼备，才气过人，且有张、马之助，断不至有偾事之虑。一俟兵事行动渐次会合时，再如钧谕办理，可否？乞速电复。铎叩。文。印。"

15 日，又电告蔡锷说："列密。电饬滇军一支队援黔，业已遵办。惟冀庑已立黔都督，所有入黔滇军统应归唐节制，以重秩序，倘虑翼廷为难，或可酌予更调。一得之愚，未审当否？川饷已交二十万，其余十万蜀军政府借口须请成都之示，现正与之交涉，须全数收清，铎始赴宁。铎叩。删。印。"①

16 日，蔡锷电复韩建铎说："文电悉。所拟以黄赴遵义，李赴大定，俟会合时即照原议办理，甚为妥协。希转饬照办。锷。铣。印。"

20 日，再电复韩建铎说："删电悉。赴黔滇军由张联长（按：指张子贞）统率，商承黔都督唐冀庑办理一切。谢、李所部均直接本军府统辖，暂行不设师长。已于巧日电闻，希即转饬照办。锷。号。印。"

▲蔡锷电告唐继尧、戴戡、庾恩旸及各部长，黎元洪要求滇军"严肃军律，免召不譓"，并请将"黔乱始末及滇军状况，随时通告各省，免生疑议"。说："接黎副总统阳电开，准贵阳赵都督艳日通电（按：即赵德全 2 月 29 日电），谅已达览。贵军既负有保护邻省安宁秩序之责，万不可扰害邻省治安，请严肃军律，免召不譓。如黔省安静，即祈将贵军撤回云云。当将扰〔援〕黔情形略陈梗概，仍望贵军处将黔乱始末及滇军状况，随时通告各省，免生疑议为要。锷。铣。印。"②

▲2 日，黎元洪电请蔡锷速将唐继尧所率滇军撤回，以纾黔困，而弭争端。说："顷接旅鄂全体黔人禀称，黔军杨都督（按：指杨荩诚）率师赴鄂后，在黔军队偶因嫌疑，小有冲突。适滇军司令官唐继尧率师过黔，

---

① 以上二电见《云南辛亥革命资料》，第 396—398 页。
② 以上三电见曾业英编《蔡锷集》（一），第 512、515 页。

借名弹压，将副都督赵德全驱逐，大加杀戮，地方糜烂不堪，请维持等情。查黔省素称贫瘠，反正以来，军队已逾镇半之多，唐司令继尧又率所部驻扎于黔，不独主客军队难免冲突，而财政支绌，民力实难支持。现大局已定，请贵都督速将唐司令所率军队撤回，以舒［纾］黔困，而弭争端，以便黔杨都督早日率师回黔。无任盼祷。"①

16 日，蔡锷电复孙中山、黎元洪及各省都督，解释唐继尧平黔乱经过。说："黎副总统阳电敬悉。赵都督（按：指赵德全）艳电，此间迄未收到（按：实际已收到）。黔省遍开公口，匪党横行，掳掠奸淫，全省糜烂，屡经绅耆函电请援，虽以唇齿之亲，未忍坐视，然援蜀方遭疑忌，亦不愿再以恤邻之谊，而反生内哄之疑，故皆婉词谢之。及北伐队唐司令过黔，绅民又复拦路要求镇抚，至有欲自刎于马前，以为黔民请命者。迭接唐司令来电，皆兢兢以北伐为急。至黔军以黄泽霖扣饷哗变，省城震动，又复急电请援，乃饬唐司令赴筑镇慑，纪律严明，父老欢庆。时赵都督已逸去，遂公推唐为临时都督。据两省全体绅民通电，则以前黔省之扰乱，人民之困苦，此次军队之秩序，可以概见。因黎副总统垂注，谆谆以严肃军律，免召不韪为言，故略陈之。锷叩。铣。印。"②

18 日

▲10 日，李鸿祥电请蔡锷电告湖北、南京各军政府，善为保护运到之滇铜等事。说："东密。刻我军援黔，存泸滇铜，恐走后化归乌有，现派遣余炳押运湖北、南京、上海一带，变价以作军饷。惟一切交易难免阻碍，请电知湖北、南京各军政府，此项滇铜运到该地，请该军政府善为保护，免生他故。又前委咨［参］谋官申家树，久不到差，办事乏人。查有留日法政毕业生盛延龄，学识优长，经验富有，堪以委充本部咨［参］谋官，若蒙允准，请加扎委。又余炳家用惟艰，请按月由军务部发给三十元，以作开支。鸿叩。蒸。印。"③

17 日，又电告蔡锷说："据运铜员余炳等电称，铜于蒸（按：10 日）日抵宜昌，沿途平顺，惟洋关各税，共须完纳万余千金，现资已罄，天顺

① 《黎副总统政书》卷九，第 1 页。
② 曾业英编《蔡锷集》（一），第 511 页。
③ 《云南辛亥革命资料》，第 394 页。

祥亦无销路，汇贷维艰。当与招商渝局熟筹通融，能否就绪，尚未可知云云。应请钩处饬司设法汇款，或电鄂军府及招商局通融办理，以免久于阻碍，别生枝节，是所祷盼。鸿（叩）。筱。印。"①

18日，蔡锷电复李鸿祥说："东密。蒸电悉。运铜事已分电南京、武昌。盛延龄准委充咨［参］谋官，任用状随即补发。余炳家用，已饬军务部照给矣。锷。巧。印。"②

27日，蔡锷急电王宠惠及成都、武昌、南昌、安庆、苏州都督，请"饬沿途税关，准照京铜例，免税放行"。说："滇铜去岁起运，因各省起义，久存泸州。现派员将此项铜起运湖北、南京、上海一带变价。经行关隘，恐有留难，请饬沿途税关，准照京铜例，免税放行。实纫公谊。滇督蔡锷。感。印。"③

▲蔡锷电复北京蒙古王公联合会诸公，望协心赞助袁世凯，"固我国防"。说："养电悉。共和成立，五族大同，内外蒙疆，同心一致，皆诸公调护维持之力，无任钦仰。袁公伟烈，群望所归，复由贵省公推，袁公当能力任天下之重。尚诸公协心赞助，固我国防，全国幸甚。滇都督锷。巧。印。"④

▲李根源电告"省城军都督府"，拟将国民军第十七营刘得胜部"开往永康，分别填扎，以资镇慑"等情。说："国民军第十七营刘管带得胜，于筱日率队抵永昌。查现在永康土匪，时虞窃发，巨魁刀上达尚未就获，徐教练两队已调赴耿马。该处仅有先锋队第二营兵九十二名，甚形单薄，拟饬该管将全营一并开往永康，分别填扎，以资镇慑。至先锋队兵九十二名，即由该管到时会同和牧，饬缴枪械，一并遣散。每名发给恩饷银二两，并给路票，令其迅速回籍，各安生业，不准逗留。该管帮带李有福，据和牧函称，人尚诚朴可用，已准其以帮带记名，回腾听候差委。所收枪械，仍由和牧解交由守查收汇报。其遣散恩饷银约需三百金，即于由守处按数领取。该营兵丁准在永休息一日，皓日开拔，购牛一具，以为犒赏。所有遣散及防缉各情形，随时禀报。再永康迭经匪乱，疮痍满目，并饬与和牧

① 《云南辛亥革命资料》，第423页。是书定为"4月17日"，误。
② 曾业英编《蔡锷集》（一），第514页。
③ 《南京临时政府遗存珍档》（五），第1738页。又见《蔡锷集外集》，第133页。
④ 曾业英编《蔡锷集》（一），第513页。

会商抚恤，严束所部目兵，不得稍有滋扰，以保军人名誉。除饬办外，谨电陈明。师长根源叩。巧。印。"①

▲蔡锷电复腾越赵藩、李根源，表示改土归流事，"切须审慎"。说："月密。铣电悉。腾事极不易收束，乃次第就理，全局帖然。永昌小有风波，旋亦消灭。非两公措置得宜，未易臻此。现腾局已定，而榆事切待经营，印公之行，自不可缓。惟改土事，切须审慎。闻土司前得改土消息，即潜相勾结，意图反抗，虽力无能为，然或铤而走险，求庇外人，则为渊驱鱼，反致酿成交涉。现国基未固，国力未充，只宜先养吾锋，万难轻于一试。惟有先从教育、裁判两端入手，阳示以抚辑，而隐夺其实权，使土民先知归怀，异日设流，自如反掌，办法较为稳健。樾老素怀恬退，志切养亲，必久羁以尘鞅，良非所忍。惟边关重要，接替难得其人。将来或挽子畅（按：李曰垓，字梓畅，又作子畅）一行，较为适当。此时仍望樾老暂行维持为幸。锷。巧。印。"②

赵藩、李根源获悉蔡锷欲挽李曰垓赴腾任迤西关道一事后，随即电复蔡锷说："哿电敬悉。藩、源承乏边事，内外交讧，虽心力之俱殚实竭蹶之，滋愧重蒙奖藉，惭悚莫名。关于腾、永各土司事宜，前陈两策，备承开示。近于边势外情，详加审察，亦颇有于此。兹读钧电，苾虑渊深，尤为钦佩，将来自必从此入手，以图万全。关道之任，洵无如李次长曰垓者。前恐部务繁重，未敢率请。如蒙军府促行，实为边局之幸。藩过蒙宽假，自当勉力支柱。惟晤李镇，据述老亲方病，顷闻剑川火警，虽获幸全，亦遗惊惧，方寸瞀乱之余，益恐贻误边事。惟冀迅饬赴任，俾免陨越，无任翘切。藩、根源叩。"

接着，又电告省城"军都督府"，以西事已平，请求解职，率部回榆。说：

月密。藩、源初任西事，惟虑辑睦为难，必以武力解决，大局糜烂，实多赖军府威德，远被张镇深明大义，不遗一矢，力保和平，实非初意所及。善后之策，裁兵为急，轻发既虞速乱，迟回又恐失机，持以决心，注以全力，腾军陆续解散，共计四千余人，幸称无事。不

---

① 《西事汇略》卷三，第8页。
② 曾业英编《蔡锷集》（一），第514页。

意永昌之变，虽经严备于先，终难挽救于后，犹幸乱势，未至滋蔓，叛管亦已就诛，惩后惩前，将永军全数解散，另编卫戍独立大队，以资控慑。其在腾、永曾经煽乱、抢劫各首要，先后拿获正法。现留腾、永国民军五营，并与慎选将校，分派出防，军事幸已就理。惟张镇在腾，尚多旧部，整饬为难。更调之初，虑滋疑惧，乃者宣布德意，即矢至诚，感激驰驱，受命惟谨。李镇老成练达，防务足资整顿，边陲当可无虞。地方行政，敷设渐备，且自升厅为府，视听一新，官绅合力进行，庶政次第具举，利弊兴革，灿然可睹，有非他属所能及者。外交失策，已非一日，当兹国家新建，亟宜力挽主权。此□□□□□□各案，幸蒙力予维持，无所挠屈，足以寒奸民之胆，夺外人之气。□□外虽强硬，不能无慊于中，来者当易为继。藩性直戆，难与周旋，且事定乞养，蚤陈愚悃，傲扰之始，固矢生死以之。今事既大定，伏冀允解职务，归奉晨昏，以遂乌私，而全末节。关道一缺，详加审度，□□□（按：指李曰垓）足以胜任，乞衡核委任，并恳早饬赴任，以重边寄。现腾中按［安］堵，所切虑者，惟在榆军。前传钧电饬令退伍后，迭与孙联长等电商办法，来电坚请回榆主持，一时遽难启程，因饬询目兵中自愿退伍者，先行退毕，俟回榆办理。续据电称，各队目兵愿退伍者已尽先退，惟老兵中颇有密行勾煽，图谋肇事。幸严密防范，曲予羁縻，尚未生变。而城中惶惧，一日数惊，榆绅来电，尤为迫急。查榆城会党遍地，下关又商务所萃，一旦有事，不惟贻害地方，尤恐牵动边局，不能不亟为之图。拟饬刘联长率赵中队、炮队于廿二先行出发，以安人心。源率方大队及机、骑各队于二十五、六两日，启行回榆，督率办理，以便防维，张镇亦即偕源赴榆接事。惟□□（按：应为"改土"二字）计划，虽经筹备，尚未实行，熟察情势，土司庸暗，力既不足反抗，防军分布，势又足以相维，不必待源而后集事。刻下人才不敷，事机未熟，留滞过久，更惧榆事相乘，转难兼顾。内部不宁，何以及远？至准备一切，拟即责成镇道府审慎规划。是否，统候示遵。藩、根源叩。①

---

① 以上二电见《西事汇略》卷一，第52—53页。

19 日

▲11 日，尹昌衡、张培爵电告孙中山、黎元洪、各省都督，成、渝两军政府已合并为"中华民国四川都督府"。说："成、渝两军政府合并条约十一款，曾经电告，谅邀鉴。兹培爵到省，于三月十一日就副都督之任，昌衡以张都督谦退后，文武各职员公推，辞不得已，勉居正都督之任，亦于同日受事。罗、夏两副都督均经退职，罗都督兹于合同成立时，曾经成都各职员公推为军事参议院院长，已于今日到事，两地职员又公推夏都督为重庆镇抚府总长，业已联名电渝。至政府名称及印文，合并条约内订明称为蜀军政府。而成都于三月三日举行民国统一庆典时，已将大汉四川军政府名称改为中华民国四川都督府；并改铸令印，文曰'中华民国军政府四川大都督之印'，当日启用。现经两地职员协议，恐政府屡易名称，淆乱民间观望，现已决定即仍成都改定之名，不再更易。从兹合并，实行全川统一，一切内安外攘、除旧布新之事，皆可从此措手，而责任之重，亦因以愈增。昌衡、培爵以绵树〔力〕而膺巨任，深惧弗胜，亦惟协力同心，共维大局，夙夜祗惧，以免陨越而已。四川都督尹昌衡、张培爵叩。真。印。"

又通电孙中山、黎元洪、各省都督及有关报馆，速电蔡锷饬"援川军会师北伐"。说："本日接陕西都督阳历二月十号万急电云云，无任迫切，立即先遣队迅进，并简军实继发。惟滇军交涉，尚未解决，不能以全力赴救，焦急万状。请速电滇都督，急饬援川军会师北伐，万切。感叩。衡、纶。真。印。"①

19 日，蔡锷电复尹昌衡、张培爵，祝贺"成、渝合并"。说："真电悉。成、渝合并，一致进行，协力同心，共惟〔维〕大局，全蜀之幸，诸公之贤也。特此奉贺。锷叩。皓。印。"②

▲报载滇、黔两省"治乱"原因，在于蔡锷有"远识"。说："去岁西南各省起义，多利用哥老会，以速破坏，现在极难收拾。惟滇省于举事前，都督蔡君即与同志约，决计不联络哥老会，免滋流弊，故革命后军政、民政各机关均无哥老会分子。援川滇军出发时，蔡都督曾敦谕各司令将士，

---

① 以上二电见《尹昌衡集》第 1 卷，第 78—79 页。
② 曾业英编《蔡锷集》（一），第 515 页。

谓入川以后，如见有扰害治安、行同匪类者，无论系何党何会，均须痛剿云云。滇省与川黔毗连，川黔会匪横行，而滇省独无此现象，令人深服蔡君之远识。"①

▲2月26日，李根源电请"省城军都督府"，饬部从优议恤刘九畴。说："太和县刘九畴，前丙午岁由师范生考取北洋陆军学生，至北京因割辫为良弼所黜，赴东致力《云南》杂志，并经营党事甚力。在滇时，与杨振鸿君纠合同志，组织一切，毅力热心，人所共知。后以所志不遂，于己酉秋赍恨呕血而殁。源曾为护持疾病，备审本末，至今痛惋。近闻其亲衰家落，尤为恻然。拟恳饬部从优议予恤典，以慰英魂，而资养赡。是否，乞衡核示遵。师长根源谨叩。宥。印。"

3月19日，蔡锷电复李根源说："宥电悉。刘九畴致力党事，赍志以殁，实深悼惜。现亲衰家落，尤堪悯侧。着给予恤赏银三百元，由大理粮饷分局发该家属祗领可也。都督府。皓。印。"②

▲报载滇省财政、实业两司呈请军政府借款办实业，目前宜"少借数百万两"。说：

> 窃以滇省素称贫瘠，每岁收入支出不敷甚巨，今者各省独立，协饷一项既不可得，惟有就本省之财办本省之事。今由都督躬行节俭，为滇民倡一切冗费、冗员无不大加裁减，以后全省收支可望适合。但滇省之财只有此数，若仅恃以支给军、政两费，更无余款以助长实业，则滇省经济仍难望其发达。况当此义师反正，百度维新，为地方开利源，为小民谋幸福，正在位者今日应尽之责。本司等再四筹商，惟有暂借外债数百万两，兴办各种实业，民间之生产既盛，则财政之收入自多，于滇省大局裨益甚巨。但借外债一事，有主张少借者，有主张多借者，本司等以为就目下情形而论，宜试借数百万两，果其条件有

———————————————

① 《滇黔治乱之比较》，上海《民立报》1912年3月19日。又见《黔滇军政与哥会之关系》，《申报》1912年3月19日，唯一不同的是该报将最后一句"令人深服蔡君之远识"，改为"皆由最初计划之得当故也"。

② 以上二电见曾业英编《蔡锷集》（一），第626—627页。是书所署日期为4月26日、5月19日，误。因为省城财政司答复赵藩"现奉军都督批准"给刘九畴"恤银三百元"的"文"（按：即3月12日）电中，提到赵此时尚在"腾越"（见《西事汇略》卷五，第30页）。

利，抵押不奢，则以后续订合同，再行多借自无不可。若骤然借数万千金，一时不能全数用尽，则利息之损失为数不少。纵先订数千万金之约，而后陆续按年取用，自表面观之似甚妥善，不知外人最贵信用，一经立约则将来无论有无用途，势必逐年照数借用，则用舍之权仍不能操之自我。况借入之额数既巨，将来之偿还必艰，能借不能还，必至贻害来者。不如目前少借数百万，开办有利之事，使民间咸晓然于公家借债并非浪费，则将来再借巨款，临时议会亦必乐于赞成。是否有当，除将草案另缮呈览。草约附开于后。（按：原文至此结束，似乎未完）

第一款　云南军政府因兴办各种实业，向法政府息借大条银三百万两。

第二款　此项借款作为二次交付，以大中华民国元年三月为第一次交付期，七月为第二次交付期，按期交付云南军政府。

第三款　此项借款用军政府名义担保，此外不另求抵押。

第四款　此项借款自第五年，即大中华民国六年由军政府分十年偿还，每年六月末偿还十五万两，十二月末偿还十五万两，作十年偿清。

第五款　将来云南军政府偿还此项借款亦用大条银偿还之。

第六款　云南军政府于偿还期前如财政充裕，仍可不定额□［数］随时偿还。

第七款　此项借款，其利息由军政府与法政府双方合意协□［定］。

第八款　此项利息□［由］借款交付之日起算。

第九款　此项利息每年作二次缴付，以阳历之六月来为第一次缴付期，十二月末第二次缴付期。

第十款　此项借额若干，实收若干，毫无折扣。

第十一款　凡一切经手人概不予以手数报酬各费。

第十二款　凡交付借款、缴付利息，及将来分次偿还，均在云南省城执行。

第十三款　此项借款由军政府与法政府议定后定期着手执行。①

20 日前后

▲李根源呈请省城军都督府恤赏顺宁故守琦璘。说："案据顺宁府知府兼摄县事张守汉皋呈称，案奉宪台皓电云云②，转详立案等情。据此。查该故守于反正之时，首先赞助。此次谭匪肇乱，城陷身亡，所遗妻女，零丁孤苦，养瞻无资，虽经顺宁官绅筹给租谷，其数甚微，似难敷用。应否酌赏恤银，以资生计，出自逾格鸿慈，所有请予恤赏缘由，理合具文，呈请钧府俯赐查核，批示饬遵。为此具呈，伏乞照验施行。此呈。云南军都督府。"③

又电请军府对罗绍湘准予"从优议恤"，说："据孙联长绍骞呈称，该联第一大队之第一中队长罗绍湘于十月元日在蒙化子午街与匪鏖战，中枪阵亡，应请准予议恤等情。查该中队长罗绍湘力战创亡，深堪悯恻，应请饬局从优议恤，以慰忠魂，并乞示遵。师长根源叩。"④

▲军政部奉蔡锷发交令，命外交司即便"查照办理"北军所寄"煽乱人心"的"政报"。说："为命令事。奉军都督府发交，准四川都督筱电开，近日突接北军寄来政报，议论背谬，煽乱人心，殊于前途有碍。除饬此处邮局关于此类邮件严为检查外，请贵处亦速严加防范为要等由。准此，仰军政部外交司照会邮局办理等因。奉此，合丞命令。为此，令仰该司即便查照办理。切切。此令。"⑤

---

① 《滇省外债谈》，《申报》1912 年 3 月 19 日。
② 李根源皓电如下："顺宁张守、李协台同览。查故守琦璘前在顺郡尚有政声，当反正之初，该故守首先率从镇之以静，曾蒙军府电谕褒奖，饬供旧职在案。继因谭匪倡乱，城破身亡，深堪悯恻。现在该故守眷属流落何处，丁口若干，有无子嗣，希速逐一查明，给予公屋居住，赐姓黄氏，改入顺宁县籍，妥为保护，以示同仁，并复。总司令。皓。印。"（《西事汇略》卷五，第 30 页）
③ 《西事汇略》卷五，第 30 页。蔡锷有无复电允准，不得而知，但从其后来亲自"审订"的《迤西篇》的记载，对琦璘给予高度认可来看［"顺宁府琦璘奉省电，即传谕所属一律反正，而自愿捐俸助饷，与地方共维治安，军府曾电奖之。突有土匪谭占标勾结曾镜良等倡乱，县令罗念慈逃匿，防军哨弁石永直御匪力战死。琦守缒城出，逃至炭山，闻马协长安将至，拟晤之与商破匪机络，复转至东山，后被贼拘入城，刃之警局门首"（《云南光复纪要·迤西篇》，第 94 页）］，答案应该是肯定的。
④ 《西事汇略》卷五，第 30 页。
⑤ 《命令》，《云南政治公报》第 6 期，1912 年 4 月 1 日。原未标注日期，由文中"筱"电推定。

又奉蔡锷批示，命令实业司通饬各属，限二月内一律创立商务分会、农务分会。说："为命令事。案奉军都督府批，据云南全省商务总局呈请通电各属，一律创设商务分会一案。奉批军政部实业司议复核夺等因。奉此，查各属商务分会与农务总分各会，前清均经定章通饬设立，今各属商务分会尚未设立，则农务分会恐亦尚未设立。兹奉前因，合并令仰该司遵照立即通电各属，速将商务分会传集绅商筹议，克期成立具报，一面由司查明农务总分各会情形，如从前尚未举办，应将旧章酌议更定，通令于两月限内成立，均即呈复查核。切切。特令。"

又奉蔡锷发交令，命蒙自关道将河口税关扣留烟土从宽办理。说：

为命令事。奉军都督府发交河口夏副督办报告。查烟土设局抽厘，昨奉财政司行知，当经出示晓谕在案。惟是零星贩运，自数斤以至数十斤不等，虽票据载明运至蒙自正关，照完纳正税，出口销售，而商民人等或因茫昧无知，或因路途不便，每多淆乱。本月以来，河口之烟，接踵而至，核其票据，有由财政司纳厘领票，而未赴蒙自正关纳税者，亦有由就近厘局照纳，而无财政司票据者，种种错乱，不一而足，皆由该局设局之初，未及周知，致有此误。而河口税关，对于此等烟土，无论有无票据，严厉查搜，全数充公。现在被扣商民纷纷递禀，本署副办体察情形，不无可原可矜之处。除饬分关委员凌荣年报告关道外，应请钧处饬知关道照会税司，以后如有票据烟土，虽属零星，勿得借端苛罚，用示体恤等情。奉批军政部核办具复等因。奉此，查烟土限期运往蒙自销与洋商，自应照章不得径自贩运出口。该税关对于运河烟土，查搜充公，亦属正办。惟据称或因茫昧无知，或因路途不便等语，眷念民艰，不无可悯，合行命令。为此，令仰该道即便酌核与税务司妥商，可否将现在被扣各商所查出之烟土，如何从宽办理，以示体恤。至以后如何销售，如何抽收厘税，现正核拟办法，克日即可宣布遵守。切切此令。

又奉蔡锷发交河口副督办报告，命外交司会同法委重修界碑。说：

为命令事。奉军都督府发交河口夏副督办报告，窃据调查员报称，新店汛沿边一带界碑类皆损坏，仅存基址，如再过一二年必致踪迹尽失等词。副督办查界碑为国防之标准，关系重要，拟请饬知外交司即知照河内总督，会同中法委员照旧修立石碑，一面刊刻大中华民国字样，一面刊刻法领越南字样，以便识别。再前查那发汛员梅万镕热心边务，布置周妥，拟请撤去不职之帮带刀治国，以六十人减为四十人，着梅万镕兼带之处，恳即批示，以资倚任。现查老卡汛员贺立安明干勤恳，边民咸孚，并开办小学一堂，牧羊百数十头，以资经费，尤为汛员中不可多得之人。请俟查明有可以稍假事权之处，再行报告。再各汛员薪每月四十两，司书生十两，现由阴历十二月起，照章视队官秩改为三十五两，司书生裁；又经前副办许德芬月加接待费五元，列入活支，从阴历十二月起亦由副办裁去。现据调查员报告，各汛员实在艰难，不能稍有展施，拟请从阴历正月起各加五两，通共为四十两，永作额支。是否有当，伏乞批示祗遵等情。奉批汛员加薪一节，希军政部签复核办。重修界碑一节，即由该部转饬外交司核办。那发汛员梅万镕兼带防军一节，曾经参谋部议以事权不清具复，复经饬由外交司查核汛员能否兼带防军，尚未据复，一并由部札知等因。奉此，除那发汛员兼带防营一案，据称已由该司径签都督府，及汛员加薪业经本部签请照准外，其重修界碑一节，合亟命令仰该司即便查照核办具覆。切切。此令。[①]

20 日

▲唐继尧、戴戡等人"万急"电请北京袁世凯，南京孙中山、各部总次长、参议院、参谋团，"附念黔人水深火热，受害之深与现在整理维持需用之切"，除电知蔡锷"与法领事交涉，速定借款外"，并由"部拨款数十万，暂济燃眉，或电饬川、粤、湘各省共筹接济"。说：

黔事屡经电陈，谅蒙鉴及。黔之贫瘠，为直省最，向在满清时代，岁入丁粮、厘税总额，不过四五十万金，恃川协六十余万，为一切行政之需，种种困难，已嗟仰屋。上年九月反正之初，括诸库款仅存现金十五六万，外存纸币二十余万，勉强挪移，暂支危局。乃中遭张百麟、黄泽霖、赵德全等盘踞把持，滥支浮冒三四月中，糜款至七十余

---

① 以上《命令》见《云南政治公报》第 6 期，1912 年 4 月 1 日。原未标注日期。

万，库帑如洗之余，更负商款数十万。假使丁粮、厘税少有收入，犹可移救目前，暂支数月。无如张、黄柄政以来，广开公口，滥招匪徒，又分遣代表副署于各属，并遍吸人民膏血以自肥，以致道途不通，万民竭业，如梳如篦如剃，民间已叹烜鸠，为农为工为商，到此并成游惰。兵燹余生，疮痍满目，荏苒至今，公家毫无收入，而地方毁苦益深。更欲取之，于民不能，亦复不忍，百端待理之时，财用从何而出？又使协款有着，亦可勉强支持。顾自去年夏季以来，川协即已停解，前议在黔设局加税，入口之盐又以道路荆棘，无从办理。现在黔局粗定，伏莽犹滋，加以洪匪、游匪，窜扰东南两路，湘粤警电时来，更当合谋防御。欲求定此危局，必当稍厚兵力。在他项行政费用，自当力求撙节，而兵费一端，实难过减。约计黔中出款，较多于反正前，而入款毫无，将何以善其后？百计筹维，实无善策。前以中央大局未定，不敢上劳廑虑，曾电请滇督蔡君代借法款百五十万，虽蒙允诺，而成否尚未可知，且势亦缓不济急，万不获已。谨此电陈，务恳附念黔人水深火热，受害之深与现在整理维持需用之切，除请电知滇蔡都督与法领事交涉，速定借款外，并祈由部拨款数十万，暂济燃眉，或电饬川、粤、湘各省共筹接济。非不知中央军事甫定，筹措为难，各省反正以来，财政亦非充裕，但万不至如黔中情形，无可措手。诸公手造民国，轸切同胞，必当一视同仁，不遗在远。谨代表七百万人九顿首以请命，临颖不胜激切屏营，鹄候电示。黔军都督唐继尧、参赞戴戡、卫戍司令官韩凤楼、参谋总长庾恩旸、军务总长刘显世、政务总长周沆、参议处长郭重光、财政司长华之鸿等同叩。号。印。[①]

21 日

▲蔡锷电请北京袁世凯订定颁行各省议会选举章程。说："民国成立，确定共和，一切建设，自应取决公论。滇省自去秋反正，即设临时议会，以为采取舆论之机关。惟改革之初，猝不及待，故暂就从前谘议局并添派议员，以冀克期成立。现在大局底定，亟应从新组织，以立议会基础。拟

---

① 《南京临时政府遗存珍档》（四），第 1566—1573 页。

请中央将选举章程订定颁行，以便遵照办理。又各省选送中央人员如参议员之类，其选送法如何？并乞详示。滇都督蔡锷叩。马。印。"

又电请黎元洪饬各税关先放行过境滇铜。说："滇铜过境，如实碍难照京铜例免税，请先电饬各税关放行，俾速运销。税金若干示知，即设法如数汇解。中华民国元年三月二十七日到。"

4月8日，黎元洪电复蔡锷说："马电悉。敝省现办过境销场税，无论官办商办物品，均须照章完纳，以示平均。税率系按产价值百抽二。惟原定章程，凡货物入境，必先经过第一局完税后，方能填给大票，通行全省，不再重征。来电请先放行而后纳税，颇多碍难之处。但贵省相距甚远，若因货物在途，税款筹备不及，原可暂时通融。嗣后务请查照敝省税章办理。并希将货物数目及到鄂日期先行电示，以凭转饬各税局知照为盼。"①

22 日

▲蔡锷电请袁世凯暨国务院允准在"云南造币厂添置机器，专铸铜圆，以供全国之用"。说："云南夙多矿产，而铜矿尤为丰。前清乾、嘉时每年额解京铜六百余万斤，加以本省鼓铸，外省采买，又数百万斤，计岁产在千万斤以上。嗣因咸丰回乱，各厂废弛，迨军事渐平，部檄促采京铜，而地方凋敝，有司畏累束手。同光年间设官督办，渐有起色。至近年办运炼净京铜年约百六七十万斤，所办毛铜亦在百万斤以外。现在东川改设司，认真经理各厂，收铜之数，日有增加。惟近因京铜停运，存贮甚多，前经电商各省来滇购运，嗣接湖北、江西、清江浦等处来电订购，然为数无多。查滇产紫铜质料不亚日本，惟因交通未便，购运较难，故各省鼓铸铜圆，多系购自日本。在各省则利权外溢，而在云南则货弃于地，深为可惜。如于云南造币厂添置机器，专铸铜圆，以供全国之用，不独可塞漏卮，而云南矿业借以维持，民间之生计日纾，则全省之政费日裕，庶不致以财政支绌，日烦中枢廑念也。伏恳大总统饬部核议施行，并乞赐复。滇都督锷叩。养。印。"②

① 以上二电见曾业英编《蔡锷集》（一），第 517—518 页。

② 曾业英编《蔡锷集》（一），第 628—629 页。是书与《云南辛亥革命资料》均依据《电光集》定此电发于 5 月 22 日，均误。因为实业部为此事的"转电"发表于 3 月 28 日。

25 日，实业部电告各省都督说："顷准云南蔡都督电称，滇都督所属紫铜极富，存贮甚多，可供各省铸造铜币之用等语。合亟转电贵省，如其需铜，请即赴滇购用，以维矿务，而塞漏巵。实业部。有。印。"①

▲16 日，谢汝翼、李鸿祥电请"云南都督府"，"详电蜀政府，所有我两梯（团）在川支用之款，将来可以由协饷扣还，不必过事播扰"。说："东密。真电悉。富顺盐井，得自周、张两匪手中。川电一味朦胧，何可尽信，翼、鸿岂不恤名誉者？总之，川人心理异常险诈，若以普通心理推之，适为其所欺尔。界牌之约，我军着着退让，故目下骄横万状，不可底止。在渝应交三十万，与原约减去十万之多，我若稍事因循，彼将置之不议。饥军为乱，何堪设想。如滇省财力可以自给，又何必与彼哓哓多事。至于报恩之说，恐川人列之报章，必将贻笑于人。按年协济，不过褒多益寡。代销盐斤，滇不征课。此番援蜀，仗义而来，非图爵利。某一梯出发，尽携洋六万元，沿途备物支领，及补发九月薪饷，至井渡所余无几。初到叙州，款已告竣，向各商家借垫备领，其困难之处，达于极点。但现在所筹，半属满清遗物，并未扰及民间丝毫。如川人稍明大义，主客之谊，彼当先为之所，何俟我军自行措筹。恳请详电蜀政府，所有我两梯（团）在川支用之款，将来可以由协饷扣还，不必过事播扰。恐不知者将以滇为贪，以川为吝，徒伤情耳。总希钧裁示遵。翼、鸿。铣。印。"②

22 日，蔡锷电复谢汝翼、李鸿祥说："幼密。铣电悉。川事真相，固所稔知，即诸君苦心，此间讵未相谅。惟我军兴仗义之师，而他省有内讧之消，叠经通告滇中宗旨，终难尽释浮议。故不能不望早日解决，破此疑团。来电所论甚赳，蜀军安足以语此！只有照两君所议，告以滇军在川用款，将来由协饷扣还，以塞其口耳。锷。养。印。"

又电请重庆黄毓成详告所部编制等情。说："援蜀滇军分别援黔返滇，前已电韩师长转知照办。兹接来电，知已赴渝，收束入黔境后，可商承黔军府办理一切。执事所部，现在如何编制？饷项可支至何时？装械若何？希详悉电告。锷。养。印。"

又电告唐继尧，"黔省诸政万不可求恢闳"。说："北密。接与韩（凤

① 上海《时报》1912 年 3 月 28 日。
② 《云南辛亥革命资料》，第 401 页。

楼）、庚（恩旸）两君来电，极佩荩筹。惟黔省经济困难，已达极点，外债尚毫无把握，邻协亦呼应不灵，至中央负担既重，财政尤窘，年内万难望其协助，此时只谋足以自立。鄙意黔省诸政万不可求恢闳，目前匪徒虽多，然有现在驻黔军队，加以援蜀军回黔助剿，足以荡平匪乱，可无庸编练一标。黔省四塞之区，只求足防内患。滇为边要，然审己量力，仍拟缩小范围，陆续裁减防营，只编一镇，多则三协，庶可勉力支持。至滇军将领中级官以上拟以同学同人任之，切实整顿，但求于事有济。若慕虚荣，汲汲推升，恐头大脚轻，兵事更不堪问。黔人狡黠，事平日久，难免不排斥外人，诚如尊论。为诸君计，不宜久居。目前自应暂行维持，以免为德不卒。将来事局粗定，滇军仍以撤还为宜。昨接韩师长电，张联长（按：指张子贞）率黄毓英、马为麟向遵义，李旅〔翼〕廷率王秉钧趋大定，克日启行。又接李旅长电，黄联长（按：指黄毓成）亦由渝向遵义，已电饬张、黄两联长商承贵军府办理一切。李部仍归滇军府直辖，并闻。锷。养。印。"①

▲王锡彤记袁世凯用人原则及决以张镇芳为河南都督经过。说："大抵崭新人物总统不敢信，旧日官僚河南人不欢迎。总统屡与余谋高低，苦不适当，最后乃决调张馨庵于河南。"②

按：对于袁世凯的用人原则，次年6月黄远庸有更深入的观察和精准的分析。他说："彼之对于政党内阁，始终不愿主张，对于国民党固不愿意，对于进步党亦不赞成。盖以袁之眼光，自然觉得新进人才，不足以担当国事，故即系政党中人为袁之所属意者，必系新旧两种资格略备之人，纯粹之留学生或其他新人物，在袁视之，至多亦不过能长教育、工商、农林、司法而已。故自来袁总统所用之著名政党人物，若沈秉堃、王芝祥、唐绍仪、熊希龄皆具备于吾所谓之新旧资格者。其在于今，进步党若提出张謇君为总理之说，袁或愿意；若提出汤化龙，甚至即为王赓君等，袁亦决不愿意，以其物望、经验之不足也。"③

---

① 以上三电见曾业英编《蔡锷集》（一），第519—520页。
② 《抑斋自述》，第186页。
③ 《孤苦伶仃之政党内阁论》（1913年6月21日），黄远庸：《远生遗著》下册卷三，商务印书馆1984年增补影印版，第144页。

23 日

▲16 日，谢汝翼、李鸿祥电告蔡锷，滇军拟暂留驻二三旬。说："幼密。蜀政府协款，现已收讫。我军自应退出。但川乱勃勃欲发。一梯（团）拟暂退至大关、井渡，驻二三旬，川无事再归，以免往返。二梯（团）拟暂驻黔之大定、毕节，以平苗乱而伺川隙。翼、鸿。铣。印。"

18 日，又电告蔡锷、唐继尧，"务须早为区处"行销滇盐问题，并告"援黔军已陆续出发"。说："东密。川省政令纷乱，漫无总纪，政府号令不行，地方各自为政，盐务一项，尤为纷淆。目下凡盐运所经之地，托名筹饷，各地设局抽厘，每载盐征至一千六七百两之多。商民交困，各厂势将歇业。黔省行销川盐，据现在情形，必有淡食之一日。莫如早为之所，贵西一带，可行销滇盐；贵东一带，行销淮盐。滇、淮盐斤，均减轻课厘，由黔局征抽入口税，比之受协川饷之数，当有过之无不及。兹事关系重大，务须早为区处，不唯可以济饷源之穷，而淡食之虞亦可以免。尤可虑者，川省财政，恐慌已极，皆以军用纸票，敷衍市面。且查各执政诸人之行为，不惟协饷有欲取销之意，而酿重乱机，非大创以后不能就理。黔省需财良殷，不能不筹一救急之策，以补茸［葺］目前，在尊裁当亦以为然也。援黔军已陆续出发，并闻。翼、鸿。巧。印。"①

23 日，蔡锷电复泸州谢汝翼，"嗣后川事以不过问为宜"。说："幼密。铣电悉。我军分道撤还，办理迭经电闻，计已达览。希即查照前电，先派员往凉山探查一切，以便着手经营。但兵力不宜多，只须一营足矣。余仍陆续还滇。嗣后川事以不过问为宜，非得中央命令，或川军府恳求，即如何糜烂，可以置之不顾。锷。漾。印。"

又电告泸州谢汝翼、李鸿祥说："东密。巧电悉。川事以不过问为宜，非得中央命令或川省恳求，无论如何败坏，可以置之不理。黔省盐务已委唐省吾办理。就官办、商办两者商酌，以官办事繁而易集，商办简捷而无殷商可承办，现决定官办。于滇黑、元、永三井各赊借盐百万斤，又由富滇银行借给银六万两为基金。此项盐斤，专售贵州上游一带。由滇定则征课，不日可开办矣。锷。漾。印。"

又电告重庆韩建铎、张子贞，已电重庆天顺祥由存渝款内提出三

---

① 以上二电见《云南辛亥革命资料》，第 400、402—403 页。

万，交贵州商号汇黔备用。说："列密。前接唐蓂赓鉴［盐］电，请以何鹏翔解款直运重庆，交济黔盐商，由盐商在黔照数交黔军府，以救眉急等语。当以何款已无可提电复。唯查川省协滇款三十万，除已汇滇十五万外，尚有十五万存渝。现黔省需款甚急，希即由存渝款内提出三万，拨交贵州商号汇黔军府备用。已电达重庆天顺祥照办。并闻。锷。漾。印。"

又电告上海熊范舆、刘显治，拟向法人借二百万法郎，若成庶可支持。说："岩密。筱电悉。滇北伐军到黔，适贵阳军人因黄泽霖扣饷起变，黄毙张百麟逃，省城震动，即饬唐蓂赓赴贵阳镇慑。唐率兵抵筑，会刘如周（按：刘显世，字如周，又作如舟）团兵助攻，匪党赵德全遁，余悉降，省城粗定，惟遵义、大定匪势尚张。而财政甚窘，此间协济五万金，又由唐省吾运盐济黔，以济民食，并略裕饷源，然究不足以纾困。现拟向法人借二兆佛郎，略有端绪。此事若成，庶可支持矣。季、循（按：周沆、戴戡。周任政务部长，戴任都督府参赞）均在黔军府任事。并闻。锷。漾。印。"

又电复上海天顺祥转告王人文，滇人切盼其归。说："泌电敬悉。滇中同人切盼公归，请约小圃（按：陈荣昌，字小圃）先生结伴偕来，以慰群望。锷叩。漾。印。"

又电告南京孙中山、武昌黎元洪及各省都督，和局告成，无庸北伐后，已"当即饬滇军遵议分道撤还"。说："成都尹、罗都督庚电，计均登览。滇军与蜀军协议东下，业经启行。适闻和局已成，无庸北伐，当即饬滇军遵议分道撤还。其赴渝者取道松坎，在泸者取道大定，在叙者取道大关，陆续返滇。兹接来电，均已遵行。特闻。滇都督锷叩。漾。印。"①

4月12日，黎元洪电复蔡锷说："漾电敬悉。军队撤还，极纫高谊。顷接袁大总统蒸电，有滇军在川，主客不相宜，自以从速撤退为是等语。敝处已将漾电转复。现在贵省驻川军队，是否全行撤退，其善后办法如何？并乞电示。"②

▲19日，李根源电请"省城军都督府"，委任王崇榘为干崖弹压委员。

---

① 以上六电见曾业英编《蔡锷集》（一），第521—523页。
② 《黎副总统政书》卷九，第15—16页。

说："月密。干崖土司刀安仁在外未归，其弟刀安善又以病故，拟请仿盏达例，先设一弹压委员驻扎旧城，以资镇慑。查有军政部咨送迤西差遣员王崇榘老成明练，委充弹压，必能胜任。如蒙允准，乞即电示，俾便给委。根源叩。皓。印。"①

23 日，蔡锷电复李根源说："奉皓、祃两电，均悉。办法甚善。如议以王崇榘委充干崖弹压委员，希即转饬妥为办理。锷。梗。印。"②

24 日

▲李根源电请"省城军都督府"，改黄谦为腾冲府署任。说："暂署腾冲府黄谦受事以来，办理一切庶政，甚合机宜，关于外交事件，尤能精心赞助。前请暂署，因该府兼有师部参事，尚须该员佐理。现在腾事大定，部务稍松，该府既能称职，拟请改为署任，以重责成。惟腾事百端共举，其监狱捕务，必须佐治得人。查有现署大姚县典史曾庆麟，曾习法律，人亦勤慎，拟请调署腾冲府司狱，所遗典史一缺，祈饬部遴委署理，或饬楚雄黄守就近委员接署，俾该员早日交卸，来腾供职。可否，祈示遵行。藩、根源叩。敬。印。"③

25 日

▲蔡锷电贺袁世凯就任大总统职。说："共和成立，五族大同，此后经纬万端，责任尤巨。公闳才伟略，群望所归。接南京电，欣审已宣誓就大总统之职，钦幸莫名，谨肃电贺。滇都督蔡锷叩。有。印。"④

▲北京军界统一会电告孙中山、黎元洪、参议院、各省都督、各军司令，已开成立大会。说："本会已于三月廿五日开成立大会，议决会纲，并派员赴宁促成统一政府。宁、苏、浙、豫、皖、奉、吉、黑、粤、鄂、燕、鲁、晋十三省，又蒙古、临淮、江北、阳河、察哈尔、上海等处代表共五十九人均与会。军界统一会。有。印。"⑤

---

① 《西事汇略》卷九，第 3 页。曾业英编《蔡锷集》（一），第 468 页。
② 《永昌府文征·文录》卷二十；曾业英编《蔡锷集》（一），第 468 页。以上二电曾业英编《蔡锷集》定发电日期为 2 月 19 日和 23 日，误。
③ 《西事汇略》卷六，第 33 页。
④ 曾业英编《蔡锷集》（一），第 524 页。
⑤ 上海《时报》1912 年 3 月 28 日。

26 日前后

▲省城军都督府命李根源"将驻榆军队及由省带腾旧兵，每队酌予四分之三先行退伍"。说："榆联目兵，现役期满，旋值反正，未及退伍。现在大局乂安，咸思休息。该目兵等在伍日久，乡关之念，室家之情，在所难免。且前已发布，准其退伍，尤不能再失信用。希将驻榆军队及由省带腾旧兵，每队酌予四分之三先行退伍，以示体恤。"

28 日，李根源电复"省城军都督府"说：

> 月密。昨传钧府命令，饬令榆军退伍，经具感电呈报。查榆军骄恣放佚，深为隐患。源到榆后，日夜切虑。幸因腾、永之事，分调散扎，以分其势，一时暂安，要非久计。近据由守前后来电，密陈榆军驻永，群情怵惧，匪乱虽定，安辑尤难，坚请赴永，情词迫蹙。又据秦守密电，各队老兵，率皆滚龙，施中队亦七十四标老兵，恃功而骄，不受管束，出入自由，夜不归队。尤可虑者，无论何队，均系拜会弟兄，明目张胆，勾结横行。施、陆两队，曾小起风潮，幸即消弭。元旦迄今，演剧请客，毫无忌讳，听之不可，禁之不能，幸恃各队官长羁縻连络，未致滋事。而祸机所伏，岌岌可虞各等情。孙联长来电，情形相同。反复筹度，舍退伍外，别无消弭之策。源前在榆，曾集各队官长，以此相询，佥称老兵颇有归志，退伍亦所甚愿。初拟俟源回榆，督率办理。而李统领德泳，现尚未到，腾事布置未清，遽难启行，因拟乘各队分扎在外，先将驻榆目兵退毕，然后饬令次第回榆，陆续退伍，以免聚于一隅，愈难着手。惟熟审情形，榆军退伍后，能各回籍，自可无事，否则散后仍聚，更借结会为连络，与匪混合，均属可虞。尤虑旧兵，方经退伍，新兵尚未征集，乘机肇事，不能不防。至第一、三两大队旧兵，半系川人，并非土著，退伍之后，散漫无归，益难防范。然榆军积习至此，留伍为患滋大，证以秦守等电禀各情，祸机之发，旦夕可虑，实逼处此，不容踌躇再计。现已密饬孙联长、秦守严密防备，审慎办理，一俟李统领到此，赶将腾事部署，即行回榆，以备不虞。源受命以来，内外交讧，事变辐辏，窘于应付。惟念责任所在，不敢避艰险，计利钝，勉竭心力，以图补救。如能仰托威福，得以从容就理，则西防庶可安枕，隐忧或可潜消。谨电具陈，伏

乞训示。根源叩。勘。印。①

26 日

▲李根源电请"省城军都督府"从缓遵办袁世凯所颁"赦除"令。说："顷据各属呈称,奉民政司转行袁大总统令,凡罪犯在民国元年三月初十日以前,除真正人命及强盗外,一律赦除等因。查去秋反正后,所有惯贼棍徒,本在监禁者,自蒙赦释后,即寻仇扰乱,贻害地方,即如已办之张阿贡、马洪发、杨光廷、朱玉和等,比比皆是。其先赦复犯,拿回监禁者,尤实繁有。徒兹复援免,重令省释,则其怙恶蔑法,妨害治安,尤无纪极。现在秩序初复,奸宄未清,似不能不从缓遵办。拟请查照江苏庄前都督办法,俟地方安谧,匪徒敛戢后,再将此赦令执行。如蒙俞允,即请饬部通电各府厅州县祗遵。此为维持安宁起见,是否有当,伏候训示。师长根源叩。宥。印。"②

▲24 日,李根源电告"省城军都督府",拟允准张文光所请添设管带、帮带等事。说："昨准张提台面请添委国民军第一营管带帮带等情前来。查该营自源到榆后,拨半哨为永昌由守(按:指由云龙)卫队,一哨为经营怒求拓边队,以半哨分扎蒙化,半哨分扎云龙,又以半哨分扎沐滂铺,并以李提台兼带,曾经电准在案。查李提台兼带该营,系为一时权宜之计,且张提初次到任,事务较前为繁,拟请准如张提所请,添设管带、帮带各一员,以资佐理,并请将该营所拨之一哨半,准其另募补充,与分扎各处之一哨半为一营,易于督率,且便分调。所有拨为卫队、拓边队饷银另行筹给。如蒙俯允,乞即电示饬遵。根源叩。敬。印。"

26 日,蔡锷电复李根源说："敬电悉。所请补兵各节,本应照准,惟现在财政支绌,饷糈缺乏,预算每年不敷三百金,正拟裁并汰减,以期撙节,故开化夏镇所部广勇三营,现已尽数遣散,榆城陆军亦准退伍。盖值此困难之际,不得不实行裁节之法。张提(按:指张文光)素称明练,当悉此中深意,所请添募之处,应勿庸议。惟该营向归提督兼带,不必另设管带,候张提到任,准设帮带一员,以资佐理,并由该提保员就近由台端委充。再拨充拓边之一哨,一时未能旋榆,所有该哨哨官、哨长,应即裁

---

① 以上二电见《西事汇略》卷四,第1—2页。
② 《西事汇略》卷六,第67页。

撤，其薪水着截至旧历二月底止，三月以后概行停支，以纾糜费。希即分别转饬遵照。都督府。宥。印。"①

同日，李根源又电请"省城军都督府"，迅为发表"黄守兼护道"，"饬速赴任"。说："源本日启行，宿橄榄寨，接赵樾老专送樾老之叔电，称其尊人，入春卧病，精神锐减，速归侍奉，切盼。至军府恩遇，俟荃辈报效，并附函谓：方寸瞀乱，难以治事，切恳俯赐遄归省视，以遂乌私，而免负罪名教，感且不朽。黄守才略，摄道优裕，望电省给委，以便交替速行。国民军两营暂驻腾、永，单率卫队而行，亦于地方无碍云云。樾老乞养，已蒙俞允，惟候代尚需时日。顷阅电函，词尤迫蹙，拟请先归省视，亦属至情，可否允暂归里省视，以遂孝思。黄守于交涉边防，均系熟手，如蒙允准，即以黄守兼护道篆，俾得速行。西道委定，并恳迅为发表，饬速赴任。伏候衡核饬遵。师长根源叩。宥。印。"

28 日，蔡锷允准李根源所请。

30 日，李根源电复"省城军都督府"说："昨奉俭电，遵即转达赵巡按，并饬黄守知照去后，顷接赵巡按电称，转奉钧府俭电，感遂乌私，恳速饬黄守交代，并委黄守暂兼统国民军两营，以重防务等语。查赵巡按蒙允归省，所统第九、十两营，自可准委黄护道暂行兼统，以便调遣。惟赵巡按着学重望，坐镇雅俗，且于政俗利弊，尤多灼见。可否仍予专任巡按使，以系时望，抑或另委军府高等顾问官，以备咨询，必能整饬风宪，辰告远猷。再西道关防，现经刊发，惟赵巡按尚有经手事件，拟请仍用原日巡按关防造报，俟经手事竣，再行缴销。统候核示遵行。师长根源叩。卅。印。"②

▲报载蔡锷赦宥"重九"起义以前罪犯。说："云南都督蔡锷以现在民国成立，所有前伪清时犯罪之人，自应分别重轻，格外赦宥。凡在大汉元年九月初九以前，犯谋杀一家数命及逞忿图财，谋故杀人，并一切逆伦、强盗重犯罪，拟斩绞立决，情无可系者，着即行正法，一、凡罪该斩绞监候，旧例应入情实者，概减为苦工五年；一、凡罪该斩绞监候，旧例入缓决者，改为苦工三年，准量情节轻重赎免，赎款准拨充该地团费；一、遗

---

① 《滇复先事录》，《云南文史资料选辑》第 17 辑，第 166—167 页。
② 以上二电见《西事汇略》卷六，第 33 页。

军流徒，监禁工作者，悉予开释。倘释放后再犯罪刑，照新刑律加一等治罪。饬由各属照办。"①

27 日

▲蔡锷电请吕志伊转告孙中山、各部长、参议院，望能从借款中分协滇省"百余万"，或代滇"速举巨债"，以"修通干路，兼营矿业"。说：

> 法部吕次长转孙大总统、各部长、参议院公鉴。莘密。大局已定，万端待理，财政艰难，滇为尤甚。反正以前，年受协二百余万，养兵才及一镇，防兵不过六十余营，犹苦竭蹶不支。反正后协款全止，税课所入较前锐减。前以公义所在，援蜀协黔，势非得已，新军增至两镇，地方防兵增至数十余营，滇虽调回援蜀军队，极力裁并防营，然安插为难，只能行之以渐，故需款不赀。加以行政经费万不可少，此中困难情形，大可想见。滇介两大，其欲逐逐，时有蹈瑕之意。锷与滇中士夫，夙夜兢慎，半年以来，拮据万状，诚恐再过数月，捉襟见肘。锷不足惜，滇不足恤，其如大局何？事势危迫，再不接济，力实不支。闻中央现得借债千数百万，已有定议，恳请迅即分协百余万以济眉急。至以后计划，若年年望协，无源易竭，终非长计。滇中地宝丰富，世所艳称，徒厄于交通困难，财力无从发展。请钧裁主持代滇速举巨债，修通干路，兼营矿业，运输既便利，财源可开，兵额可减，国计边防，莫过于此。祈核速复，并转北京袁大总统、武昌黎副总统。至祷。滇都督蔡锷叩。感。②

又电请李根源"就近察夺饬遵"永北舒丞所呈有关情况。说："永北舒丞祃电称，永北素号盗薮，国民军第七营现奉调操，致劫案迭出，恳拨陆军一营专司缉捕等语，所称是否属实。榆军似难调拨，惟情词迫切，希就近察夺饬遵。"③

---

① 《蔡锷大赦罪人》，上海《民声日报》1912 年 3 月 26 日。
② 上海图书馆编《上海图书馆藏唐绍仪中文档案》第 21 册，上海人民出版社，2020，第 10608—10610 页。
③ 《西事汇略》卷八，第 4 页。

28 日

▲李根源电告"省城军都督府"，已饬聂绅文所部暂驻龙陵，"以资镇慑"。说："第八联第一大队中队长聂绅文前饬率所部巡视各土司地，并在龙陵暂驻数日，于十三日开赴永昌，旋榆电陈在案。昨宿禾木树，龙陵张丞来谒，旋饬回署。今午抵潞江桥，接该丞转呈该厅绅民专函称，龙属猛戛地方，有匪党二三百人，谋议倡乱，并欲焚抢龙城，居民甚形惊恐，恳请速回办理，并请留聂中队暂驻镇慑等语。查该厅地居边要，外连英属，稍有不测，牵动甚大。当饬张丞星夜回龙，严密侦查，缉拿首要，并函饬聂中队仍率所部，在龙暂驻二月，以资镇慑。谨陈备查。师长根源叩。勘。印。"①

29 日

▲蔡锷电陈外交部，"已电北京法使，请示善后方法"。说："查滇越铁路线，沿长千里，中间工棚、工人甚多。近来设兵警总办，加派铁路保安队驻扎，以资保卫。无如工棚零杂，防不胜防。月来曾出杀毙、杀伤安南工人三案，已获二案正凶，俟讯明即行正法，以昭炯戒。顷接法委照会称，已电北京法使，请示善后方法。此等命盗案件，为各国各省所恒有，现已严缉余犯，并饬兵警认真保护。恐法使诘问，特为电陈。滇军都督蔡锷叩。艳。三月二十九日。"

31 日，法国驻华使馆电外交部《节略》，请电饬蔡锷保护铁路公司"所用越人"。说："兹据本国驻扎云南省城外交委员报称，近来铁路公司所用越人，时常被人攻击，日甚一日，殊为可虑。查本月内之被祸越人已有五名之多，其中三人业已毙命等语。夫云南情形既如此不靖，本大臣诚恐生有重大谬辏，是以应请贵部严行电饬蔡都督设法防维，以免再出此项情形。否则，法有司不得已自行设法以补该处有司监查地方之所不及云。阳历三月三十一日。"

4 月 3 日，外交部电饬蔡锷说："法使称，据外交委员报，近来铁路公司所用越人，时常被人攻击，本月被祸五人，有三人毙命，请电饬防维。

---

① 《西事汇略》卷八，第 3 页。原无月份，仅有韵目代日，但李根源在 1912 年 3 月 27 日《致张文光电》中说他"本日在禾木树行营"（《滇复先事录》，《云南文史资料选辑》第 17 辑，第 167 页），而该电则说他"昨宿禾木树"，可见该电发于 3 日 28 日。

否则，法惟有自行设法，以补该处有司监查所不及等语。所称是何情形，希查明核办，并切实弹压保护，勿令再滋事端，以免借口。即电复。外交部。江。"

11 日，又电复蔡锷说："艳电悉。此事前准法使言，曾于江电奉达，除照复法使外，仍希严缉正凶，加意慎防为要。外（交部）。真。"

12 日，署理外交总长胡惟德电复法国"马使节略"说："前准《节略》内开，据云南外交委员报称，铁路公司所用越人，时常被人攻击，被祸越人已有五人，其三人业经毙命，请严饬蔡都督设法防维，否则自行设法以补该处有司监查之所不及等因。当经电达云南都督切实弹压保护去后，兹准电称滇越铁路线沿长千里，中间工棚、工人甚多。近来设兵警总办，加派铁路保安队驻扎，以资保卫。无如工棚零杂，防不胜防。月来曾出杀毙、杀伤安南工人三案，已获二案正凶，俟讯明即行正法，以昭炯戒。此等命盗案件，为各国各省所恒有，现已严缉余犯，并饬兵警认真保护等语。除由本部再行电知蔡都督务将正凶尽数缉获，并加意慎防，勿令松懈，以期地方安谧外，特此奉复。即希查照。中华民国元年四月日（即阴历壬子年二月日）。"①

▲22 日，李鸿祥电请蔡锷速向成都交涉"我见习员刘镇藩及兵三名"被害事。说："东密。援黔军已陆续出发。重庆所驻成军，于巧日枪杀我兵二名、伤三人，已经和平交涉，议恤议赔，正法首要了结。马日首犯尚未处决，成军突然变乱，抢劫当户，又怵毙我见习员刘镇藩及兵三名。渝政府办公人全行匿避，无人收拾。渝城外国人异常恐慌，我军须妥为保护，以免酿成外交。恳速向成都交涉被害事。现援黔军出发过半，是否撤归再定川乱，然后出发，盼速电复。幼臣昨日已由泸回叙，附及。鸿祥。祃。印。"

23 日，尹昌衡、张培爵连发两"急"电于蔡锷，一电说："前准谢、李梯团长电称，敝处派赴叙、泸各军，请俟贵军离开，始行前进，以免两军相遇，致生冲突。敝省为顾全睦谊，当允照办。至今将近一月，尚未开拔回籍，以致敝省分兵驻防，绥靖地方，无从着手。应请电谢、李两梯团长，遵照迅速撤回。盼切祷切。昌衡、培爵叩。漾。印。"另电说："敝处

---

① 以上五电均见台北中研院近代史研究所藏外交档案。

致李梯团长电，文曰祃电悉。同日接重庆个电称，滇军与成都斗殴之案已了。本日龙模兵士两名，徒手在街，滇军目以为仇，开枪击之。徒手兵负重伤，已毙。同伍兵士大爷愤激，携枪报复，洽［恰］遇滇军见习员刘某（按：指刘镇藩），龙军遂击毙之。滇军一再寻仇，龙军共受伤四名、击毙二名。幸两军官长极力维持大局，督令各归营伍，互主和平。今滇、蓉、渝各军官，希商约定文日滇军一律离渝。孙镇次日回洪，彼此过失付诸后判等情。据此，尊电谓抢劫当户、击毙贵军目兵三名、渝政府办公员悉数避匿等语，与渝电不符，实属谣传。已饬驻渝各军，严守纪律，并将各情通报拍发外，知注电闻。昌衡、培爵叩。漾。印。"①

29 日，蔡锷"火急"电复李鸿祥说："东密。祃电悉。我军援蜀，众谤群疑。迭接大总统电令速撤归。此后川省无论如何糜烂，非有中央命令及川省请求，我可置之不问。至见习员刘镇藩等被戕事，已电向蜀政府交涉矣。锷。艳。印。"②

▲22 日，李根源电请"省城军都督府"将腾越所存报效银款，"拨交腾冲富滇分银行存储备用"。说："准张卸镇文光咨称，腾冲反正之际，筹济军需及地方办公经费支柱綦艰，集绅公议，由滇蜀铁路公司驻腾汇兑处存款项下，先后提用银七万五千八百一十二两四钱，勉为接济，以免恐慌。因当阢［杌］陧之时，良非得已之举。现腾事平定，综计各项用款外，尚存有腾冲德顺号、洪盛祥、万发永、元升恒、寿记、明衡、贵兴祥等商号报效银二万七千五百八十三两九钱一分。本拟将此款拨归汇兑处，借资弥补于十一。惟查经营边地，需款尤亟，或将此项存款移作经营边地之用，统候查核办理等由，并同造册前来。查张卸镇提用路款数目，核与该汇兑处清单相符，拟以腾商报效之款，拨归路款，稍资弥补，亦属正办。惟现在经营边地，实为当务之急，又当公帑奇绌，仰给为难。路政利在交通，此举关系国防，路非岁月可期，此则旦夕难缓。且路款之亏已多，得此所裨甚细，边费之需有定，得此所赖实多。酌盈剂虚，移缓就急，似以拨充经营边地之费为尤要。同属以公济公，自可不分畛域。如蒙俞允，拟将此款拨交腾冲富滇分银行存储备用。是否有

---

① 以上各电见《云南辛亥革命资料》，第 404—406 页。
② 曾业英编《蔡锷集》（一），第 526 页。

当，伏乞核示遵行。师长根源叩。养。印。"

29 日，省城军政部电复行营李根源说："奉发尊处养电，移缓就急，深佩荩筹。此项捐款，即照尊处议拨富滇分银行存储，以充边费。除呈复行司外，谨复。铁路存款，请咨张镇详造清册报查。都督府（军）政（部）。艳。印。"①

30 日

▲3 月 18 日，尹昌衡、张培爵急电北京袁世凯，南京孙中山、陆军部、参议院、四川参议员，黎元洪，上海《民立报》，天津《民意报》转各报馆，"请大申公论，严饬滇军迅即撤回"。说：

三月十八日据泸州地方长官电称，滇军假川南四川盐务联合会并附重庆总商会名义，电告南京、成都。文曰：南京总统、成都军政府钧鉴。四川自贡、犍乐四厂产盐最多，自贡两厂运盐入楚，必经川南，旧无盐厘，去年腊月二十七日川南骆司令出示，每载新加厘金二百二十五两，扣留至百余载之多。此风一倡，川江至夔府沿途州县无不出格，新加较旧时盐厘骤加千数百两之多。阳历三月十六日夜，川总司令总务部人员率领兵队下河，每载劫提去数十包，约值银五百余两，以作盐厘。商等理论不得，同祈滇军行营，彼以四川内不能越俎。又犍乐两厂运盐必道经叙府，叙府以川南加厘，亦将盐船扣留，每载勒加厘金八百余两，如此横征，民痛商痛，伊于胡底！且四厂盐不流通，商号停买，内运停、煎停，推四厂平日赖以生活之数百万人民衣食无出，必将暴动；全川财产生命必至与俱糜烂，大势岌岌；滇军又须克日回滇，商民呼吁无门，如何应付，乞作主速复。川南四川盐务联合会并（重）庆总商会叩。印。等语。遍查泸州并无川南四川盐务联（合会）及重庆总商会名目，显系捏造等情。查滇军自入川以附重合会来（按：原文如此），居心叵测，遇事诬蔑。自北伐取消，敝省军力有

① 曾业英编《蔡锷集》（一），第 641—642 页。是书署此二电的时间为 5 月 22 日、29 日，误。因为张文光是 3 月 13 日卸腾越镇总兵职（见《滇复先事录》，《云南文史资料选辑》第 17 辑，第 162 页），而省军政部的复电又表明李根源当时尚在"行营"中，未能返抵大理，可知此二电发于 3 月 22 日和 29 日。

余，陕、藏均已派兵，滇军借名援陕及经营藏卫，冀图经过成都，乘机夺取，如占领贵阳情事，均经敝省窥破隐微，力为推谢。计无复之，辄开赴重庆，逼索银三十万两，谬称作为所代平难之费。敝省为顾全大局起见，隐忍付款；又议军队拨〔撤〕完，款始交毕。现已交银二十万，兵队并未开行，今复假借名目，危言耸听，其意仍欲留军叙、泸，干预内政地步，不问可知。似此行为，意在侵略，若不明白宣布，不止混乱观听，于共和民国前途大受影响。请大申公论，严饬滇军迅即撤回，大局幸甚！四川都督昌衡、培爵叩。巧。①

24 日，袁世凯据此致电蔡锷，"希即派员与川都督协议撤退办法"。

30 日，蔡锷通电袁世凯、黎元洪、各省都督，上海程德全、王人文、各报馆，解释滇军援蜀、援黔缘由，并表示此后蜀事无论如何，"滇军绝不过问"，至于黔事"仍请中央妥筹善法，早卸滇军之责"。说：

俭日奉大总统敬电，据川都督电称，滇军借名援陕，又经营藏、卫，冀图经过成都，乘机夺取，如占领贵阳情事，均经敝省窥破，力为推却。计无复施，辄开赴重庆，逼索酬三十万两。敝省为顾全大局起见，隐忍付款，现已交银二十万两，兵队并未开行，仍欲留军叙、泸，为干预内政地步，应请严促滇军迅即撤回等语。所陈各节，是否属实，尚待查明。惟四川光复，已历数月，该省兵力既有余，客军自应从速撤退。且滇军将士，越境久戍，勤苦可念，尤宜暂行休息，以纾兵力。希即派员与川都督协议撤退办法，如有不协之处，着就近商承黎副总统办理。并将协定撤退日期先行宣布，以释嫌疑，而维大局等因。奉此，仰见大总统轸念边陲，维持大局之至意，钦悚莫名。查四川自铁路事起，困于积威，惨遭屠戮，滇军以唇齿之谊，葡萄赴援。师至叙州，成都幸已反正。而叛兵土匪盘踞扰乱，劫掠横生，分窜各属，全境骚然，自流井亦为匪扰，商民纷纷求援。滇军徇商民之请求，又因渝军之约，先为分兵镇慑，兵力所及，民赖以安。匪徒志不得逞，纷播谣言，谓滇军侵略蜀土，川军遂滋疑议。敝省恐以仗义之师，反贻内讧之诮，迭经电商成、渝各都督，请释嫌疑，共平匪乱。复电饬

---

① 《尹昌衡集》第 1 卷，第 81—82 页。

敝军联络蜀军，勿伤邻谊。而川省电线多为匪徒割断，电报稽迟，久乃得达。滇、蜀两军寻即和平商办会师讨虏，滇军拟出荆、襄，蜀军拟出汉中。协议方成，而清帝退位，南北共和之信至，即饬敝军撤还。其已东下重庆者，取道遵义、大定，尚驻泸、叙者，取道永宁、大关，分别撤退。因前滇、蜀协议时，有由蜀按月协助滇军饷四十万元之说，而由匪手所得川盐，滇军因变价以犒军士，蜀军又起纷议。敝省得渝都督电，即饬敝军勿庸争持，其已售之盐价，由敝省陆续筹还，迭经电达川都督在案。敝省于泸、叙一带，节节保持秩序，荡平匪乱，妇孺皆知。及蜀启嫌疑，又复着着退让，川都督甚至谓滇军欲乘机夺取成都，如占领贵阳情事，此真小儿争饭之见。第就常理而论，则四川为中国之领土，滇军亦中国之人民，何所用其夺取。至滇军援黔情形，黔省全体人民已有公电，谅均登览，无庸赘陈。惟滇军援蜀，已糜饷百余万，而黔省公私极力经营，善后需费尤属不赀。若云滇军有占领野心，诚何利而为此？不过川、黔未宁，牵动全国，滇先受其殃，故为大局计，为人民计，不能不勉力应援。今川事已有尹、张两都督主持，自能勉图治安。前泸、叙各属人民电留滇军，敝省均已婉谢。此后无论如何，滇军绝不过问。至黔事甫定，不能不徇黔人之请暂为维持，仍请中央妥筹善法，早卸滇军之责，用释中外之疑，大局幸甚。滇都督锷叩。全。印。①

4月3日，尹、张就蔡锷通电，再"十万火急"电请袁世凯、黎元洪、程德全、王人文及各省都督、各报馆"候公论"。说：

> 滇初反正，即派援师，政府诸公仗义热忱，不但川人感佩。乃自入川以来，民间谣诼纷传，昌衡等力为剖解，以释群疑。俄而刘（永）杰见戮，黄方被烹，富顺则杀司令范华阶，于岳则杀司令邓树北；易置官吏，纳征厘税，任意诛求，肆口污蔑，欲企天下之兵，隐挟渔人之计，事实昭彰，舆情愤懑。昌衡等力顾大局，犹且勉为抑制，期于息事宁人，只求滇军及早撤回，不伤唇齿，坚持此心，可质天日。

---

① 原电见《电光集》第二册。又见成都《中华国民报》1912 年 4 月 5 日。两件文字略有差异。

兹接蔡都督来电云云，似于滇军在川情形，尚未尽悉，并昌衡等坚忍保全之苦衷，无由上达，谨择要剖陈，静候公论。

如原电称叛兵土匪一节，反正之初，土匪窃发，各省皆然，岂借外援始能平定？谓滇无勾匪，昭信诚然，舍己芸人，贻讥不免；况川省叛兵莫大于傅华封应赵贼之调，盘踞雅州，甚凶猛，我军又胜，刻日救平。滇军入川月余，不闻遣一个之师团攻强敌，逍遥泸叙，急难谓何？此不可解者一也。

又称匪徒纷布流言，谓滇军侵略蜀土一节，滇军在叙，首先驱逐宜宾县孙令，调云南大关彭丞汝鼎署理，催科勒税，四境哗然；到自流井，又调滇人黄玉田为盐运使，侵略之来，言非无据。既知川省反正，何又自作主人？此不可解者二也。

又称按月助饷一节，查滇军入川，由蜀军政府议订条约，按月由川给饷银五万两；继因川、滇协商，鼓师东下，另立条约，按月由川拨助滇军饷银十万两；到川四个月，并无按月助滇军饷银四十万两之说。嗣南北统一，条约即应取消，援军即应撤回。乃滇军不奉政府命令，坚执条约，坚不撤回。此不可解者三也。

又称由匪手所得之川盐，变价犒军一节，滇既代川平匪，应保人民财产，川盐夺之匪手，试问匪又夺自何人？不以远之盐商，转变价犒军，兵匪有何区别？商民何用求援？若非渝都督有电，竟为文明军队所干没，此不可解者四也。

又称滇军援蜀已糜饷百余万两一节，查滇军入川五六千人，为时四五月，明酬暗助，不下七八十万，又自糜饷百余万，是兵仅两旅团，款几二百余万，义师饷章固应如是耶？此不可解者五也。

昌衡等窃谓滇军之来为赵尔丰也，诛赵以伸大义，政府之本心也；诛赵而别有所图，类于小儿争食之见。不料谢汝翼等竟欲履行，及愿与心违，行随时变，至欲假哥会以倾政府，借土匪以锄秀杰，则司马昭之心，路人皆见。故川人对于滇都督不胜感激，而对于谢汝翼等无不寒心。略举事实，立候公裁。四川都督尹昌衡、张培爵叩。江。自成都发。①

---

① 《尹昌衡集》第1卷，第86—87页。

4 日，周沆、戴戡等人则急电袁世凯、黎元洪、孙中山、各部总长、参议院、参谋团、各省都督，表示尹昌衡指责滇军"借名援陕，冀图经过成都，乘机夺取，如占领贵阳情事"，"殊深骇诧"。说：

　　黔省自反正后，张、黄、赵、蓝诸匪盘踞要津，公口林立，生民涂炭。黔父老痛全省之沉溺，爰举代表戴戡赴滇，与旅滇黔人代表周沆效秦廷之哭，为民请命。滇军府念切唇齿，鉴于黔人请求之诚，悯其受祸之惨，始命北伐军队道出贵阳，代平祸乱。黔局粗定，滇军拟即遄行，黔人以匪党根蒂已深，非滇军留黔，难资镇慑。又以和议已成，无须北伐，再三吁恳滇军司令唐公继尧任黔都督。前后二十日，治乱迥殊，商旅四通，妇孺欢忭，黔人感激，有同再造。乃昨见川督致各省通电，有滇军借名援陕，冀图经过成都，乘机夺取，如占领贵阳情事云云。阅之殊深骇诧。夫滇、蜀此项交涉，是非曲直，暂可勿论。惟滇、黔同是中国领土，即同是中国人民，既非列国战争，何得辄云占领？黔省当张、黄、赵、蓝、叶等肆虐之时，糜烂已极，经代表等再四请求，又经滇军府屡次派员侦探确实，始行赴援。使当日少存畛域，黔事必不可收拾，岂惟牵动西南，实将贻误大局。当时黔人赴滇乞援，不得已之苦衷，与滇军府顾念大局之至意，当为直省所共谅。乃观川督通告，似不免误用猜疑，窃以黔人虽至愚暗，宁肯自取废亡？惟中央已定统一之局，各省必无分立之理，则救灾恤邻，自是通谊。倘必深闭固拒，鸩毒自甘，则是盗入其室，而拒乡邻之赴援，非惟不情，抑亦不智。且滇军现驻黔中，所有粮糈概由滇支给，滇何利而为此？当可不辨自明。又查川省自去岁以来，首遭赵屠，又经匪乱，今虽尹、张两都督出任巨艰，暂定乱事，而据旅黔蜀人传说，又据侦探报告，谓川省公口，仍前盛行，匪乱迄未平定，故黔中溃兵散匪，惟半逃往川边。诚为所言，则滇军占领贵阳之说，必出于匪徒捏造煽惑之词，川督不查，遂致误听。顾念川乱尚未尽平，正当请求邻省协助，共济艰难，似于滇军之来，不必效讳疾忌医之举。要之，中国必当统一，一发或动全身，万不能效联邦，角立互争。尤不能如列国纷争，妄生猜忌，必以对内视同对外，恐非民国之福。沆等以大局所关，难安缄默，为此通电缕陈，伏乞共鉴，大局幸甚。黔人周沆、戴戡、刘春霖、郭重光、钱登熙、刘显世、李端棻、华之鸿等暨绅商学各界同叩。军务部、政务部代。支。印。①

▲蔡锷电告陆军部段祺瑞，滇中全境安谧。说："北京陆军部段首领鉴。沁电悉。滇中全境宁谧，秩序如常，堪以告慰。欧阳冲、孙永安两君尚未到滇棕霸②。滇都督蔡锷。卅。印。"③

又电告叙府谢汝翼、永宁李鸿祥，"照前电分别撤返，勿稍淹留，致生龃龉"。说："幼、东密。前奉袁总统电，据川都督电称，滇军借名援陕，又经营藏、卫，冀图经过成都，乘机夺权，如占领贵阳情事，均经敝省力为推谢。计无复施，辄开赴重庆，并欲留军叙、泸，为干预内政地步，应请严促滇军迅即撤回等语。滇军将士越境久戍，劳苦可念，宜暂行休息，以纾兵力。希即派员与川都督协议撤退办法，并将撤退日期先行宣布，以释嫌疑等因。奉此，当即将川省糜烂、滇军援蜀前后情形，并现在滇军业经撤退各节详陈袁总统，并通电各省在案。兹又接成都电称，准谢、李梯团长电开，敝处派赴叙、泸各军，情［请］俟贵军离开始行前进等语。敝省为顾全睦谊，当先照办。至今将近一月，尚未开拔，以致敝省分兵驻防，绥靖地方，无从着手。请电谢、李两梯团长迅速撤回云云。我军在蜀，久被嫌疑，趁此撤返，亦可以暴义声于天下，希即将（所）有军队照前电分别撤返，勿稍淹留，致生龃龉。盼切。现拟将滇军援蜀始末记刊印成书，分布全国。并闻。锷。卅。印。"

又电告熊范舆、刘显治，借外债事已有头绪等情况。说："梗、筱、江、廿六日各电均悉，惟二有电未到。滇军到筑情形，已详漾电，计达。借外债事由省吾与法人次第商订合同，已有头绪，可望成。黔省绅民公推唐蓂赓为都督，如周、季贞、循若皆任重要职务。并闻。锷。全。印。"④

31 日

▲李根源电请"省城军都督府"对"杉木和巡检马骥虐削民脂，纵弟

① 上海《神州日报》1912 年 4 月 28 日。
② "棕霸"二字系原文，意思不明。霸字下方尚有一"核"字。
③ 《滇督蔡锷任职期间关于联系军杂事务文电》(1912 年 5 月至 1913 年 10 月)，中国第二历史档案馆藏，档案号：1011－1114。
④ 以上二电见曾业英编《蔡锷集》(一)，第 530—531 页。

行凶奸淫"的处理办法。说：

前据郑中队长别电称，杉木和巡检马骥虐削民脂，纵弟行凶奸淫，请查办前来，当电饬永昌由守查复。兹据呈称，据派该府经历陆振河往查禀称，查得二月初二日，阿海寨赵国恩因小儿吵闹，被其叔母捏词诬控，马巡检治以殴打尊长之罪，管押八日，罚龙元二十九元。十三日，金和廷因佣工欠债潜逃，遗下旧坏烟具两件，被马巡检搜获，随从差役又搜去龙元二元，将金和廷管押八日，罚龙元十元，罚送堂弟马增济二元，罚给亲兵钱六百文。十五日，马巡检稽查客店，见有王长顺、郑得胜、李翰卿、孟有才四人，形迹可疑，搜去银十八两二钱，龙元十五元，玉手镯一对，及洋毯、绫绸马褂、洋绒滚身马褂、洋伞、洋鞋、篾帽、草帽、蓝布包袱等各一二件，乳扇四斤。十六日，传关庙住持叶兴发责问偷吸洋烟，应罚龙元六十元，叶兴发抗辩不遵，言语抵触，马巡检因责叶兴发二百板，割去左耳。二十一日查店，见王润身壁间插有旧烟枪一枝，因命差役严搜，当搜去银四两一钱五分、龙元七元、玉手镯一对、银链一条，复将王润身带署，罚银六十元。现驻杉阳小队长谭瀛州闻知，面劝发还银物，马巡检坚不应允，谭不怿而返。十九日，饬差往龙台刘继五家拿赌，搜去服饰二十余件。新军遇见，同声指责，差役不受，几攘衅端。又将刘继五锁署，罚银一百四十元。三月初一日，谭队长查街，拿获赌犯刘国明、蔡兴发，供称不敢私赌，系与马二老爷包定，每月钱二千四百文。谭队长将二犯送交巡检讯问，只供认每月包钱五百文。又王洪顺因赶街，误未关猪，被马增济邀去，卖钱一千二百文。谭队长亲为缓颊，仍罚钱三千六百文。又凡遇男妇赶街，携有香烛者，即令差将所买米物并香烛抛掷示众，贫民因此生怨，郑中队长电禀虐削民脂殆指此也。又李同春、林成之、李景发、杜万伦、何田元因斗字牌，为马增济拿获，曾罚李同春银三十二元，林成之等四人共罚银三十二元。郑中队长电禀纵弟行凶殆指此也。马增济生来浮荡，自到杉阳，即与张胡氏通奸，又复扒墙相窥李同春之妻胡氏，以致人言啧啧，谓为强奸，郑中队长电禀纵弟奸淫殆指此也等情。查该巡检从前以鼓吹革命，为当日官吏逮捕监禁。源在大理，士绅咸以为言，不能不加任用，以昭激劝。面询所志，颇有牛刀一试之心。第见其经验太少，姑委署杉木和巡检，俾资历练。又以其萧然寒素，复准预支银一百元，俾资办公。视事之初，谆诫尤切，不意贪污昏谬，失其本心，一至于此。旧吏既多难信，新党又出此侪，用人之难，深用慨叹。现经将该巡检先行调永，并饬将伊弟马增济带永交案去后，惟照查复各节，官箴舆论，均不能容，究应如何办理，伏候衡核示遵。师长根源叩。卅一。印。①

又电请"省城军都督府"、军政部，对第七联拨派兵力，巡缉楚雄各属，予以"备案"。说："俭电敬悉。永北盗风甚炽，兵力单薄，舒丞所禀各节，均系实情。现由第七联拨派游击队一小队，饬第二大队第三中队长李鸣世率领于三十一日出发，前赴永北巡视后即分赴楚雄各属巡缉一周，再为旋榆，已通电饬知矣。谨陈备案。师长根源叩。卅一。印。"②

3 月

▲军政部奉蔡锷令，据实业司呈复议会研议更改盐务规章一案照会议会文。说：

> 为照会事。案奉军都督府发下据贵议会呈研议更改盐务规则一案，饬部行实业司签复等因。奉此，当经转行去后，兹据该司逐一签呈前来，本部复查无异，相应照会贵议会，请烦查照办理。须至照会者。

> 临时省议会为更正盐务规章呈军府文

> 为呈请事。窃查盐务要政，上关财政之盈绌，下系民食之要需，滇省困瘠，尤应加意于此。现承军府扫除弊政，饬由实业司订定规则，将来裕课便民，实为地方之福。惟规则初订，不厌求详，必期涤刷旧弊，振起新机，因时因地，斟酌尽善，树标于今日，兴大利于将来。议员等窃查实业司所订规则，苦费经营，斟酌时宜，于盐务更新之始，规模亦自可观。惟条目中尚有应行更改者，研议数次，务使困商苦民

---

① 《西事汇略》卷六，第33—35页。
② 《西事汇略》卷八，第4—5页。

之弊根，概就删刈，勿使能殖，以宏义利，而整鹾纲。按之本会九条四项章程，权责任务亦属当然。现在既经议决，合将议改数条，各附理由说明，另折呈请军政府迅饬实业司更订颁行。如此项规则业已宣布，务须饬照本会所议，另行更改，通饬一律照办。事关地方重要之件，理合备文呈请军政府衡核批答，分饬照办。为此具呈，即乞照验施行。须至呈者。附呈清折一扣。

云南临时省议会议改订实业司盐务简章各条开后呈请军府公布实行

计开：

原订规则第二节，职员及权责总结语内，应改为"以上所设委员、弁勇、书役人等，如有不称职及舞弊营私者，应由各该井总办全负责任，各总办不称职有舞弊营私者，由本司全负责任"。理由：总办以下不称职，则总办负责任，如总办不称职，咎将谁属？应于各该井总办全负责任之下添入各总办不称职有舞弊营私者，由本司全负责任，以防推诿等弊。

原订规则第三节盐课第十九条，应改为"各井售盐，概以云南通用银元作价，各井员收解亦一律以银元七钱二分计算"。理由：原条井员征解既以银元仍照库平库色折算，流弊极大，应改以七钱二分之银元一律计算。

原订规则第四节盐井第二十一条，应改为"各井如有盐质不佳、盐味苦涩及有碍正岸销路之处，应由各井督煎总办会同地方正绅确查，禀请封禁，免碍民食，而重鹾政"。理由：原条所谓盐味苦涩者，岂督煎总办所定，至销岸何处非正，又岂督煎总办一人所指，即谓之不正耶。开井听民自便，则地方绅士亦应确查情形，以合公理。应于原条督煎总办之下，加入会同地方正绅确查一层，始昭公允。

原订规则第四节盐井第二十三条，应改为"各井灶户卖私盐百斤以下者，除将盐充公外每斤罚银一元，百斤以上除按斤照罚外卤丁充公，三百斤以上除罚充外按律治罪"。理由：原条系为杜绝灶私而设，但云百斤以下者灶户卤丁充公，以下二字，则一斤一两作法者，从此条以执行，未免太苛。至百斤以上、三百斤以上，自当加重办罚，亟应改订，于法理始合，不致生弊。

原订规则第四节盐井第二十四条，应改为"各边地外私，尤应认真缉禁，如有贩私者，除照第二十二条加倍罚金外，从严治罪"。理由：原条所谓边地外私，尤应认真缉禁，而百斤以下将盐充公无罚款，百斤以上除盐充公外从严治罪，是较之内地私盐办法较轻，何谓尤应认真？滇省边私充斥，非重办不可，此照内私罚款加倍，并从严治罪，庶足以禁外私，而裕正款。

实业司呈复军政部发交临时议会研议更改盐务规章逐条签明文

为呈复事。中华民国元年二月十七日，奉钧部札开，案奉军都督府批，云南省议会呈研议更改盐务规则一案，奉批军政部实业司签复核夺等因。奉此，合行令仰该司遵照，逐一查明更订各条理由，核议签复，以凭酌夺，毋违，切切。计发原文、清折各一件。办毕仍缴等因。奉此，查滇省试办盐务，前经本司会同财政司议拟呈奉钧部批准在案。立法原贵精当，研究不厌求详，所有原章规定各条，无非举其大纲，意在简括，不敢谓为精密，故于原呈之中，曾经声明如有未尽事宜，随时报告修正。今奉钧部札发议会研议应须更改各条，本司悉心复核，遵札逐条签明理由，究应如何办理，钧部自有权衡，本司未敢擅拟，应请核定批行遵办。奉札前因，理合将奉发原文、清折，呈请钧部衡核批示饬遵。须至呈复者。附呈缴奉发原文、清折各一件。

今将答复各条拟列于后。

查原章第二节，职员及权责甲项三，并设督煎、督销总办各一员，由本司遴选廉干殷实员绅，呈请军政部酌委等语。既由本司遴选，又经钧部酌定给委，设有舞弊营私及不称职者，自系由本司直接负责任，钧部间接负责任，文义已明，故只声叙各井督煎、督销委员，则由总办全负责任，今议会所议情形，核与原章无甚出入。

查原章第十九条，各井售盐，概以云南通用银元作价，各井员收解亦以银元。惟须照旧日库平、库色计算一条，诚以商民未悉平、色数目，补贴之中，易滋流弊，是以始统计为银元，俾上下周知，免滋弊混。所拟照旧日库平、库色计算者，系按每销盐百斤，照原定卖价外，仍将旧日应补库平、库色计入，统合龙元若干，即照数征收报解，非计成龙元外复又令其加补平、色也。今议会所议，似不无误会。

查原章第四节第二十一条，各井如有盐质不佳、气味苦涩及有碍正岸销路之处，应由各井督煎总办查请封禁一条，原议盖以盐为民间日用必要品，如或质味恶劣及有碍正销之处，于民生国计，关系甚重，是以有查请封禁之规定。今议会称盐味苦涩，岂督煎总办一人所能定，销岸何处非正，又岂督煎总办一人所指，即谓不正耶？开井听民自便，则地方绅士亦应确查情形云云，似亦不无误会。查督煎总办亦人也，或即绅而官也，既付之以煎盐全责，犹不知盐味为何如者，至正岸云者如黑、元、永三井，其销路为云南府属及曲靖、澄江等处，即该三井之正岸也。如有于该三井区域内，或开新井及旧井与之充销者，即可谓之为有碍正岸销路，并无比较岸之正与不正之问题。盖云南内地之盐，不患无出路，只患无销路，故本司所定原章于边井虽主开放，而于内井则主制限，本条之规定，即制限主义之一也。兹查议会开井，听民自便等语，似于内井亦主开放，主义不同，故所持之理由亦异。况原章不直书曰查封，而曰查请封禁，亦以调查之责固在总办，而监督之权仍在本司。将来如有前项问题不易解决时，本司或委员及其他正绅再行确查，均无不可，并非全操之于总办一人也。至所称地方绅士如系指有井之地方绅士而言，不惟多顾一隅之利，不计全局之害，亦难尽信，而范围且觉较狭，转不如原章规定之范围广矣。再盐味苦涩，系由杂质提煎未净所致，本司正拟派员代为改良煎法，将来自无虑此。然于煎法未改良以前，亦不得不为如是之规定也。

查原章第四节第二十三条，各井灶户卖私盐百斤以下者，灶户卤丁充公，百斤以上者除灶户卤丁充公外，按律惩治。又第二十四条各边地外私，尤应认真缉禁，如有贩私者百斤以下将盐充公，百斤以上除盐充公外，并得从严治罪各等语。查盐为国家所有，无论井私、边私，同为侵害国家之利权，其罚之也，失重失轻，固非所宜，而法律亦须根据事实，始能允协。查井灶私盐，以百斤以下者为最多，原章定为灶卤充公，盖以近年醝纲不振，不得不重法以惩之也。今议会拟分三等办理，并定为每私盐一斤罚银一元，在理论上固觉甚当，而在事实上则私盐多在百斤以下，议会所拟之三种办法，将来实行必只有罚金之一种。该灶户等非尽属贫，断不足以感痛苦，且私盐散而非聚，于缉私弁勇监督不易，奉行者难保无私，亦属于公无济。况盐既为国家所有，该灶户等煎盐又复领薪，其利已溥，乃犹知法故犯，以重罚之亦不为苛也。至贩运边私，在百斤以下者，大都小贩穷民，一经被获，刑无可罚，甚或望风弃盐而遁，惩无可惩。原章仅将盐充公，固觉较内为轻，而亦事实上之无可如何，设法有时，而穷者即此类是也。况边私处以罚金，监督尤难。如自反正后，开广陵粤，私盐充斥，该镇府等拟重税，以资抵制，试问公家所入者几何？其事异实同，可参证也。若百斤以上，盐章定为除盐充公外，并得从严治罪，固已较内私之处罚为不同矣。[1]

▲李根源呈请蔡锷"查核备案"允准南甸土司刀樾椿改归原姓龚氏。说："案据南甸土司刀樾椿禀称，窃土司先祖本南京应天府上元龚姓名宗，于前明洪武十五年充百夫长，随沐国公英征云南，改名猛功，迁腾冲千夫长后，驻防南甸，始赐姓刀。查其赐姓之由，因南方诸夷服从刀姓，故沿边各土司，始有此姓之称也。卑司先辈为国守土，已传二十八世，阅五百六十余年。所有属境荒地，概已开辟，夷民已向化服从。兹逢义军恢复，民国成立，实我四万万同胞幸福无量。当此文明进化之初，边地诸夷均已一律同化，从前恩赐姓氏，今应改归原姓，以复汉籍。合无仰恳宪恩，赏准复姓龚氏，以宗先人之原姓，而使边夷效法，亦进化于文明。如蒙俞允，不特卑司阖族人等感戴德泽，即将来边民皆望风而进化矣。是否有当，伏乞衡核批示祗遵等情。据此，查该土司之祖龚宗，于前明洪武年间，随沐国公征抚滇南，积功迁腾冲千夫长，驻防南甸，改赐刀姓，所以威服诸夷。今见祖国光复，呈请改复汉姓前来，实属不忘本原，深明大义。其见解实出于各土司之上，当经批准并转饬该土司族同人等一体复姓在案。除咨明军政部外，理合具文呈报钧府查核备案。须至呈

者。右呈云南军都督府蔡。"①

3、4 月间

▲袁世凯军事参议处呈文袁世凯，评估滇、桂、黔等省独立后所举都督蔡锷、陆荣廷、唐继尧等人的表现及其使用意向。说：

南方各省，兵队星罗，匪徒蜂起，环顾海内，几无可恃之善策。是宜审察各省都督力足平乱者，预为分配，以备不虞，另列于后。

一、云南秩序，为各省冠，都督蔡锷虽属军人，而有政治才。独立之初，即派将领分道出师，一北援川蜀，保护盐井，以固税源；二东援黔省，驱除会匪，以安闾阎；三抚慰本省各属，剿捕土匪，以维秩序。其所设施，无不中肯。今宜由袁总统特电委托，补助款项，使兼领黔、蜀边境而保西南三省之治安。（按：在云南部分之上，有眉批：查）

一、广西都督陆荣廷果勇廉洁，具有远略。独立后，虽省城绅民屡电相迎，彼必先将龙州各属土匪，一律肃清，节节扫荡，而后晋省。迨议派兵援鄂，有主自顾说者，彼即声言粤西向恃协饷，今各省有事而不相助，异日将何以求人助等语。其远见迥不犹人。今又以梧州会匪盘踞，自往招抚，不耽暇逸，可谓良将。宜由袁总统特电委托，助以饷械，并令与龙济光等互相联络，以为剿平两粤土匪之备。

一、湘南都督谭延闿，和平练达。惟因财政困难，兵多且骄。而湘省与鄂、粤、黔、蜀、赣五省连壤，土匪滋蔓，在在可虞。非有劲旅驻扎西南两边，以清黔粤匪患，不足以保长江上游之治安。湘中兵队，惟南武军统制张其锽朴勇廪［廉］明，且有吏才，甚得军心。此次反正，各军要求加饷，该军独否，足知其军之有纪律也。是宜由中央政府令彼镇扎楚境，授为黔楚蜀边巡按使，以为蔡都督之声援。岳州司令曾继梧、旅长程子楷治兵严整，可靠之师，仍令驻岳，湘鄂有

---

① 《西事汇略》卷九，第15—16页。

事，均可调遣。

一、贵州情形，已成匪国，幸得蔡都督派兵援黔，驱逐哥党，恢复秩序，现已由黔人推戴滇军统制唐继尧为都督矣。惟前都督杨某（按：指杨荩诚）统带北伐兵两标，尚驻湖南常德府城，骚扰不堪，日前并戕杀标统萧某，其兵甚不可恃。黔人畏其回黔，楚人恶其乱楚，宜商之南京陆军黄总长，设法电嘱杨都督至北京办事。其驻常之兵，均令拔回贵州，交唐都督分别遣散，以免滋扰。（按：在此部分之上，有眉批如下：滇、黔、蜀、粤四省，历史上向称先叛后服，因其山林菁密，不易行军也。黔楚沿边，苗巢尚多。咸同年间，十余年始能平靖。今黔军既多会匪，万一匪遁勾结，为患匪浅，宜速设法防范，治于未然）

一、福建、浙江两省，招兵不多，秩序未乱，尚无足虑。惟江南［苏］、安徽、江西三省，情形岌岌，甚为可虑。宜授江苏庄都督以统兵之实权，令其选练水陆各师驻扎南京。三省有事，驰往援剿。然南京各军甚属难恃，可将湖南岳州一军调驻南京，而令张其锽分兵填扎岳州。

一、四川治乱未定，然交通不便，援济为难，宜挑选良将，统率强劲北军，驻扎陕西，以为甘肃、四川之犄角。

一、南京新到之湘鄂联军如王芝祥所部，屡经战阵，骁勇著名。然飞扬跋扈，亦甚难驭。十六旅旅长赵恒惕所部，微嫌文弱，然遵守纪律，绝不骚扰。闻已由陆军部派令拥护内阁北上。王乃北人，胸有城府，须有高等位置，方足以得其用。其部下宋尚杰，亦一骁雄，驾驭之术，不可忽也。

一、海军各舰，闽人居多，乡谊甚固。今宜选闽人之廉明者为海军军统，以率其众。盖欲江海商务流通，必恃军舰之力，闽人好利，可以驾驭。长江上下游，一旦有事，海军力亦可相助也。①

---

① 《（一九一二年）南方各省预备筹防事宜》，《上海图书馆藏唐绍仪中文档案》第23册，第11324—11330页。原文无写作时间与作者，此为依内容推断。

4 月

1 日

▲3 月 15 日，李根源电告"省城军都督府"，英人在边境"修路"的进展。说："月密。顷据云龙六库土司段浩报告，现闻狨夷一面，英人修路，已至朋掌等语。除函该土司确探续报外，谨闻。根源叩。删。印。

17 日，再电询"省城军都督府"，如何对待英人在片马私立界石，添派兵队之事。说："月密。源初到腾，闻张镇述英人自九月初，即在片马附近地方有私立界石，并添派兵队之事。当派中队长项跣、小队长李静修由大竹坝出片马，经他戛出大小丫口回腾，中队长杨锡荣、小队长杨毓灵、高家骐由茨竹、丫口，经他戛出片马回腾。据称，茨竹、丫口、大小丫口等处皆新竖界石，派赖、他戛、官寨等处道路亦已修成，皆宽坦可以行军。其驻扎兵数，他戛现有八九十名，官寨有二三十名，把仰有十余名，赧雾、茨竹林等处各有四五十名。又闻有一大队沿小江而下，恩开梅江而上，系为经营征服浪狨、狨夷各地。各该处居民自旧岁即已征收门户钱，每户缅洋一元。英人工于笼络，颇有倾心外向之势。生等前行，屡濒危险，佯为商贾，搜检甚严等语。查英人前次违约进兵片马，力争始暂退兵，今复私立界石，驻扎多兵，尤属大背约章。除再随时探报外，谨将该员等侦察所得情形，先行电陈。应如何办理之处，伏候钧裁。根源叩。筱。印。"①

4 月 1 日，蔡锷电请袁世凯"派人抚绥经营"英兵"未到之处"，"早占地步"。说：

> 据第二师师长李根源电，据腾越张镇称，去年九月初四日，有英人在片马地方，私立界石，并添设兵队，当由镇派人往查，一由大竹园出片马，经他戛由大小丫口回腾越。一由茨竹、丫口绕他戛出片马回腾越。据称，茨竹、丫口、大小丫口等处，尽签竖界石。至于他戛、官寨等处，道路亦已修成，砥宽可以行军，其驻扎兵数，他戛共有八九十名，官寨有二三十名，把仰有十余名，赧雾、茨竹林等处各有兵

① 以上各电见《西事汇略》卷七，第 56 页。

五十名。又闻有一大队沿小江而下，恩开梅江而上，系为经营征服浪、夷等地。各该处居民自旧岁即早征收门户钱，每户缅洋一元，英人工于笼络，颇有倾心归向之势等情。查前岁英兵擅入片马，迭经外务部李前督极力抗争，英始退兵，重提及小大筈之议。昔已还我主权，乃忽于九月以后，乘我民国多事，即派兵阑入，且私立界石，直至小江以南十八寨地据为己有，恃强侮陵，无理可讲。又前岁争执，当在小江以南，今且侵入小江以北之浪、宋等地，似此节节进步，不致尽蚀我大好边疆，上穷巴、里塘，打箭炉，直拊卫、藏之背，挈四川之领不止。前李督致外部电，有分两截办理之说，以尖高山以北小江以南为一截，以小江以北为一截。前一截李前督主张由江线分划，英廷不允，力争承租。后一截李前督主张允行派员审查，再议分划。今英如此举动，似彼于前一截既不愿有承租之说，于后一截亦不再留审查之地矣。现在国基未定，不稍隐忍，必于大局有碍。然一味含默，则得寸进尺，后患更无已时。今于前一截如不能仍照前江线分划之议，或将该地姑作为中立地，或租借若干年，明定期限，如二者均不能办到，即欲承租亦应待我承认。拟请函商英使正式开议，勿得暗自袭取。至后一截狢夷、浪猓地方，前本归化于我国，日久漠然，窥英之意，直视为瓯脱，为所欲为。为今之计，惟有容忍，仍照会英使，声明狢夷、怒夷地方系我属地，以为将来收回张本。凡彼兵队未到之处，亟宜派人抚绥经营，早占地步。乞钧裁速复。[1]

8日，又电请北京袁世凯暨国务院、武昌黎元洪、南京黄兴、各省都督，速筹"滇、缅界务"办法。说：

滇、缅界务，轇轕经年，北段界线，迄未勘定。前清光绪三十一年，革道石鸿韶与英领烈敦往勘，烈领所争以大哑口为界，系从尖高山起直上高黎贡山，由山顶北往西藏；石道所拟，以小江边为界，系从尖高山起抵九角塘河，复另行横出，过小江源至板厂止。烈领所指之界，滇、蜀、藏边地被其割去者数千里，外务部谓其直是分割华境，断难允从。即石道所勘之界，于腾越、云龙、龙陵土司领地弃去甚多，

---

① 冷：《片马交涉始末记》（七），《申报》1914 年 2 月 11 日。

亦经外部驳诘，遂未定案。乃英人于前清宣统二年，忽有进兵占据片马之举，滇人愤激，群起抗争，李前督（按：指时任云贵总督李经羲）持非退兵重勘不可，英始退兵，重提永租之议。义军适兴，议遂中止。英人复乘间派兵阑入于片马附近地方，私竖界石，展修道路，宽可行军，并于他戛、官寨、把仰、赧雾、茨竹林及沿小江、恩梅开江等处驻扎多兵，以规取浪狞、狳夷等地。各该处居民自旧岁即征收门户钱，每户缅洋一元，观其行动自由，不惟不留重勘之地耳，并不复顾永租之说。似此节节进步，势不至尽蚀我腾、永、丽、维之边疆，上穷里塘、打箭炉，直拊卫、藏之背，挈四川之领不止，后患何堪设想！前经请大总统裁处，并历陈对待之方。旋奉示谕，以界务重大，已饬外务部妥慎筹办，仰见大总统慎固封圻至意。惟英人载骤骎骎，一日千里。一有抵触，则恐生衅端，听容所为，则贻害大局，西陲关系非独滇危。用特迫切电陈，恳请迅为筹办。各省都督如有伟见，并望时赐教言，幸勿以为边远地秦越视之，是所感祷。滇都督锷叩。庚。印。①

9 日，黎元洪电复蔡锷说："电悉。滇缅界务，已电请大总统饬外部严重交涉矣。特复。"②

26 日，蔡锷电复李根源说："月密。筱电所言英人私立界石、驻扎多兵等事，已将从前界务及现在情形详达袁总统，请其亟商英使正式开议，勿得暗自袭取。并派员赴京钞录界务及外交重要档案、地图，预备将来严与交涉。现在国基未定，自难轻开衅端，然一味含默，后患更无已时。惟有一面由中央与之交涉，一面于彼兵队未到之地，亟先派人抚绥经营，早为地步，庶可稍戢野心。锷。宥。"③

5 月 16 日，再次电请袁世凯，"迅为筹办"滇缅界务事，并请各省都督"时赐教言"。说："滇缅界务，轇轕多年，北段界线，迄未勘定。前电请大总统裁处，并历陈对待之方。旋奉示谕，以界务重大，已饬外务部妥慎筹办，仰见大总统慎固封圻至意。惟英人势骤，骎骎一日千里，一有抵

---

① 曾业英编《蔡锷集》（一），第 546—547 页。周钟岳《电光集》所载此电作"五月八日"，但《黎副总统政书》（卷九，第 21 页）作"中华民国元年四月十六日到"，同时著录黎元洪复蔡锷电一通，时间是"中华民国元年四月十七日"，可见此电当发于 4 月 8 日。

② 《黎副总统政书》卷九，第 20 页。

③ 曾业英编《蔡锷集》（一），第 588 页。

触则恐生衅端，听容所为则贻害大局，西陲关系非独滇危。用特迫切电陈，恳请迅为筹办。各省都督如有伟见，并望时赐教言。"①

▲3月31日，李鸿祥电告蔡锷、唐继尧、谢汝翼、李根源，援黔军已抵永宁。说："鸿祥率援黔军，三十一日抵永宁，特闻。鸿祥叩。三十一。印。"②

4月1日，蔡锷电复李鸿祥说："三十一电悉。执事所部总员若干？如何分配？现在遵义、大定之匪情若何？希查悉电告。锷。东。印。"③

2日，李鸿祥电告蔡锷说："东电悉。鸿所部兵力，步四营、炮机各一营、马四十骑、卫生一队。遵义方面，系派张青圃由渝率步二营、炮四门、机关枪四挺、马二十骑、卫生十五名往援，刻下可抵遵义。其余部队，由鸿率领回滇，顺便援黔。先头部队，不日可抵毕节。其他有黄斐章函称，率领师团本部及参谋部、骑兵联队，向遵义援黔云云。顷接唐都督及毕节电称，遵义尚无大股匪徒。惟大定一带，有杨钟华、宋运枢、吴海清等，特甚猖獗。等语。然大定匪势虽炽，我军一至，不难扑灭。余情后报。鸿。冬。印。"④

同日，再电告蔡锷暨各师长、部长、司长说："民国新造，基础未固。川黔遍地伏莽，实蓄乱机。西南毗界强邻，大□［理］尤为岌岌。我滇处于内忧外患之焦点，非兵事上确有自立能力，不足以图自存。目下兵数增加，枪械亦勉强敷用，而子弹无多，战端一开，立致告匮，不但补充困难，而购买实非易事。今鄂厂已废，粤沪□［两］厂之制造，不足供全国取求，即能供给，而输运尚需时日。抑或购之外洋，即令不遭阻挠，而往返非易，均成缓不济急之势。思患预防，计划宜早。泸川京铅［铜］解赴长江销售，约可获银二十余万，俟铜斤出售之日，即将售获银两，添购机器，改良旧有之造弹机，使将来可以自造新式枪弹。遇有他故，不致束手待毙，于存亡关系，非同渺小，是亦急则治标之道。诸公伟谋，以为如向［何］？如见采择，盼即施行。鸿叩。冬。印。"⑤

① 冷：《片马交涉始末记》（七），《申报》1914年2月11日。
② 《云南辛亥革命资料》，第408—409页。
③ 曾业英编《蔡锷集》（一），第533页。
④ 《云南辛亥革命资料》，第410页。
⑤ 《云南辛亥革命资料》，第409页。

4 日，蔡锷电复永宁李鸿祥说："二冬电悉。执事所部请分一部援黔外，余悉由执事统率回滇。盖为饷计，为整理计，均不宜久暴师于外。且殷总长现赴北京军界统一会会议军事，人员缺乏，亦望诸君早归。至购机自造枪弹一事，实为要图。此间迭经筹议，均以款项棘手，未能实行。顷已决定派员赴港、沪调查购机、制药两事，拟改设制弹、制药两厂，务应于成。惟铜价缓不济急，业另设他法矣。锷。支。印。"①

5 日，李鸿祥电告复蔡锷说："支电照办。黔乱俟我军到，立可敉平。鸿准于麻日由永宁出发，真日可达毕节。现张支队在綦江，又筹获饷五万两。统计两梯团共携饷银约三十万两，特闻。鸿叩。歌。印。"②

9 日，蔡锷电复李鸿祥说："东密。歌电悉。綦江所筹之款，屡接成、渝来电请此间指款拨还。因未得我军报告详情，未便答复。来电称两梯（团）共携饷银三十万，可支几月饷糈？希核计电告。锷。佳。印。"

2 日

▲3 月 30 日，李根源电告"省城军都督府"，拟将大理、楚雄两府，景东、蒙化直隶两厅，即归大理提督防戍。说："查迤西绿营旧制，提镇各协均各划有区域，分辖营汛，以期各专责成。惟其中有此营汛地与他营相近者，此则以距离太远，兼顾难周，彼则以畛域攸分，坐视不问，往往互相推诿，时滋贻误。现绿营兵丁虽裁，提镇均兼统领，所辖各营仍应明白划分防戍地段。拟将大理、楚雄两府，景东、蒙化直隶两厅，即归大理提督防戍。永昌、腾冲两府即归腾越镇防戍。顺宁一府即归顺云协防戍，仍归提督统辖。丽江府及鹤、丽、剑三属分归丽维统领防戍。中、维两厅即归维西协防戍，该协带有一营，原系丽维统领统辖。此次虽经划分中、维防务，该丽维统领仍应兼顾。永北厅及所属华坪、金沙江沿岸，均归移驻永北之鹤丽镇防戍。划分后，各按区域管理，俾专责成，免致临时推诿，似于边防事宜不无裨益。是否有当，乞饬部妥议，核示祗遵。师长根源谨叩。三十。印。"

4 月 2 日，蔡锷电复行营李根源说："卅来电所配迤西防戍各地区域均

① 曾业英编《蔡锷集》（一），第 538—539 页。
② 《云南辛亥革命资料》，第 413 页。

妥，应即照办。惟中、维两厅划归维西协防戍一节，查维西协仅带一营，沿边地面辽阔，似难兼顾中甸，且驻中甸营哨系丽维统领坐营，亦恐呼应不灵。丽统防地，仅鹤、丽、剑三属，区域较狭。台端拟于划分后，仍令该统兼管中、维，自系有见及此，应切实责成该统，勿因防地划定，遇事稍分畛域，免滋贻误为要。都督府。冬。印。"①

▲报载蔡锷"近据探报，滇境法兵两中队已入华界，声言防剿土匪。业已照会法领，请饬立即退出"。②

▲唐继尧电呈袁世凯并各省都督，亟应组织政府，巩固国基。说：

> 北京袁大总统、武昌黎副总统、南京孙中山先生、各部总长、参议院、参谋部、各省都督均［钧］鉴。总统受事礼成，中外欢忭，翘望新猷，有如饥渴。乃荏苒旬日，绝少端倪，致使外敌生心，联兵竞发，刀俎环陈，鱼肉视我。犹复道谋筑室，骨动浮言，攘臂相仍，若不获已。推其致此之由，岂非南北之见。继尧僻处一方，诚昧中原大事，特内瞻本省，环顾西南，公口流毒，祸乱已成，流寇繁兴，剿抚不易。反正数月以来，公私并极困渴，入春已深，农业犹废，工商百业，莫不皆然。遥念四方，宁复远胜，及今直追急起，已恐后时，再四踌躇，何堪设想。牛马奴隶历劫沉沦之惨，虑未见于满清专制之日，将成于民国共和之时，兴言及兹，能无痛哭。谨竭愚虑，聊供罪言。夫政府一日不成立，则国家一日不确定，则外人一日不承认。国家组织地岂可缓图，举措如何自应悉定。统治有权，国基乃固，此政府组织之亟应统一者一也。共和制度莫如美、法圆满，然非我所宜，已有公论，即十三州合众规模，取则不远，然彼各州惯习多事，因沿大一统之谋，美犹有憾。吾国统一已数千年，省制根蒂虽深，及今划除犹易，如能组织尽善，犹当去短取长。乃各省反正，或者误解独立，妄思窃据，辄以一省冒一国之名，地方拟中央之制，人未瓜分，自甘豆剖，此在举事或非得已，时至今日，宁得久存。宜由中央政府速定统一之谋，其或制度乖异，立即通令取消，庶几民国前途不至四分五裂，

---

① 以上三电见曾业英编《蔡锷集》（一），第 549、534 页。
② 上海《民声日报》1912 年 4 月 2 日。

此民国制度之亟应统一者又一也。窃谓中央行政宜握要图，挈领振裘，数设自易。以上所陈二事，或为有识所同。继尧愚昧无学，宁敢妄参大计，惟是当此时局，宁忍知而不言，特罄狂愚，务希明教。私衷迫切，无任主臣。黔军都督唐继尧叩。冬。印。

25 日，袁世凯电复唐继尧说：“贵阳唐都督鉴。冬电悉。卓论忧深虑远，于制度名实尤为致虑，深堪嘉佩。现统一政府已完全成立，不若实力进行，民国前途，庶免其有锢执〔疾〕。愿执事洞明大局，勉济时艰，力维秩序，至盼。大总统。有。印。”①

3 日

▲蔡锷电请武昌黎元洪转韩建铎，望其到京见“袁总统及财政部首领”后继续为滇请命。说：“列密。援蜀情形，得公陈述，俾释疑团，所益甚大。滇省财政困难情形，公所凤稔。反正以来，勉力支持，幸得维持现状，然无源立涸。设因饷绌，致生事端，后患何堪设想！盖滇介两大，与他省情形不同，内部一有纷扰，势必立招外祸，大局且为摇动。然保治安，在在需款，滇素贫瘠，罗掘已穷，惟有望中央接济。滇原受协省份，又关系国防，想中央断不能置之不顾也。公到京见袁总统及财政部首领时，万望为滇请命，痛切陈之，务请其先拨发二三百万，以济目前为祷。锷。江。印。”②

▲3 月 31 日，李鸿祥“火急”电询蔡锷，是否已照收汇滇款项？说：“东密。前幼臣处由叙汇银五万两，此次由重庆汇银十五万，均托天顺祥直接汇滇。另由叙汇昭十七万，再由昭解省，系天顺祥汇兑，同兴公代解，已否照收，盼速电复。前与幼臣约定，叙州军队，准于三十出发完讫。青圃支军，刻可达遵义。余炳解铜共六十四万余斤，刻约出夔关，并闻。鸿。三十一。印。”③

4 月 3 日，蔡锷电复李鸿祥说：“三十一电悉。由蜀汇款，已收到二十万，余存同庆丰十万，系分批缴解，尚未届期。昨接昭通电，已解五万在

---

① 以上二电见《贵州辛亥革命资料选编》，第 113—114、106 页。
② 曾业英编《蔡锷集》（一），第 537 页。
③ 《云南辛亥革命资料》，第 407 页。

途。又迟兴周拟留二万在分银行，计共三十七万，已合数。希并达幼臣。锷。江。印。"

又电昭通专送谢汝翼，望速回滇。说："幼密。接李旅长电，知执事所部已由叙拔队返滇。俟到昭通酌留一营驻扎外，其余悉可回省。至经营凉山，应先派人切实调查筹备，乃行会同地方官着手办理为妥。殷叔桓派赴南北军界统一会，日内启行。军界得力之人颇形缺乏，望执事速回。盼切。锷。江。印。"①

5日，谢汝翼电复"云南军都督府"说："梯团本部，本日抵井渡，队伍分扎滩头以上。川省兵即匪，匪通兵，大乱已伏，虽云置之不理，然不可遽退回省。何则？民国初成，人心甫定，乱事一张，奸宄从而生心，外人因而干涉，一虑也；滇川连壤，近日川中兵匪，对滇皆抱恶感，乱起势必南窜，二虑也。翼意拟在川渡驻扎二三旬，无事可以镇静，有事可以应变，如何之处，请速复。翼。微。印。"②

10日，蔡锷电复谢汝翼说："微电悉。滇军干预川事，不独川人大抱恶感，即舆论亦多误解。甚至有滇军觊川殷繁，志在淫掠，并非为救灾、为恤邻而来之语。此后非有中央命令或川省恳求，决不预问川事，此间已通电中央及各省。执事所部，务照前电以一部留驻昭属，仅敷防堵足矣，余悉率回（滇）为要。殷叔桓不日启程北上，望执事速回。如能先来，军队令一将领率之，尤所盼幸。锷。蒸。印。"③

▲2月7日，李根源电请"省城军都督府"扣留刀安仁于省，"听候查办"。说："月密。干崖土司刀安仁前在腾城索饷索械，并勒派各土司数万金，昨经密陈在案。顷复搜索得该土司命令耿马文一件，略称本都督与张都督同时起义，各担义务，各司应向本都督府填写誓表，送交本都督府，所有应完钱粮各款，即上归各属民部委员等语，并分给孟定、湾甸、耿马夷文函三件，誓表格式各一纸，嘱译文义，大约均系兴夷灭汉，帝制自为等意。除将原件邮呈外，合行电禀。乞赐查核饬将刀安仁扣留在省监禁，听候查办。根源谨叩。□。印。"④

---

① 以上二电见曾业英编《蔡锷集》（一），第538页。
② 《云南辛亥革命资料》，第414页。
③ 曾业英编《蔡锷集》（一），第549页。
④ 《西事汇略》卷九，第16页。据以下蔡锷致程德全等人电，知此电为"阳电"。

4月3日，蔡锷电请南京内务总长程德全、司法总长伍廷芳，查核惩办干崖土司刀安仁。说："内密。前据云南第二师长李根源鱼电称，腾、龙沿边十土司，平时苛虐土民，有事乘机煽乱，而干崖刀安仁夜郎自大，狂悖谬妄，尤为各土司之冠。此次腾、永起事，始则附合革命，愿助兵饷，继则入城自称都督，苛索银至二三万金，索枪至三百余杆，并勒派各土司地方亦不下万余金，复敢煽动各土司，许其独立，反抗汉人，居心叵测，罪不容诛。又接李师长阳电称，复搜获该土司命令耿马土司文一件，略称：本都督与张都督同时起义，各担义务，各司应向本都督府填写誓表，所有应完钱粮各款，即上归各属民部委员等语。并分给弯甸、耿马夷文函二件，内附誓表格式各一纸，细译文义，其意均系兴夷灭汉，帝制自为，乞赐查核，将刀安仁拘留在省，听候查办等情。时该土司因到省要求封爵，并索银卅万两，此间未便允许，该土司遂由海道赴宁，当即电请程总长设法拘禁。兹接驻宁滇同乡来电，得悉大部已饬警厅将刀安仁及其弟刀安文一并捕获囚禁。特将该土司罪状先行电陈，请即查核惩办。详情及证据另咨。锷叩。江。印。"

又电复内务部参事张大义暨驻宁滇同乡说："删电悉。刀案已详电内、法两部，证据另咨。如能在宁办结尤佳，希张君商之程总长。留鄂陆军诸生，前已电令仍入陆军校，并未汇款，并希转达吕君（按：指吕志伊）及诸生。又中央来电，请由广西、四川两处分拍，庶免迟误。锷。江。印。"

▲3月31日，李根源电请"省城军都督府"，由其"薪俸项下陆续归还"二千两赏银。说："顷准军务部来电，蒙赏公费银二千两。源受命以来，事变交至，负咎滋多。西事虽幸戋平，要皆上秉宏谟，下资群力，循涯览已，无可纪录。钧府宽其督责，已切悚惭，过示矜隆，重滋骇汗。方今财政艰难，百度待举，钧府躬自贬损，为群伦倡，重縻厚糈，自居何等。且援蜀与北伐诸军，暴露之劳，征戍之苦，什百于兹，下此效命服勤，所在多有，源亦胡颜之厚，而敢独承？将自源始，益惧其事难继。张提督文光在腾始事，取于公者先后才四五百金，所设阛肆亦用以充军实，方请褒奖，以励廉隅。以此方之，亦将愧对。伏冀收回成命，稍释愧诚。至前电预支公帑一千两，因老亲前此以腾、永之事，往返调和，及在腾时亲族乡邻，多资伙助，负累遂多；加以家无余资，稍稍留供事畜。惟源所管饷银巨万，以意取携，无以束下，具电陈明，以重公款。应请仍由薪俸项下陆

续归还，庶几俾源有以自处。区区之愚，必蒙垂察。师长根源叩。"

3 日，蔡锷电复永昌李根源说："卅一电悉。公担西事，从事独贤，而太翁往返调和，裨益甚巨，即论酬庸，亦分宜然。且吾兄家非素封，宁堪复因公亏累？乞即收用，毋庸固却。又永绅邀留，自可暂为布置，惟榆事亟须整理，仍望早日启行。锷。江。印。"①

月初

▲蔡锷与陈警天上书南京临时政府实业部并中央政府，"请特设矿政总部，明定矿律，先从滇省开办"。说：

"为入滇担任实行革命事毕，请持〔特〕设矿政总部，明定矿律，先从滇省开办矿务，为中国救强最急事。

盖以四万万同胞同屈于专制魔下者，非二百余年之满虏时乎？矿政不明，矿务不兴，使吾同胞冒险重洋，任他人之奴隶而弱汉种者，非满虏之手段乎？所以文士出其笔锋，辩士出其舌锋，烈士出其剑锋，富者不爱身家，贫者不惜性命，咨口张舌，发扬蹈厉，粉身碎骨，百虑一致，均以逐满虏为方针者，无非以争回我中国之主权计也。今日主权已复，一跃而为世界共和之国，破四千年未有之天荒，直令外人视中国为囊中物，今忽变为水泡镜影，此皆吾人已达之目的也。

然犹有一问（题）者，所以保中国主权，使其万世勿替，争雄长于全球之上者，非先求绝大经济之策则不可。何者？贫者弱之源，富者强之本，前日各国之所以欺凌骂辱我中国者，一以主权已失；次以矿物不兴，弃货于地；又其次者不合团体，自私自利。土地也任满虏之馈割，同胞也任外人之鱼肉，以四千年发达最早之国，直视为野蛮无教育之邦，可耻孰甚。夫泰西之所以自称为文明国者，亦不过数十年间耳。推求其故，虽声光化电之学登峰造极，为吾国所未见闻，要其所以成为金钱世界，皆以矿务为崛强之始。夫中国非无此土，华夏非无此人，上有丹砂，下有黄金，矿学曾见于《管子》；炼火生云，炼云生水，化学曾见于《淮南》。而所以退化之故，皆由祖龙焚书愚民之

---

① 以上四电见曾业英编《蔡锷集》（一），第 535—537 页。

术一出，后世专制君主阴祖其制，至满虏而为之加厉焉。率四万万同胞，咸中帖括之毒，所以四千年之祖国，不及泰西二十世纪之进化也。不知剥不极则不复，否不极则不泰，今日吾远东之狮吼一声，全球变色，非吾四万万同胞、四千年之祖国剥极而复、否极而泰乎？而不变方针为矿务之是图者，鲜不谓吾计之左也。

夫天不爱道，地不爱宝，以滇省居南北纬之间，夹寒温带之缠，正所谓"天地为炉兮，造化为工，阴阳为炭兮，万物为铜"，如丹灶鼎镬，坎离交媾，丹聚于顶，其滇矿之谓软，此滇矿之所以甲于全球也。又以外国之觊觎论之，迤西英则添兵于片马关，窥伺于咕哩沟；迤南法则置铁道于滇垣，蓄诡谋于蒙自，穷年累月，所费不下数千万金，锥心呕血，一欲达滇省之目的者，是岂欲滇省之人民赋税哉，无非为矿产之专注耳。夫以英、法二国之物非己有，尚苦心孤诣，阴谋不轨，毅然而为之；况以己物己用，予取予携，取之无禁，用之不竭，其可不为哉。卧榻之旁，不容人以鼾睡，此有识者之言也。

以今日我国革命成功之灵捷、之文明，实冠环球所未有。迂腐者流辄谓今日军务浩繁，大局甫定，一则曰"爱国捐"，再则曰"国民捐"，闾阎苦于借贷，华侨疲于奔命，不如别计以休养元气。夫我中国人之习惯，一则难于图始，一则苟于乐成，无竞争进取心，动借休养为搪塞地步。此朝菌不知晦朔，蟪蛄不知春秋，河伯尚不足以语海，若况井蛙乎！其望洋而叹，视为畏途者，实居多数，无怪乎泰西之笑我国为老大帝国也。讵知以今日四万万同胞之力，为纵横二万四千里之事，有过之而无不及。以此新团体、新热血、新理想，以战则胜，以攻则取，矧以之为救国之经济之矿务乎！

夫以武昌举义，不数月而共和局成，汉阳之役，军需虽逾数千万，各省北伐队联集，中央于财政上不无影响。实则统计内外华侨同胞之身家，未损十分之一，其所以如此困穷者，实不能开矿务，塞外国人之漏卮耳。况今日为之集股而开矿，宗旨一以热心救国为本，而其中含实业之性质，有莫大之利权。在各同胞、各华侨，义捐军需尚如是之踊跃乐从，更语之集股开矿，得以享万世无穷之利益，得以长保万世勿替之主权。人争兴汉，热血犹存，身任政府者，以特部办矿律、矿政；身当义务者，复率现在之所谓文士、辩士，重鼓其笔锋、舌锋，为之扬波助流。端不至一二年间，其资本不如《道德经》之所谓"金玉满堂"，烈士不藏其剑锋而群趋于矿务者，吾不信也。继而拓充之他省，次第层开，十年间其不为世界上最雄长富强之国未之有也。岂可弃珠于渊，藏金于山，冥然罔觉，为后世笑、万国笑哉。所有吁请特设矿政总部，明定矿律，矿政先从滇省开办，矿务为中国救强最急情形，理合缮折上陈，伏祈垂鉴。

提倡发起人：仰光同盟会代表陈警天。赞成转咨中央政府者：蔡都督、军政部实业司、临时省会。[①]

4 日

▲蔡锷咨请南京临时政府实业部"查核办理"设立矿政（总）部。说"滇省军政部咨南京实业部转达统一政府咨文。据仰光代表、粤人陈警天面称，云南富有五金，亟应开采。拟往中央政府陈请设立矿政部，招募华侨商股，兴办矿务，先从云南着手，请据情转咨等语。查该代表所请，实为振兴矿业、富国利民起见，如能招集巨款，设立公司，敝军府自当力予维持优待。兹该代表赴京，应准据情转咨。为此咨请贵部，请烦查核办理。此咨实业部。蔡锷。中华民国元年四月初四日邮寄。"

又通电袁世凯、黎元洪、谭延闿及各省都督、统一党各部，转陈贵阳统一党支部请正式委任唐继尧为贵州都督。说："北京袁大总统、武昌黎副总统钧鉴，长沙谭都督、各省都督、统一党各部鉴。据贵阳统一党支部全体党员八百五十余人公电称，黔省反正，前都督杨荩诚漫无部署，将恣兵骄，省会大乱。杨亦屡濒于危，幸借援鄂远避，道路所经，搜刮殆尽，复纵兵奸淫，民怨切骨，已绝其重来。赵德全继其后，即取消杨荩诚都督名义，糜烂如前。滇师北伐，道出黔疆，父老哀泣苦留，始允代平黔乱。两月以来，秩序井然，民庆更生。乃闻杨荩诚在沪购械，沿途广招无赖，欲以武力回黔，仍窃高位。黔中财竭力危，势如大病余喘，受此荼毒，亡机立见。同人是以为黔请命，恳转请大总统正式委任唐继尧为黔都督，并取消杨荩诚，毋任争个人私利，蹂躏数百万生灵。是所叩祷等情，请转前来。

[①] 曾业英编《蔡锷集》（一），第 540—542 页。原未署日期，据以下蔡锷咨南京临时政府实业部文，可知其成文时间，当不晚于 4 月 4 日。

特此转陈。滇都督锷。支。印。"①

25 日，国务院电复唐继尧说："贵阳唐都督鉴。奉大总统谕，已任执事署理贵州都督。杨荩诚于贵州光复有功，业令来京，另加委任。所部驻常（德）军队，另电谭都督妥派干员，分别安插，其未布置以前，所有军队，不准到黔。执事应即化除意见，勿负委任，是为至要。国务院。有。印。"②

其间，有报载"贵州都督一席，唐继尧与杨荩诚互争已久，副总统以据黔中士绅来电留唐而拒杨，而来函则有异，于是甚至诋唐心存叵测，与滇都督蔡锷连同一气，欲窃据川藏自立。现在政府新成，未可重启内乱，故力主调和，力请湘省谭都督，阻止杨荩诚之军，留驻常德，暂勿前进；一面电劝双方解释意见，互相退让，仿照鄂省军民分权办法，唐任都督，杨任民政长，各分权限。闻唐已经承认此议，而旅京黔人复在大总统前公保，是以唐之都督昨已由政府任命。至杨尚以无治民之才辞。将来如何结果，尚难测也。"③

又载"贵州唐都督近以黔人造谣反对，深恐酿成祸变，特电恳中央另行委任，而黔垣绅商各界均上书挽留，并由郭君子华、刘君玉山、蔡君衡武等电禀大总统以唐君不能离黔之故。兹得北京来电，照录如下。贵阳郭君重光及诸君公鉴。大总统交来电悉，现已任命唐继尧署理贵州都督，并调杨荩诚赴京，另有任用矣。国务院。沁。印。又电云，贵阳唐都督：奉大总统令，艳电悉。该都督戡定黔乱，劳苦功高，舆论混淆，或不相谅。惟黔经靡乱之后，抚绥休息，正需隽才维持，希为父老勉留，以宏绩效，毋再恳辞。悠悠之口，不足较也等因。理合电达遵照。国务院。真。印。"④

5 日

▲蔡锷电告北京袁世凯、各部首领，南京孙中山、参议院，武昌黎元洪，此后无论蜀省如何糜烂，"滇军决不与闻"。说："滇军援蜀，致启嫌

---

① 以上二电见曾业英编《蔡锷集》（一），第 539、606 页。后电是书定为 5 月 4 日，误。

② 《贵州辛亥革命资料选编》，第 105—106 页。

③ 《鄂江政界之新潮流》，《申报》1912 年 5 月 5 日。

④ 《大总统器重唐继尧》，《申报》1912 年 6 月 16 日。

疑，迭经严饬撤返，免生冲突，前经电达，计呈钧览。近接滇军各将领电，已次第分道撤返。惟滇军撤退之后，川境复乱机勃勃，前于二月底，滇军甫退至泸州，而嘉定川兵复变，肆行抢掠；重庆所驻成军于巧日枪杀滇兵二人，伤三人，已经和平交涉，川军允议恤议赔，正法首要。马日首犯尚未处决，成军突然变乱，抢劫当户，又戕毙我见习员刘镇藩及兵三名，渝政府办公人员全行避匿，渝城外国人异常恐慌，我军须妥为保护，以免酿成外交，并防川乱波及滇境。迭据滇军电陈，并据泸州商民电请留驻滇军，以资镇慑，均饬令迅速撤回，勿庸过问，免生缪辏。兹又接电称，川中兵匪相通，乱机勃发，隆昌、合江尚有数千之大股匪党，其余数十数百者，指不胜屈。顷德国领事由渝到叙云，巫峡土匪击毙美国教士一，伤一，恐惹外人干涉等语。查滇军对于川省迭遭疑谤，此后无论如何，滇军决不与闻。惟兵匪相通，乱机勃勃，不独扰害内治，亦恐牵动外交，心所谓危，不敢不告。尚望妥为设法，俾川事早平，大局幸甚。滇都督锷叩。微。印。"①

30 日，报载有泸州州议事会、城镇筹防联合会等团体发表通电，否认"请留滇军"事。说："顷据《光复报》四月第四号，大总统致成都尹、张两都（督）、重庆镇抚府夏总长艳电云，据黎副总统电称，川省现已经练兵四镇，足敷分布，仅泸州请留滇军，不足代表全川等语，不胜骇异。查泸州士绅既未请留滇军，及至电局查询，只有滇军曾经携带枪械，持电稿到该局，迫以泸州政学绅商名义通电各处，未给电费，且稿尾盖有李梯团长关防，足为滇军自请自留，胁迫发电之铁证。众以事实名义大相背驰，真伪混淆，不容缄默，谨此电达，以释群疑。泸州州议事会、城镇筹防联合会、教育会、农工商会、城镇自治学会、学务处、中学校、共和党支部、国民社会党支部公叩。"②

▲3 月 29 日，谢汝翼电请蔡锷速复滇军撤回安排"是否有当"。说："幼密。川中兵即匪，匪通兵，肇乱勃勃郁发。隆昌、合江尚有数千之大股匪党存在。至于数十数百者，指不胜屈。顷德国领事由渝来叙云，巫峡土

---

① 《滇督蔡锷、唐继尧具报滇军在川情形及湘军向驻黔滇军挑衅电文》，中国第二历史档案馆藏，档案号：1011-1416。又见曾业英编《蔡锷集》（一），第542—543 页。
② 《泸州各团体声明未留滇军电》，上海《神州日报》1912 年 4 月 30 日。又见上海《民声日报》1912 年 4 月 30 日。

匪击毙美国教习一、伤一，附闻。在泸与仪廷约，第一梯（团）退至老鸦滩，暂住数旬，俾便待机动作。是否有当，祈速复。我军住叙队伍，三十一日退完。翼。艳。印。"①

4月5日，蔡锷电复谢汝翼说："艳电悉。川境乱机勃勃，已详电中央，此后无论如何糜烂，我军不可过问。昨电执事，请分一部退驻大关、井渡，余悉由执事率回，计已达览。现叔桓赴北京军界统一会会议，此间军事需人，且久暴师于外，亦属非计，切望执事早归。锷。微。印。"②

按：关于滇军"援蜀"，1914年周钟岳在日记"补记"中总结说："谢抵叙府，成都已宣布独立，而土匪托同志会四出滋扰，谢下令击之，匪徒败走。未几，李亦抵泸州，乃分兵击合州、自流井各匪，匪徒溃散，流言滇军将占领四川，于是川滇两军乃交恶矣。时四川成、渝、泸分立三政府，政令分歧。蔡都督迭电告谢、李两师，谓川省已宣布独立，我军不宜急图进取。惟宜督促成、渝两军统一政权，戡平内乱，即会师北伐，以定中原。未几，成、渝两军府合并，清帝亦退位，南京政府成立，宣布共和，蔡公遂电催谢、李克期班师。是役也，滇军援蜀，本属仗义兴师，而蜀人误会生疑，滇军在蜀亦间有未能严束部下者，以致两军抵触，大损邻谊，甚可惜也。"③

▲李根源两电"省城军都督府"，其一电陈永昌组织商务分会及所委任职员。说："永昌乱后，市肆萧条，商务减色。现与府绅会议组织商务分会。该会职员并饬公推，呈请委用。查有杨正芳堪以委充该会总董，董友惠委充副董，蓝廷举委充议长，赵端、李宝仁、罗以礼、高维翰、马世荣、吴恒、马学儒、马惟德、舒士俊、张朝拱委充议员。除分别委任外，谨陈，乞备案。师长根源叩。歌。印。"其二拟设立永昌习艺所一所。说："永郡生齿日密，教养不先，无业之民，千百相聚，若不拔本塞源，虽峻法严刑，终难制止。源抵永后，即与官绅会议，拟于永城设立习艺所一所。凡无业游民，贫寒子弟，皆令入所肆业，以免趋于游惰。该所所长，查有郑永熙堪以委充。除札委并饬将该所一切办理章程，禀承由守妥拟呈核外，谨陈

---

① 《云南辛亥革命资料》，第436页。
② 曾业英编《蔡锷集》（一），第543页。
③ 《惺庵日记》第二册。

备案。师长根源叩。歌。印。"①

▲报载云南军都督府昨日"电饬各府、厅、州、县速饬人民剪除发辫，以表形式上之改革，免受世界间豚尾之讥。且省城民人固已剪除净尽，而外属夷民不免有仍旧护持之事云云"。②

5 日前后

▲李根源咨请罗佩金查核刀闷纯嘏是否刀上达。说：

> 案据署永康州知州和牧朝选申称，民国元年三月三十日奉命令开，准军政部鱼电开，据镇康土知州刀闷纯嘏申及土目九户刘文义等禀，土目段必禄等诱杀前永康州陈牧文光，并私往英属麻栗坝蛮约杨六少爷，招集亡命匪徒，攻打木瓜寨、猛扳凤、猛统等处。肆行烧杀，抢掠民财，土民等到南甸迎接刀闷纯嘏回镇。又奉腾越札委等情。查前奉尊电暨陈牧家丁禀，占署戕官，系刀上达。兹据申目署刀闷纯嘏，显系蒙混取巧。除另备文，咨会并行司外，特先电请查明，严拿重判，并复都督府。军政部。鱼。印。等由。准此，合即录电令知。为此仰该州即便遵照，查明刀闷纯嘏是否即刀上达，抑系前故土司何人，现在是否在镇，迅速禀复核办。切切。特令等因。奉此，遵查刀闷纯嘏实系刀上达，即前故土司表侄。本姓罕氏，因前故土司嫡支刀闷纯祖、刀闷纯喜亡故，该罕上达冒姓更名，意欲承袭。经前清滇督锡良奏请土司之嗣，应即改土归流，着将该上达监禁核办在案。此次反正，胆敢乘机与刀安仁伙同窃发，纠集夷匪，占署戕官，又声张兴夷灭汉，肆意抢掠。经前先锋队各营奉令征剿，该上达畏罪，投窜耿马。二次见永康兵力薄弱，复纠夷众，再行烧杀。经知州禀请特派陆军暨先锋队、州属团勇等，分别剿抚，刻已就绪。该上达及著名夷匪，逃窜耿马。现经移知缉捕，未获在案。该上达不省罪状，仍自申署刀闷纯嘏，显系蒙混取巧。理合具文申复等情。据此除批示外，相应咨请贵部查照施行。此咨云南军政部总长罗佩金。③

---

① 《西事汇略》卷二，第20—21 页。

② 上海《民声日报》1912 年 4 月 5 日。

③ 《西事汇略》卷三，第 9—10 页。

6 日

▲蔡锷电复桂林陆荣廷，拟向中央政府提出"将内治、国防经费划分为二"办法，以便取得中央的经费补助。说："鱼奉卅电敬悉。滇、桂均属穷边，向资协济，现在协款中断，不能不望补助于中央。惟敝省关于此事迭经电陈，均归无效。兹复详加筹议，得一妥善之法，拟沥陈。滇、桂情形，非他省可比，强邻逼处，虎视鹰瞵，而沿边土司亦有举足左右便有重轻之势，此实关系国防，不独为滇、桂两省之利害。若止整理内治，则本省之力尚足自持，应请将内治、国防经费划分为二，其内治经费，由本省自行担负，至国防经费，须中央派人主持，庶可巩国家之防，而纾边省之力。如此措词，觉两省持之有故，而中央亦责无可辞。是否，请酌复，再行拟稿电陈。锷叩。鱼。印。"

又咨送临时省议会 120 本《中华民国临时约法》，请其"分送各属议事会，俾共周知遵守"。说："临时大总统公布内开，参议院议决临时约法，合行公布等因。除通令外，相应将《中华民国临时约法》一百二十本备文咨送贵议会，请烦查照办理。并希将约法分送各属议事会，俾共周知遵守。此咨云南临时议会。计咨约法一百二十本。蔡锷。中华民国元年四月初六日。"①

▲3 日，李鸿祥电告蔡锷、唐继尧，各援黔滇军拟行计划。说："接张青圃（按：张子贞，字青圃）报告，以一中队驻板坎，一中队驻仁怀，抽收盐税，以作镇慑。二中队驻梓椿，为板坎、仁怀应援。其余步一营、炮一队、机关枪二队，月□已抵遵义驻扎。又黄斐章所部兵六中队、机关枪二挺，拟向湄潭、龙泉、思南一带剿匪，俾窜入北方，不致贻害黔省，并由支队派一部向绥阳合力剿抚云云。此间先开，初七可抵毕节。鸿准初五由永出发，特此电闻。鸿祥。江。印。"

5 日，谢汝翼则电询"云南军都督府"如何处理盐务问题。说："川省盐务，就场征税，各省税厘协饷，置之不理，价特轻，贩运必多，且恐影响及于滇井，不能不筹抵御之方。湖北入口税已改行，每百斤约收二两。滇省入口税，每百斤可收一两二钱至一两六钱，岁可得十二三万。井渡盐水甚旺，似有火井，若竭力提倡，不匪供给迤西一带，必有裨益

---

① 以上二事见曾业英编《蔡锷集》（一），第 544 页。

岁入。现与黄玉田、解树平两君拟集股试办。如何之处，统希裁示。翼。微。印。"①

6 日，蔡锷电复李鸿祥说："江电悉。惟仁怀盐税将来仍以黔省派员抽收为宜。即现在我军在仁怀所有收入开支，亦应随时造报黔军府，以清界限。希即转张联长（按：指张子贞）知照。锷。鱼。印。"②

▲3 月，胡景伊通电各报馆，请各都督严约滇军交还綦江索款。说："滇军张统带子贞前在遵义勒索綦岸边商天全美、宝兴隆盐款一案，曾电恳大总统电饬滇、黔都督顾全大义在案。兹复据称，天全美号东王时雍全眷俱被滇军拘留，业已索去万金，害犹不已。除由本镇抚使电知云南都督电饬滇、黔外，再恳都督严约该军交还公款，顾全睦谊，以副民国保商安民之意。祷切，盼切。重庆镇抚府总长胡景伊叩。"③

31 日，再"火急"通电北京袁世凯、武昌黎元洪、各部总长、南京黄兴、参议院四川参议员、各省都督，北京、天津、上海、广东、汉口各报馆，请予"电示解决"该案。说："滇军张统带子贞，在遵义勒索四川边商盐款一案，曾两次通电，均未赐复。兹复据边商天全美报称，滇军将号东王时雍之田产房屋契约押存遵义府作质始释。又据宝兴隆报称，该号司事冯均平又被拘留，逼缴二万五千两，均平以实无现银，再四哀恳，始限自三月起至八月止依限缴清，不得已央请郡府知事结保，担负全体责任，又请妥实铺户出限期红票，连环互保始释等情。查该军以私人之产约，估抵四川之款项，转瞬按期追索，公理何存。景伊力维大局，不肯轻于决裂，特再恳大总统、副总统如何维持，免成恶剧。此间军、商全体，愤怨已极，事机迫切，务乞电示解决。重庆镇抚府总长胡景伊叩。□（三十一）。印。"④

4 月 6 日，蔡锷电复"成都都督、重庆镇抚府"说："陷电、三十一电均悉。此事未据敝军报告，不悉详情如何。已电饬仍将綦江盐课归还该县经收，毋得索取矣。锷叩。鱼。"⑤

---

① 以上二电见《云南辛亥革命资料》，第 411、414 页。
② 曾业英编《蔡锷集》（一），第 545 页。
③ 《公电》，上海《时报》1912 年 5 月 2 日。
④ 《云南辛亥革命资料》，第 388 页。此电原署日期为"□"，此日期据蔡锷复电中"陷、三十一电均悉"推定。又见《公电》，上海《时报》1912 年 5 月 8 日。
⑤ 曾业英编《蔡锷集》（一），第 545 页。

9 日，尹昌衡、张培爵又通电袁世凯、各省都督、各报馆说："顷据重庆镇抚府总长胡景伊电，谓滇军在遵义勒索盐款，屡电无效。兹复据边商天全美报称，滇军将该号东索去万金，下余六万七千两，限七月内缴清，否则炮攻。复将时雍田产契约押存遵义府作抵始释。又据宝兴隆报称，该号司事冯均平又被拘留，逼缴二万五千两，均经哀恳，始限期三月起至八月止缴清，不得已商请余府知事取保担负。又请妥商出限期红票连环互保始释等情。查该军以商人产约估抵四川款项，转令按本追索，公理何存。除通电中央政府暨滇、黔都督外，应请如何维持，速示办法等语。查滇军迭在川、黔勒索盐款，经衡等及胡总长屡次电阻无效，复由敝处电请大总统及滇都督转饬，亦不奉命。凶顽横暴，盐商迭遭鱼肉，勒索多端，又被拘留估抵，似此不法行为，与土匪勒索何异。诚恐凶焰愈张，川边从此多事，为害胡底。拟请大总统、各省都督及各报馆主持公道，辨别是非，俾滇军稍知愧服，或可戢其贪焰。川民、盐商幸甚，共和大局幸甚。四川都督尹昌衡、张培爵叩。青。"[1]

27 日，唐继尧则通电各报馆，声明如"果系商款，自当由敝处归还"。说："黔反正后，匪众横行，北路尤甚，盐道东阻，商旅不行。尧抵□[黔]后，适援川滇军将次旋滇，乃商请张统带绕道遵义，借清土匪。该统带行至遵义，据该镇绅商面称，上年六月以后，川协黔饷，分文未解，有宝兴隆、天全美各盐商，尚欠川公款若干，黔财政极艰，无妨由该盐商等拨用，以济目前，将来再与川督核算云云。张统带当传询各盐商，据称尚欠三万余金，惟一时难筹足数，仅能交现金一万两。张统带将该款一万两收讫，并出有正式证据，交该盐商。嗣得川镇抚府来电，谓此款纯系商款，滇都督及尧即飞令张勿庸提取余款，此一万金现存敝处。尧已饬财政司派员赴辰调查，果系商款，自当由敝处归还。除电复川镇抚府外，特此电闻，俾释群疑，而免误会。黔都督唐继尧叩。沁。"[2]

▲李根源电陈"省城军都督府"，丁怀琛等"具控张汉皋一案"，"非听嗾使，即属虚诬"，应"照反坐，各予监禁一年"。说：

　　顷接驻宁同乡会万急电称，宾川丁怀琛等清算罚款，具控张汉皋

---

① 《公电》，上海《时报》1912 年 5 月 17 日。

② 《公电》，上海《时报》1912 年 6 月 4 日。

一案，请从详查办云云。查此案前据该州士民王锡九、刘体信、丁怀琛等呈控前来，当经批饬大理府转饬新任州会绅查明禀复。旋据禀称，前署州张牧到任后，适禁烟令严，凡犯禁者，绅则详革监禁，民则罚镪赎罪，烟毒已绝，结怨亦深。至罚充各款，均由地方绅士经管，嗣被杨绍震等上控。张牧复交绅首调查，并经周前守提案，环质取具，各经管、绅董切结；杨绍震亦具结认诬，后畏罪脱逃，曾饬勒缉在案。今王锡九等复出控告，非听嗾使，即属虚诬，应将为首之王锡九、刘体信二名照反坐，各予监禁一年，批饬遵照办理。至张守汉皋，廉正勤能，为守令冠，此地方之公论，非一人之私言。前任宾川，百废具举，乃因执法结怨劣绅，诬控相寻，图报私怨，良足使奸邪长气，循吏灰心。即此次委署顺宁，兵乱未已，受命即行，从容部署，复睹治平，毅力精心，尤不易觏，纵有小疵，亦不相掩。又况前后控案，众论难诬，同乡会来电所云，自系主张公论。惟丁怀琛诬控未遂，饰词渎听，其言尚何足信。矧国事方殷，宜图远大，若一乡一邑之事、一人一案之微，则有司存，非闳哲所暇及也。附陈私臆，乞查核转电同乡会为叩。师长根源叩。鱼。印。①

同日，又与赵藩电"省城军都督府"说："顷接永北田丞等支电称，厅营局密派侦探贺嘉祥回报，川藏香城魏、李两管带饷绌，兵变古勇，直抵木里地方，距永北界仅三十里，事机危迫，密商尹管，备文飞递华坪江令、周管告急，请立派一哨赴永，以保厅城，尹管率全营迎头堵截。厅城近虽粗安，必资尹管镇慑，一俟周营到永，即行开拔，并乞添兵飞援。如仓卒无兵可派，请速发快枪二三百杆，派员解赴永城，以资团械之不足，不胜迫切待命之至。并请电省军都督府为叩。署厅亮勋、管带明玉、永北自治局会禀等情。当即会同电饬丽江李统领、姚守转知丁镇、舒丞兼程赴任，李钟瀚中队一同开往妥为相机剿御，丽维沿边一带仍由李统领等严加防范，随时探报去讫，谨闻。根源、藩叩。鱼。印。"②

---

① 《西事汇略》卷六，第35页。
② 《西事汇略》卷八，第6—7页。

7 日

▲报载蔡锷应"南京来电",拘留朱家宝之父,令其函劝朱家宝"速行降汉"。说:"前清安徽巡抚朱家宝,本云南宁州人,前因统兵十营,与倪嗣冲围攻颍、亳,抗拒民军。经南京来电,嘱令蔡都督抄其家产并其庐基。经蔡都督饬员先将朱父拘省,禁锢于民政司署内,勒令其函劝朱某速行降汉。近朱家宝见清帝退位,进退维谷,乃请杨锴电致蔡都督,言伊确已退兵,请释放其老父并发还其家产。尚不知军府如何办理。"①

9 日

▲3 月 23 日,黎元洪电请蔡锷饬由渝下驶滇军"克日回滇"。说:"顷据宜昌来电称,驻蜀滇军日内由渝下驶等语,不胜惊异。共和宣布,无须用兵,鄂军十镇,川军五镇,均足自卫,陕事复将和平,请饬该军克日回滇,保卫地方,切勿下驶。至盼。"

4 月 9 日②,蔡锷电复黎元洪说:"漾电敬悉。敝省援蜀军队,已分道撤还。由渝归者已至毕节,由泸、叙归者已至大关,并无由渝下驶之事。或系护运滇铜,人数当亦无多,请释廑注。"

又电示永昌李根源,永昌赈灾,须"民受实惠,款不虚糜"。说:"月密。江电悉。此次永乱,商民损失颇巨,前经由守将积谷分赈,仍令切实调查,以凭酌量赈恤。乃商民任意浮报,多至倍蓰,实亦难应其求。军兴以来,各省灾民,十百于滇,无法救济,滇幸不遭蹂躏,然财力奇窘,亦为他省之冠。永城灾情虽重,亦止能称量而予,若商民浮报,希图厚赈,不惟无以博施,而蒙自灾民援例而来,亦觉难于应付。现拟赈款至多以一万两为率,仍须用以工代赈之法,或浚河,或修路,或推广习艺所,总期民受实惠,款不虚糜,尚希酌量办理。锷。佳。印。"③

10 日前后

▲李根源两次呈文省城军都督府,一文报告刀上达占据永康后,勒派永康民夫、马匹、携械前往南甸,迎接"伊母并眷属",但"未见返回",

① 《朱家宝电请释父》,上海《民声日报》1912 年 4 月 7 日。

② 此为黎元洪收到日期。

③ 以上三电见曾业英编《蔡锷集》(一),第 547—548 页。

请求饬南甸土司"迅即将人物、枪械，晰数交出"。说："为呈报事。案据永康州和牧朝选禀称，窃知州顷据永康州属团绅马玉堂、段必禄、罗金、张文洪等呈称，永康地方，自满清光绪三十二年改流以来，安设汉官，从无苛派扰累情事。旧岁九月反正，有刘文华、张学礼等前往南甸，勾结刀上达，潜入州地，坐镇永康，任意勒派。永康七区，每区派民夫五十余人，马二十余匹，共派民夫三百五十名，马二百匹，枪一百杆，于十月内前往南甸土司官署，迎接伊母并眷属等。冬月事败，刀匪逃逸，伊母及眷属未来，所有派去民夫、马匹、枪械概未见返回，实系南甸土司截留。该民夫父老，屡次来团，追究人马、枪械，恳请转详追究等语。知州伏查属实，理合缮禀，恳请转饬南甸土司照数缴出，俾民夫得归故里，以免离析等情。据此除批示，并行知腾冲府转饬南甸土司，遵照迅即将人物、枪械，晰数交出外，理合具文呈报钧府，俯赐查核施行。须至呈者。"

另一文报告永康知州和朝选击散白虎山之匪情况，以及耿马土司已"拿获"刀上达等人。说："为呈报事。案据永康州知州和朝选禀称，窃知州于三月初四日会同李有福督率先锋队，驰往白虎山调查叛乱情形，曾经禀报在案。兹于十一日旋署，奉示各节，谨遵办理。现在流离之民，均渐安业，惟猛捧街场，前经白虎山匪类烧抢，所有货物、牲畜，皆被该匪等抢掠一空，房屋亦被焚毁。知州目击此情，不胜慨悼，遂集该处头目，力为劝导，并饬猛朗李巡检驻扎其地，一以防缉盗贼，一以安定民心。白虎山附近有匪数百，盘踞其间，经知州督队攻击，业已逃散。其匪首毛三、罗二，新街阿六、李二铁匠等逃逸未获，出示悬赏缉拿。查白虎山距州治二百余里，地势险恶，悬岩洞壁，道路羊肠。知州将匪击散，焚其巢穴，永康西北一带，可无他虞矣。知州前移请耿马土司缉拿刀尚［上］达，顷闻该土司已将刀匪及其党刘文华、张学礼、刘国兴等拿获。查刀匪与该土司原有姻亲之谊，不无袒护之心，恳请严饬罕土司迅将刀匪交出惩办，以绝后患等情。据此除批示，并行知顺宁府转饬耿马土司迅将刀上达交出，解案究办外，理合具文呈报钧府，俯赐查核施行。须至呈者。右呈军都督府。"

又电请"省城军都督府"，"分别给奖"成功诱获刀上达的张汉皋、罕华基、张忠和。说："永康刀匪上达值反正之初，谋袭土职，煽惑夷民，聚城戕官，焚抢居民，当经派兵剿办。该匪闻风远扬，并悬重赏，严行踩拿各在案。兹据顺宁府张守汉皋督同耿马土司罕华基将该匪在耿诱获，并派卫兵长张忠和到耿提解来永，验明属实，除派师部委员杜澍会同永昌府由云龙讯拟禀办外，所有张守及罕华基、张忠和等拟请分别给奖，以示鼓励。可否，乞电示饬遵。师长根源叩。印。"①

10 日

▲3 月 25 日，上海《大共和日报》以社论形式发表鹤望②所撰《政府对苗疆之疑问》一文。说：

　　三月十八日，《民立报》南京特派员电，土司刀安仁、刀都安勾结土酋，觊觎内地，潜踪来宁。滇省密电报告，今日由警监密拿逃溃云云。此后详情，尚未得知。窃以为此电而确也，西南从此多事矣。

　　刀氏为滇南土司中大姓，凡车里、八百大甸、孟养、盏达诸宣慰，南甸、干崖诸宣抚，以及威远御夷州、麻里长官司，其豪长皆为刀姓。刀安仁者，干崖宣抚司也。干崖本汉永昌徼外地，其地旧名干赖赕，亦曰渠澜赕，白夷峨昌之所居，元中统初内附。明洪武十五年，改镇西府。永乐中改为干崖长官司。正统八年升宣抚。其副曰刘氏，土经历曰廖氏，则汉族也。万历十年，被并于缅，十一年官军收复之。数年以前，余尝见日人某之记载，详述干崖内务，言土司刀姓，人极开通，聘日本女教习以兴小学。即某君亦自滇边游历来者，所言皆目验也。

　　刀氏既联数司之地，又负开通之名，略知外势，故中山就职金陵，刀氏以西南都督之名义，发祝电于南天。夫当中原反复之时，独大盈江畔一土酋与滇桂诸军并宣义檄，岂不贤于齐鲁燕赵诸疆吏乎。吾意大总统必复电推奖，并嘱滇省都督就近派员宣慰。况民国诸贤，出入滇边，以图革命，其于西南情形，知之盖熟矣。何图一世隽雄，目光不出于东部，山陕藏卫且不暇顾，又何论苗疆一隅地耶。自民国国旗，

① 以上二文一电见《西事汇略》卷三，第8—10页。
② 鹤望系冒鹤亭笔名，名广生，江苏如皋人，时为北京《定一报》主编（陈旭麓等主编《辛亥革命前后——盛宣怀档案资料选辑之一》，上海人民出版社，1979，第270页、267页注⑥）。

标五族之帜，记者始终反对，以其独遗苗族也。两著为文，以告当世（《筹藩篇》《边事钩沉》二文均登本报），而当世诸贤不问也。民族大同之会，最近发自南都，开卷大书，即日联合汉满蒙回藏五大民族，共同进行。然则惟苗与黎，固不得齿于冒彩横目之列，而无以享共和之福乎。苗分生熟，熟者既宜怀柔，生者犹宜教化。彼北海道之虾夷，落机山下之红印度，固志在烟种墟社，非以人类平等之义许之也，我民国岂其然乎。满堂欢笑，一人向隅，人皆集于苑，己独集于枯，何怪黄平、八寨操戈以犯新朝之顺耶。（阳历二月二十日重庆电，黔黄平州昨晚为妖苗所据，自称朱家天子，见《民声报》三月十二日。贵州电清平、八寨等处，近有苗匪三千五百余人与民军战，苗死百余人，兵死十余人，见《民报》）

即观滇督之电，谓刀氏觊觎内地，潜踪来宁。窃谓二者之意，毫不相蒙。觊觎决非宁省之地，潜踪亦非违法之举。夫彼果觊觎滇黔之地，则滇黔之内政，必有使人足觊觎者，且何不早为联络，以示羁縻，而使其生心而思逞哉。若其潜踪来宁，乃正刀氏英雄之处。昔赵武灵王变服游秦，而大彼得易装赴荷兰船厂，以习工作。彼刀氏辟处蛮陬，心仪上国，况闻民国豪杰，萃处金陵，辄欲一睹其设施，潜踪而来，考察一切，刀氏之心理，安知其不如是？吾意南方政府，必令警察，阴为保护，另选滇士，接以礼文，指导一切。彼且怀德畏威，奉土内向之不暇，而敢稍萌觊觎之志哉。乃阅滇督之电，张皇名捕，遽令逃溃，从此黄鹄一去，彼惟有西亲印缅，投入英国之怀，而滇疆又失一外蔽矣。

昔大汉不受单于之朝，子云作书以谏，敢援此义，冀在位之补牢。不知吾言亦有讨论之价值否乎。

4月10日，蔡锷通电南京程德全，上海章太炎、熊希龄，《神州》《民立》《大共和日报》《时报》各报馆，指出鹤望"据不完全之电文，而评悬远之事实"，撰写发表《政府对苗疆之疑问》一文，实不可取。说：

云南沿边各土司，无事鱼肉土民，有事勾结煽乱，前清官吏利其贿赂，置之化外，而土司不胜苛索，则借外力为护符，边徼危机，日甚一日。去岁各省起义，干崖土司刀安仁据腾越称都督，命各土司报誓表，并勒派饷糈巨万，各土司群起抗之，所招土兵，又因饷缺哗噪，该土司乃由缅绕道来省。此间闻其到河内，即电河口副督办招待，到省后住省议会，礼遇甚优。该土司乃请加封爵，并索饷银三十万，此间以封爵非中央不能，颁赏而款绌，亦难应其求，该土司遂航海赴宁。其时，此间尚未知其在腾状况，嗣接第二师师长李根源来电，具报该土司勾结煽乱，苛派饷糈情形，并搜获该土司命令耿马土司汉文札一件，命令弯甸、耿马夷文函二件，内附誓表格各一纸，细绎文义，多系合夷灭汉、帝制自为之词。而刀上达因争袭职，惨戮永康官民，皆其主使，乃电请内务部将该土司设法拘留。旋准内务部霰（按：指3月17日）电开，已令警厅将刀土司暂行拘禁，罪案请速寄来宁等由。当将全案证据咨部核办，此关于刀土司案之大概情形也。

云南沿边土司大小五十余处，割据自雄，凌虐土民，暗无天日，土民铤而走险，辄酿外交。现全国同享共和，而土族犹沉黑暗，为大局计，为国防计，不能不筹议改流。惟幅员辽阔，兼顾不易，不兼顾则此牵彼动，其难一；边地多系瘴乡，人咸裹足，诸不应手，其难二；极边各处，异言异服，骤言治理，适形扞格，其难三。故取渐进主义，以振兴教育，收揽法权，代清财政为主，济之以平治道路，奖励开垦，试办警察，提倡实业，行之数年，潜移默化，不改之改，收效较易。迭经电商李师长，现即抱定此旨，办理渐有头绪，土舍亦甚相安。前因内务部电询对于土司采用何策，当将此意详陈。此现在对于土司之大概情形也。

顷阅《大共和日报》载鹤望君《政府对苗疆之疑问》一篇，引《民立报》电文"觊觎内地，潜踪来宁"之语，以为二者之意，毫不相蒙，不知《民立报》访员既未见全案，致有此不相连属之词，而鹤望君复望文生义，致生疑难，此亦报界尝有之事。惟此事关系边境安危，若未悉此中详情，而徒摭代远年湮之历史、东鳞西爪之传闻，以为熟悉边情，能得真相，万一当局荧听，放虎还山，贻误边疆，谁执其咎？鹤望君志行学识，夙昔所钦，对于滇事，极望匡正。惟据不完全之电文，而评悬远之事实，窃为鹤望君不取。至土司犷悍冥顽，懵不识世事，前固滇人虑其沦入他族，怂恿东游，以冀开其榛莽。乃刀安仁到东，聘日妇数名，云归兴办织业，返干崖后，悉成为内嬖如夫人，于织纺毫不兴办，此滇人所共晓者。而世方以赵武灵王、彼得目之，真不值一噱也。近日报界中，《（大）共和（日）报》颇有价值，惟闻主笔某君为川人，因川、滇輵轕，某君为感情所驱，故每不慊于滇事，此则滇人所不必龂龂争辩者。因土司事关重要，故详陈之。滇都督锷。蒸。印。①

此为周钟岳起草稿，正式发表时有多处重要修改，现再录如下：

内务部程总长，章太炎、熊秉三两先生暨各报馆鉴。云南沿边各土司，无事鱼肉土民，有事勾结煽乱，前清官吏利其贿赂，置之化外，而土司不胜苛索，则借外力为护符，边徼危机，日甚一日。去岁各省起义，干崖土司刀安仁于张文光发难之后，亦乘机起衅趋腾越称都督，以陈云龙为都指挥，分股四出滋扰，命各土司设誓表，凡关土司事件与英领直接交涉，并勒派饷糈巨万，各土司群起抗之，几酿巨衅。及陈匪败窜，议招土兵，又因饷缺哗噪，该土司乃由缅绕道来省。此间虞其到河内，即电河口副督办招待，到省后住省议会，礼遇甚优。该土司请加封爵，并索银三十万，此间以封爵非中央不能，颁赏而款绌，亦难应其求，该土司遂航海赴宁。其时，此间尚未知其在腾状况。嗣接第二师师长李根源来电，具报该土司勾结煽乱，苛派饷糈情形，并搜获该土司命令耿马土司汉文札一件，命令系由耿马夷文函二件，内附誓表格各一纸，细绎文义，多系合夷灭汉、帝制自为之词。而刀上达因争袭土职，惨戮永康官民，皆其主使，乃电请内务部将该土司设法拘留。旋准内务部霰电，知已令警厅将该土司暂行拘禁，罪案请速寄来宁等由。当将全案证据咨部核办，此关于刀土司案之大概情形也。

云南沿边土司大小五十余处，割据自雄，凌虐土民，暗无天日，土民铤而走险，辄酿外交。现全国同享共和，而土族犹沉黑暗，若仍照满清时代羁縻之策行之，贻患实属无穷。今为大局计，为国防计，不能不筹议改革。惟幅员辽阔，兼顾不易，不同时着手，则此牵彼动，其难一；边地多系瘴乡，人咸裹足，诸不应手，其难二；极边各处，异言异服，骤言治理，适形扞格，其难三。政取渐进主义，以振兴教

① 曾业英编《蔡锷集》（一），第550—551页。

育，收揽法权，代清财政为主，济之以平治道路，奖励开垦，试办警察，提倡实业，行之数年，潜移默化，不改之改，收效较易。迭经电商李师长，现即抱定此旨办理，土民亦甚相安。前因内务部电询对于土司采用何策，当将此意详复，此现在对于土司之大概情形也。

项阅□□□日报载□□君《政府对苗疆之疑问》一篇，引□□报电文"觊觎内地，潜踪来宁"之语，以为二者之报〔意〕，毫不相蒙，不知□□报访员既未见其案，致有此不相连属之词，而鹤望君复望文生义，致生疑难，此亦报界尝有之事。惟此事关系边境安危，若未悉此中详情，而徒摭拾远年湮没之历史、东鳞西爪之传闻，执一孔之见，以论边情，万一当局荧听，放虎还山，贻误边疆，谁执其咎？鹤望君志行学识，凤昔所钦，对于滇事，尤望匡正。惟据不完全之电文，而评悬远之事实，窃为不取。至土司犷悍冥顽，不识世事，前因滇人悼其沦入他族，怂恿东游，以冀开其榛莽。乃刀安仁率女学生数人东渡，借名求学，实纵淫欲。该土司旋复，居然明充下陈，此滇人所共晓者。而世方以赵武灵王、大彼得目之，真不值一噱也。近日报界中，□□报尚有价值，惟闻主笔某君为川人，因川、滇纠葛，某君为感情所驰，故每不慊于滇事，此则滇人所不必断断争辩者。惟土司事关重要，故详陈之。滇都督锷。蒸。①

1913 年 5 月 25 日，杨林葱函告刘弼臣，将尽力在最短期内为刀安仁"破白"。说："弼臣②吾兄伟鉴。自缅一别，瞬然月余，念念。弟自仰（按：指缅甸仰光）起程后，沿途经南洋各部，颇得槟、新（按：指南洋槟榔屿、新加坡）侨留各处同志之欢迎。惜微躯旧病时发时止，不过勉以应酬耳。至香港时，脑病发作殊甚，粤中友人都劝于广州休养为善，且医言疾非二三礼拜之调治不可以行动操作，故弟决留五羊（按：指广州）医治。至粤时，适逢京部文官长（即古勤芹③先生）来粤，弟将沛（按：指刀安仁）兄冤屈事向之陈诉，已得伊表同情，允至京时俟奉安后当代提议平反。但弟因病留粤，各事不得不托友人代助，而随处应酬，耗费颇巨。

---

① 《公电》，上海《时报》1912 年 4 月 28 日。又见上海《神州日报》1912 年 4 月 27 日。

② 刘辅国，字弼臣，同盟会员。腾越辛亥起义成功后任滇西军都督府民政司长。

③ 古应芬，字勤芹。

弟所携资有限，囊中已不敷用，若弟至京，自可设法筹垫。如斯病缠留粤，且难于行动，殊感困难。弟已函电爱廷（按：董友莲，字爱廷，腾冲董官村人，西董'春适记'跨国商号总经理）兄，请将所许代垫之千元电汇来粤，俾资进行（因粤京两方面颇易声气相通，在此可免去申上沛敌）。余款不敷之数，俟弟病愈至京，设法暂垫数之如何，又再报知也。至沛兄冤屈勿论如何，弟总决心尽力在最短期内为之破白，使此冤屈得伸而后也。况沛兄与吾兄革命历史之有重大关系乎。沛冤伸则吾兄之历史亦可彰矣。请勿多虑，静听佳音可也。病中草草，余后叙。耑此，顺颂时祺。赐示请寄广州河南士敏土厂梁超先生转即妥。弟杨林葱①。阴历四（月）二十日顿首。"②

　　按：1912年3月15日，南京临时政府应云南都督蔡锷电请，将自云南昆明经海道到达南京不久、入住江南碑亭巷中西旅馆的刀安仁及"曾充沪军先锋队参谋教练"的刀安文拘捕入狱。③ 后因南京临时政府北迁，江苏都督程德全奉袁世凯之命，又于8月16日派"马恒声、仇作仁带同宪兵六名"，将刀安仁等人押解北京候审。④ 1913年3月初，刀安仁因病在北京离世。⑤ 有研究者认为"刀安仁是蒙冤，刀上达是屈死"，指控"蔡锷是陷害刀安仁的核心人物"。⑥

　　其实，真正告发刀安仁的并不是蔡锷，诚如当时人所说："刀安仁兄弟被逮，其主动则为云南都督蔡谔［锷］电告政府，讦其勾结土匪，觊觎内政。而蔡谔［锷］电文一根据于云南第二师师长李根源之报告。是告发刀安仁者实为李根源。"⑦ 而蔡锷状告刀安仁也非如这位研究者所说，没有

---

① 杨林葱，字向葵。
② 李正洋：《杨向葵与辛亥革命》，腾冲县文联主办《腾冲文化：腾越辛亥起义100周年特刊》，2011年9月。原函未署年，由函中"允至京时俟奉安后当代提议平反"一语推定为1913年。因刀安仁去世于1913年3月上旬，"奉安"，当指刀安仁奉安事。
③ 《节录云南土司刀安仁致章太炎先生书》，上海《大共和日报》1912年3月31日。
④ 《刀安仁业已解京》，《申报》1912年8月19日。
⑤ 《刀参议出殡志盛》，北京《正宗爱国报》1913年3月15日。
⑥ 曹成章：《民主革命先驱刀安仁》，中国社会科学出版社，2010，第355、356、384、390页。
⑦ 《为刀安仁请命》，上海《民立报》1912年7月15日。

"任何证据"，就给刀安仁"罗织莫须有罪名"。① 蔡锷、李根源状告刀安仁，不仅有刀上达被获后的口供，还有多件刀安仁本人留下的重要书证，形成完整的证据链。

据李根源说，刀上达 1911 年 12 月下旬永康战败，逃至耿马、葫芦王等地被获后，曾在永昌狱中供述过他与永康之乱的关系。李根源向蔡锷做了如下转述。刀上达"前由省释放回家，即住南甸土司刀定国处。去年六、七月间，有永康土目杨士荣等二十余人前往南甸迎接，该犯因无隙可乘，遂不敢去。后于九月十四（按：即 11 月 4 日）奉都督刀安仁命令书，令该犯即速带人前往占据永康，驱逐官吏。刀安仁并面嘱该犯只要能逐官占城，即令袭职，如兵力不及，刀安仁应允派兵协助。该犯即向刀定国要求派族目刀守礼及随从数人并枪械多件，与来接之土目杨士荣、蒋应贵等四十余人，各执枪械，于十五日前往。该犯即先遣土司〔目〕派人速飞〔飞速〕回去，告知永康各处头人，调集团兵，迅将官吏驱逐，地方占据，并派团兵半途迎接。该犯行至七道河蛮埂地方，有土目罗天福、王五等率领团兵二千余人前来迎接，并报知陈牧文光（按：指前清永康知州陈文光）已被张文洪之弟张老六、王四诱杀于邦密，并将蒲、戴、李三巡检及陈牧幕友黄湘生等一并杀害。陈牧存署银物均被段必禄抢去。该犯于二十七日抵德党，占据州署，即派大丛莫子惠等率带团兵分投驻扎要隘，一面派人带兵往南甸接其母并眷属等。十月，有缅甸果敢县属之杨春浩带兵过界，欲占德党，因不知虚实，未敢来攻。旋有李光斗、马洪发带兵至城坝、赖庄一带前来攻击，该犯之团兵不敌，即退回德党，李、马二管始与张祠梁、郑明轩、杨春浩等会同于冬月初四（按：即 12 月 23 日）围攻德党。该犯力不能支，于初五夜逃出德党，潜往耿马藏匿。因恐被拿，复逃往葫芦王地方。复被耿马土司派人哄出，解交顺宁府转解来辕等供"。最后，李根源还特地指出，"查该犯所供各节，核与迭次所查情形相同"。在书证方面，李根源提供了以下几件，一是刀安仁所给刀上达"命令书一扣，内署云南军都督刀名称，盖有紫粉都督府印，并有如有抗违，即便派兵擒杀等语"；②二是"命令耿马文一件，略称本都督与张都督同时起义，各担义务，各司

① 《民主革命先驱刀安仁》，第 379 页。
② 以上二电见《西事汇略》卷三，第 10—11 页。

应向本都督填写誓表，送交本都督府。所有应完钱粮各款，即上归各属民部委员等语"；三是"分给孟定、湾甸、耿马夷文函三件，誓表格式各一纸"，绎其"文义，大约均系兴夷灭汉、帝制自为等意"。对于这些书证，李根源特别声明它们都是"原件"，① 刀安仁允诺刀上达"复职，教其肇乱，所发命令书"也是"原文"。② 可见，刀安仁被囚，并非该研究者所说是"在不明不白中被囚"的，既有刀上达的口供，也有他本人白纸黑字的原始书证，证据齐全而完备。

不过，该研究者对李根源提供给蔡锷的这些证据，并没有也不可能以充分的事实，证明它们是不存在的，或者是有心人伪造的，只是提出了一些似是而非的反证，作为否定的依据。归纳起来，主要有以下三项。一是刀上达案历史根源深远，存在非常复杂的民族问题，"即使刀上达趁腾越起义有'谋乱'之举，也是清政府实施改土归流政策的后遗症，归根到底是民族问题"。二是前清永康知州陈文光早在刀上达尚未到达永康之前就已"被人杀戮"，而且杀人者已被证实既不是刀上达，也不是"刀上达未抵永康之前派去之人所为，而是从缅甸境闯入、自称国民军总司令、谬附革命的杨福顺"。三是"案件存在犯案动机、情节和程度等等不实的诸多疑团"，如"《滇复先事录》中的刀安仁批示，张文光的指令、请示报告和公告，其案情事实基本相似，但《永昌府文征》中张文光复李根源办理刀上达问题的电文，《滇复先事录》为何不录？刊载于《滇复先事录》中的张文光向李根源关于刀上达作乱的报告，在《永昌府文征》中又为何出现重大情节的删节增添？"这些疑团"可以肯定本案在刀安仁着手处理之后，所发生的一系列问题，均与刀安仁无涉"。③

诚然，清末民初推行改土归流政策的是非问题可以讨论，也不排除刀上达这次永康之乱存在一定的民族因素，但就刀上达个人而言，其实与清政府的改土归流政策并无太大关系。刀上达这次"谋乱"，表面上是为恢复土司制度，反对清朝以来的改土归流，实则"历史根源深远"，起源于永康改土归流之前的争袭土司之举。据腾越起义后新任永康知州和朝选说，刀上达"本姓罕氏，因前故土司嫡支刀阀纯祖、刀阀纯喜亡故，该罕上达冒

---

① 《西事汇略》卷九，第 16 页。
② 《西事汇略》卷九，第 16—17 页。
③ 以上引文见《民主革命先驱刀安仁》，第 376、366、361 页。

姓更名，意欲承袭。经前清滇督锡良奏请土司乏嗣，应即改土归流，着将该上达监禁核办"。① 又据当时的媒体报道，省城昆明光复后，永昌所属镇康州"有土司二人因凶残曾受陈牧之罚，见省垣光复，亦思独立，因之煽动团勇密谋举事，并杀陈牧泄恨"。② 可见，永康的改土归流恰恰是刀上达争袭土司的结果，没有刀上达突破土司传统旧制，争袭土司，就不会有随后的改土归流，至少不会来得这么快。而依土司旧制，即使不改土归流，也轮不着刀上达承袭土司，因为他只是镇康州"前故土司表侄"，③ 又不姓刀。而他在腾越起义、永昌光复之后趁机"密谋举事"，也只是为了泄私愤，并无何种"革命"意义。因此，仅将刀上达这次"谋乱"，简单地归结为"清政府实施改土归流政策的后遗症"，而不承认他也有个人的"小九九"，不仅有悖事实，更有开脱之嫌。

至于陈文光早在刀上达到达永康之前就已"被人杀戮"的问题，的确是事实。陈文光实际被杀于"九月二十一日（按：1911 年 11 月 11 日）"，④ 而刀上达占领德党的时间为 11 月 17 日，就是说刀上达到达德党之前六天就被杀了。谁杀的？说法不一，刀上达供述是张文洪之弟张老六、王四，⑤ 新任永昌知府由云龙、管带黄鉴锋说是"寄居果敢原籍顺宁人杨福顺等"人，⑥ 他们说的是"等"，并没说就是"从缅境闯入、自称国民军总司令、谬附革命的杨福顺"，⑦ 而当时的新闻报道则笼统说是"团勇"。⑧ 但是，不管怎么说，不是刀上达亲手杀的，也不是刀上达派人杀的，是可以肯定的。然而，就可因此而把刀上达应负的责任推得一干二净吗？当然也不能。因为陈文光之死，毕竟发生于刀上达 11 月 4 日寄居南甸土司期间，"先遣土司［目］派人飞速回去，告知永康各处头人，调集团兵，迅将官吏驱逐，地方占据"⑨ 之后。这是刀上达自己也承认的，而刀上达此举又不是为了

① 《西事汇略》卷三，第 10 页。
② 《滇军近讯一束·土司扰乱》，上海《民立报》1912 年 2 月 5 日。
③ 《西事汇略》卷三，第 10 页。
④ 《追纪永康苗变情形》，《申报》1912 年 2 月 6 日。
⑤ 《西事汇略》卷三，第 10—11 页。
⑥ 《西事汇略》卷三，第 5 页。
⑦ 《民主革命先驱刀安仁》，第 366 页。
⑧ 《滇军近讯一束·土司扰乱》，上海《民立报》1912 年 2 月 5 日。
⑨ 《西事汇略》卷三，第 10—11 页。

反清革命。这可从英人史密斯的话里得到印证，他说当时"干崖土司带着大量枪枝加入革命军，而南田〔甸〕土司则不是那么坚定地欢迎他们"。[1]可见，南甸土司这时对反清革命，起码是消极的。而刀上达寄居南甸土司多时，而且是在该土司所"派族目刀守礼及随从数人并枪械多件"[2]的大力支持下，于11月5日启程返回永康的，其目的不是为了反清革命是可以肯定的，自然也就不能因陈文光不是刀上达亲手杀死的就把他的责任推得一干二净。

而第三项理由离事实就更远了。首先，该研究者为证明刀安仁与刀上达永康之乱无关，提出腾越"都督府的最高决策者除张文光之外，还有刀安仁在签署文件"，刀安仁与张文光是同署办公的，刀安仁"主内政"，张文光"主军事"。刀安仁是"刀上达事态发生之初"的经办者，他"政策水平高，贯彻了孙中山先生以三民主义精神，唤起民众，以达到各民族一律平等自由的目的"；他对刀上达问题的处理，始终采取指出其"罪过"，又坚持以"安抚为主"，促其反省、自新的方针。但是，张文光却"截然相异，将刀上达视为'非我族类'"，"'其心必异'，反映出强烈的民族主义情绪"，完全否定刀安仁"给予宽宥，促其自新的政策"。张文光虽在刀上达事件发生之初，尚能与刀安仁"以安抚为主"的处理方针保持"衔接"，对刀上达"抱有改过自新的希望"，但自1911年12月29日向李根源请示办法，处理权"不知为何转移到了"他的手里后，便产生了政策导向的转变，等等。因此，该研究者认为"可以肯定本案在刀安仁着手处理之后，所发生的一系列问题，均与刀安仁无涉"。[3]该研究者如此断定的根据，来自《滇复先事录》中有关处理刀上达问题的三件批示和两通电报。其中1911年11月22日、26日和12月24日三件形式上未署名的批示，被该研究者认定是刀安仁的，称其所表达的思想内容和处理刀上达问题的方针，与张文光11月17日和12月29日所发两通电报"截然相异"。

事实上，刀安仁与张文光并不同署办公，一个在原道署，一个在原镇

---

① 《代理领事史密斯致朱尔典爵士函》（1911年11月20日于腾越），《英国蓝皮书有关辛亥革命资料选译》上册，第222页。

② 《西事汇略》卷三，第10—11页。

③ 《民主革命先驱刀安仁》，第356—361页。

署。① 以上三件批示也全都不是刀安仁的，与 11 月 17 日和 12 月 29 日两通电报一样都是张文光的。刀安仁 12 月 3 日便已悄然离开腾越，② 怎么还能有 12 月 24 日的批示呢？另外两件 11 月份的，也同样不是他的。以 11 月 26 日这件为例，倘若把它与张文光 11 月 17 日的电报做一比较，就不难发现它们不应分属于刀、张二人，而只能是张文光一人的。因为两份电报的主旨都强调对刀上达问题应采取"安抚"方针，并不像该研究者所说与张文光的电报"截然相异"。这有张文光 11 月 17 日电报的前半段为证："湾甸司已投（诚），深慰。永康州未投（诚），委侯连三安抚，苤筹灼见，颇洽我心。望转饬侯委员相机办理，仍照旧例设州。"③ 张文光对驻永昌副指挥钱泰丰"委侯连三安抚"刀上达，明确表达了"苤筹灼见，颇洽我心"的支持态度。可是，该研究者为说明它与 11 月 26 日那份批示的方针"截然相异"，以证明它们应分属于张、刀二人，竟只字不提 11 月 17 日之电的前半段，而只引用其后半段："刀思上达，非我族类，其心必异，万勿轻听妖诼，致碍进行"，④ 让人以为这才是张文光处理刀上达问题的基本方针。何况 11 月 26 日这件批示还明确说过："查该司地方，曾经改流，安设汉官已久。今竟乘隙妄复土职，肆行残暴，贻害同胞，以致该州地方联名禀请发兵救援，该司之罪已不能曲为宽宥，当派李（按：李光斗）、马（按：马洪发）两管带率队前往，原以安抚为宗旨，并不妄加诛戮，给以该司以自新之路。殊该司顽固不服，率兵堵御，竟与我军抗敌，而我军不能不照敌匪办理，以清〔靖〕地方。及致该司势不能支，反捏词禀称我军横暴，意在掩己之咎，而卸过于他人，殊属谬妄已极。本都督姑念愚顽，暂以原宥，仰候安抚，服从勿违。"⑤ 也就是说，该批示所针对的完全是军事问题，并特别指出，为了遏制刀上达"肆行残暴，贻害同胞"，还派出了李光斗、马洪发两营前往救援。张文光说过，他自举义以来，"急于军事而缓于交接"，⑥ 李光斗是他 10 月 29 日便已委任并派往永昌"保卫地方"的国民

① 《缅甸华侨革命史（1901—1912）》，转引自冯厉冬《缅华百年史话》附录一，香港缅华互助会，2002，第 338 页。
② 《节录云南土司刀安仁致章太炎先生书》，上海《大共和日报》1912 年 3 月 31 日。
③ 《滇复先事录》，《云南文史资料选辑》第 17 辑，第 51 页。
④ 《民主革命先驱刀安仁》，第 358 页。
⑤ 《滇复先事录》，《云南文史资料选辑》第 17 辑，第 73 页。
⑥ 《滇复先事录》，《云南文史资料选辑》第 17 辑，第 96 页。

军第六营帮带，后又命其与马洪发一起"率师恢复顺宁，并剿逆匪谭占标"。[①] 该研究者曾说，张文光是专"主军事"的，刀安仁只"主内政"，那又为什么一个纯属军事问题的批示，不是专"主军事"的张文光的，反而成了只"主内政"的刀安仁的呢？可见，11 月份那两件批示同样不是刀安仁的。既然这三件批示都不是刀安仁的，该研究者据此提出的"本案在刀安仁着手处理之后，所发生的一系列问题，均与刀安仁无涉"的论断，当然也就站不住了。

所谓《滇复先事录》不录《永昌府文征》中张文光复李根源办理刀上达问题的电文，以及《永昌府文征》收录的原刊载于《滇复先事录》的张文光"关于刀上达作乱"向李根源请示报告中"出现重大情节的删节增添"，又是怎么回事？真的是李根源"30 年后"才在《永昌府文征》中"公布"的吗？[②]

的确，"30 年后"李根源编辑的《永昌府文征》，收录了一件《滇复先事录》未收录的张文光为处理刀上达问题而复李根源的电文，内容是："惟查镇康已革土司刀上达系为刀安仁暗中许职。该刀上达即仇杀汉民，并将永康知州陈文光谋毙。似此行为，该土司等居心难测，恐有尾大不掉之势。弟欲将刀安仁所强逼领取保边界之快枪三百杆，逼码五万如数追回，如荷允准，祈电饬伊追缴，以便遵行。"[③] 与《滇复先事录》刊稿相对照，另一份向李根源请示的电稿也确有文字增删，最重要的是在"镇康由省释回之土酋刀上达"之后，增添了"奉干崖土司刀安仁命令"一句，在"该土酋"三字之后删去了"即欲复回，亦须禀候施行"一语。但是，经查张文光这两通电报并不是"30 年后"的 1941 年的《永昌府文征》首次公布的，实际早在 1912 年 7 月，就由李根源迤西陆防各军总司令部编辑的《西事汇略》卷公之于众了，不但大大早于《永昌府文征》，还早于 1913 年 6 月张文光主持编辑的《滇复先事录》。而《西事汇略》公布的电文，与《永昌府文征》所载并无不同。可见，真正动手增删的并不是李根源，而是中间环节《滇复先事录》的主持者张文光。正是他删去了原有的"奉干崖土司刀安仁命令"这句话，又增加了一句先前没有的话："该土酋即欲复回，亦

---

① 《滇复先事录》，《云南文史资料选辑》第 17 辑，第 19、83 页。

② 《民主革命先驱刀安仁》，第 361 页。

③ 《张文光复李根源电》（1911 年 12 月 29 日），《西事汇略》卷三，第 2 页。

须禀候施行"，并且未在《滇复先事录》中同时收录含有"惟查镇康已革土司刀上达系为刀安仁暗中许职"等内容的复李根源电。

那么，又怎么理解张文光 1913 年 6 月对这一先前已发送给李根源之电的删节、增添和弃收行为呢？能否简单地认为是李根源《西事汇略》弄虚作假在前，张文光特地通过《滇复先事录》来加以纠正呢？当然不能。须知李根源在这个问题上公开弄虚作假，不但没必要，还有一定风险。没必要是因刀上达永康之乱，经历数月之久，给各族民众及社会造成的灾难，不管有无刀安仁插手，都是众所周知的，"联名公禀"中的 75 人不会因为没有刀的插手而改变看法。有风险是因为《西事汇略》问世之日，刀上达事件过去不到半年，那"联名公禀"中的 70 多人及其他关系之人尚对此记忆犹新，弄虚作假的行径随时可能被拆穿。而张文光虽也面临同样的风险，却有他的必要。对此，只要重温一下张文光主持编辑《滇复先事录》的目的，旨在证明自己发动腾越起义，"推翻满政，建立共和，原为国利民福……非图个人私利也"就明白了。[1] 这有《滇复先事录》收录的公文中，包含以下两件事的附录为证：一是《讯办前龙陵厅丞张际昌专件》，二是《讯明大理机关部摹刻伪印专件》。前者包括 1911 年 12 月 11 日原龙陵厅丞张际昌向蔡锷、李根源状告张文光"虽有革命之名，而无革命之实"的函电原稿，以及张文光为此颁布的多种告示；后者包括 1912 年 8 月 28 日张文光照会大理府文和 9 月 12 日至 16 日大理县知事张培爵的复文与刻工蔡春廷的供词等四件，[2] 其中蔡春廷的供词还了张文光腾越起义后挥师东进、占领永昌、剑指大理的一个清白。因为大理、省城当局此前一直指控张文光此举是为了"割据称雄，帝（制）自为"，[3] 其依据是陈云龙的所谓"不认省派官吏；令榆军封缴军械，另候陈云龙编制；令陆、防官兵，不带军械，出关迎接；全省各州县，陈云龙均要亲巡一周"等"电省要挟命令八条"，[4] 而蔡春廷的供词证明，这八条都是前大理机关部的一些人一手策划、伪造的。他们妒嫉腾越"首先反正之功"，特地由参事王巨卿出面，雇用他"摹刻印衔，捏造文电，离间滇腾"，以"激动"省城军都督府派重

---

① 《滇复先事录》，《云南文史资料选辑》第 17 辑，第 150 页。

② 以上二电见《滇复先事录》，《云南文史资料选辑》第 17 辑，第 183—189 页。

③ 《滇复先事录》，《云南文史资料选辑》第 17 辑，第 84—85 页。

④ 《腾越之伪革命》，《申报》1911 年 12 月 24 日；《民立报》1911 年 12 月 23 日。

兵"对待腾军"。① 张文光主持编辑《滇复先事录》既然主要是为了辩诬，不是全面记录腾越起义的史实，有些文电，如该研究者所说的那件含有"惟查镇康已革土司刀上达系为刀安仁暗中许职"内容的复李根源电没有选录，自然也是可以理解的。但是，该书未选录，并不等于这通电报不存在。

张文光这时为何又要对其中另一通电报进行文字删节与增添呢？可从两方面解释：首先是，和他与刀安仁的微妙关系有关。张文光与刀安仁固然为争腾越都督一职发生过严重争执，但毕竟同属革命阵营，又有多年的个人交往，而且两人对腾军东进，又持同一态度。据陈云龙说："顷接李根源、罗佩金各君电，弟等以腾军举义，榆军已继省军反正，均属同志，宜即协力和衷共卫地方。至干崖土司刀安仁，居心难测，此永昌自治局林君春华与兄等所共知。刻又据榆军电称刀安仁之参谋杨大森，密入榆城，见弟宗旨中变，有欲到榆抢劫军械后，吞滇省独立之意。请榆标出关迎接，刀即由腾堵剿等语。"② 经蔡锷审订过的张肇兴编纂《迤西篇》也记载有：干崖土司刀安仁"行文至大理，迫令李提督封军装库，俟腾兵到榆点收"，又"别给一护照，欲提督赴腾、永投诚"。③ 正是这种微妙的关系，使这个当时自觉"坐拥"大理提督"虚名"，却"一无要政，有负地方望治之殷"④ 的张文光，对已被囚于北京、同为天涯沦落人的刀安仁不免也起了恻隐之心，从而删除了先前发给李根源那通电报中刀上达"奉干崖土司刀安仁命令"这句对刀安仁极为不利的话。这也是《滇复先事录》很少反映刀安仁相关情况，即使反映也无太多源自张文光之口的不利于刀的言论的主要原因。综观《滇复先事录》，直接涉及刀安仁事务的也就七八处而已。平心而论，除了腾越起义前有一处说他对起义有"蒽意，不即进"，⑤ 有一定贬意外（但紧接着又补了一句："许举义后数日再来腾，姑听忽强。"），其他地方可说基本上是正面的，有时还相当肯定，如在答复英国驻腾税务司时就明确说过："野人滋事一层，此为干崖土司刀沛生（按：刀安仁，字沛生）之责……刀沛生乃系同志，必能制服野人不敢滋事。"⑥ 此外，也是

① 《滇复先事录》，《云南文史资料选辑》第 17 辑，第 188—189 页。
② 《滇复先事录》，《云南文史资料选辑》第 17 辑，第 92 页。
③ 张肇兴编纂《迤西篇》，曾业英编《蔡锷集》（二），第 954 页。
④ 《滇复先事录》，《云南文史资料选辑》第 17 辑，第 182 页。
⑤ 《滇复先事录》，《云南文史资料选辑》第 17 辑，第 6 页。
⑥ 《滇复先事录》，《云南文史资料选辑》第 17 辑，第 22 页。

张文光避免连累，自我保护的需要。张文光在一则要求"干崖官兵人等"，
"限即日内将原领枪码如数缴还"的布告中，曾明确表达这种心态："查干
崖快枪三百杆、笔码五万，系干岩〔崖〕刀沛生由腾越军库领去。维时因
腾、永甫经恢复，保境备边，不能不酌发枪械。现在全滇一律反正，体
〔休〕兵息民，自应妥筹善后，听候省示规〔办〕理。现李总统（按：指
李根源）亲统大兵，克日临腾，所有该土司在腾原领枪码，自应速缴还，
以昭信义，万不能久假不归，致累本都督因人受过也。"①他在这次请示电
中增添"该土酋即欲复回，亦须禀候施行"这么一句话，其实也是这个意
思，就是要告诉李根源，刀上达问题闹到现在这么大，并不是我的责任，
我早就告诫过刀上达，即使恢复土司制度，也要先请示，不能仅凭自己意
愿，一意孤行。

该研究者对李根源提供的刀安仁给刀上达"命令书一扣"，耿马土司"命
令文"一件，孟定、湾甸、耿马土司"夷文函三件，誓表格式各一纸"等原始
证据，究竟是有还是没有，是真还是假，不加考辨、求证，所提出的所谓"刀
安仁是蒙冤，刀上达是屈死"的反证理由又如此虚假，并无说服力，其对蔡锷
状告刀安仁是"诬告陷害"的指控，自然也就难以令人信服了。②

▲蔡锷电告南京司法部次长吕志伊，甚望孙中山莅滇一行。说："闻孙
中山先生有游历各省之说，甚望来滇一行，此间极表欢迎。何时首途？经
由何省？请先示知，以慰渴望。又此间极望兄偕赵君伸、张君大义返滇，
并邀约三四人同来。杨君友棠同回甚佳，或在宁暂候，俟殷叔桓过宁，挈
之赴北京亦可。并希电复。锷。蒸。印。"③

▲6日，李根源两次致电"省城军都督府"。一是请示可否核销转运局
委员李宝仁、郭润山等盐商当日为助军饷而解缴的盐课。说：

> 案据永昌转运局委员李宝仁，盐商郭润山、杨达昌、周厚基等禀
> 称，前次腾、永反正，新添各营，分扎永属。屡奉指挥陈云龙，统领
> 彭蓂、刘竹云、钱泰丰等命令，饬将存盐变价盐课解缴，以助军饷。
> 宝仁共缴银一万二千一百一十七两二钱九分，润山缴银二千九百一十

---

① 《滇复先事录》，《云南文史资料选辑》第17辑，第125—126页。
② 详见曾业英《傣族同盟会员刀安仁"蒙不白之冤"吗？》，《近代史研究》2015年第2期。
③ 曾业英编《蔡锷集》（一），第551—552页。

九两一钱一分，达昌缴银二千零一十九两七钱八分，厚基缴银一千零五十九两零八分六厘。又据陈进、蒋国时、欧文才禀称，前统领彭蓂委进等会办杉阳盐务，饬将灵提举存杉之盐，一概变充军饷，遵即前往。经该管司事陈寅生点交，进等净盐二十二万六千三百六十九斤，银五十两，其盐质低劣，难以销售。进等雇工改造，共卖合银一万零九百五十一两三钱八分，加移交银共计一万一千零一两三钱八分，除开支人工炭火及司事薪工各费银六百五十两零四钱二分，代销各商欠银二千零七十一两五钱八分，交由知府银五千零三十两零八钱五分外，实缴彭统领银三千二百五十八两五钱三分。该商等均称给有收据，并各附呈清单一纸，当即发交白井督销总办杨大材密为调查，逐一核算，呈候核办。顷据呈称，该员等所陈各节，均系实情，其开报数目亦属符合。请准核销各等情前来。查腾、永起事之初，情形至为扰扰，该员等处势力范围之下，自不能不应其取求，加以兵勇迭次哗饷溃变，间不容发，皆赖此以补济，遂得支柱一时，则公家虽不免于亏损，地方实借以保全，未为无裨。前据彭蓂造报各款，以上各项课银，均在其内，亦可证其尚无隐匿。至该员商前处危机，现各军又经解散，但使款未入己，自可准其核销，以免滋累。如何之处，仍候核示饬遵。根源谨叩。鱼。印。

二是请示可否核销李宝仁当日被腾、永军队所窃"四百余驮"由永运腾之盐。说：

> 据永昌转运盐局李宝仁禀称，该员前由黄提举任内，由永运腾之盐，因永属潞江铁缆桥折断，马运阻滞，遂堆寄沿途。旋值反正，腾、永军队由此往来，马户畏惧逃匿，所存之盐，窃取一空，其数在四百余驮，约计有五万二千斤之谱。照腾价每百斤以六两五计算，约合银三千三百八十两。现已分头跟查，迄无影响，恳请转禀俯准核销。并据白井督销总办杨大材调查属实，代请准其核销各等情前来。师长复查无异①，可否准予核销，以示体恤之处，乞电示饬遵。

---

① 4月9日，李根源正式接到财政司的复电，称"永昌李师长钧鉴。奉都督发鱼电悉。李宝仁运腾盐五万二千斤，果在潞江散失，经查勿误，即准核销"。（《西事汇略》卷二，第26页）

师长根源叩。鱼。印。

7 日，再次电陈"省城军都督府"类似问题。说："据陈进、蒋国时、欧文才禀称，进等前办杉阳盐务，所有各商代销欠款，为数甚巨，业经禀报在案。旋即竭力催收，除城外各商所欠之银三百二十八两四钱八分，即行如数收缴外，惟城内代销之陆振声欠款一百六十二两一钱三分，王嗣敬欠款五百三十五两六钱，朱炳南欠款一百五十三两二钱，叶茂春欠款银八十二两八钱五分，范锡三欠款银九十五两四钱七分，杨国栋欠款七百二十一两二钱，共计一千七百四十三两一钱，均称此次匪乱，尽被抢掠，请求豁免，并据该商等呈报被抢情形，亦与该委员等所禀各节，大致相同。又据转运局委员李宝仁禀报，永郡匪乱，委员所存盐课被匪抢掠，共计银二千一百六十二零五钱九分，亦请免解各等情前来。查该员商等被匪抢掠，均系实情，可否准其豁免核销之处，出自鸿施。乞酌核电示饬遵。根源叩。阳。印。"

10 日，蔡锷电复李根源，"准如电豁免"，但"他处不得援例"。说："鱼、阳电悉。盐款攸关课饷，本难议免，惟此次永郡变出意外，该盐商等怆遭掳掠，情殊可悯，姑准如电豁免，他处不得援例。仍饬报由各该管井员，将准免之数填册抵解，并候令司知照。都督府。蒸。印。"[1]

▲李根源电告大理联长孙绍骞，"顷奉军都督府灰电开，第七联第一大队长钟湘藻调省升充卫成司令部一等参谋官，所遗大队长差以西防调查员卫成司令部二等参谋徐进接充，希转饬遵照等因。希即转饬遵照。总司令部。灰。印。"

同日，又电告孙绍骞说："顷奉军府电，以藏事方殷，边防紧要，该联长熟悉边情，调充丽维统领，饬速启程。所遗第七联长，以缪嘉寿代理等因。特电转达遵照。总司令部。印。"[2]

又电告"省城军都督府"正法第八联第二中队第一小队长杨炳尧情况。说：

---

① 以上四电见《西事汇略》卷二，第 24—26 页。

② 以上二电见《西事汇略》卷四，第 5 页。

佳电奉悉。第八联第二中队第一小队长杨炳尧，前经在腾访闻①素不安分，于旧历正月内在榆演戏聚赌，挟优争风，持械滋事，幸经压息，未至酿祸各情。适前充该中队长施继伯到腾，询据禀称，榆军退伍之际，该小队长复造谣煽惑，并屡次勾结目兵，图谋不轨等语。当将该小队长先行调腾，以免滋乱，并电榆饬查具复。续据孙联长、缪中军官电称，该小队长前此在榆，始则磕诈居民，当经民人具控到县有案，其后乘目兵退伍之时，散布种种谣言，煽动军心，意在约同该中队目兵，烧抢榆城。幸该目兵深得施继伯平日教育，尚明大义，不允同谋。后复勾结第七联第一大队目兵作为接应，该目兵亦不允从，并即报告钟大队长。旋据该大队长及陆、炮队长报告前来，当经骞饬令钟、陆、丁三队长严加防范，并密嘱该队司务长郭汝才留心监视，如有不法动作，即行将其枪毙，免害地方。该小队长此等谋为不法，幸早暴露，防范严密，得无他虞，请俟该小队长到后，即予惩办，以杜后患等情。经即具电请示办理，该小队长随于佳日到永，当即传案，将查复各节，详加质讯，该小队长俯首无辞，遵照钧电，立予正法。兹集合驻永各队，宣布罪状，各官长、目兵，佥称可杀。谨电陈请鉴核，饬部备案，并予宣布周知。根源叩。灰。印。②

11 日

▲蔡锷通告上海《大共和日报》《神州日报》《民立报》《天铎报》《时报》《申报》各报馆，3 月 24 日上海《大共和日报》所载《川事客谈》一文"诬滇军实甚，不能不辩"。说：

> 川、滇镠辖，迭志报端，孰是孰非，当凭公论。惟《大共和日报》三月廿四载《川事客谈》云：滇督之派师也，实简桀骜之军，告以蜀富，可恣略夺，彼其意以邻国为壑，非真有仗义恤邻之志。又云：彼其发轫之宗旨，为货贿来也。一旦川乱已平，遽奉陆军总长之命，振旅回滇，淫掠之愿未偿，于是有索饷四十万之举；而参谋团命之援陕，则抗不奉命。又云：尹督犒金十万，客军已允赴陕，想日内顺流直下，

---

① 由此推断此电当发于 4 月 10 日。
② 《西事汇略》卷五，第 3 页。

当在忠、万之间；而甘人已赞共和，秦陇解兵之期当不远，则滇军又将肆扰于房、郧之间。其言诬滇军实甚，不能不辨。

滇军之初发也，以蜀省发难最先，受祸最酷，故匍匐赴援。然恐蜀省人民不悉宗旨，特派官滇蜀人郭灿、陈先沅诸君为巡按使先行宣慰，而军队中将领兵士川人亦多，又设川滇协会，关于援蜀事件，均与协商，凡鄙人申儆援军之言，川人共闻共见。乃云滇督派师，告以蜀富，可恣掠夺，其诬一。滇军援蜀共六千余人，弥历四五月，出师之始，筹备费八十余万，军中饷糈又四十余万，蜀省助饷，尚未及半，如以利而言，所得不偿所失。乃云发轫宗旨，为货贿来，其诬二。滇、川北伐条约第二条，滇军北伐一个梯团，所需薪饷由川政府担负，每月二十万金为率，除四个月分于重庆交纳外，后均按月接济，此系双方调印有效条约，滇军索饷，自属正当行为。乃云淫掠之愿未偿，于是索饷四十万之举，其诬三。滇军在川，兵力所到，匪徒敛迹，人民安堵，商旅畅行，此旅川外人所同声共道者。所经之地，则黔、蜀数千里，所驻之兵，则叙、泸数府县，所历之时，则去岁十月以迄今二月，试问川省居民果有被淫掠者否？乃并未到之地，而亦云滇军将肆扰于房、郧之间，其诬四。和议告成，南北统一，此间即于三月微日（按：5 日）电饬敝军撤还，并于鱼日（按：6 日）电达成都，在四川〔月〕八号奉陆军总长三月十七号电令班师，几至一月。乃云奉陆军总长命振旅回滇，淫掠之愿未偿，其诬五。蜀军张都督（按：指张培爵）元月宥日（按：26 日）来电云，陕省告急，危险万状，已会同贵陈副使（按：指陈先沅）及黔军代表议决联师援陕，请贵军第二梯团由泸速到渝，经长寿向兴安前进，第二〔一〕梯团仍〔沿〕此道接续进行。敝省当即电复拟令敝军出襄阳，以截敌攻鄂攻秦、晋之后路。又接陆军黄总长（按：指黄兴）元月祃（按：22 日）电，请滇军全数取道汉中援陕，前后路令川人前后保护。又接黄总长二月真（按：11 日）电，西安告急，请饬到川滇军星夜开往陕西，俾西〔得〕早日肃清。时敝军方由泸下驶，复接成都尹、罗（按：指尹昌衡、罗纶）两都督三月东（按：1 日）电云，川省编练四镇，内清匪患，外援秦陇，尚可强〔独〕任其难，不劳贵军。又接虞（按：7 日）电云，援陕由川独任等语。故饬敝军停止进行。乃云参谋团命之援陕，抗不奉命，其诬六。

滇军援川，本救灾恤邻之志，兴同仇敌忾之师，纪律严明，商民欢庆，闻滇军撤退，尚复电请邀留。乃匪徒不逞，遍播流言，川军政府复以其得民心也，而深怀疑忌，始则疑为侵略，继则诬以骚扰。滇军不胜其忿，遂亦有措施失当之举，诚无庸为滇军讳，要亦激之使然。至鄙人始终主张和平退让，于川者则尽忠告之谊，于敝军则多督责之词，所有与川省及敝军往来文电，实可以共白于天下。亦望评此事者原始要终，勿徒掫传闻之辞，无根据之事，以挑拨滇、川两省之恶感情，则大局幸甚。滇都督锷。真。印。①

又通电北京全国联合进行会及上海各报馆，声明滇并不反对袁总统，望全国同胞勿"自满怀惶惑疑惧"。说："北京全国联合进行会、上海报馆鉴。《大共和日报》三月念七载全国联合进行会电，顷闻大阪《每日新闻》载有新嘉坡华商反对袁总统，并载有广东、云南反对等语。不识报馆何所据而云？然我国政体确定共和，恐幅员辽阔，统一烦难，此时能实行五族为一家，而敝省无不服从，以期民国即日成立。况袁公一代伟人，中外钦佩。敝省曾于南北未合之时，以中国有必为共和之时机，袁公亦诚有被推总统之资望。锷曾于上年冬月敬日电黎副总统，曾登载武昌《中华民国公报》。及袁公受职，敝省复联电庆贺，非怀不推戴袁公之意，实亦喜国家统治〔一〕之成立。惟滇处边远，每有传闻失实。现在国基粗定，岂宜复傅〔传〕此等乌有之语，以摇人心。万望全国同胞坚持，勿因旁观之所论，而自满怀惶惑疑惧。大局幸甚。滇都督锷叩。真。印。"②

▲8 日，李根源电请"省城军都督府"，改孟定土司归隶永康州。说："据永昌由守禀称，永属孟定土司向归府管辖，惟查该土司与永康州相邻近，距永昌城十站，甚为纡远，考察不易，控御尤难。拟请该土司改归永康州直接管辖，知府仍随时监督情形，较为便利，而遇事庶无扞格等情。查该守所陈各节，似属可行，祈酌核示遵。师长根源叩。庚。印。"

11 日，蔡锷电复李根源说："庚电悉。孟定改隶永康，希即照办。都

---

① 曾业英编《蔡锷集》（一），第 552—554 页。
② 《公电》，上海《时报》1912 年 4 月 29 日。又见《云南辛亥革命资料》，第 168 页。文字略有不同，但不妨碍意义。

督府（军）政（部）。真。印。"①

▲李根源电告"省城军都督府"，永康先锋队第二营帮带李有福部下九十二人已遵章遣散回籍。说："案查永康先锋队第二营溃散，所余之帮带李有福部下九十二名，前饬刘管德胜到永，即行遣散，每名准给恩饷银二两，曾经电陈在案。顷据和牧禀称，刘管带三月三十日抵永康，次日即与知州会商，饬令李有福将该营弁兵等一概给饷缴枪遣散，计哨弁三员、书记生二名、兵丁九十二名，共发给恩饷银二百两，收缴九响毛瑟枪三十四杆、单响毛瑟枪十一杆、哈乞开枪九杆、漏底无烟枪一杆、铜帽枪十一杆，九响笔码原箱一驮、零码二千二百八十四颗、无烟笔码一百三十颗、哈乞开笔码五百三十七颗，皮带五十四根，其遣散弁兵均由知州给予路票，饬其克日回籍等语。除饬该州将所收各枪弹解交由守收报外，祈查核饬部备案。师长根源叩。真。印。"②

▲6 日，李根源、赵藩电询"省城军都督府"，可否改弥渡、漾濞为县治。说："查弥渡通判缺专管缉捕，而地方与赵州、蒙化、云南县三处接壤，华离交错，界线不分，钱粮互有隐匿，词讼互相歧控，事烦责重，新政纷纭，断非一通判分防所克胜任。前该处绅商禀准改设县治，实为握要以图。拟请设县试办，饬即督绅会同赵、蒙、云官绅，将各插花地段划分疆界，分拨钱粮，绘图贴说，禀候饬军政部分饬各司核议，规定实行。又漾濞地居要冲，隶于蒙化，又与永平、浪穹、云龙四处插花，且距厅县城四五站不等，官民隔阂，呼应不灵。现经腾、永兵乱后，抚绥安辑，尤贵得人，巡检微员，难资镇慑，拟请亦改设知县，于四属插花地面支配划分，仍会同四属官绅公同办理。禀候分饬妥议，核定饬遵。兹弥渡一缺，查有前署云龙州黎民藩，堪以委令试办。漾濞俟奉复后，再遴员请委。惟查大理府属已有七州县，弥渡、漾濞拟请均隶蒙化，便于联络，以资治理。是否有当，伏乞示遵。师长根源、巡按使赵藩叩。鱼。印。"

11 日，蔡锷电复李根源说："鱼电悉。弥渡、漾濞两缺，拟请改设县治，自系为划分疆域，便于治理起见。惟该两处距省较远，其地段如何交错，情形如何不便，实难悬揣，未便遽行规定，应候行司转饬绘图附说呈

---

① 以上二电见曾业英编《蔡锷集》（一），第 445—446 页。但所定日期为 2 月 8 日、11 日，误。

② 《西事汇略》卷三，第 9 页。

候核夺后，再行会商妥议。分划弥、漾均隶蒙化管辖，于程途交通是否适中，希即一并详复为盼。军都督府。真。印。"①

12 日，李根源再电询"省城军都督府"，可否划并弥渡、漾濞属境，改设县治。说：

> 查弥渡、漾濞壤地华离，不便治理，议请划并，改设县治。去冬曾经电呈奉复，并饬该两属官绅，将分划、支配、筹备各事宜筹议条复在案。兹由腾返榆，蒙、云、赵各属绅民重申前请，并据分别绘具图说前来，详加披阅改建之议，有不容于或缓者。当派令林丞志恂、张倅文运、杨牧赞东、朱牧廷铨、路令承熙、李令治等，会同各属绅民，将各插花地段接壤界址，详晰履勘呈复。源复加审核，于地理上天然之界限，及行政上施行之便利，参伍钩稽，详为厘订。弥渡为赵州属九里地方，距州城已百里，由弥渡直出，尽其境，尚有百余里，原设通判，名司督捕，实则备员，命盗诉讼，必赴赵州，征收钱粮，必另派书设柜，官民交困，措治已难。蒙、云两属之地，错出其间，舛午纠纷，不可究诘，奸狡之民，因而弊混，大非行政所宜。今设专官，将插花地土，归并为一，官治民生，皆蒙其利。县治即设通判驻所，名弥渡县，设知县一员。省原设通判，以其公费为知县公费。惟大理府属，凡七州县，辖境已广，弥渡去蒙化仅一日程，交通便而考核易，拟请改隶蒙化直隶厅，以剂其宜。赵州属境，既划弥渡，区域稍小。查与赵州近接之宾川属海东、海南两旗，均在赵州东北五十里以内，距宾川则百有余里，即以划归赵州，亦称近便。宾川地面本宽，划后无嫌狭小。云南县属境插花在弥渡境内者，应归弥渡外，又宾属之蛟起、谢家二营，及云属之感香、化里二村，皆于弥渡边界为近，其外复有蒙三约，亦以并同改归弥渡为便。漾濞本蒙化分防地，在蒙化西北二百余里，中隔赵州西界一段，地当冲要，任重权微，无以出治。由漾濞至永平县，计程三站，为迤西冲衢，饷犯过境，押解尤艰，其地绅民，请改设县官，俾一切词讼，易于赴诉，吁请已屡。惟境地无多，拟定自漾濞江起，下至合江四十里桥，与赵州分界；再顺江直

---

① 以上二电见曾业英编《蔡锷集》（一），第 380—381 页。但所定日期为 1 月，误。

下，至盘龙寺山，与顺宁分界；并划永平县属之太平铺等以益之，由胜备桥分界；再由桥河溯流而上，有云龙、浪穹两属插花地，一并附入；复折至漾濞江上流止。东西相距百五六十里，南北相距三百余里。改漾濞巡检为漾濞县，设知县一员，公费视简缺知县支给，仍隶蒙化，以便维制。永平东界甚宽，今划出太平铺等处，其由胜备桥至县治，尚有百里。查永昌府分防之杉木和巡检，距永平仅七十里，去永昌则百余里，中隔澜沧江，实形不便。拟将杉木和改隶永平，即以沧江为界，庶几永平、漾濞两县地土，皆剂均平，且各县治地皆适中，绥驭既称便利，各以江河为界，镠辖无自而生。惟改建事宜，须先委员试办，庶划勘设置，责有专归，户口钱粮，亦易得实。弥渡通判张倅文运，人颇勤明，拟即责成筹办改建事宜，俟奉准后再行改委署理县事。漾濞县缺，拟调定远县彭令坤年署理，所遗定远县缺，请以本部一等书记官朱沛霖接署。弥渡县印，前已由省刊发带榆。漾濞县印，拟请先由榆刊发，一俟省印颁到，再令缴销。至以上改建各端，本应俟将图册送省核定，再行办理，惟念绅民望治，情意甚殷，弥议改县，已近三年，迄无定议。漾濞当蹂躏之后，抚字尤亟，必将图册送省，道远不易参稽，又待派员复勘，往返尤耗时日，经费虚糜〔糜〕，犹其余事，似不若取决舆情，就近办理，以慰民望，而归简捷。源于部署完竣，亦得早日释肩。是否有当，伏乞迅赐核示遵行。师长根源叩。文。印。

13 日，李根源、赵藩电复军都督府说："真电悉。弥渡距蒙化一日程，漾濞距蒙化二日程，弥为蒙属插花地，漾本蒙属分防，程途交通，均尚适中。弥议改县，已历三载，旧曾饬大理府踏议，拟绘图贴说，省署想有案可稽。漾濞为榆永门户，地险而冲，源本有改县之议，蒙、永两属士绅，亦两次联名呈请，当批饬该绅等将分划、支配、筹备各事宜会商妥议，分别条陈，俟到即发由各该厅州县官绅并同复核办理，再行详复。根源、藩叩。元。印。"①

17 日，蔡锷电复行营李根源，表示所陈各节，"均极周妥，应照准办

---

① 以上二电见《西事汇略》卷六，第4—6页。

理"。说："文电悉。所陈各节，系为因地制宜，便于治理起见，计划均极周妥，应即照准办理。惟漾濞一县，户口恐嫌过少，似应再行增益。希酌核电复，以便咨省议会知照。所调之定远县彭令坤年业已因事撤省，另委程焕文前往接署，所有新设漾濞县缺，就近遴员请委可也。锷。洽。印。"①

同日，李根源电告"省城军都督府"，拟调杜澍署漾濞县。说："洽电奉悉。漾濞一县，综计户口，诚苦其稀，现划区域，已觉其广。昨集官绅参稽图册，区分支配，深费踌躇，将增户籍，而廓版图，地广而荒，益难治理。再查所划区内，如旧隶永平之上街，地附治所蒙属之平坡，亦止三十里。贸易尚盛，户口亦稠，近来丝业日见发达，傥由繁盛之区振兴实业，荒旷之地招集开垦，设县之始，绅民望治甚殷，提倡尤易为力。如尚有可以筹划更定之处，拟饬新任到后，会同绅耆妥为勘划筹议，再行核定。惟筹措一切，非干员不能胜任。查有新委赵州知州杜澍，才力精干，通达治体，拟请调署漾濞县，以资创办。所遗赵州缺，查有师司令部一等书记官朱沛霖，任事实心，堪以委署。如蒙俞允，即由源处给委。是否有当，伏候示遵。师长根源叩。筱。印。"

24 日，蔡锷电复李根源说："筱电悉。所请以杜澍调署漾濞县事，遗缺赵州以朱沛霖署理，请即先行饬赴任。锷。敬。印。"②

其间，李根源还曾转呈"省城军都督府"，请饬丁槐"将伊弟霸据漾濞叛产，全数拨还地方，以作设县开办常年各经费"。说："为转呈事。案据漾濞县绅耆田钟农、熊朝栋等呈称，窃查满清提督丁槐，生性刻薄，贪鄙无耻，夤缘当道，官擢一品，所至之处，均以掳掠奸淫搕诈为事。其任腾越总兵、永昌副将时，娄索土司，无恶不作，吾滇父老犹能历历言之。前平回乱，腾越、永昌、永平、漾濞叛产，均经清总督岑毓英立案，不准私买私卖，赏给受伤残废兵勇，十年后仍归大公。该丁槐朦上欺下，残废兵勇，工亩未给，竟将各属叛产霸为私有，兵民饮恨，莫奈伊何。所有霸

770

据漾濞叛田三百五六十亩，山产十余处，庄房一百五十一隔，共计年收租谷二百零八石，清油二千斤，房租钱一百五十千文。其待遇佃户，尤属苛虐，每收租时须三过风箱，尖收平卖，残毒同胞，惨无天日。兹值反正，该弟兄坐拥厚资，即不能尽解贪囊，以济时难，当此公帑奇绌，民生穷蹙，亦应竭力报效。漾濞荷蒙改县，开办需费，民贫地瘠，筹措维难，理合公呈请祈转呈军都督府转饬丁镇台，将伊弟霸据漾濞叛产，全数拨还地方，以作设县开办常年各经费。绅等系为公益起见，伏乞作主施行等情。据此，查该绅等所陈各节，系为地方起见，理合备文转呈钧府，俯赐查核，咨临时省议会核议，并饬丁镇遵照办理。此呈。"

5 月 4 日，又电复"省城军都督府"，拟将鼠街等地划入漾濞县。说："查漾濞现划地面，户口似觉稀少，前奉钧府治电，经饬杜令到任后妥为勘划，酌量增益在案。兹据该令禀称，蒙化属之鼠街一带，人户繁盛，距漾濞仅只百里，拟请划归漾属，惟既添划鼠街，则合江上游对面赵州所属山地，亦应划归漾濞，以免插花而便治理，乞批示饬遵等语。除令饬该厅州县会同商酌，妥为勘划，总期于各州县均无窒碍外，谨陈，并祈饬部备案。根源叩。支。印。"①

12 日

▲蔡锷通电各省都督，主张"整理财政，须先确立行政计划"。说："朱都督感电、冯都督卅一电诵悉。整理财政，须先确立行政计划，方能从根本解决。各省救济办法，不惟能力未达，且补苴缺漏，何能持久，卓识至佩。锷前曾切电中央，请先将政策立定，准以编制全国预算，并主张采岁出入，节缩内力支办。至议借外债则专力特别计画，以用之于银行、币制、实业各政策。今借款虽不成，而前数端似仍可备采。朱都拟联合各省定一具体方针，极深赞同。现在提出预算，为期已迫，请各都督、民政长迅赐电商，及早决定，务期要政所需，不致为不急之主义。于陆军则减少师额，而专力扩充军实，广储人才；（于）海军则保存现状；于司法则缩小范围；于外交、交通则厘提浮费；于教育则划定高等以上学区，不必省皆设校，而严定考成；于官吏薪俸则以能维持个人生计为度，全国一律，不

---

① 以上二电见《西事汇略》卷六，第 7 页。

必过虑。以上各节，端皆出费所界岁入之数，但使不大减于从前旧额，当不致过形不足。是否有当，统希示教为盼。滇都督锷叩。文。印。"①

▲报载南京同盟会本部电请陈炯明、李烈钧、蓝天蔚、蔡锷、阎锡山、陈其美、谭延闿、尹昌衡、黎元洪等人为同盟会"担募巨资"。说："昨日本会饯别孙总理，到者盈座，唐总理、徐总督、王都督皆为会员。此晚由孙总理担任捐银三十一万六千元，黄协理认捐五万元，唐总理认捐二千元，徐、王各以万计。为此，务乞我公力为提倡，担募巨资，以为本会进行之实力，是实本会所馨香祷祝者也。中国同盟（会）本部同人叩。"②

13 日

▲越南副总督马朗"游滇南"，晚上抵达省城，"随行者有工程长恭司当君并河内政务厅参事底索君"。"驻滇法交涉委员韦礼德君并铁路公司督办马先日登、车务长吕本德、工程司阑乐内诸君等均诣车站欢迎，延至法交涉委员署晚膳。次日马先日登君宴诸君于海心亭，除马朗、恭司当、韦礼德诸君外，陪席者为蔡都督、罗总长、蒙自何道台、英国总领事及其夫人、雷藏大君及其夫人。星期一蔡都督复宴在席诸君于其府署，花冠剑佩，颇极其盛。马朗君参观法邮局、法医院，并城中各骨董店后，随于星期二辰乘车返越。十九日晚五时五十分抵河内。据云此游颇称满意云。"③

▲11 日，李根源电请"省城军都督府"，允准为各营统领增设办事人员等事，说："西防国民军各营薪饷，向由各管带直接领发、造报，每多纷歧，稽核颇称不便。现既饬归各统领领发，其报销亦饬由各统领核转，以期统一而专责成。惟各统领事务较前加繁，拟请各准设书记长一员、军需长一员、司书生一名，并准马弁二名、护兵四名，薪饷照陆军饷章支给。其以提镇兼统领者，马弁、护兵勿庸添置，以节饷糈。再，查丽维统领及兼统领之提镇，旧皆由所部各营提饷十名或二十名到署，以备差使，故各营目兵每多缺额，上下相蒙，积久成例。若非另行明为规定，不能蠲除此弊。合并呈明。可否，乞衡核示遵。师长根源叩。尤。印。"

13 日，蔡锷电复李根源，表示"兼统领之提镇"，"由所部年提饷一二

① 《蔡锷集外集》，第 134—135 页。
② 《公电》，《申报》1912 年 4 月 12 日。
③ 《云南新外交》，《申报》1912 年 5 月 18 日。

十名，备署中差使，深为不合"，"希申明禁令，分饬遵照"。说："尤电悉。西防国民军各营薪饷改归各统领领发，报册亦由核转，办法统一。各统领既负完全责任，所请各添设书记、军需长各一员，并马弁二名、护兵四名，薪饷照陆军支给，均应照准。其以提镇兼统（领）者，马弁、护兵勿庸添发，借节饷糈。至丽维统领本有兼带之营，兼统领之提镇均设有亲兵，其由所部提饷一二十名，备署中差使，深为不合。此种积弊，亟应革除，希申明禁令，分饬遵照。军都督府。元。印。"[1]

15 日

▲蔡锷出席云南各界追悼革命已故志士大会。"是日各街铺户均悬国旗，以表哀思。忠烈祠前则用柏枝编为牌坊，大门内外遍悬灯彩，任人入内观览，正殿设杨忠毅公振鸿、文忠烈公鸿揆及吴君禄贞、吴君振南、赵君康时、黎君肇元以及建义阵亡之官长、目兵与援川阵亡之某小队长等香席，各学堂、军队均放假一日。黎明时，都督及执事各官临祠追悼，施放礼炮九发。又设追悼筵席，招外国人入座云。"[2]

中旬

▲月初，云南共和、国民、同盟、保安、报界等会及统一党、政学社，呈请蔡锷允准在省各属"同乡会各举代表一人，参同议员公选，当众表决"。说："鄂议会发起民国议会，电各省选员赴鄂，苤筹颇善。惟滇议会种种腐败，议员皆属委派，不足代表全省。此次举员，十九号议会决选举及被选举权均由会私意把持，违背共和。滇各团体诘责，商由各属在省同乡会各举代表一人参同议员公选，当众表决。三号忽生变端，把持益力，私图滥举，全体哗然。滇民誓不公认，请主持。滇共和、国民、同盟、保安、报界等会，统一党、政学社。"

但蔡锷未同意，批示说："呈悉。该代表等商由在省各属同乡，各举代表一人参同议员公选，自系为慎重选举起见。惟查湖北临时议会支电，此

---

① 以上二电见曾业英编《蔡锷集》（一），第506页。该书将此二电日期定为3月11日、13日，似有误。从蔡锷复电仅言"李师长鉴"，而未指明具体地址如"大理""永昌"等来看，表明其不知李此时身居何处，故而推定其为李行程不定中的4月中旬较为恰当。

② 《云南追悼会纪盛》，《申报》1912年5月12日。

773

次选举自应以省议会为范围。云南临时议会早经成立，即使仍为谘议局，而照原电亦应由该局选举。盖议院法未颁布以前，不能不暂认此为法定机关，况省议会既以［已］选举，由于该会被选公诸滇人开会提议，经多数取决，自不得谓为把持选举。现在共和甫成，诸事草创，将来法制大定，选举章程自有一定标准。此时应照鄂省临时议会支电办理，以免争执，希即知识［照］。"①

29 日，又有报载：

> 云南前接湖北来电，拟组织民国议会，全由各省选举议员赴鄂开会，临时省议会当选定十六人。民国会、统一党等以议会私行选举，不能承认，乃呈请蔡都督主持。当经批示，仍须由议会选举，各公团尤为激烈。后公团又集各属代表，另行选举，复呈请都督取消议会私选者，承认各公团公举者。都督复不以为然，仍主前说。兹将批示录下。

> 查选举赴鄂议员，应照鄂省临时议会支电办理，由各省议会或谘议局选举，业经明白批示在案。兹据称该各团体议决开会，公选议员，并请本都督莅场监督等情。各团体系自由集会，并非法定机关，无论所选是否公允，本都督绝难承认。至去岁组织临时议会，因反正之初，百端待举，不能不有采取舆论之机关，而谋地方之利益。原有谘议局常驻员为数太少，若一时召集，实难以应时势之要需，故特就谘议局与参议院参议组织临时议会。现大局已定，应行提交之案日益加多，谘议局已届改选之期，参议院为军府顾问机关，亦难长久兼任。已咨请临时议会召集于法理素有学识经验之员，会同拟定暂行议员选举法，该会等自可推举人员赴会同拟。禀中所陈本都督面谈各语，亦多歧误。且访查团体中列名在首之人，亦多未与闻其事，着并知照。各公团既不承认省议会所选赴鄂议员，并指为私选，而各公团日前开会选出者，省议会亦不承认，并言侵越权限，妄行选举，互相致电总统，争执风潮愈烈。现由军政部总长罗佩金出而调停，大致以两方面选举之人均应各有效力，一因两方选出之人，大半相同，二因有愿去者。就两方

---

① 《蔡锷集外集》，第 133—134 页。

面挑选，以足额为定，并令选定者早日起程，免误大事。果尔则两方面争执，或可望平息云。①

16 日

▲蔡锷电请袁世凯遴选声望素著，熟悉滇、缅边务之员，充云南外交司长。说："内阁成立，薄海欢庆，此后政令有总汇之区，即各省可收统一之效，欣慰莫名。惟官制尚未发布，各省行政机关组织不无歧异，锷意先从军事、外交、财政三者先谋统一之方，就中以军事为最难着手。现北京设立军界统一会，各省代表到齐，当能妥筹办法。至外交、财政亟宜归中央主持，凡各省外交、财政人员，拟请由中央委派，庶外交可昭慎重，而财政亦便清厘。又滇省上年片马之案，争持数月，未经议结，嗣因军兴，遂尔中止。现在大局已定，此案又将发生，将来非由中央派员会勘，不能定夺。此时外人尚未提议及此，勘界人员似未便遽行委派。惟边省外交重要，拟请遴选声望素著，熟悉滇、缅边务之员，先充云南外交司。俟片马事发生，即以为勘界专员，庶可先事筹维，不至临机仓卒。是否，敬候核示。滇都督蔡锷叩。铣。印。"②

▲7 日，谢汝翼电告蔡锷在川所筹军饷详数。说："在川所筹军饷数目，叙十万、永宁七万、合江五万，以上提盐款，富顺一万、嘉四千余、南溪一千，以上公款，自流井未详，约八九万。蜀军府先后筹饷四十万，永宁尚有款数万，李旅长拟提用。翼叩。虞。印。"

同日，又电告蔡锷经营凉山，须川中无事。说："幼密。一梯（团）兵力，现有步、辎、工二十一中队，炮二队，机一队，卫生一队。现存饷银五万余，可敷四、五两月之用。经营凉山，川中无事，方可着手，否则后方危险。翼叩。虞。印。"

10 日，再电告蔡锷、唐继尧译转毕节李鸿祥，朱登五率兵抵叙，人心恐慌。说："幼密。由叙来井商人言，朱登五率兵五六百名到叙，估奸估买，毫无忌惮，人心张惶，铺户关闭，尚无大抢掠事云云。翼叩。蒸。印。"③

① 上海《神州日报》1912 年 4 月 29 日。
② 曾业英编《蔡锷集》（一），第 557—558 页。
③ 以上三电见《云南辛亥革命资料》，第 415—416 页。

16日，蔡锷电复谢汝翼说："幼密。二虞及蒸电悉。款数与李旅长所报相符。惟永宁提款事，未据李师［旅］长报告，已电询之。凉山事可先派员调查确实，再行着手。川事无论如何，可无过问。锷。铣。印。"①

▲12日，李鸿祥电告蔡锷，拟将地方应有之权，仍旧收回。他是日自毕节出发，月底可抵滇。说："东密。两佳电悉。拨款三万交黔军府事，已电饬张支队长照办。两梯团所携饷银，谢梯团携约十万余；青圃除拨黔外，约余七万；斐章约四万余，鸿处约七万，平均约可支给五个月。我军到毕，匪党已闻风窜匿。查前此乱端之起，由于公口会匪，集众抢掠，知县正绅，束手无策，各地匪徒，因缘以起。现拟将地方应有之权，仍旧收回。任事绅董，查其有否以定去留。再以少数之兵分巡各乡，不必旬日，内外即已肃清。大定已遣兵一营、炮一门前往。昨据该营报告，已无大股匪股。徒闻新场集有匪五六百，黔军府已派游击队剿办，不必再烦我军兵力。拟饬该营在大定暂住数日，即拔归毕，整顿回滇。今先将弹药三百三十二驮，交何部长（按：指何鹏翔）及钱队官解送，本日自毕出发，月底可以到滇。遵义支队，亦不能久留于黔。是否回滇，祈电示。鸿处出发，俟规定即行电闻。鸿。文。印。"②

16日，蔡锷电复李鸿祥说："东密。文电悉。各队所携饷银合前汇滇之款，约六十余万，与谢梯团长所报款数大致相符。惟前接谢电由昭通汇解之款，是否在内？又谢电有永宁尚有款数万，执事拟提用之语，未审确否？如永款尚未提，可作罢论，免多缪辖。黔匪既易平定，大定、遵义军队均应返滇。惟弹药务先送回为要。锷。铣。印。"③

▲中旬之初，汤聘伊电请蔡锷、殷承瓛核办毕节匪患，以免"贻祸滇黔边防"。说："伊密。奉命欢迎援川军，浸日过曲（靖），遇友自毕节来云，确据，得七星关会匪金宝万聚众二千余，擅立公口，跋扈恣睢，无恶不作。如旧岁腊月，调集各处公口，如杨家湾、龙盘河、七星关等，奸淫抢掠，劫杀樊家老少九口及安土司良民百余人。尤有毕节团防管带黄鼎臣助纣为虐，为该公口坐堂，分立□十五道公口，凿公口收银一百，僆［均］入黄私囊。每公口有奸杀抢掠事发者，黄一力袒护，如袒护金宝万、□□

---

① 曾业英编《蔡锷集》（一），第558—559页。
② 《云南辛亥革命资料》，第417页。
③ 曾业英编《蔡锷集》（一），第558页。

子口王团长，是毕节县不敢过问，良民不敢伸冤，实属暗无天日。所闻情形，本非聘伊任务，但此扰害治安，若不电请核办，恐匪势膨涨，贻祸滇黔边防。谨电闻。聘伊叩。□印。"①

16 日，蔡锷电请李鸿祥"就近酌办"。说："东密。据汤聘伊曲靖电称，探悉七星关会匪金宝万聚众二千余，旧岁调集杨家湾、龙盘河等处公口，奸淫抢掠，劫杀樊家老少九口及安土司良民百余人。又有毕节团防管带黄鼎臣助纣为虐，每公口作恶，黄力为袒护，毕节县不敢过问，良民不敢伸冤。若不电请核办，恐匪势膨胀，贻祸滇黔边防云云。究竟情形如何？执事过毕节如得确情，希就近酌办。锷。铣。印。"

17 日

▲蔡锷急电昭通探送谢汝翼，可暂留部分兵队于东川、昭通以下。说："幼密。真电悉。川乱未弭，不可不防。该梯团长初拟留兵驻大关一带，所见甚是。应先饬率妥善之步兵一大队及特种兵回省，其余兵队可暂扎东川、昭通以下，由该梯团长择要分配，妥为区处，以待后命。此间已电阻先发队留昭相待矣。盼复。都督府。筱。印。"

又急电询谢汝翼所部是否"较旧额增加甚多"。说："幼密。筱电计达。访闻执事所部队人数，较旧额增加甚多，且系未受教练之兵，沿途并有各种风谣，如果属实，不特回滇后饷力难济，且恐操驭维艰，亟宜先事妥筹处置。此等新添之众，想无枪械，能就川边妥为遣散，以杜后患更妙。惟究竟是何情状，抑系传闻失实，并前电饬将各兵子弹收缴，派妥员先解回省，统望查明，密速据实电复，以凭核办。再，据报有人在功山一带途遇会匪张金山、朱定川、徐荣海、陈至清，随行三十余人，携各种快枪十余支，向昭通进发。该匪等来省秘密运动，已将首要获办。诚恐该匪等逃至昭属，勾串军队，致生他变。应由该梯团长密为防范，以杜勾结。并从严查拿究办为要。都督府。筱。印。"

又急电援川凯旋各指挥官，"各队应暂驻昭城"。说："顷得谢梯团长电，知二联二大队、三联一大队已抵昭通。现闻川中匪乱尚炽，亟应筹防。

---

① 《云南辛亥革命资料》，第 420—421 页。此电日期，该书原以"□"代替，察其内容，可知发于 12 日至 16 日之间。

各队应暂驻昭城，俟谢梯团长到昭区处后，再行分别开拔。仰即遵照。都督府。筱。印。"

又急电毕节李鸿祥，应将"所辖步队分为三批，以待后命"。说："东密。凯旋军队沿途情状若何？举动能否确遵军纪？颇切系念。由毕开拔，如何分批起行，均宜预筹报闻。还得黔电，杨督（按：指贵州原都督杨荩诚）拟率兵回滇〔黔〕，黔人反抗甚力。恐乱机尚伏，应将该旅长所辖步队分为三批，以待后命。惟道远断难遥制，何队应先行，何队应暂留，希悉心计划，期臻稳妥为要。并将子弹数目查明，除拨援黔军用外，尚余若干，详悉电复。至盼。都督府。筱。印。"

又电告黎元洪，援川军队已全数撤还。说："文电敬悉。敝省援川军队，以〔已〕全数撤还。善后办法，现已将军兴以后西南各防新募之营陆续遣散，即以还滇军队分派填扎。又云南瓯脱之地，土旷人稀，现已派员调查，如有可以开垦采矿之区，并派军队分驻，略仿屯田之意，借行实边之策。是否，仍希指示。滇都督锷叩。筱。印"①

▲报载蔡锷下令正法预谋起事之哥老会秦吉五。说："云南因远在极边，风气夙陋，哥老会之风，素亦盛行。自去年义军反正后，省城虽屡言会匪将勾结为乱，抢掳人民，幸后为巡警局长吴君探明密谋，始设法将匪首傅炳章引诱拿获，并搜获证据，查明入党之人不下万人。当将傅首正法，其余胁从，出示解散免究，全省始赖以保全安宁。不意近日滇省忽又传闻谓日内将有大乱，人民极为惊慌，并言定旧历二月二十八日起事。幸先日军府一面派兵日夜严为防备，昼夜梭巡，一面密遣侦探访知为首谋乱者，乃为巨匪秦吉五。秦本山东人，在滇开设茶铺，素与正法巨匪傅炳章为党，因见傅炳章被杀，深为濒恨，另行在滇创设他字旗号，密开山堂，大散票布。现已聚获羽党甚多，欲为傅匪报仇起事。现并遣人赴川、黔，勾结被滇军击败之匪，及联络各属土匪，来省预备大举。巡警局长据报之后，即妥筹良法，将秦吉五拿获。旋搜出各项证据，派员讯明，供认如前各种行为不讳。都督恐出他项变端，当于旧历三月初一日（按：4月17日）令将秦匪正法示众。"②

---

① 以上六电见曾业英编《蔡锷集》（一），第559—561页。
② 《云南除暴安良记·正法巨匪》，上海《时报》1912年5月6日。

18 日

▲蔡锷函复魏景桐，请"勿谦挹见推""文字之役"。说："手教奉悉。吾兄远道见枉，重联旧雨，感幸甚深。文字之役，本不敢以屈从者，惟借以朝夕亲炙，斯弟所欣盼，想亦兄所乐许，乞勿谦挹见推是幸。光复以还，官吏为国家之公仆，而人或对此公仆，远不如他国相待之厚，此又过渡时代所不能免者。而滇省穷瘵万分，为公仆者之任劳负怨，吃苦又较他省为甚。此亦事势上万难解脱者也（怕人家说他嫌云南穷、待遇低、又苦又累，还得任劳任怨——抄者）。久思避位让贤，以外患内忧，沓至纷来，义难恝然舍之不顾。虽置身丛莽荆棘中，亦无怨尤；惟累及贤者，不能无耿耿耳。至秘书事，现较清简，撷而理之，自卜游刃有余。翰青兄学裕行洁，亦必水乳，恳勿坚却为祷。手此，敬请道安。令状奉缴。弟锷顿首。四月十八。"①

▲16 日，李鸿祥电请蔡锷预为规定颁赏及从军纪念章程办法。说："东密。论功行赏，最足激励人材。援川军返滇有日，颁赏及从军纪念之章程办法，应请预为规定，以免临时仓卒。又两梯团应行退伍兵士，已占多数，其章程办法，亦请预为酌定，以便届时实行。鸿处现步二营、炮一营、机关一队，到省日拟驻承华圃，以便检束武装器具，或驻北较场亦可，请饬人预备，肃闻。鸿。铣。印。"②

18 日，蔡锷电复谢汝翼、李鸿祥说："幼密。东密。光复纪念及援蜀滇军凯旋纪念勋章业经饬铸。此项勋章，不分等级，一体颁赏。此外尚有陆军部规定之勋章，订有详细规则，应俟本省纪念勋章铸竣，续行饬铸。将来军队到齐，可造册详报，分别给奖。驻军处所，已饬卫（戍）司令部预为布置，惟各军队以分期到省为宜。究竟如何部署，何时计可到省，希先电复为盼。锷。巧。印。"③

▲李根源电复蔡锷，详述刀安仁五大罪。说：

月密。前奉电饬补陈刀安仁罪状，因与刀上达案有关，拟俟（刀）

---

① 陈建明：《序》，《湖南省博物馆馆藏百位湘籍名人手迹》，第 2 页。此函原稿藏湖南省博物馆。陈《序》引文开头一个"避"字，不通，或许是多余的。

② 《云南辛亥革命资料》，第 420 页。

③ 曾业英编《蔡锷集》（一），第 562 页。

上达解到研讯详情，以资印证，故未即复。刀上达昨经解案，所供主使各情，已详前电。兹将前后各罪状条列如下。腾冲反正之始，该土司附会革命，得入腾城，遂踞道署，自称都督，强索银万余两，枪枝三百余杆，并勒派各土司及蛮允、弄璋等处商号银二万余两。枪经严饬缴还，银则莫可究诘，罪一。又用云南都督名称遍发命令于西南沿边各土司内，均附有夷文函件，译其意义，率皆兴夷灭汉，帝制自为，鼓煽独立，几坏大局。前曾搜获所给孟定、湾甸、耿马各文件，呈送在案，罪二。刀上达被释后，寄居南甸，该土司许其复职，教其肇乱，所发命令书，可据原文，昨经电陈，罪三。擅行刊发军用票，在腾、永一带勒令行使。查所发出数目，约合银三万余两，市面陷于恐慌，财政蒙其弊害，罪四。又闻有秦力山、王可石两人，皆南洋一带革命党员。前在该司地方，被其暗行戕害。王可石尸首亦不知弃置何所。惟事远难稽，未便据以定谳。然秋帆、子和往来其间，几遭毒手，其事固不尽诬。再查该土司淫乱苛暴，尤难擢发。搜求夷女，以充下乘者百数，烝报宗亲，豪夺民妇，伦彝沦丧，庶黎吞声，秽德彰闻，人道斯绝，科敛无度，征发不时，民困诛求，岁徙于缅者，无虑数百家。往岁尝至日本，称独立国，自号干崖王，东国喧传，报章腾说。归国以后，遂蓄异图，私购军械，野心已见，滋蔓可虞。又私订□[1]人，潜勘矿产，自东来者，相属于道。退役军校，亦杂其间，听其窥测地形，密图要塞，寻以亏负薪资，□人控道有案。[2] 示人利器，坏我国防，厥罪尤大。虽微今日之鲸张，亦难养痈以遗患。应请衡核电请中央政府迅予惩办，以除乱本而固边封，候示遵。根源叩。巧。印。[3]

▲蔡锷电复李根源所转腾越镇电请"营兵月饷"事。说："腾越米价昂贵，营兵月饷入不敷出，自系实情，应暂准该镇所统之十三、十五、十六、十七四营，每营裁去兵额二十名，十四两哨裁去兵额十名，共裁兵额九十名。其裁去之饷，挹作该营哨什兵津贴。侯至本年十一月初一日，秋

---

① 此处实际为"日"字。
② 政闻社员唐璆则说："云南干崖土司（刀安仁，孙党引来东京），去年（按：1907年）与日本密订条约（日本助款二百万，全权顾问官、工程师皆日本人）。"（《唐璆致梁启超函》，唐晋源等编《唐璆文集》，当代中国出版社，2010，第50页）
③ 《西事汇略》卷九，第16—17页。

收完毕，米价减时，即行截止，仍复旧章，募足全额，不得短少。希饬遵。"①

19 日

▲蔡锷电告谢汝翼、李鸿祥，恐川乱复起，我军"应暂驻防堵，免致窜入滇界"。说："幼密。东密。《民主报》载，川省童显汉、任逢年等数十人公电，历数尹昌衡扶植会匪诸不法状云云。特声罪致讨，公举黄复生继任。又云尹指任胡文澜为重庆镇抚使，舆论哗然，蜀军将校已全体反对，拟公举熊克武接任云云。观此情形，同室操戈，内部必复糜烂。我军非得中央命令，自可勿庸干涉。惟应暂驻防堵，免致窜入滇界。又援军回滇，谣言四起，将来到滇，务须分期陆续入城，妥为部署，以免人民惊疑。锷。皓。印。"②

20 日，李鸿祥电复蔡锷说："皓电悉。川事必有大糜烂之一日。此后办法，前与幼臣所约，与此次所示正同。至援军返滇，人民惊疑一节，想系好事者故意造谣，应请出示晓谕，以息浮言。援军去冬出发后，雨雪载途，益以蜀道之难，劳苦万状。鸿暨各官长随时集合兵士，晓以劳苦为军人本务，而各兵士均以忍苦耐劳为天职，备尝艰辛，毫无怨怼。及入川以后，叠次攻战，设非奋勇敢死，未必每战皆捷。而克敌之余，均未敢过奖其功，以防骄纵。凡休息日，均按照平时训练办理。严守军纪风纪，官长约束认真，兵士遵循惟谨，无一时或懈。故滇军所至之地，与一般人民之感情，极为优美，其自尊自重、服从军纪之性质，较之在省时十分展发。何部长返滇在即，祈面询自得底蕴。虽前在重庆，与川军稍有龃龉，实由于川军横暴，非我军之不守纪律。务祈设法安辑人心，使不摇惑，是所祷祝。鸿处拟祃自毕出发。现暂留兵二队在毕。但各官兵均久役思归，祈电贵阳速派兵前来接替为要。又查各队皮鞋，均已坏滥，请预制待用。其兵队入省先后次序，容续电闻。鸿。号。印。"③

23 日，蔡锷电复李鸿祥说："号电悉。我军此次征戍，劳苦至足企念。而所向克捷，及保守军纪，维持秩序诸端，凡自川中来者，无不津津乐道，

---

① 《西事汇略》卷五，第 13 页。
② 曾业英编《蔡锷集》（一），第 562 页。
③ 《云南辛亥革命资料》，第 425 页。

足证驾驭有方，深堪嘉慰。滇中虽有浮言，自系好事者捏造，现已饬部出示晓谕。皮鞋已饬造矣。顷接冀赓电云，杨荩诚将返黔，人心惶惶，大定、毕节一带不可无兵，请留该军数月等语。应准酌拨队伍暂驻，现留两队，是否足资镇慑，希酌量办理。锷。漾。印。"①

▲李根源电请"云南军都督府"，统一全省币制，凡纸币银元均作"七钱二分，上下一律通行"。说："划一币制，为财政要点。滇中三迤地方，或灌入印度法洋，或喜用生银，整锭秤之，大小不同，色之高下殊异，既不便民，又不便国。拟请通饬各属，凡有纸币银元均作为七钱二分，上下一律通行，不许低昂平头银色。官商不收，绅民不用，俱以峻法绳之。铜币或作十文，二十文亦照此办理，庶于币制有裨。乞衡核通饬遵行。根源叩。皓。印。"②

因蔡锷未作复李根源，李根源于是又连发两电给"省城军都督府"。其一说："前具皓电，请以龙元一元定为七钱二分，以划一币制，便于流通，未奉复示。伏查腾、永各属输入外币甚多，亟宜力图挽救。速赐复遵办。师长根源叩。艳。印。"其二说："前具皓电，请予划一币制，复于胪陈各属地方事宜电内，具陈斯害，谅蒙鉴核。现发各军薪饷银圆一元，以七钱二分散放，而市面通行仅作七钱及六钱七八使用，军士购物，坐受亏耗，势必不能相安。恳速饬订币制，严切通饬遵行，庶免轻重相畸，军民交病。仍候示复。师长根源叩。"

5月4日，军政部接获李根源4月28日特别专电后电复李根源说："俭电敬悉。龙元定为七钱二分一元，为划一币制善法。而官收粮税，则以一元五角作库平一两。但滇省流入外币甚多，腾、永、开化各处尤甚。既有外币制入，则形式、重量均难齐一，交换价值则多参差。亟应妥筹良法，颁定全省，划一币制，使外交、内治两无所妨，刻正筹划，一俟规定妥善，立即先布施行，仍希随时赐示为盼。军政部。支。印。"

21日，又作"暂从缓议"答复李根源，说："统一币制各电均悉。当将原电饬司核议。既据复称，各属平码大小不同，银色高低各异，如必以每元作七钱二分，强各属一律通用，其平小色低者固甚乐从，恐平大色高

---

① 曾业英编《蔡锷集》（一），第 583 页。
② 《西事汇略》卷七，第 30 页。原电仅有韵目代日，但因李根源在以下复军政部电中说到"此次赴腾"一语，当可推定发于 4 月 19 日。

者断难强就，滞碍者一。各属银行分号，尚未遍设，强以概用银元，其无银元之处，仍不能划一，滞碍者二。各处解款，早定一元五角作库平足银一两，若照七钱二分通用，则收银一两，必减收八分，统计每年收入约减二十万两左右，滞碍者三。现拟一面由司速设各府分银行，使用银、纸二币，以资周转；一面将钱粮厘税化两为元，不存两钱分厘名目。俟议定办法，再行通布等情。本部复查属实，应请暂从缓议。此复。军政部。马。印。"

22 日，李根源电复军政部，对其已"饬司核议办法"，"再行通布"，表示满意，但也不以军政部所说的"滞碍三"条为然。说：

> 马电悉。统一币制，已由贵部饬司核议办法通布，甚善。惟司复滞碍三条，鄙意平码有大小，银色有高低，为中国财政极大之弊，故非饬通用银元，通作为公估库市平七钱二分，则上下出入，盘剥亏折，俱所不免。如私家借贷，商贾交易，或前之出者平小色低，入时可照公估库市平升补，或前之入者平大色高，出时亦可照公估库市平暂时听其变通，以后即不容歧异，则第一条滞碍可去。银行分号，固未遍设，然名城巨镇，银元亦无不灌输，只须概饬通用，违者加以惩罚，想无不行。乡村小市，或无银元，则暂饬以库市平为标准，以公估为本位，有用丝银、宝银者仍照升补。俟银元足数挹注，则废平码禁生银，以归一律，则第二条滞碍可去。各属解款，早定一元五角作库平，库色银一两，暂时仍不妨照收，惟一元五角明系一两八分，而曰作为一两，以与通用银元七钱二分之律不合，不如明定为正，征银一两，带征银八分，统以银元上纳报解。在民间只仍旧贯，在公家仍得余款，则第三条滞碍可去。总之，民可与图成，不可与虑始，若在上多所瞻顾，则在下必更依违。迤西各属，行使银元，少或作六钱七八，多亦不过七钱，垄断把持，不可究诘。行旅固多不便，军队尤受亏损。此中困难，迭经电陈，各营放饷，该官长等赔垫尤巨。此次赴腾，腾平每两，大省平三分，每元仅能作六钱余。行使军队，固不能任受，公家亦难弥缝。祈先行宣布每银一元，均作为公估库市平银七钱二分，不准减折。钱价高低，各处不同，听其自便，换之者自有计算，并不受亏，用之者不减，平头便无缺望。兹事体大，骤难齐一，治标之法，

似当先筹。仁候回示，毋任盼祷。根源叩。养。印。

蔡锷最终批准军政部所拟办法后，李根源向迤西各属发布特示说："为剀切晓谕事。照得滇省币制极不统一，从前行使生银平码有大小之殊，银色有高低之别，纷歧揉杂，百弊丛生。近年虽通用银圆，然边远地方多有作为七钱者，少有作为六钱七八者，黠者借以把持，愚者受其剥削，害闾阎而病商旅，莫此为甚。本师长有鉴于此，出巡以来，详细调查，非饬全省通用银元，概作为公估银库市平七钱二分，则出入盘剥、亏折之弊将无底止，币制前途尤不可问。故迭次电陈军都督府，请饬部核议办法，通布实行去后，兹准军政部复电内开，养电所论极确，佩甚。集各司会议，佥表同意，均依决行通饬各属，遵照每银一元均作公估库市平银七钱二分，不准折扣，亦不准拒绝。惟钱粮厘税向收一元五角折银一两者，系以八分升补平色，应仍照旧征收，拟即以八分直名为升补平色，不用带征二字，以免绅民误会，庶名实相符。已照呈军都督府，奉准除电饬各属遵办并另咨会外，特复军政部。宥。印。等因。准此，合亟出示晓谕。为此谕仰各属官吏绅商军民汉夷人等一体知悉，自奉示之日起，均须遵照此次通案办理。凡行使银元作为七钱二分，不准减折，如违准即禀报地方官惩罚不贷。至乡僻小市或无银元之处，则暂以库市平公估银七钱二分抵用银币一圆。有用丝银、宝银者，仍照色升补，一俟银圆足敷挹注，则平码生银一概禁用，以归一律。切切毋违，特示。出示通饬迤西各属。"①

20 日

▲蔡锷发布《云南都督府政务会议章程》。文如下：

兹将政务会议章程审订发带，仰各该部处司局一体知照。蔡锷。

第一条　本军府为使行政敏速及慎重政务起见，特设政务会议，以收统一圆洽之效。

第二条　本会议凡都督，各部总、次长，部长，各司长，各局长及都督府秘书长、秘书官、各部参事均须列席。

第三条　本会议主席以都督任之，或由都督临时指派。

---

①　以上五电见《西事汇略》卷七，第30—32页。

第四条　本会议主席有维持议场秩序及取决议案之权。

第五条　本会议所议各案，与议各员各抒意见，由主席取决之。

第六条　本会议为集思广益，疏通意见起见，参议处议长、省议会议长均得出席与议，惟不负议案上之责任。

第七条　本会议在提议、研议、质问、报告、宣布、评论各项政务。

第八条　本会议开会分通常、临时二项。（一）通常会议每星期六午后七时起。（二）遇有紧急事件，由都督随时召集开临时会议。

第九条　应与议各员如有事故不能与会时，须于会议四时以前，将理由开单呈报都督请假。

第十条　凡与议各员如遇有外交、军事等项，及主席认为重要各议案不能宣布者，各员当严守秘密。

第十一条　每会议通过各案，除不能宣布者外，须登录云南《政治公报》，以供众览。

第十二条　如有议案繁重或待审查者，与议各员均应笔录，退而徐加研究，俟第二次会议时发抒意见。

第十三条　凡与会各员，将本周内各主管各事件，分别应报告、应提议，及提交研议各事由，于本会议开会六小时以前调制议折，以免临时草率遗误。其有事情重大或原因复杂之案，应将全案预先油印，每员各发一张，以凭研究。

第十四条　会议时由秘书处及三部各选文理优长、笔致敏活之员，充速记生，专司记录。一切议毕，交主议之员核对无讹，即将议决之案，抄送主管机关。

第十五条　开会时，与议各员应守之规则如下。（一）本会席次与议各员，均按核定之次序列坐，不得挽越乱次。（二）开会中各员不得自由谈笑。（三）开会中不得吃烟及任意涕唾。（四）主席未宣告闭会，不得自由退席。惟有特别事故，不能终会者，必于开会前，向主席陈明理由，得其许可。（五）提议或发抒意见时，言语当明了简单。他人发言中不得挽杂。

第十六条　本章程由四月二十日起施行。①

---

① 曾业英编《蔡锷集》（一），第 577—579 页。

又出席军都督府政务会议，当日所议之事如下：

一、改部为司。办法与前拟分曹办事，大致相同，详细办法由李次长（按：指李曰垓）照本日所议者拟订。

一、应行添派之中央参议员。候中央政府有切实办法布达后，再行决定。

一、本年预算。军务部限四月廿五以前办齐，财政司限五月初五以前办齐。"

一、选举法。中央政府未经颁布以前，由各省暂行规定。①

一、办公时间。以午前八句钟起至午后六句钟止（参议员不在此限②）。订廿二日一律实行，由秘书处拟令通告。办事细则、值日规则及罚则由各机关自定。

一、公文式样及敏活手续。由李次长拟定，至下次会议传观定夺。

一、调查实业切实办法。由实业司派员分投切实调查。先行（将）调查章程拟订呈核。

一、用人权限。分特任、荐任、先任后报、径行任用四种，由军政传集各司会议订定呈核。

右件由秘书处付印（真笔版），速发送。

四月二十一　蔡锷（印）"③

▲李根源电告"省城军都督府"应对"西藏兵叛"举措。说："效电敬悉。西藏兵叛，迭据李统领、姚守、姜协、廖倅、赵委员等电禀，当经电复李统领转饬姜协德兴率兵驰往堵御，并饬由现驻丽江之兵拨派一哨前往择要扼扎。复饬孙联长将驻榆军队预为准备，俟后探报情形，再为筹划，请示办理。师长根源叩。哿。印。"④

---

① 此条被蔡锷删去。

② 括号内原文为"参议院及值日员与省特别事件者不在此限"，现文为蔡锷所改。

③ 着重号为编者所加。《云南军都督府政务会议速记录》，曾业英编《蔡锷集》（一），第563—564页。本日至6月5日临时政务会议速记录均经蔡锷审阅和修改，每次会议记录并钤有"蔡锷之章"朱红印章。

④ 《西事汇略》卷八，第7页。

21 日

▲报载蔡锷出席主持浙江派滇同乡会举办的徐锡麟、秋瑾入祀浙江先贤祠礼，并宣读祝文。说："浙江派滇同乡会议决将徐烈士锡麟、秋女士瑾二牌位入祀浙江先贤祠，呈禀军都督批准，订于四月二十一号邀请都督各部长、司长、局长，各报社，各公团等行入祠礼。其式如下。一、浙江同乡各界于是日午前九时齐集永宁宫迎神位出发。二、取道由四吉堆经红栅子趁马市口，下三牌坊，转西院街上城隍庙街，至浙江先贤祠。三、军都督主席、罗部长、殷部长、沈部长、李部长倍［陪］席。四、主席、陪席官各就位，奏军乐毕，主席官谒神位前行上香礼，一鞠躬，读祝文毕复位。主席、陪席官共行安位礼，三鞠躬，礼毕，奏军乐退位。五、来宾茶点。六、主席各官各界来宾陆续散会。"①

▲11 日，李根源电询"省城军都督府"，府州县公费如何办理问题。说：

> 顷据黄护道禀称，西道公费月五百元，监督办公经费月一百九十二两，营务处公费六十八两，谦（按：似是崇谦，李赐姓黄了）在兼护任内，公牍均系自办，以前幕友翻译文案，一切名目概未设立，而道署事务轻减，尚觉宽然有余。又查此项人员，从前亦徒存其名，往往延一幕友了事，至翻译一项，历任均无其人，亦从无翻译之事。现所用只账房书记、刷印工匠十余人，拟请支公费经费之半，已足敷用。至正分各关委员书识［记］差弁亲兵杂费，从前年开支万数千金，率为位置私人及入私囊之用。现在公帑奇绌，亟应将冗员薪水分别大加裁减，实用实销，以能敷办公为止。至关道亲兵原有四十名，差弁八名，营务处亲兵八名，本拟全行不用，特因第九营开拔腾城，别无国民军驻扎，小有事故，无人调道。现募亲兵十四名为一小排，薪饷军装实支实报。至营务处前有发饷缴旷等事，尚须用人。现有饷械分局，无所事事，可不支费等情请示前来。查方今政费奇窘，百度维艰，薪费一端，钧府首自贬损，为群伦倡，兼差人员均不另支薪水。西道一缺，既有西道公费，又有监督办公经费，已属绰有余裕。有赵巡按任

① 《滇事片片录·崇祀浙贤》，《申报》1912 年 5 月 10 日。

内报销实数，可资印证。营务处无所事事，更不应另行支费，此项公费银两，应即停止，以节虚糜。所用幕友或文案，以及书记人等，应概由公费及办公经费内自行支给，不得另列开报，以符名实。该护道任内一切撙节开支，即准支公费经费之半。至各项关员弁兵杂费，从前本系多立名目，以为位置私人、中饱私囊之地，现在整饬财政，此弊首宜澄清，既经该护道分别裁减，实报实销，以后即请查照此次实报数目，作为定案，不得滥行支报，以昭核实。至所用亲兵，除营务处八名应行裁去外，黄护道现定办法自较单简，惟将来是否照该护道办法，抑或仍照原有四十八名之数，应请核定立案遵行。至营务处名目，前系分立机关兼有发饷缴旷等事，现饷糈事宜，既统归饷械分局办理，而各府所兼副营务处，如大理、丽江两府均经奉电裁撤，改兼谋官，此项营务处名目，应如何办理，以归划一之处，统祈核示，以便转饬遵照。师长根源叩。真。印。

18 日，又电陈"省城军都督府"说：

源前电请暂定各府厅州县公费，原为节减行政经费，剔除官吏中饱起见。兹据各属呈报分科办事情形及所拟简章前来，一若以公费为己薪，凡各科人员、书记、司法、警察薪水及零星笔墨等费皆另行胪列，划由粮税漏规及讼费项下开支。查此项漏规在未定公费以前，把为办公经费则可；既定公费以后，正宜饬其逐一报解，以杜中饱。如尚因仍旧制，是为官吏一人计，而不为公家计也。钧府总理庶机，手定俸给月仅百二十金，其守一郡宰一邑者乃至数百金，此热心做官者之日以多，而奔竞于利禄之场者之日以炽也。当此帑藏空虚，庶政待理，不为撙节之务，犹蹈浮靡之风，试问吾滇财政能支持否乎！且查各属来册，如永昌府年共需银六千一百九十余元，大理府则格外节损〔省〕，年亦需银二千六百八十余元，其余可知。拟请明白规定，分俸给、公费为二项，每项仍区分为三等，府兼县事均为一等，厅、州、县悉仍其旧。一等俸一百五十元，二等俸一百二十元，三等俸一百元。是一等可余三百五十元，二等可余二百八十元，三等可余二百元，划作分科办事经费，自属有盈无绌。又查部定各科人员薪水多寡不一，拟略为变通，除行政一科不设科员外，如司法科科员一员，一、二等四十元，三等三十元，另设典狱官一员，一等二十元，二等十五元，三等十元，以期机关完备。又主计科科员一员，一等二十元，二等十六元，三等十四元。司法巡警一等二十六名，每名月支四元，共一百零四元；二等二十二名，月共八十八元；三等十六名，月共六十四元。书记一等十名，每名月支六元，共六十元；二等八名，共四十八元；三等六名，共三十六元。收发员一、二、三等各设一员，月薪均十二元；收发书记及检验吏各设一名，月共支十二元。有余则概作各科笔墨纸张灯油等项杂费，实支实报。从前各属陋规，无论官得吏得以及讼费罚金，一概饬令确实报缴，如有丝毫隐蚀，一经查出，皆以赃私论。十两以下者倍罚革职。二十两以下者加两倍罚革职，永不叙用。三十两以下者加三倍罚革职，监禁三年。三十两以上者处斩。但各属官俸既定，其下乡公出之旅费、监犯之囚粮、刑事案之缉捕费，均宜准其实报实销，以免赔累。照此规定，如迤西各属约计每年可撙节之费，不下十万元，统计三迤年可撙节二十余万。是否可行，请交部司核议后，咨省议会迅速决议施行。至各道俸给、公费究应如何厘定，应请一并核议。师长根源叩。巧。印。

21 日，蔡锷电复行营李根源，"已呈请交议，道缺并在议中"。说："巧电敬悉。府州县公费，自应并行政费用在内。自办事章程颁行，各属多误会公费全为俸给，致呈报分科办事经费，另将应解之陋规、讼费开支，而公费仍归支领，殊多未合。现已厘定通章，分别俸给暨公费为两项，所有陋规、讼费，一概解省。已呈请交议，道缺并在议中。谨闻。都督府、（军）政（部）。马。印。"①

22 日

蔡锷电告重庆镇抚府胡景伊，"川滇辑睦与否，实关系西南国防大局"，望此后"互相联络提携"，并请转电尹昌衡等人"赐教"。说："川滇交恶，原因杂遝，始仅滥觞，继乃横流，调停收束，煞费苦心。当风鹤危疑之际，吾兄不避劳谤艰险，周旋刻间，化干戈为玉帛，不独造福于川滇，抑有利

---

① 以上三电见《西事汇略》卷六，第20—22页。

赖于大局。滇军旋还，言归于好。不幸复有綦江索款之缪辕，重庆谍查之嫌疑。前接成、渝来电，经即分电声复，当邀洞鉴。乃阅各报，成、渝致电各处，对于滇军，将有后言。锷意此种对待，复伤两方感情，而于事实毫无裨益。此后彼此如有违言，请径电商诘，如有不得宜，尽可诉之中枢，待其公断。前者川事仓扰之际，滇黔将领及旅川政军各界辄以蜀中乱状相告，痛肆丑诋，文电盈纸，求代为布告国中。锷外顾大局，内切友谊，皆密秘不宣，且婉言劝戒，诚惧蹈为口兴戎之祸，致贻兄弟阋墙之讥也。往事已矣，来者可追。川滇辑睦与否，实关系西南国防大局，此后应如何互相联络提携之处，敬祈裁示。并请转电硕泉、积之、雍耆诸公赐教为荷。契阔日久，饥渴为劳，能赐暇约定时刻，莅电机彼此电谈数刻，尤所愿也。伏乞裁复。锷手奏。养。印。"①

26 日，胡景伊"急"电复蔡锷说："养电敬悉。滇蜀唇齿，介属邻疆，辑奠中边，责膺綦重。民国虽立，待治孔殷，横流沧海，来事茫茫。顾念全局，心神棘悚。惟西南半壁，实倚长才，治军理政，甲在寰区。景伊自愧十稔同学，深蒙不弃，才短力拙，计望共期。重以吾蜀迭经兵燹，元气幸复，罅漏尚多，前此辱承公谊。前军清匪，惟图事实牵掣，顿成否象，始兆飞蝇，终益集猬。维时景伊备曲慰调，幸乃收束。洎夫取饷重庆，索款綦江，谍查四出，估勒盐商。揆之事实，却有可议，是非有定，言者难诬。阋墙操戈，古今炯鉴。况在滇蜀夙著交亲，景伊叹国事之多艰，惧谣喙之未息，去嫌蠲愤，修好将来。惟冀滇川辑睦，永矢勿渝，蜀中草木，沾溉无量。来电已遵转硕权、积之、雍耆诸君。莅机电谈，实获我心，倘非要电拥塞，定当即时践教。农商要政，请时赐电教为幸。云山修阻，延伫为劳。谨具电复，诸希察鉴。景伊叩。宥。印。"②

又遵蔡锷嘱转告尹昌衡、张培爵说："成都尹、张都督转刘积之、颜雍耆二君鉴。顷接云南蔡都督养电如下。"并于 28 日将蔡养电与其复电公布于《四川都督府政报》。

▲蔡锷电告毕节李鸿祥，对黄鼎臣党羽仍"须严密确查，勿枉勿纵"。

---

① 曾业英编《蔡锷集》（一），第 582 页。据《重庆来电》（5 月 28 日），《四川都督府政报》第 6 卷第 3 期，1912 年，"第四类·电"校改。

② 《云南辛亥革命资料》，第 433 页。据《重庆来电》（5 月 28 日），《四川都督府政报》第 6 卷第 3 期，1912 年，"第四类·电"校改。

说："巧电悉。金、安二匪为害地方，派队缉拿，办理甚是。黄鼎臣既将党羽解散，倘能悔悟缴飘，可予以自新之路。但须严密确查，勿枉勿纵为要。至凯旋军队，昨日电达将李兵分为三队，该旅长率一队及特种兵先回，余二队分驻毕、威两处，缓发待命。希遵前电妥为分配，并查询明各节密复。滇都（督）府。养。印。"

▲20 日，李根源电请"省城军都督府"，给予赵端等 40 多位在腾、永等地反正中，有过"劳勚"之人员以一定职衔奖励。说："查腾、永反正，在事出力各员前准张提文光电开，当即转呈在案。除在腾各员蒙分给奖叙外，其在永、龙各员及在腾曾有劳勚，前次请奖漏报之员，复据张提呈经详细调查，自应择尤请奖，以昭激劝，而免向隅。查有赵端、陈进、夏从武、陆振河、姚联贵、王武、吴恒、杨再涎、张瑞廷、金殿书、王朝清十一员，拟请给予同正校尉职衔。姜廷桢、李宝仁、陆人风、竺正芳、段学矩、尹成章、杨正芳、杨占元、张绅、杨云蔚、许佩、明瑞元、卢占魁、寸品昇、王名扬、杨鸿仁、董友兰、戈慈祥、董友蕙、段宇澄、马春鸿、彭薰二十二员，拟请给予同副校尉职衔。余正炳、秦念祖、尹希灏、李寿春、张美林、郑万春、张世德、储仁、白溶九员，请给予同协校尉职衔。林景清一员前系本部随员，后经改委永劝学员，地方学务，赖资维持，并请给予同正校尉职衔。是否有当，伏乞核示祇遵。师长根源叩。哿。印。"

22 日，蔡锷电复永昌李根源说："哿电请奖各员照准，候饬局核状令发。都督府。养。印。"①

23 日

▲蔡锷电复尹昌衡、张培爵，对洋人请照赴川事，"自当电告接护"。说："各电敬悉。嗣后如有请照赴贵省之洋员，自当电告接护。除通令毗连川境各州县遵办外，特电复。其由贵省请照入滇者，亦请照办。滇军都督。漾。印。"②

▲22 日，谢汝翼、张开儒电告蔡锷、唐继尧、永昌李根源、毕节李鸿祥，已于"本日抵昭"。说："翼等本日抵昭。士卒恪守军纪，地方安堵如

① 以上三电见曾业英编《蔡锷集》（一），第 583、581 页。
② 成都《国民公报》1912 年 4 月 29 日。

故，殊堪告慰。翼、儒叩。□［养］。印。"①

23 日，蔡锷电复昭通谢汝翼，滇军回滇日期，"尚须酌改"。说："幼密。养电悉。我军纪律严整，极慰。凯旋拟分两期，尚须酌改。应将第一期回省军队内，留辛大队及步兵一大队分驻东、昭一带，合第二期回省各军队均缓发待命。惟军事难遥制，各队如尚未发，即照此办。否则，但将辛大队留屯东、昭之间。缘该队兵类浮杂，以暂驻省外为宜。至子弹勿庸留昭，由该梯团长悉数先期亲解返省，俾臻稳妥。其第二期回省军队并由该梯团长选派妥员，暂留统辖。至要。都督府。漾。印。"

又电复谢汝翼说："幼密。养二电悉。工兵大队既扎滩头，则李炳篪营自可移往靖江镇慑。苏镇如有建议，尽可上书陈说意见，何必多此一行。昨已电令该镇勿庸来省矣。希转达。都督府。梗。印。"

再电谢汝翼说："马电悉。徐怀森于蒙（自）乱本涉嫌疑，因其全军回省，不无微劳，故未深究。既经优容于前，虽有微愆，不宜追论。希纵之回川，镜、刀等件收缴可也。都督府。梗。印。"②

23 日，谢汝翼电告蔡锷所部由昭通出发回滇时间。说："幼密。邓大队本日由昭（通）出发。本部及机关、卫生、辛大队、徐大队，准由感日由昭出发完。二联二大队已令俭日由东（川）出发。翼叩。梗。印。"

26 日，又电告所部受到昭通官绅商各界欢迎。说："敬日，昭通官绅商各界，备猪羊牛酒犒军，并以音樽欢迎军官佐，意甚诚恳，不便深辞。翼本日由昭出发。翼叩。宥。印。"

▲16 日，张子贞、黄毓成电请蔡锷准其出洋留学。说："东密。大局已定，川黔目下均无大故，正菲材求学崇德之时。自维援川以至今日，无丝毫善状，足仰副都督任钧恤苾，惶愧至于地。推原其故，皆由不学无术，将来对外，更非不学可冒昧尝试。某等年未为老，亟念趁此时予备以材，异日补过之地。想我都督惠爱部下，必不使长为废材，终莫赎前愆。故敢披沥直陈，伏乞准赴东西洋留学，不胜盼祷之至。张子贞、黄毓成谨叩。铣。印。"

23 日，蔡锷电复贵阳张子贞、黄毓成，黔事办毕，仍"望速旋滇为

① 《云南辛亥革命资料》，第 430 页。此电日期，该书以"□"代替，由蔡锷复电可知为"养"电，即 22 日。

② 以上三电见曾业英编《蔡锷集》（一），第 584—585 页。

盼"。说:"铣电悉。此次我军征戍劳苦,至为系念。而一切军纪秩序,均能□厘然,足征执事等训驭有方。复克于军事之余,情殷求学,志趋远大,深堪嘉尚。惟大局虽定,国事方殷,正赖诸君助理,力图进步。黔事办毕,望速旋滇为盼。锷。漾。印。"①

▲ 17 日,李根源就 4 月 9 日蔡锷所询永昌疏浚河道、修筑马路等事项,电复"省城军都督府"说:"昨奉佳电,当即令永昌自治公所遵照议复。顷据复称,永昌惟东河时虞潦决,向归农民分段修浚,至于修路,似可稍缓。兹所急者,在使贫民有业,游民得所,而推广习艺所尤为当务之急。钧府恩颁赈款一万金,拟请专为习艺所经费,庶几款不虚糜,民沾实惠。但永昌自腾军入永以来,筹措军饷至三四万之多,民力早已不支,复加此次之变,元气大伤,十室九空,恳请转电钧府,再给巨款,以广仁施等情前来。查该公所所请以赈济之款,为习艺所之费,系为惠济贫民、消纳流氓起见,应即照准,可否再沛恩施,出自钧裁。再腾冲黄守处,现存有张镇移交款,及续收粮款万余金,尚须解省,钧府允给永赈一万金,拟即由此款项下如数提拨,发交永昌自治公所收报,以免周折而节运费。如何,乞电示饬遵。师长根源叩。筱。印。"

23 日,蔡锷电复李根源说:"筱电悉。赈款专为习艺所经费,惠及贫民,甚善。希即转饬该自治绅等,妥速筹办。黄守处既有存款,请即饬提交收具报,以省周折。至该公所所请再发,实难筹措,并希转饬知照。都督府(军)政(部)。梗。印。"②

▲李根源电陈"省城军都督府",反对任用彭汝骦为丽江府缺。说:"漾电奉悉。丽江府缺熊廷权为最称职,现在边才难得,该员亦宜以公忘私。彭汝骦为滇中官吏贪酷之尤,在巧家兼带防营,蚀饷缺额。在大关取悦当道,大兴冤狱,指学界为革命党,株逮罗织至十余人。《云南》杂志、《时报》、《北京日报》皆著其事。源时留东,任同乡会干事,大关同学邓绍湘、陈显禹等揭其罪状于会中,曾禀滇督函,陈小圃为之解。而彭先后为丁振铎、锡良所宠信,卒无如何。今当民国初建,不加诛僇,已足以示宽大。设以伸张民权之日,登用摧残民气之人,将何以对天下而服人心?

---

① 以上四电见《云南辛亥革命资料》,第 430—431、420、428 页。
② 以上二电见《西事汇略》卷二,第 16—17 页。

似不惟不当处以边任，抑且不当再假事权，不暇问其才不才也。源行将退休，未始不可谢责。然闻见所及，缄默难安，敢以直陈，伏维衡核。师长根源叩。漾。印。"①

24 日

▲李根源电告"省城军都督府"，已饬一并正法永属杨朝珠、钏金寿两名参与永昌事变的会党成员。说："案据永属周册、凤溪两村绅民等，解送素行抢劫之会匪杨朝珠、钏金寿二名来辕。当经派员会同永昌府提讯该犯等，均供认实系开设公堂，迭犯劫窃各案不讳。此次永昌城焚抢，该犯等亦经入城劫掠。再杨朝珠一犯，并供认与未嫁之堂姑通奸，后复拐逃，尤属逆伦乱纪，罪无可逭，即饬一并正法，以昭炯戒。谨陈，祈饬部备案。师长根源叩。敬。印。"②

▲22 日，李根源连致"省城军都督府"两电，其一是请奖捐银万元的蒋仁孝为"协都尉"。说："据鹤庆州绅蒋仁孝禀称，伏睹建设之初，百废待举，国民既有应享之权利，即有应尽之义务。热诚所积，敬报效银一万元，请祈查收，并请转禀军都督府，不敢仰邀奖叙等情。查该绅为前贵州提督蒋宗汉之孙，制行敦谨，能守先畴，报效情殷，尤堪嘉尚，自应准予饬收，以遂热忱。其报效银一万元，即发交下关富滇分银行存储生息，以备经营怒求，或将来腾、永改流经费。惟据称不敢邀奖，虽该绅恬退之初衷，而树之风声，尤激励群伦之先务，拟请将该绅奖给协都尉，以为急公好义者劝。是否之处，伏乞核示。师长根源叩。养。印。"

其二是请赏李钟瀚为"实授正校尉"。说："据华坪江令椿、防营周管带连彪会禀，此次该县属匪乱，幸值李中队长钟瀚率本队到县，进攻匪党，克敌制胜，尤为出力等语。查该中队长人颇诚笃，任事勇敢。此次根源派赴永北一带，实因办事精详，素不避难。乃值华坪匪乱，竟奋然赴敌阵，毙匪党数十名，实属毅勇可嘉，为军中不可多得之员，未便没其勤劳。拟请赏予实授正校尉，以示鼓励。其余在事出力人员，容后查明，汇请奖励。伏乞衡核示遵。师长根源叩。养。印。"

---

① 《西事汇略》卷六，第 35 页。
② 《西事汇略》卷二，第 24 页。

24 日，蔡锷也两次电复李根源，其一说："养电悉。蒋仁孝捐银万元，照准奖给协都尉职衔。候饬司局叙状令发。都督府。敬。印。"其二说："养电悉。李钟瀚着实授正校尉，札付补发。希即转饬知照。其余在事出力弁兵如何酌奖，希查明禀复。都督府。迥。印。"①

27 日，李根源又电请蔡锷追加十余位奖恤人员。说："迥电敬悉。李钟瀚蒙授正校尉，仰见钧府功懋懋赏至意，已转饬知照。其余在事出力员弁、目兵，查有该中队小队长张增福、李国儒二员，拟请实授副校尉。正兵李应华、孙元良、杨有泽、罗思义、陈海清四〔五〕名，拟请以司务长正目记名，但未拔升以前，仍着照旧有阶级服务。国民军中哨哨官覃隆义、左哨哨官周天柱二员，拟请以帮带记名。保卫队代理哨长彭玉麟拟请补实。该哨哨长团首黄大义、陈代清、张远猷、李世松四员，拟请奖予协校尉职衔。至国民军阵亡正兵孙建廷、朱华廷二名，拟请照阵亡例议恤。可否之处，伏乞衡核示遵。师长根源谨叩。感。印。"

29 日，蔡锷电复李根源均予照准。说："感电悉。请奖出力员弁、目兵，均照准。业饬登庸局分别志案办札，记名议恤，并分行矣。札候补发。希即转饬知照。都督府。艳。印。"②

▲李根源电请"军都督府"核示是否暂时停止"添兵防堵"阿董滇边问题。说："顷据阿墩子弹压委员赵绍云艳电通禀，滇边人民俱各安静，所请添兵防堵，应请撤销等情。查前据该委员及丽维各电，情形极为紧迫，兹复电请撤防，前后矛盾至此，已由源电丽江李统领、姚守责令确切查明，迅速详复。如果不须添兵，再将前派丽江一哨调回。其奉电饬派钟湘藻率领两中队驱往阿董堵御一节，刻据孙联长电称，已转饬该大队长预备开拔，应否饬令暂时停止，俟李统领等查复后，再行请示办理之处，乞衡核示遵。师长根源叩。敬。印。"③

同日，又电请蔡锷取消其"节制迤西各属文武官吏衔名""西防国民军总司令"名义，并开去"陆军第二师长差"。④

---

① 以上四电见曾业英编《蔡锷集》（一），第 586—587、524、586、523 页。是书原定发电日期均误。

② 以上二电见曾业英编《蔡锷集》（一），第 527 页。是书将二电日期定为 3 月 27 日、29 日，误。

③ 《西事汇略》卷八，第 7—8 页。

④ 《李根源功成身退》，《申报》1912 年 5 月 15 日。

25 日

▲蔡锷电告北京袁世凯、参议院，武昌黎元洪，各省都督，云南选送参议员五人，已电催赴京。说："大总统哿、铣两电敬悉。滇省前已选送参议员席聘臣、顾视高、张耀曾、段宇清四员。现经临时省议会复遵电选举，仍以前之四员当选，并续选举张华澜一员，均已电催赴京。特此电闻。滇都督锷叩。有。印。"①

5 月 8 日，再次电告袁世凯，已于 4 月 25 日电催席聘臣等五参议员北上。说："江电敬悉。滇省参议员前经遵电由议会选定席聘臣、张耀曾、顾视高、段宇清、张华澜五员，均已电催北上，于有日电呈矣。滇都督锷叩。庚。印。"②

11 日，报载蔡锷通电袁世凯、参议院、黎元洪及各省都督说："大总统两电敬悉。滇省前已选送参议院席聘臣、张耀析［曾］、顾视高、殷光掖（按：实际是段宇清）四员。现经临时省议会复送电选举，仍以前派之四员当选，并续选张笤旨（按：即张华澜）一员，均已电催赴京。滇都督锷叩。"③

▲22 日，李根源电请"省城军都督府"，"电饬各州县以后遇有劫夺案件，不许用兵捕拿"。说："昨据孙统领谏电称，防营积弊，不可胜言，习久遂成惯例。如有一抢劫案出，地方官即移请防营捕拿，甚而盐务委员亦有命令军官之事。故开拔一节，几至无日无之。凡一开差，即须发给差盘，管带仅有少数公费，万难供应，遂在全营目兵月饷内坐扣五分、八分不等，名曰出差津贴。实经李前统允准通行之事，目兵颇有怨言。窃念此等禁之则差盘无着，仍之则目兵生怨，拟请电饬各州县以后遇有劫夺案件，不许用兵捕拿。如遇有大股匪徒，方准其用印文请派。其开拔准照陆军请领津贴，以免有失体统。是否之处，请电示遵等语。查该统领所陈各节，均系实情，究应如何办理，乞衡核饬部妥议示遵。师长根源叩。养。印。"

25 日，蔡锷电复李根源说："养电悉。孙统（按：孙绍骞）所陈，自

---

① 《蔡锷集外集》，第 136 页。
② 《公电》，《政府公报》第 19 号，1912 年 5 月 19 日。
③ 上海《神州日报》1912 年 5 月 11 日。

系实情。嗣后各州县，凡遇寻常抢夺之案，不许动辄移营。惟出事系在该营防地内者，亦应协捕，不得因有此令，遂置不理。如遇必须兵力捕治之案，地方官得酌量情形，商请派兵助缉。此项派出弁兵，应准照援川军通章，无论官兵，每人日给洋七仙，以资津贴。旅行方准给领，打驻不给。按月核实，造册具领。希转饬遵照。都督府。有。印。"①

▲17 日，李根源电询"云南军政部"，可否将前谢守宇俊在省许捐公益银五千两，拨充为"永昌善后经费"。说："据永昌由守暨永绅林景清等迭次面称，前谢守宇俊在省曾许捐公益银五千两。现接杨君毅廷来电云，此款尚未收到。永昌筹备善后，需款正亟，各属官绅多任捐募，以助赈赡。谢守任永日久，于义无辞。款经允许捐助，尤非苛求。拟请转电核准，将此款拨充永昌善后经费，并饬汇永应用等语。是否可行，祈查核示复。根源叩。霰。印。"

25 日，蔡锷电复永昌李根源说："霰电悉。永绅谓谢宇俊曾许捐银五千两一案，饬据民政司复称，无案可稽。第闻反正时，有永绅多人强迫谢宇俊亲写捐助永昌同乡会公益事银五千两字据。旋经警局申斥息事，并将勒捐字据追缴，是此案已经取销。惟永昌此次兵变，居民被害甚多，情殊可悯，该谢宇俊任永日久，诚如电文，于义无辞，拟饬令该员捐资助赈等情。当即批由该司饬捐银五千元，俟缴到汇永应用。锷。有。印。"②

26 日

▲蔡锷电呈袁世凯，云南临时省议会选举、派送北京参议院参议员情形。说："案准云南临时省议会咨开，准都督咨，奉大总统袁号电开，急。各省都督转临时省议会，据南京参议院电称，本会准于月之二十一日移至北京，业经电复如期办理。查各省应选参议员，前经电令，以临时省议会为选举机关，选出五人，一律足额到京莅会在案。现令南京参议院克日移交，届时正式开会，断不能听少数议员解决，授人口实。所有各省议员或承认原有之参议员，或一律改选，或补选足额，或尚待选送，务希于二十

---

① 以上二电见曾业英编《蔡锷集》（一），第 524—525 页。是书将二电日期定为 3 月 22 日、25 日，误。因这时孙绍骞还在大理，尚非丽维统领。

② 以上二电见曾业英编《蔡锷集》（一），第 587—588 页。

一日以前到京，万勿迟误等因，转咨到会。当即开会研议。金谓参议院议员前经本会选举席聘臣一员，并承军都督派定顾视高、张耀曾、吕志伊、段宇清四员。现在吕志伊既已辞职，惟查此次大总统来电谓，或承认原有之参议员，或一律改选，或补选足额，或尚待选送，各省办法自应奉此四条为标准。又指定临时省议会为选举机关，本省参议院议员除席聘臣一员业经本会选定，自应到会供职，其余顾、张、段三员，本会研议援照来电或认原有之参议员一条投票，公认多数取决。是各省议员五员之数，只欠一员，限期既迫，当即投票选举补充正额一员。张华澜得票过半，即为当选。复选预备候补员三员，王人文、陈荣昌、张大义按票依次当选。现今先后选定各员，除由本会径电参议院并电知各议员等查照大总统电，齐赴北京参议院外，应请速行电复，实为公便等由。准此，除由有电具陈外，理合备文，呈请大总统查核。此呈。中华民国元年四月二十六日。"①

27 日

▲李鸿祥电告蔡锷其派兵缉办毕节、威宁匪患情况。说："毕节金宝菊、安龙廷、黄仲英等，互相仇仇［雠］，纠众恣斗。其党抄掳抢虐平民。曾经派兵缉办，该匪等闻风远窜，仅焚毁其巢穴，并饬毕节官绅，将金、安、黄三匪家产查抄，归地方办公，使该匪等无可凭借，或不至再生事端。威宁乌蒙屯管小蛮，为害一方。曾遣步、炮往剿。该匪据守石硐，抵抗颇力。围攻半日，计歼匪徒数十名，焚毁巢穴，余党乘雨夜间道逃去。已饬留驻威宁兵队续行缉办，以绝根株。此闻。鸿。沁。印。"②

▲蔡锷致电贵阳骑兵黄毓成，解释"前电警告"之言，仅"为全滇谋治安"，勿"误会"。说："列密。敬电悉。前电警告一切，系因各省军队时起风潮，不能不思预防，为全滇谋治安。故不恤危言悚语，掬肝胆以相示，非有他意存乎其间。该联长何得疑为被斥，竟请解职，殊属误会。该联长所部既只五六百余人，果能操纵自如，即不加裁遣，亦未始不可。仰仍尽心任事，遵照迭次电示，禀承唐都督妥慎筹办，勿存意见，遽怀退

① 《蔡锷集外集》，第136—137页。
② 《云南辛亥革命资料》，第434页。

志。滇都督府。感。印。"①

▲15 日，李根源电陈"省城军都督府"，刀上达受干崖土司唆使，围攻德党，潜逃耿马等处，最后被耿马土司诱捕的经过。说：

> 昨据顺宁府张守，将刀上达即刀闷纯锻，派兵押解来永，当派杜委员澍会同永昌府由守研讯。据该犯供称，前由省释放回家，即住南甸土司刀定国处。去年六七月间，有永康土目杨士荣等二十余人，前往南甸迎接该犯，因无隙可乘，遂不敢去。后于九月十四（按：即1911 年 11 月 4 日）奉都督刀安仁命令书，令该犯即速带人，前往占据永康，驱逐官吏。刀安仁并面嘱该犯，只要能逐官占城，即令袭职，如兵力不及，刀安仁应允派兵协助。该犯即向刀定国要求派族目刀守礼及随从数人，并枪械多件，与来接之土目杨士荣、蒋应贵等四十余人，各执枪械，于十五日前往。该犯即先遣土司派人速飞回去，告知永康各处头人，调集团兵，迅将官吏驱逐、地方占据，并派团兵半途迎接。该犯行至七道河蛮埂地方，有土目罗天福、王五等率领团兵二千余人前来迎接，并报知陈牧文光已被张文洪之弟张老六、王四诱杀于邦密，并将蒲、戴、李三巡检及陈牧幕友黄湘生等一并杀害。陈牧存署银物，均被段必禄抢去。该犯于二十七（11 月 17 日）抵德党，占据州署，即派大丛莫子惠等率带团兵，分投驻扎要隘，一面派人带兵往南甸接其母并眷属等。十月，有缅甸果敢县属之杨春浩（按：即杨福顺）带兵过界，欲占德党，因不知虚实，未敢来攻。旋有李光斗、马洪发带兵至城坝赖庄一带前来攻击，该犯之团兵不敌，即退回德党。李、马二管始与张祠梁、郑明轩、杨春浩等会同，于冬月初四（按：12 月 23 日）围攻德党，该犯力不能支，于初五夜逃出德党，潜往耿马藏匿。因恐被拿，复逃往葫芦王地方，复被耿马土司派人哄出，解交顺宁府转解来辕等供。并据呈缴刀安仁所给命令书一扣，内署云南军都督刀名称，盖有紫粉都督府印，并有如有抗违，即便派兵擒杀等语。查该犯所供各节，核与迭次所查情形相同。除仍发府监禁，另电核办外，谨先电陈。师长根源叩。删。印。

---

① 曾业英编《蔡锷集》（一），第 590—591 页。

24 日，再电陈"省城军都督府"说："刀上达一犯，昨经拿解来永，派员会同由守讯。据该犯供认，受刀安仁命令，带人占据永康，驱逐官吏各情，业经电陈在案。兹饬复讯，供认如前。查该犯刀上达，即刀闷纯碬，前在满清时代，即因争袭禁锢有年。该州改流以后，始行省释。此次腾、永反正，复敢乘机肇乱，倚刀安仁为奥援，结土目为牙爪，戕害官吏，占据地方，以致引动外匪杨春浩等召聚徒党，扰乱边陲，烧杀掳掠，罪不胜诛。且永康地方，迭经煽乱，夷心浮动，绥辑为难。该犯狼子野心，尤恐留为边患。拟请即行正法，以昭炯戒，而除乱源。再前据顺宁府张守电称，拿获之余匪李德明、李玉才、杨鸿芳等三名，经电饬详讯禀复，应俟禀复到日，再行核办。伏候衡核示遵。师长根源叩。敬。印。"

27 日，蔡锷电复李根源说："敬电悉。刀上达着即正法，余匪李德明、李玉才、杨鸿芳，希饬顺宁府迅速讯明，电呈核办。都督府。沁。印。"

29 日，李根源电陈"省城军都督府"，刀上达已遵命于 27 日正法。说："刀匪上达于感日遵照正法，并将该犯首级解往永康州德党地方示众，仍录该犯罪状，出示晓谕。余党三人，已饬顺宁张守迅速讯明禀办矣。谨陈。师长根源叩。艳。印。"①

▲2 日，李根源电陈"省城军都督府"，其弟李根沄留学经费，"当勉力自供"。说："源弟根沄蒙予咨送留学，无任衔戢。学费一项，昨经陈明自备，不敢上累公家。顷因源父在腾措资，张镇闻知，迄未相谋，率尔电请给费，洎拍发后，始以稿见示，大非源父初意。窃根沄得资深造，已荷殊施，培养子弟，本私人分内之事，虽在寒家，要当勉力自供。方今财政竭蹶，何可仰给度支，纵军府逾格曲成，亦非源所敢受。硁硁之意，必蒙垂察。根源叩。冬。印。"②

25 日，又电请将缪嘉寿、卢铸两人"送日留学，并准给予公费，以示逾格裁成"。说："代理第七联长缪嘉寿，反正之初，备著劳绩，此次随师西来，一切深资臂助。榆联旧兵退伍，尤能不避艰难，得以次第就理。现在呈请委替，经传钧府前次电谕，饬俟交代后回省，到军械局差。

---

① 以上四电见《西事汇略》卷三，第10—11页。
② 《西事汇略》卷十，第5页。

据称粗习军事，欲求深造，坚恳于卸事后咨送留学，情词尤切。查该员器识通敏，才略干济，历试其用，实淹众长。且于军事学术，亦尝探其涂辙。学习陆军，年龄体质，均称合格，与其任以职务，程其功于一时，尤不若充其学识，宏其用于异日。又查师司令一等书记官卢铸，前当军政部初立，充一等编修，调赴师中，昕昕供事，皆于机务殷繁之日，深资筹划、襄赞之劳。该员资秉荦越，博识多通，于近世学理既多研求，普通科目亦有津逮，少年绩学，实罕等伦，专意进修，尤殷祈向。如以甘白之质，加以陶冶之功，必能蔚为通才，培为国用。且时人稍具才智，类欲乘时速化，梯荣干进，滔滔难返。如该员等志趣高远，固已度越寻常，且于服务后返而求学，其所造诣，必有过人。方今需才孔殷，作〔用〕人为亟，然高才得资深造，收效尤不可量。源于该员等既念其勤劳，尤嘉其精进。兹当乞退，他无所希，犹冀长养人才，以储异日之用。拟请将该两员送日留学，并准给予公费，以示逾格裁成。如何之处，伏乞衡核示遵。师长根源叩。有。印。"①

26 日，再电恳"特沛恩施"，资送杜韩甫赴日留学。说："钧府一等副官杜韩甫初在日留学东斌学校，与杨秋帆悼心国事，同时东归，至缅与马副官幼伯遇，遂留仰光从黄克强、居觉生、黄子和要结同志，经营党事，创《光华报》，鼓吹革命最烈，后杨君在腾、永一带屡谋举义，皆身预其间，革新之机，实发于此。省城反正之后，其功具在洞鉴。今随师西来，有所委任，尤能不辞劳瘁，屡欲加以擢任，咸力辞之，惟各受光复功章一枚。兹见边局初安，国是已定，自陈初志，拟请仍赴东瀛留学，以为将来效用之地。查该员等奔走国难，备历诸艰，出入蛮荒十年九死，迨大勋既集，成功不居，自视退然，返而求学，志趣高远，尤吾党所罕觏，自应曲遂所请，以全其志。窃当今民国新造，建设需材，养成人才，实为先务。该员等服务之后，退而勤学，坚卓刻励，以视余子，所得必多。拟恳特沛恩施，资送日本留学，以示矜式，而宏造就。学费一项，可否由公家筹给，出自钧裁。如公帑竭蹶，筹拨为难，即由源与张镇合力担任。如何之处，伏乞衡核示遵。师长根源叩。宥。印。"②

① 曾业英编《蔡锷集》（一），第 684 页。是书将此电日期定为 7 月 25 日，误。
② 《西事汇略》卷十，第 6 页。

27 日，蔡锷电复大理李根源，缪、卢求学事，"可招到省后，商酌咨送"。说："缪嘉寿、卢铸随师服务，备著勤劳。兹复有志求学，深堪嘉许。惟现时百政待理，可饬其进省，以资勖助。如仍以求学为急，亦可招到省后，商酌咨送。锷。沁。印。"①

▲26 日，李根源电请"省城军都督府"，奖给杨琼同协都尉职衔。说："师司令部参事杨琼耆年硕学，历主讲席，成就甚众。去岁委任第二模范中学校长，适当反正之后，学生四散，秩序放纷，各属经费停解。该参事多方招徕，张皇补苴，得以维持不敝。嗣调师部，襄赞尤多，似应量予奖叙，以旌贤劳。杨琼拟请奖给同协都尉职衔。如蒙俞允，即补造履历，呈请备案。是否有当，乞衡核示遵。师长根源叩。宥。印。"

27 日，蔡锷电复李根源说："宥电悉。杨琼准奖给同协都尉职衔。候饬局叙状令发。都督府。感。印。"②

▲蔡锷出席军都督府政务会议，所议之事如下：

（一）文官任用令

（议案）

都督谓：法制局所拟任用高等、普通文官资格，以外国法政毕业为标准，限制过严，恐有乏才之虑，应加变通。

罗总长谓：以后自府、州、县以下均须考试乃能任用。

（议决）

文官自府、厅、州、县以下均须考试合格，再加学习，乃能任用，由军政部拟订核行。

（附件）

武官任用法由参谋部拟订核行。

（二）五年政纲及预算案

（议案）

都督谓：五年政纲及预算案通令已历数月，迄未呈复，致妨政务进行，又启外间疑议，宜限制速办。

学政司陈副长（按：即陈文翰，字墨轩）谓：因预算案未定，屡

---

① 曾业英编《蔡锷集》（一），第 683 页。是书将此电日期定为 7 月 27 日，误。
② 以上二电见曾业英编《蔡锷集》（一），第 591 页。

领经费未获，致生种种困难。

都督谓：预算案未定前，则领经费自不能不加限制，因预算案须统筹全局，以现时财政为标准定政费之多寡。又谓：余之意见，以本省收入维持现状，以本省外之所得如协款、如外债之类以图发展。又谓：拟节裁军事费，以推广实业。军队以足保卫本省治安为止，国防应由中央主持。惟近因援蜀援黔，一时未能缩小。

（议决）

五年政纲以关于军政部事项为最多，限五月初十以前汇齐。预算案由财政司限五月初五以前汇齐呈核。

（三）参议处存废问题

（议案）

都督谓：参议处之设，在延揽贤才，以备顾问，并因临时议会尚未成立，不能不设此议事机关。惟现在议会已成立，李参议长屡言无事可议，可以从裁。究竟参议处应行裁撤，抑或重加整顿，或谓宜扩张其权责，如上议院之制。然既有临时议会，又添此机关，则各司拟办之事须经过军政部、参议处、临时议会之四重阶级，手续既多，行政更为疲滞。

罗总长谓：当初设参议处之意，因有所用之人，而目前尚无相当位置，则令暂充参议员，以为引用地步。若裁此处，则将来遇此项人无可容纳，似应暂存。

李参议长：拟改参议员为顾问。

外交司陈司长（按：即陈度）：拟改参议院为参事，分入各部司。

（议决）

参议处仍暂存。

（四）文官服制

（议案）

都督谓：前订文官均用军服，惟仪制既多未便，军官颇有烦言，现因中央尚未规定文官服制，拟暂用西式礼服。

（议决）

文官服制暂用便服或洋服。

（五）用人权限

（六）公文手续

（七）公文程序 ｝仍由军政部印送，下次决议。

（八）政务厅简章

（九）都督府机关编制问题

（议案）

都督谓：各机关系统表外，宜订各机关权职大纲。又各机关所隶属之事项有宜变更者，三井督销局、电报、电话宜归实业司，邮政宜暂归外交司，提、镇、参、游宜归参谋厅，巡警仍归内务司。

郑参谋长意见书一件，大致分军政、民政为两部分。又谓都督不负责任，各司不宜直接都督，宜以政务厅为上级机关代负责任。

都督谓：多一重机关，即多一重手续，且一省不同一国，都督仍宜负责任。

各司意见书一件，未及详议。

（议决）

政务大纲略分组织、权限、责任三项，由李次长拟订呈核。

（十）借外债问题

（议案）

都督谓：云南非扩张实业、交通，不能发达，非借外债亦不能举办。前曾议借美债，拟订条件，交肖堃赴日本先行调查。昨接函电云英人设有公司，由熊秉三介绍借一千万。

李次长谓：专办实业，一千万已多，兼办交通，一千万似嫌不足。

都督谓：宜修滇邕铁路，并延长至龙门岛，前已筹议及此。惟此路应归中央认修。然徒用文电争之，恐难做到。鄙意宜先修马路，以便交通。

罗总长谓：云南山多，修马路徒多纡折，无济运输。

（议决）

无论多寡，决定借债。

（十一）办事时间

（议案）

都督谓：办事时间前经订定自廿四日实行，昨经调查间有一二处仍属迟到，应订罚则，以期一律遵行。

（议决）

每日午前七时半由兵工厂再放汽筒一次，以为信号，如过八时十分不到者罚月薪百分之一；过二十分者罚月薪百分之二；每过十分，以次递推，自五月初一日实行。

办。

（十二）会客时间

（议案）

都督谓：办公时间突有客来，诸多妨碍，宜订定会客时间。

（议决）

外来之客，以午前八时至十时为会客时间；府内人员以午前十时至十一时、午后二时至三时为会客时间。如有紧急事件，随时会商。由秘书处拟令。

（十三）文官考试分数

（议决）

注重国文分数，以为主科。

（十四）禁止造谣

（议决）

由秘书处拟稿，大意如下：近来匪徒造谣，希图扰害治安，除饬民政司、巡警局严密查拿外，仰军民人等切勿听信谣言，致生疑虑。如遇有造谣生事之人，即报巡警局惩办。

办。

蔡锷（印）　周钟岳（印）①

28 日

▲报载蔡锷电请南京留守黄兴，将前在宁为巡警拘留之土司刀安仁，"即就近严讯治罪"。②

29 日

▲蔡锷电复李鸿祥，高度肯定其所筹分配旋军办法。说："东密。沁电

①　《云南军都督府政务会议速记录》，曾业英编《蔡锷集》（一），第 564—568 页。
②　上海《时报》1912 年 4 月 29 日。

悉。所筹分配旋军办法，极有见地。滇省巡防各队习气甚深，难期振作，曾经裁减几十营。现虽选练模范队，以资整顿，成效仍难大著。本拟俟援军返滇，分拨数营驻扎开、广一带，即将迤南防营陆续遣裁，逐渐推及于西、普各防，用节縻费。至位置新军，亦有三策：其三年已满，应在退伍之列，则择其壮健可用，能写报告（者），选入巡警学堂肄业，以便分派各属充当警士，月薪较优；其性质良善，兼有家业者，则给予赏金，俾其归农；其无家可归、无业以谋生活者，则就个旧开矿，或广南、丘北一带边境土旷人稀之处，给以田地，屯聚耕种。现已派员详查妥议办法矣。并即日开办讲武堂，以未受教育之下级军官悉送入堂肄业，既非投置闲散，又可蔚为成材，此位置军官兵士之大概计划也。尊意以新军分布迤西南各要隘为宜，与省中规划不谋而合。自可先派步兵两营分扎开、广各属。但各军队或不必来省，即取道曲靖、罗平前往，抑俟回省休息，再议开往，并应派拨何营，俾臻妥协之处，统希悉心筹维，斟酌至当，密速电复，再行发布。军都督府。艳。印。"

又电告李鸿祥说："东密。右纵队护解子弹之中队，并所解子弹三百二十驮，于本日抵省。沿途清吉，堪以告慰。惟该旅各队存留子弹，入滇境后应全数收存旅司令部内，由该旅长亲解回省为要。盼复。都督府。艳。印。"

又电请谢汝翼预筹援川军归滇后的部署办法。说："幼密。接李旅长沁电，以兵多饷绌为虑，拟裁撤巡防队，分配凯旋军队于迤西南各要隘，以资捍卫。所见甚是。与省中计划亦不谋而合。计反正以来，已裁去防营不下三十营矣。现电复令其酌拨步兵两营，分往开、广两府驻扎。惟各军队究竟俟回省后再议开往，抑不必来省即取道曲靖、罗平径往，并拨何营较为稳妥，已嘱统筹熟计，密复核夺。该梯团长所辖各营，到省后应如何布置，希预筹办法，电商为盼。军都督府。艳。印。"①

▲24 日，姚春魁电陈永昌行营李根源，有关"蒲丁村"等边情问题。说："奉司令劄电开，查边民凶悍野蛮，惩治宜严，蒲丁村若聚众横攻，准带兵剿办。又奉都督府养电，饬会营亲往弹压，一面知会乡城川官严禁所属，并责令蒲丁村将蛮匪退回，提案讯结。但无抵抗情事，不得遽施攻剿各等因，谨懔遵办。惟川边蛮民，去腊戕逐防营，印委与中

---

① 以上三电见曾业英编《蔡锷集》（一），第 591—593 页。

甸、格咱境接壤，该格咱境奢崇拉东汪上年叛变，经前阮丞剿办，嗣竟戕杀松守备，余孽未清，张前丞任内复聚众抗官，均未惩办，以故土司老民不知法纪，土千总松那定枉心尤叵测，隐患非自今日。署府任中甸时，虑开边衅，欲办未能。此次冯丞不敢勘验，实处万难，乡城官早被驱逐，蒲丁村结匪过界，断难理禁，突往弹压，势必聚众抗拒，非剿莫办。惟咨冯丞加意探防，向机示威解散，倘有不法谋为，即罪坐肇乱土司，再敢抗拒，准添兵攻剿，以免延日。并恳准冯丞便宜事权，可剿则剿，可抚则抚，明谕庶无瞻顾。署府才识庸暗，筹划无方，管见所及，未知当否？伏乞核示。再阿墩情事相同，应饬一律照办，合并陈明。署府春魁谨禀。敬。印。"①

29 日，蔡锷电复李根源，对蒲丁村一案，"未便竟以心怀叵测，遽坐以罪"。至"抗税"之类者则另当别论。说："有电悉。中甸、格咱等处夷污目无法纪，既非一日，历任厅丞，玩忽因循，养痈贻患，殊堪痛恨。蒲丁村一案，姚守既称断难理禁，又谓弹压势必抗拒，是其情形断非剿办不可。但冯丞前电只称两村仇杀，聚众互斗，尚无抗官情事，自不宜施以攻剿。且此次乱事，是否肇自土司，亦未叙明，未便竟以心怀叵测，遽坐以罪，激成边患。冯丞既派僧目土弁前往开谕，如能解散则已，果其不服开导，负嵎抵抗，应准冯丞督兵驰往妥慎筹办，解胁擒渠，以儆冥顽，而示惩创。至勘电所称川境私贩在羊拉麾顶地方抗税，枪击司事、砍伤马弁等情，实属凶恶已极，当经兵勇格毙私贩四人，足寒匪胆。该守恐其勾结报复，牵动边局，所虑尚是，自应妥筹防范。惟中甸夷务未靖，庞弁恐难开往，应迅商维西协就近由西防第六营添拨弁兵，驰往阿墩一带协防，川边蛮匪倘敢过界滋扰，准其相机截击，勿稍瞻顾。该守并转冯丞廖倅遵办，仍将近情查明详复。都督府。艳。印。"②

30 日

▲蔡锷电请袁世凯和四川尹昌衡、张培爵，早筹"外人垂涎"西藏问

---

① 《西事汇略》卷八，第 8 页。
② 《西事汇略》卷八，第 9 页。曾业英编《蔡锷集》（一）第 479 页将其日期定为 2 月 29 日，但姚春魁 24 日致李根源电明确表示李此时在"永昌行营"，可见其电发于 4 月 24 日，而蔡锷复李根源电当然不是 2 月 29 日，而是 4 月 29 日。

题。说："阅法文《哈发士报》载露透电云，华兵被藏兵击败几降，缴枪一百五十支，藏军赏卢比八千元。又云，据新喇电，华兵与藏兵互战，华兵败后逃入某寺内，系属确闻。此消息自达赖喇嘛营内传出。至其起事原因，以华、藏会议某问题，藏会长反对太甚，致起冲突。藏会长惧而逸于距拉萨三米①之某寺内，华兵追之，乃成恶战云云。查今春藏兵至察木多，近逼川界，曾电商川贵都督共筹办法，嗣得川贵都督电，以藏事自当独任其难，故滇军不复过问。兹阅露透电文，殊深焦灼。西藏为我国雄藩，外人垂涎已久，非亟早规划，终非我有。西藩一撤，后患何穷。应请大总统早为布置，以固边圉，而惩后患。大贵处对于藏事计划如何，希详示知，用释悬局为荷。幸甚！滇都督锷叩。卅。印。"②

5月上旬，尹昌衡、张培爵电复蔡锷说："卅电悉。关怀大局，无任钦佩。藏卫为国家藩篱，与川尤为密迩，故历来驻藏军队由川遣派，饷需由川截留解款，按时接济。自遭去年变乱，邮电阻塞，道途不靖。边藏饷械，久未运输。故于诛赵擒兵以后，敝处即特设筹边处，简派专员，经营边藏。先从安设邮电、派员调查入手，又简派宣慰使率队出关，安抚一切。嗣得边藏调查员李俊等报告，藏中虽经兵变，旋复收集散兵，得二千人。藏资镇慑，尚无以异。故接尊处号电，有协力经营藏卫之说，因思贵军驻川日久，又复西征，未免过劳。此时藏番尚无何种举动，且照满清旧例，驻藏军饷，向由川督筹拨。值此大乱既平，自应勉节其难，由川先派军队到藏，体察情形，再行会商尊处办理，当经据情电复在案。惟路途辽远，所遣兵队，甫抵泸城，即得前清驻藏统领钟颖专函告急，言驻藏兵丁，饷项久旷，势将哗溃。敝省自十月变后，帑藏如洗，筹措维艰。又计算程途，由成都至拉萨六千余里，运输粮饷，非百日不达。故特电请大总统电汇十万金，由印京转交，以救眉急。未邀允许，只得由川勉筹十万，运送出关，但恐缓不济急耳。不意民国多故，世变靡穷，日来迭接警电，藏番希图独立，倡言洗汉，逼令华兵缴械，残杀华民，几无噍类。此则变生不测，为一月前所不及料也。当即严饬驻边统领顾占文，迅拨边军数营，前往赴援，一面添派一支队赴边镇防，并电调蜀

---

① 原文如此，疑有误，或是三百米、三千米。
② 曾业英编《蔡锷集》（一）第594页

808

军总司令熊克武，率领大队继续开住；一面电请大总统速派专员，赴印交涉，以断藏番外援，并请汇款交印京华侨陶韵秋作资，遣逃住印京华兵回国之费。惟变势猖獗如此，自非厚集兵力，难期截定。既承台端关注，询及近状，自当据实缕复，如能协力筹划，绥靖边陲，尤为感祷。昌衡、培爵叩。□。印。"①

9 日，国务院电复蔡锷说："奉大总统交卅电悉。已电尹都督等筹办矣。滇藏接界，关系殊重，该都督亦应随时确探情形，密为筹备，以重边卫。国务院。佳。印。"②

▲蔡锷电请北京邮传部、上海电政局，"通饬电局收发电文，不得积压"。说："查电报之设，原为灵通消息。自军兴以来，各省电报骤增，又各机关因不出电费，至寻常文牍亦用电报，有累累数千万言者，电局应接不暇，遂多积压。而滇处僻远，各处来电，每有已登报月余，而电迄未到，或虽到而字数太多，满纸错讹，不可卒读。又由滇至腹省电线，分为滇黔、滇蜀、滇桂三股，然或因雨水坍塌，或为土匪砍断，常致交通隔绝，非亟加整顿，设遇有军事、外交重要事件，贻误机宜，实非浅鲜。拟请厘订章程，通行各省局查照，非急要事件，须用公文，借以疏通电报。并请通饬电局收发电文，不得积压，如有搁置至数日者，应分别议罚。其云南要电，尤请特加注意，实为公便。办理情形，希即赐复。滇都督锷叩。卅。印。"③

▲报载蔡锷"拟与法商直接借款三百万两，以盐厘作抵，总统府接电后，尚未复准。"④

▲24 日，李根源电请"省城军都督府"，开去其"陆军第二师长缺，由榆归里，以奉晨昏"。说："腾中俶扰之后，复睹治平，地方得人，官绅协力，腾人仰戴威德，室家相庆；边局日臻宁谧，可告厥垂。惟念源受命之始，西事方殷，蒙假事权，俾资呼应。时际危难，唯知当官而行，不敢引嫌自避，悚惧实深。现在边事敉平，一切宜依常制，俾政令不致分歧，源亦得稍省咎负。拟请先将节制迤西各属文武官吏衔名，准其销去，各属

---

① 《云南辛亥革命资料》，第 437—438 页。
② 曾业英编《蔡锷集》（一），第 595 页。
③ 曾业英编《蔡锷集》（一），第 593—594 页。
④ 《专电》，上海《时报》1912 年 5 月 1 日。

地方行政事宜，如不牵涉军事者，专归行政官吏办理，以省周折而凑单纯。至迤西一带国民军，经此次淘汰整饬，另定编制，慎选将弁，防务亦称就理。源抵榆后，即请将西防国民军总司令衔取消，所有操防事宜，自可责成各统领循轨进行，以省间接之机关，而符各防之通制。一俟榆军退伍告竣，西陲安枕，榆联务有孙联长倚界，刘支队长任事坚实，备极劳瘁，致为难得，拟即饬率骑炮机各队返省，以供钧府指臂之用。源到腾之先，陈情乞养，重蒙温谕，衔戢靡涯。西事未宁，捐糜自矢，未敢渎请，致负委任。迄今以来，心力交瘁，自维樗栎，无可自效，且老亲久处乡曲，惮于远行，源久违定省，子职已疏，敢令高年，更历风露，不得不再陈初志，恳遂乌私。准于榆事就绪后，开去陆军第二师长缺，由榆归里，以奉晨昏，则庭闱之岁月，皆钧府所赐也。恳款微忱，惟冀垂察。师长根源叩。敬。印。"

30 日，蔡锷电复行营李根源，"腾、永虽云敉平，而榆事正需整顿"，万难卸责。说："敬电悉。西事深赖大力，次第肃清。惟腾、永虽云敉平，而榆事正需整顿。即使全滇底定，然经营缔造，建设为难。吾辈力所能为，万难一日卸责。闻太翁精神矍铄，扳舆迎养，足以遂孺慕之忱，何必遽赋遂初，重违群望。锷。全。印。"①

5 月 20 日，又与罗佩金、殷承瓛、沈汪度电请李根源"速驾旋省"。说："西事赖兄不避劳怨，支拄筹维。迭电敦请晋省助理，借重贤劳。兹闻电促瀛眷回榆，似仍未允赐益。现特将眷驾挽回，乞赐电止行，并盼速驾旋省为祷。锷、佩金、承瓛、汪度同叩。哿。印。"②

23 日，李根源电复"省城军都督府"并殷、罗、沈三总长说："哿电奉悉。源屡病乞归，屡蒙敦勉，上感钧府畀倚之重，复念同志属望之殷，何敢坚执初衷，重负厚望。惟百病丛集，精力消亡，虽尽瘁于公，终无益于用。倘蒙宽假，得予退休，则养精锐于平居，或效驰驱于异日，若建设之始，旁求孔殷，然翌赞有人，才智待用，自絜长短，难为有无，进特备员，退反初服，将托盘涧，以风有位，尚足激励衰惫，润

---

① 以上二电见曾业英编《蔡锷集》（一），第 595—596 页。
② 曾业英编《蔡锷集》（一），第 668 页。是书依据此电见于《滇南公报》1912 年 6 月 25 日，定其发于"6 月 20 日"，但从同时又见于《西事汇略》卷十一，第 3 页来看，应发于 5 月 20 日。

色大猷。现在第七联编配，尚未就理，国民军第七、八营奉电裁汰归并，已饬马登云到差办理，第九营尚待分别解散改编，应俟杨钟骥到榆酌办。拟即一手办清，以完责任。兹事既竣，切恳矜许解服，归里养疾，奉亲眷属，饬留深感盛意。惟亲老祚薄，左右乏人，并恳放归，俾承色养。以上所陈，皆出膈臆，毫无他意，乞勿致疑。不胜待命之至。根源叩。漾。印。"

25 日，蔡锷等人电告李根源说："漾电悉。公因整顿西陲，积劳致疾，此间同人均切悬念。前此屡促来省，一则常时聚处，随事可以协商，一则省城医药较便，可资调养，故甚不愿公久居于外。惟近闻西事表面固已敉平，而民莠匪多，危机潜伏，得公暂为坐镇，自可弭患无形，一旦言旋，乱端爆发，不惟前功尽弃，而迤西生灵，何堪重厉兵燹。顷接丽江姚守及丽江、楚雄、腾冲绅商学各界迭电请留，亦以地方粗定，人心未安，兹闻师长引退，各郡绅民恐慌万状，为言吾辈倡义本为民耳，今民方倚我为生，而公讵可恝然耶？公屡电辞职，高节可风，然国步方艰，尚非吾辈息肩之日。现拟留公仍暂驻榆，借资镇慑，一俟西陲底定，即约樾老并驾偕来，似慰群望。夫留公以拥高位享厚禄，此可辞也，留公以消祸乱保治安，宁可辞耶！近日皙种多訾我国人只知破坏，不知建设，尤愿与公一雪此言也。锷、承瑚、佩金、汪度。有。印。"[1]

同日，又代郑开文等人电告李根源说："大局初定，建设方殷，非有任重致远之才，不足以措国家于盘石。兄与蔡、罗诸公再造滇南，伟烈丰功，在人耳目，全体国民，正资倚重。近闻兄有退隐之意，同人等殊为悚然。刻下统一政府虽成，而列强尚未正式承认，各省又复自行争扰，回顾全局，殆哉岌岌。当此千钧一发，端赖老成硕望，鼎力维持，西南半壁，倚兄若长城，父老子弟，日夕盼望。兄为一身计，固属高洁，然国若亡，身将安附？兄独不为全滇计及共和前途计乎？鲜克有终之诮，恐不免为盛德累也。祈稍为布置，从速旋省，筹划一切，同人等馨香祝之矣。宝眷仍留省，并闻。开文、琨、梅龄、开儒、封祝同叩。有。印。都督代。"[2]

① 以上二电见《西事汇略》卷十一，第3—4页。

② 《西事汇略》卷十一，第6页。又见于《永昌府文征·文录》卷二十一，且署名多了沈汪度、陈价、席聘臣三人。

27 日，又电请大理赵藩暨迤西各属官吏、自治公所、商会、绅民，就近"敦劝"李根源"暂行驻榆镇慑"。说："电悉。西事转危为安，全借李师长之力。惟积劳致病，悬系殊深。屡接来电乞归，此间皆劝其来省，借资调摄，并可随事协商。顷闻西事粗安，危机犹伏，已于有日切电慰留李师长暂行驻榆镇慑。俟西陲大定，仍赴省垣。李师长夙具热诚，当能力疾从事。仍望就近敦劝，勉顺群情为幸。锷。沁。印。"①

再电请李根源"强起任事"。说："有电计达。兹复接樾老暨迤西各府厅州县官绅公电，恳留执事驻榆，情词迫切，望强起任事，勉慰群情。锷。沁。印。"②

28 日，又电告李根源说："有、沁两电计达。西陲重要，以执事为安危，务希力疾从公，勉顾大局。现时仍暂驻榆，镇慑一切，权职均应照旧办理，并希由尊处通电迤西各属文武官员知照。近因各属闻执事乞退，人心皇皇，合词请留电文，均集望即时承诺，以慰群情。锷。勘。印。"③

同日，李根源电复"省城军都督府"与殷、罗、沈，表示"求退，非敢求安"。说："奉读有、沁两电，勖勉深挚。源虽驽下，何敢忘国，难爱微躯，执初衷，辜厚望。惟源之求退，非敢求安，诚以建设之方，保障茧丝，皆非所逮。苟以卤莽从事，实惧贻误方来。西事澄清整饬，已及半年，内政则妥立初规，力筹经费，教养生息，有绪可循。防军则淘汰阘茸，分画戍地，保安禁暴，其力可资。榆联及腾冲独立大队皆慎选将校，简择新兵，训练精勤，可成劲旅。以后之安民卫境，则地方有司，陆防将领，可任其责。现杨钟骥所带第九营，本日到榆，即当分别遣编。第七、八两营裁并事宜，马代管登云月内到彼，亦可办清。榆联编配，不日完竣，西事即完全就理。源一日在官，即一日负责，断不能稍弛负担，以图静摄。且虽解职，不敢自疏，当借论思以为献替，庶几谋野则获，或视尸位为贤。各属绅民来电挽留，亦经反复譬解，婉为谢却。惟恳钧府鉴其区区，衿羼才之难久，冒谅渎请之非固执，俯从前请，曲遂私情，不胜悚感翘企之至。

---

① 曾业英编《蔡锷集》（一），第 635—636 页。
② 《西事汇略》卷十一，第 4 页。
③ 《西事汇略》卷十一，第 5 页。以上 27、28、29 日三电又见曾业英编《蔡锷集》日期定为 7 月，均误。

师长根源叩。勘。印。"①

29 日，蔡锷与罗佩金等人电复李根源说："月密。勘电悉。迤西内治防军既经整顿，此后苟无他故，自可卧而治之。惟迭据各属电陈，土匪潜迹，不过为威力所慑，执事一去，诚恐乱机复燃。现在国步艰难，而人心窳坏，引退之思，宁惟执事然！我辈首先发难，几陷国家于危亡之旋涡，中流遇风，独思返棹，匪惟不勇，抑且不仁，一息尚存，责无旁贷。执事夙性热诚，宁待敦勉！兹复再三坚辞，恐外间疑有意见，而金壬因以生心，尤非地方之幸。掬诚相劝，望勿再辞。金现将出镇南防，璵则拟巡迤东，并闻。锷、佩金、承璵、汪度。艳。印。"②

6 月 1 日，李根源电告"省城军都督府"，三部总次长，各旅长、联长、参谋长，各司司长，"始事之初，即预陈归养之请"。说："钧府勘、艳电奉悉。源于始事之初，即预陈归养之请。西事敉平，心力荼敝，冀得退闲养病，归田奉亲，非敢有他，知在明鉴。兹蒙责以时艰，勖以大义，迫以舆情，训词危切，至于再四。源虽疲病之余，无所裨益，顾维厚望，敢恤一身！惟有勉支病躯，遵照电示，暂行驻榆，俟一二月后，民情大定，仍恳准予解职，俾遂初衷。否则久冒巨任，转以贻误边局，益非源所敢承，区区之愚，伏惟垂察。根源叩。东。印。"

次日，又连发两电各镇、道台、统领，各协、各府厅州县暨自治公所、商会、厘金委员会。其一说："源西行以来，迭当艰巨，皆赖我同僚夹辅，乡人匡助，措边陲于奠定，反危局于治平。而事变交乘，心力俱竭，且十稔以还，游学从军，子职多旷，差幸西事就理，冀得解职养病，归田奉亲。而我同人暨诸父老，谬相推重，争致挽留，电牍沓来，责望深挚。复奉军府连电，敦迫至再至三，词益严切。各部司局先后来电，咸引大义诘责，辞不获命，悚愧尤深。自维疲病之余，更无能为我地方，有所裨益。第念乡邦，属望之殷，何敢顾恤一身，坚持初志。计惟勉从公意，力疾支持，俟一二月后，边事大定，仍请解职，以遂初衣。惟惧病躯，肩兹巨负，则虽鞠瘁自矢，益将竭蹶，是忧恐无以副地方之求，或转以辜父老之望，宽其责备，而匡其不逮，以共负进行之责，是所望于执事暨诸父老者矣。敬

---

① 《西事汇略》卷十一，第4—5页。
② 《西事汇略》卷十一，第5页。曾业英编《蔡锷集》（一）第685—686页，将其日期定为7月29日，误。

用通布，惟希亮察。根源叩。冬。印。"

其二说："源引病乞退，辱电坚留，并奉饬暂驻榆城各节，昨经通电布告。自惟疲病，不克有为，独有血诚，差堪共信，苟一日未即去位，即一日不敢谢责。但心力之所能，至虽劳瘁，无可自安，以后各属地方事宜，自应照前办理。除例行事项外，一切要件，仍希随时直接商榷，庶几与我僚属暨诸父老兄弟共竭心膂，用促进行，期以副军府敦勉之心，而慰地方责望之意，特电通告，即希察照。根源。冬。印。"①

5 日，蔡锷与罗佩金等人电复大理李根源说："东电允暂驻榆，群情欣慰，已通电迤西各属知照。西事甚繁，宜提纲挈领，置其小者。略资调摄，是至切望。锷、佩金、承瓓、汪度暨同人等。歌。印。"②

月底

▲蔡锷函告友人，革命"并非有望于个人之利益"。说："革命功成，端赖军人，然此次革命在恢复国土，扫除恶政为宗旨，并非有望于个人之利益也。今目的已达，宗旨已伸，即心安理得，决不望有何种报酬。况我军人决心赴难之时，已置身命于不顾。今大功告成，身命尚健在无恙，得享余生，受赐已多，其有希冀报酬者，即属分外。此次革命，是普天同胞人人心理中所欲为之事，特假手我军人以成之。故军人不可说同胞未来帮忙，一味抹杀。盖革命非军人不能成事。一般人民未预闻其事，不独可以保地方之治安，尤足避意外之俶扰。云南革命后之秩序井然，地方安静，其原因在纯以军人为主动，人民未毫末参加所致。此不仅全滇之福，抑为西南边局之幸。满清时代，服公人员莫不有一种幕气。反正以来，气象为之一新。为公仆者孜孜亟亟，几有不遑寝啖之概。然张而不弛，文武弗能。现军府规定办公时间，除值日员不分昼夜，随时办公外，其他各员一律自晨八时起至晚六时止为标准，甚得张弛之法。"③

---

① 以上三电见《西事汇略》卷十一，第10—11 页。
② 曾业英编《蔡锷集》（一），第648 页。又见《西事汇略》卷十一，第11 页。
③ 曾业英编《蔡锷集》（一），第596—597 页。此函头尾皆已散失，仅剩此残页，存于云南省博物馆。函中言："现军府规定办公时间，除值日员不分昼夜，随时办公外，其他各员一律自晨八时起至晚六时止为标准"。经查，军政府这一规定是1912 年4 月制定的，"自廿四实行"。可见，此函当撰于4 月底。

4 月

▲蔡锷与袁家普等 39 人发布《统一共和党云南支部简章》，全文如下：

第一章　总纲

第一条　本支部依中央本部规约第七章第二十七条，于云南省城设立支部，于各府厅州县设立分部。

第二条　本支部所持政见，悉依本部规约第一章第二条所定政纲。

第三条　本支部除因本省情形设特别规定外，其余均照本部规约办理。

第二章　入党之资格及限制

第四条　本支部党员入党资格，依本部规约第一章第三条所定。惟有下列情形之一者，不得入党：一、受刑事判决被褫夺公权者；二、现役军人不供行政上之职务者；三、不识字者；四、有精神病者。

第三章　党员之心得

第五条　党员之心得如下：一、入党各项手续，均照本部规约办理；二、本支部党员除因党务牵涉应协力维持外，其关于己身一切事务，与本党及其他党员无涉；三、本支部党员如有以本党全体及本党员名色招摇撞骗者，查出或被人报告，得实（行）点名追究。

第四章　职员之权责、任期、选举

第六条　本支部所设职员如下：一、支部设正长一员，综理本支部一切事务，代表本支部党员直接与中央本部及各省支部交涉一切事件。设副部长一员，赞助部长综理一切部务。支部长有事故时，副部长可行使其职权；二、庶务干事一员，掌管本支部一切庶务，兼接洽党员及外界一切之事件；三、评议员若干员，评议本支部随时发生事件，按事实之轻重，或开会议决，或径请支部长执行；四、书记干事二员，掌管及保存本支部一切文牍函电事务；五、会计干事二员，掌管本支部一切经费出纳事务；六、调查干事二员，掌管调查本省、中央及各省政治上各方面之事情及党员之行动，详细登记，随时报告本支部。全体党员均负调查义务，所调查事件，仍报由主任调查干事汇报。

第七条　自部长以次各职员，应否各送公费，临时规定。

第八条　各职员任期，照本部规约第四章第二十二条均以一年为限，但得连任。

第九条　所定职员，均于每年开全体大会时选举之，以得票较多者为当选。

第十条　各职员于任期中有缺额或辞职时，得随时开会补选。在未补选以前，由部长指定党员代理。

第十一条　每年改选职员后，应将姓名通告本部及各省支部并各属分部。其补选各员亦同。

第五章　开会时间

第十二条　本支部开会，照本部规约分为定期、特别、通常三种。惟定期会须于本部之定期会前二月召集。

第十三条　开会之继续日期，视应议事件之繁简，得于临时酌定之。

第六章　本支部与本部及各属分部之关系

第十四条　本支部与本部之关系，照本部规约第七章所定办理。

第十五条　本支部筹设各属分部之方法如下：一、特派党员分往各属，宣布本党主义，组织分部；二、各属党员均有扩张本党，组织分部之义务；三、各属党员未满二十人者，暂设交通处，公举理事一员与本支部交涉。

第七章　经费

第十六条　本支部经费系由党员负担，分为入党捐、常年捐、特别捐、所得捐四种，其数目及缴纳方法，均照本部规约办理。

第十七条　除照前条纳捐外，每员每年须纳维持机关报费至少二元，多纳者听（便）。

第十八条　本支部管理经费方法如下：一、凡五元以上之费用，须报告部长，经其认可；二、每星期一须将前星期内收支各款结总，交部长检查盖印；三、每月初三日以前，须将上月收支各款分别列单布告；四、每年于正月内，须将上年全年收支数目登报布告。

第八章　附则

第十九条　本支部事务所规则、机关报章程及其他一切细则均另定之。

第二十条　各属分部简章，由本支部订定颁发。若各属分部有特别情形不能不另行增易者，由各该分部报明情形，得由本支部酌改，俟全省一律订妥后，由本支部汇报本部。

第二十一条　本简章经党员议决，即日实行之。

第二十二条　本简章粗定大纲，其有未尽事宜，得由本支部党员过半数之议决，随时修改。

支部事务所：暂设云南省旧粮署。

发起人：蔡锷、袁家普、李曰垓、周钟岳、孙志曾、吴琨、王玉麟、陈度、孙璞、李守先、饶重庆、寇德麟、李缄、沈家骏、陆邦纯、马立华、李卓元、邹世经、保延梁、伍骧、唐尔锟、李文治、华封祝、吴世、郝嘉福、杨思源、李春辉、孙光庭、李增、董泽、秦肇瑞、杜焕章、李琨、郑鸿藻、唐瓒、邓塨、施文熙、张含英、王履和。①

5 月

1 日

▲蔡锷电请袁世凯"设法维持"西藏局势。说："接云南第二师长李根源电，据腾电局转呈印度致四川电文云，西藏因饷械不济，兵心动摇，达赖旋迫缴械出境，诡谋自立，迫逐班禅，逃入印度。左右后藏一带官兵，尽为驱逐，饥流印境。拉萨被围，衙署被占，杀汉人无遗。汉官兵逃印数百人，打算内渡，独力难支。前屡电北京告急求援，并请速派员来印办理。其达赖、班禅均在印度，印藏举动难测等语。伏查西藏毗连川滇，一有危迫，影响所及，关系匪轻，应请设法维持，以顾西南大局。滇都督锷叩。先。印。"②

又电告东川谢汝翼，"该梯团退伍及分配办法，俟回省后详为规划定

---

① 曾业英编《蔡锷集》（一），第 598—601 页。

② 曾业英编《蔡锷集》（一），第 601—602 页。

夺"。说："幼密。东电悉。该梯团退伍及分配办法，俟回省后详为规划定夺。顾参谋（按：指顾品珍）统率井渡、东昭各队甚为妥协。惟拟令各队在板桥集合一节，微有窒碍，缘板桥市街稀少，各队屯聚，适不相宜。现得李翼廷电，昨日已抵宣威，约计到省日期与该梯团相差不远，若不陆续归营，猝然遇合，恐板桥一隅断难容纳。至各队到省之日，各界系派代表暂出迎迓，俟两路军队齐集，休息数日，尚须择日、择地，另开欢迎大会，致送赠品，此时固不嫌稍差也。顷接步兵第二大队行抵杨林之信，已电令沈大队长（按：指沈汪度）于江日开赴板桥，支日进省。除沈大队不议外，其余各队可饬在板桥暂驻，随同该执事进省。省中近日因严办匪徒，颇有谣风，然军府断不因此疑虑也。都督府，□〔东〕。印。"[①]

▲李根源电告"省城军都督府"，黄谦对军府新颁缉获海私盐赏银条款的意见。说："据腾冲李镇、黄护道敬电称，据第十六营在坝尾街缉获海私三十驮、驼马三十二匹及零物，一并解腾。由泳送谦核收，照章交官盐局过称〔秤〕，净盐三千七百斤零。按条款获盐而不获人，每百斤应赏银四元，骡马各物变价，半充公半充赏。除海私饬局销毁，将驼马发交商会变价，以一半充赏，并由充公款内提出获盐赏银外，有余拟即拨充贫民习艺所经费等语。查条款获盐而不获人，每百斤赏银四元，未免过多。拟折中改为每百斤赏银二元，当电饬核议具复。兹据该镇道卅电称，条款赏银，系军府照旧例新颁，诚属过重。如系缅人所贩，不能充其驮马费，且无出百斤二元，至允。当由谦遵发各等语，合并录呈，乞转饬备案。师长根源叩。东。印。"[②]

2 日

▲蔡锷电请袁世凯派中外仰望的孙中山，为"联络邦交"的"礼聘大使"。说："临时政府，早经成立，而各国承认之通牒，尚未实行，致以吾新兴之中华民国，不得加入国际团体，深堪愤慨。锷意欲各国承认，自以统一内政为先，而联络邦交，亦不可缺略。昔美利坚合众国之独立也，先以佛兰克令至法国请其扶助，及战胜英军，法人即首先承认，和兰、瑞典

① 《云南辛亥革命资料》，第 340 页。原稿无日期，电文中有"东电悉"，表明是对谢汝翼"东"电的回电。

② 《西事汇略》卷七，第 54 页。

等继之，合众国遂以确定。今各国承认虽有动机，然尚（以）未得本国训令为词，游移观望，多一日延缓，即多一日危疑。窃谓宜派中外仰望之员为礼聘大使，能先得一二国承认，则其余亦易赞成。如孙中山先生肯一行，则尤为适当。是否，伏希（酌）择。滇都督锷叩。冬。印。"①

又通电北京袁世凯、国务院，武昌黎元洪，南京黄兴，各省都督，望早日裁决施行军事、财政、外交三者的统一计划。说：

> 总统就职，宣布共和，薄海欢欣，喁喁望治。乃匝月以来，内则遍地皆伏危机，外则列强尚未承认。究厥原因，皆由全国省自为谋，未能统一之故。前曾电请大总统先从军事、财政、外交三者亟谋统一之方，以免纷歧之患，意疏词简，无当高深。惟默察近情，事机尤迫，以云军事则各省自举义后，军队骤增，未经训练，以尊严之军界，而变为匪徒麇集之薮，偶一瞬眄，操戈相向，加以饷糈日绌，哗变时闻，将窳兵骄，皆有不戢自焚之虑。虽旋经镇定，而风声所播，军心浮动，海内汹汹，乱机四伏。以云财政则军兴而后，用度浩繁，财政枯竭，各省一辄，挹注既属无方，而支销不能稍待，于是有募集公债，发行纸币之举，以暂济眉急。剜肉医疮，得过且过，深思捉襟见肘，经济恐慌之象，即在目前。各省不能支撑，中央亦无从提挈，财政紊乱，斯国体分裂，不知所届矣。以云外交则国际团体尚未加入，外人徘徊观望。至谓临时政府虽已宣布，而各省势力尚分，外交行政一时万难统一，故承认之通牒尚难实行②，或利用此时机，以侵③我主权。兵队任其增加，内治渐有干涉，听之则丧国权，不听恐伤交谊，彼且伸缩自由，而我几不能为正式之谈判。万一匪徒作剧，贻以口实，一国挑衅，大局何堪！综此三者观之，安危之机，间不容发，非亟谋统一，则险象环生。锷意现时军队之凌杂无纪，除分别裁留外，实无他法。拟请中央通盘筹计，速划定军事区域，酌定应编额数，凡溢额之兵，可裁则裁，酌予恩饷，次第遣散。若势难骤裁之兵，则分别汰留，从事开垦，以为消纳。至各省外交、财政长官，须由中央委派。盖若国

---

① 曾业英编《蔡锷集》（一），第603页。
② 发表时，将"难实行"三字改成了"怀观望"三字。
③ 发表时，将"侵"字改成了"梗"字。

际交涉，省自为谋，易多枝节，尤碍外人观听，于国体大有妨害。至各省财政旧制，散无可稽，在平时已为国病，若犹一味放任，则目前既苦艰窘，急何能择。不得不歧出纷乱，以后积重难返，终酿成不可收拾之势。将见中央之于地方，微持盈虚，无可酌剂，且恐出纳不能过问。事势至此，是不啻以世界上庞大无伦之国，而自窳而割之也。吾国势分力薄，积弱已久，全国士夫咸思建造一强固有力之国家，以骎跻诸强之列①。然政权不能统一，则国家永无巩固之期。在大总统维持全局，或不欲骤与纷更，然大权所在，不能不收集中央，以图指臂相联之效。即各省都督眷怀国事，亦岂有自为风气之思。机不可失，时不我待，望早裁决施行，以巩国基，而消隐患。全国幸甚。滇都督锷叩。宥［冬］。印。②

11 日，国务院电复蔡锷说："奉大总统令，冬电通陈政权不能统一之故，谓宜先从军政、财政、外交三者入手，洞见时弊。慨乎言之，非深明大局，以国利民福为惟一之目的者，安得此肺腑之言。方今险象环生，竞争未泯，在中央本欲合大群以巩内力，而形格势禁，团结为难，固由薄德不足以动人，然使尽人如该督之大公无我，曲体时艰，未尝不可转祸为福。一言兴邦，该督有焉等因。理合电达查照。国务院。真。"③

▲蔡锷通电北京袁世凯、广州陈炯明、桂林陆荣廷、贵阳唐继尧，请袁世凯饬部核议由滇、黔、桂、粤四省分段承办滇邕铁路。说：

滇介缅、越，逼处强邻，自滇越路成，危机日迫，不惟滇缅线路屡被要求，即滇蜀路权，亦有垂涎之势。前经滇省设立公司，亟图自办，而路长款绌，迄无端倪。滇中五金矿产之富，甲于各行省，只以输运未能捷速，无人投资开采。间有集股试办者，每因销路不畅，成本过巨，多所亏折。

---

① 发表时，将"骎跻诸强之列"改为了"骎与强盛并列"。
② 曾业英编《蔡锷集》（一），第 589—590 页。此电原录自《电光集》第二册。又见《电报》，《政府公报》第 15 号，1912 年 5 月 15 日。但后者所署日期为"冬"电。据周钟岳后来回忆，《电光集》是他在云南军都督府任职期间，为都督府所拟电文，皆蔡锷命意，后"择其稍重要者，汇为一编，颜曰《天南电光集》"（《云南辛亥革命资料》，第 62 页）。由此可推知，4 月 26 日当为起草时间，正式发出时间为 5 月 2 日。今按此电发出之 5 月"冬"日编次。
③ 《电报》，《政府公报》第 15 号，1912 年 5 月 15 日。

即如已办各矿，个旧之锡，虽著成效，但运送至港，仍需假道越南，路权在彼，动遭挟制。东川之铜则须陆运至蜀，始能改由水运，艰险万状，窒碍孔多，故目下存铜至百数十万斤，行销极滞。凡此货弃于地，致启外人觊觎之渐者，皆由铁路不通、交通不便之故然。熟审边地情形，滇蜀一线尚可缓图，滇桂一线尤为切要。其路线以由曲靖经兴义、百色达南宁为宜。若此路修通，厥有数利：一则路线较短，成功较易，需费较省；一则滇、粤交通互相策应，可固国防；一则与滇越路不平行，免资外人口实，且离越较远，利于兵事；一则经滇、黔、桂三省之地，可扩商业，可辟荒土；一则滇川、滇黔两线将来便于延长；一则东昭矿产便于转运。且此路一通，则滇越一线之势力顿失，既可以阻其伸张之势，并可以徐图赎还之机。故前清李督密奏请先修滇邕，又以滇省奇穷，应归部办，皆得部复允准，并已派员踏勘。改革之际，事遂中止。现大局已定，亟应先为筹计，继续进行。惟锷前游两粤，近复来滇，足迹所经，详察形势，觉滇省铁路自以先修滇邕为宜，而滇邕路线尤以延长至龙门岛，去南宁不过四百余里。此岛屿环抱，为泊船最良之海湾，而风浪不惊，较北海为尤。若以之辟为商港，则粤、桂、滇、黔四省之物产皆可委输于此，商业可期发达。且此中海水深广，可泊兵轮，而港口甚窄，间有暗礁，新到之船，亦难遽窥堂奥，可并营军港，以屯海军。将来铁路军港首尾衔接，滇、桂不至坐困，庶可巩固国防。至滇桂铁路叠嶂层峦，工程较巨，然为久远计，拟采用广轨，期与粤汉路衔接较便，虽需费较多，亦可不惜。惟滇、黔、桂均属瘠省，筹款匪易，不能不望中央主持，拟请大总统饬部核议电示，由滇、黔、桂、粤四省分段承办。事关西南大局，望早决定兴办为祷，并（乞）裁复。滇都督蔡锷叩。文〔冬〕。印。①

---

① 曾业英编《蔡锷集》（一），第555—556页。此电原录自《电光集》第二册。4月12日当为起草时间，正式发出时间为5月2日。至于电文内容，正式发出时，除了文字上稍有改动外，如将"垂涎之势"改为"垂涎之象"；"矿产之富"改为"矿产之盛"；"动遭挟制"改为"动招挟制"；"存铜至百数十万斤"句中删除了"百"字；"滇、粤交通互相策应，可固国防"句中的"可固国防"，改为了"动员集中均能神速，则边远可固"；"免资外人口实"改为"免滋外人口实"；"离越较远，利于兵事"改为"离越较远，于兵事上甚为安全"；"延长至龙门岛"在其后加了"为要"二字，并在其后另起一句中加了"查龙门岛"四字等外，其他如主旨和基本文意均无实质不同。今按此电发出之5月"冬"日编次。

13 日，又通电袁世凯暨国务院、黎元洪、黄兴，粤、桂、黔各省都督，请"迅赐裁夺"修建"滇邕一线"。说：

> 云南自滇越路成，危机日迫，滇省人士痛深切肤，屡议赎回，苦无巨款。且此路下游仍属越境，操纵由人，赎回亦归无用。乃议修滇蜀铁路，已（立）公司，招集股本。至近岁详加审察，以滇邕铁路可以便滇、桂两省之交通，并可以夺滇越路线之势力，较滇蜀尤要。前清邮传部议定先修此路，滇人舆论亦已趋重于此，而锷往复滇、粤数年，知之最谂，尤以此线延长至龙门岛为宜。前虽电请大总统饬部核议在案，近复有一事足为滇忧者。①查滇邕一线，实为西南国防命脉所系。近查华人往来滇粤，经过越南，苛收过境照费，自粤至滇□□收费十元，且多方留难，所携行李无不征税，由滇至□，亦须缴费四元五角，并闻滇越铁路公司有加收□□之议。即如个旧产锡输出外洋，向章自碧色寨运至海防，每吨需车费四十元。现滇越铁路公司议加五元，已禀河内总督，俟批准后，即便实行。查滇土瘠薄，生计维难[艰]，自禁种鸦片以来，专恃矿产为命。而运输未便，仍须仰鼻息于外人，若运费日增，生机将绝，此外种种险象，尤不待言。故敢迫切渎陈，伏恳大总统迅赐裁夺，无任屏营之至。滇都督蔡锷叩。元。印。②

16 日，陆荣廷电复北京袁世凯、国务院，广东胡汉民，云南蔡锷，贵阳唐继尧，对蔡锷主张先修滇邕铁路，表示是"扼要之图"，但对其所提由"滇、黔、桂、粤四省分段承办"，不表态度，仅表示应由"大总统、国务院裁夺"。说："蔡都督冬电敬悉。滇桂铁路关系数省交通，先修滇邕延长至龙门岛，辟为商港，诚为扼要之图。惟滇、黔、桂素称瘠省，非中央统筹不可。现四方甫定，财力未充，应如何计画进行，伏冀大总统、国务院裁夺为祷。桂都督陆荣廷叩。铣。印。"

18 日，交通部电复蔡锷，将派钱世禄、陇高显前往调查滇桂铁路有关

---

① 自此以下至"个旧产锡输出外洋"之前一段文字，不见于《电光集》，系按 1912 年 5 月 27 日《申报》所载补录。

② 曾业英编《蔡锷集》（一），第 619 页。

情形，并询问"就地筹款"有何"善策"。说："国务院交下贵督呈大总统电悉。尊论宏远，极佩尽筹。民国肇基，办事应规远大，滇桂铁路于国务、国防均关至要。惟改革以来，财政枯竭，中央行政必须财政清厘，庶政方能次第举办。此案由前邮部派罗国瑞往勘，尚未据复到部。现本部复派钱世禄、陇商〔高〕显两员前往调查，俟复到再核定办法。贵督于就地筹款，尚有何善策，尚望协同粤、黔、桂三省都督筹措，中央再设法维持，幸随时电商为至盼。交通部。啸。印。"①

22 日、24 日，又两次电请蔡锷妥为照料前往调查滇桂铁路情况人员。说："本部特派钱世禄、陇商〔高〕显两君调查滇桂铁路情形，请饬沿途地方文武官员于两君入境时妥为照料，以资保征。至所有经过龙州、梧州、蒙自、南宁、北海、兴义及沿途各税关，其商务情形颇关路政，亟宜调查。祈分别转饬各关卡人员，务将各处详情示知钱、陇两君，以便报告本部鉴核。"②

25 日，蔡锷电复北京交通部说："养电悉。已转电黔、桂都督查照办理，并通令遵照于钱、陇两君入境时妥为照料，并饬详告商务情形矣。钱、陇两君何时启行，盼告。滇都督。有。印"。

同日，又将交通部上述旨意，电告陆荣廷、唐继尧、罗佩金，要陆、唐"查照办理"，并令罗佩金"查照转饬蒙关道及滇桂路线经过各属地方文武官员，于钱、陇两员入境时妥为照料，并令外交、财政两司转饬，详常务关卡人员与钱、陇两君接洽，将商务情形详细告知。切速"。

26 日，胡汉民在孙中山致电袁世凯、国务院和蔡锷，明确表态支持蔡锷修建滇桂铁路的提议后，与陈炯明联名"急"电告知蔡锷"当集合粤民公同研究"，同样回避了"分段承办"问题。说："冬电敬悉。滇桂铁路，关系甚巨。苌筹及此，足微〔征〕灼见。敝省同处边陲，利害与共，细译〔绎〕来电，深为赞成。刻由孙先生电中央议办。俟大局稍定，鄙人当集合粤民公同研究，望公实力提倡为荷。粤都督汉民、军统炯明。宥。印。"

同日，陆荣廷电告北京袁世凯、国务院，武昌黎元洪，南京黄兴，云南蔡锷，广州、贵阳各都督，望大总统"眷念南服"，迅主邕滇路事。说：

---

① 以上二电见《蔡锷集外集》，第 139、148 页。
② 《蔡锷集外集》，第 143 页。

"蔡都督元电敬悉。滇、桂毗连法越，自滇越铁路全线开通，两省边防日形危迫。蔡都督盱衡时局，详察地势，吁请修筑邕滇铁道，以杜外人之钳制，挽利权之外溢，荣廷极表同情。查邕居桂省适中，南接龙州，西极滇省，东南界钦廉，形势极为利便，修通路线，不特载运人货免受苛索操纵于法人，保其利权、国体，在军事上策应灵捷，尤足壮两省国势之声势，戢邻对［封］之戎心。原电所谓邕滇一线借为西南国防命脉，其实询非过论。大总统眷念南服，尚乞俯加所请，迅事主持，无任盼祷。桂都督陆荣廷。二十六号。印。"

孙中山则急电北京袁世凯、唐绍仪、交通部，云南蔡锷说："蔡都督冬电，从地理、国势上说明滇桂铁路之必要，真知灼见，殊深葆佩。滇桂一线关系西南边陲，殊属重要。此路果成，滇、黔、桂、粤衔接加戎，不惟有利于军事，实业、交通尤资利益。事关国力伸宿［缩］，鄙人深为赞成，应请从速核议建筑。如中央未遑议及，即请应用滇、黔、桂三省都督令其筹款自办。如何之处，希为卓裁。孙文。宥。印。"

6月3日，蔡锷电复陆荣廷、胡汉民、唐继尧，望毅力规划滇邕路款事，"以便合请中央维持"。说："陆都督二十六（号）电敬悉。滇邕路事迭经电商中央，顷准交通部电云，现本部派钱世禄、陇（高）显两员前往调查，俟复到再定办法。至云南于就地筹款有何善策，尚望协同粤、桂、黔三省都督筹措，中央再设法维持等语。查此路延至龙门岛，则经过四省，自应由四省合修。滇境路线经费，滇中自当勉为其难，按年摊筹。粤、桂、黔筹款办法，现用何策，望胡、陆、唐诸君毅力规画，随时电知，以便合请中央维持。鄙意集群力以从事，此路不难早日告成也。锷。江。印。"

同日，蔡锷又急电北京交通部，承诺云南可"按年摊筹"路款。说："啸电敬悉。此路如由粤、桂、滇、黔四省合修，则滇境路线云南自当勉为其难，按年摊筹。惟黔桂能否担任，尚未可知，若强以所难，恐因此反致延阁［搁］。此路关系东［西］南大局，仍归国有为宜，各省亦可投股。是否，希核复。滇都督锷。江。印。"①

按：由蔡锷此电有"滇境路线"一语，与6月11日交通部电复蔡锷提

---

① 以上七电见《蔡锷集外集》，第139、143—144、146—147、154页。

到"承示滇境路线"（见本书1912年5月2日记事）一语可知，蔡锷此电实际有如下报载的附件：

滇人前本倡修滇蜀铁路，自法人之滇越铁路修成后，情形为之大变。去年乃变计先修滇邕铁路，以为抵制之策，当经前清邮传部派罗道国瑞测勘。现云南又续聘美国工程师，日内即将出勘，并于前数月曾派军官袁绩熙、伍文渊二人，先行前往调查清楚，其报告如后。

路线：由云南省垣起，四十里至大板桥，六十里杨林汛，七十三里易隆，八十七里马龙州，五十三里曲靖府，六十里水城，五十八里横山，五十五里恩勒村，六十里罗平州，五十里板桥，至此处为滇、黔交壤之地，逾此即属贵州兴义府矣。行七十里至新江底，六十里兴义县城，五十里顶哨，七十里马鞍田，五十里兴义府城，七十里坡脚，六十里板坝，五十里板蚌，四十里八度，至此为黔、桂交壤之地，过此即属广西泗城府矣。行七十里至央芽，七十五里潞城，七十里迟里，二十五里河口，四十五里黄蓝，七十里下塘，六十里百色厅，七十里二塘，六十里百墟育，五十里恩隆县，二十里林凤，五十里上林，四十五里果化土州，六十五里马头，七十里隆安县，三十七里龙场，二十八里那桐，八十里杨美，七十里南宁府，计自云南省城起至南宁府止，全线共长二千一百八十六里。

地形：由云南省垣至大板桥均属平坦，惟路线两侧多水田，土主哨附近，虽略起伏，并不妨碍路线。大板桥至杨林之地面略为起伏，路线系沿山麓，两侧多荒原，惟小铺东方约八里之处，倾斜变换成小坡。杨林河口之间，沿山足，须费迂回，自此至新街，均系平路。双桥有坡稍陡，关岭歆斜过急，此两处须费工。黄土坡一带之坡，缓急夹杂。马龙州附近，沿途平坦。经曲靖府至大海哨之间，路属平衍，地多荒山。得勒铺、横山一带，倾斜急峻，须凿隧道。由此直抵羊街，均循山径，倾斜急至一分之三，路线须行绕道，方能通过。罗平州至金鸡山之间，开阔平坦，路侧多水田。金鸡山至板桥一带，道路坑坎起伏，平衍参半，而与工事亦无阻塞。板桥而下至兴义县城间，山岭崇峻，哨壁冲霄，筑若由九龙桥而东北，旋沿河筑至兴义县城，反属容易。兴义县城至府城之间，沿途虽系山径，而其标高相差，尚无大异，况其倾斜，均系平缓斜面。自府城经小水井至梅子关一带，沿下坡路，而倾斜过急，开凿路线，须费大工，而以小水井附近为尤甚。坡脚至板蚌、八度间，沿江而下又属平缓山径矣，筑路颇称便利。惟沿岸茅草滋生，瘴疬袭人，旅客苦之。八度东南，谷壑夹杂，溪涧蜿蜒，石头岭陡峻壁立，岸石坚铿，路线须行迂旋，或凿成隧路，方易通过。央芽、拔挑间之分岭□，为此一带之冠，陵岗起伏，工程浩大。潞城、溪塘间沿道通行，扁平、同丰坡度略陡。央芽、河口间，沿河筑路反觉为□，河口、归罗间，沿途平垠，归罗、百色间，略有起伏，此段就一般观察，工事最为容易。百色、林凤间，沿百色河右岸，均系土质，低连山地面荒芜，筑路良易。大站、大览间之高地，坡急质硬开辟难，路线仍须沿河右岸之山麓修筑。自此逾果化高地鞍部，由其东南渡河，沿左岸至龙场西北方渡河，仍循右岸以避其东北之石岭，经那桐逾梅贵、土丘、川唐乐之北渡龙州河，绕杨美村，直抵南宁。此一带均无须浩大工程，只须按其地形，建线道铁桥可也。

河流：由云南省垣，至曲靖府之间，路线经过之处，除小溪、小沟而外，并有［无］大川。曲靖府城南十余里，有河宽约十米达，深约二米达五，系砂质河底，平常流缓，西岸阔，易于筑桥。水城北方之河，即系滋龙下游，宽约十五六米达，深约二米达，系砂质河底，两岸多水田，流速不甚大。牛街河在羊街南方，宽六米达，深，流速甚大。罗平州城西北方有大河，系数小溪交汇而成，宽约五十余米达，流速平常，上行至板桥一带均无河流，板桥东方有小渠，宽二密达。清水河宽四密达，均为石质河底。清水四密达。江底江距罗平州一百二十里，河床宽四十密达，水深七至十二密达，流速为速流。黄泥河在新江底地方，与此江交汇，其河幅甚狭小。狗场东北有小溪，宽仅有二密达。逾此有小河名曰乾河，宽约三密达，流速为急流。兴义县城东有小河，宽三密达，深三十生的，两岸平垠，砂质河底。兴义县至兴义府间木桥河，宽二十余密达，深三米达，流速急流，造桥费工。马鞍田东有大河，宽十五密达，水深难测。除此二流外，并无大川，仅小溪、小渠数支，均约二三密达宽。坝东侧有谷口，宽八十密达。板蚌谷口宽二十密达。八度东方有河，宽五十密达，水深十余密达，砂质河底，在村之北方汇入大江，此河系由分水岭西方二十余支流而成。分水岭东合若干细流而成河，名曰罗里河，经潞城壤污台，会河口，出竹栅而南，旋经滇属之剥隘，流成一大环形。在百色厅东南方，与下塘河交汇，流速甚急。下塘河系会上塘、下塘、罗归诸细流，在百色厅南方交汇东流，宽五十密达六生的。百色河即合下塘、罗里南河而成，沿南宁、百色大路，汇流于杨美之三江口，与龙州河东汇东流，经南宁府城。①

4 日，交通部电复孙中山说："宥电敬悉。并由唐总理转奉袁总统交到尊电，饬交交通部迅速核议。查此事未奉尊电之前，先后由唐总理发下滇、桂两省都督来电，当经电复。其文曰：尊见闳远，极佩荩筹。民国肇兴，办事应规远大，滇桂铁路于商务、国防，均关至要，本部岂视为缓图。惟改革以来，财源枯竭，中央行政必须财政清厘，庶政方能次第举办。此案由前邮部派罗国瑞往勘，尚未据复到部。现本部复派钱世禄、陇高显两员前往调查，俟复到再核定办法。贵督于就地筹款筑路，有何善策，尚望协同川、滇、桂三省都督筹措，中央再设法维持，幸随时电商等因。除并电知黔省都督外，查尊电称，如中央未遑顾及，即请授权滇、黔、桂三都督筹款自办，与本部前电用意颇同。此事关系西南大计划，先生人望攸归，倘能就本国中筹款筑路，别有良法，尚乞随时赐教。交通部。支。印。"

5 日，又电复蔡锷说："国务院奉大总统交下贵督元电悉。荩划至佩。本部于全国交通计划，筹之至殷，滇邕即是其一。但民国新建，而财源已枯，竟无一可下手处。阅电为之怃然。昨得孙中山先生电言，滇桂路事，有如中央未遑顾及，即授权滇黔桂三省，令其筹款自办等语。滇邕路线，关系国力伸张，应归并滇桂路案统筹。倘能就本省或合数省筹款自办，本部无不赞成，自当竭力维持一切。公计划西南，凤深经验，当有伟略，宏此远谟。乞将筹办一切情形，随时酌定电告，不胜企盼。再本部派钱、陇两员调查滇桂路情形，不日起程，已将尊电交阅，到时希接洽，并告交通部。微。印。"②

6 日，又电复蔡锷说："有电悉。本部委员钱、陇两君准于六月十号起程，取道越南，先到滇，入桂。特此电开。交通部。鱼。印。"

<hr>

① 《滇邕铁路调查录》，《申报》1912 年 11 月 17 日。
② 以上二电见《公电》，《政府公报》第 50 号，1912 年 6 月 19 日。

同日，胡汉民电请蔡锷联合要求中央归五省自行筹款兴办滇邕路。说："滇蔡都督鉴。成都尹都督电，谋筑沟通滇、桂、粤三省之铁路，规画甚宏。惟鄙意款稍变，蔡都督之设画筑一路而联络蜀、滇、黔、桂、粤五省，于军事、政治、实业上种种利益，不可弹〔尽〕述，似亟应着手开办。意欲联合贵都督要求中央归五省自行筹款兴办，公推孙中山先生主持其事。先生在粤设筹办机关，由每省推举二人来粤筹画一切进行方法。遵〔尊〕意如何。迅赐电复。广东都督胡汉民。鱼。印。"

8 日、10 日，蔡锷先后咨请云南省临时议会说："查滇桂铁道，于东〔西〕南国防大局关系至为重要。本军府倡议建筑滇邕一线，并延长至龙门岛，迭经电请中央主持，由滇、黔、桂、粤四省分段承办，已准交通部复电派员调查。所有关于滇邕铁道往来各电，相应抄录，咨请贵议会备查。此咨云南临时省议会。"

又命令军政部说："令。元年六月十号准交通部鱼电开，有电悉。本部委员钱、陇两君准于阳历六月十号启行，取道越南，先到滇，入桂，特此电闻等因。准此，合行令仰该部转饬实业司查照，届时酌为招待。此令军（政）部。蔡锷。民国元年六月初十日。"

10 日，再电复广州胡汉民并转孙中山、陆荣廷、尹昌衡、唐继尧，对胡汉民的提议表示极赞成。说："胡都督鱼电悉。联合要求中央归五省自行筹款兴办滇桂铁路，公推中山先生主持一切，先在粤设筹办机关，宏识卓见。敝处极赞成，并恳孙先生毅力主持，各都督协心赞助，指日成功，大局幸甚。滇都督锷。蒸。印。"

11 日，又电复胡景伊说："鱼电敬悉。联合要求中央归五省自行筹款兴办滇桂铁路，公推中山先生主持一切，先在粤设筹办机关，特识卓见，敝处极赞成，并恳孙先生毅力主持，各都督协力赞助，指日成功，大局幸甚。滇都督锷。真。印。"[①]

同日，交通部电复蔡锷，坚持"国有一节，中央限于财政，目前尚难筹及"。说："江电悉。承示滇境路线，云南自当勉为其难，按年筹拨。我公热心，无任敬佩。国有一节，中央限于财政，目前尚难筹及。历经电陈各省附股，自是正办。乞协商黔、桂都督，将一切办法及各省附股章程，一并统筹

---

① 以上六电见《蔡锷集外集》，第 149—151、153 页。

电告。本部无不力予维持，希随时见商，至盼。交通部。真。印。"①

12 日，蔡锷电复北京交通部说："鱼、真电并悉。滇桂铁路虽经中山先生主张，令滇、黔、桂三省筹拟自办，惟三省财力艰窘，诚恐修筑无期。昨得胡都督电谓，宜联合粤、桂、蜀、滇五省合力兴办，公推孙先生主持一切，先在粤设筹办机关，此诚扼要之图，业经复电，极为赞成，仍恳大部电请中山先生毅力担任，在粤速设筹办机关，以为嚆矢，并请通电粤、桂、川、黔妥筹办法。滇中已预备接待钱、陇两君，俟两君到时，当将筹款附股一切办法详与商订，再行电陈。滇都督锷。文。印。"

同日，又电胡汉民转复孙中山说："宥电敬悉。议筑滇桂铁路，深荷赞成，至感。惟中央既未遑顾及，仅以滇、黔、桂三省合办，则财力艰窘，诚恐建筑无期，果如胡都督鱼电办法，庶易告成，恳祈先生毅力担任，将筹办机关还设粤省，并请电商粤、桂、川、黔各省，妥议办法，以期早日勘修。蔡锷叩。侵［浸］。印。"②

14 日，陆荣廷也电复"广东孙中山先生暨各省都督"，表示赞成。说："蔡都督蒸电敬悉。滇桂铁路拟要求中央归五省自行筹款兴办，公拟中山先生主持，先在粤设立筹办机关。以中山先生热心爱国，当代伟人，方足尽此大任，敝处极表同情。希各都督极力赞成，会电中央，早日裁定为幸。桂都督悭［廷］叩。寒。印。"③

20 日，蔡锷电询陆荣廷以何策筹款，说："寒电各节，此间已电中央及中山先生矣。五省合办，中央当无不赞成，所虑者筹款耳。尊处于筹款现用何策，请示知，以资参考，至盼。锷。哿。印。"

30 日，陈炳焜电复蔡锷说："哿电奉悉。铁路筹款尚无把握，尊处如何，随时电示。炳焜叩。卅。印。"

7 月 17 日，蔡锷令吴琨说："中华民国云南军都督府令。案据调查滇邕路线委员袁［范］绩熙、伍文渊将滇邕铁路路线情形，并由云南至南宁所绘各图呈报前来，本军府复查无异。除抽存一份备考并咨交通部查照外，合行令仰该司即便查照。此令实业司司长吴琨。蔡锷。"

次日，再令吴琨说："中华民国云南军都督府令。元年七月十六日准交

① 《公电》，《政府公报》第 50 号，1912 年 6 月 19 日。

② 以上二电见《蔡锷集外集》，第 152、153 页。

③ 《广西来电》，《四川都督府政报》第 7 卷第 12 期，1912 年 6 月 14 日，"第四类·令电"。

通部咨开，案查滇桂铁路为西南要道，关系甚大，所有应筑路线及各处商务民情均应先事调查，以备随时参考。兹派钱世禄、陇高显二君前往实地调查，随时由邮局详晰报告。除谕委外，相应咨达查照可也等因。合行令仰该司查照。此令实业司司长吴琨。蔡锷。"

20日，又电告胡汉民、陆荣廷、唐继尧，现拟派美国总工程师多莱、副工程师哈克士，"由滇起勘"。说："滇桂铁（路）事，诸荷赞成，实深感佩。现部已派员到滇实地调查，自应内外力筹，以促进行。查此路前清邮部虽已派员履勘，尚未毕事，即值反正，自非另行勘测，难期确有把握。兹特拟派滇蜀铁路公司美国总工程司多莱、副工程司哈克士由滇起勘。所有一切勘费，即由滇蜀公司股款项下拨借开支，俟将来滇桂（路）线筹有的款，再行归还，免滋阻力而误事机。如何之处，统希赐教。滇都督蔡。印。"

又电告交通部，并请示可否派颜德庆赴滇襄办路事。说："滇桂（铁）路事诸荷维持，并蒙派员到滇实地调查，以为兴修地步，实深感佩，自应内外力筹，以促进行。查此路前清邮部已派员履勘，尚未毕业［事］，即值反正，自非另行勘测，难期确有把握。兹特拟派滇蜀铁路公司美国总工程司多莱、副工程司哈克士由滇起勘。所有一切勘费，即由滇蜀公司股款项下拨借开支，俟将来滇桂路线筹有的款，再行归还。惟查多莱、哈克士两工程司前订三年合同瞬将届满，多约似尚可续，哈决告归，又不能先行物色，以为之代。闻贵部参事颜德庆技术精娴，经验亦富，可否即以之派滇襄办路事，免由外聘。至罗国瑞前勘此路，谅有图志及经费估计概略书，祈限期饬罗交出，从速寄滇，以资参考，利便实大，统希赐复。滇都督蔡。印。"①

按：从交通部7月30日复蔡锷电中，言及"号电敬悉"，"罗工程司迭次报告，业已测勘明白，此次尊处似可不必再派美员从新起勘，以节糜费"。可知蔡锷此二电，实际为"号"电。

26日，交通部电复蔡锷说："滇桂路线前委罗工程司国瑞测勘，当以该工程司业已回沪，电促将察看情形及图册报告以凭核转去后，兹据该工

---

① 以上各电见《蔡锷集外集》，第155—156、161、165—166页。

程司函称，全路情形业已勘明，具有成算。惟随带员（司）薪工故员恤□□勘路经费，尚有银二万两存滇省大清银行，不能提回开支，各员苦索，无从对付，且在沪上会审公堂呈控，殊难了结，经托人持据向该银行讨取。据复称，该行存款银二万两早经滇省军政府提去，无从付给。乞电知滇督饬将前余存该行银二万两即日如数拨还，电汇来沪，以便邀集经手员（司），速造图表，报告一切等情前来。查该工程司测勘该线，艰险备尝，员（司）近役病故者至六名，现因支款无出，致兴讼案，图说不能交出，亟应早为清结。查存大清银行之二万金，本系员役应支而未付之款，实难久留不给。希迅速设法如数拨还，汇交罗君手收，俾得早清讼案，赶办图册，早日交出，实纫公谊。罗现寓沪百克路，并闻。交通部。宥。印。"

随后，蔡锷电复北京交通部说："接准宥电，当饬铁路局查复。据称，此项勘费，原案姑定二十万，前清邮部认一半，滇、桂共认一半，滇之五万经李督由滇蜀公司股款项下如数借存银行听用，至竣后再为[1]，光复后赴银行清查，罗工程（司）已取用三万，当将所余二万提回，以保股金。惟罗勘此路，实用若干，从无一纸报告，前邮部与桂各已出若干，滇亦无从而知。应请电部饬罗将开支细数报部核明，分摊滇省应补交若干，饬知遵办等情。据此，查该局所称自系正当办法，应请查明分摊，以凭照解。其罗勘此路用费，当已甚巨，既未报销，似不能因他款未清，遂并图说而不缴部。如何，乞核复。滇军都督。印。"

27 日，再令吴琨说："中华民国云南军都督府令。关于滇邕前后一切案卷，仰该司迅速抄二份呈送军政府。勿延。此令实业司司长吴琨。蔡锷。"

30 日，交通部电复蔡锷，"颜德庆现已由粤汉谭督办调遣，碍难分身"。说："号电敬悉。查滇桂路线，据罗工程司迭次报告，业已测勘明白，此次尊处似可不必再派美员从新起勘，以节糜费。颜德庆现已由粤汉谭督办调遣，碍难分身，所有罗工程司存滇银行之款二万两，应请迅予拨还，以便罗君早日督促员司将图说交出，办法较为简便。当否，仍希筹示。交通部。卅。印。"

于是，蔡锷电复北京交通部说："卅电悉。滇桂路线，前罗工师仅由桂

---

① 原文如此，疑有漏文。

之百色勘至滇之嵩明境界，此路既承贵部主持兴修，所有由百色至南宁及滇境勘尚未毕，路线似亦应勘定，以便统筹。至勘费，前假定二十万两，部省各半，滇应摊之五万两，系由滇蜀铁（路）公司借存大清银行，经罗工师用去三万两，余二万两，已为该公司收回。惟此路既关系大局，所有该工师已用勘费共若干，除滇支过三万两外，前邮部暨桂省又支过若干，照原议部省各半办法，如须滇再摊任，自应力筹汇拨。诸乞核饬办理见复。滇都督。印。"①

8月26日，报载"云南函云，云南先欲倡修滇蜀铁路，业经美国工程司勘毕路线。自法人滇越铁路通车后情形大变，迤南一部分尽入法人之势力范围，乃提议筹修滇邕铁路以为抵制。去年已经请部派员罗国瑞勘查路线，今年蔡都督又以此路关系紧要，意欲赶修，迭经会商中央政府。顷接交通部复电云，此案由前邮部派罗国瑞往勘，尚未据复到部，现本部复派钱世禄、马高显②两员前往调查，俟复到再核定办法。至云南于就地筹款，有何善策，尚望协同粤、桂、黔三省都督筹措，中央再设法维持云云。蔡都督以此路果由数省合修，则滇境路线尚短，云南自可勉为其难，按年摊筹，惟黔、桂能否担任，尚未可知，恐因此反致延搁。此路关系东〔西〕南大局，既为国防所关，仍归国有为宜，如各省有资，亦可投股。除电复交通部，并电商桂、黔两都督，顷闻陆都督复电，亦甚表同情，极力赞成。似此情形，此路或可早观厥成矣。"③

11月下旬，罗佩金发表《筹修滇粤铁路暨黔蜀支路缘起》。说：

> 吾国西南诸省迫于两强，数十年来备遭胁侮，近日对我态度益复咄咄逼人，违一言则衅隙旋开，牵一发而全体俱动。粤蜀滇黔势同累卵，西南设不可保，国事尚堪问乎。于是留心边局者对于西南补救之策，咸深注意，顾所谓补救之策维何，则莫不曰大兴实业，广储军备。夫二者固为要图，然欲二者皆发达美满，足以挽此危局，则非先筑铁路不为功。使不提要钩元知所先务，无论实业、军备，永无振兴之望，

① 以上五电见《蔡锷集外集》，第162—164页。
② 个人所见已披露的档案以及有蔡锷签字盖章的手稿，对此人的名字有"陇高显"与"马高显"两种记载，孰是孰非，无可稽考，故并存。
③ 《邕滇铁路之动机》，《申报》1912年8月26日。

即使兴焉，卒之货积五都，仍无以广销场，屯兵百万，只各局于一隅，交通不便，动居败着，一旦变起仓猝，首尾不及相顾，岂能省自为救乎。是不能不急修铁路也明矣。然则欲修铁路，岂仅限于一二省域已哉，必须五省密联，势如常山之蛇，始能首动而尾应也。顾事体浩大，经费孔多，既关大局之安危，应合群力以共举。兹将议筑滇粤干路暨黔蜀支路情形，与其于军事、商业上之利，敬为五省同胞一详述之。

路线：现定路线拟西起桂之南宁，经百色至桂黔交界之坡脚，约一千里。由坡脚入黔经兴义至黔滇交界之新江底约三百里，由新江底入滇经罗平、曲靖至滇之省城约七百里，合计由邕至滇共约二千里。就中惟由坡脚至兴义之间有三十里纯是高岭，与由新江底至罗平之间六七十里系夹高山大河，工程较大，余均沿山顺河，无甚崎险，诚天然铁道线也。此为干路。更由南宁延长一段达粤之三水，以接粤汉线；由兴义分一大支达蜀之重庆，以接川汉线。通力合作，不数年而告厥成功，非徒五省密联，南北皆可贯彻，且将来可修由滇西以接西藏，则藩疆亦赖以安全。至敷设先后，就情势而论，应由南宁、百色两处同时兴工，而后次第进筑，以该省逼近安南，危害尤切，且当钢铁各厂未办之先，需用材料，均须酌购于外，其地濒临西江，便于航运也。

经费：干路由滇至邕长约二千里，就普通估计约需银四千万，连三水、重庆之两线计则不止此数。此刻即先筹五千万，余可续为添集。其筹办方法约有三种，一为自行筹集兴修，一为批给外人包修，一为借用外债自修。细加审择，三者中惟以借债自修为宜。夫自行筹集，诚属上策，无如各省自光复以来，均极困绌，勉力罗掘亦难成此巨款。至若批修约期三十或五十年收回，在我不劳寸力，而得坐享其成，计亦未尝不善。特国际变谲，日甚一日，耽耽环伺，难保此三五十年中无意外之虞，若一旦有警，路权在人，不得输转自由，反为他人延长势力，是筑路图存，而适以自窘也。故惟借用外债而自行修筑，主权在我，诸免牵掣，策之妥协，似无逾此。

军事上之利：孙子曰兵贵神速。夫用兵而言速，宁有过于铁路者乎。此路完成，则五省之兵可以互相调移，如五省共止有兵五万，一省有事，四省合力以赴之，不啻每省均有五万之众，而辎重之转输、侦谍之迅捷，种种便利，不特此也。现西南欲防御强敌，不能专恃陆军，而海军尤重要，非有二千万吨以上之巨舰，不足以资准备。欲练海军，必先择良港。今则香港也，广州湾也，东京湾也，早经断送于他人矣，惟附近西江之龙门岛、北海两地，皆岛屿环抱，风浪不惊，水既深阔，港口复狭，且间有暗礁，新到之船，亦难遽窥堂奥，诚为天然形胜。亦恃此路告竣，交通便利，姑能合力经营，不仅可屯军舰，而尤宜于商务也。

商业上之利：此路固为国防问题兴修，而商业上之利益尤非浅鲜。近日五洲万国之货充斥于中华，而我各省之所产反不能畅行于腹地，岂尽工艺巧拙，物品良窳攸分之故，亦交通不便之为咎实多也。即以滇省而论，五金矿产之富，甲于全国，只以运输未便，无肯投资开采，以致货弃于地，间有集股试办者，每因销路不畅，成本过巨，多所亏折，如已办各□，个旧之锡，虽著成效，而运往香港，必须假道越南，路权在人，动受挟制。东川之铜，则须陆运至蜀，始能改由水运。又如川黔两省之丝绸锦漆等货，皆岁销滇境大宗，簦担跋涉，动须匝月经旬，艰险万状，窒碍孔多。此路告成，非特五省宝藏宏开，货物懋迁互便，而凡可竞利于外洋者均可直输出口，既省陆运之迂遭，复免舟行之迟滞，期速而效切，其利不可胜言也。

五省之宜协谋筑路，既如上所述矣。滇省对于兹事日盼厥成。曩在前清末叶，即曾请兴修，又以边省奇穷，应归部办，亦得部复允准，并派员罗国瑞前往勘测，甫至中途，适当改革，事遂中止。本年夏间复由滇派员详细履勘，得其要略。刻下已就滇蜀铁路公司前聘之美国工程师多来君暨交通部所派之调查员钱世禄、陇高显等率领测绘学生逐段实测。明春告竣，拟即兴工程。第空言庸能济事，无米何以为炊，五千万余之基金尚在茫无端倪，佩金在滇时原议纠合五省自行筹资，因先赴羊城商之胡督，并电询黔桂，亦均赞同，特各省皆极艰绌，应须十年分筹，力始有逮，为时迂远，缓不济急，继到上海晤商于中山先生，先生其意主张开放，允代批修，当复电滇请命，而全省父老因盼路成甚迫，均主借债自修，业由蔡督电达四省各饬在京代表与佩金协谋进行。现在既负此责，自当尽力以图，期底于成。拟即商同四省代表，吁请中央主持借债，如政府能顾念国防，承任债务收归国有，年内即着手开办，使五省负担减轻，得致力于农工商业，实所深幸。若以目前筹设腹地各线，急难兼顾，则当由我五省协同承借，滇即分担多数，亦当勉任其难。嗟嗟库伦叛抗，而野心之虎，嘁欲试边藏，负固而深目之，域崇方殷，四面楚歌，边策宜亟。西南国防之安危，惟视此路告成之速否。众擎易举，一志乃成，五省同胞，急起而共图之。①

1913 年 1 月中旬，孙中山电告蔡锷，奉袁世凯之令，已暂在上海组织中国铁路总公司，"现已开始办事"，"并询滇省已办、待办之支路情形"。说：

> 铁道计画，经纬万端，文也不才，深惧弗克负荷，谨当黾勉经事，力图进行之法，以期贯彻初终［衷］，日夜筹思，不敢少懈。业经遵照大总统令，暂于上海组织办路机关，定名为中国铁路总公司，现已开始办事，一切即待切实筹画。惟兹事造端宏大，猥承政府授予全权，尚赖各省声应气求，同心共济，庶几锲而弗已，功在不舍。所有贵省支路已办者若何，待办者若何，亟应先事调查，务希详细见示，以便统筹全局。现在本公司规画程序阶级有三，首宜立法，次乃筹款，终为筑路。循序图之，方有把握。筹款一层，莫不视为最急。顾民国实行开放主义，地大物博，实不难吸收外资。本公司已与外国大资本家接洽，自可切实担任，然必须总公司章程规定完备。如对于政府、对于各省、对于外国各方面均臻妥善，办事始免丛脞，而借款合同尤为得失所关。本公司之宗旨，务期权操自我而不妨利溥于人，所有条件抵押，总求较胜于前，断不令启野心，致滋妨害。此则立法之要义也。居留中国之外人，号称资本家或某公司之代表者，热心办路之家见某易尔由言，辄为信任，颇有致函本公司求为承诺者，不知借款之途，类非一致。如或先揽利权，然后徐图招股，将来要求条件，必甚严酷，亟宜预为审慎。本公司自能与外国殷实资本家直接商议，无需展［辗］转间接，徒多迂折。至筑路之时，需用工程专门之人甚多，各省人材均应广为储备，其有熟谙路事或研究有得者，如有高见，尚望不吝［咨］见教，以期集思广益。交通未便之处，犹不免迷信风水之陋习，

---

① 北京《民主报》1912 年 11 月 25 日、26 日。

应请贵都督剀切劝导，使知铁路为国家及人民莫大之利益，亦即民国自救唯一之政策。人之爱国，谁不如我？必能破除成见，众擎共举。致万里者，基于跬步，图终于始。本公司不胜厚幸，特此函请贵都督查照，并颂公安。中国铁路总公司总理。孙文。

25 日，蔡锷电复孙中山，主张先建滇邕铁路。说：

昨辱赐书，示以规划铁道程序，有立法、筹款、筑路三阶段，并询滇省已办待办之支路情形。三复庄诵，仰见雄才伟画，审慎周详，钦佩无已。窃维云南当英、法二国之冲，为西南各省之障，自法人滇越铁路成，滇之危机目迫，梢［稍］有知识者，每闻越轨汽笛之声，辄心忧如捣，固忧滇也，然西南之安危系于滇，全国之安危亦即系于滇也，岂仅忧滇而已哉。现今滇省因款奇绌，尚无已成之铁路，其待办者曰滇蜀，曰滇缅，曰滇邕，曰滇黔，四者之中，权其轻重，又以滇缅、滇邕为最要。然缅、邕两路同时并举，财力实有不济。于兹二者，又择其缓急，则以滇邕为急切。盖铁路政策，本取商业上、军事上之又便利也，缅、邕两路虽于国防、商务均有关系，而缅路所以通外，邕路所以通内。滇省远距中原，非先通内以联络腹地各省，实不足以图存，况滇邕路线于商业上、军事上均占优胜，此所以为急之又急者也。且此路线短费省，成功较易，而收效颇速。其线西起昆明，由曲靖经黔之兴义，过桂之百色以直达南宁，若再由南宁延长至龙门岛尤为美善。此地可辟为商港，并可营为军港，以屯海军，此路关系甚属重要。一切情势，久为先生洞鉴，无待赘述。但滇以贫瘠之省份，而谋此浩大之工程，筹款维艰，不能不望中央主持。上年曾详陈此路情形，电请大总统饬部核议，由桂、粤、滇、黔四省分段承办，嗣又恐各省难于担任，反致延搁，电请交通部仍归国有为宜，而部以限于财力，不允所请。后接胡都督鱼电，欲联络粤、桂、蜀、滇、黔五省自行筹款兴办，公推先生主持其事，先在粤设筹办机关，当即电恳先生毅力担任，并电商粤、桂、川、黔四省妥筹办法。此路之望助于先生，若大旱之望云霓也。今先生以当代之伟人，操全国之路政，富国强兵，安内攘外，皆将于此决政策焉，必能使西南边徼转危为安。务祈鼎力维持，筹拨巨款，俾滇邕轨道早日兴筑，早日告成。行见懋迁，货物工商，皆可振兴；征调将兵，滇粤互相策应，破外人之阴谋，保西南之大局。不惟云南之幸，实全国之幸也。敬布腹心，惟先生图之。专此奉复，恭请筹安。云南省都督府。蔡锷。①

2 月上旬，孙中山函复蔡锷，认为"滇邕一线不如滇粤一线为更要"，未能接受蔡锷的意见。说：

> 奉到一月二十五日复书，示以滇路之缓急轻重，并承嘱尽先建筑滇邕一路，自应力为筹办。惟路线之规定，尤宜通盘筹划，前经与代表罗、李（按：指罗佩金、李根源）两君再三商榷，近规目前之利益，远企将来之发达，佥以滇邕一线不如滇粤一线为更要，遂定滇桂粤铁路。当今拟具说明书，将路线、筹款及筑成后办法三端，详为说明，贵代表谅已具有报告。兹将此书抄录一份，寄请大鉴，想台端统筹全局，定能择善而从。将来此路告成，较之滇邕尤有莫大之利益。广州为南部之中点，商埠已兴，不难与世界竞胜，即于军事上亦属重要之地。滇省货物运送外洋，由此出口未为迂折，而输入腹地各省，则必至广州，而后便于分布。至龙门一口，出洋虽觉较捷，然商埠未开，轮舶罕至，倘事经营，非有数千万之巨款不可，实非目前之力所能办。再以军事上而论，南宁逼近滇越路线，一旦有事，易于受敌。故桂省一段不如取道柳（州）、庆（远）。开自古未开之路，于铁路原理上实有重大之价值，而由柳州至南宁，可建一支线，仍不失滇邕之功用。本公司之计划如此，其详见说明书，兹不赘述。专颂勋祺。孙文。②

▲蔡锷电告熊希龄、程德全、张謇暨谭延闿、宋教仁，赞成筹建民国江汉大学。说："电悉。筹备民国江汉大学校，锷极赞成。将来本省选送学生入该校时，自当量力补助。锷。冬。"③

▲李根源电告大理张文光、顺宁钟春芳，省城军政府准西防国民军第三营等部归张文光兼统。说："该协所部之西防国民军第三营及兼管之第十

---

① 以上二电见《蔡锷集外集》，第 248—250 页。
② 曾业英编《蔡锷集》（二），第 828 页。原无日期，查孙中山 2 月 10 日已前往日本，可推定此函发于 2 月上旬。
③ 曾业英编《蔡锷集》（一），第 603 页。

八营两哨，均归贵提台兼统。现已电禀军府奉准在案。以后该两营防务，均直接由贵提台指示办理。根源叩。冬。印。"①

3 日

▲蔡锷电请大理李根源，就近酌情办理云龙所属各问题。说："西防交涉，片马而后，又以云龙所属当其冲。该处地瘠民愚，自上年来，颇有外向心理，此宜早为之所。兹据王九龄陈请办法数条。一、该州署前因井而设，于政治、地理大不适用。近来遇事掣肘，即生其弊，宜令州治速迁石门，以利交通而资敏活。惟恐旧城附郭绅民反对，拟用暂迁字样。令该州兼办督煎，以省冗员。二、将曲硐电局移置该州，以灵消息。三、划崇心以外之漕涧、老窝、六库各地为分州，并于六库以上落毋登各地驻兵防守。四、稍示抚恤。该处兵灾后，公私之损失，其详由王九龄到榆面陈等语。第三条尤宜审慎，希即就近斟酌办理，并复。锷。江。印。"②

6 日，李根源电复蔡锷，表示不完全赞同王九龄所陈各条。说：

江电敬悉。云龙州治，现住宝丰，地居山箐，户口稀少，实有未便。惟地势扼要，昔人建治，颇具深意。漕涧人户稠密，商贾辐辏，平原寥阔，土地膏腴，州署移漕，较为适宜。惟建公署、修监狱，及筹设一切经费，约需三千金。该州公私窘困，罗掘为难，故请添设漕涧巡检，以资佐理，蒙准照办在案。至于石门距宝丰，仅数十里，迁之无益，不迁亦无损。督销事关盐课，设置专员，所以重责成而期整顿。地方官行政、司法，萃于一身，势难兼任。反正以后，该州公款稍有损失，民间未大损伤，所用公款，经该州官民造册前来，已经代为转恳核销。若论抚恤，腾越民间所捐派约二十万，永昌除被乱焚抢损失外，捐派约三四万，顺宁、云州、永平、龙陵各四五千，或七八千不等，云龙抚恤，腾、永、龙、顺事同一律，必须一体办理，方剂其平。公家艰窘万状，似难筹此巨款，以为应付。惟膏泽下民，本出钧府殊施，云龙应否特别议恤，出自逾格鸿裁。罗母得系在怒地，现

---

① 《西事汇略》卷五，第 10 页。张文光是 4 月 22 日抵大理的（见《滇复先事录》，《云南文史资料选辑》第 17 辑，第 169 页），故知此电发于 5 月 2 日。

② 曾业英编《蔡锷集》（一），第 604 页。

景绍武所率殖边队，即驻营于此，似勿庸另行添兵。至该州僻居一隅，交通不便，添设电局，诚为要图。但设局必先设线，能否推广，乞饬总电局妥议办理。曲硐为永、榆要道，永、榆线长，设一分局，遇有阻室，易于修理，万不能移迁别处。六库、老窝，土司中之驯良而狭小者也，且该土司等均系汉族，改为分州，源甚赞成。惟该土司与保山属之等埂、鲁掌、卯照三土司毗连，改库、窝，不改等、鲁、卯，则等、鲁、卯势若连鸡，虑切唇齿，将因疑惧而启他虞。源于该五司地方，前曾躬亲游历，详加考察，略知梗概。其幅员相埒，习惯相同，人民之性情、风俗之纯朴，亦无以异。兹拟请将该五司并改一县，名曰泸水县，县治即驻老窝，或驻卯照，等、鲁、卯本保山属，但各司地距永昌均窎远，而距云龙为较近，至怒求各地，又居五司上游，为通永、云之咽喉，将来开拓后，张官建治，就近布置，亦以云龙为便利。且云龙距大理四百余里，土地寥阔，汉夷杂处，拟请升云龙为直隶州。该州公费区域，均照旧规定。泸水县既隶属之，该县公费即照漾濞、弥渡例，作为三等。开办经费，较之内地，略为增加，约需银二三千金。现署景东同知林春华、前援川军大队长辛承贵二员，熟悉该地情形，才虽不纯，机智权术，皆极可用，如蒙允行，乞由该二员中先简一员委署。如尚有胜任之人，则由省另行拣委。所有改革事宜，及清查户口、勘划区域、厘定粮税，处置各土司诸要务，统由新任县及永昌府、云龙州会商妥筹，呈请核办。惟创设之初，必有兵力，借资镇慑。现在款项支绌，筹饷为难，拟请将永昌府卫队四十名，拨归该县带领。现驻云龙天耳井之国民军半哨，移驻漕涧，以为声援，嗣后遇有必须增兵之处，驻永之第十营亦可禀请调拨。又查等埂虽近片马，尚隔高黎贡山，土司童昏，夷民不附，如办理机敏，处置得宜，尚无他虑。惟六库土司段浩、卯照土司段承荫，略有才智，前经委以怒求委员名目，以示优遇，将来必善为羁縻，始足以辑其心。以上所陈，系为巩固北[西]防起见，是否可行，统乞裁夺。王君九龄热心桑梓，其所陈各条，固为地方谋利，惟统筹全局，不能不慎审以图。除六库、老窝改土一节，应请衡核施行外，其余各条，已转饬该州苏牧，及自治公所，妥议具复。谨陈，仍候示遵。根源叩。鱼。印。①

---

① 《西事汇略》卷六，第9—11页。

▲报载"滇省各属，近又有少数兵队滋事之象"，蔡锷"竭力预防，谣仍未止，居民惶恐，外人亦已戒备"。[1]

月初

▲报载蔡锷以礼相待各土酋。说："厂绅阮觐宸等由四大快铜厂带来巴补梁山二十一寨蛮酋禄金福等晋谒都督。闻军政府召入时，排军队，奏军乐，并于军府旧礼堂端设绿色公座，蔡都督军服佩刀，出自内堂，南向立，军乐既奏，军官前驱，随后蛮首三人鱼贯随入。一披黑毡徒跣赤足，其二俱披白毡，相貌狰狞，目光灼灼，及阶呈晋谒书，行拜跪礼。都督庄容受之，由翻译者传语慰问。礼毕，赐以佩刀、锦缎等物，令其回籍时，速送子弟入省校读书。已而军乐复作，仍由军官引导而退，并由民政司率令参观各军队局厂并为之适馆授餐。呜呼，变夷率服，其亦共和国之佳话也。""五月初三日，永平厅属良山土司酋长进谒军都督，都督府盛陈兵卫，自栅门以至礼堂，两旁排列各种目兵枪械，森严整肃。都督亲致训词，嘱善为自治，勉以大义，并赠给军服、军刀及绸缎等物。临行时军乐队奏乐相送，该酋长悚然生畏，俯首而退。闻吴梓稳招待之于其署内。""云南永善县为川滇交界处所，素为野人所居。昨有稍通汉语之野人来省谒见，军府都督以优礼相待，给与制服及绸缎等物，又令其参观军队，看演机关枪，野人惊为神奇，颇有畏威怀德之忱。现闻军府拟于该野人聚居处，开办学堂，俾同受教育，不忍令其以野人终也。"[2]

4日

▲蔡锷主持都督府政务会议，并亲自修改会议速记录。会议讨论了以下九个"议案"。

一、"都督府官制草案"。在讨论过程中，"民政司陈意见书，略谓：现司法部令规复四级三审制度，今省城规复三厅，而中央现无大理院，本省亦未设置，则高等审判厅固可复核通省民、刑事案件，究无专核高等审判厅所核案件之处，更无审理终审诉讼之专官，拟请于政务厅六曹内以一

---

① 《专电》，上海《时报》1912 年 5 月 3 日。
② 《滇都督怀柔远人》，《申报》1912 年 5 月 25 日。

曹专办司法事务，立于大理分院之地位"。"陈外交司谓：似宜特设司法司。""都督谓：滇省现在司法人才及财力均形缺乏，各地方司法独立，一时决难办到，故从前不设司法司。""孙法制局长谓：司法不宜附属内务司。""都督谓：司法由内务司兼办非附属。又谓：民政司长拟于六曹内添专办司法一曹于政务厅，性质未协，如遇有高等审判未解决事件，可临时设立一机关以裁判之。"①

会议议决："（甲）官制草案第一章第三条司法事宜专设审判办理下添其有应归大理院审判之案，大理院未设立以前，由都督特行组织临时审判所办理之。""都督谓：草案参谋厅设正副参谋各一员，副官若干员等太简略。"②"（乙）参谋厅组织法应行修改提出，由军事人员另议。（丙）第二章第五条三项录事若干名上改为编修录事若干员名。（丁）第二章第七条一项参事二员改为总参事一员，二项改为六曹参事各一员，秉承总参事办理各该曹文件，三项六曹编修若干员，六曹各设曹员若干员，四项受编修长编修之指挥改为受参事曹员之指挥。（戊）第四章第十六条甲项改为讨论交议事件，丙项删除。（戊）官制草案及表咨交临时议会议决，惟参谋厅及军政司暂缺（按：此条被蔡锷删除）。（己）第五章第十七条，会计检查厅设厅长二员改为一员。（庚）第七章第二十条乙项删去亦得由与议各员要求召集数字。第二十一条改为列席各员另行规定。"

二、"政务厅简章"。会议议决："（甲）编修长改为参事，编修改为曹员。（乙）军官人员暨目兵等升迁调补以及恤赏等事改归参谋厅办理。"

三、"公文手续"。会议议决："（甲）收到公文证据，近处用送文簿，远处仿送电报法贴附收到公文证据。（乙）录案宜从简明，由李次长订定格式。（丙）公文纸由民政司照定式刊发，上贴印花。"

四、"发电之限制"。会议议决："由军政部拟定条例，严加限制，通饬遵办。"

五、"借债问题"。会议议决。"（甲）借款总额以三千万两为率。（乙）用途，修建滇邕铁路，整理矿务实业。（丙）交款，在香港③。（丁）利息，年息五厘。（戊）折扣，九七扣以下。（己）办法，一面电请中央承认，并

---

① 对以上谈话，原注说："油印时俱可不钞。"
② "都督谓"一语，原注说："不钞。"
③ 原稿为"在云南省城"。

电商粤、桂、黔三省，一面咨议会决议。"

六、"文官考试后之用途"。会议议决："（甲）榜示后定期传见。（乙）分两种用法，老成者任为州县官，经验尚少而文理优者任为各司处编修。"

七、"兵士改警察。此层应速由军政部详为筹备，令各该军师调查堪胜巡警之选者列册呈报。"①

八、"关于报馆事。凡关于军事不宜登报，由卫戍司令部通告。"②

九、"经营凉山事"③。会议议决："（甲）先派员偕陆金禄赴各寨联络感情，定约不得互相掳杀。（乙）劝有家资者创办学校，力不足由公家补助，并令送子弟来省入学。（丙）调查矿产森林。（丁）资助陆金福及调查人员。（戊）电陈中央④。（己）派教员兴学兼为之审理诉讼。（庚）饬凉山附近州、县，对于蛮众妥为抚循，于司法事尤应特为注意，以收其心。五月四号下十二时。⑤ 蔡锷。印。"⑥

▲李根源电请"省城军都督府"，允准撤裁腾冲李镇卫队50名，"以节饷糈"。说："腾冲李镇前次由丽调腾，准带目兵一百名作为卫队，曾经电准在案。现腾事大定，款项支绌，拟请将该镇卫队撤裁五十名，以节饷糈。可否，乞核示。师长根源叩。支。印。"⑦

▲蔡锷电告大理李根源，"西藏风云日亟，急宜经营"。说："冬电悉。所筹各节，甚为周妥，均可如议办理。熊守当即委任，敦促起程。至兴办怒、俅地方商业实业等情，希即饬姚守预为筹划。西藏风云日亟，急宜经营。前月艳日又电陈中央，略谓派（兵）入藏，宜分两途，川循巴塘大道而西，滇则特辟新路，由维西、茶硁、马必立之间出口，经珞瑜野人地方，径达拉萨。此路辟出，滇、藏间交通略可省千余里，而国防上尤有莫大之利。盖滇、缅界务自尖高山以北，英已自由行动，前岁侵占我小江以（南）片马等地，今且阑入小江以北之浪粟，行恐席卷俅、怒夷，直捣巴、里塘，不惟藏危，而

---

① 原稿为"募兵退伍办法：精壮者改为巡警，愿退伍者分别遣散，候调查后再议"。此文字由蔡锷亲笔所改。
② 原注说："此件可不钞印。"
③ 原注说："此件亦可不钞印。"
④ 原稿此后尚有"及咨川省"四字为蔡锷删除。
⑤ （庚）条内容和以下签署时间为蔡锷亲笔添加。
⑥ 曾业英编《蔡锷集》（一），第568—571页。
⑦ 《西事汇略》卷五，第13页。

川亦危。今趁彼力难骤及，以此路预占地步，则将来国界在俅、怒夷，珞瑜地方，勿［无］论如何伸缩，而巴、里塘，前藏犹为内地。惟事属特创，用力甚多，先之以侦探队，继之以工程队，然后大队节节前进，约计兵力至少亦须有一混成协始可敷用。军兵行时，饷糈军械亟须筹备，而后路之架电线、办兵站、移民招商、布置布［民］政，尤属必不可少。计第一年费用约需二百万金，应请设法筹措云云。此事只须中央财政问题解决，计当允许，拟先派人前往探查，以便着手。如尊处有朴勇耐劳、精于测绘及曾习军事学者，希即酌派数人。如无此项人员，即由省遴派。如何，乞复。锷。支。印。"①

16 日，李根源电复"省城军都督府"，侦测维藏路线，"请由省拣派"，并请示附近土司有事，可否"准归姚总办指挥"。说："月密。删电奉悉。侦测维藏路线，源处现无此项人员，应请由省拣派，经具庚电陈明。既有侦测人员，再选本地土人作为乡［向］导，始足以资开凿而利军行。殖边队原有一哨，系奉准由第一营拨派。交任宗熙、景绍武带往后，又募有三十名交何泽远带往。迨闻任委遇险，帅排长求援甚急，电准由第九营挑留一哨往援，共计两哨零三十名。拟再由第九营挑留五十名，即足一营之数。该队虽独立成为一营，而兵丁皆由第一营分拨，第九营挑留集合而成，并未另募。现在西防兵力单薄已极，此外无可抽拨，近见饷源奇绌，节节收缩，实不欲再增一兵，多糜一饷。前电请将各土司归该总办调遣，原期办事敏活，钧电谟虑深远，谨当遵办。惟经营所至，其资于土司者甚多。拟申明附近土司有事应受该总办指挥，俾资呼应。如何之处，仍候核示，以便转饬遵办。根源叩。铣。印。"

28 日，蔡锷电复大理李根源说："铣电悉。前据号电，当经政、谋两厅核议，殖边队应抽拨国民军，不必另募。兹既由第九营内汰留，并第一营分拨之哨，足成一营，应即照办。附近土司并准归姚总办指挥，俾呼应灵捷，希饬遵。至侦探维藏路线人员，已饬酌派赴榆矣。都督府。勘。印。"②

5 日

▲蔡锷电请袁世凯、国务院及黎元洪，任命袁家普为云南省财政司长。

---

① 曾业英编《蔡锷集》（一），第 646—647 页。该书定日期为 6 月 4 日，误。
② 曾业英编《蔡锷集》（一），第 639—640 页。

说："前以民国成立，而各省各属纷歧，宜亟谋统一之方，从军事、外交、财政入手，并请委派外交、财政人员。旋奉大总统铣电嘉勉，无任欣感。复以高尔谦曾任云南交涉司，熟悉边务，请大总统任命为云南外交司，亦承国务院电致高君劝驾，仰见轸念边陲至意。兹更有请者，湘人袁家普曾在日本毕业经济专科，顷因事来滇，适当建设之初，深资赞画。现奉财政部熊总长调拟即赴京，惟滇省需才甚殷，拟仍留该员襄助，若以充云南财政司，则尤为相宜。如蒙允准，请大总统任命该员为云南财政司，即与任命外交司高尔谦同时宣布。是否，敬候核示。滇都督锷叩。歌。印。"①

▲李根源电请省城军都督府，允准徐进准赴京肄业。说："据代理第七联长缪嘉寿转据第一大队长徐进呈称，大队长前在北洋陆军大学堂肄业，时值反正回滇，蒙派卫戍司令部二等参谋，委赴西防侦查，行抵永昌后，奉改委今差。现陆军大学仍旧设立，行文各省，招集从前修业学员入堂，经卫戍司令部电示到队，大队长距毕业年限尚欠一学期，学科未完，服务难期尽职，恳准申送北洋毕业等情。查该大队长到差以来，恪尽责任，兹以军官学校尚未毕业，请予申送入校，志趣可嘉。拟俟该大队编配完竣，准给假九个月，赴京肄业，毕业后仍回原差。该大队长差使暂委该大队副长丁恩远代理。可否之处，伏候核示饬遵。"

军政府电复李根源说："江电悉。徐进准给假赴京肄业，遗差即着丁恩远代理，候饬部备案。"②

▲李根源电陈"省城军都督府"，革除腾越镇署候差邦带徐荣卿、林和亭事。说："查有腾越镇署候差之记名帮带徐荣卿、林和亭两员，素行不端，名誉有玷，自应革除，以重军职。除电饬李镇办理外，谨陈，乞饬部备案。师长根源叩。歌。印。"③

同日，又电请省城军都督府，照准西防第七营代管马登云所委各员。说："顷据马代管登云禀称，西防第八营兵丁，素无教育，一闻裁遣，即有欲谋为乱者。当经查觉，会同华坪韩令，将首犯文润钧、甘培斋二名就地正法，余则竭力开导，得以无事，暂留中哨分扎县城、大兴街、马上三处。第七营兵丁尚属驯良，凡退伍者，领获恩饷，即各回籍，未有逗留。兹已

---

① 曾业英编《蔡锷集》（一），第606—607页。
② 《西事汇略》卷五，第6页。
③ 《西事汇略》卷五，第13页。

将该两营遵令裁并，共编为西防国民军第七营，所有官弁亦经严加淘汰，酌量去留。该营左哨官请以朱焕章委任，左哨长请以刘昌言委任，中哨官请以杨兴武委任，中哨长请以马上卿委任，右哨官请以杨毓璋委任，右哨长请以刘缙委任。原设教习九员，裁留四员，足资教练，每员每月薪水，酌给银十二两。中哨教习请以李永祥委任，左哨教习请以李应材委任，右哨教习请以杨魁、邹凤翔委任。惟永华地方，均系寥阔，幅员千百余里，民贫风嚣，抢案迭出，盗匪则出没无常，缉捕则首尾难应，卫戍之法，宜请变通。除扎华坪一哨外，拟以一哨驻永北操练，以一哨出外游击，轮流驻拔，以均劳逸等情。查该代管所陈办法，颇为周详，足见办事切实，将来陈管松寿假满不归，请即委该管接带，以示鼓励。所请委任各员，多系旧日之哨官长，应即照准。至请变通卫戍一节，系为搜捕匪踪、清查盗源起见，自属可行。除分别给委，并饬令照办外，乞查核备案。再所裁第八营枪械，已电饬舒丞，如数解缴榆局存储，并陈。师长根源叩。歌。印。"①

▲赵藩、李根源电请"省城军都督府"，允准大理中学堂提取石礦公司"中饱之资，作为学堂之费"。说："赵州产石礦，为腾关出口大宗，从前石礦公司未领三联单，以前每年出礦六七千驮，由州署每驮征税银三钱三分，年约得银二千上下，除额解百二十金外，均归官吏家丁中饱。现大理中学堂亟待维持，经费不敷，拟即提此项中饱之资，作为学堂之费，饬由下关商会厘局按驮征收，除额解外，尽数解缴中学堂开支造报，该公司前在榆具呈，当经批饬将此次领单之礦运竣，仍照完内地厘税。该公司业已遵从，曾录批具文呈报。如此办理，于厘税不致亏损，于学务更大有裨益。至前西道议请加课，大理府议请加捐，均未实行，以后既照完厘税，应予一律豁免。除另文呈请立案，并分饬遵照外，合先电禀，乞赐查核。巡按使藩、师长根源谨叩。歌。印。"②

其间，又呈与此事相关一文，说：

① 《西事汇略》卷五，第16页。
② 《西事汇略》卷七，第6页。此电仅有韵目代日，据李根源令迤西各府厅州县及自治公所文中说："本总司令维持该校之初衷，自永昌返榆以来反复筹维，首由赵州石礦公司出口税额解赢余项下年约筹得银一千五六百两。"（《西事汇略》卷七，第9页）当可推定发于5月5日。因为李是4月下旬回到大理的。

845

为呈请事。顷据下关洪盛石磺有限公司商人董朝荣禀称，商号在关贸易多年，经营石磺生易〔意〕，发往缅地销售，每为英商扣勒，他号同贩石磺者无不亏折，即卖石磺各硐户亦均受其影响。前蒙大理府邹提倡公司，振兴商务，照会下关商会，传集买卖，二比提议创设公司，以开风气。无如地处边隅，商务未见扩充，于集股一事，每有戒心，而各硐户因之受亏日久。屡经商会集议，其各商与各硐户现存之石磺，情愿归并公司，由后各硐所出之石磺，按年定数照交。公司因商号前买之存磺太多，似有欲罢不能之势，情愿筹措资本大龙五万元，创设合资洪盛石磺有限公司。已与各硐厂议定现存之磺，尽其所有，按每码一百八十斤议价，关市银一两八钱，公司成立之日，概归公司承受。其照价应付银两，归公司分四季交兑。至公司每年认销额数，亦与六硐厂头议明，每年照交公司二千七百码之数，初年定价一两八分，次年每码迭加银三钱。至八年后磺价应加若干，又为再议。所有六硐厂，不论何人，轮流开办，所出之磺，除额交二千七百码外，若有余磺，无论东西各路，不得私卖支馼，致碍公司，均系齐集商会议决，订立合同，经商会通详立案，咨部注册给照，历经遵章办理。

自前清宣统二年元旦日起，为公司成立之期，迄今将近两年，幸值文明改革，仍旧办理，仰见军政府体恤商情之至意。惟石磺一货，仅产一山，山势宽广，昨已订立合同，归并公司之六厂，概属赵州辖境。兹山之南，又为蒙厅所属，去年业商欧姓等，集股于田口村地方，新挖一厂。查该厂开挖，系在设立公司之后，故未载入原议六硐合同之中。俟后蒙属田口村新厂，无论出磺多少，仍须照章归并公司，不得散卖，致碍销路，公司亦不得歧视，所有厘金税课，公司认承一体照纳，此皆商号承办石磺公司之实在情形也。其原议一切细密章程，除原日商会照章通详有案。兹将始末情由缕禀，伏乞查核赏准转详另行立案注册，换给执照，并祈分札赵州、蒙化各硐户一体遵守。计呈粘单一纸等情。据此，当经巡按、师长会同核明批示，禀及粘单均悉。石磺为腾关土货，出口大宗，然销路狭而获利微。以前各商零星贩运，每至亏折，该公司成立之后，于今将及两年，买则与六硐硐户订立合同，卖则与英商订立合同，内可以挈领提纲，外不至跌价亏本，实于商务前途有裨。兹当改革之后，凡属商务营业，均当力予提倡。该公司系与邻国通商，尤当保其利益。据下关商务分会抄呈该公司清册一本，条规布告合同各一件，六硐原呈一纸，备文代该公司呈请转详军都督府，另行立案注册，换给执照前来，已由本巡按、师长核明据情转呈，请饬实业司分别照办。蒙属田口村新挖一厂，因在公司成立之后，未载入原议六硐合同之中，应准仍归并公司整买整卖，即由该公司查照六硐原议价值年限，与该硐户订立合同，一律办理，并候呈请饬司备案，一面仍准分札蒙化、赵州两厅州转饬各硐户一律遵行。至各项漏规，应否豁免，抑或化私为公之处，亦即请饬司核明饬遵可也等语批发去后，随复饬查于本年正月，据赵州朱牧复禀称，遵查此项石磺，每驮州署征税银三钱三分，内归官收二钱八分，门印二分八厘，房费二分二厘，票钱每张三十文，此向章也。每年出磺六七千驮，官署收银二千金上下，而额解仅只一百二十两，遇闰加解银十两，其余皆为官署收纳之款。二年前设立公司，仍照征纳。自本年四月，公司改用三联单，州署收纳之款，遂亦停止。清迤西道电知清藩司，以公司概请三联单，年短厘税万余金，但关章无能更易，拟仿个旧大锡加课办法，每百斤除原抽课银外，于卖磺时加抽课银一两，责成赵州征解，作抵内地厘税，札行到州。前任韩牧于闰六月二十九日，征获公司加课银一百四十六两六钱四分，批解在案。知州七月到任，未据该公司发运石磺，八月内据报发运石磺二百一十五驮。正结算饬缴加课间，适值国事反正，未据该公司照缴到州。自是九月内，复据报发运磺二百五十六驮，亦未据照缴，现在大局已定，仍未据该公司遵缴到州。此项加课，是否饬令照旧征解，抑应如何饬令完纳厘税之处，正拟禀请钧示，适奉前因，合肃禀陈。又清宣统二年二月，前州庄牧任内，据州绅禀恳，以办理新政，待款孔殷，请于石磺项下，每驮抽银五钱，以作经费。奉清督部堂批准，嗣因公司不肯承认，后禀奉清劝业道，议详照大理府核议，由公司每驮捐银二钱二分，由硐户每驮捐银八分，合足三钱之数，迄今亦未实行。当此新政肇兴，州属之九里，行将改治，款愈艰难，应如何捐助，以资办理之处，并祈衡核示遵。除将札文详稿另折抄呈外，所有奉饬查复缘由，理合具禀查核示遵等情。据此，查此项石磺，每年运出六七千驮，前由赵州征税银二千上下，而额解者仅百二十金，是此二千金均归中饱。现在大理中学堂亟待推广，拟即提此项中饱之资，化作学堂之费，饬该公司照纳，饬下关商会厘局会同征收。除额解外，余分上下期解缴中学堂开支造报。至该公司前领三联单，本为关章所许，当时耿前道议加抽课银，作抵内地厘税，亦属不得已之办法。惟该公司前次在榆呈明情形，已由巡按、师长会同核批，饬令将领单所购之磺运完，仍照纳内地厘税。该公司业已认可，并录批具文呈报在案。此后该司续运，照纳厘税之磺，自当免抽加课，以示体恤。惟前领三联单所购之磺，应仍饬将应缴加课银补缴，商会厘局会同核收，解缴中学堂，并作经费。至前大理府核议每驮石磺，由公司、硐户摊捐银三钱，充作赵州地方行政经费，应予豁免，且以前并未实行，应责成＜应＞另行筹措。六百元捐款之说，查亦系由领三联单而起，此后该公司既不领三联单，仍照完内地厘税，此项捐款似毋庸置议。除先行电禀蒙准，并分饬遵照外，理合具文呈明，请祈钧府俯赐查核饬部备案，实为公便。为此具呈。须至呈者。右呈云南军都督府。①

6 日

▲蔡锷电请袁世凯、黎元洪、黄兴，速筹救藏疆之危办法。说："今春闻藏兵肇乱，逼察木多，曾电商川都督协力防御。嗣接复电，以经营藏、卫，蜀当独任其难。时滇军驻川，方遭疑忌，故即将军队撤还，不复与闻藏事。嗣接云南第二师长转印度陆兴祺电称，西藏因饷缺兵变，达赖迫令缴械出境，诡谋自立，迫逐班禅逃入印度，官兵尽为禅逐，饥流印境。拉萨被围，惨杀汉人无算。又阅法文《哈发士报》载，华兵被藏兵击败几降，缴枪一百五十支，藏军偿［赏］卢比八千元等语。当经前后电陈大总统在案。顷复接腾越局转靖西同知马师周由印度致四川都督电称，后藏江（孜）、亚（东）已失，拉萨危在旦夕，务恳火速救援。前因饷械均缺，迭电告警，未蒙示复，今被迫出关，抱病在印。又陆兴祺由印致川电称，藏人军械足用，又获我大宗军火，今调集大兵，盘踞拉萨，日夜操练，已成劲敌，进击为难，可否咨滇军兜援等语。查藏、卫西藩，关系大局，一有破裂，则滇、川有唇亡之虞。现藏事危急至此，不能不早为之图。惟滇军

---

① 《西事汇略》卷七，第21—23 页。原呈文未标示日期，依文意当可推定于 5 月。

早经撤返，未便复出，且悬军数千里，滇力亦恐难胜，况前经川人固拒，派兵又必生疑。坐视危疆，焦急万状，应请迅为筹处，以救危机，并请裁示。滇都督锷叩。鱼。印。"①

又出席统一共和党云南支部成立大会，并发表演说，主张政党主义应以"国家为前提"，不计"个人利益"，军人应"脱离党事"，"一意戎行"。其演说词全文如下：

清廷失政，虑人民起而干涉也，乃百端钳制，使不得伸；人民亦久困于专制压力之下，不复敢仰首伸眉，论列是非。于是人民参政思想愈薄，则爱国之心愈微，险象环生，危症百生。仁人志士不忍以数千年之祖国，与亿万姓之同胞沦于异族，而坐以待亡也，养精蓄势，奔走呼号，以求一当，于是有去岁震撼天地之大革命出。

今革命告竣，共和成立矣。第半年以来，海内傲扰，民生穷蹙，军队为莠民麇集之薮，兵嚣将骄，南北一辙。焚劫叛变之惨剧，层出叠见，加以人重私图，党见纷歧，省界加严，争权夺利，置国家问题于不顾，而内政之纷纭、人心之浮动，殆不可以终日。识者慭焉忧之，亟思联结同志，标帜政纲，以收声应气求之效，用以挽回国难，奠安民生。近月以来，各省政治结社，日见发达，至有数十起之多。姑无论其主义如何，方针是否稳健，揆其初意，要皆以国利民福为宗旨。海内健者果能归纳吸收，使之蔚为中华之二三大政党，未始非民国前途之福。鄙人月前曾致黎、熊、谭、张（按：指黎元洪、熊希龄、谭延闿、张謇）诸公，请其将民社、联合会合而为一，借厚势力，而免纷歧。嗣接函电，深表赞同，惟联合一层，此时尚非其时。并经派肖君前赴腹省联络一切，现已得多数同志之赞成，于四月朔日在上海开本党成立大会，合国民共进会、政治谈话会、共和统一会三者而为一，名曰统一共和党。溯本党之起因，系根据于东京留学同志之旧团体。归国以来，复分途联络，同志极众。首创之际，取格甚严，非学识品性为同人所共许者，拒不收引，故党基极固，而分子极为健全。现已组为政党，尤宜鉴世界之趋势，察本国之情形，务择最有利于国计民

① 曾业英编《蔡锷集》（一），第 608 页。

生、最稳健之政策而采用之。陈义不求过高，着眼务求远大。以愚所见，本党主义务以国家为前提。亡国之痛，远则如犹太、波兰、印度、埃及，近则如安南、朝鲜，诸君当能知之，抑为我万众同胞所刿心钬目者。而弱国之奇耻特辱，苦况惨状，即鄙人与在座诸君或多身临其境，或受间接之影响，即四万万同胞，何莫不然。天赋人权之说，只能有效于强国之人民，吾侪焉得而享受之？故欲谋人民之自由，须先谋国家之自由，欲谋个人之平等，须先谋国家之平等。国权为拥护人权之保障。故吾党主义，勿徒骛共和之虚名，长国民凌嚣无秩序之风，反令国家衰弱也。近日平等、自由之义，每多误解。苟国家能跻于强盛之林，得与各大国齐驱并驾，虽牺牲一部之利益，忍受暂时之苦痛，亦所非恤。国权大张，何患人权之不伸！默察世界潮流，国家主义之膨胀发达，几有一日千里之势，即共和先进国如美国者，早已变易其夙昔所抱之孟罗主义，孜孜惟对外之是谋矣。在满清未覆以前，国家维持之责任，尚可委卸于政府。民国既成立，以从前此项责任应分责于四万万同胞个人之双肩。"天下兴亡，匹夫有责"一语，在今日尤为适切。

其次，在务期本党内部之巩固。欲图党势之发达，政见之贯彻，须内部巩固，乃能有济。欲求内部之巩固，端在党内分子之健全。故本党党员与其骛多数之虚名，广为征引，致涉于滥，不如定格稍严，取具有常识、足以为齐民之表率者而结合之，庶足以举国利民福之实，而周滋流弊，即党事亦不患无含弘光大之期矣。政党者，结合关于政治上抱同一之主义而进行者也。故其目的以国家之乐利、人民之幸福为旨归，个人之利益不计焉。其有思借党势以谋私利、图个人之侥幸，或借党援以为倾陷排挤之资者，是大误也。共和国民，人人生息于自由平等之域，优游于法律范围之中，尊重人格，严守秩序，是其天职，不能有一毫私意夹杂于中。即对于他党，纵主义不同，趋向互异，可以言竞争，而不可以施排挤。尤不可以异党之故，伤及个人相互之友爱。此则私心所以自励，而期盼于吾党诸君者也。

最后，尚有一言陈告于诸君之前者。锷本武人，谬预政事。今复承同人敦劝，预闻党务，才轻德薄，曷克胜任。而军人投身政党，流弊滋多，鄙人现虽未直接统兵，第部曲因此而生误解，以为隶戎籍者，均得躐足党社，与闻政治，则贻误无穷。此中理由，前已陈述于同人之前。君等乃以值此政党萌芽之候，非鄙人等出而提倡赞助，难观厥成而言，足以脶然任之。一俟党务渐有头绪，务恳遂我初心，脱离党事，俾得一意戎行，是为至幸。①

▲李根源电请"省城军都督府"，允准委陈昌绪为寅塘巡检，"公费照旧"。说："顷据赵卸巡按函称，邓川州属之寅塘里，界于永北、鹤庆、宾川三属之间，民多流寓，奸赌盗窝抢劫等案频出，又有教堂教士时宜保护，拟请将该州吏目改为寅塘巡检，即以现署吏目陈昌绪改委，公费照旧等语。源复查无异，拟请援照旮电准照办理。如蒙允准，即由源刊刻印信，就近给委，饬即赴任。乞核示遵。根源叩。麻。印。"②

又电请"军都督府"，允准腾、永组织一实业公司，并任命林志恂为总理。说：

> 国力发展，必资实业，矧当建设之初，百度待举，而度支告匮于上，民力憔悴于下，郡县一言兴作，莫不竭蹶是忧，苟非力培民生，殆将自蹙国本。然则振兴实业，尤今日之先务也。腾冲素以商业著称，比年日见衰耗，良由无实业以植其基，徒逐什一之微，而昧天然之利。东作已怠，小春坐荒，未逢凶年，时忧艰食。且西北地宜畜牧，附郭地宜棉林，矿产丰融，付诸幽闷，各土司地擅膏腴，农业蚕桑，不劳可获。而土司昏暴，日以困穷，利弃地中，民流境外。今将筹议边计，似莫如从实业入手，以生聚教训之事，行改革经营之方。利源辟则经费无忧，人乐业则夷心可结，事行而不惊，功收而不觉，欲策稳健，无过于兹。其整理得宜，范围日廓，则内增岁入，外挽利权，所裨尤巨。永昌民风，日趋游惰，地力未尽，商务愈骧，饥寒所驱，流为盗贼，变乱之后，元气愈伤，培养尤亟。前蒙拨款赈济，即饬注重工业，具仰芘虑闳深。惟委之官绅则不专，多设人员则糜费，稍一不当，利未睹而母已亏，尤失钧府振赡之意。

---

① 曾业英编《蔡锷集》（一），第 610—612 页。所署日期为此次演说词在昆明《华南新报》发表时间。
② 《西事汇略》卷六，第 12 页。

兹拟连合腾、永组织一实业公司，以地方之资财，行营业之性质，即将前腾冲各商，报效张提督文光，继拨存富滇银行之预备经营边费银二万七千五百两，董友芳捐款一万两，共三万七千五百两，永昌赈款一万两，谢宇俊捐款三千六百两，总计共银五万一千一百两，作为基本金，不足再由腾募集商股若干补足之，以兴办腾、永两府及腾属各土司地方各项实业为范围，不限区域，不限职业，而以获利多、收效广为主旨。内地实业由公司专办，其在土司地方，而为边事计划所关者，商承主管官厅办理。公司中设总理一员外，由两府自治公所商务分会职员，公推数人列为名誉职，通力合作，以免扞格。内地责成地方官维持，土司地方责成各驻防军队弹压委员维持。其下应用员役及分立各局厂所职员，均由公司酌设，五年之内不问赢［赢］绌，五年以后始课成效。所得利息，以六成归地方，以四成归公司。一切开办经费、常年开支员役薪水，均由公司担任。无论赢亏，皆归公司，本金如有亏损分文，即责总理赔偿。不求近功，不加挠夺，假以岁月，而责其成效，夫然后大利可举。惟兹事体大，创办尤贵得人。蒙化直隶厅林丞志恂，于实业富有经验，兼习迤西情形，而任事谨慎，条理缜密，家资亦称殷实，以任总理最为适宜，特电令来漾濞，面与筹商，该丞亦力以自任。惟公司既为地方之资本，总理宜得地方之信任，如蒙核准设立，即由腾、永自治公所与该丞订立合同，以昭信用。但在合同期内，该总理不得自行辞退，及任意变更，致公司受其妨碍。其详细章程，进行办法，俟奉准后由该丞会商该两府自治公所、商会，妥为筹议拟订，并将关系边计之一部分，另行特别规定。所遗蒙化厅缺，查有赵州朱牧廷铨，明练矜慎，政声素著，现弥渡、漾濞，均议改县，该牧熟悉情形，拟请调署蒙化，期于建设一切，可资裨助。递遗赵州缺，查有师司令部委员杜澍，才识敏练，任事勤奋，该员前署大姚，因被周绍礼等诬控，调至本部察看。供差以来，随时考查，于地方行政、裁判案件，尤多体验，委署斯缺，必能日起有功。是否有当，伏乞衡核示遵。

蔡锷随即批准李根源所请，复电说："蒙化厅林丞志恂，着即调充腾、永实业公司总理，所遗蒙化厅缺，以赵州知州朱廷铨调署，递遗赵州缺以杜澍委署。"①

同日，李根源再电陈"军都督府"，拟在丽江县属山后里设弹压委员一员。说："据喇井灶绅李冠春等呈称，丽江县属山后里，地处幽僻，夷民杂揉，纠党聚众，剽劫为生，盐商往来，时被抢掠，恳请添设弹压委员一员，以司缉捕等情前来。查山后里距丽六站，治理不易，喇丽等井，皆在于此，山深道阻，盗贼孔多，出没无常，缉捕维艰。该灶绅等所陈各节，均属实情，拟请设弹压一员，名曰山后里弹压委员，以喇井督销委员兼充，不另支薪，作为定案，归丽江府知府节制，如分防佐杂之例，所有缉捕及十等罚以下事犯，皆归该委员管理，其他重要案件，仍归丽江府办理，庶于保护商民之中，仍寓维持盐课之意，已与丽江府姚守、白井督销总办杨大材往复商妥。可否，乞核示遵。根源叩。麻。印。"

10 日，军都督府军政部电复李根源说："麻电悉。所请丽江县属山后里弹压委员，以喇井督销员兼充，系为分治便民、保卫商旅、维持盐课起见，应准如电办理。除呈报令司外，希即转饬遵照。都督府（军）政（部）。灰。印。"②

▲4 月 27 日，李根源转陈"省城军都督府""藏事危迫"情况。说："顷据腾电局转呈印度寄成都电一件，文如下。都督府筹边处，廿电悉。西藏因饷械不接，兵心摇动，达赖嗾迫缴械出境，诡谋自立，迫逐班禅逃印，囚其左右。后藏、江孜、靖西一带官兵，尽为凌逐，饥流印境，拉萨被围，衙署被占，惨杀汉人，几无遗类，万望火速救援，保我疆土。西藏危在旦夕，川滇大局堪虞，官兵逃印数百人。敝处陆续打发内渡，需款甚巨，独力难持，且屡次电京告急，电费甚巨，务恳迅速派员来印办理。此时达赖、班禅均在印度，印藏举动，大有关系，望即酌夺示复。陆兴祺叩。宥。云云。藏事危迫至此，实为大局安危所关，知切廑念。谨以转陈。师长根源叩。感。印。"③

5 月 5 日，再次转陈有关藏危情况。说："顷据腾越电局转呈藏事两电文如下。成都都督钧鉴。后藏江、亚已失，拉萨危在旦夕，务恳火速救援。饷械均缺，迭电告警，未蒙示复。今被迫出关，抱病在印。靖

① 以上二电见《西事汇略》卷七，第 27—29 页。

② 以上二电见《西事汇略》卷六，第 12—13 页。

③ 《西事汇略》卷八，第 9 页。

西同知马师周叩。东。成都都督府筹边处鉴。卅电悉。敝处尚未奉京电，藏人军械足用，又获我大邦军火，今调集大兵，盘踞拉萨，日夜操练，纵成劲敌，进击为难。可否咨滇进兵兜援，乞钧裁。陆兴祺叩。冬。云云。藏事危急至此，川中亦不闻所以图之者。设英人起而相乘，大局何堪设想。滇处唇齿，殆难漠视，拟恳将前后转呈各电汇电中央，迅为筹处，以救危机。幸勿内外相诿，自弃藩篱，如何，乞衡核示复。根源叩。歌。印。"

6 日，蔡锷电复行营李根源，已"据其电续陈中央矣"。说："歌电悉。藏事前经电商川军府，协力维持。时我军驻川，方遭疑忌，川省复电固拒，并云当由蜀专任其难，我军未便悬军深入。嗣接执事电及法文报载，藏事甚危。迭经电陈中央，迅为筹处。惟我军早经撤还，势难复出，且劳师远戍，滇力亦所难胜。坐视危疆，实深焦灼，兹复据电续陈中央矣。锷。鱼。印。"①

11 日，李根源再次转陈丽江孙绍骞关于西藏问题的建言于"军都督府"。说："据孙统领尤电称，查满清时代，因藏事危迫，乃于滇边界设有边务大臣一员，专办边务，法固未尽完善。然五年间，尚能收复盐井、江卡、察木多，开辟定乡、丈岩、空撒、贡脚、德格、登科、色旭、米多等地方，亦既完税课、置官吏、设学校，规模初具。惟自去岁川乱以来，秩序破坏，官吏逃亡，戍兵溃散，一切布置，全行消灭，蛮烽复炽。现闻有据定乡等处之说，前功尽弃，深为可惜。虽由满清政府残民激乱之所致，而扩张疆土，挽回主权，实共和民国应有之天职。今川省内部秩序尚未恢复，而又把持西藏，不准他省代为整理，别具私心，不顾大局。但川滇边务，系川滇两省之边地，其关系利害，原不独在川省，若听其破坏，而不顾将来，外人干涉，滇省必先受其祸。且复闻蒙古喇嘛屡经来藏，唆使班禅宣布独立，大势日迫，宜早绸缪。可否恳请宪台电达中央政府，请速派洞悉边情知兵大员一人，为川滇边务将军，办理筹边一切事宜，以固疆圉，而绝觊觎之处，伏候钧裁等语。查该统领所陈，未为无见，谨为转陈，以备采择。根源叩。尤。印。"②

①　以上二电见曾业英编《蔡锷集》（一），第 609 页。
②　《西事汇略》卷八，第 10 页。

7 日

▲李根源电请"省城军都督府"饬部备案，林必蔚已于"江日正法"。说："案据已故管带李岐山之妻呈称，其夫被击毙时，身带银两及玉圈金箍等物，被钱泰丰卫队长林必蔚掳去，逃往腾冲，恳请惩办前来。查林必蔚虽系记名管带，素行种种不法，当会同张提督，即电腾冲李镇会同黄守严拿，到案讯明，立予正法。顷接李镇电称，林必蔚已经拿获，经腾冲府讯供前情不讳，江日正法等语。谨陈，乞饬部备案。根源叩。阳。印。"①

▲是日或稍后，蔡锷电复贵阳骑兵联长黄毓成，希其与唐继尧妥商是否"率队回滇"。说："列密。阳电悉。黔疆久戍，将士思归，自应率队回滇。惟黔事是否安靖？黔督曾否允行？执事可与唐都督妥为商酌。至前电警告一节，实因大局所关，不得不鳃鳃过虑。执事磊落光明，干部各员亦无不关心桑梓，此间本无所疑。只以所部骑兵，当召集时杂有防营散勇在内，根底欠清，未可深恃。加以沿途添募新兵，亦恐良莠不齐，害群之马，在所必去。故不惮苦口谆诚，希仍遵前今两电，审慎办理，勿忽为要。开拔有期，迅即电闻。都督府。□。印。"②

21 日，唐继尧电请蔡锷转告张子贞、黄毓成"暂准留黔"。说："黔省大乱初平，次第筹办善后，讵前都督杨荩诚由鄂来电，谓即率队回黔，黔人闻之飞电阻止，并宣布罪状。惟人心惶惑，匪党又有死灰复燃之势，省城重地，固应留兵镇守，省外洪匪分路窜扰，前派吴大队长哕鸾（按：吴传声，字哕鸾）率滇军驰往剿办，尚属得手，现令会同楚、粤各军痛加剿洗。西北两路匪气未靖，亦分派甘队长（按：指甘澍）前往搜捕。东路铜（仁）、松（桃）、思（州）、石（阡）毗连川，为杨荩诚由湘入黔必由之路，尤非厚集兵力，难资镇慑。黄、张两联长兼充总办，借资臂助，其所部兵队务乞暂准留黔，并乞电知该联长等安心办理。如托威福，内忧外患指日荡平。保存黔境即所以巩固西南，我公力维大局，必邀允准。且川省祸机已伏，邻省终难坐视，现在滇军暂驻，黔事既赖保全，将来援川，取道尤为便利。尊处深谋远虑，计出万全，当不待尧赘述。肃此奉恳，立盼

① 《西事汇略》卷五，第 11 页。
② 曾业英编《蔡锷集》（一），第 614 页。原未署日期，据其系对黄的"阳电"的复电推定。

赐复。继尧叩。个印。"①

8 日

▲蔡锷通电袁世凯、国务院、参议院、黎元洪、黄兴、各省都督、各报馆，认为当下云南尚不宜"军务、民政划为两途"。说："阅报载黎副总统侵［寝］、筱两电，备陈军人柄政之害，谓宜将军务、民政划为两途，辞恳虑周，无任钦服。惟锷愚见，流弊固当预防，而现势亦宜详审，要未可以一概论。第就滇省而言，地逼强邻，眈眈虎视，而山深箐密，伏莽犹多，时虞蠢动，非地方官之势力所能镇慑，一有骚扰，立酿外交。改革以来，人情惴恐，乃匪徒不得逞志，外人无凭借口者，实赖军政统一之故。现在遣散冗兵，安插羡卒，与夫一切军事计划，尤息息与民政相关。若军民分权，互相推诿，互相掣肘，哗变之事，在在堪虞。滇省自设立都督府以来，凡民政、财政、外交、教育、实业各有专司，都督并不加干涉。惟皆隶属于一机关之下，故行政甚为敏活，号令不至纷歧，而部曲将卒亦从无干预民政之事。窃意军务民政，将来必须划分，始足除武人政治之弊。惟目前国事甫定，而边省情形不同，不能不统一事权，以立纲维。锷厕身军界，适当改革之秋，猥以武人，遂操政柄。明知此论一出，必有把持民政之嫌。然治乱所关，不容含默，诚为边疆起见，并非自便身图。如得大总统派一文武兼资之员，以承其后，锷即可奉身而退，长揖归田园，不欲久揽政权，并不愿再操兵柄也。区区之诚，尚希鉴察。滇都督锷叩。庚。印。"②

5 月 15 日，国务院电复蔡锷说："奉大总统交庚电悉。现官制未经议订，边地与腹地情形多有不同，应否酌订特别办法，自须从长计议。来电所论，在滇言滇，颇切边情，候汇交参议院核议。国务院。删。印。"③

其后，云南各团体则通电袁世凯等人及各省都督、各报馆，请求主持军民分治。说："袁大总统、参议院、黎副总统、黄留守、各都督、各报馆均［钧］鉴。读黎副总统侵［寝］电，军民兼权，危害显揭，闻袁大总统已交参议院，理势昭昭，想必通过。滇军府公□共和，谅不独持异议。惟

① 《贵州辛亥革命资料选编》，第180—181页。
② 曾业英编《蔡锷集》（一），第612—613页。又见《公电》，《政府公报》第20号，1912年5月20日。
③ 《公电》，《政府公报》第20号，1912年5月20日。

或有以地□［方］近外，滇用特别法治理之说进者。溯自鄂省倡义，滇即首从，光复以来，秩序早安，援蜀救黔，力且兼顾，军政既较各省安宁，民政岂容与各省独异。若恐分治之后，推诿掣肘，酿成乱机，此则未免过虑。揆诸政体，滇事□有要求与各省划一，因开大会，征集意见，到者千人，询谋金同。如以特别法治，滇□［不］承认。特电，伏维主持。滇统一党、同盟会、国民会暨各团体公叩。"①

▲5 日，李根源电询"省城军都督府"，可否处决刀上达之"匪首刘国兴"。说："顷接永康知州和朝选电称，前已正法刀匪上达之党著名匪首刘国兴一名，逃匿耿马。现经该土司送解来署，验明属实，可否就地正法等语。查刘国兴系刀党巨魁，素行不法，此次永康之变，系彼主谋，刀匪之来，系彼迎拥，陈故牧文光等之被戕害，亦系彼所唆使，非立予正法，不足以昭儆戒。可否准如该牧所请办理，乞核示饬遵。师长根源叩。微。印。"

8 日，蔡锷电复李根源说："微电悉。刘国兴即准该牧就地正法，以清遗孽。都督府。齐。印。"②

▲李根源电请"省城军都督府"，饬部备案陈松寿调充国民军第八营管带。说："西防国民军第八营管带周连彪，因病叠恳辞差，自应照准，所遗管带一差，遵即于本日以第七联第三大队长陈松寿调充。该大队一切事件，及退伍后所留官兵，均并归第七联第一大队长徐进接收。除分别令知外，谨陈，乞饬部备案。师长根源叩。庚。印。"③

9 日

▲国务院通电尹昌衡、张培爵、蔡锷、唐继尧，望滇黔川三省互派人员，常通消息，"深维廉、蔺释怨之忱，共成平、勃交欢之美"。说："奉大总统交尹、张都督艳电并谕，川省僻处西南，鞭长莫及，自上年八月以后，乱端猬集，民不聊生，经该督等迭次廓清，又合并成渝，化除畛域，于行政、立法、司法三大端，治军、理财、防边、用人各事宜粗具端倪，

---

① 《公电》，《申报》1912 年 6 月 6 日。
② 《西事汇略》卷三，第 12 页。以上二电见曾业英编《蔡锷集》（一），第 545—546 页，该书定其日期为 4 月，误。
③ 《西事汇略》卷四，第 7 页。

渐臻统一，民亦劳止，汔可小休，是尹、张都督之除暴安良，具有成绩。所称川民向有哥老一种，民间慑于威力，当匪势猖獗之日，特假公口名目，签帖门楣，以图免祸，亦系实情。业经该督将假托名目概行取销，此后顺逆既分，当可不至煽动。蔡都督绥靖滇疆，出其余力，令唐都督莅黔靖难，规划尤宏。惟川滇黔道途隔绝，或因从前公口之余焰，谍查四出，思患预防，并非有权利思想。经此次尹、张都督逐层剖白，当已涣然冰消。目今建设伊始，险象环生，惟其协力同心，共图匡济。从前种种嫌疑，譬如昨日死，此后种种扶助，譬如今日生，对于乱民则共诛之，对于良民则共保之。尤望三省互派人员，常通消息，浮言自靖，无诈无虞，深维廉、蔺释怨之忧，共成平、勃交欢之美，西南大局，庶有转机等因。理合电达查照。国务院。佳。印。"①

▲蔡锷发布严禁谣言告示。说："近有匪徒造谣，希图扰乱治安，本都督已令各司局、军队严密查拿，合行示谕，仰军民人等一体知悉，勿得听信传言，自相惊扰。若遇有造谣生事之人，即密报巡警局，自当酌量给赏。"②

又电请袁世凯和外交、交通部与越南法国殖民当局"严重交涉，务将在滇法邮局撤销，以固主权"。说："昨因法邮局添设邮差十名，自行运送邮件，有碍中国邮权，曾径录具从前交涉各案，请部照会法使行知越督，将在滇法邮局一律撤退，电达在案，并由滇照会法交涉委员，先饬法邮局将此项邮差撤退。兹据法委照复称，法邮局决不致与中国邮局起竞争举动，而众人之所以请法邮局转者，必系该局所办之事，为中国未入邮政公会以前未能办到之故，照抄转驻北京公使核办得复再达等因。查在滇法邮局，从前本系为铁路工程暂设。前清光绪三十年，曾径由部与法使交涉，滇蒙自雷领亦曾声明，铁路告成，即行停止有案。乃法邮局不惟不将局撤销，并自派邮差输送邮件，实于国内邮政大有妨碍。查中国邮政，并非未入万国邮政公会，法委照复，颇觉强词夺理，除再照会法委辩论外，应请饬部与法使严重交涉，务将在滇法邮局撤销，以固主权。滇都督蔡锷叩。青。"

---

① 《电报》，《政府公报》第 12 号，1912 年 5 月 12 日。
② 《蔡锷集外集》，第 140 页。

13 日，再电请袁世凯、施肇基，"照会法使行知越督，务将在滇法邮局一律撤退，以固主权"。说："据蒙自关道电，法邮局拟设邮差十名，驻境递送邮件，其二号邮差已于十一日进口，事关主权，请交涉阻止等情。查由云南至蒙自，法国设立邮局，前清光绪三十年，经前税务司函知法国钦使，以法邮局传递邮件，实碍中国邮权，且与中法互寄章程实有不符，曾由邮政总办行蒙自邮政司，商令法邮局一律撤退在案。盖中国既有自设之邮局，无论何国，断无有外人准在内地设立邮局、收递信件之理。从前由蒙至省之所以暂行设局者，系因修建铁路，便利工程人员递送信件起见，本属通融办理，铁路一成，即须停止。其一切邮包，仍由中国邮局代为转递，向来即无法邮局自设邮差、自为输送之事。曾经前蒙自雷领事照会声明，铁路告竣，即行停止在案。今铁路早已竣工，而中国邮局又已遍设，按照章程成案，俱应将法邮局撤退。乃该邮局尤复变本加厉，竟自设邮差，自递邮件，实与中国邮政大有妨碍。除照会法交涉委员先将此项邮差取销外，应请贵部照会法使行知越督，务将在滇法邮局一律撤退，以固主权。滇都督蔡锷叩。元。"[①]

▲肖堃函复梁启超，拟举蔡锷为统一共和党理事等事。说："任公先生阁下：屡欲东渡趋候，未克如愿，方引为恨。适读来教，又复殷勤属望，更觉歉仄无似。在沪羁留月余，无非为党事、报事之故。党事以有历史关系，不得不与统一共和党暂时周旋，盖欲暗移旧日有力之一部分以同趋一途也。共和建设讨论会及国民协会刻正与敝党议合，已有眉目，并合之后，则吾辈在此党中可占优势，盖松坡及继武均为党员所推崇故也（现拟举伊二人为理事）。报事大局布置已就，订于阳历六月朔日出版，定名曰《新中华报》，欲借公代作一发刊词，以为吾报生色，未审暇否？又，弟现拟致书松坡联合数省都督一面□电政府，一面通电各政党及各团体，以至公至大之心，表彰公之功德，为公□屈。孺博在沪曾有拟稿，尚未见十分痛快，弟未即付印，意非公自为之，不足以尽公之生平，即不足以震天下之耳目。公为国家计，置身局外，望毋引嫌自避。荷老来，旋闻欲约公来津办报，此事弟亦赞成，盖公此时惟将公之政见公表天下，其相率从公者当大有人在也。肃此，致颂德安，不宣。弟堃谨上。来信乞由佛苏处转为妥。五月

---

① 以上二电见曾业英编《蔡锷集》（一），第 613—614、618 页。

九日。泐于北京前门外魏染胡同《新中华报》。"①

▲报载蔡锷率各部司在承华圃内欢迎第二批援川滇军凯旋。说："（是日）为援川滇军第二届旋凯之期，谢梯长汝翼、李旅长鸿祥及其部属，除拨援黔省及驻扎要隘处外，皆已全体抵省。是日各街仍悬国旗，绅界、商界、男女学界及各机关仍齐集聚奎楼欢迎，女子爱国协会并赠每目兵汗巾一块，以作纪念。蔡都督率各部司在承华圃内欢迎谢、李二团长，复命军乐队奏乐，设宴慰劳云。"②

10 日

▲蔡锷通电北京袁世凯、国务院、军界统一会，武昌黎元洪，南京黄兴，各省都督，各报馆，希望袁世凯明颁军人入党"禁令"，"以振纲维，而杜流弊"。说："民国成立，望治方殷，海内士夫，咸思组织党社，以为促进共和、改良政治之地。数月以来，成立者已数十起，足征我国人政治思想国家观念之发达，可为民国前途庆。惟军人入党，则锷窃有隐忧。虽发起之初，不过借军人为提倡，然流弊滋大，自应预防。请略言之。此次改革，数月告成，军人之功，炳耀寰宇。惟审察现在国情，伏莽未靖，国防未固，此后整军经武，责任尤巨，专心一志，并力戎行，始能举优良之成绩。若复为政界③分心，军事难期整顿，其弊一。凡一国内政党分立，政见各殊，各出其才力以相雄长，每因竞争而国家愈益进步，故一政党组织内阁，复有他政党监督其旁，政府可收兼听之益，而不致流专断之弊。以军人入党，则因政见之争持，或至以武力盾其后，恐内阁之推倒太易，实足妨碍政治之进行，其弊二。自军兴以来，各省多增募士卒，市井无赖，溷厕军籍，呼朋引类，歃血联盟，甚至军队变为山堂，将领称为哥弟，拔剑击柱，军纪荡然。虽政党性质不同，而士卒有所借口，方且谓统兵者亦身入党籍，更何以禁士卒之效尤。会党军队混为一途，部勒偶疏，动生变故，其弊三。虽此时祸机未著，而流弊要可逆堵。锷私忧过计，以为国家进步，政党自然发生，然宜让政客之经营，而军人无庸羼入，非独消极的以限制军人之行为，实欲积极的以完全军人之责任。伏恳大总统明颁禁令，

---

① 《梁任公知交手札》下册，第962—965页。
② 《滇军之来鸿去燕》，《申报》1912年5月30日。
③ "复为政界"，正式发表时改为"徒为外务"。

申明条例，以振纲维，而杜流弊。愚昧之见，尚希察核而详教之。滇都督锷叩。蒸。印。"①

15 日，国务院电复蔡锷说："奉大总统令，蒸电所陈军人入党三弊，徙薪曲突，痛下针砭，防武人参政之萌，杜士卒效尤之渐。该督公诚明达，于此可见一斑。已交参谋、陆军两部议定禁令，申明条例，以振纲维，而图稳健等因。合先电达。国务院。删。印。"②

29 日，松军陈惟俭、杨卓等人电请程德全电达袁世凯，将蔡锷提出的军人不入党籍，迅即"著为定例"。说："苏州程都督钧鉴。民国初建，军人争入党籍，虽系国家观念发达所致，然其流弊实巨。前读滇南蔡都督蒸电，殷殷然顾虑及此，特恳袁大总统明颁禁令，为杜渐防微计，辞挚意周，无任钦佩。乃事隔旬日，政府犹未著定例，公布海内，俭等厕身军界，望治情殷，中夜彷徨，以为整顿军务之政策，诚有莫急于此者，用敢竭其愚昧之见，为我都督陈之。夫社会尚竞进，军队贵服从，为泰东西不易之理，方今民国甫定，百废待振，海内士夫组织党社，以冀促进共和、改良政治，自是切要之图。然军人既身列行伍，则军队即党社，舍身卫国即政见，不此之务，而更身入党籍，夫岂所宜？异时世会所趋，意气所激，举全国军队，悉以入党为要图，若者为某党，若者为某会，互相标榜，各争意见，甚或一军之中亦分党派，势必蔑视纪律，号令不行，一有衅隙，祸端即起，是外人设兵以卫国，而我则设兵以自戕也。泰西各国，政党林立，而军界则置身局外，不稍顾问，故其结果，政党有进退，军队无变动。我国丁此国基未固之时，为军人者不思全国一致，以尽固有之天职，乃醉心社会，趋之若鹜，是岂不可以已乎。纵此次光复之前，革命先烈往往联络军队，借资援助，而军人之深明大义者，亦均互相结纳，以期固结，盖当日伏处专制淫威之下，欲达改革目的，势不能不出于此途，缔造艰难，固应尔尔。今则共和建始，五族一家，军人于捍御外侮、扩张国权之外，已无顾问之余地，更何会可入，何党可联。窃观往古，汉唐宋明末造，恒以朋党倾轧，致酿宗社邱墟之祸。当时文臣水火，为祸已烈，矧身执兵柄者，可使各树一帜，以启纷争之渐乎。俭等私心计议，以为蔡都督军人毋入党会一电，

① 曾业英编《蔡锷集》（一），第 615—616 页。又见《公电》，《政府公报》第 20 号，1912 年 5 月 20 日。

② 《公电》，《政府公报》第 20 号，1912 年 5 月 20 日。

诚为整顿军队要策，用敢不揣冒昧，电陈左右。如蒙采纳，恳请电达袁大总统，迅申禁令，著为定例。不胜屏营盼祷之至。松军部下陈惟俭、杨卓、焦忠祖、陈洪畴、陆丕谟、龚赞尧同叩。艳。"①

按：袁世凯对蔡锷的建议采取了迂回策略，先于 5 月 22 日颁布《军人应服从命令令》。说："军人以卫国保民为天职，即以服从命令为天性，古今中外，咸同此义。凡上级军官之命令，俱有绝对服从之义务。不明此理，则丧失其当然之人格，不啻戕伐其固有之天性，天怒人怨，为五洲万国所唾骂，辱莫大焉。将恃此毫无纪律之军人，而责以卫国保民，岂不可危可痛。自军兴以后，四民失业，播散流离，所仰望于军人者，责任何等重大。若不能恢复秩序，戡暴锄强，无论内问天良，固多悚歉，即以一身利害而论，军人同是国民，而衣食所需，又无非同胞担负。试思谁无室家，谁无子弟，被人滋扰，情何以堪。设身处地，能无痛恨。且军人不守纪律，必至牵动大局，图一时之放恣，忘国势之倾危，国之不存，身于何有。追原祸首，孰执其咎。故欲保国卫民，必先服从命令，使全国军队如身之使臂，臂之使指，万目一的，万众一心，起国民爱敬之感情，即贻己身以无穷之福利。本大总统素以卫国保民为宗旨，而军人之能否卫国保民，即视其能否服从命令。深望我军人以本大总统之心为心，视国民之苦乐与军人之苦乐为一体，乃能保全荣誉，巩固国基。用是三令五申，不惮谆谆告诫。各该将领，其传知此意，俾各懔遵。此令。中华民国元年五月二十二日。大总统盖印。唐绍仪、段祺瑞、刘冠雄署名。"

6 月 17 日，发表《论禁止军人入党》文。说："人民组织政党，原以促进文明、巩固国体为宗旨。惟东西各国，皆不准军人加入政党。盖以武力进行，非特易召危险，且必致有误操防。现在大局已定，军人大功告成，自应将参政之机归诸政党，以期日起有功。所有各军队，嗣后无论何项党社，一概不得加入，以一心志而固国防。"

1913 年 12 月 13 日，又颁《再严申诰诫严禁军警入党令》。说："前经迭颁命令，严禁军警入党。诚谓军警以服从命令、保卫治安为天职。一经入党，流弊滋多，为害甚大。是以各国通例，皆著之禁令。近来各省都督

①　《公电》，《申报》1912 年 6 月 2 日。

及军警官长等多已呈明自行脱党，此皆深明大义，恪恭命令，尽服务之天职，防越俎之营为，本大总统所极深嘉许者也。乃闻各军界、警界近仍有入党之事，诚恐传染渐广，萌生厉阶。用再严申诰诫，凡各军警官长等务宜本身作则，未入者必力为屏绝；已入者即声明脱离，并严约所属人等，一体遵照。此令。中华民国二年十二月十三日。大总统印。国务总理熊希龄、内务总长朱启钤、陆军总长段祺瑞。"①

▲蔡锷电告袁世凯、黎元洪、黄兴、各省都督，援蜀滇军回省情况。说："本省援蜀军队步、炮兵五千，于昨日同抵滇垣。各界欢迎甚盛，军民异常感激。各军队莅省，军纪均极整严。现驻东、昭及黔中遵义、毕节之步、炮、工七营任务已竣，均启行在途，月内可一律回滇。安队之法，早经筹妥，临时奉闻。滇都督蔡锷叩。蒸。印。"

又电请广州孙中山转告张翼枢，滇省盼其速赴滇。说："敝院前寄陈都督冬电速〔促〕驾，谅达览。滇有院务借重，望速临。盼复。滇都督锷。蒸。印。（昆明发）"②

按：张翼枢应蔡锷之聘，于1912年6月8日出任云南军都督府外交司司长。

▲报载蔡锷"添拨步兵一营、军糈若干"援黔。说："黔乱虽平，然伏莽尚多，若不以重兵镇慑，终难保黔省之安宁秩序。顷蔡都督准黔军政府来电，添拨步兵一营，军糈若干，已于五月十号出发，俾保贵州秩序云。"③

又载蔡锷为维护军纪，曾多次惩处犯纪者。说："云南步兵第四联一大队已革小队长金伟（贵州人）前因违令放枪，撤差后按律拟处监禁一年。旋据该营大队长报告金伟尚藏有枪械不呈缴，当即讯问，而金伟捏词狡辩，及电询该队队长，始知私售与惯买枪械之段耀南。又搜获枪械多件，暨金伟亲笔致介绍卖枪人宗和昌密信一函，后经执法处讯出宗和昌与段姓实供。又有段章华供称伊兄段耀南与金伟购枪情事，因又用所获枪支给金伟识别

① 以上三文分别见骆宝善、刘路生主编《袁世凯全集》第20卷，河南大学出版社，2013，第42、105页；第24卷，第420页。
② 以上二电见曾业英编《蔡锷集》（一），第616页。
③ 《滇军之来鸿去燕》，《申报》1912年5月30日。

辨认，金见事已抵实，狡赖无效，始行承认不讳。贵州旅滇同乡车某等关怀乡谊，具禀卫戍司令部，请予从宽宥释，部以金伟既系军人，必应照律严办，特饬不准。"

又说："滇省哥老会首傅秉章等，自反正后聚众开堂，谋为不轨，业经巡警局长侦出证据，禀请正法。而傅之党羽张星之、撒云山等亦经分别监禁，该匪等自应涤虑洗心，改弦易辙，为正当之营生，以期保全头颅。不意近来又有秦聚五等复暗开振华会，勾结援军，联合各匪，为傅秉章复仇，救张星之出狱。日前又被侦实捕获，讯供不讳。乃由巡警局禀请军府将张星之、撒云山、秦聚五三名并卫戍司令部审明在蒙抢劫之张如江、吴金山、周廷芳、李正林、王志清等五犯一并绑赴南校场正法。"

又载蔡锷为备荒救民，废积谷仓。说"滇省积谷仓创自前清谭抚，光绪三十一年裁兵并将兵谷存储该仓，每属共约存谷八九千石……乃近因他郎、嶍峨两属官绅经理不善，致有侵挪亏蚀等弊。某司长遂禀呈军府，除省城仍存储外，各属均实征解存富滇银行，以备灾时购米济赈。"[①]

11 日

▲蔡锷主持都督府政务会议，并亲自修改会议速记录。

都督提议事件：

（一）贵州销盐及运烟问题。（甲）滇盐销黔，或由公办，或由商办，或滇、黔合办，或由黔独办，由滇征课，由财政、实业两司于十三日午前邀唐省吾妥筹办法[②]。（乙）贵州烟土由云南出口，或抽收过境税，或由云南包办，亦于十三日由财政司与唐省吾筹拟办法。

（二）黔省请代给枪价问题。（甲）由财政司拟稿电商黔省将存铅变价抵款。（乙）由军务部查明戴循若在滇时将存铅抵款确数。

（三）借债问题。（甲）由袁雪安（按：袁家普，字雪安）拟稿一、呈大总统；二、咨财政部；三、致熊秉三函；四、致肖立诚函。拟定后由军政部核定并给肖立诚委任状。（乙）前议借三千万，为数过

---

① 以上各文见《滇事片片录·罪弁难宥·课戮匪犯·废积谷仓》，《申报》1912 年 5 月 10 日。

② 原稿此后尚有"指定销岸"四字，被蔡锷删除。

多，改定为借一千万，专充办实业及内地整理①交通之用。（丙）如借英款，应用中央政府名义转给云南。否则，云南自借，请中央承认。

（四）取录文官，应速行分别任用，以免久候②。由军政部速筹办法。

（五）取缔外商之杂居。（甲）由财政、实业两司先派员调查建筑商埠情形，与商会切实筹议招商承办，并令商会将招商情形定期答复。（乙）由巡警局调查外人杂居户数呈报，以凭饬司核办③。

（六）全省警察问题。（甲）筹划扩张全省警察之法，先调查各州、县、城镇、乡应设巡警之数。（乙）整顿警察④，聘日本警察教员，并派员赴北京学习。

（七）应付投效人员。作一文劝告之，由唐炼心（按：唐璆，字炼心）拟稿。

实业司提议事件：

（一）扩充个旧富滇分银行资本，以维厂务。财政司已筹备五十万两，以备借贷。

（二）兴办个厂矿警。由军政部饬个旧巡警务长迅即详细调查，妥为规划具复核办。

（三）酌减个旧营兵。已饬各营裁去一哨，尚未据复⑤，应由参谋部拟电催之。

（四）设游击队于个厂，以助长矿警威力。参谋部筹定办法。

（五）个锡向章，自碧色寨运至海防，每吨需车费四十元。现滇越铁路公司议加五元，已奏河内总督，俟批准后即便实行。可否由外交司与法领交涉仍照旧收，以恤商艰，而维厂务。由外交司办理。

阅。五月十一夜半⑥。蔡锷。印。⑦

---

① "整理"二字，为蔡锷所加。

② "用，以免久候"五字，为蔡锷所加。

③ "以凭饬司核办"一句，为蔡锷所加。

④ 此句原为"警察之法"，由蔡锷改为"整顿警察"。

⑤ "尚未据复"四字，为蔡锷所加。

⑥ "阅"字和签署日期，系蔡锷亲笔。

⑦ 曾业英编《蔡锷集》（一），第571—572页。

又电告尹昌衡、张培爵，川扣留京铜事已电知财政部。说："艳电川扣留京铜事，已电知财部矣。俟准部复再奉复。滇都督锷。真。印。"①

又电询李根源，熊其勋、周连彪两营改并是否妥协。说："唐提督（按：指唐尔锟）现经黔都督电令曰，华坪周管连彪、苴却熊管其勋及该两营内黔籍兵丁，一并偕往。闻两营各有黔兵百人，拟饬挑出率带回黔，苴却防地拟调合宝珍所带之南防第十一营填扎，并令合营汰去老弱，遗额即以熊营余兵，归并成为一营。其华坪周营余存之数，拟并入永北尹营，仍饬汰弱留强，编足一营，分防永北、华坪两处。惟查华坪之第八营已委陈松寿接带，该营现既并入尹营，拟将尹管明玉调省，该营即以陈管调充。似此归并调拨，是否妥协，希裁夺迅复为盼。都督府。真。印。"

15 日，李根源电复"省城军都督府"说："真电悉。熊、周两营改并事，筹划周密，请即发布，以便遵办。现委第八营管带陈松寿，因双亲灵柩，现尚浅厝，请假四月，回籍安葬，情词迫切，当经照准。查该管人尚诚朴，在榆标服务日久，毫无贻误，特别赏给旅费银一百元，并饬假满即行到差。未到差以前，查有记名管带马登云诚勇可用，办事勤慎，堪以委往代理。除另文呈报及令委外，谨先电陈。师长根源叩。删。印。"

6 月 9 日，又电告"省城军都督府"，此后熊营一切事件，均禀承张文光"酌核转请办理"。说："前奉军府真电开，苴却防地，调合宝珍之南防第十一营填扎，并令合营汰老弱，遗额即以熊营余兵，归并成为一营等因。查熊营系归张提台兼统，兹合营暨并熊营，乞转饬合管，嗣后该营所有一切事件，均应禀承张兼统酌核转请办理，以期统一，而便考核。再合营已否开拔到防，现在永北警报频闻，第七、八营甫经裁并，兵力甚单，该营若尚未出发，乞催促克日起程。盼复。根源叩。青。印。"②

▲报载云南蔡锷日昨曾急电国务院说："以地方之力出借外债，终不成功，敦请中央电汇巨款，以济滇急。"③

12 日

▲5 月 8 日，李根源电请"省城军都督府"，对"各属所储兵谷"，采

---

① 《蔡锷集外集》，第 140—141 页。
② 以上三电见《西事汇略》卷五，第 10—11、14 页。
③ 《要钱者何多》，北京《爱国报》1912 年 5 月 11 日。

取"变通尽利"之法。说:"各属所储兵谷,原备绿营兵食,现在提镇额兵无多,而兵谷存储每属有数千百石,即大理而论,按年只发兵米一百四十四石,而现存之谷米约共五千石,蛀蚀霉变,无年无之。各属每值新旧交代之时,风扇〔煽〕盘量,诸多折耗。前后任辗转递交,未有不亏赔者。该厅、州、县先有钱粮平余可以补偿,兹则归官之陋规既已归公,各官之俸给又将规定,则此项亏赔,若仍前责令担负,似亦不近人情。查各属皆有积谷,向由绅士经管,此项兵谷当可援照积谷办法,交由自治公所管理,官为监督,实放实收。盖官之在任无定期,自治绅董有专属,固无庸随时交盘,亦无虑监守盗卖,每年推陈出新,由官察核具报。纵稍有折耗,亦可实报实销,亦不致有赔累,两相钳制,公家有益无害,可不强人所难,此变通尽利之一法。其实绿营兵米,已属有限,与其领陈仓之谷,何如放折色之银。现在青黄不接,米价日腾,若乘时将所存谷米,一律发出平粜,民间既免艰食之苦,公家可得善价而沾,各属官吏亦不致无辜受累,一举而三善备,似亦可斟酌饬行。如蒙俞允,拟以后即永远征收折色,连同现在变价之银两,悉解财政司另款存储,或交存银行,以备荒赈,不得借事挪移,此又变通之一法。兵谷系地方行政,与积谷性质不同,应如何办理之处,伏乞饬司妥议,呈候饬遵。根源叩。庚。印。"

12 日,蔡锷电复大理李根源说:"庚电悉。查各属储存兵米,通令变价解省,距省远者存分银行,而各属遵解者寥寥。恐多亏耗,非澈查严饬解缴不可,候令司核办。至以后应征兵谷,业经议定,一律照市价,永远折征报解,已通令照办矣。都督府。文。印。"①

13 日

▲5 月 9 日,李根源电请"省城军都督府"饬部备案事。说:"腾冲边地,旧设八卡,分设卡官,所以防奸宄而缉盗贼,用意本善,惟日久废弛,遂同虚设。源前在腾曾饬黄守一并裁撤,酌设弹压四员,并饬划分地点,妥筹禀办。顷接黄守阳电称,弹压名目与各土司所设者相混,拟请改为巡捕,驻扎地点拟一驻猴桥、黑温塘居中之盏西;一驻陇猛居中之猴垒;一

---

① 以上二电原录自《西事汇略》卷六,第 22—23 页,原无发电月份,曾业英编《蔡锷集》,将其定为 6 月 8 日与 12 日。但从李根源电文中有"各官之俸给,又将规定"与"现在青黄不接"等语,以及蔡锷复电明指李根源在"大理"来看,似定为 5 月更合适一些。

驻猛遮居中之蛮满；一驻陇属章凤，或遮属黑山门。惟各员薪薄，拟就地拣委等语。查该守请改弹压为巡捕委员，尚属妥协，所定区域亦颇扼要。除电准照办，并饬就地拣员委充呈报外，谨陈，乞饬部备案。师长根源叩。青。印。"

13 日，蔡锷电复大理李根源说："青电悉。所陈各节，均属妥协，应准照办。惟据军政部呈称，细查所拟分驻地点，猴垒与章凤相邻，蛮满与黑山门亦近，地势尚未适宜。拟请改为一驻盏西，一驻章凤，一驻猛卯之扒坤，一驻猛板之蛮牛坝，分配较为停匀等情。希即查核办理，并复。都督府。元。印。"①

14 日

▲蔡锷电请袁世凯暨国务院、黎元洪、黄兴，"迅为筹处"滇省两师饷糈，以"巩固国防"。说"滇系山国，又逼强邻，伏莽既多，外患尤迫，思患〔为〕预防，非屯驻重兵不可。前清编练陆军，云南已成一镇，然兵力尚嫌单薄，故以巡防队为补助陆军之用。自反正后，因援蜀援黔陆续添练，统计内外军队已成二师。就云南地位而言，非有此重兵不能镇慑。然滇省财力奇绌，饷项万难自筹，历来边巡各防所有常年饷糈，均系指拨他省筹解。及开办新军，需款尤亟，除本有之常年协饷仍分批亟拨外，复指拨各省关款至二百五十余万。诚以国防所系，决非滇省之力所能支持，故各省虽筹款维难〔艰〕，亦无不勉力协济。军兴以后，协饷遂停，经费所需，万分支绌。惟改革之秋，人心摇动，内部稍有不靖，即启外人蹈瑕抵隙之端，而川、黔匪势方张，亦有滋蔓难图之虑，故内则驻兵防守，外则分兵援助，虽库藏如洗，而悉索敝赋，不能不勉为其难。今幸内外安谧，不致贻大总统南顾之忧，然以穷边而捍卫中原，实以气尽力索。此后整顿军备，巩固国防，不能不由中央主持，非滇省之力所能及。一省预若漠然不②，坐令边省垂危，锷一身不足惜，如国家领土何。锷自掣滇事，日夜忧煎，呼吁频繁，不知所择。伏恳大总统饬国务院迅为筹处示遵，不胜迫切待命之至。滇都督蔡锷叩。盐。印。"③

─────────────

① 以上二电见《西事汇略》卷九，第 4 页。

② 原文如此，疑为"一若漠然不预顾"之误。

③ 曾业英编《蔡锷集》（一），第 620 页。

▲李根源电请"省城军都督府",饬部备案国民军第十营拨归腾越镇兼统。说:"查永昌府属已划为腾越镇卫戍地段,现驻该府之国民军第十营自应拨归该镇兼统,以一事权。除分别饬遵外,谨呈,乞饬部备案。师长根源叩。寒。印。"

又请电饬西防国民军第九营回榆"酌量改编或遣散",说:"现在腾、永地方,均称安静。前赵巡按所募分驻腾、永之西防国民军第九营,已于尤日电饬黄护道转饬该管带杨钟骥率领所部,开拨回榆,酌量改编或遣散。兹接该道电称,杨管元日出发,到时即行酌核办理。谨先电陈。师长根源叩。寒。印。"①

15 日

▲蔡锷通电袁世凯暨国务院、黎元洪、黄兴、各省都督、各报馆,反对以王人文或岑春煊取代四川尹昌衡、张培爵两都督。说:"近阅载报,中央有任命王人文或岑春煊为四川都督之消息,此或出于外间拟议之词,姑存此说,以促川军政府之憬省,而望其改良,亦不可知。若果见诸实事,锷窃以为不可。川省自铁路风潮首先发难,独立后复遭变故,民不聊生。上年十月,有赵康时、董福开等在四川组织中央国民军,以川军不能维持治安,曾电商改造政府。此间连电力阻,谓川军政府势力虽薄,然既已宣告独立,只宜辅助之以戡乱,不宜摧挫之以生嫌。时滇军方在叙、泸,其势甚锐,诚不难长驱直入,摧陷廓清。然仍令联络蜀军,不许轻举。诚以荡平匪乱,自可互相援助,至经营善后,不能不让蜀人之自为谋。今蜀中秩序次第恢复,公口名义亦经取消,尹、张两都督之功,自不可没,此后徐图补救,则匪患自可消弭无形。一有更张,人情疑异,万一匪徒铤而走险,势必全局糜烂。恐以岑、王两公之贤,亦无以善其后,或致多烦兵力,蜀祸更无已时。此时惟有责成川都督整顿内治,力图治安,而不宜轻议更张,复生枝节。至西藏问题,关系重要,非派专员率精练之兵,迅为筹备不可。滇、蜀毗连,见闻较稔,一得之见,率敢冒陈,伏维垂察。滇都督蔡锷叩。咸。印。"②

① 《西事汇略》卷五,第10页。
② 曾业英编《蔡锷集》(一),第 621 页。又见《申报》1912 年 5 月 20 日。

25 日，尹昌衡、张培爵电复蔡锷说："咸电敬悉。具见主持公道、扶助邻封之雅，良深感纫。川省自独立以来，百端待理，措布维艰。昌衡以菲薄之材，肩斯重任，前曾屡经辞职，咸以大义相责，勉为其难。外间拟议之词，衡等正宜加勉。今尊处以整顿内政，力图治安，殷殷相望，尤当奉为箴铭。川、滇唇齿相依，诸承厚谊，不独衡、爵等感拜，即七千万众，亦隐蒙幸福也。肃电复闻，并鸣谢悃。川都督昌衡、培爵叩。有。印。"①

▲5 月 9 日，李根源电请"省城军都督府"，于陇川、猛卯、遮放、猛板、芒市各土司地酌设弹压委员。说："腾冲各土司地，除盏达、干崖已设弹压外，其余陇川、猛卯、遮放、猛板、芒市各土司幅员广漠，在在邻缅，拟仍划分区域，酌设弹压。近则为镇慑之资，远则为经营之备。前饬黄守妥为筹议，兹据电称，陇川、猛卯、遮放三处壤地相连，请设弹压一员，猛板、芒市二处请设弹压一员，惟陇、猛、遮三处，小小交涉边案极多，并有过耕田土缪辖，该处弹压拟请委兼交涉副委员，不另支薪，办事较为灵通等情。查该守筹划各节，尚属周洽，应照所拟办法，遴员委办。其陇、猛、遮弹压，兼交涉边案副委员，查有杨春培堪以委充，猛板、芒市弹压委员，查有杨鸿仁堪以委充。是否之处，统乞衡核示遵。师长根源叩。青。印。"

15 日，蔡锷电复李根源，依军政部所呈，宜一律更名为边务委员。说："青电悉。据军政部呈称，查此电请设弹压委员各地，与前电请设巡捕委员各地，同在一方，既设巡捕，又设弹压，未免重复，且设弹压，乃改土之始基，宜暂避此名，以释土司之疑。据军政部呈称，前后两电请设各员，均在边地，拟专设一项，名曰边务委员。除前设之交涉委员仍旧设立，一律更名为边务委员外，尚应添设三员，一驻盏西，一驻猛卯，一驻蛮牛坝，尤为适宜等情。查该部所拟，尚属允当。希即查照办理，委员充任报查。都督府。删。印。"②

17 日，李根源电复蔡锷，坚持仍设弹压委员。说："月密。腾属盏西一带，外接野夷，旧设八卡，以为防制。然防之于内，而不防之于外，就能得力，亦只足杜内地之侵扰，无以顾越界之抢劫。边案之交涉日多，每

① 《云南辛亥革命资料》，第 438 页。
② 以上二电见《西事汇略》卷九，第 3—5 页。

岁之赔偿无算，故议裁并，改设巡捕，分驻边里，与弹压委员用意，本不相蒙。巡捕之责（任）在缉捕野匪，杜其越境，兼稽查出境之粮食、入境之私盐；弹压之责任在监制土司，收其治权，以实行边地之经营，权责亦不相侔。驻扎地点，弹压则不能不设于土司之治所，及控制便利之区；巡捕则不能不设于通缅之要道，及野匪抢劫之地，此其不能牵并者也。原定薪水，弹压一员，月薪五十两，公费五十元，由公支给；巡捕一员，月薪仅十六两，护兵三名，就卡费支给，此又不能挹注者也。部议专设一项，本极划一，惟拟将交涉边案委员改为边务名目外，共设三员分驻盏西云云。查交涉边案委员，须经外人认可，今既不改职权，徒易名目，似无取此纷更。且与英缅官厅，往来非一，苟不标出权限，亦有误会之虞。至弹压之设，其来已久。边务之名，转是创见。将谓土司致疑，恐在彼不在此。盏西本系练地，所以防野匪，非以制土司。猛板蕞尔，蛮牛坝亦僻处一隅，仅系滇缅交通，无以长驾远驭，止以设巡捕员为宜。青电第据黄守电转，未及详晰敷陈。兹谨分别声明，以备衡核，应否准照原议，设立陇、卯、遮弹压兼交涉副委员，及芒、板弹压各一员，仍照给委之处，伏候示遵。根源叩。筱。印。"①

20 日，又电"省城军都督府"说："青、筱两电请设弹压地点一节，复加考核，陇、猛、遮共设一员，实属未尽妥协。昨电黄守筹商，该守亦以为未当，前请共设一员，系为撙节经费起见云云。查源前在腾所陈各节，奉钧府蒸电开，拟以南甸为一县，干崖为一县，益以盏西练、盏达为一县，益以蛮允、户腊撒、陇川为一县，猛卯、遮放为一县，芒市、猛板为一县，以上均隶腾冲府等因，仰见钧府规划详密之至意。兹拟将青、筱两电所划地点，改照钧府前电所划区域办理。除干崖、盏达已设，南甸缓设外，陇川拟设弹压委员一员，兼充交涉副委员，仍以杨春培委充。猛卯、遮放设弹压委员一员，查有周谟堪以委充。芒市、猛板设弹压委员一员，仍以杨鸿仁委充，庶与钧电所指示者相符，将来亦便于治理。如蒙俯准，乞并青、筱二电核示遵行。根源叩。哿。印。"②

21 日，蔡锷电复李根源，同意其人事任命主张。说："筱、哿电并悉。

---

① 《西事汇略》卷九，第 5 页。曾业英编《蔡锷集》所定日期有误，非 2 月 17 日。
② 《西事汇略》卷九，第 3 页。

弹压与巡捕权责既不相侔，自应分别办理，所请照蒸电分划区域，设陇川弹压兼交涉副委员一员，以杨春培委充。猛卯、遮放弹压一员，以周谟委充。芒市、猛板弹压一员，以杨鸿仁委充。各节应即照准，并候分饬备案。至巡捕委员是否仍设，其驻所是否照军政部议，或执事原定地点，希即电复。都督府。马。印。"①

同日，李根源电复蔡锷说："马电敬悉。蒙准新添陇川等处弹压委员，遵即分别委任。巡捕委员仍遵照前电设立，其驻所亦照部议区分，于前日已电饬黄守遴员委充报查矣。谨复。师长根源叩。马。印。"②

▲2 日，李根源电请"省城军都督府"，改委姚春魁为"筹办怒猍边务总办，以重责权"。说："藏乱蔓延，边势日亟，防维筹备，均关紧要。丽江一缺，非得干略兼济、洞悉边情者断难胜任。熊守廷权应恳迅速委定，饬即克日起程赴任，勿任诿谢，以重边任。姚守春魁敏历中维，情形最熟，前经加委兼任筹办怒猍边务监督，现在迭电辞职，均以愿专任经营边务为请。查滇西北界迭生蹊辖，今竟骎骎东渐，皆由视为瓯脱，坐启狉犷思逞之心。近今边警频闻，夷性愚犷，不亟绥辑，蠢动可虞。经营之方，对内对外均无可缓。拟俟姚守卸事后，即改委筹办怒猍边务总办，以重责权。每月薪水六十两，公费八十两，以资办公。前派筹办怒猍正副委员长任宗熙、景绍武、何泽远及各委员即归该总办指挥，所有筹办事宜均由督率办理。其石登、阿墩子弹压委员及阿墩土勇，并听节制调遣，以期办事灵活，免碍进行。蒋仁孝报效银一万元，经电奉准作为经营北界，或改土经费，拟即将此项银两发交该总办，作为基本金，逐渐兴办怒猍地方商业、实业，收效之期约以五年为限，仍予严定限制，不得亏折本金，如有亏耗分文，即惟该总办是问。如蒙俞允，再饬妥拟章程，核定举办。其余一切规划，并俟续陈。源为殖边固圉起见，是否有当，伏候衡核示遵。师长根源叩。冬。印。"③

7 日，又电"省城军都督府"说："姚守春魁奉准委任筹办怒猍边务总

---

① 《西事汇略》卷九，第 5 页。曾业英编《蔡锷集》将此电日期定为 2 月 21 日，误。

② 《西事汇略》卷九，第 5 页。

③ 《西事汇略》卷九，第 21—22 页。此电原未署月份，但任宗熙致李根源第二函中言及他是"四月初六日奉到宪台札开添委何副委员长泽远帮同办理"的（《西事汇略》卷九，第 29 页），而此函中又说何泽远是"前派筹办怒猍正副委员长"，由此推知当发于 5 月 2 日。

办，当即转饬遵照预为筹划，俟熊守到任交替后，即行着手办理。惟查兹事体大，前电所陈各节外，尚有应行规定者。现除任景、何各委，及石登、阿墩弹压，土勇均归节制调遣外，拟再将保山属之等梗、鲁掌、卯照三土司，云龙州属之六库、老窝两土司，丽江县属之兰州土司，并维西、中甸两属所辖之各土职，均归该总办直接管理调遣，庶事权统一，呼应灵通。其拓边队仅一哨零三十名，不敷分布，拟即由该总办督同各委员妥为添募，编足一营，并更名殖边队，兵额饷糈皆照国民军章制办理。惟编配应特别规定，共分四队，以一哨归任宗熙带领，名为第一殖边队；以一哨归景绍武带领，名为第二殖边队；以三棚归何泽远带领，名为第三殖边队；以五棚归该总办带领，名为第四殖边队。其管带哨官长名目均不设置，并准酌量于各队中，以定额四分之一招用商贩、工匠补充，惟实在兵员须足四分之三。此项人员除正副委员长三员、委员四员外，并准酌带差遣员三员、正目委员长及各委薪水照旧支给，差遣员每员月支薪水十二两，在行动时员兵旅费照国民军新章办理。马干、马脚银照旧定数目办理。该总办往来公电，准于公费外另行实报核销。该总办驻在地点，不必限定一处，俾便往来考察。该总办职权内办理一切，悉听便宜行事。又查阿墩土勇向闻有缺空克扣情弊，勇丁尤为疲弱，应俟该总办到彼后认真查考；应否淘汰改募，以及可否裁减，统由该总办酌量禀办，总期有一勇得一勇之用。再懋犷地方险塞，人性愚犷，经营所至，尤须有兵力策应。孙统领（按：指孙绍骞）热心边事，熟习情形，拟请委兼会办，不另支薪，以资协助该总办委员等，关防、委状即由源分别颁发给换，呈报查考。如何之处，伏候核示遵行。师长根源叩。虞。印。"

15 日，蔡锷电复李根源说："月密。虞电悉。所请募足拓边队四队及添设差遣员，拟定饷章、旅费，请委孙统领兼充会办各节，均可照准。惟殖边队不必另募，可由国民军内抽拨一营编定调遣。云龙、保山以西各地，已与英国之远征队接近，该总办经营地点，自以懋犷西北部为最宜。所请直接调遣登梗、鲁掌、卯照及六库、老窝各土司，虑滋疑忌，应勿庸议。至于筹划西藏办法，已电京请示由维西茶砥、马必立之间特辟新路，经珞瑜以达拉萨，应如何先行派员侦测维西出口路线，以便着手之处，希酌核转饬姚、孙办理，先此电复，并候令行知照。锷。删。印。"①

中旬

▲蔡锷电请北京中央政府与驻京公使交涉蒙自关所收税款问题。说："蒙自关税务司所有自去年八月以后所收税款，均私送香港汇丰银行存储生利，与去年所定收款由税司存储不动之条款相背。屡次交涉，该税司置之不理，请中央政府与驻京公使诘问。"

袁世凯据此批交外交、财政两部查核办理。②

▲李根源对蔡锷做如下电话建言③。说：

半年以来，无日不在病中，事毕务恳准予解职，回里养疴，万不能再任职务。至回省返命，一晤同人，亦所甚愿。惟一回省，人事纷繁，不容再归。源病已深，将苦死矣。诸公爱我，必能谅察。

榆联退伍之事，缪联长从容布置，幸已就理，枪弹亦全数缴归饷局，退伍兵亦陆续出境。源虽在此，一切仍付诸缪，约三日内便可一律廓清。现在自榆以下腾、永一带，可以安枕无忧，足告廑怀。

驻榆军队，除第七联已经缪联长布署就绪外，刘联长所带步骑机炮共十中队，司令部卫队一小队，现除机炮骑各队将来徐令回省外，方大队已奉准编入第七联，其余各中队亦拟并同编入第七联。有不愿留者，即在榆优给恩饷遣散。省中正值援川军回滇，若再令各队开回，必难容纳，转增老前辈顾虑，且各队既分别改编，而榆联亦仅两大队合腾冲一独立大队，始足一步联之数，与省中定议相合，综计实可节省一联之饷。军事一方面，源无论如何，必当竭力图维，以纾轸念也。如何，乞示。

援川军旋滇，军容甚整，谢、李两君之善将兵如是，佩慰无极。惟兹事体大，近日尤切究心练习警察及开矿、屯田，源意均非所宜，

① 以上二电见《西事汇略》卷九，第22—23页。曾业英编《蔡锷集》将其日期定为6月7日、15日，误。

② 《碧鸡山畔恶声多》，上海《民立报》1912年5月17日。

③ 原题为《与蔡都督电机问答》，未署具体日期。但李根源在其《致省城军都督府电》（1912年5月19日）中说过："日昨并邀松波前辈于电机旁直接商榷，尽情倾吐，亦足知其无隐。"（《西事汇略》卷十一，第3页）可知其"电机问答"当在5月中。

似不如参照榆联办法，沉几电断，毅然决行，庶几一劳永逸。如何，乞采择。

中央近事及省中对于南北大计之赞划如何，远道锢蔽已甚。每传一危疑消息，常不免杞人之忧。凡有此项电文，拟乞饬处照转一份。

蒉赓在黔，削平祸乱，其所全者甚大。月前忽睹杨荩诚电，作舍人之争席，良可浩叹。愚意不若径召蒉赓旋滇，无使以人谓我不然。钧意以为何如？西藏乱事，日前已迭电陈，荩筹如何，乞示。

为统一之障者，莫甚于省界之见。近睹省中用人，似多偏于本籍，既长私隘之习，尤开阘冗之端，务望老前辈勿避小嫌，力矫斯害，先破本籍客籍之界，然后人才可得，器使攸宜，即各司中在当日草创之际，备员塞望，良非得已，此时不予澄清，则非所以为建设前途计也。是在老前辈内断于心，无所假借然后可。源此行所引用，大半皆<非>客籍，即参用二三本籍，亦非重要位置，外间怨谤非所恤也。

地方行政，兴革方多，苛细繁重之条规，殊无当于事实，徒敝任事者之心力，尤碍政治上之进行，而凌杂纷乱，漫无秩序，尤为政令之大忌。又省中当民事者，举从前根于大清律所生之种种惯例，在昔已成具文，在今尤不适用者，必极力保全之，实所不解。且格杀强盗则指为草菅，惩办蠹役则斥为擅杀，是纵盗贼胥役以殃民者为循吏矣。

省中详情，道远难悉。惟闻改历以后，恬嬉荒晏之风复盛，酒食征逐，酬酢逢迎，车马塞途，势焰熏灼，一返当日官场之旧习，此满清所以亡也。请垂厉禁，以挽颓风。

又关于美观上之设施，如公园、马路之类，似可从缓。穷乡僻壤中，食无盐，身无裈者，所在有之，民生主义之谓何？以此款移注边地，则所造多矣。戏园林立，社会之经济上、风俗上均有关系，亦宜力加裁制，以崇节俭之风。

司中用人，各分党派，非其私昵，不能置足，外间啧有烦言，而民政司之受攻击为尤甚。审判厅种种现象，尤为初政污点，下至丁役亦滥索规费，可慨也。

金融机关，所用非人，财政恐蒙弊害。孙琳之丑历史，言之污耳。今日竟作总办人，咸谓不顾清议，过于兴禄也。

张文光到榆后，尤热心职务，所部官兵亦甚安静。现已派学生二名，每日教授一二小时，输以军事上之智识。渠意尚拟稍尽职务，再请赴东留学，其志趣尤可嘉也。

以上所陈或不免老生常谈，其必躬诸机旁而缕陈者，亦冀较假手文电，易于动听耳，唯老前辈采择之。

叔桓兄既不能挽留，行将北上，似应预择替人。谢幼臣学术湛深，为同侪所深信，此役劳苦功高，尤卓越寻常万万，以之继叔桓后似最适当，唯裁择。

丁镇不宜久于边任，老前辈之所知。某亦不可信任，惟调任斯缺，自具深意，能饬速来，甚善。否或由钧府另拣妥员接任，以重边寄，统候裁察。

腾中外交、边务，均极困难，西道一缺，最宜慎选，一时如难其人，即暂任黄守兼护，以免纷更亦可。黄守于边情、交涉，允称熟手，与地方感情亦洽，盖亦未易才也。

源禀厚知重，承敦迫，何敢坚执初意。况当艰难之际，尤不敢自居宽闲。惟久病之余，本原大亏，稍劳心力，则头眩心悸，喀血遗精，诸症相因而至。即欲自矢鞠瘁，终于滇事无裨，亦复何取？榆事约半月，可具端倪，一月可期大定，一切图维，谨当力任。惟事竣后，务恳少赐宽假，俾得谢绝人事，养疴数月，再行旋省听命，无任感盼。

用人不宜偏于本省，尤不能限于旧日官吏。其由外省归来之滇官，虽不尽为无用，而为人所淘汰者，当居半数。以做官思想之发达，其服务心薄弱可知。愚意今日用人，宜先去主客之分，而后真才可得。宜酌剂新旧之用，而后器使咸宜。新党则考其经验，旧党则考其学术，而皆以品行操守为要归，四端备矣，然后量其才而用之，不问其为本省外省也。排外排内之说，皆鄙夫之快其私，为有识者所笑久矣。用人大柄，唯老前辈自操之，全省责望亦惟老前辈独负之，宜不徇流俗之言，或失权衡之当也。其因觖望而生怨谤，造谣而妨大局者，即请以滇人公意惩治，以维政柄。至地方官，全用本省人，利害亦只得其半。即所举四端而论，地方之风土固习，而政治之利弊则疏，此非自治发达不易言也。感情易洽，恩怨亦多，此非司法独立未易言也。且既同乡里，纤悉易知，素行稍有不孚，辄起乡人排斥，用人者又安得刺取其平日行事，而一一考核之。至任事劳费两端，则又存乎其人，而不必定限于在乡在客。滇人官于外省者，官场习气所染，似过于滇中，固司中近日发见之现象也。此议果行，则地方被患尤大，唯老前辈裁之。都督府官制，编订尚完善，外交、财政两司，拟荐何人？乞秘示。①

按： 17 年后，李根源再次谈及滇军援川、援蜀等事。说："滇光复后，派兵两梯团出四川，一谢汝翼，一李鸿祥。至是（按：即 1911 年 12 月）已入叙府，先头抵泸州、自流井，实行援助川人，颇博川人欢，迨川局定即撤师，无利川心。护国之役，川人仍箪壶迎义师，岂无故哉。黔已反正，都督杨荩诚、副都督赵德铨、民政长张石麒、军政部长黄复清、枢密部长平刚，皆自治派人也。宪政派失势，乞滇出师，熊范舆、刘显治、唐尔锟请求尤力，并声言愿戴〔代〕唐继尧或韩凤楼往。余颇持异议，谓滇黔唇齿，当此国基未定，武汉战急，只能维持现状，出以调和矫正，不宜走入极端。蔡公信熊、刘言，待余西行，以唐继尧编一军，率之入黔。未几，戛赓入贵阳，逐杨、张，杀赵、黄，占有贵州，遂结两省恶感，种两派祸根。后之黄、葛、熊、张、唐、王、袁、周之死，未尝不起因于此。熊、王诸贤，非但黔之人才，实国家人才，年方少壮，竟殒凶锋，不能不恨五华山头余言之不用也。"

又说：日人加藤和夫曾加入孙中山同盟会，中文名李健庵，1910 年夏由李烈钧邀至云南办体育学校，李赴川后，加藤仍留滇。"云南光复，加藤与东京通信报告军事秘密，批评滇中之非是，先后检获密函多件，因是松坡派人杀之于东川癞头坡。"②

16 日

▲蔡锷电复大理李根源，"本省财政奇窘"，对于藏事，"不敢轻于一行"。说："文、寒电悉。藏事危急，关系滇、川。我军训练夙精，若之以防剿藏乱，必可得力。惟滇、藏虽属连界，而地方辽阔，道途险阻，悬军深入，殊非易事。且此次番逆啸聚至万余人，欲图戡定，兵力不宜过薄，至少亦须二三千人。边荒之地，无粮可因，而本省财政奇窘，巨饷万难筹

① 《西事汇略》卷十，第 9—12 页。
② 以上二件见《雪生年录》卷一，第 23、11 页。

措，非得中央接济，不敢轻于一行。兹复汇前后各电陈请中央核议矣。先此复闻。锷。铣。印。"

又电请袁世凯暨国务院拨饷糈协滇，以"防剿藏乱"，否则，"只有裁兵"了。说：

顷据本省（丽）维统领孙绍骞尤电称，前清因藏事危迫，乃设川滇边务大臣一员，专办边务。法固未尽完善，然五年间，尚能收复盐井、江卡、察木多，开辟定乡、文 [三] 岩、空撒、贡脚、德格、登科、色旭、米多等地方，亦既完税课、置官吏、设学校，规模粗具。惟自去岁川乱以来，秩序破坏，官吏逃亡，戍兵溃散，蛮氛复炽。现闻有据定乡等处之说，前功尽弃，深为可惜。且闻蒙古喇嘛屡经来藏，唆使班禅宣布独立，大势日迫，宜早绸缪。可否恳请转电中央政府，速派洞悉边情知兵大员一人为川滇边务将领，办理筹边一切事宜，以固疆宇，而绝觊觎。又据丽江府姚春魁寒电称，接巴塘顾占文来函云，川边前驻边军五营、西军三营，久经战事，额多虚悬。前大臣傅去岁进关剿匪随带三营，余在边地，营虽有五，兵仅千零，且边疆辽阔，分扎零星。今正定乡逆番聚众抗粮，焚毁粮署，伤我防军。文以兵力太单，本拟暂缓剿办，乃该逆番聚守要隘，害我川、滇商旅，当抽派新、西两军，舒、刘两帮带督率奋勇三哨驰往剿办。孰料匪焰甚炽，连结藏番不下万人，且多快炮。我军众寡悬殊，奋力杀进，会同该处防营均被逆番围困，大小数十战。旋因粮弹告罄，水道断决，兵力不支，拼命冲出重围，全队返巴。是役也，阵亡哨弁长三员，兵四五十名，受伤者约七八十名。然定乡既失，牵动各区，盐井闹厘，道途被困，里塘抗粮，纷纷告警。伏思边务关系川、滇，贵治毗连定乡，且为商家必经要道，若不早为肃清，川、滇为害非浅。兹已备文上渎贵军政府，敬乞大力维持，早示筹边良策，迅图恢复旧疆，借安危局。两省同人，共庆再生云云。似此情形，藏中危迫已极，应如何对付之处，请速电示机宜等语。查藏中情形危迫，叠经电陈大总统，旋奉电谕，已电尹都督等筹办矣。滇、藏接界，关系殊重，该都督亦应随时确探情形，密为筹备，以重边卫滇等因。兹复据丽维统领等电称各情，自应切实筹维，以副大总统靖乱绥边之至意。窃念云南军队训练夙精，前经援蜀援黔，均属耐劳敢战，现已陆续抽调回滇，若以之防剿藏乱，必能得力。惟滇省饷糈向由各省协济，现协款停顿，滇力难支，屡经请命中央，迄未奉复，一若云南边陲可弃置不顾者。若势不得已，只有裁兵，复何余力戍边，为国家捍卫牧围？万一边境相继沦胥，实惟国务诸公之责，非滇省所能任咎。迫切陈词，伏维鉴察。滇都督蔡锷叩。铣。印。

18 日，国务院电复蔡锷说："铣电敬悉。迭得四川尹、张两都督电告藏境危急，已派军西进。请电尊处迅拨得力军队，联合进藏，竭力镇抚。现在民国建设伊始，若令藏境一有叛离，势必牵动全局，前途险象，思之心悸。夙仰执事威望昭著，规划宏远，务祈捐弃前嫌，力顾大局，迅拨劲旅，会同蜀军，协力进行，奠安藏境，民国幸甚。国务院。巧。"①

▲李根源电询"省城军都督府"，"陆防各军公费核实报销"的具体办法。说："陆防各军公费核实报销，俾款归实用，事无废弛，立法甚善。惟其中体念时艰、力求撙节者固不乏人，而积习已深、希图浮冒者亦恐难免，若不严定限制，随时考查，转恐文牍日繁，而虚糜如故。昨于第七联公费报销，曾批令分别成用、消耗两种。其消耗品月有常经，即资比较，如特别需用，非有命令，即须事前呈报，方准支销。其成用器物，应由各官长妥为保存，列入交代，并于四季造管收除在清册，报局查考，如此办理，庶眉目一清，而稽核较易。拟请饬部核议，通饬各军队，一律照办。再各军队官兵及公署人员，遇有以个人私事，请假数日，或一月、两月离营署者，其在假期内薪饷，是否照给，或照扣除，以免旷误职守，并祈饬议通令遵照。如何，统乞示遵。根源叩。铣。印。"

26 日，都督府军务部、参谋部电复李根源说："奉都督饬核贵师长铣电，当经会同酌定，其陆防公费，分别成用、消耗两种核实报（销），办法极妥。至陆防官弁及公署员遇患病，或私事请假半月内者，由该员托人代理，假内薪水照给不扣。假期至一月或两月者，呈请本管长官委代，假内

---

① 以上三电见曾业英编《蔡锷集》（一），第 623—625 页。

薪水以三分之一津贴代理员，余仍给本人。如逾期不回营署供职者，本管长官即报请另委接替，将假内全薪扣除，以示限制。会呈奉批如议办理等因。除分别通饬外，祈饬迤西陆防营及各公署一体遵照。都督府（军）务（部）、（参）谋（部）。宥。印。"①

17 日

▲15 日，李根源电询"省城军都督府"，小队长郝景桂"应如何加恩议恤"。说："月密。据第七联缪代联长（按：指缪嘉寿）呈称，第一大队长徐进报称，该大队第二中队小队长陈香亭，本月初五日具禀请假回籍，尚未转奉批准，该小队长竟潜向司务长支取本月薪饷私逃，当即派小队长张增福率兵十名，星夜追缉，初六日在赵州拿获解榆，送交大理府管押，禀请从严惩办，以肃军纪等情。查陈香亭身为军官，拐饷私逃，实属大干军律。且军官私逃，尤为闻所未闻，其中显有别情，不能不切实查办。旋查得陈香亭本哥老会巨魁，反正之初，原充该大队副兵，郭教练官（按：即郭龄昌）由永昌率队回榆，行抵观音堂，该小队长受蒋管带（按：指蒋辅臣）指使，伪传曲统领命令，手将郭教练枪毙。及曲统领查觉，将蒋管带正法，该小队长又在营鼓动党羽，谋戕曲统领，以图不轨，事为郝小队长景桂所知。郝景桂深明大义，性复激烈，闻即以枪先击陈香亭，未中，陈党环攻，郝景桂寡众不敌，郝急反奔，陈率党追至西城外，追及即将郝景桂枪毙。当陈、郝互斗时，枪声隆隆，营内大哗，曲统领始亟出走。陈香亭复敢率党追杀，不及而返后，陈香亭等竟伪报郝景桂误放枪声，将曲统领惊走，追挽不回，恐负重罪，自行戕毙，事为榆城所共知。陈香亭自此势力更大，因得公举为小队长。似此穷凶极恶，言之发指，榆联秩序破坏，几危大局，该小队长实为罪魁。此次畏罪情虚，复敢拐饷逃逸，种种不法，死有余辜，若不明正典刑，实无以昭儆戒，而申军律。小队长郝景桂因公殒命，死尚蒙诬，尤堪矜恻，自应亟予湔雪，以慰忠魂。应如何加恩议恤，统候衡核示遵。根源叩。（删）。"

17 日，蔡锷电复大理李根源说："月密。删电悉。陈香亭为哥老会巨匪，既戕郭教练，复敢鼓煽党类，谋为不轨，现又拐饷潜逃，实属不法已

① 以上二电见《西事汇略》卷五，第 24 页。

极，亟应正法，俾昭儆戒。郝景桂捐躯就义，深堪悯念，候饬登庸局议恤，以雪冤诬，而矜毅烈。都督府。筱。印。"①

20 日，又电复说："删电悉。郝景桂因公殒命，实堪悯恻。着给恤银一百元，由师司令部发给该故员家属祗领。都督府。哿。印。"②

▲报载蔡锷命李鸿祥乘回滇之便，代为剿办威宁之匪。说："贵州威宁州地居边瘠，风气素陋，哥老会匪夙亦威行。不意前黔都督赵德全提倡公口，该地匪势尤大，因之匪首陈六安、陈小六等在该处纠集党羽数百人。先只遍处骚扰，抢劫民商，近则愈无忌惮，暗谋滋乱，欲占城池，以图大举。该处绅民恐一朝暴动，地方受其蹂躏，特来滇禀求蔡都督代为剿办。都督以威宁既与滇地接壤，尤为滇、黔通衢，断难漠视，乃令援川滇军李旅长鸿祥回滇之便，顺道代为剿办云。"③

18 日

▲蔡锷电陈袁世凯暨国务院，屡请中央维持财政，"实出于长治久安之计，而并非财政紊乱，望政府之填此溪壑"。说："云南财政状况，迭经电陈，计均登鉴。前清宣统三、四年预算案，云南岁出年约需库平银六百余万两，地方行政经费尚不在内。而本省岁入不及三百万，故每年除由部库拨款及各省协济一百六十余万外，尚不敷一百余万。上年九月，滇省反正，其时库储不过四十余万两，诚恐政费军需，日久必无以应付。幸全省安谧，秩序如常，公私帑藏，未经损失，而各属钱粮，除因偏灾豁免外，余悉如数按期完纳。且因商旅通行，厘税亦未减色。又经裁减薪金，厘剔冗费，刻意节流，计每年政费可节省五十余万。故现在司库存积至百四十余万，较反正前尚有增加。若在闭关时代，以之整理内政，亦足维持治安。惟滇省界处强邻，形势危迫，非有重兵防御，而无以望武装和平。故从前编练新军已成一镇，复有巡防队以为补助，每年军费约计三百一十余万金，皆仰给于各省协饷及截留练兵经费解部洋款、解关摊款等项。军兴以后，复因援黔、援蜀，添练军队已成二师，而黔、蜀两役军费至百余万，诚恐日

---

① 以上二电见《西事汇略》卷五，第 3—4 页。曾业英编《蔡锷集》将此二电日期定为 1 月 15 日、17 日，误。因为李根源由腾返至榆的日期是 4 月 25 日。

② 《蔡锷集外集》，第 142 页。

③ 《云南要闻录·威宁之匪患》，上海《时报》1912 年 5 月 17 日。

久未能支持。故前此屡经呼吁者，实出于长治久安之计，而并非财政紊乱，望政府之填此溪壑也。窃念云南虽属瘠壤，然矿产之丰，罕与伦比。近锡矿虽用土法，而每年输出已至六百余万斤。至铜矿所出，尤可供全国鼓铸铜币之用，苟有实力开发，实中国之奥区，固不必以协济累邻封，而并可以为国家图发展。乃货弃于地，仰屋嗟贫，罗掘既已无方，惟有望中央之提挈。即在平时固已如此，况现在西藏不靖，缅界时有违言，事机之危，日甚一日。明知国基未固，不能不委曲求全。然思患预防，万难稍弛戒备。惟审时度势，滇力实所难胜，以后国防所关，应请由中央筹备。今共和成立，五族一家，满、藏、蒙、回，犹期版章孔［图巩］固，而独令梁州禹域，日迫危亡，国务诸公，决不出此。情词迫切，不惮渎陈，伏乞大总统饬国务院核议示遵，不胜企祷。滇都督锷叩。巧。印。"①

▲李根源连陈"省城军都督府"三电，请饬部备案等情事。其一说："第八联第一大队遵前电，改编为第七联第二大队，已于筱日饬该大队长方炳率队移入第七联，并饬切实淘汰，认真整顿教育诸务。谨陈。乞饬部备案。师长根源叩。巧。印。"其二说："第八联第二大队第三中队目兵，已一律饬其退伍，老兵每名发给恩饷银五两，新兵每名发给恩饷银三两，官长送入讲武堂肄业。退伍时，源亲莅该队，集合演说，晓以大义，军士咸欢欣鼓舞。谨陈。根源叩。巧。印。"其三说："榆事肃清，已饬刘联长祖武，率领邓炮队约五十余人，邢机关枪队约三十余人，赵中队约一百二十余人，骑兵小队九人，共约二百人，开拔旋省。赵中队于马日出发，刘联长率炮、机、骑各队，于养日出发，至禄丰会合。赵中队长本拟在榆饬其退伍，据刘联长称，该队目兵，多籍隶昆明，请抵省后再为退伍。至各队官兵，均纪律严明，品行方正，各种子弹，悉数留榆。俟各队抵省，安置完备后，再行派员，解运到省。谨先电陈。根源叩。巧。印。"②

19 日

▲报载"在京统一共和党、国民协会、建设讨论会、国民公党各举代

---

① 曾业英编《蔡锷集》（一），第 625—626 页。
② 以上三电见《西事汇略》卷四，第 9 页。

表协议，合并订定政纲五条，公推岑春煊、蔡锷、汤化龙为理事，改名为国民党"。①

20 日

▲18 日，李根源电请"省城军都督府"，对有"劳勋"于反正的辛正清从宽"监禁二年"。说："记名管带辛正清私开山堂，结立党会，当经查觉，电饬腾越李镇拿交腾冲府管押候办在案。惟查该员反正之初，尚著劳勋。其在夷地，深资弹压，拟请从宽将该管带斥革减等，监禁二年，限满驱逐回籍，以示薄惩，而昭儆戒。可否，乞查核示遵。师长根源叩。巧。印。"

20 日，蔡锷电复李根源说："巧电悉。辛正清开堂立会，法所不容。虽曾著有功绩，然照法理而论，有功则赏，有过则罚，议罪之际，不可以有无功绩为轻重。如其情真罪当，只执法从事。否则，不免同罪异罚之嫌，仰即核办饬遵。都督府。哿。印。"

6 月 5 日，李根源又电"省城军都督府"，申辩说："前电请将辛正清监禁一案，昨奉哿电，按准法理，指示周详。惟查该犯当反正之初，毫无滋扰，边境赖以保全，夷民至今犹深感悦。论其罪则难逭，论其功亦不可没。前电恳请变通监禁二年，虽因功以原罪，实宽首以解从，并非逾法冒昧上请。现拟请将该犯递解回籍，仍照前电监禁二年，限满省释，由该管官严加管束，于该犯略示惩创，必知感激而洗心。在余党足昭儆戒，庶可畏慑而敛迹。是否有当，伏乞酌核示遵。师长根源叩。歌。印。"②

▲李根源电陈"省城军都督府"，拟按府厅州县分科办事章程，裁撤同城佐杂，酌留数员，分防边要各区。说："迤西沿边各属，幅员辽阔，汉夷杂处，守吏既难遥制，治理因以放弛，议欲增设员缺，又虑政费不给。兹查各府厅州县分科办事章程，于同城佐杂职，均议裁撤，拟即酌留数员，分防边要之区。如永昌之上江，距永三百里地，近登梗，控制为难。拟将永昌府经历移驻该处之蛮因地方，名为十五喧经历。南甸之大厂，距腾百

---

① 《专电》，上海《时报》1912 年 5 月 20 日。

② 以上三电见曾业英编《蔡锷集》（一），第 516—517 页。但所定日期为 3 月 18 日、4 月 5 日和 3 月 20 日，误。因李根源电中有"电饬腾越李镇"一语，可见他已离开腾越返回大理了。而李返回大理的时间是 4 月 25 日。

余里，该处全系汉人，不服土司管理，先年曾酿巨案，治理尤不可缓。拟于该处设一腾越县分防，县丞缺即将腾冲府司狱移驻该处，改名八撮县丞。缅宁所属土司边远，尤难控御。拟将缅宁巡检移驻六屯地方，名为六屯巡检。又查内地如永平属之龙街、广通属之舍资、镇南之沙桥、云龙之漕涧，或系通衢，或为盗薮，行旅居民，深受其患，亦非设一分防员缺无以资佐理，而清盗原［源］。拟将永平县典史移驻龙街，改为龙街巡检。广通县典史移驻舍资，改为舍资巡检。镇南州吏目，改为沙桥巡检。云龙州吏目，改为漕涧巡检。其各缺薪费，均照原定数目支给。各分防地段，俟奉准后即饬该管府厅县，妥为划分支配。迭与各该府往复筹商，均称便利。是否可行，请饬部核议办理，仍候示遵。师长根源叩。哿。印。"

27 日，又电告腾冲黄太守，"分防"事已"奉复照准"。说："迤西边要地方，同城佐杂，曾经电请军府，改为分防，奉复照准，并通电遵照各在案。腾越司狱改为腾越县八撮分防县丞，其驻在地点，拟于大厂或邦幸、杞木寨三处中酌定一处。惟该缺甚属紧要，非得熟悉情形、办事切实之员，不能胜任。查有曹之骐明白谙练，堪以委任。希转告该员，此系为地择人，切勿拒辞，如允速复，以便电请给委。总司令。感。印。"①

21 日

▲蔡锷主持都督府政务会议，并亲自修改会议速记录。

都督提议事件：

（一）预算案。财政司前呈预算案，所列岁入，似未尽悉符实（数），应将切实之数重行计算，② 并照财政部电编制临时决算预算，限六月初五日以前造齐呈核。

（二）厘订地方官制。府、厅、州、县均直隶于省。前将官制草案交议会，俟议复后再定办法。

（三）裁厘征税。由财政司邀集明于财政学理及本省厘税情形人员，并征取商会意见，筹拟办法，限六月初十日以前拟呈草案。

---

① 以上二电见《西事汇略》卷六，第11—12页。
② 原稿文字为："未尽可靠，应将虚拟之数，如协款等项除开，切实计算。"由蔡锷改为现在的表述。

（四）阻借债及厉行裁兵事。（1）借债之危险。（2）用途之滥。（3）添招军队之现状。（4）三年内云南不求协助。（5）各省有余力者，宜照旧解款中央。（6）地处重要而财政奇绌、不足自立者不在此限（如东三省之类）。（7）厉行裁兵，恢复旧额。以上各项先将预算案确定后，即电商各省，得数省赞同后电达中央。

（五）严订军官职守律。秘书处拟稿，电请中央订定颁行。

谢梯团长提议事件：（一）销滇川盐抽税法宜变通。税率及秤法由实业司会同财政司酌办。

实业司提议事件：（一）维持锑矿公司。仍由吴司长（按：指吴琨，字石生）切实计划，再定办法。蔡锷。印。①

▲蔡锷电复李根源，同意其放手"经营怒、俅"。说："月密。删电悉。经营怒、俅，请公放手办去，省中决不遥制。锷叩。个。印。"

又电复表示，如中央不允怎办。说："月密。兄请自统兵援藏，勇谋至佩。其如中央不允公去何？余另电详。锷叩。马。印。"②

▲报载蔡锷"出示将省中各属释道庙宇一律拆毁，改建学堂、公署局所"。

又载："滇边各属禁烟之令又松，乡野烟苗遍地皆是。"③

▲上海世界宗教会各团体电请蔡锷力主"信教自由"。说："云南蔡都督鉴。信教自由，万国所同，今日（二十三［一?］日）报载贵省拆毁各属释道庙宇等语，远近震骇，关系大局，请大力主持。电复。世界宗教会陈介石、佛教会李正纲、中华佛教总会释敬安等同叩。个。"④

22 日

▲蔡锷电告陆军部，滇省现有陆军数及所需薪饷数。说："文电皙奉。滇现有陆军两师，月需薪饷十六万三千余两。防营除裁汰外，现存官弁兵夫一万五千九百八十余员名，各属保卫零队二千余员名，月共需薪饷八万

---

① 曾业英编《蔡锷集》（一），第573—574页。
② 以上二电见曾业英编《蔡锷集》（一），第628页。
③ 《专电》，上海《时报》1912年5月23日。
④ 《公电》，《申报》1912年5月25日。

二千余两。此复。蔡锷。养。印。"①

又电复尹昌衡、张培爵，"藏中情形"，"望随时示及"有关消息。说："敝处屡接丽、维、腾、永诸镇报告藏中情形，甚为焦虑。惟滇去拉萨尤为窎远，而道途险阻，绝少人烟，万难悬军深入。故一面饬诸镇随时查探，加意防范，一面电请尊处迅为筹备，以固边圉。兹接阳电，极佩荩筹。想莅事自易裁定。尊处消息较灵，望随时示及为荷。锷叩。养。印。"②

▲熊希龄电请蔡锷向朱尔典"解释小嫌"，留意"远略"。说："云南蔡都督鉴。堃密。顷晤英使朱尔典，甚佩滇省维持秩序之功，惟不满意于李君根仁［源］，殆为某人（按：刘景华）罚款万金一案而发。查此次革命，各国中立，南北议和，英使之力居多。滇省当英、法两国外交之冲，似应解释小嫌，以图远略，望公留意为幸。袁君家普暂以相让，俟云南财政办有头绪，再请来京。希龄。养。"③

按：熊希龄所说"小嫌"，源于英人袒护腾越富商刘景华之案。据当时媒体报道，此案经过如下："云南＜云＞有刘景华者，云南腾越厅（今改腾冲府）人，向在腾越、香港、缅甸各处开设商号，资本不下数百万。惟性极悭吝，遇公益之事，常一毛不拔，且人极奸滑，时以结交外人，凌我同胞为主义。因之腾越英领事素与彼交善焉。去年先因志士张文光君主张革命，乏资布置，只得将其住房售买［卖］刘景华管业。后来张文光事成，署任腾镇，刘景华思见好张君，报将所买张君房屋退还。张本志士，以为既已受价，讵肯要还。因此，彼此不免稍生嫌隙。旋张君以军费浩繁，无可筹措，乃行强迫捐，约腾人之富有者，至某庙内商议写捐。张君以刘景华家资雄厚，劝其捐军费二万金。彼时刘畏张势，勉强应之。刘本著名看财奴，不愿轻出，日肆推诿。延至李师长西巡到腾，刘景华竟上呈恳请邀免。又托英领向李师长说情要免。李师长亦以刘家资如是之雄厚，何捐区区二万尚吝不续，乃大怒，欲重罚之。刘见事决裂，私行逃走。于是将刘弟玉镕管押，并封其财产，并令各边防拿刘解腾究办。讵意刘景华素既与英领交厚，即暗行运动英领出面干涉。英领受其愚，竟照会西道诬指张文

① 张侠等编《北洋陆军史料（1912—1916）》，天津人民出版社，1987，第56页。
② 曾业英编《蔡锷集》（一），第629页。
③ 《熊希龄集》第2册，第639—640页。

光擅派黄安和持枪过界缉拿刘景华，请为违约，要求重办张文光、黄安和等，并开释刘玉镕，索还其封闭财产，若不照（办）即要由彼国家与我强硬交涉云云。"

西道赵藩随即将英领照会及其答复上报蔡锷，说："省城军都督府钧鉴。顷与英领来往照会各一件。来文曰：为照会事，刘景华一事，昨准贵道来文后开，经敝道移请查实有时有地可指，不但并未过界，且深在中国界内数十里，证据确凿，绝无可疑等因。查贵道并未询问别人，仅移询张文光。本领事已经屡次指明张文光是被告，向来无被告查案之理。且贵道前晤本领事，闻说张文光系万不可靠之人，既为不可靠之人，贵道竟不查问别人，专信张文光一面之词，本领事不解贵道是何理由。况此事实在情形，已由缅政府再三查明，被获之地方芭蕉寨人人皆知，以及界内多处多人俱见实系张文光派张安和带兵持枪过界拿刘景华，实于边案大有妨碍。来文内只提黄安和一人，贵道明明袒护张文光。惟刘景万〔华〕既在英界内被拿，所有以后拟办一切均应作废，并将封闭该商各处财产发还。至于有责任之张文光、黄安和应当重办。其保刘景华之人不可追究，前拿该商之弟押腾越府，亦须即行释放。刘景华日后若是转回内地，总须保全，不能以不公平之罪讯问。本领事所请均持公平之理，并经缅政府许可。贵道若仍不肯照办，本领事只得将各情形报明驻京钦差核办。除已电报钦差外，相应备文照会贵道，请烦查照施行。"

赵复文曰："为照复事。民国元年三月二十六日准贵领事照会开，敝道查复刘景华一案，仅信张文光一面之词，黄安和实系带兵持枪过界，该刘景华既在英界内被拿，所有以后拟办一切均应作废，并将封闭该商财产发还。至于张文光、黄安和应当重办，刘景华之弟亦须释放，此事经缅政府许可，若敝道仍不肯照办，贵领事便当报请贵国钦差核办等因。查此案发现系张文光在腾举义之时，敝道莅任，该张文光随奉军府委署镇台，复升署提台，敝道对于张文光并非长官，故只能移查情形，不能视为被告。然贵领事谓其派黄安和带兵持枪过界拿刘景华，实无其事。故于前次录移照复贵领事文内曾经声明复查属实，嗣贵领事照复又谓其不实，本道以为贵领事必有确据可指。故又请指明可信之据，本便将黄安和重办。苏道随复密派亲信弁兵改装前往交界处所上下侦探，据回称旧历十月初旬前后，实未见有着号衣持枪之人过界，质之该处道傍民居各户，均言未见属实。复询往来腾商，所言皆同，自属可信。正欲备函奉达，适承照询本道，非专信张文光一面之词。文内专提黄安和一人，亦以此事黄安和之责较重，张文光并无令伊过界文函，故略而不言，更非有意袒护。至刘景华如果在英界内被拿，贵领事自可问过界违约之罪。敝道亦当办过界拿人之人。然交涉亦止此。至所获之犯如何办法，自有中国法律，本道亦当听军府指挥，尤无法可以将办法作废，更不能作主将封闭财产发还。其弟刘玉镕因与此案有密切关系，故暂行羁押，俟案有结束，自当请示释放。刘景华案结之后即系无罪之人，以中国官吏照中国无罪商民，焉有不保全之理。请勿代虑。此事已由本道与朱［李］师长叠次禀明军府，仍须候示遵行也。相应备文照复贵领事，请烦查照各等语。谨录电呈，乞赐查核。观察使赵藩谒叩。支。印。"①

对刘景华其人其事，其他报纸也有类似报道，说："刘景华者，腾越之巨商也。家资数百万，素营滇缅商业，势力颇大，情吝啬，毫无公德心，且媚外性成，专以结交外人，暗作汉奸，因之素与英领善。去年九月初六，腾越志士张文光君在彼举义，因仓卒起事，兵费无出，于是乃行募捐法，严令刘景华出数千金。刘初不允，继迫于势，乃勉许之。随则百计推诿，总不交出。迨李师长至腾，刘竟呈求核免。师长以刘为富不仁，拟严惩之，刘惧，私逃出外。师长乃令张文光君派兵严拿，随于我国境内，将刘拿获解腾。讵刘景华素既媚外，且作汉奸，自与英领有关系。英领竟暗电驻京英使，捏称张文光君派兵持枪过界拿刘，指为遣［违］约。英使不察，竟与我滇起重大交涉，要求严办张文光君，及释放刘景华。张君何人？乃现任大理提督，革命志士，讵能妄罪无辜，况实并未过界拿刘。因之数月均不能了结此案，现仍彼此决裂云。"②

23 日

▲蔡锷致电请财政总长熊希龄，"由中央筹拨巨款"，为滇省"提倡实业之用"。说：

　　云南财政状况，叠经电陈。昨奉大总统电谕，滇系受协省份，兵

① 《滇边哀雁声声》，上海《民立报》1912 年 6 月 12 日。
② 《腾越之两大交涉·刘景华》，北京《民主报》1913 年 2 月 16 日。

兴以来，援蜀援黔，滇军甚有名誉。筹兵筹饷，畛域不分，艰困情形，早深廑系。现在边界未靖，正赖得力军队借以建威销萌，所请规复协饷及指拨各饷各节，已交财政、陆军两部从速核办，特先电知遵照等因。查云南财政，虽极艰窘，然近因厘剔冗耗，节裁薪金，行政经费较前锐减，若望维持内治，亦足自支。惟地当边陲，强邻逼处，国防所系，不能不屯驻重兵。而军费所出，向资协济，现协饷停解，滇力实有难胜。故前请国防经费，悉归中央主持，否则，次第裁兵，以纾滇力。查云南军队编为二师，现在援蜀军还，秩序甚为整饬，自将领以迄兵士皆知严守纪律，保卫地方，即使遣散归农，亦殊甚易易。惟边防重要，戒备未稍疏。反正以来，人心摇动，外兵环伺，险象隐伏，幸内部靖平，衅隙无从发生。故各省间多傲扰，而全滇犹为完全之区，此间防范维持，亦可以告无罪于天下。若因饷绌而生变故，或因裁兵而启戎心，则前功尽弃，大局堪虞。故前之迭请中央主持者，意实在此。兹奉大总统电谕周详，自应敬候核示。第念滇省饷项仰给中央，年复一年，殊非长策。查滇为山国，矿产最丰。近时铜、锡各厂开采熔炼，仅用土法，而个旧之锡，每年约出一千余万斤，东川之铜，每年约出二百余万斤，若认真整顿，则锡每年可出至二千万斤，铜矿能规复前清乾、嘉时旧额，亦每年可出一千万斤。此外，金、银、煤、铁、铅、锑所出亦夥，而森林畜牧之利，随地可以经营，果能以得一千万元实力扩张，则军[年]可增数百万之岁出，不独拨给之款，无须久累中枢，而岁有羡余，且可上供国家之用。迭经豫为筹度，实觉确有把握。惟经营整顿，须有巨款以培其基。而滇省财政困难，无余资可以助长实业。前曾筹借外债，英、法领事屡请代为介绍，外商多愿承揽。惟借债必须抵押，终恐有碍国权，审慎迟回，未敢遽行决办。兹幸大总统轸念边疆，凡军事所需，已蒙饬部筹议，将来兵单饷绌之事，自可无虞。然根本之图，则尤在振兴实业，如能由中央筹拨巨款，以为提倡实业之用，则将来滇力日裕，尚可陆续筹还。用特详细缕陈，尚乞鼎力玉成，云南幸甚。滇都督锷叩。漾。印。①

---

① 曾业英编《蔡锷集》（一），第630—631页。

▲18 日，李根源电请殷承瓛、沈汪度、李曰垓，"俯允"寸品传赴东学习陆军。说："寸品传呈请开去中队长差，使自备学费，取道缅甸，赴东学习陆军。查该中队年力强壮，家资殷实，尚堪造就。拟请照准以遂其向学之诚。如蒙俯允，该中队长所率目兵，由源派员率领回省。可否，盼复。根源叩。巧。印。"

23 日，都督府参谋部电复李根源说："巧电悉。寸品传自费游学，事属可行。所率目兵，即由尊处派员率回。除呈请都督转咨驻日代表外，特复。都督府（参）谋（部）。漾。印。"①

▲谭延闿电告旅沪滇、黔同乡会，滇军已入铜城，铜仁、镇远并无战事。说："皓电悉。前迭接洪江、辰州电称，黔、滇两军屡在铜仁、镇远等处开仗，互有死伤等语。昨据铜仁来电，滇军已入铜城安民，并无战事。胡锦棠仰药事亦不确，与杨军毫无关系。现黔代表吴作棻等已抵洪江，杨军驻辰亦派代表赴洪，副总统所派赵均胜已到湘，敝处派委陈斌生亦在洪，俟到齐双方协商，当可和平解决。此复。湘都督延（闿）。漾。"②

24 日

▲李根源电告"省城军都督府"，已电复所部此后遇有寻常案犯，"务宜遵令办理，不得擅行斩杀"。说："案据华坪韩令国相、马管带登云文电称，窃管带遵谕密查，得周卸带营务废弛，士卒骄悍，尤以正兵文润钧、甘培斋为最，聚众结盟，奸估刁拐，窝赌逞凶，无恶不作。此次遣散，潜回寻仇滋事，经会署县率兵往拿，胆敢跃登民房，掷瓦拒伤兵差，捕获起出身上刀码。此等凶顽，未便稽诛，会讯供认不讳，立予就地正法，俾示惩儆，敬特陈明。当经电复，文曰：案查军府哿电，通令各属，凡遇寻常案犯，或交地方官照律拟办，或由该营县会电请示惩办，不得仍前斩杀自由等因。散兵文润钧、甘培斋二名，种种不法，固属罪无可逭，既经会讯属实，自应禀由本部，酌核转陈军府，候示办理。该管、县未禀之先，遽将该兵就地正法，不知系援何例，实属擅专。本应从重议惩，惟念该管、县平日办事，尚称得力，且初次到差，未谙定例，除电请军府姑予严行申

----

① 以上二电见《西事汇略》卷七，第 17 页。
② 《公电》，《申报》1912 年 5 月 27 日。

斥，免予议处外，嗣后遇有此等案犯，务宜遵令办理，不得擅行斩杀，致干重咎，切切。各等语。合并录呈查核。师长根源叩。敬。印。"①

25 日

▲蔡锷通电袁世凯、国务院、参议院、黎元洪、黄兴、各省都督，表示"民国非刻意节流，则财政万无整理之日"，而"节费之道，首在裁兵"。说：

吾国财政奇绌，在满清时已然。军兴以来，财源涸竭，而军费政费日有增加，罗掘既已无方，支销不能稍待。于是外债之议复燃，全国人民虽知满清之亡，即由借债，而民国甫定，需款甚殷，诚念时势艰难，不欲复伸抗议。乃各国乘我之急，益肆要求，至迫唐总理取消此款，并欲监督用途与盐、茶二税作抵。我国民睹外人之多方要挟，惕然于借债之贻害无穷，于是有提倡国民捐者，有主张发行不兑换纸币者。自黄留守首倡此议，各省翕然和之，现闻中央亦已提议及此。以目前大局计，非此不足救中国之危亡。惟锷窃谓只求收入之方，而不谋节流之法，则随集随散，来日方长，恐竭吾民之脂膏，仍不足以填无底之溪壑。前阅南（京）临时政府决算，一月军费几至九百万元，又接黄留守㪇电，留守府直属各军队饷银，每月约需款五百万元以外，以前者计之，年需一万万元以外，以后者计之，亦需六千万元以外，而南北十余省之军费，尚不（在内），国何以支？且闻孙中山先生因邀一己之名，以耗国家之费者，亦至数十万元。今袁总统受国民之托，建设新猷，或不至如南京政府时之财政紊乱。然唐总理一南行，而消费至二十余万，今交通部又复纷纷派洋员赴各省查勘（电线）。电线之宜修固不待言，然不先询各省何处应修，而即派员分投查勘。况云南至毕（节）一路，前已由滇修通，曾经电明，何以复派洋员往勘？此等费用，宁非虚耗！总之，民国非刻意节流，则财政万无整理之日。锷意此时节费之道，首在裁兵。查各省自反正后，任意添招，兵额浮滥，财力竭蹶，此为大端。拟请由中央划分军事区域，

① 《西事汇略》卷五，第15页。

酌定应编师数，通令各省责成统兵大员查照办理，其溢额之兵悉裁汰。或谓遣散之后，恐生事端，此实拥兵自雄者之借为口实。云南近顷裁兵至三十余营，上下帖然，毫无他故。兵犹火也，不戢自焚，宁坐视其燎原，而不自行扑灭？民国罪魁，厥在军人，若能一律裁兵，规复旧额，则各省出款税［锐］减，无须嗷嗷待哺中央。其夙称殷富省份，仍可照旧解款，以供国家之用。即以云南贫瘠，亦当勉力支持，不求协拨，免致陷中央于破产之地，而贻国家以覆亡之忧。如中央未定用途，滥行借债，不能用之于助长实业之地，而徒以耗诸遣散军队之需，则今日借资，明日告匮，谤台日筑，何有已时，埃及之祸，即在目前。愚戆之辞，伏希鉴择。滇都督锷叩。有。印。"

又主持都督府政务会议，并亲自修改会议速记录。

（一）一切政费改两为元。凡公费、军饷、劳金一切改两为元。二十元以下以毫为单位，二十元以上以元为单位，五十元以上以十元为单位，单位以下之零数即行删除。惟兵警夫役之零数则五舍六入，其办法由军务部防务部［司］、财政司拟定列表，限本月廿八日呈核。

（二）再减薪俸。缓议。

（三）经营西藏问题。（1）将困难情形及需款数目先行计划，电陈中央。（2）派探险队先行调查。

（四）杨友棠来电，请联络各省干涉借债事。缓议。

（五）四川代抽盐课事。由实业司查明拟稿。蔡锷。印。①

▲李根源电请"军都督府"，下关厘金"专由商会承办，委员不支薪水，局卡仅准开支"，以维持迤西中学校教育。说：

迤西中学校，本年学生较前推广二分之一，前送十名者则添送五名，余类推。惟加增名额，不加收学费，各属摊解学款，仍照原定数目解缴。旧章学生每名合缴费银五十两，今合新旧班生平均计算，连讲义费每名仅合缴银三十六两三钱，其由学生添缴之膳费十二元，并

---

① 以上二事见曾业英编《蔡锷集》（一），第633—634、574页。

予免缴，以纾地方之力，而启向学之心。现在该校学生，已将足四百名，编为八班，预算全年经常费实需银一万两，火食费实需银八千两。此外，如改修堂舍，购置书籍、纸张、器具、操衣各临时费，在在需款，极力节减，尚需银六千余两，年共需银二万四千余两。本年入款，官费、自费生应缴费一万三千余两，西云书院旧款银二千八百两，现由省拨助银一千四百四十两，共计入银一万七千二百四十两，出入共不敷银约六千余两。当兹民力既艰，公帑尤绌，此项不敷之款，又不能不设法筹措，以维教育。兹查下关厘金，旧章以八千两为比较，前厘员黄河源仅解六千零，即黄乾济加成报解，亦未能达定额。源前抵榆，电请改委商董严镇圭办理，该委自尽义务，不支薪水，到差后认真整顿，从前隐匿之款，一概剔出归公，收入骤增，于前询据声称，除比较外，年约长余一二千两之谱。嗣后拟请每年仍照八千比较，照章除开支外，悉数解司，余款概行拨归榆校，以资补助，仍由该校列款造册报司查考。该校得此补助，不敷之数，已弥六分之一二，其余不足，再为筹维。惟该校经费，既赖赢数以维持，此项赢数又赖抽收之起色，抽收起色惟在厘委得人。下关厘务之振兴，虽由严委之整顿，亦以身为商董，故能不支薪水，联络商情。设另行委员，不惟商情不洽，开消亦将培增，此项赢余即不可恃。拟请饬司明白规定，将来下关厘金，专由商会承办，委员不支薪水，局卡仅准开支，庶开消可以减轻，收数不至削色，榆校得赢余之把注，亦赖以维持勿敝。源为扶持教育起见，是否有当，乞交部核议示复。根源叩。

6月3日，财政司电复李根源说："昨奉军府发有（按：即25日）电，已议定遵照原拟归并商会，除加厘、烟酒税外，以八千两为额，盈余拨助榆校。呈请咨复。"①

▲报载袁世凯政府"秘书厅日来连接川都督尹昌衡、滇都督蔡锷先后来电，字码不多，颇极紧迫。闻其内容，大略以川、滇两边，现被藏乱影响，亦均有乱事发作。除已调派兵队弹压外，惟军饷不继，请速筹拨等情。

---

① 《西事汇略》卷七，第7—8页。

又蔡都督所报者，尚有外兵侵入滇界之纠葛，请速由中央与该国驻京公使交涉"。①

下旬

▲报载蔡锷急电北京中央政府，报告英兵占领片马情况。说："英兵已占片马，布置严密，设军事警察，并颁军令四条：（一）境内人民不经军事令许可，不得携带兵械；（二）外人到片马旅行者，非由军司令发给旅行券，不得在该地自由活动；（三）片马人民财产由军司令特别保护；（四）审判诉讼事宜由军司令执行判决。"② 而且"不得为第二次之上诉"。蔡锷力陈"维持之策，谓川滇交界之俅夷、怒夷为二省交通锁钥，中国宜速设法经营，以阻英人进取之路。其经营之法，以改土归流为首图，继之筑铁路、练陆军。如中国再事延宕，则川滇交通一定隔绝云云。闻袁总统、唐总理颇为嘉纳云"。③

26 日

▲赵藩、李根源电陈"省城军都督府"，拟委习丹书为龙陵巡检，并移驻潞江。说："查龙陵厅原设巡检一员，向驻城内，其职务仅只监狱督捕，范围甚狭，无足轻重。该属潞江一带重要，拟将该巡检移驻潞江，札饬新任厅张丞勘明情形，酌定地点，以便治理。查有习丹书勤慎耐劳，堪以委署斯缺，除刊印札委，暨行知龙陵厅张丞遵办，请饬部备案。藩、根源叩。宥。印。"④

27 日

▲17 日，黄兴再次通电袁世凯等，请求立即"取消留守府，准予销职"。说："万万急。袁大总统、国务院、参议院、黎副总统、各省都督、各省报馆均［钧］鉴。前元电请即取消留守府，准予销职各节，谅蒙鉴察，待命至今，竟未奉到大总统批示，无任焦灼。良以留守机关一日不取消，

---

① 《川滇两都督之急电》，天津《大公报》1912 年 5 月 25 日。
② 《专电》，上海《民立报》1912 年 6 月 3 日。
③ 《西南风急》，上海《民立报》1912 年 6 月 4 日。
④ 《西事汇略》卷六，第 11 页。

行政一日不能统一，即南北疑虑一日不能消除。矧南方军队情形，已如前电所述，循此而行，万无窒碍之处。务恳大总统英断，迅赐取消留守府，立予解职，俾得早赋归田，以偿初志，则受赐多矣。北望燕云，据鞍以待。南京留守黄兴叩。"①

27 日，蔡锷通电袁世凯、国务院、参议院、黎元洪、黄兴及各省都督，责黄兴"若假高风之名，为卸责之地，是自欺以欺人"。说："黄留守十七号电敬悉。留守亟急引退，古义高风，足以廉顽立懦，无任钦佩。然锷窃有说，夫引退理由，不外功成身退、见难而退二义。留守之引退，揆诸第一义乎？则此次革命功成，应分三段：一破坏，二收拾，三建设。破坏易，收拾难，建设尤难。今仅完第一段功夫，尚省〔有〕第二、三段之难关在其后，功尚未成，身何容退！揆诸第二义乎，则吾侪今日所处地位，内地之丛脞，外祸之逼人，财政之支绌，险象杂陈，祸机四伏。加以奸人媒蘖其间，横生谤议。睹此种种，岂惟弃世，不如速死之为愈。惟自我发难，沧海横流，中流遇风，我独返棹，非惟不勇，抑亦不仁。总之，吾辈既陷国家人民于险，自应拯而出之。系铃解铃，责无旁贷。扶国宣力，生死以之。若假高风之名，为卸责之地，是自欺以欺人也。愿共勉之，临颖无任惶悚之至。锷叩。沁。印。"②

又通电各省都督，"即请电陈中央，立废借债之议"。说："借款问题，纠葛数月，尚未解决。外人乘我之急，多方胁以谋我，借债虽成，损失必巨。而政府之亟亟于此，虽牺牲利权，蒙垢忍辱，而不稍顾恤，国民之吞声饮泣，而莫敢伸异议者，亦以为安插定大难、建大功之军人耳。乃外人于借债之条件，一则曰监督财政，再则曰监察撤兵，且思要索利权，垄断债务，不遂不止。埃及痛史，不见于亡胡窃国之日，而成于共和成立之初，人心未死，讵复堪此！逼迫而成此局者，实为我神圣之军人，则军人实祸之首罪之魁也。吾知稍具天良者，必不受此嗟来之食，以保吾国命。锷窃拟办法数端。（一）立将借债念头打断，如有成议，则即取消作废；（二）照黄留守倡办国民捐，其捐款者仍填给公债票；（三）痛陈借债利害，使军人尽晓大义，自行解散归里，仅由公家酌给川资，将校尤应以身作则；（四）各省于财政

---

① 《公电》，《申报》1912 年 5 月 18 日。发表时未署日期，据以下蔡锷通电可知发于 17 日。
② 曾业英编《蔡锷集》（一），第 638 页。据成都《国民公报》1912 年 6 月 4 日校。该报所署发电日期为 5 月 28 日。

应自为谋，不仅不作待哺于中央之想，且应以所余奉之中央，恢复昔年之旧况。各省军人有不知大义，或思拥兵自雄，或作殃民者，照陈都督炯明对待王和顺、石锦泉例，决不与共戴天，举国共弃之。以上数端，势在必行。滇中行之，确有把握，绝无流弊。数月以来，已裁去防军几三十营，陆军亦行将分别退伍遣散。滇省夙称贫瘠，常仰给于中央，亦愿勉力支持，不求指拨，免致陷政府于破产之地，而贻国家以覆亡之忧。愚昧之见，如蒙赞同，即请电陈中央，立废借债之议，民国存亡，在此一举。"

又通电国务院各部总长、参议员、各省都督、各报馆、章太炎、熊希龄，报载所谓滇省军队"干预选举"等种种传闻，"均非事实"。说："章、熊两先生冬电悉。滇省前因各公会与省议会争选举权，早经敝处调停。至军队极守范围，并无干预选举之事，贵支部电不知何所据而云。然滇省僻处一隅，每多传闻失实。前阅报载东川府失守，知府秦康龄不知下落。又云蒙自兵变，致法令滇赔款四十万两。又云滇借法债，以盐课作抵，业已画押。复云大总统未允各等语，均属确无其事。又法国农学士勒禳德系在四川会理州境被劫受伤，此间据法领照请保护，当即派兵接护来滇。报载谓在滇境被土匪抢劫，均非事实。此等谣传，不知从何而起。特此谨告，俾释群疑，并希各报馆声明更正为盼。滇都督锷。感。"

又通电黎元洪、谭延闿、孙道仁、程德全、尹昌衡、唐继尧、陆荣廷、赵尔巽、张凤翙等人，由副总统黎元洪"主稿挈衔合请"梁启超回国"诩赞新猷"。说："民国告成，迄今数月，建设之事，犹若梦纷，固由缔造艰难，然亦因政界乏人能定大计。锷意此时亟宜访求通才，不可稍（存）党见。新会梁公启超为国先觉，闳才硕学，道高德懋，海内所知，徒以政见素持稳健，致为少数新进所垢〔诟〕病。现为羁身海外，实为民国惜之。兹拟合词电请大总统为国求贤，以礼罗致。如果敦促回国，必能诩赞新猷。特先电商，倘蒙赞成，希即径电武昌，请由副总统主稿挈衔合请，并希裁复。滇都督锷叩。沁。印。"①

6月4日，唐继尧遵依蔡意，电呈黎元洪敦促梁启超回国。说："武昌黎副总统钧鉴。昨读滇督蔡公沁电，拟请合电大总统，敦促新会梁公启超

_____

① 以上三电见曾业英编《蔡锷集》（一），第636—639页。

回国。窃梁公学本新民，志在爱国，并世论才，实寡俦侣，徒以末学躁妄，辄肆诋毁，致民国已成，而斯人犹任弃置，道大莫容，宁非至异。鄙意得梁公翊赞新猷，必有造于民国，（对）滇督此电极表同情。念自民国肇造以来，我公调和南北，熔铸群才，意向所呈，海内景附，必能排斥浮议，为国家惜此人才。如允，由尊处电请，谨当附骥。特此电闻。黔都督唐继尧叩。支。印。"①

▲26 日，李根源电请"省城军都督府"，可否改委钟春芳为顺云协"署理并兼带"。说："代理顺云协兼试带西防国民军第三营钟春芳老成谙练，熟习边情，到任以来，整顿操防，颇称得力。顺宁张守到榆，亦称该协任事，实心办理一切，尤能和衷共济。该处地居边要，专资熟手，拟请改为署理并兼带，以重职守。可否之处，伏乞示遵。师长根源叩。宥。印。"

27 日，蔡锷电复李根源说："宥电悉。钟春芳准改为署理顺云协，兼带西防国民军第三营。委状随补，希饬遵。都督府。感。印。"②

又电复大理李根源，腾越李镇台、黄谦，对于藏事，"拟派探险队调查由丽、维径达拉萨情形，以便筹办"。说："李镇、黄道铣电藏事，迭经电陈中央，近接国务院复电，有迅拨劲旅，会同蜀军协力进行，奠安藏境等语。惟查滇距拉萨数千里，道路崎岖，悬军深入，饷馈非易。而乱氛方炽，兵力不宜太单，至少亦需拨派三四千人，乃能敷用。滇力奇窘，饷糈尤为不赀。兹复详电中央，望其接济，一面拟派探险队调查由丽、维径达拉萨情形，以便筹办。先此复闻。锷。沁。印。"③

29 日

▲蔡锷电陈袁世凯，滇拟"特辟新路，由维西、茶硌、马必立之间出口，经珞瑜野人地方，向西北作一直线"，期于径达拉萨。说："藏事日危，未敢坐视，此事关系国防，亟应通盘筹计，早定成算。滇兵入藏，向有两路：一取道宁远、雅州，转入巴塘；一取道中甸，经阿墩子由巴塘入藏。两路皆苦绕越，而后一路沿途荒瘠，行军尤极困难。且川既派兵，若滇与

---

① 《贵州辛亥革命资料选编》，第 114 页。
② 《西事汇略》卷五，第 15—16 页。
③ 曾业英编《蔡锷集》（一），第 636—637 页。

会师巴塘，既苦后时，又嫌枝指。锷意宜分途并进，川循巴塘大道而西，滇则特辟新路，由维西、茶砭、马必立之间出口，经珞瑜野人地方，向西北作一直线，以拉萨为目的点，期于必达而后已。此路辟出，滇、藏间之交通，略可省千数里，而国防上尤有莫大之益。盖滇、缅界务，自尖高山以北，英已自由行动，前岁侵占我小江以南片马等地，今小江以北之浪粟又见告急。骎骎北进，恐五年后席卷怒俅夷，直捣巴、里塘，不惟藏危，而川亦危。今趁彼力难骤入，以此路预占地步，则将来国界在怒俅夷、珞瑜地方，勿论如何伸缩，而巴、里塘，前藏犹为内地。近筹藏事，远顾界务，此为最要胜着。惟事属特创，缒幽凿险，用力甚多，先之以侦探队，继之以工程队，然后大队节节前进，约计兵力至少亦须有一混成协，始可敷用。兵行时，饷糈、军械亟须筹备，而后路之架电线、办兵站、移民招商、布置内政，尤属必不可少。统计各项费用，就第一年而论，似非二百万金不可。滇财艰窘，力难胜此，事关全局，应请设法筹拨，俾便成行。至川军在藏与滇军如何明定权限，亦并分划示遵。"①

6月11日，国务院电复蔡锷、尹昌衡说："大总统令。蔡都督艳电悉。藏事日危，亟宜速筹援救。滇省与藏唇齿相依，来电所陈，尤征力顾大局。惟三路内，除取道宁远、雅州以至巴塘一路，绕越川地过多，毋庸置议外，其拟由维西出口，取道珞瑜野人径至拉萨一路，则工艰费巨，非急切所能济用，只可渐次经营，为将来自固边卫地步。惟中甸北至巴塘一路，不过千余里，且有可以通车之处，现议救藏之急，似以取此路为最宜。川省现亦由巴塘进兵，两省军队似不可无大员统率，以一事权，应由该两省协商，勘明候复，迅速进援，以免贻误。又查自中甸窝兰取道阿墩子、擦瓦、崩达、洛隆开一带，亦可径至拉萨，为前清康熙十年都统五格云督蒋陈锡自滇入藏之路，计三千余里，现在是否可行，亦应由该省查复，以重军备等因。合电遵照。国务院。真。印。"②

▲李根源电请"省城军都督府"，明定府厅州县各署佐治员缺"任用方法"。说："哿电陈请规定府厅州县各署佐治员委薪水，斟酌繁简，体察财力，虽照（财）政部所定章程，略为变通，其于（财）政部所定公费，

① 《云南光复纪要·西征篇》，第198—199页。
② 《蔡锷集外集》，第145—146页。

尚无出入，曾蒙交部核议在案。惟现在司法既未独立，各署事务纷繁，为设佐治所以资赞助而免丛脞也。若不明定任用方法，致使不肖有司，得借此以为位置私人之地，殊非设官佐理之意。拟请将此项委员均定为员缺，并由钧府给状任用，以重职守。除行政一科，由该长官呈请委任外，主计、典狱、收发各员，均由钧府遴员委任。至边远各属，必须人地相宜，准由各长官分别保举熟习情形二三员，造具履历，呈请酌核给委，庶用人可收统一之效，而仕途将无拥挤之虞。是否有当，乞并哿电发交部司妥议施行。师长根源叩。艳。印。"①

30 日

▲蔡锷通电袁世凯、国务院、参议院、黎元洪、黄兴、各省都督，建议暂时维持现状，不改"军民分权事"，以"速筹划一规制"。说："前因军民分权事，略陈意见，惟第就滇省言之，而意义亦有未尽。窃谓一省之中，凡司法、财政、教育、实业、交通一切民政，原应各有专司，固不宜军人揽其权，并不容军人与其事。果有以军人而侵越权限，则统兵者之军纪不严，而非军民隶于一事之故。若以现在军民统于都督，而指为军人柄政，则界限殊觉未清。盖今日各省都督不必尽属军人，如第就都督一职，而主张军民分权，则今日都督之非军人者将改为民政长，而别设一都督乎？抑虽非军人仍以为都督，而别设一民政长乎？此皆极蓼辕之问题，而未易解决者也。且满清时督抚并设之制，总督主兵政，巡抚主民政，其限权固分明矣，乃复因流弊滋多，而不得不思更易。今一省之中，都督民政长分立，与督抚并设之制何殊？故锷愚见，谓民国既已成立，亟宜近察本国情形，远瞩列邦大势，订定外官制，以期久远可行，而不必枝节为之，致通于此而隔于彼。查吾国省制，幅员太度[广]，治（理）为难，除边疆当别论外，余则行政区域势不能不缩小，将来划分，或为道，或为州，必破行省之制。至军事区域当视地方形势为之区划，而不能与行政区域同其范围，故每省设一都督、一民政长，其制必不能久存。与其多为更张，不如暂行维持现状，以速筹划一规制之为愈也。一得之愚，伏维甄采。滇都督

---

① 《西事汇略》卷六，第22页。

锷叩。全。印。"①

▲报载云南人排斥外省人情况。说："云南旧大清银行协理施有奎本一昏庸贪鄙者流，以亲家陈荣昌之力，夤缘得充是席。自入行以来，毫无表见，去岁重九滇省反正，伊见大势已在民军，私将簿据捧呈军府，一跃而为总理，遂大起其排外之心，行其自私自利手段。旧日行中司事，凡属外省人者，概遭摈斥，纷纷告退，视旧经理刘西园君如路人，加以白眼。近日绝力援引其亲戚故旧，私委其子为监印官总务科员、稽核科员，种种怪象，不一而足。然该银行近已更名中国银行，想施氏父子，必不能久安其位，而该银行或不至陷于悲运欤。"②

31 日

▲14 日，李根源电询"省城军都督府"，如何惩办"贪赃违法"的中队长郑别。说："前准撤差之第八联第二大队第三中队长郑别，已于尤日发交大理府署监禁，并电饬永平李令治饬将该中队长在永掳截情形查明禀办。俟禀复到时，再为研讯拟办。谨电陈明。师长根源叩。寒。印。"③

29 日，又补充其"贪赃违法"事实说："月密。已撤中队长郑别盘查散勇，隐匿搜获赃物，前经电奉饬确查惩治。当于到榆后将该中队长发府拘禁，电饬永平李令彻查。据复电称，郑别截获张祠梁、唐明臣等页金，闻已携去，尚有沙金交县属范静斋代制手镯，追缴到县，重八两一钱七分。其经该员嘱托买换金子者，共有十数人。又该员骑骒乃正法何匪之物，约值八十金，该员以劣马换缴。其在沧江获赃甚巨，隐匿尤多，署县目睹者已在数事。又逼永绅登报颂扬，以掩其恶。以上各节，均属实情，倘有虚伪，甘与同罪等语。复经派员会同秦守，到该中队长寓内详细检查，有皮箱二口，多系旧式普通服及麝香等件。又于该中队长身旁查出金戒指六道，既非军人所带之物，尤非行军时所带之物，其所从来，不问可知。嗣又搜获永平范静斋、刘光正与该中队长信函，内均系代打金镯、戒指等事。所开金镯重量，与李令电禀数目相符。又有何济舟带交玉手镯一对、洋银二

① 曾业英编《蔡锷集》（一），第 642—643 页。
② 《云南旧银行总理之排外热》，《申报》1912 年 5 月 30 日。
③ 《西事汇略》卷五，第 4 页。此电与以下二电曾业英编《蔡锷集》（一）录重了，而且后者第 1 册第 531 页所定日期也有误。

十八元、信函一件。经将戒指、玉手镯、银元各物发府存案外，尚有范松年即范静斋、刘光正及刘有清由永平与该中队长通信，所言均系代为秘密探听，设法解脱等事。除范静斋已由永平县管押外，其余刘光正等亦经密饬李令查拿讯究去后，查该中队长平日开山设堂、结盟拜会种种不法，前电陈明在案。此次贪赃违法，证据凿确，实属有玷军职。应如何惩办之处，伏乞迅赐核示遵行。根源叩。艳。印。"①

31 日，蔡锷电复大理李根源，"应绑赴市曹处斩"。说："月密。艳电悉。郑别身为军官，竟敢开堂结会，并私匿巨赃，实属贪婪不法，应绑赴市曹处斩，宣示罪状，以昭炯戒。余如来电办理。都督府。卅一。"

6 月 11 日，李根源又电询"省城军都督府"，群以功赎罪，苦苦哀求，可否免予正法。说："月密。郑别案，自前电发后，即据在榆第七联军官佐及讲武堂学生等禀称，该队长在永卫戍地方，盘查奸宄，颇为得力。故叛兵未能下窜，地方不致糜烂，伏乞以功赎罪等情。源严词拒之。该军官佐、学生等环为恳求，声称兵以卫民，如民间得所保护，虽蒙重戾，尚可曲原，再三求派密查，贷其一死为请。源以派人查办，更得真相，借服众心，乃因委员刘浚赴云龙查案之便，顺饬往永侦察去后，旋奉全电，当以密查未复，故暂缓宣布。昨据回称，该郑别带兵，戍截澜沧江、曲峒等处，逢人盘诘，商旅恨之。然奸匪未敢横行，地方赖以无事。所匿巨赃，皆系匪物，并非剥夺商民等语。窃思郑别拜会婪赃，本有应得之罪。兹该军官佐、学生等援同袍之义，念同学之情，合词乞恩，词意恳切。现据委员查复，群以功可赎罪，日复苦苦哀求。源于郑别亦属师生，因迫于公义，难徇私情，未敢代为陈请。谨为据情转电，可否免予正法，量从末减，定以永远监禁之处。伏候钧示祗遵。师长根源叩。真。印。"

13 日，蔡锷电复李根源说："月密。真电悉。郑别案，他罪尚可宽宥。惟反正之夜，枪毙文鸿逵，军界中人，尚有目击其事者，至今愤恨，断难姑宽。应仍照前电，立予正法。都督府。元。印。"②

7 月 3 日，李根源再次电询"省城军都督府"，可否"在狱中秘密绞

---

① 《西事汇略》卷五，第 4—5 页。

② 以上三电见《西事汇略》卷五，第 5 页。曾业英编《蔡锷集》（一）第 556—557 页所书日期误。

决"。说："奉电饬将郑别即行处斩等因。查该郑别固罪有应得，惟中间诸多碍难，应请格外恩施，免其身首异处。饬大理府秦守会同提标中军杨参将将该犯即在狱中秘密绞决。再，前起获该犯所匿之金器赃物，皆系搜掠腾、永散勇而得。现既未便发回腾、永，而大理公款支绌，拟请即发交大理府，充为地方公用。是否可行，伏候示遵。师长根源叩。江。印。"

5 日，蔡锷电复李根源说："江电悉。该犯郑别从宽绞决，所匿金银赃物，希即如电办理。都督府。微。印。"①

▲26 日，李根源电请"军都督府"，恤赏蒙化团勇。说："案据署蒙化直隶同知林丞志恂暨自治公所员绅张霖、欧阳鉴呈称，窃查去岁十月初三日，永平贼匪窜城云云，理合具文呈请查核示遵，计呈死伤团勇姓名、事实清册一本等情。据此，师长查蒙化厅城，前当贼匪阑入之时，该厅团勇奋勇攻御，或因伤毙命，或残损肢体，均堪悯恻。兹据造呈各姓名、事实清册前来，理合照册开具清单，呈请钧府俯赐饬部照章议给恤赏。再此次单内所开九名，除绅士陈以让一名外，均系团勇，可否概行准照陆防各军队汇请奖恤章程办理，出自钧裁。为此具呈照呈施行，计呈照抄清单一纸。此呈军都督府。"

31 日，蔡锷电复大理李根源说："宥电悉。请奖各员，希候议叙可也。都督府。卅一。印。"②

6 月

1 日

▲蔡锷主持都督府政务会议，并审改会议速记录。

都督提议事件：

（一）国民爱国债与再减薪事。现拟筹办爱国债，不能不由政、军、学、警各界为之倡，应行所得捐或再减薪俸由本都督府令各部转饬所属筹拟办法。又陆、防各军拟仿照各国军队办法，由公家给衣食，并改饷银为津贴，以符征兵制度。而各处食用之赢绌亦可借以平均，

---

① 以上二电见《西事汇略》卷五，第 6 页。
② 以上二电见《西事汇略》卷五，第 31 页。

此事由参谋部筹拟办法。①

（二）东西南各防设司令部。已由参谋部筹议。

（三）发表政治情形。自反正以后，关于行政上之一切筹备进行未经发布，故外间每多疑议。而各省于云南之事尤多隔膜，拟将《政治公报》改为日报，日出二张，一张载重要公文，一张杂载政治上、社会上事件。由法制局会同军政部筹拟办法。又设通信社，以本省重要事务绍介于各省。

（四）滇邕铁路筹款问题。滇邕铁路事迭经电商中央。顷接交通部复电云：此案由前邮部派罗国瑞往勘，尚未据复到部。现本部复派钱世禄、马高显两员前往调查，俟复到再核定办法。至云南于就地筹款有何善策，尚望协同粤、桂、黔三省都督筹措，中央再设法维持云云。查此路果由数省合修，则滇境路线尚短，云南自可勉为其难，按年摊筹，惟黔、桂能否担任，尚未可知，恐因此反致延搁。此路关系东南大局，既为国防所关，仍归国有为宜，如各省有资，亦可投股。由秘书处拟电复之。

实业司提议事件：

（一）实业司副长赴日本调查实业，并购办机器。所拟各件均属切要。惟应购机器物品约需六十万元，滇省无此财力，拟先购急需之件，而及时可以收效而较有把握者，余俟调查后再办。仍由该副司长确切筹议。

学政司提议事件：

（一）中学寄宿舍事件。省会中学借三迤会馆为寄宿舍，共住学生八百余人。顷因三迤总会发起人员议以会馆为总会之地，惟学生皆系三迤人，且迫欲迁移亦无相当之处，拟由学政司与教育会协商分出房屋一所为三迤总会事务所，至该会明日开会，即由李参议通知各会员别择会场。六月三号阅。蔡锷。印。②

▲26 日，李根源电请"省城军都督府"，允准猛卯、遮放弹压兼交涉副委员等事。说："顷据腾冲黄护道敬电称，猛卯、遮放交涉极多，近渐迭

---

① 原稿对此事有注说："此事因接中央电有办法，故不令各部筹议。"
② 曾业英编《蔡锷集》（一），第 575—576 页。

起，所设弹压仍请如陇川例兼交涉副委员，不另支薪蒙允，当照会领事转知缅官知照。陇川弹压杨委春培极陈身弱，不耐烟瘴，并称上无伯叔，下无兄弟，留此病躯，以慰家严，涕泣辞差，情极恳切，拟请照准。遣［遗］差查有前赴各司巡历之聂中队长绅文，明白稳练，任事实心，谦前在师部见其出巡时，所来禀牍，于边务情形言之，多中肯棨，即心识之。调委陇川弹压委员兼交涉副委员，必能胜任等语。查聂中队现已升充第七联第二大队副长，人极明稳，能耐劳瘴。前曾同赴片马，现复周历各土司沿边情形，尚能周知，处分事理，亦颇得当，俾任斯职，较在军中，尤多裨益。杨委现既力辞，拟即改委聂绅文接充。其猛卯、遮放弹压兼交涉副委员，不另支薪一节，事属可行，拟请照准。是否，乞衡核示遵。师长根源叩。宥。印。"

6月1日，蔡锷电复李根源说："卯、遮弹压，着准兼交涉副委员。陇川弹压委员兼交涉副委员，准以聂绅文接充。"[1]

又通电大理李根源、张文光、秦恩述，永昌由云龙、腾越李镇台、黄谦、丽江孙绍骞、姚守，并送永北丁镇台，维西李协台，顺宁钟协台、张守，普洱马镇台、王守，开化林镇台、张守，临安朱镇台、张守，蒙自何国钧，昭通苏镇台、夏守，思茅刘道台，河口陆分统，麻栗坡张分统，广南王分统、杨守，楚雄黄守，东川秦守暨曲靖杨守，通海局道，澄江敖守及各厅州县，本军府已议定举办爱国公债。说："中央政府因国用枯竭，向六国银行团借债六千万镑，乃外人乘我之急，垄断债权，并要求财政监察裁兵，债约即［既］成，国权尽失。前由本军府通电各省阻止中央借债，如已有成约，即请取消，并建议募集公债。近接各省电，均竭力提倡公债及国民捐，义声所播，群情奋跃，存亡之机，争此一举。集各界议定举行爱国公债，已设立筹办处于省议会，拟订规定，并筹商一切进行方法。详章续寄，先此电闻。卓见如何，并望电复。都督府。东。印。"[2]

月初

▲熊希龄通电黎元洪及包括"云南蔡都督"在内的各省都督、省议会，

① 以上二电见《西事汇略》卷九，第7页。
② 曾业英编《蔡锷集》（一），第645页。

请"开示真确收支数目","以为整理财政之前提"。说：

> 民国成立，财政困难，已达极点。希龄学识庸愚，毫无经验，前承袁大总统任充理财总长，屡次恳辞，未获所请，不得不暂行担任，以待贤者。惟是考察财政历史，前清时代岁入二万九千七百万两，岁出三万五千万两，出入两抵，已不敷银五千三百万两，加以筹备事宜，另行追加预算各费银二千四百余万两。宣统三年以后，四国币制、实业借款，粤汉、川汉铁道借款，津浦铁道追加借款，邮传部日本正金借款，各省救济市面借款，合计若本银二万万两，平均五厘行息，又须增加出款银一千万两。合上数项计之，岁出不敷款已达八千七百万两。起义以来，各省免费减捐，商务停滞，岁入项下应少收银五千万两，军队增至八十师团，饷额亦加一倍，岁出项下应多支银三千万两。今至旧年八月起，至本年八月止，约计一年不敷之款已达一万六千七百万两之谱。加以从前外债赔款，此次中外商民损失偿款，将来遣散军队恩恤各款，以及新国建设经费，约计支出又当在一万万两上下。统新旧各项计算，是本年不敷款共有二万六千万之巨额，而外债、纸币两项在前清时代继长增高，约外债二十万万元，纸币三万三千万元，均已成为切肤之痛。故论救急之策，舍大借款无以支持危局。然借款而不预定用途，注重生产，徒使归于消耗，恐以后更无借债之资格，国其不国矣。惟是以上所估数目，系属约计，恐于各省实在情形不符。今统一政府成立，将开阁议，规定政策，筹划经费。若非统知现在各省财政确实收支数目，无从列为预算，兹特电请尊处，将贵省财政自前清宣统三年正月起至十二月止决算数目，总收入共若干，总支出共若干；又自本年正月起，至六月止，预算数目，总收入约若干，总支出约若干，六月以后收入能增若干，支出能减若干；此外自民国起义以前，原有公债价额若干，纸币价额若干，铜元铸额若干，起义以后增发公债价额若干，纸币价额若干，铜元铸额若干，均乞速饬财政司，分别临时、常年两项开列数目，先行电达北京，以便汇总预算，为借款理财之准备。抑龄尤有请者，前清财政紊乱，多由内外相欺，部臣百端搜刮，日思集权于中央；疆吏畏防提拨，遂致隐匿其实数。此在君主贵族专政时代，势所不免。今民国成立，五族一家，中央财

政与地方财政，同属人民之负担，既无用其猜疑，更何分其轻重。酌盈剂虚，均匀支配，自不致有牵一发而动全身之患。务乞尊处开示真确收支数目，俾得有所依据，以为整理财政之前提，无任感祷之至。理财总长熊希龄叩。①

▲报载迤南道刘钧布告各土司，用人须慎，"善良者固多，而刻薄者亦属不少"。说："各属土司大都明白事理，所辖百姓均知体恤，惟土司所用之人，如书记、管事、火头、大丛之类，其善良者固多，而刻薄者亦属不少。凭依土司权力，刻待土民，任意诛求，不留余地。钱粮山水正供之外，民间摊派者有长夫年猪、拴线门包、领牌鞋脚、送礼嫁娶、建屋贺费，名目繁多，土民疲于供应，每多典鬻以应。其人皆狡黠阴险，工于弥缝。土司为其蒙蔽，难于觉察，或因存心长厚，倚其办事，大权渐为阴夺。迨剥削太过，结怨已深，不归咎于若辈，而结怨于土司。若辈享其利权，土司为之怨府，士民念先泽之不可背，徒以穴社凭城，投鼠忌器，吞声饮泣，携妻挈子，远逃异地，村寨一空，亟应设法取缔，毋令竞肆贪饕。今与各土司约所用书记、管事等类，务须严密防闲，不可信任太深，除正供外，不准多事苛求。如有不法情事，解由地方官惩治。为士民爱惜一分物力，即为民间培植一分元气，土司视土民如子弟，土民即戴土司如父兄。尚其细味斯言，毋忽。"②

▲段宇清上书蔡锷，报告国内政情及有关建议。说：

客岁十月，奉委赴鄂，蒙给川资旅费，所有前后赐发帑款，均经莘农（按：指吕志伊）主政造册详报，谅邀英鉴。至参议员公费，由阳历三月起，概由院给，此后议员薪费，本省即不必再发。宇清学识寡陋，本拟早日卸肩，回滇趋谒崇阶，用备驱使，乃委状邮寄，复饬忝议席，公义高怀，两难违负。四月移院北京，金云代议解散，于国家前途，甚为危险，公决民选改派，均到北京接替。至京见省议会散电，滇省参议仍使宇清等接充，愧惶悚歉，莫可明言。伏思国家新造，必勇者效力，智者竭忠，一德同心，邦基乃奠。开院以来，人心虽日

---

① 《熊希龄集》第2册，第810—812页。是书定此电于9月，误。
② 《迤南道诰诫土司》，《申报》1912年6月3日。

见稳固，而眷怀时局，尚有未敢信为已治已安。谨将目前危险之情形，一为钧座陈之。

西北各省，未经破坏，事事借手东南，中央政府有总统首领之虚名，而兵权、财权，以及用人行政权，无统率管握之实效，常此骄矜，必归为联邦国制。一落联邦，豆剖瓜分，瓦裂土崩，以破碎中原求为普鲁士、南美洲奚易得？恐波兰、埃及、印度之祸，即不旋踵，此不可解者一。共和成立，必人人实有爱国思想，方能永久不敝。革命事起，北伐南征，招练军旅，实出万不得已。今南北统一数月，各路统帅，坐拥雄师，一言裁汰，非借口于恩饷不给，即托言于溃叛堪虞。阳以巨帑要挟国家，阴以爪牙骄恣自利，甚有浮名为怀，一营呈报一标，一标呈报一协、一镇，且有数千百人呈报数镇者。百姓脂膏血汗，将军取而归入囊橐，天良渐灭，丑德孔张，大则成藩镇跋扈之忧，小亦蹈有明债帅之弊。军疲民病，国亦随亡，此不可解者二。政见党派，各国均有，然总以国利民福，顾持大体为要。迩来议会，党派角立，书生蹈麈尾之空谈，法律袭说经之聚讼，甚且门户标榜，客气自矜，甲所立之议案，乙必思破裂而诋排之，丙所陈之意见，丁亦起反对而推倒之。如西蒙古增加议员一案，开会至四次而不能成之；河南省议会议定官制一案，约法而竟通过，即不如各报所讥，重党援弗重国事。而意见相争，诚所不免，涓涓不塞，将成江河。古云：平河北贼易，平党祸难。诸议员代表国民，燕居私议，均知以国家为心，何一至议场，攻击纷纷，如此不解者三。缔造伊始，智谋之士，莫不曰首先统一财政，顾政府孤立燕京，饷帑无出，微论边瘠省分，如滇如黔如桂如陕甘新疆，求之之文星飞电逼，即素号财赋省分广鄂苏之告济亦无日无之。司农无点金之术，势不能不出于借贷以救燃眉。顾借债遭反对，在乎外者不知内情之缓急，词语愤烈，尚属情理之常，何意自命俊杰，素号革命元勋亦复恫词威吓，迹近阻挠，不知库空如洗，无米何炊。南军食粥（黄克强云，江宁诸军，日食一顿稀粥），北军五月尚穿棉衣（陆旗月饷八十万，无饷可发，五月杪尚穿棉衣，谣言四起，将欲为变。幸借得银，散饷始息），呼穷告窘，变在俄顷。四国之银团一裂，即百般之险象丛生，沧海横流，谁为砥柱，此不可解者四。师克在和，同心断金，古有明训。乃国务成立，政见纷歧，总理因比国借款之失，群矢集的，志隳心灰，总长以庶政棼乱之秋，既不易为，又多掣肘，多闻辞职，相推相诿，几至于群不以负责任，民国前途，甚是危殆。况外国尚未公认，必望我国独立之有精神，则此次首先之内阁，国务诸公必有百折不回、忍辱负重之特识，方不负天下之公推，始足以餍我国民馨香祷祝之企望，何能悻悻求去引退洁身。近闻内阁会议，总长多不到场（赵秉钧多推病，熊总长因借款多反对，辞职二次，陆征祥在通则徜徉未进京，陈其美尚在沪上），宰相成伴食之称，国事当儿戏之视，此不可解者五。

有此五不可解，民国成立尚不可知，又目前借债，实关死生问题，有钱则生，无钱则裁撤军队、振兴教育、内政外交，一切俱难措手，而国何可为幸。院内均知关系存亡，不敢遽存推翻政府，垫款可望通过（七千五百万之款，以三千五百万裁军，余作各政）。五月十一，同顾仰山（按：即顾视高）、张镕西（按：即张耀曾）、席上珍（按：即席聘臣）同谒唐总理，痛陈滇情，求其速为协助。总理筹办借款单内列助滇五十万两。宇清云滇为国防所求者，请中央政府常年协助，或养一镇二镇之兵费，非求此五十万即可了事。又言及滇铜甲于天下，认以滇铜供天下鼓铸铜币之用，请勿买外国铜片，免利源外溢，而滇亦有资，且矿厂不致移易，此系两利。总理颇以为然。兹借款将成，五十万何能济？惟求都督速电政府迫催，求拨二三百万，以济急需。电愈催愈有效力。又国会选举法已有定议，上议院（仍名参议院）取均等主义，每省十名，以省议会为选举机关，议会内得选出二分之一，余可选议会外五名。下议院（名众议院）取人口比例主义，以八十万人口选议员十名，第至少省分如不有八百万人亦得出十名。我滇调查户籍，从前未能认真，遗陋者太多，请饬民政司速札各地方官从实调查。少报告即少出代议士，所关甚巨，一面分札土司，限日报缴户籍册。民国无种族阶级之分，该土司亦属同胞，何得不有选举权？此议宇清与顾仰山在议场争过，然能由钧处及议会处电争，更见正大。盖土司既有选举权，亦化夷为汉之妙用，祈采纳之（按：后来的事实，证明蔡锷采纳了段宇清此建议）。

附陈者：国旗案，北京开院，提议仍用五色，商船亦用此旗，大总统已经许可。其陆军旗以五色旗为底，上缀湖北星旗十八团加一团，取众星环绕。海军旗亦五色，为底上缀青天白日。旗式均经大总统驳否，仍以湖北旗作陆军旗，青天白日旗作海军旗。嗣闻湖北反对，故交复议。议院尚未议及。兹将垫款与四国团所订七条附列。知关廑注，特用陈明。"①

按： 原函未署日期，其 6 月上蔡锷另函言及"月初曾上一函，谅邀英鉴"，知此函当发于 6 月初。

3 日

▲蔡锷电请袁世凯、国务院任命吕志伊为云南招商使，前往南洋及美、澳各埠招商募债。说："滇省财政状况，迭经电陈，亟宜开浚利源，以裕民生，而纾国用。惟开办之初，必需巨款，前曾电商财政部，旋接复电，以中央财政艰窘，正复相同，借款未成立以前，本部实难担任。窃意外债虽成，亦多隐患，而由本省自行筹措，难望其成。兹拟特订专章，招致华侨组织公司来滇开矿，并募集华侨公债，为滇省提倡实业之用，然非特派专员，恐无以联络商情。查有前法部次长吕志伊久安［居］南洋，颇为华侨信用，若得该员前往招募，必有所济。拟请大总统任命该员为云南招商使，专任前往南洋及美、澳各埠招商募债事宜，以昭郑重，而资鼓舞。滇都督蔡锷叩。江。印。"②

按： 26 日报载"滇都督蔡已延在外华侨输资集成一公司，专办滇省矿务。另外注重铜矿"。③

▲周善培函告梁启超，国内多有忌其回国之人，并因此殃及蔡锷。说："蔡松坡因论报馆诋公事，国民公党初举蔡理事，以此黜之。眼前恨公者，不止某一派。某派中却有愿与公合者，惜其魁领不能自克耳。西林亦忌公之一，可笑之极。忌原于醋，醋原于自丑，忌者不直臧否，要以种种方面观之，当惟公不宜北，采老尚不宜北，则公可稍安矣。坚伯一来辄去，到

---

① 《上蔡都督书》，《永昌府文征·文录》卷二十三，第 17—18 页。
② 曾业英编《蔡锷集》（一），第 646 页。
③ 《专电》，上海《时报》1912 年 6 月 26 日。

东殊不欲见此人，幸预谋谢远之。"①

▲报载"近因蔡都督在滇发起共和统一党支部，又电令各府厅州县组织分部，竭力扩张党务。现在全省入党者已有数千人之多，势甚发达，因之党中公举殷君承瓛赴京充当代表，所遗参谋部总长一差，闻都督拟升赴川梯团长谢汝翼君接任云"。

又载蔡锷命重开讲武堂。说"重九"起义后，云南讲武堂"因之停办"。蔡锷以"讲武堂原为造就军官而设，讵可久缺，乃令沈汪度君专力此事，赶速开办"。②

7月23日，又载蔡锷要求讲武堂严格考试制度。说："此次讲武堂重行开办，军都督颇为注意，常临校视查一切。先未通知，接招多不周备，都督但询明筹办情形即去。又令生徒队长甲班学员，亦须行检定试验。自十八日起，每日分门考试普通学。学员等自充军官后，奔驰劳苦，早已强半遗忘，骤行考试，颇苦之，拟要求取消。队长以系都督之命令，不能通融云。"③

4 日

▲罗佩金奉蔡锷令颁布公文手续、程式等本省各机关应用公文令。说：

> 查本省各机关应用公文手续、公文程式及文牍篇幅格纸各式，业经本部拟订，呈奉都督府核定，批示照办发部。兹由本部分用铅板印就，应即分别呈、咨、照会、命令，通布各机关一体查照办理，以昭划一。除呈都督府及分咨照会通令外，合行令发该司，即便查照办理。此令实业司司长吴琨。计发公文手续、程式各一件，文牍篇幅格纸七件。罗佩金。中华民国元年六月初四日令。

云南军都督府拟订公文程式

计开：

一、文牍除遵用中央政府颁定之呈、咨、照会、谕、令、示六种

① 《梁启超年谱长编》，第 637 页。

② 以上二文见《滇池鳞影片片》，上海《民立报》1912 年 6 月 3 日。

③ 幻：《都督注重讲武校》，《滇南公报》1912 年 7 月 23 日。

外，再加咨呈、批、答〔签〕三种。其用如下。

（甲）普通规定：凡上级对于下级用令、批示，平行用咨或照会。下级对于直接、间接之上级均用呈。至上级对于非所属之下级用照会，下级对于非该管之上级用咨呈。

（乙）特别规定。都督对于参谋、政务两厅用签批，对于参议处用照会，对于省议会用准，对于国民用令、示、谕。各司、道、局、厂、校、所、府、厅、州、县对于省议会、审判厅，均相互用咨。

二、呈、咨、照会、谕、令、示六种，其文式、行式、字式及盖印、盖章、署名、署年月日及封套式样，均遵用中央政府颁行款式。其余咨呈视咨批，用旧式草书，盖印签分三式，上行下视令；平行视咨；下行上视呈。字体直〔真〕草并用，署名盖章，皆不盖印。

三、文牍篇幅，除告示大小不计外，凡呈、咨、照会、谕、令、（示）、咨呈、批、签及各项稿纸均以贡川纸一裁两篇为度。前后两页作为底面，中署衔、叙事、列名，不敷照添。每篇刻有直格，每件粘订成帙，盖用缝印。有应候批者，附以简呈。以上各式，另纸刊发照办。

四、凡领、结、解、批及款物之清册，命盗案之招册，款式均可照旧。惟纸幅之宽长应与文牍一律。各项图表，苟收缩就范，无害于事，均应力求合度。即有时不能不放宽放大，亦应预为折叠后仍能合度之计，不得任意参差，致碍粘存。

五、用纸以贡川纸为宜。若贡川纸无可购觅，亦准以他纸代。但尺度须比照贡川纸裁割，以期一律。

六、旧习相沿之各种禀牍杂式，除履历禀仍可沿用外，所有红白禀、夹单、申、详手折等式，一律禁用。

七、签发批示、照会、领、结、解、批等类，均一律墨笔盖印，禁止标朱，以免污损。

云南军都督府公文手续

计开：

一、凡事体重要或案经决定，或行文两机关相距较远者，均备正式咨呈或令。若系查询交办之件，又相距不远者均用签。

二、凡上级机关通令中下级机关文件，文尾应有"除通令某某"字样。如中级机关奉文，即不必再为转行，以省繁牍。

三、下级机关除重要事件不得不通呈者始通呈外，其寻常事件只呈报主管衙门核示，不得率行通呈。

四、凡下级机关有通呈上中级机关核示事件，呈尾应书明"除呈某某外"字样。上级机关将原文粘签或于签内指示办法发交主管机关核办，不必另文行知，亦不必径行批示。该主管机关奉到发交文件后核定办法，即一面令行，一面呈报。

五、凡中级机关奉到转行事件，由主管机关行知所属下级机关执行，非主管之机关即不必再行。

六、各机关有咨会同级机关事件，由关系较重之机关筹商主稿，会核盖章，即行交还缮发。倘有应会多数机关之件，各有查核，列叙稿头，将应核定义意叙后，递交各机关分叙。叙毕盖章，仍交还主稿机关纂稿缮发，稿尾宜叙明某机关主稿。

七、各机关应设稽核文件号簿，分为四层，上列号数，记次最速或速或常字样，又次叙简由，又次叙办法大致，又次叙日期。最速件每日一稽核，速件两日一稽核，常件四日一稽核，以免积压遗漏。簿式如左：（略）。

八、公文分为最速件、速件、常件，由发文机关于印发时分别印入文面。使收文者一望而知。

九、凡电报之应拟复者，均列最速件。

十、凡文面均须录具事由，由发文机关之办稿人摘录，以期清晰而省时间。

十一、凡办文应录案者，须将原案酌加剪裁，择要录叙，以节冗文。若全案均关紧要不能从略者，另单抄附，以醒眉目。

十二、收文证据，近处用送文簿由发文者随意编号作记，收到时由收文者盖章为凭；远处由发文者粘附收条，亦随意编号作记，由收文者盖章寄回，即不必备具正式公文，以省手续。惟文内事理应须答复者，除寄回收条外，另行酌办。送文簿式：（略）。收条式：（略）。

十三、各机关收发公文，自文到至印发，所有经手之人，均将经手时间自行注入文面或稿面，不得遗漏，以便稽查。若有延搁，由经手者负责。①

▲蔡锷在一用人批条中说："若佛来任铁路公司管账司事，与从前革命派大有关系。愿充省垣之公司人员，借以与中国人接洽，谋各种利益。吾人亦可借其人以探查及令其办理需要之事。六月四号。"②

5 日

▲蔡锷电陈袁世凯，维持川边，"以阻英人进取"之策。说："川滇交界之酋［倮］夷、露［怒］夷为二省交通锁钥，中国宜速设法经营，以阻英人进取之路。其经营之法，则以改土归流为首图，继之筑铁道、练陆军。如中国再事延宕，则川滇交通一定隔绝。"③

又通电袁世凯、国务院、黎元洪、黄兴、各省都督，请袁"卓夺施行"敦请梁启超回国。说：

> 新会梁先生自甲午以还，愤满清政治之腐败，国是之日非，组织《时务》《知新》等报，以爱国、合群、任侠、平等、自由各主义号召天下，并结合海内志士，创设"自强""天足"等会。吾国报馆之崛起，党社之勃兴，一切思潮之发达，皆由先生启其端。丁酉，先生应湘人之聘，主讲时务学堂，论学则讲知行合一，论政则尚民权。常秘诏诸生谓，昔粤人起义而败于湘，今湘、粤联合，满清不足亡；惟破坏易，而建设难，欲图破坏，须预储建设之才。今日倾覆满清，建立民国，实湘、粤合力之功，其言验矣！该堂学生自戊戌政变以后，或出洋求学，或奔走运动。未几，乃有庚子汉口之役，同堂之遇害于湘、鄂各省者十余人，即唐才常、林述唐、李虎奠、蔡钟浩、何铁笛诸君是也。自是以后，湘人革命思想愈益剧烈。凡各省之革命运动，靡不有湘人杂其中者，先生种之也。戊戌革政失败，乃创《清议报》于日本，继于壬寅设《新民丛报》，终乃建《国风报》，顺世界之潮流，察

---

① 以上各文见《云南档案史料》1991 年第 3 期。
② 曾业英编《蔡锷集》（一），第 647 页。
③ 《蔡都督维持川边计划》，《申报》1912 年 6 月 6 日。此电前有"英人在片马进兵，交涉颇为棘手。云南都督蔡锷已有急电到京，政府尚未作复，昨又接到蔡都督来电一通，力陈维持之策，谓……"等语。后有"袁总统、唐总理颇为嘉纳"等语。

内国之情态，婆心苦口，对病施药，虽论说时有不同，而主义则前后一辙。精卫衔石，志填沧海，杜鹃啼血，欲返国魂。惟因前清对于报馆禁制慕严，言论稍激，即不能输入腹地，不得不以假面示人。而社会思潮陈旧，又难陈义过激，致使扞格不入，复不得不委曲宛转，另辟旁径，以施诱导之法。然项庄舞剑，意固在沛公也。或者不察，乃不慊于先生，甚至捏造蜚语，横施丑诋，多由未深知先生，或则挟私以肆攻讦，无足怪也。锷追随先生有年，觉其德行之坚洁，学术之渊博，持义之稳健，爱国之真挚，环顾海内，实惟先生之一人。现值民国肇基，百政待理，非仗通才硕彦主持国是，共济艰难，无以奠邦基而纾国难。在先生忧国之忱，久而益笃，今国家光复，其志已偿，固可无求于世。惟时艰难日迫，度济需才，锷为推崇先觉，为国荐贤起见，用敢冒陈，拟请大总统敦请先生回国，优予礼遇。应如何倚任之处，未敢拟议。伏恳大总统卓夺施行，并恳裁复。滇都督锷。微。印。

6 日，胡汉民通电袁世凯、国务院、黄兴、各省都督，请合电力拒梁启超回国。说：

> 云南蔡都督微电，推荐新会梁某呈请大总统任用，并胪陈梁某行径，其中失实太甚，请就汉民所知者，约略言之。原电梁应湘人之聘，至皆梁某之力也云云，几欲以湘人革命之功业，归于梁某一人。查湘省革命运动之烈，皆由黄、谭诸公实心毅力，始终如一。湘人风以沉毅著，以此观感思潮益决烈，非梁某之功。使湘人悉奉梁之教，将摇尾虏廷，希荣干禄之不暇，何暇为革命之运动？原电谓梁某教育之力，即以问诸梁某，恐亦无颜以自承也。又原电到沪，办报于日本，其意固在沛公也云云。查《清议报》除刺议清太后外，绝无政见可言。《新民从报》二十期以前诚为发坏专制中议论，顾自游美洲而至俄罗斯，其议论遂大胆，极力反对共和，书报具在，断不能曲为之讳。《国风报》纯是运动清廷，求复起用之平笔，刺取"一卧沧江惊岁晚，几回青镇点朝班"之句，易名沧江，热心利禄，情见乎词矣。综核梁某生平，小有才，毫无实学，贪鄙狡诈，惟利是视。始则挟窜逐之愤，丑诋清后，继则冀清帝复位，摇尾乞怜。迨明知无可希望，犹复借行将召用为词，诈取财物，任情挥霍，苍黄反复，小人之尤。党中人窥

知其奸，遂至纷生内讧，自相残杀。刘士骥之案尚在，并非虚语。公电谓其听信［德行］坚洁，学术渊博，持义稳健，爱国真挚，则必以反复无常，自相挑战谓之坚洁；东寻西稽，剿说雷同（谓）之渊博；崇拜专制，反对共和谓之稳健；骚首弄姿，日望赐□谓之爱国真挚，而后可否？则此等纯洁之形容，断不能任梁某之诬蔑也。汉民与梁某素未谋面，无私可挟，只以民国初建，根本未固，断不容此等金壬窃位＜某？＞其间，特将梁某尤无可用之理由，亲缕电陈，望大总统奋其英断，力拒金壬，各省都督合电力争，勿使得逞，更望蔡都督抑其师生之谊，以大局为重，则民国幸甚。粤都督胡汉民。印。由①。②

▲蔡锷主持都督府临时政务会议，并亲自审改会议速记录。

一、熊总长建议盐斤加价、地丁抽捐议案。中央所拟办法与云南情形不相宜，云南募集爱国公债，昨已议定办法，不必仿照中央。

二、熊总长减薪议案。办法分为三种如下。（1）省内文官。原薪六十元以上者均减为六十元，不论阶级；六十元以下改两为元，如原薪三十两者给三十元。凡各部、司所属局、处、学校，以及一切公务人员，均应一律照办。（2）各属地方文武长官。俸给以六十元为度，公费另订，由军政部速日拟定办法，呈核通行。（3）陆防军官。原薪六十元以上者均减为六十元，六十元以下照旧。军队开拔③时，仍照旧章办理。

三、拨款济中央事。由川购滇铜项下已交中国银行铜价十二万，悉数拨归中央，再由湖北铜价项内拨八万两，共二十万，先通知省议会，即行电达中央，再备咨文。

四、调省兵赴榆事。由卫戍司令部在省军中挑拨精练之兵一营，从速编定一营，听令开拔。④

五、设政务稽核员。由本军府拟定章程通行。

六、各司案卷贮藏法。以藏书楼所存橱架为各司贮藏公文之用，

---

① 疑为"鱼"字之误。
② 以上二电见曾业英编《蔡锷集》（一），第648—651页。
③ "军队开拔"之后，原有"遇任务出发"四字，被蔡锷删除。
④ 原稿此句为"即以警卫大队赴楚雄者派往"。现文为蔡锷改定。

宜力加整理，以便检查。六月六号。蔡锷。印。①

上旬

▲报载蔡锷电请总统府，饬外交总长与驻京英使严重交涉片马撤兵问题。说："略谓英兵进驻片马，前已电达。现英兵日昨又添增二千余名，英兵驻扎片马，将近五千人，非但不允撤退，尤在增加，请饬外交长与该国驻京英使严重交涉。"②

6 日

▲报载蔡锷电陈北京政府，经营川边，"以改土归流为首途，继之筑路、练陆军"。说："英人在片马进兵，交涉颇为棘手。云南都督蔡锷已有急电到京，政府尚未作复。昨又接到蔡都督来电一通，力陈维持之策。谓川滇交界之酋［俅］夷、露［怒］夷为二省交通锁钥，中国宜速设法经营，以阻英人进取之路。其经营之法，则以改土归流为首途，继之筑路、练陆军。如中国再事延宕，则川滇交通，一定隔绝云云。闻袁总统、唐总理颇为嘉纳。"③

▲6 月 2 日，李根源电陈"省城军都督府"，"藏番乱势日炽"，滇边"不能不先事预防"。说："月密。顷据丽江孙统领电称，探得公戛岭、稻坝均为蛮番占据，汉兵因有枪无弹，死伤极多，中维接壤，边防可虞等语。查藏番乱势日炽，滇边牵动为虞，不能不先事预防，以为之备。除仍饬该统领随时探报外，查刘联长昨方率队抵楚，已电饬令将邢机关枪中队留驻楚雄，暂缓进省，以备不虞。如何，仍乞示遵。根源叩。冬。印。"

3 日，又电陈说："藏乱日炽，川边动摇，中甸壤地毗［毗］连，防御不容或缓。统领驻丽虽称适中，惟边事紧急，交通不便，探报难期迅确，筹划鲜当机宜，稍有疏虞，贻误实大。丽江居里，知府复兼谙谋，保境自有余力，拟请将丽维统领移驻中甸，俾得就近筹维，随时设备，以期协合机宜。永北近接川边，幸经移镇驻扎。惟与中甸均居边要，而交通均患阻滞，中甸以下，消息尤为隔阂。现川藏边警频传，遇有征调、策应各事，

① 曾业英编《蔡锷集》（一），第 576—577 页。
② 《滇边哀雁声声》，上海《民立报》1912 年 6 月 12 日。
③ 《蔡都督维持川边计划》，《申报》1912 年 6 月 6 日。

迫文报递至，已误事机，并拟请于中甸、永北两处，添设电局一所，庶几声息灵捷，得以迅赴事机。两局但各酌派领班一人、报生一二人，即足供用，需费亦尚不多。事关边局，实难延缓，如何之处，统候迅赐核示遵行。根源。江。印。"

　　同日，再电陈说："顷据孙统领、姚守江电通禀，江卡已陷，阿墩吃紧各情。查江卡距阿墩八站，盐井距阿墩五站，均四川属。巴美距阿墩二站，系维西属。巴盐学堂系设盐井。据称江卡已陷，盐井法教士暨巴盐学堂教习纷纷逃至巴美，阿墩紧接，亟应迅为防范，该统领拟调李兼带学诗援应，暨饬保护法商、教士各节，已电饬迅速照办。惟查第六营驻维仅一哨，并经分扎小维西、鲁甸两处，止余五棚，不敷调遣。第七联昨日奉令编为第一师第二旅第四联，当经宣布。现从权宜饬由该统领转饬谢中队长昆山先行准备，听候省令遵行。并由姚守转饬蒋委秀和迅速到差，以资得力。藏蛮势虽猖獗，内顾巢穴，外御川军，如我防范严密，或不遽虞窜扰，已饬孙统领迅派得力员兵数人，星夜前往侦察确情，一切防备事宜，准由该统领、姚守相机办理，并陈。根源叩。江。印。"①

　　5 日，蔡锷电复大理李根源说："江电悉。丽、维统领移驻中甸，并添设中甸、永北电线，均可照准。已令部备案，并饬电局速议办理矣。都督府。歌。印。"②

　　同日，李根源又电陈"省城军都督府"，藏京"变乱"数月以来，"消息未知如何"。说："顷接孙统领电称，据由藏来者言，本年正月中旬，西藏联钦差隐谋乡僧串同达赖起兵，攻灭汉族，达赖得此消息，即传檄各地，驱除汉官，兵民集众数万，围攻江孜，西藏陆军步炮各队前往援应，连战数日，昼夜未息，阵亡目兵数十名，粮弹缺乏，该队尚死力相拒，经英、廓两领袖出而调和，将该队官兵护送出印。又藏京系二月初六被围，藏内僧侣同时变乱，汉军死至七八百名之多，庙舍皆焚，汉军退距藏京二站驻扎，仅有千余人。至今数月，消息未知如何云云。谨呈鉴核。师长根源叩。歌。印。"③

　　6 日，蔡锷电复大理李根源说："两江电悉。边事日迫，急宜筹维，已

---

①　以上三电见《西事汇略》卷八，第 11—12、15 页。
②　曾业英编《蔡锷集》（一），第 651 页。
③　《西事汇略》卷八，第 13 页。

于支电详达。任委深入怒境遇险，恐非无因，自应另行派人前往侦察。所拟由国民军挑留目兵一哨，拨归景弇率领前进，以资防卫，尚属可行。迤西冗营均经裁汰，惟现在边防未靖，恐无得力可靠之兵，现拟由省挑拨精练新军一营越［赴］榆，以资调遣。如得中央接济，即以此为经营西藏之先驱。否尔，亦可以驻边防，堵川匪阑入。如何，希酌复为盼。锷。鱼。印。"①

同日，李根源电复蔡锷说："月密。鱼电奉悉。西防国民军迭经裁汰，榆联甫经编配有事，实恐不敷分布。刻据中甸冯丞江电，请准添募一营，并电成都、建昌速援巴、里，以缓甸祸。复接孙统领鱼电，又称藏番进逼里塘，中甸防范更难刻缓，蒙拨新军一营，固足以厚兵力。惟各目兵须无骄悍之风，无不良之习，且无一哥老会孱［羼］入其中，始可期得力，而免他虞。所派大队长及各队官长姓名并恳先电示知，俾资考察。如无得力将校调良军队，拟请缓予拨派，先由榆联酌派一中队赴丽填扎，兼作声援。饬孙统领带同第四、五两营，全数开往，并附以存丽旧式炮四尊。前准由榆带往一小队，亦饬暂缓遣散，带同前往，亦足以资防范。将来如尚需增兵力，再由榆酌派数中队策应。盖有事之日，又率骄兵，不惟难收指臂之效，转将酿成肘腋之患，内外交困，尤属可虞。源半稔以来，日在惊涛骇浪之中，皆骄兵之为厉。现在甫去大鲠，思患预防，不自觉其鳃鳃过虑也。如何，仍乞衡核示遵。根源叩。鱼。印。"

7日，又电请"军都督府"，饬局迅将中甸一路电线，"先行安设，免误事机"。说："顷据中甸冯丞江电，请添募一营，并转电川省速援里塘各节。当将现派孙统领率领两营驻甸防范各情电知，并饬随时商承孙统领妥筹防备去后，至所请电蜀援里塘，以纾滇患，所见甚是，应恳迅电川省援救，以免里塘不守，祸中于滇。再前电请设中甸、永北电线，已蒙准行。现边警日急，请饬局迅将中甸一路，先行安设，免误事机。根源。虞。印。"

8日，又电复"省城军都督府"说："支电奉悉。西藏经营，殆非川滇协力不易举，今欲凿通滇藏，以图巩固国防，至虑宏谟，钦服无已。近日闳哲之士，亦渐知趋重拓殖，中央顾念边计，必能亟见采行。惟源

---

① 曾业英编《蔡锷集》（一），第652页。

当乞退之始，各项人员均陆续分别消纳，现司令部仅留有三等副官一员，前带同出省各测绘班员，已派遣回省四员，留腾两员，尚有四员在榆，方任制图等事。且各班员，虽谙测绘，未习军事，更难耐劳，实无合格之员，可胜探查之任。仍请由省遴派，亟为着手。谨复。师长根源叩。庚。印。"

同日，再电请"省城军都督府"指示如何解决永宁兵单问题。说："顷据永北厅舒丞江电称，永宁土府报称，定襄番子攻驻公盖岭，川勇百四十余人围杀过半，余缴械求活，欲往中甸，定襄已为番子占领，川军丁帮带、顾统领屡战不利，损失甚巨等语。查永宁抓子河逼近里塘，溃窜堪虞。现第七、八营奉命裁并，永华多盗，内外防备，兵力过单，应如何拨济，乞衡夺示遵等语。除一面妥筹拨济，并饬令严密防备外，谨先电闻。师长根源叩。齐。印。"①

7 日

▲蔡锷通电袁世凯、国务院、参议院、黎元洪、黄兴、各省都督、各报馆，云南"已拟定章程，克期开办"爱国公债。说："民国肇端，财政枯竭，借款要挟，迫我危亡，非合全国竭力输将，实无以资挽救。本省现拟筹办爱国公债，通电各属，征集意见，全体赞成，兹已拟定章程，克期开办。又本省公务人员薪俸，自去岁十月即减成发给，最多者不过百二十元。现已［以］国事多艰，再加裁减，凡政军学警各界除分认爱国公债外，其原薪六十元以上者均减为六十元，以下递减，惟目兵暂仍其旧②。至财政部沁电所云军需公债，本省从前并未发行，合并声明。滇都督锷叩。阳。印。"③

8 日

▲袁世凯任命张翼枢为云南外交司长。又任命李曰垓为云南民政司长，周钟岳为云南教育司长，吴琨为云南实业司长。④

---

① 以上四电见《西事汇略》卷八，第 13—14 页。
② 发表时删去"惟目兵暂仍其旧"一语。
③ 曾业英编《蔡锷集》（一），第 652—653 页。又见成都《国民公报》1912 年 6 月 18 日。
④ 《命令》，《申报》1912 年 6 月 15 日。

▲蔡锷"万急"通告袁世凯、国务院、参议院、黎元洪、黄兴，各省都督、议会，云南"先筹解中央二十万元，以应急需"。说："中央政府为全国行政之中枢，经纬万端，需款甚巨。顷接财政部熊总长电，库空如洗，束手无策云云。各省宁肯坐视，致陷政府于破产之地位。设因政府竭蹶，遂蹈危机，各省岂能独存。滇虽瘠区，匦资协济，然警电传来，百端筹维，目前政费勉力暂认。兹先筹解中央二十万元，以应急需。日内即由银行商号分别汇交，以免长途稽滞。明知为数甚少，无补时艰，然积土成山，窃冀以此涓涓者为天（下）千脄一裘之助。伏恳大总统察核。滇都督锷、临时议会叩。齐。印。"①

又电陈北京袁世凯暨国务院，西藏危急情况。说："顷接云南第二师师长李根源据丽维统领孙绍骞电称，据由藏来者言，本年正月，驻藏联钦差隐谋串同达赖起兵，攻灭汉族，达赖即传檄各地，驱除汉官，兵民集众数万，围攻江孜。西藏陆军步、炮各队前往应援，连战数日，战阵亡目兵数十名，粮弹缺乏，该队尚死力相拒。经英、廓②两领袖出而调和，将该队官兵护送出印。又藏京系二月初六被围，藏内僧人同时变乱，汉军死至七八百名之多，庙舍皆焚。汉军退至距藏京二站驻扎，仅千余人，至今未得消息。又据西藏江、亚总区官谢式南函称，西藏自去岁九月起义，兵丁不受节制，四出抢掠，互相残杀约数百人，汉官罗长绮被匪缒毙。江孜监督马吉符暗通满奴，为首者见事不谐，有逃窜者，有被匪驱逐、拘留及抢劫者。探其乱因，则由于哥会大爷严步云、张子清、郭聘侯、刘汉章、罗光常、杨守五、文大光、花［范］耀荣、梁士俊、陈渠珍、雷清源、马国栋等从中煽动，以得银四［回］川为主义，不顾大局，仇杀官长。满员钟颖挟笼络之术，将上下三团之大爷尽行升用，并设议院，议长、议员均以大爷充之。达赖乘间调兵，尽征十六岁以上五十岁以下者充之，以故蛮兵日多，汉兵既少。而军官又不明军纪，故致后藏失守时，有管带大爷潘文华、队官大爷罗栋臣、理事府大爷刘一意与藏番议和，得银万余元，将枪弹等缴与番官。番官得枪，即进攻拉萨。时汉兵不满九百，英人亦有助藏枪械之事，后藏班禅因助汉人，被

---

① 曾业英编《蔡锷集》（一），第 653 页。
② 英，指印度英国殖民当局，廓，指廓尔喀（今尼泊尔）。

蛮兵驱（逐），全藏不日将失等语。又据中甸同知冯舜生电称，定乡叛蛮屡探驻甸兵数，五月巧日，贡格岭失守，稻坝继陷，现往攻里塘。倘再破，则巴塘喉梗，川信阻，蛮焰张，难保不回犯中甸。甸、维兵单，应请准孙统领添募一营，以资防御等情。除饬孙统领添兵防堵外，谨电陈鉴核。滇都督锷叩。齐。印。"①

同日，又抄录"西藏江亚总区官留东毕业生谢式南来函"，专函转告唐绍仪说："敬启者。顷接西藏江亚总区官留东毕业生谢式南来函，据称西藏自去岁九月起义，兵丁不服节制，抢掠残杀约数百人，汉官罗长绮被匪缢毙，江孜监督马吉符暗通满奴，为首者见事不谐，有逃窜者，有被兵驱逐者，有拘留者，有行李被抢劫一空者。探其发难之原因，则由于袍哥大爷严步云、张子清、郭聘侯、刘汉章、罗光常、杨守五、文大光、范耀荣、梁士俊、陈渠珍、雷清源、马国栋等从中簸弄，以得银回川为主义，不顾大局，假名革命，仇杀官长。满员钟颖挟笼络之术，将上下三团之大爷尽行升用，并设议院，以大爷充议长、议员。达赖乘间调兵，尽征十六岁以下［上］五十岁以上［下］者充之，以致蛮兵日多，汉兵既少。而军官又不明军纪，故江孜、后藏失守时，有管带大爷潘文华、队官大爷罗栋臣、理事府大爷刘一意与藏番议和，得银万余元，将枪弹等缴与番官。番官得枪，即进攻拉萨。时汉兵不满九百，英人亦有助藏枪械之事，后藏班禅因助汉人被蛮兵驱逐，风闻有进京之语，全藏不日将失。南国民一分子，不忍坐视，特此详告等语。锷以事关国防大局，该总区官又系身历其境，于藏事变乱原委颇得其详，惜文笔有不甚明了之处，理合抄录，转奉台鉴。顺请勋安。蔡锷顿首。六月初八日。"②

9 日

▲报载蔡锷出席云南各界筹办爱国公债国民大会，并发表讲话。说："云南各界于六月九日假承圃地方开国民大会，筹办爱国公债。到者约计四五万人，十二点钟由主席蔡都督报告开会。先奏军乐三通，然后蔡督登台演说。痛言埃及因外债亡国之惨状，历叙至六国银行团欲监督我财政，干

---

① 曾业英编《蔡锷集》（一），第654—655页。
② 《上海图书馆藏唐绍仪中文档案》第22册，第10913—10916页。

涉我军政，所以不得（不）拒外款借公债之理由。语语沉痛，全场拍掌。少顷，掌声歇，军乐徐奏。蔡督词毕，退由周钟岳君演说。先说中国军费之枯竭，次说银行团之野心，次说外债之危险，次说公债之救亡，源源本本，有条不紊，全座鼓掌数十次。词毕，李增君出席登台，李君并无文言，概以滇省俗话，描演政费枯竭之危状、亡国奴之惨境。一句一掬泪，全场为所激刺，哭泣声与拍掌声相和。嗣蔡督挥泪鸣笛，饬奏军乐一通，欢迎李君。此后，各界相继演说，而以商界胡源君，女界张清如君、李毅如君，统一党谢光宗君，青年会董泽君，报界唐缪［璆］君为最沉痛。计是日共收债金一百余万。女学生首饰数百余件，茶房火夫杂役薪工一万余元，乞丐铜枚数十千文，直至午后四钟散会。"①

《滇南公报》所载《蔡锷公债演说词》如下：

鄙人所怀有问题，欲以询于众，请谛听。

（一）父母有病或有苦难，为之子者有不痛心疾首、百端焦劳、求医施药、竭诚扶护者乎？

（二）若漠视父母之病苦，不为疗治救护者，是为不肖之子，名教之罪人，与禽兽无以异。

（一）国家有急难，陷于危亡地位，为国民者可不奔走呼号，竭群策群力，以冀挽回国运，排除大难者乎？

（二）国家有急难，国民漠不相关，任其沦丧，任人宰割，受亡国灭种之惨祸，永沉沦于地狱，是谓之凉血动物。

（一）远如犹太种类，及非洲之红人，如美洲之黑奴，近如印度，如朝鲜，如安南亡国之惨，受祸之烈，其人种以无国家保护之故，日即于渐灭，对之能无动心者乎？我国而为安南为朝鲜为印度为红人、黑人、犹太，试问我国民能忍令数千年来列祖神宗所经营缔造之祖国，一旦拱手让之外人乎？忍令四万万同胞之神明帝胄，为异族之牛马奴隶乎？

（二）吾知吾同胞虽至蠢极愚，即大奸巨慝亦决无一人肯忍心亡其国，而灭其种！

---

① 《云南国民大会纪事》，《申报》1912 年 7 月 5 日。

但以目前国势揣之，各国尚未承认，且各蓄阴谋，着着进步。国事之危，朝不保夕，非合全国人民齐发天良，以捍卫国家，知必无济。

外人夙昔所持主义，欲以财力亡我国家。

近因吾国借款问题，协以谋我，为扼吭捣穴之计。曰垄断债权，曰监督财政，曰监察兵政，三者若行，吾国此后其有生存之余地乎！

吾国人心未死，是以有倡办国民捐及爱国公债之举。一月之间，全国响应。本省则旬日之间，风声所播，三迤人民，全体一致，于是有今日之盛会。

爱国公债条例，不暇细举。要之，其主义在以国民之血诚，量力投资，合成巨款，为目前抵制外债之举，为将来兴办实业之用。

连日集合各界会商多次，询谋佥同，热度之高，达于极点。列祖神宗在天之灵，吾知其必含笑，而默察吾人之成功矣。

但此举为吾国生死存亡关键，事在必行，不成不止。若为一哄之举，或半途而退，则贻讥万国。外人知我国民之气力薄弱，人心已死，肆虐必甚，此后更无恢复之望矣。勉之戒之。

而此次公债，究不过牺牲个人一部分之私利，以收国家之大利。且所投公债，五六年后，可以原璧归赵，实不过牺牲暂时一部分利益已耳，何乐不为？较之牺牲身家性命，以从事疆场者，何啻天渊之别！

美国独立之时，弗郎克林有言曰：予我以自由，否则，予我以死。今借债问题，种种要挟，限制我国家之自由，是可忍孰不可忍。我国民牺牲生命以争之，乃属本分，况区区钱物耶？

国家危殆而不知爱，迫国家亡，虽知爱而已晚。请看安南、朝鲜之状况。

父母在而不知孝养，及父母不在，虽有孝心，亦无可寄托之地，宁不哀乎！

吾同胞如要爱国，须趁国家恢复之今日爱之，须趁国家尚未亡之今日爱之。[①]

▲李根源电请"省城军都督府"，告知爱国公债起自何时，是否给公债

---

① 曾业英编《蔡锷集》（一），第655—657页。

票等问题。说："顷据饷械分局秦局长呈称，军府巧电饬办爱国公债一案。窃查公债按截余之薪照扣，应自何时实行，未奉明示。至截余之款，既作公债，是否应发以公债票，或自起行公债后，按月扣存，俟各员销差后，始给票据，统祈请示饬知，以便遵办等情前来。查该局长所陈各节，关系饷项出纳，并利行公债起见，究应如何办理之处，乞酌核径电遵照。根源叩。佳。印。"

同日，又电陈"省城军务部"，说："顷据饷械分局秦局长呈称，案奉转发陆军官佐、目兵夫薪饷折合银元发给一览表一张等因。查表内军佐，无副军需官及二等书记官薪水，是否照各军官阶级发给？又军需长前奉新章八成支给，表内以七成扣算，弁目、马弁等饷均各减少，与前不符，是否初改新章，均未饬知。至本局枪匠目月薪九两，而表内匠目仅六两。以上各薪饷数目，均相去悬殊，似乎表中漏列，可否仍照旧章改两为元，乞查核示遵等语。查该局长所请各节，究应如何办理，乞酌核径电遵照。根源叩。佳。印。"①

▲报载"英人进兵片马后，分屯紧塞，私立界石，前经外交部向英使交涉，均以不知确否搪塞。日昨云南蔡都督又有急电到京，谓英人在片马设立军事警察，发布战时戒严令，显系占领，请速向英交涉，以重主权而保领土。未悉外交部向英使交涉时，当有若何结果也"。②

又载蔡锷"以滇省外交日亟，若无精于外交人员办理，滇事将日形腐败。因急电大总统请选精明交涉，深谙英、法语言人员，调滇专充外交职任"。③

又载："闻总统府人云，云南昨已有急电到京，谓英兵确已占片马，且布置异常严密，设有军事警察，颁发命令数条。（甲）境内人民不经军司令许可，不得携带兵械。（乙）外人到片马旅行者，非由军司令发给旅行券，不得在该地自由行动。（丙）片马人民之财产由军司令特别保护。（丁）审判诉讼事宜，由军司令执行判决，但不得为第二次之上诉。"

又载："云南都督蔡锷昨日午后有急电到京，略谓贵州兵变，此间各属戒严，惟某国借口保商，拟由缅甸进兵，势甚危急，即乞速示机宜，俾有

---

① 以上二电见《西事汇略》卷五，第24—25页。
② 《鸣呼新民国之边徽》，《申报》1912年6月9日。
③ 《专电》，上海《时报》1912年6月9日。

遵循，并请就近与该国驻京公使严正交涉，以保边篱云云。"①

10 日

▲蔡锷通电袁世凯、国务院、参议院、黎元洪、黄兴、各省都督、胡景伊、各报馆，报载云南"借用法债"等事，均属凭空杜撰的谣言。说："交通部虞电、胡总长阳电均悉。滇省财政尚可支持，并无借法债及以川滇铁路敷设权与法之事。报纸所载滇事各云借用法债以及蒙自赔偿损害四十万，外国教士被劫、东川失守等项，均属凭空结〔杜〕撰，并非事实。而各报多云云南专电，不识何所据而云。然此等摇惑听闻，关系大局，望各报馆特加注意，勿蹈闭门作新闻之弊，实纫公谊。滇都督锷叩。蒸。印。"②

于是，14 日便有报纸报道说："滇督蔡锷电称，该省并无如外间所传，借用法款及外国教士被劫事。"③

▲熊希龄委任熊范舆前往云南调查财政情况。说："案照本部成立伊始，亟应派员调查各省财政，以资规划。查有熊范舆，留学东瀛，专习财政，学有根柢，富于经验，堪以派往云南调查财政。除咨行该省外，合行委任。该员即便前往切实调查，据实报告，此令。右令熊范舆。中华民国元年六月初十日。熊希龄。"④

▲8 日，李根源电告"省城军都督府"阿墩防维情况。说："歌、虞电奉悉。阿墩紧接川、藏，随时均应防维。现在藏乱日炽，更宜加意防范。惟熟察情势，藏蛮虽称猖獗，蜀已增兵进剿，乱蛮方图抵御，恐无余力扰滇，且由定乡赴中甸，尚属坦途，而由盐井至阿墩，异常险阻，并有大江限之，如藏蛮有意窜扰，何至舍中甸而趋阿墩，故赵委所报藏事日急，固属实情，谓将犯阿墩，似不足信。现中甸既有第五营全营驻防，兵力已厚，阿墩合弹压缉私各勇及保卫队第六营中哨五棚共约二百名，又有李协学诗驰往防备，沿边关隘如燕子岩等处均扼险可守，似无他虞。谢昆山中队驻丽，已饬准备，但有确实警报，即可刻期出发。赵绍云屡次张皇，本难信

---

① 《边地愁云片片·英占片马之消息·黔风潮牵惹外患》，上海《太平洋报》1912 年 6 月 9 日。
② 曾业英编《蔡锷集》（一），第 658 页。
③ 《国务院特别纪事》，天津《大公报》1912 年 6 月 14 日。
④ 《熊希龄集》第 2 册，第 683 页。

任，已饬姚守飞饬新委蒋秀和迅速赴墩，并由孙统领拣派员兵前往侦察，俟得确报，再以电闻。根源叩。齐。印。"

10 日，蔡锷电复大理李根源说："齐电悉。卓见极是。赵委所报张皇，虽不足信，但盐井教士商民纷逃至墩，人心惶惑可知。藏蛮纵无犯墩之意，亦不可不预为防范。该处兵力既厚，谢队缓发亦可。仍希随时饬探确情具报。都督府。蒸。印。"①

11 日

▲蔡锷电请袁世凯暨参谋部、陆军部，允准在都督府通案之外，添设顾问及谘议等若干人。说："辰密。都督府编制，滇已遵令组织。惟滇中现状，以及各界对锷感情，都督对于民政一项，暂时实难全行摆脱。关于民政重要计划，锷不能不分任劳怨，俾令进行，且以扶植民政长之威望，拟于都督府内添设秘书长一员、秘书二员，佐理机密文电。再滇省筹办国防，凡军事上一切部署计划，头绪纷繁，锷不能不完全负责。而额设员司，限于职级，不易延揽通才；且滇中高级将校及曾经任事、勋劳卓著之文员，投闲置散者尚不乏人，亦苦于难于位置；拟于都督府内添设顾问及谘议四员及书记、录事十人，差遣员八人，以资佐理，而赴事功。明知与通案抵触，然为维持现状计，事实不能不出此。此系滇省特别情形，已饬编入二年度都督府预算数，恳核准施行。滇都督蔡锷叩。真。印。"②

又命巡警局封闭《云南民报》。说："军都督命令。元年六月八号《云南民报》载滇军都督之演说一节，于并未道及之语，妄为羼入，实属任意捏造，有碍邦交，亟应严行禁止。仰巡警局立将该报封闭，以杜莠言，而示儆惕。此令。"③

次日，又电上海《民立报》说："《云南民报》馆自出版以来，尚袭满清时代报馆态度，登载新闻，每多失实。兹于六月八号复捏造新闻，致惹

① 以上二电见《西事汇略》卷八，第 16 页。
② 《滇督蔡锷任职期间关于联系军杂事务文电》（1912 年 5 月至 1913 年 10 月），中国第二历史档案馆藏，档案号：1011－1114。
③ 曾业英编《蔡锷集》（一），第 658—659 页。

外交。当饬警局封禁，惟恐道远，传闻失实，现特电闻。滇都锷府。文。"①

29 日，有报纸刊文说：1912 年初统一党云南支部创办的言论机关《云南民报》，因刊登蔡锷对军人的演说，"牵动外交"，是日（按：指 11 日）下午被蔡锷封闭。②

30 日，又有报载《云南民报》被封的情况。说：

> 滇函云：云南自去年反正后，有永昌同乡会及志士惠缪诸君组织《国民报》，借以为代表典论，鼓吹文明。因销路不多，经济困难，未几即归并统一党，由统一党接续办理，更名《云南民报》。宗旨甚正，且能不畏强暴，攻讦民贼，直言无隐。因之久遭人忌，屡欲中伤之，而未得其便。忽于六月八日，该报因登载蔡都督对军人演说词，未及检察，致误刊大蔡都督欲等争回安南、缅甸等语。该报亦知有碍外交，已于十一日自行更正，声明蔡都督并无此种演说，系为手民误刊。事本可息，讵意是日午后，巡警局局长已奉都督命令，强将该报封闭。呜呼，云南言论界又弱一千矣。

> 其登载原文云：阴历十五日，各军云集于巫家坝，会同大操。都督与各军司令官阅操既毕，都督就中演说，令各军环听，情词激昂。末云：'鄙人已将身许云南，虽牺牲生命，在所不辞，务使云南强盛。俟诸事就绪，即以武力死争割地丧失国权之耻。苟安南、缅甸若不收回，纵死亦不移初志，非达此目的不止云云。'各军闻之，皆泣不能仰。呜呼，此即该报得祸之由也。

> 蔡都督以自己并未演说欲争安南、缅甸等语，今《民报》如此妄登，恐生强硬交涉，虽将《民报》封闭，尚未见怒，闻欲拿办访事，访事某某深为恐惧，当即隐避矣。

> 《民报》同人，以报纸本言论自由，即使误为登载，业以更正，即可了了。而蔡都督不为宽容，竟用强迫手段将该报封闭，实难甘心，乃拟电知袁大总统，力为争执，并电上海统一党请为挽救。乃送请电局代发，电局向索电费，该报馆又要求作官电，电局不可。此电因之

---

① 曾业英编《蔡锷集》（一），第 660 页。
② 《〈云南民报〉被封记》，上海《民立报》1912 年 6 月 29 日。

卒未发出云。①

▲报载"闻总统府昨电滇都督，查问滇省一切情形，并询问某某两项问题。缘日来政界对于滇事传闻甚多，总统府中并未接得该省文电，故急电查问，以觇虚实也"。②

12 日

▲蔡锷电复国务院，已令殷承瓛率先遣支队赴中甸探查情况。说："真、文两电指示一切，极佩荩筹。当即派参谋厅总长殷承瓛率先遣支队径赴中甸察看情形，再规进取。一切机宜，随时续报。至前派之探险队，业经出发，除探查貉猓野人一路外，并令探查自中甸取道阿墩子、擦瓦笼、达洛隆宗一带，现在是否可行，再为电达。滇都督锷叩。文。印。"

又通电袁世凯、国务院、参议院、黎元洪、黄兴、各都督、《民立报》，陈明 5 月 28 日《民立报》"载滇借法款契约十三条"皆系谣言。说："五月二十八日，《民立报》载滇借法款契约十三条。其最重要者：一、以滇蜀铁路敷设权让与法人；二、扩张滇越铁路敷设权；三、以七府矿山采掘权让与法国等语。查此三事为滇池存亡所关，岂有轻于一掷之理！况滇中财政尚可支持，亦并无借外债之事。该报所载，不识何人造谣，亟应陈明。并望更正，用释疑虑。滇都督锷叩。文。附《民立报》按：本报前得北京专电，当为录登。今据蔡都督上电，自系北京有此讹传，访员据以电告。亟行更正，以释群言。记者志。"③

▲李根源电告"省城军都督府"，中甸部署情况。说："庚、蒸两电敬悉。中甸已饬李管绍文率领国民军第五营前往驻扎，俟谢昆山中队开拔到丽，即饬孙统领亲率第四营，并榆联一小队全数开拔赴甸。查该两营枪支均系新式，且兵俱经甄汰，无事足资镇慑，有事足供调遣。冯丞所请添募一营，固为厚集兵力，巩固边防起见，惟现值饷源奇绌，拟请暂从缓议，将来该处如须增兵，腾冲独立大队亦可调用。源已密饬施大队长预行准备矣，并陈。师长根源叩。文。印。"

---

① 《〈云南民报〉被封记实》，上海《神州日报》1912 年 6 月 30 日。
② 《总统电致滇都督纪闻》，天津《大公报》1912 年 6 月 11 日。
③ 以上二电见曾业英编《蔡锷集》（一），第 659—660 页。

13 日，又电复"省城军都督府"说："月密。文电奉悉。警卫队教育甚优，足资得力，刘耀章中队闻经派驻楚雄，拟仍饬令驻楚，以资弹压。余三中队即由副长贾紫绶率领来榆，调遣中、维、永、北一带防范事宜，遵当随时审慎部署，以臻周密。根源叩。元。印。"①

13 日

▲蔡锷电陈袁世凯，"先援巴塘，再救藏急"问题，"尚待熟商"等数事。说：

援巴之师，敢不惟命。然愚虑所及，尚待熟商者数端。一、滇军北趋巴塘转察木多，绕越太多，蹈兵家疲远之忌。二、滇、川同趋一路，重兵云集，粮秣转运，供给难求。三、援川之役，疑谤滋多，川军人众，或不能悉捐芥蒂，长途逼处，易滋误会。四、巴塘近在川边，川督率师出关，不难指日荡平，无俟重烦滇力。至擦瓦龙一路，路虽较捷，相去究亦无多，且向无台站，番族中梗，转饷尤艰，步步为营，费更无算，一交冬令，则大雪封山，无路可入。故以上两路，均不宜于滇军。前电所陈由维西出口，经珞瑜野人地方，直抵拉萨，工费虽巨，计实中肯。以后藏乱之平，若主力悉在川军，则此路可以缓议。倘必愿滇军与闻藏事，则滇军即不能不由此路入手。盖由维西出口，经珞瑜地方向西北进至亚巴尔，即入藏境。溯雅鲁藏布江而上，转西北至甲穆达，与川、藏大道汇合，计程当省千数百里，其利一。中经怒、俅、珞瑜野人地方，气候较温，出产亦富，间有平原，可资屯垦，其利二。此路凿通，则滇犄其南，川捣其东，首尾策应，形势都归掌握，其利三。早占地步，使将来国界远在怒、俅、珞瑜野人之间，不致近逼川西、前藏，其利四。不宁惟是，吾国之于西藏，向取羁縻主义，虽由于不勤远略，而亦地势悬绝，有以限之。以后强邻日逼，若仍虚与委蛇，不为之所，西藏庸可保乎。故实力经营，刻不少缓。其从入之路，东北由青海，北由新疆，两路皆苦不易。惟东由四川为正道，然前清边务大臣糜款千万，穷数年之力，

---

① 以上二电见《西事汇略》卷八，第14—15页。

其范围仍不出巴、里塘一带，察木多以西尚不与焉，此亦由于荒寒窵远之故。若滇、藏间之便道凿成，省程途，因地利，勤屯垦，储军实，一气衔接，西藏经营，可得而言矣。①

▲12日，李根源电请"省城军都督府"，允准王人骐自费赴日"留学实业"。说："鹤庆州王牧人骐请自费赴东留学实业，志趣远大，深堪嘉许。方今百度维新，储才为急，拟请准予咨送，以宏造就。如何，仍候示遵。根源叩。文。"

13日，蔡锷电复大理李根源说："文电悉。王人骐请送东自费留学实业，照准。候令司咨送，希转饬知照。锷。元。印。"②

▲12日，李根源电请"省城军都督府"，请允其"亲赴鹤丽剑永北等处巡视考察"。说："迤西楚、顺、蒙、景等属盗风素炽。此次散兵又多，潜迹其间，抢劫巨案，层见迭出。张提督文光热诚勇毅，办事切实，拟请亲率所部保卫队一哨，前往该卫戍地段内周历巡阅。由蒙化经顺宁、景东而至楚雄，应即照准。俟张提督旋榆，源拟即亲赴鹤、丽、剑、永、北等处巡视考察，以备筹维而期整顿。可否，乞核示遵。根源叩。文。印。"

13日，蔡锷电复大理李根源说："文电请以张提文光亲率卫队巡视各属，应照准。希即饬办。都督府。元。印。"③又通过参谋、军政两部电饬张文光，批准他"请命出巡""边地"。

14日

▲北京财政部通电黄兴、陈其美、胡景伊及各省都督，请顾全大局，速筹款项，允解中央，以救燃眉。说："南京黄留守、蒋次长，上海陈都督，重庆胡镇抚使，各省都督均［钧］鉴。前因国库空虚，异常支绌，曾电请各省援助，已允解款者十处，湖南三十万两，奉天五十万两，重庆、广东各一百万两，云南、江西、山东各二十万元。已电汇者二处，吉林十万元，湖南三十万两。除已拨湖南十五万两归南京发饷外，其余各省解京之款尚无一定时期。而此间待饷孔急，危险万状，甚盼各省都督顾全大局，

① 《云南光复纪要·西征篇》，第201—202页。
② 以上二电见曾业英编《蔡锷集》（一），第678页。但所定日期7月12日、13日，误。
③ 以上二电见《西事汇略》卷八，第5页。

迅速筹解，以救燃眉。此次中央困难，既承高义，树之风声，昨接晤银行团时，佥称只要中国自能筹款，均愿将垫款办法立即取消，足见□（款）数能增一分，国权即少损一分。抑本部尤有请者，受协各省如新疆伊犁、甘肃、贵州，以及四川边防、乌里雅苏台、科布多、塔尔巴哈台、阿尔太、青海、西藏等处，平时均仰于中央，自去年八月后，迄今已及十月均未协济分厘。新疆、西藏乱端已兆，其余亦甚岌岌，统计各处所需不过数百万，分别摊给有仅十余万者，为数不多，早能接济一日，即可保全一日。倘再迟延，一经哗变，土崩瓦解，欲求挽救，其费当有百倍千倍于今日者。且关系全国领土，尤为重要问题，务乞各都督爱国血诚，注意国防，无论如何为难，设法筹解，以济眉急。不胜迫祷之至，统希电复。财政部。寒。印。"①

▲黄兴通电袁世凯、国务院、参议院、黎元洪，包括蔡锷在内的各省都督，以及北京、上海、武汉各报馆，告知 14 日已将留守机关一切经手事件交代妥贴，"务望各泯猜嫌，同舟共济"。说："自临时政府北迁，此间军队林立，亟待整理，大总统特设留守机关，借资镇慑。彼时兴以将去之身临被任命，就职以来深恐抚绥失宜，贻误大局，夙夜祗惧，如履春冰。幸赖各军将士深明大义，诚信相孚，得免重咎。自四月至今，与署内各员极力筹划整理方法，依次实行，约计宁垣军队现已裁撤者数逾三分之一，其存余各军队亦均商定办法，按期分别裁并。虽其间饷项支绌，积欠数百万，罗掘既尽，应付俱穷，而各军士兵幸尚安堵。自借债条件失败后，共念时局危迫，除一律减薪助捐外，更有自请解甲归农、减轻国家负担者。可见男儿爱国心理所同，起义光复之人，断无拥兵自卫之举。嗣因北方言论猜忌环生，不察内容，每多臆测，以为南方存此特别机关，势同树敌，且北方来电，谓此次借款，外人亦注重南北〔方〕军队。兴睹此情形，殊非国福，窃恐内讧叠起，外祸从〔丛〕生，又以宁垣军队整理已有端倪，地方秩序自赣军变后亦渐回复，不如将留守机关早日取消，可使南北嫌疑早泯除一日，庶几行政统一，民国基础，日趋巩固。故自去月十三日起，叠次电请大总统取消留守一职，至本月四日始奉令允许，所余军队分别归陆军部、江苏都督管辖。兹于十四日，已将一切经手事件交代妥贴，此后机关划一，付托得人，务望各泯猜嫌，同舟共济。惟

---

① 《公电》，《申报》1912 年 6 月 16 日。

是财政奇窘，百废待举，外款要挟，实可召亡，自救之道，不宜或缓。公等谋国深远，愿好为之。兴江海奔驰，已弥年载，行能无似，肝胆犹存，本非畏难而卸责，亦非高蹈以沽名，自此退居田里，同为国民，倘有一得之愚，仍当竭诚贡献，借尽天职，以副初衷。兹值去位，聊布区区，惟谅鉴焉。黄兴。"①

▲报载"达赖喇嘛确有攻击西藏情事，政府拟命蔡锷（云南都督）率兵援藏。"②

15 日

▲段宇清再次上书蔡锷，密陈今日不能不借外债五大理由，以及中央对片马、购买滇铜、裁军等问题的态度与计划。说：

> 月初曾上一函，谅邀英鉴。十一日，见寄参议院二电，裁兵减薪，拨助中央二十万元。以至穷极窘雕［凋］敝多事之滇，而首先协济，义声所著，薄海腾欢。使人人知权归国家，即以保全我民国。苦心孤诣，可钦可佩。唯借款之事，今日实有不能不行者，其中存亡关系，再为我都督渎陈之。据段总长及财政总长报告，合计南北兵八十四镇，月约饷一千一百余万（京师三百万，各省七百余万），除正阳门税外，外帑无分毫之入，一月无饷，陆旗各军，万一鼓噪，外人即借口进兵。近东交民巷尚不容普通行走。一月暗潮，必有数次。有银发饷，军士尚可笼络，此不能不借款者一。无财即是无国，熊总长言，渠到财政部接事以来，除垫款外没有见过中国一分钱子。昨日黑龙江解来银十万两（六月十四日），见中国银自江省始，亦算渐成国家。自国务院成立至今，各总次长均一事不办，非各部执政不热心，实无米不能为炊。责其办事，自必有办事经费而事始可办。倘再不筹款，则司农仰屋，势必百兴皆废，此不能不借款者二。外省筹饷，急于星火，如新疆兵变、甘肃兵变、陕山兵变，皆言无饷所致，请政府速先解数百万，以救燃眉。近且宁、赣、鲁、奉亦急电速催，挖肉补疮，下刀何处？此不能不借款者三。各处条呈，非说民捐踊跃，即言公债可凭。在南京

① 《公电》，《申报》1912 年 6 月 16 日。
② 《专电》，上海《时报》1912 年 6 月 14 日。

时，孙中山发行十厘公债票，开办数月，售出仅四十万元。闻买票者洋商居多。近日北京在虎坊桥湖广会馆开国民捐会，到会者多至一二千人，然每人捐数角数厘，尤有捐铜元数枚者，纷纷扰扰，至晚一哄而散。国民程度如此，国力困疲如此，两京且然，他省可知。倘仗此以为大宗财源，梅林止渴，画饼充饥，于事何济？此款之不能不借者四。兵犹火也，不戢自焚，古人所戒。各都督公忠体国，竞言裁兵，顾健儿武夫，少知大体，使其退伍归田，非厚给恩饷，倍予路费，当面即不反抗，在此处裁兵，他处必受溃兵之祸。邻国为鉴，殷鉴寒心。国务院统筹全局，斟酌妥善，每省裁兵若干人、补助军费若干，当已开秘单。顾有钱则事可举行，无钱空言徒托，虽有善者，亦莫如何，此款之不能不借者五。

债台高筑，前清所欠外款，与革命以后已至十八八万万，即今日分厘不借，日后不筹生财大法，民国亦亡。细观中央近象，今日不有钱，则今日即亡，明日不有钱，则明日即亡，非恫词也。今日时势，如赤子需乳，立断其乳则立毙其命，既雇乳母即大有挟需，亦不能不暂允其请，非重乳母实重赤子，即中央借款之谓也。以借款暂救目前，以行各生财要政维持其后，民国庶有豸乎，都督全局在胸，不知以为然否？

十五日，同席顾、张三君先见外交总长陆，首言片马情形，并告以此地系关川藏滇三处要隘，请其速为交涉。次言德国东方汇理银行，帮解滇款，三批铁路存款，二十二万余未交，求其向德国诘问，此银应解还滇。陆总长皆答应交涉后定函知。清等旋同见财政总长熊，言滇存铜甚多，愿铸币以解中央及各省之用。熊言币制归中央鼓铸，方能统一，尽归滇铸，于例不符。且铜元太多，亦有害币政。滇可代就近省分帮铸，庶为有益。清等又云：闻近日尚于日本定铸。熊云并无此事。清等云请总长不必再向他国买铜，滇认承以滇铜供国家之用，免利源外溢。熊云如此须滇都督用正式公文，或电到国务院，提作议案。吾可一力主持不买外铜，即滇价稍贵亦要买铜用。即如汉口、上海制造局用铜亦不少，俟国务议后一齐主持用滇铜，吾能做得到，唯滇铜须不误日期运到。清等云国务议后，当准订解到日期。熊云如此你们可函电蔡都督，吾亦寄电蔡松坡。又言及滇拨解中央二十万元。

熊云滇为受协省分，吾久知中央不能先协滇，滇反先济中央，阅电实为惭愧，惟都督大义可钦。将来五十万之款银借到时，亦必如数汇寄。当时同见陆、熊二总长之言如此，曾经电达，谅呈钧案。

又段总长前到参议院云裁兵方针。清当时质问如滇桂为国南防，势不能不驻重兵，即以云南而论，前锡督筹滇款成两镇，近滇危急十倍于前，将款成两镇乎，抑巡防略裁，先练一镇乎？段总长云，云南前练一镇甚好，后加练之兵不如前，将来滇桂川广各边省约计当练八镇之兵，此时尚不能预定云云。唯滇系国防要区，天下公认，尚望都督时时密呈中央。雄厚兵力，则西南之幸，亦全国之福也。兹将裁兵规划略陈于后，以见中央之非无把握也。知关廑念，用特陈明。①

▲报载天津《大公报》"特派员赴国务院调查各事，"询梁启超有无到京事？答：系云南蔡都督锷电请联合会、各省都督征集政见，可否邀其来京，现仅有黎副总统复电赞成，湖南谭延闿都督反对"。

17日，又载广东同盟会致电国务院，"反对蔡都督招康、梁回国"。②

20日，又载"招致梁启超问题，政府连日讨论办法。兹悉各国务员前于接得黎、蔡之电后，曾作一致之主张。乃因日昨突接广东同盟会反对之电，遂相对哑然，均无定见。十八日会议时，已决定办法三条，俟与国务总理商定后，即可按照实行。其所拟办法如下：（一）将蔡都督发起之电及黎副总统赞成之电，并广东同盟会及谭都督反对之电，一律发给各省征集意见；（二）将此项问题付诸参议院，由议员公决可否；（三）请由总理会同黎、蔡与孙前总统直接筹商"。③

16日

▲报载"旅鄂云南同乡各界，顷闻滇都督蔡锷借贷法款，私订合同，许以蜀滇铁路敷设权，并滇越铁道设警管理权，及七府矿山采掘权，是不啻卖送滇省于法人之手。凡属滇人，万难默认，特联名公恳副总统，阻止

---

① 《上蔡都督书》，《永昌府文征·文录》卷二十三，第18—19页。原函未署日期，但函中有言："昨日黑龙江解来银十万两（六月十四日）。"当知此函作于6月15日。

② 《关于招致梁启超之集议》，天津《大公报》1912年6月20日。

③ 《国务院特别纪事》，天津《大公报》1912年6月17日、18日、20日。

该都督，速将合同取消。否则，滇人誓以死争。闻副总统已允如所请，立电滇督谓现在中央拟借大宗外款，原以协济各省裁兵，及行政诸费，各省即不得自由借债，况铁路、矿山为国之命脉，岂可轻以授人？如果滇中实有抵借外款之举，望急取消，以保国权"。①

按：此类传闻，蔡锷已声明皆为谣传。

▲北京财政部证实，6 月 16 日云南来电，认解中央之款"二十万元"，并"已收清"。②

17 日

▲云南军政部奉蔡锷令，颁布《振刷疲玩沓泄之积习令》。说："本军府为励行责任起见，随时派员至各司局处及军队，稽查所行一切事宜。仍由各处长官整躬率属，以振刷疲玩沓泄之积习。如各将校员司有不尽职者，应由各该长官负连带责任，即于六月十八号实行。"③

▲陆军部电复蔡锷，"教育军人"，以"在营设立军官讲习所"为宜。说："卅电悉。现在南北统一，军学一事宜通盘筹划，所送初级军官学校学生一节，应俟本部规定划一办法，再当通电办理。所议筹设讲武堂，以为未受完全军事教育，现在在营军官讲学之地，计划诚为周至。惟目下各省财力异常支绌，宜于教育军人之中仍寓节省虚縻之意，为现有军官特开一堂，似不如在营设立军官讲习所，使讲学、实习兼营并进，且可无旷官守，用费亦可较省。希即拟订章程咨部立案，并将开办月日报部为盼。陆军部。筱。印。"④

18 日

▲蔡锷"急"电陆军部，请将滇送 60 余名学生"转入清河预备学校"。说："铣电计达览。宁校现在似难继续开办。据护送委员电称，乱党

---

① 《旅鄂滇人保全路矿之呼号》，天津《大公报》1912 年 6 月 16 日。

② 《大借款决裂之恶风云·熊总长停议之凭借》，《申报》1912 年 7 月 21 日。

③ 《云南军政府饬各处长官率属振刷疲玩沓泄积习令》（1912 年 6 月 17 日），云南省档案馆编《云南档案史料》1991 年第 3 期，第 31 页。

④ 《公电》，《政府公报》第 41 号，1912 年 6 月 10 日。

勾结煽惑，无所不至，力难维持等语。滇送学生六十余名，拟请转入清河预备学校，以资造就，而免久羁沪上，致滋迷惘。急盼示复。蔡锷。巧。印。"①

▲3月，南京临时政府参议院制定临时稽勋局组织条例，设置审议员、调查员，以稽核开国前及开国时之革命党人与军人之革命勋绩，分别呈请政府褒奖或抚恤。5月，袁世凯、唐绍仪简任冯自由为临时稽勋局局长。"各省及海外各埠设稽勋分局，各省由各都督、省长组织之，海外各埠由当地国民党支部组织之"。云南分局负责者为"蔡锷、罗佩金、赵伸、雷飙"。②

6月18日，冯自由电告蔡锷，赞同雷飙为稽勋局委员。说："昨准陆军部交来贵都督电称，派雷炎［飙］君充稽勋局委员一节，鄙意赞同。本局昨发筱电，谅已惠览。希即查照办理为荷。临时稽勋局长冯自由。巧。"③

章士钊回忆，云南稽勋分局讨论"开国前"革命党人勋绩时，李根源说他曾提出1903年（光绪二十九年癸卯）"夏四月"，在蒙自统领工人徒手起义，"攻陷临安城，至闰五月"失败，而牺牲的个旧锡厂工人周云祥，当列为革命"先烈，用资表扬"，但"当场有人反对，蔡锷持两端，议不得通过，吾至今悔恨"。不过，章士钊综合核查后却认为，"根源平生为人，忠勇奋发，忠奸义利之辨极严；顾于乡邦文献，积极方面，用力揄扬吴式钊，消极方面，抹煞周云祥起义，君子不能无讥焉"。④

▲报载"国务院前于规定中央减薪办法之后，即通电各省一律照办，现在已经多日，尚未据各省报告办理情形。唐总理恐其中生有阻力，因决定于日内通行各省，询问一切办理情形，以备查核"。

又载"财政部为库款支绌起见，发起划一薪俸办法，拟在临时政府期内一律以六十圆为限，中央已可望实行，并曾电商各省。昨闻各都督已多有复电赞同者，如鄂省黎副总统、滇省蔡都督锷、湘省谭都督延闿、鲁省周都督自齐、晋省阎都督锡山，均愿承认。其余各都督尚未来电，惟须均

---

① 《滇督蔡锷任职期间关于联系军杂事务文电》（1912年5月至1913年10月），中国第二历史档案馆藏，档案号：1011-1114。
② 《民元临时稽勋局小史》，《革命逸史》三集，第346—347页。
③ 《公电》，《政府公报》第81号，1912年7月20日。
④ 章士钊：《疏〈黄帝魂〉》，《辛亥革命回忆录》第1集，第295、300页。

得同意，始能实行云"。①

19 日

▲张文光电告"省城军都督府"，将于 6 月 20 日启程出巡。曰："文光覆［履］任三月，地方粗安，惟辖境辽阔，当此改革之后，恐边地蘲存［苻］涸迹，有害闾阎。昨经商承师长转禀钧府，请命出巡，已邀俞允。文光拟即酌带兵一哨，及亲兵随员，由赵州、弥渡、蒙化，过顺宁折缅宁，出景东、楚雄，历三姚，至仁和，折回大理。准晷日起程，署中随［寻］常公件，即饬中军暂行代拆，遇有要事，仍送行营办理。榆属岩疆，现有师长镇慑，舆情极洽，足纾葵系。提督文光叩。皓。印。"

关于此次出巡的相关情况，张文光向"滇省军都督府"呈报过两次。一次是 7 月 25 日，他呈报说：

> 窃提督前以辖戍地段，伏莽潜滋，当经商承李师长于六月之［三］日，谨将出巡理由通电请命。旋于元日由谋政两部电饬照准在案。提督奉命之余，即于是月廿日，率所部员弁亲兵暨保卫营中队全队，并新募军医书记司书，随带药驮，由榆起程。首历赵州、弥渡，继巡蒙化、顺宁，折阅云缅，进发景东。其楚、姚、仁和等处，本拟周历，阅通卫戍地段，搜缉盗匪，以保间阎。无如景地酷热，瘴疫频生，提督至此连和弁兵继病。幸医药得力，叨庇保全，仅正兵刘必显一名物化。姑念因公身故，不得不稍优身后，以励余军。其患病弁兵，均酌给舆马，提督因于七月十九日率队回榆，所有景东各地，均系委员调查。楚雄、三姚候秋后请节再巡。窃里是役也，提督于溽暑降腾之际，往返各属，时经之［三］旬，所有官绅、民俗、盗匪一切情形，均已查悉，兹敬为我军府详晰陈之。
>
> 赵州盗风甚炽，绅民被窃具报提督行寓者，几于沓至纷呈，虽朱牧严行缉究，终难一时剪除，黄三为盗匪之尤，其明正典刑，实为诛一警百起见。请封双马槽金厂，原属有碍粮田，后因沙丁麇聚，屡酿争端，如欲振兴开办，非妥筹办法，别浚水源不可。弥蒙厅县，民俗

① 《调查各省减薪情形》《各都督赞同划一薪俸》，天津《大公报》1912 年 6 月 18 日。

尚觉平静，但蒙绅习劣，引为强梁。当上年光复之余，如劝学员左恩荣肆吞公款，保长艾育成纠众凶索，种种不法，均应究办，姑念众恩保释，愿改前愆，除将吞索偿还外，左恩荣愿罚银一百两，艾育成愿罚银五百两，函商师长，饬将此项呈缴。蒙化厅函修理崎岖道路，其余接阅民词，均已批发朱丞讯办矣。惟顺宁府张汉皋实心任事，政治井然，兴办一切实业，莫不渐次发达。考之迤西吏治，诚有难翘出其上者。云州、缅宁均系报部治理，民习士气亦觉如常。独景东一治，询属岩疆，提督巡行至景，未抵厅治折回。昨据调查员回榆禀称，匪徒滋蔓，莫甚于此，林丞虽明干老成，实于无法得办。有该厅属西区保甸河团绅狄定邦者，开堂称帅，结党千余，上年假借练团，苛索巨款，厅民莫不典同呈缴，控词鳞集，恶派唐郝氏银六百两，米十五石。其子国勋稍抗，而行枪毙，并抄掠其家。林丞要警往堤［提］，该狄定邦调集党羽，竟以大炮拒捕。如此不法，有何天日。并据林丞呈同前由，除将此案另文转呈钧府，应如何缉办请示饬遵外，所有提督出巡情形，理合备文呈请钧府，俯赐查核施行。此呈滇省军都督府。

8月4日，再次呈报"滇省军都督府"说：

窃提督由榆率队取道赵、蒙，巡视顺、云等处，前经电呈在案。民国元年六月廿一日驰抵赵州，据全体绅民等禀称，双马槽金厂为害甚烈，请转呈封禁，以活百姓。提督告明现今振兴实业，有厂即开，现已开者，何得妄议封禁。后据自治公所请踏勘，力陈三害。廿二日即偕赵州朱牧同赴红岩，顺道双马槽体查［察］情形。道佐［左］一带田亩，半成沙污，农民老幼相哭，夹道钧云：此厂不封，不但六村百姓饿死，即州属河堤大受其害等语。当询此厂在满清时代，选封选启，争攘频年，无统一之主权，鲜切实之办法，驾厢虽有数硐，并未揭获正矿。现该厂集有砂丁三百余人，在波罗江畔淘沙拣金，偶得镭铢，便资博饮生计，就穷仍复淘洗，以致横水流砂积窒塞。厂之下汤添、新铺、丰乐等村，全恃波罗江水以资灌溉，而河道既污，金水尤寒，污则难溉，塞则伤苗，一雨涨川，顷成泽国。提督甫至之日，雨三小时，河堤即冲溃三四处，农民愁苦，实恻于怀。该州自治公所及丰乐等村民人，呈请封禁，未始无见。查该厂之设，并无资本家遵章认真开办，既不足上增国赋，适以贻害农田。又查现办丁役，半多游民，或挖或淘，均无所仰赖，稍形折损，难保无抢劫情弊。如此现象，不仅有名无实，诚属利少害多，拟请转饬赵州先行封禁，另筹办法，妥定规则，集股开挖，并将波罗江设法疏浚，即后日开厂洗金，亦必别筹水源，不致刷沙入江，污流败稼，庶得开矿之益，而免妨农之患。提督权计利害，诚有不能已于言者，特据见闻所及，暨绅民所呈各情形，备文呈请钧府查核，酌饬以苏民困，盼切施行。

8月11日，蔡锷批示："据呈已悉。淘沙取金，本细民最微生计，致使横水污塞江道，贻害农田，则是利未见而害已不可胜言，自应早日封禁。该提督所称后日开厂洗金，亦必别筹水源，确是正论。仰候行知第二师长李师长就近饬呈赵州遵照办理。此批。"[①]

▲阎锡山致电罗佩金转蔡锷，请其"以大局为重"，"力任"内阁"艰巨"。说："云南罗民政长转蔡都督鉴。自共和告成以来，全国政争剧烈，正式内阁行将组织，环顾海内人才，求其无所偏倚，与时适宜，而学识经验又足以济之者，舍公莫属。闻中央殷殷相劝，而我公虚怀若谷，谦让不遑，致未确定。锡山至愚，务望我公以大局为重，力任艰巨。情殷劝驾，敢布腹心。阎锡山。效。印。"[②]

报载是日晚，"同盟会在京全体会员在事务所开大会议，决定现任之国务员先行一律辞职，如大总统不准国务员一律辞职，即须仍由同盟会组织纯粹政党内阁。盖此层不能办到，即奔走四方专从地方上着手，以蓄实力（此议蔡元培主张甚力）。其在参议院之干事为张耀曾、李肇甫二君。统一共和党原拟主张超然内阁，惟要求由该党中加入二人为国务员，闻其一为岑春煊，一为蔡锷。现因同盟会及共和党运动甚力，该党亦拟别定方针，其参议院之干事为杨策、周珏二君。共和党主张组织超然内阁，国务员不限党籍，并拟推陆征祥为总理，汤化龙为财政总长，刻正竭力运动，并闻参议院中推定专任干事六人，以三人与同盟会，以三人与统一共和党交涉，

① 以上各电及呈文见《滇复先事录》，《云南文史资料选辑》第17辑，第170—174页。张文光两件呈文和蔡锷的批示，《滇复先事录》原署日期，分别为8月11日、6月25日和8月4日。综观其内容，可知其时间顺序当依次为7月25、8月4日、8月11日。

② 阎伯川先生纪念会编《阎伯川先生要电录》第1册，台北"国史馆"，1996，第26页。

其常任干事则为杨廷栋、籍忠寅、汤化龙三君。又闻参议院三党议员因组织第二任临时政府问题，定于昨日在参议院开三党联合会，决定一切办法"。①

21 日，又载"统一共和党甚望蔡锷为国务总理"。②

23 日，又载"统一共和党昨开会议，决定以蔡锷为候补总理，派员与共和、同盟两党磋商"。③

同日，又载"二十一日下午，同盟会、共和党、统一共和党三党党员借化石桥银行学堂开三党联合会，同盟会到会者为张耀曾、李肇甫、杜潜、熊成章，共和党到会者为丁世峄、杨廷栋、汤化龙、张伯烈，统一共和党到会者为谷钟秀、吴景濂、殷汝骊、周珏。开会之后，首由同盟会代表李肇甫宣布本党意见，略谓此次唐总理出京，其原因虽甚复杂，而以袁、唐之关系为主要之原因。盖以唐自受任以来，力顾民国之信用，对于大总统多有规谏，因此遂有意见不合之处。外间传说唐之去京为党派之关系，其实不然。刻下唐总理已出内阁，本党对于第二任内阁之组织并无成见，亦决非一定必由同盟会组织，如他党组织内阁或取超然内阁制度，但与民国有益，本党无不赞成。若组织内阁之人，非民国所信仰之人，则本党惟有退出内阁。然本党并非持破坏主义或消极主义，仍于地方上着手作事，不过不身列阁员而已。如遇有重大事件，本党立于监督地位，以尽国民之天职云云。李君演说毕，即由共和党代表丁世峄君宣布本党意见，略谓本党视察中华民国之情势，第二期内阁非用三党无所属之人，组织超然内阁不可。据李君所云袁、唐二人平日之关系如此，今日尚有此等不良之结果，欲免此弊，舍超然内阁无他术也。如组织超然内阁，总理一席非由总统举其素所信任之人以当其任，以免异日又有冲突，不可即于议会公举云云。统一共和党由谷钟秀君代表发言，谓本党对于此次组织政府之事，本拟立于监督之地位，绝无把揽政权之思想。今日从两党诸君研究此事，实系为巩固民国之基础，并非专持本党之党见。共和党所提之超然内阁，本党亦表同情。惟总理必须为民国所推崇之人，如丁君所言本党不敢赞成。谷君演说后，众议大致无甚出入，决议下次开会，再讨论办法，此次不过表示

① 《三党对于改组政府之意见》，天津《大公报》1912 年 6 月 22 日。
② 《专电》，《申报》1912 年 6 月 21 日。
③ 《专电》，《申报》1912 年 6 月 23 日。

三党之态度而已。又一消息，共和党主张由大总统举人组织内阁，闻该党之意，拟即以前清太保徐中堂世昌组织第二临时政府，曾在参议院提出，同盟会及统一共和党皆不表示同意，同盟会某君并谓与其请徐君组织内阁，何如即请前清庆亲王组织内阁。故此议将来恐难通过。至同盟会多数人则有议举黄君克强之说。统一共和党则注意于该党党员滇都督蔡锷，曾将此议提出，惟众议以蔡锷资格尚浅，以之当首辅之重，恐不足以服天下之心。故统一共和党已于前日宣布取消此议，并谓本党但求于国家有益，不妨牺牲一党之成见"。①

24 日，又载"袁总统对于改选总理问题，极为注意，日来筹划继任之人，据闻已预拟徐世昌、段祺瑞、程德全、蔡锷等四人。嗣闻总统府于二十三日上午会议，有拟举陆征祥充任总理，以梁如浩为外交总长。惟陆决意不愿就此要任，已预向总统陈明矣。"②

按：所谓袁世凯预拟蔡锷为总理备选人之一，实际并无其事。当时有报载"有总统府某秘书"就统一共和党某探"内情，某（按：指统一共和党人）云：总统任命新国务员，有同盟会人，有共和党人，何独无本党人？秘书云：共和党并无人加入。某云：章宗祥非耶。秘书云：章却无党，但贵党将以何人加入？某以蔡锷对。秘书云：蔡在滇能来京否？不可定。且路远，恐不及。"又载："又有该党议员二人向某秘书云：总统用人，既不用头等人才，又不用二等人才。某秘书云：请问谁为头等人才？议员云：王芝祥、伍廷芳、蔡锷等皆是。即论二等人才亦有本党议员吴景濂、谷钟秀、殷汝骊。某秘书唯唯而退。"③ 袁世凯连"国务员"及"头等人才"都没考虑蔡锷，国务总理就更不可能了。

26 日，又有报载参议院各党派，讨论唐绍仪辞职后，以何人继任为宜问题。说：

> 同盟会：甲派主张，唐既自倒，今为卷土重来之计，仍应以同盟
> 会员为总理，如黄兴、宋教仁皆足胜任愉快。乙派谓暂宜恢张党势，

---

① 《三党会议改组内阁事》，天津《大公报》1912 年 6 月 23 日。
② 《新总理之有希望者》，天津《大公报》1912 年 6 月 24 日。
③ 《组织第二次国务院之结果》，《申报》1912 年 7 月 26 日。

勿据政权，任无党者为之，惟有袁派嫌疑者必反对。其结果则推会员，先往统一共和党，协商黄、宋二人之问题。统一共和党谓黄、宋皆不成问题，毋庸讨论。

统一共和党：亦主张以无党派人接任总理，但有机可乘，则以统一共和党人任之。于是拟以蔡锷为候补人，如为无党派人，亦宜择胜任者为之。比较的亦略含排斥袁派之意。同盟会人以蔡为梁启超之门人，不表同意。

共和党：主张接任总理，必对外有信用，对内无恶感，又与总统能一德一心者为合格。同盟会人断乎不可，即共和党亦未至担任总理之机会，决以超然总理为宜。由袁择定，各党拥护之，冀于参议院时代内不再摇动。已推定曾有澜、黄群、王家襄三人与统一共和党交换意见，时功玖、郑万瞻、丁世峄三人与同盟会交换意见，未知结果。①

27 日，又载："统一共和党之言曰，蔡锷之说，不过发自一部人。先因同盟会人来云，共和党与同盟会俱不愿任总理，何如由统一共和党任之，如蔡锷即甚合格云云。其实多数人并无此决心，因蔡在滇甚关紧要，且离京辽远，事实上亦不相宜。既闻共和党之言，亦表示赞成之意。现对于唐不主维持，继任者为超然总理二［一］层，三党同意，自无变动。至阁员去留，皆为个人关系，三党决不主张全体改组。惟超然派以何人为宜，则目前尚无把握。各党目光注在陆氏，总统之意如何，尚不可知，大约亦必先与各党私商，然后发表。就目前情形，各党态度以同盟会为最热，统一共和党次之，共和党比较的为晨［最］冷静也。"②

28 日，又载："统一共和党之某要人语记者云，本党尚无国务员，今仅因一时之便利得一总理，恐他两党未必能终始合力拥护，如有攻击转为非福，不如亦主超然总理之说。而以三党协商阁员之故，得要求于国务员中列二三席，既合现情，又助党报，诚为两得之道云云。其意如此，其党之方针可测而知。惟党中少数人颇愿即遂其组织内阁之野心，各主一说，尚未归于一致。至与同盟会交换意见，同盟会愿助统一共和党之蔡锷，而要求统一共和党赞成同盟会之宋教仁为财政总长，尚未得多数之同意，其

---

① 《如火如荼之北京政界》，《申报》1912 年 6 月 26 日。
② 《各政党对于继任总理之态度日记（二十日）》，《申报》1912 年 6 月 27 日。

说恐无结果。又闻同盟会允统一共和党扶助蔡锷为总理后,同盟会总务干事平刚向统一共和党某要人云,蔡锷岂胜总理之任,并历举事以实之。某要人怫然云,非蔡者当以君为第一人。平色沮而去。又统一共和党议员中,三分之二极反对宋教仁。由此观之,两党以蔡、宋交换,恐皆不能成一问题,况乎统一共和党亦有不右蔡者,同盟会亦有不右宋者。"①

29 日,又载"统一共和党有一部分人似对陆征祥表同意,但有附加之条件,一部分人则仍主蔡锷,对徐(按:指徐世昌)则皆反对"。②

7 月 4 日,又载"黎副总统及江西李都督、吉林陈都督、直隶张都督先后电京,请任命陆征祥为总理,蔡锷亦有电来,表示同意"。③

12 日,又有报纸披露:"欲以蔡锷为总理"者,系统一共和党的"彭允彝辈主之",并认为"就各方面之内幕言之,先有一界说,昔日争权夺利为满族之亲贵,今日争权夺利为民党之健将,专制国与共和国之区别,不过如此而已"。说:

> 秦失其鹿,天下共逐之。唐出走后,冀逐唐氏之鹿者,或有在坑满坑,在谷满谷之势,人方逃之不暇,自有争求之者,人心不同,至斯巳极。统一共和党本为同盟派人出而组织,欲吸收不入同盟会之人物,后为吴景濂挟东三省人多之势,转为因利乘便之第三党,此为真谛。总理问题发生后,知同盟、共和两派皆必就商于彼,其不知进退者欲以蔡锷为总理,系彭允彝辈主之。其时同盟会尚无何等决心,以预防共和党人组织内阁为第一义,而自得政权为第二义,见统一共和党之主张,与其第一义不背,且可因而达其第二义,遂慨然允与提携。其时共和党人已倡为超然总理之说,与他两党宗旨不同,于是统一共和党与同盟会相合,而共和党乃成孤立后,同盟会得上海密电,令其为积极之主张,态度遂一变,在本部用投票法推定候补人,一面仍与统一共和党协商。其时统一共和党知蔡锷之说,必不能见诸实行,其中如吴景濂一派本不甚以为然,党势未张,骤得总理,不甚相宜,不如乘此机会要求得国务员二三人。同盟会闻其党议之更也,喜与之合,

① 《改组内阁之日记二(二十一日)》,《申报》1912 年 6 月 28 日。
② 《改组内阁之日记三(二十二日)》,《申报》1912 年 6 月 29 日。
③ 《改组内阁之日记六(二十八日)》,《申报》1912 年 7 月 4 日。

许以吴景濂、谷钟秀为国务员。《国风日报》等机关报每日恭维统一共和党，吴则毅然受之，谷则微笑语其同党云，与其推我做国务员，不如推我做议长，至殷汝骊实无此等关系，此时两党局势虽变，于结合上尤多一重力量。共和党主张如故，仍然孤立，而其态度益觉冷淡。有人询之，则云超然总理而已。京中多云共和党将为旁观派，但各报纸与京外重要人物，如黎副总统、程都督，皆来电赞成超然之说，而袁总统亦有趋重超然主义之倾向。闻有某要人语吴景濂曰，同盟会之主张，决不能见诸事实，因用人必经总统提出，参议院仅有同意不同意之权。院意虽同，而总统不提出，终归画饼，不如亦赞成超然主义。而因统一共和党有多数议员之关系，要求出国务员一二人，今共和党为始倡超然者，与之相合，则同盟会无能为矣。吴意动乃先商东三省人，渐露与同盟会相离之景象，而与共和党密使往来。其时共和建设讨论会、国民协会、共进会各议员，皆对共和党表同情，同盟会中一小部分亦不喜其本会之所为，亦愿赞成超然主义，于是共和党之势骤然大振。统一共和党中之殷汝骊派，为共和党中之个人情谊所动，亦慨然允与提挈，惟谷钟秀与老同盟派刘彦等坚持初意，超然总理之机大为成熟。又有小小波折者，盛传袁总统将任命徐世昌者，共和党闻止有一人赞成，而外间误为共和党所主张，北京《时报》对徐亦多赞扬之词。统一共和党提出异议，同盟会人益有攻击之资料，经共和人切实表示反对徐世昌之意，徐亦绝对不允，袁亦打消此说，遂提出陆征祥，得大多数之同意。千里来龙，婉蜒一线，爱［爱］读本报通信者，必有取也。①

21 日，又载有二专电，其一说："北京电。同盟会又倡议以蔡元培或宋教仁为国务总理，统一共和党亦倡以蔡锷为总理之说，为此，乘机攫位，思想卑污，各界宜予声讨，不然政界恐起极大风潮。"其二说："北京电。滇都督蔡锷有电来京，痛斥统一共和党为卑污无耻，淆乱国是，宣告脱党。"②

---

① 《追记改组内阁之内幕》，《申报》1912 年 7 月 12 日。
② 《专电》，《申报》1912 年 7 月 21 日。

按：前一专电，当系为袁发声。后一专电，说明蔡锷脱离统一共和党的原因是多方面的。

同日，又载：

上午，共和党、共和建设讨论会及各报馆特开会议于国民协会，群谓中央党祸愈烈，参议员对于异党之新提出国务员多不承认，致难通过，内阁虚悬，已陷于无政府之危险，决议发电劝告参议员暂息私争，顾全大局。一面致电云南蔡都督，嘱其劝告统一共和党参议员，勿一味抵拒新提出之国务员，以固国本，而安人心。电文录后：

致参议院电。参议院鉴。陆总理就职旬余，于本月十九日始提出周、章诸君拟任财政各总长，贵院无一通过，国院不能成立，总理亦将动摇，致全国几陷于无政府状态。国务院为国政所从出，既不容一日虚悬，陆总理为全国仰望之人，贵院承认于前，深符国民信任之意。现外患日急，国事方殷，望贵院力顾大局，于下次提出之国务员务表同意，以固国本而慰舆情，民国幸甚。《申报》、《时报》、《时事新报》、《新闻报》、共和党《大共和报》、国民协会《民报》、共和建设讨论会《神州日报》、《民声日报》同叩。

致滇督电。云南蔡都督鉴。此次国务员提出于参议院，竟无一通过，实缘同盟派与统一共和党联为一致，故至有此结果。现外患日亟，国务院组织不容少缓，望阁下速电贵党参议员，力顾大局，于下次提出之国务员，务表同意，以固国本，而慰舆情，民国幸甚。（署名同前）。"①

22 日，又有报载："此次陆内阁之推倒，将成一定之趋势。惟继任之总理，各党意见仍未一致。在同盟会一派颇主张以宋教仁组织政党内阁，但恐不易通过，因共和党及他党必难望其同意。而统一共和党仍属意蔡锷。又闻大总统之意，仍属意徐世昌。前日特召徐来京，大约即为此事之豫备。惟据总统府可靠消息，现大总统虽极郁悒，然一切仍极慎重，决不愿仓卒轻试，致生第二次之纠葛。目下尚无甚成见，拟俟三党协议解决，及亲与

---

① 以上二电见《对于参议员之忠告》，《申报》1912 年 7 月 23 日。

各议员接洽后，始能酌核办法。"①

其间，还有报纸报道陆征祥在参议院演说，内阁被否决后，有人提议由蔡锷出任总理的内情，在于"用阳推阴倒之术以去之"。说："同盟会一意认为超然总理之政策失败，则政党内阁之论复活，有主张宋教仁内阁者，此隔宿之腐饭也。有主张黎元洪内阁，而其下由同盟会、统一共和党人组织之者。此为某日在什刹海集贤堂所决议之计划，魏宸组提议，宋教仁君亦赞成。盖既足以杜共和党之口，又能令黎君离开武昌，以诸葛武侯出之，其妙计亦不过如此。然此议决非时势所能办到，又不待言。于是又议以蔡锷君为总理者，此亦旧年已有之文章也。此中内情，据一政客告我，谓实有莫大妙用在，盖蔡君系统一共和党人，而其所主张，又颇与共和党接近，提出蔡君，既足以联同盟及统一共和党为一气，又令共和党无从反对，而蔡君之在云南，种种方面人多不愿意，而不能直言，故莫如用阳推阴倒之术以去之，而统一共和党暨一般迷信蔡君者，乃有拍掌欢笑以为适如我心焉。盖今日政客计策之陋劣如此，政客脑筋简单如此，吾国民何所托命乎。然其说之幼稚不能实行，则又无足道矣。"②

▲云南军政部民政司奉军政部、蔡锷令，颁布公文中禁用"钦加""钦命"字样令。说："奉军政部令，案奉都督府令，六月初二日准国务院盐电开，现在官制未定，北方各省司道府厅州县等官，均系暂沿用旧日官名。惟国体改定，凡旧日文牍告示及公布各件，于书写官衔用钦加、钦命等字样者，于现时国体政体均不适宜，自应概行禁用，以免违碍，而昭统一等因。行令到部。合行令仰该司即便咨令通饬各属大小官吏，一体遵照。此令。等因。奉此，查滇中风气较开，自反正以还，此项钦加、钦命等名词，各处尚无沿用。兹奉前因，除通令外，相应咨会贵司，希即查照。此咨实业司长吴（琨）、华（封歌）。王玉麟、孙光庭。"③

20 日

▲16 日，李根源电告"省城军都督府"，迤西提镇协兼带各营薪水，

① 《有继任国务总理之望者》，天津《大公报》1912 年 7 月 22 日。

② 《陆总理演说后之政界》（1912 年 7 月 30 日），《远生遗著》上册，卷二，第 70—71 页。

③ 《云南军政部民政司关于公文中禁用"钦加""钦命"字样咨》（1912 年 6 月 19 日），云南省档案馆编《云南档案史料》1991 年第 3 期，第 32 页。

自 6 月 1 日起，"概准照新章领取，实支实报"。说："迤西提镇协兼带各营薪水，既经停支公费，似宜发给，方足以资办公。兹据该兼带等纷纷请领前来，拟请自阳历六月一号起，凡各兼带公费，概准照新章领取，实支实报，不得过原额十分之六，以符通案。可否，乞核示遵。师长根源叩。铣。印。"

20 日，蔡锷电复李根源说："铣电悉。提镇协兼带之营应支公费，照新章实支实报，不得过原额十分之六，事属可行。希饬遵照。都督府。哿。印。"①

21 日

▲胡汉民通电"各省都督"，请联合一致电京要求"授权各省，责之裁遣军队，整理财政，先使足以自顾"。说："宥日通电，计已达览。汉民之愚，以为今日中央政府所以外受制于银行团，内被国民之唾骂者，皆由移思财权。欲以财政权操纵各省，转使外侮得因借款之故，以图财权扼制中央。长此不变易政策，甚至一切国权，尽授外人，而中央之权，仍不得集。此时宜授权各省，责之裁遣军队，整理财政，先使足以自顾。其腴厚省分，则兼令协助他省及中央，如此中央之财政既豫 [裕]，银行团之要挟，自易应付，而各省都督亦因有法定职权之故，易为设施。及内治既告完全，乃立强有立 [力] 之政府，以与列强相竞。在昔美利惜 [坚] 初立，坚守单独主义，先授各州以权，使其整顿内治。近乃改易方针，渐趋集权，转与外竞。先进之国，固尝示我周行，宥电所陈，即本正意。已得南昌李都督、长沙谭都督电表赞成，现拟请联合一致电京，力请贵督各表同情，望赐复电，倘别有添酌之处，亦望见教。临颖迫切，伫候电复。粤都督胡汉民叩。个。印。"②

按：胡电与蔡锷主张不合，故迄今未见蔡锷对胡汉民此电的回复。

▲蔡锷通电蒙自何国钧、腾越黄谦、思茅刘钧暨各府厅州县，"兼差者不得兼薪"。说："省外文官公费，前经划定通行，原系赅括俸给、公费及

① 曾业英编《蔡锷集》（一），第 627－628 页。但所定日期为"5 月"，误。因李根源电中提到公费停支，但请自 6 月 1 号起"实支实报"。

② 《广东来电》（6 月 21 号），《四川都督府政报》第 7 卷第 12 期，1912 年 7 月 12 日，第四类·令电。

一切开支在内。近闻各属间有误会，以公费为本官俸给，而一切政费另行开支者，又有领兼差薪水者，殊与通章不合。兹已饬部另将俸给、公费分别规定，俟议会通过，再行饬遵。至领［新］章未颁布以前，暂照旧章办理，惟不得于公费外另有开支，其兼差者不得兼薪。至地方收入如粮税、陋规及讼费等项，均应逐一报解，不得稍有侵蚀。仰即遵照。都督府。马。印。"①

▲报载"滇边盗匪充斥，外兵添驻不已，声言自行保护"。蔡锷"电京乞拨巨款，添招兵马，以防边祸"。②

22 日

▲蔡锷电复教育部，滇省教育会议议员已"由越赴京"。说："寒电悉。本省教育会议议员王用予、钱用中已于六月十四日由越赴京矣。滇都督锷。养。"③

24 日

▲21 日，李根源电请"省城军都督府"核示第七联长缪嘉寿请辞事。说："据代理第七联长缪嘉寿呈称，嘉寿奉委之初，力辞未允，只以退伍之际，群情惶惧，不敢避难。嗣全联目兵退伍告竣，各队官长甄汰已毕，复经呈请交卸，又蒙责成办理征募、编配事宜，遵即派员分往征募。现在应补新兵，陆续募齐，并经从严选择，分配入伍。本联编配，刻日就理，惟编配既定，亟应注重训练，以期教育完全。嘉寿学术疏陋，断难久冒重任，应恳转请军府，迅委接替，俾得早日交卸，以励进行，而免贻误等情。查该员迭次坚辞，均以该联旧兵退伍，新兵编配，一切需人办理，未予遽允，兹复呈请委员接替，辞尤恳切。谨此转呈，伏乞核示饬遵。师长根源叩。马。印。"

24 日，蔡锷电复李根源说："马电悉。缪联长嘉寿恳请辞职，应即照准，着即回省，另候委用。第七联长委李伯庚前往接替。都督府。敬。印。"④

① 曾业英编《蔡锷集》（一），第 669 页。
② 《专电》，上海《时报》，1912 年 6 月 21 日。
③ 《政府公报》第 59 号，1912 年 6 月 28 日。
④ 以上二电见《西事汇略》卷四，第 10 页。曾业英编《蔡锷集》定其日期为 8 月 21 日、24 日，误。

▲20 日，李根源通电"省城军都督府，省议会，各部总次长，卫戍罗司令，各旅长、参谋长、联长，各司长，各局局长，贵州唐都督，庾、韩两总长"，再次请"准予解职，借以休养"。说：

前源迭电乞休，并奉钧府慰留，诸公勖勉，乡邦责望，固不获命，又随藏中乱警，边报纷驰；第七联退伍、编配未竣；杨钟骥营未经解散；尹明玉营未经归并；任宗熙深入怒地，闻蹈危机；勉遵钧电，暂驻榆城，仍陈明事定解职，犹未能期其速平也。近据丽、甸等处先后来电，边防尚称安谧，复经筹维部署，防范已臻周密。孙统领熟悉边情，移住中甸，缓急足恃，丽、甸一方面自可无虞。第七联退伍已毕，派员分道征募新兵，现已陆续募齐，从严挑选，入伍编配，刻日可竣。将来所当注重，唯在责成官长励行教育，期成劲旅，以固国防。杨钟骥营分别裁留，尹明玉营遵电归并，亦经电陈在案。任宗熙遇险一节，刻据姚守探称，接富川哨弁等函禀，该员已招抚二十五寨，前次传报不实，并经拨派四棚，前往会合接应。经营怒、猓事宜，筹划亦已大备，并有姚守专任，必能日起有功。西防各国民军自划分卫戍地段，迭经严令将领，申明责成日久，如不放弛，防务自无疏懈。近今各属地方均极安静，虽楚雄、永北两属间出盗案，经派李中队长前赴永北一带沿途巡缉，复由张提督巡视楚雄一带认真整饬，以清伏莽而靖地方。各属行政新委，西道履任在即，董率有人，尤宜于此亟分军民之治，以示统一之规。况源受命有事之秋，本为一时便宜之计，事定不亟裁撤，厥弊尤不胜言，机关多则周转不灵，政令歧则视听不一，且以军人而行政事，尤蹈当世明哲所忧。本省新定官制，方当促其实行，按之行政统系，此职更不容存。现幸西事悉清，民情大定，而病躯久膺丛脞，精力益以难支，不得不再申前请，伏望曲垂矜察，准予解职，借以休养，公私幸甚。无任翘切待命之至。师长根源叩。哿。印。

22 日，又电罗佩金、周钟岳、殷承瓛、沈汪度、李曰垓说："哿电计入察览。源于受事之初，即经预陈退志。月来连电上请，迄未报可，勉从公意，力疾暂留。顷边事悉平，民情大定，可幸告无罪矣。今兹所陈，一字一句，皆出胸臆，诸公爱我，惟乞玉成，即予解职，衔戴无量，必不获命，惟有践前言，入鸡足以待罪谴之。至言尽于此，尚冀垂察。根源叩。

养。印。"①

24 日，蔡锷电复大理李根源说："咨电悉。西事经公部署筹维，全境
谧安，大局之福，公之德也。迭接迤西官绅挽留之电请，俟李伯庚到榆，
授以机要，略为部署后，即恳偕樾老来省。盼切。锷叩。迥。印。"②

同日，李根源电复"省城军都督府，省议会，各部总次长，各师、旅、
联参谋长，各司局长"说："奉读钧府迥电，蒙察微诚，准予解职仔肩，幸
释初志，克申感激之私，唯有衔戢。现在迤西方面，并无未尽事宜，差可
纾西顾之忧，解地方之望。拟即将第二师长印信及西防国民军总司令节制
迤西文武官吏关防各一颗，派员赍省呈缴，并通电各属知照。所有一切职
事，即于示复到日截止，俾得早清经手，专意养疴。李伯庚到后，自当详
告一切。至榆联编配，既经告竣，各队内务，反正以后，紊乱废弛，达于
极点，经缪代联长力加整理，亦已就绪，一俟接替后，即可专注教育。源
经手事毕，恳赐宽假，返里奉亲，且借岁月余闲，一探鸡足诸胜，凭泉石
以箴膏肓，求志学以蓄精锐。惟望钧府宽其责于此日，留其效于将来。区
区之愚，实冀曲全初终［衷］，非敢重违厚望也。伏乞垂察，并候示遵。师
长根源叩。敬。印。"③

27 日，蔡锷电复李根源，仍望早日来省。说："敬电悉。执事积劳致
病，始允来省调养，若决然舍去，殊乖群望。鸡足近在咫尺，无妨乘暇一
游。仍望早日来省，毋遗弃置滇事。锷叩。沁。印。"④

同日，李根源电复"省城军都督府、省议会、各厅司局长、各师旅联
长、参谋长"，希望返省后仍"优予宽闲，不任职事"。说："钧府沁电奉
悉。昨以西事悉平，始敢陈情解职，期收统一之效，兼遂休养之私。钧府
过辱慰劳，迭加敦促，属望深至，感愧交并。前后屡电乞归，实惧精力消
亡，无可自效，非敢膏肓泉石，托以鸣高，违命之愆，无任罪悚。敬电请
示赍缴印信、关防各节，期以早清经手。如蒙俞允，即将经手事件，赶为
料理清楚，所有本部一切事务，均于七月初十日截止，仍准将印信、关防

---

① 以上二电见《西事汇略》卷十一，第 12—13 页。
② 《西事汇略》卷十一，第 13 页。李根源"咨"电和蔡锷"迥"电，曾业英编《蔡锷集》
　定其日期为 8 月 20 日和 24 日，误。
③ 曾业英编《蔡锷集》（一），第 713 页。
④ 曾业英编《蔡锷集》（一），第 712 页。但定二电日期为 8 月 24 日、27 日，误。

先行派员赍缴，并恳电布命令，以便转饬各属知照，俾免往来文牍，轇轕难清。源获卸职务，谨当遵电偕同樾老晋省返命，以白愚忱。惟回省之后，仍恳优予宽闲，不任职事，冀资调息，而免愆尤。敢以豫陈，惟祈亮察。如何之处，伏候示遵。师长根源叩。感。印。"①

7月2日，蔡锷电复李根源，答应"不以繁剧事相累"。说："感电悉。司令部俟殷叔桓列［到］榆再行裁撤。所有关防、印信，可由执事晋省自行缴销，不必派员赍送。西事勾当毕，务望早来，如果须调养，当不以繁剧事相累。樾老处，希并催之。锷。冬。印。"②

同日，李根源电复"省城军都督府"，"病躯亟资休息，难任职务"。说："冬电奉悉。西事悉已完竣，并无未尽事宜。本部一切内务，亦经料理清楚，陆防各军队及地方各印委，凡有直接司令部事件文牍，均已通电饬即停止。拟即截至本月初十日停止办公，以清界限。至陆军既经改编，自有隶属。国民军卫戍区域既分，各负完全责任。行政自具统系，亦各有主管机关，上不虑无所禀承，下不虑无所法守。第二师司令部应请于初十日裁撤，所兼迤西国民军总司令及节制文武官吏名目，一并取销。杨道月前过榆，已将边务民情详告。到任计亦在即，即未到任以前，黄道兼护，尚无废事。殷司令职专援藏，如有相询事件，随时均可商询。余似无所关涉，不必因之濡滞。源解职后，即当遵命约同樾老返省，惟病躯亟资休息，难任职务，知蒙亮察，不俟渎陈。如何，仍乞迅赐示遵。师长根源叩。冬。印。"

又电陈"省城军都督府"说："窃源奉准解职，幸卸仔肩。惟西行以来，蒙假事权，军事民事均悉规划，解职以后，亟宜声明权限，以趋统一而资法守。如陆军第七联及附属第七联之炮兵中队、机关枪中队暨腾冲卫戍独立大队，前准罗司令电全省军队合编一师，该联队大队统系，如何直接，机关为何，应即规定宣布。又如西防国民军统领应直接何项机关，饷糈军装军械截旷由何处请领核销，榆城陆防饷械分局应归何官署直接管辖，职权如何规定，亦应宣示，俾有遵循。又如地方官办理事宜，自应分别权限禀承主管机关办理。惟现设筹办猓猡边务总办，其性

---

① 《西事汇略》卷十一，第14页。
② 曾业英编《蔡锷集》（一），第688—689页。但日期定为8月2日，误。

质纯属内务，惟兼带有殖边队，凡关饷械事项，又属军政范围，究应直接何项机关，并须明予规定。至腾边所设各弹压委员，职在办理边务，拟即订由腾冲府直接管辖，其兼任边案交涉委员者，应即分别事项，属民事者直接于府，属交涉者直接于道，以清权责。以上各节，亟待详细规划，俾免纷歧。至于办事手续，则宜灵通，不宜拘滞，宜直捷，不宜迁迟，以期收敏活之效。是否有当，伏乞迅赐核示，以便转饬遵照。根源叩。冬。印。"①

4 日，蔡锷电复大理李根源说："冬电悉。承允偕樾老来省，慰甚。望于叔桓抵榆协商一切后，始可将司令部裁撤。请以八月初十以前为期。尊眷请先来省。锷。支。印。"②

12 日，李根源又电复"省城军都督府"说："司令部奉饬缓裁，何敢固请。惟裁撤日期，前于奉准解职后，即经通电各属，并饬将往来文牍一律截止，本部亦于七月初十停止办公。现当已撤之后，碍难再行赓续，边事如有缓急，虽裁部不敢漠视，亦不必留此名称。伏恳仍照前电，俯赐准行，并予电布，俾有率循。源仍当遵电示，暂行留榆，俟殷司令到，商询一切后，即行约同樾老晋省，以副隆命，无任迫仄翘企之至。伏乞俯允示遵。根源叩。文。"

15 日，再电告说："文电恳照前请，裁撤师部，计邀鉴察。伏乞曲予允行，迅赐示遵。根源叩。删。印。"③

▲报载天津《大公报》特派员赴国务院调查事项，得知"云南蔡都督呈请大总统任命滇省各司"人员。④

25 日

▲李根源电告"省城军都督府"，拟将 20 万发新式子弹派员护送回省。说："前由省运存楚雄新式子弹二十万，现在西事已定，拟仍派员护送回省，如何，乞示。师长根源叩。有。印。"⑤

---

① 《西事汇略》卷十一，第 14—15 页。
② 曾业英编《蔡锷集》（一），第 726—727 页。但日期为 9 月 4 日，误。
③ 以上二电见《西事汇略》卷十一，第 15 页。
④ 《国务院二十四日纪事》，天津《大公报》1912 年 6 月 25 日。
⑤ 《西事汇略》卷五，第 25 页。

▲报载蔡锷在巫家坝大阅操后发表演说。称："滇省陆军现届第一次退伍之期，日前集合步、马、炮、工、辎各队在巫家坝大操。都督前往阅操，步伐整齐，操演亦极精熟。操毕，各军环列，都督居中演说，略云鄙人到滇，幸各同志同心勠力，光复汉业。今民国统一，已达目的。诸军士退伍归农，仍须维持纪律，而爱国爱种之观念，尤须一刻勿忘。复继以痛快淋漓之语。语毕，泪涔涔下，各军士亦感激于心，无不挥泪如雨。"①

其间，报载援川滇军自奉调回省后，见军饷拮据，自愿退伍。蔡锷亦"以该军等当兵期满，例应归农，乃由梯团长谢汝翼、旅长李鸿祥两君会同参谋部查明现役期满者（按：以下文字不清）役，期满执照退伍"，并特为制定退伍功牌条例。该"功牌条例有四：一、副兵奖正七品职衔；二、正兵奖从六品职衔；三、副目奖正六品职衔；四、正目奖从五品职衔外，又每兵另给粤饷银十五元。以六月朔日始作为期伍，并于初四日举行退伍礼式。当经都督及各长官详为演说，勉以大义。该军队等均甚为感激。并云现在退伍，不过离蒙［家］年久，理应归视，设遇变端，仍可召集，再图效命，为国而死"。②

26 日

▲尹昌衡、张培爵通电袁世凯、参议院、各省都督，已将哥老会余匪陈脂剿灭。说："川省哥老会向称难治，变后益繁，迭经指令军队分别拿办，此风稍杀。余匪陈脂，绰号变子，在前清倡乱，屡恃兵力，仅予监禁。上年十月十八之变，乘乱逸脱，不知悛悔，又在大足县鱼云台寺一带啸聚数千人，四处焚劫，自称亡清忠勇将军，禁剪发辫，倡免税厘，无知愚民，多被煽惑。永川、铜梁、荣昌等处被其扰动，行旅梗阻，曾经电令驻渝第一师师长周骏相机剿抚。兹据报告，十九、二十两日，亲率步队连日择要截击，分道兜拿，生擒数十人，并将该匪及其悍党邹海林擒获，讯明供认不讳，当即正法。余匪溃散，因胁受害，分别保释。仍派兵分扎要隘，以清余孽，地方一律安堵，东路遂通。知关厪注，特此奉闻。四川都督尹昌衡、张培爵叩。寝。印。"③

---

① 《蔡锷集外集》，第 157 页。

② 《云南军事片片》，上海《民立报》1912 年 6 月 27 日。

③ 《公电》，《申报》1912 年 7 月 3 日。

27 日

▲蔡锷通电袁世凯、国务院、参议院、黎元洪、各省都督，希望各国务员"忍辱负重，维持危局"，各政团、政党"维持劝导，不加牵掣"。说："为呈请事。窃临时政府甫经成立，而内则乱机尚伏，群情惊疑，外则列强观望，尚未承认，加以蒙、藏两疆风云日亟，此时惟望国务诸公主持大计，协力进行。若因党见轧轹，至令内阁摇动，复陷于无政府之状态，万一祸机乘虚爆发，大局何堪设想？近闻有唐总理引退，内阁势将瓦解之说。滇处边远，不悉内情，而眷念时艰，五中溃裂，万望国务院诸公忍辱负重，维持危局。尤望各政团、党维持劝导，不加牵掣，庶政务得以进行，大局不致牵动，则民国幸甚。锷一介庸愚，何敢妄测大计，惟天下兴亡，匹夫有责，用敢不揣固陋，冒昧上呈。伏乞我大总统鉴时局之艰难，力加整理，至为殷盼。此呈。"

又通电袁世凯、国务院、参议院、黎元洪、各省都督，希望"躬膺国务者"，皆能严守"苟利于国，生死以之"的古训。说："满清颠覆，建设共和，弥历半年，政府乃能成立。而内则祸机潜伏，外则警告频来，群情汹汹，国事益棘，较之法国恐怖时代，虽未见事实，而已露端倪。推其末流，必生二大恶果。一则回复专制。吾国革新，原以求人民幸福，乃革命后之现象，转有人怀自危之心，恐一般人民倚任共和政府之心日薄，反追慕帝制时代尚可以靖乱而平争，而专制淫威可以复活，如拿破仑之已事，即为前车。一则倾服外人。共和立宪足以保障民权，伸张国力，法、美既行之而有效矣。乃输入吾国，转成一无气力之政府，而运掉［棹］不灵，全国有分崩离析之形，而不复团结，群将疑吾国人无政治能力，而不能不屈服于外人。由前之说，则必酿二次革命，由后之说，则必自投于奴隶之域，而国以沦亡。此虽过虑之言，然见微可以知著。窃谓吾国地广民殷，又当改革之后，非有强健有力之政府，不足以巩固邦基。而欲政府之有力，则躬膺国务者，宜有不屈不挠之毅力，苟利于国，生死以之，始足以排大难而决大计。若一遇艰阻，便思引退，自谋良善，国事何倚？愚戆之言，伏乞垂察。滇都督锷叩。感。印。"

又咨请临时省议会遵照中央政府令，各省不得另订"省约法"。说："国务院蒸电开，奉大总统令，前据吉林都督电称，吉林省议会自定本省临时约法，可否准该议会自定，当以现在全国统一，各省应否有此项省约法，似应先行解决。据国务院呈请谘询议院去后，兹准参议院复称于六月初四日常会讨论，金以东南各省，本未一律订定临时省约法，间有一二省在光复之初，因（南）北尚未统一，暂行订定省约法者，亦经声明中央宪法颁布后，即失其效力。现在中央临时约法早经颁布，与宪法效力相等，自应全国一律遵守，不得更由各省订定省约法，致妨统一。应将议决情形，咨请查照办理等语。饬即电知吉林，并通电各省都督等一体遵照等因。除将原咨刊报公布外，特达。等因。准此，相应咨请贵议会查照。此咨云南临时省议会。蔡锷。中华民国元年六月二十七日。"①

▲云南军政部奉蔡锷令，颁发惩罚易夔一兼差兼薪令。说："都督府令，军务部呈，兼差不兼薪，早经奉令通行在案。乃查有军医局二等编修易夔一，竟敢于旧历十月间更名易象鼎，兼农业学校文案差，每月支薪二十两，迄今并未呈请截止，实属故违命令，有意欺朦，若不予以重处，何足以昭大公。应请将该员军医局二等编修本差，即兼办农业学校文案差使，一律撤去。所有自旧历十月份起重支兼差之月薪二十两，截止发领之日止，核数共银若干两，由学政司查明传案取保，勒限如数缴出，以重公款，庶足以儆贪顽而申纪律。除咨军政部转饬学政司并令军医局遵照外，理合签请鉴核施行等情。据此，查易夔一名易（象鼎），兼差以图多支薪水，实属不知自爱。除批准照办外，合行通令该部查照转饬所属，一体遵照等因。奉此，合行令仰该司即便转饬所属，一体知照。此令实业司司长吴琨。军政部。"②

▲22 日，李根源电陈"省城军都督府"，已饬续探任宗熙实情。说："顷据姚守弩电称，前闻任委员遇险，迭饬探报。据富川哨弁及办粮木廷举信禀，均称该员招抚二十五寨，仅有三四寨抗拒未投，传报不实等语。惟任委深入险地，后无接应，尚未接该委确信，已分拨接应等语。除饬续探筹应外，谨陈。师长根源叩。养。印。"

23 日，又电陈说："顷据姚守养电称，本日接任宗熙庚日信并上月感日信，内附四月有日至上月感日笔记。据称现住上帕，筑营坚守，景委隔绝于下，音耗未通，何委淹留于上，救援无日。各军尚未会合，有攻无守，有守无攻。该㹧夷除投降之外，余匪逃逸甚多，每夜间与我为难，祈迁民

① 以上三电见曾业英编《蔡锷集》（一），第 669—671 页。
② 《云南军政部关于惩罚易夔一兼差兼薪通令》（1912 年 6 月 27 日），云南省档案馆编《云南档案史料》1991 年第 3 期，第 36 页。

实边，全江即平。外有向导李云芬逃回，窝愳造谣，德庆保长，抗不听调，请根究等语。查任委以三十人孤入险地，接应宜速，顷成新哨，剑籍前遣之兵，多未应召，半属生手，一面飞催景委及新哨迅期会合，始无他虞等语。查任委既有确信，并有应援，或可无虞。除饬妥筹进行外，谨陈。师长根源叩。漾。印。"

27 日，再电陈说："顷接景委员绍武专函称，前闻任委员长警告，遵即率带喇井防兵二棚，前往援应，过江行至恩照村，派人前往侦探。回称，任与夷匪相战三次，击毙夷匪数十人，我兵无恙云云。现刘小队长兴汉已于六月巧日，率所部由富川过山开往拉乌接济，任委兵力已厚，谅无他虞。委员于是日旋落木登等语。谨陈。师长根源叩。沁。印。"

同日，蔡锷电复李根源说："任委员长连战皆捷，甚慰。惟办理夷务，须恩威并济，既示兵威，宜令向化，应如何加意抚循，酌施民政之处，希即妥筹核饬遵办。"①

28 日

▲蔡锷通电袁世凯、国务院、参议院、黎元洪、各省都督，建议自行解散"现时组织之各党"，并宣布"鉴于时事"，先自取消前与海内同志发起的统一共和党。说："民国成立，政党发生，将来政治界之中坚，必视政党为左右。惟现在政党林立，意见纷歧，水火争持，党同伐异，或徇个人之攻击，而忘国家之安危，政党之利未收，而害已毕见。鄙意先将现时组织之各党自行解散，另行结合政见相同之健全分子，以先立雏形，而不必急求党势之扩张，以致于破碎冲突，则或者议院、内阁得政党之维持指导，而得以巩固邦基。锷前与海内同志发起统一共和党，于政界颇占优势，然鉴于时事，窃愿先自取消，尚望各大政党鉴核而裁择之。幸甚。锷。俭。印。"②

月底

▲段宇清又一次上书蔡锷，建议广搜证据，以保护片马未被英人侵占

---

① 以上四电见《西事汇略》卷九，第 25—26 页。
② 曾业英编《蔡锷集》（一），第 671—672 页。

之土地。说：

张华澜君到京，持有钧座咨外交部请抄界务及片马边要各件，于六月廿六日仝顾仰山、张芷江谒见外部。张、席二君因事未赴。时陆总长有事，命颜次长（名惠庆，字骏人）接洽。首询对付片马方法。颜云：去岁六月，外部照会英使朱尔典，复语甚为决裂，有请贵国自审兵力能驱除英兵，则请将驻片马之英兵尽行驱逐，如干涉其边界，在片马前后闹出事来，贵国须任其咎等语。此事实无办法，只有武力解决与和平判断二者审情行之。唯用兵须云南自确实力，量中央则不能明为主持。和平判断，须我国有确实证据。去年澳大利亚某国与英界线已定，英强占越线，美人起而干涉，如英不照约，美当以兵力从事，英始屈服。云南同乡，可速函蔡都督，广求证据，至如何办法，俟开国务院议后再为函知。当时曾言力争重勘如何，颜云：亦曾与英讲过，唯英使云须指定线界，方允重勘。清等云：如此则无所谓重勘，直是指送地土而已。颜云部内亦不承认。次谈河内东方汇理银行之款，颜云去年十月，此款已由法人借拨作使款之用，蔡都督来电始知路款第款有着落，可咨财政部拨还云南。清等言即请由贵部速为咨催，无论如何将此款归还云南，使无亏路本，则云南感甚。颜公颇为首肯，另有抄单附呈。又谈及抄录公件，清云：云南自先任制台衙内档案多失，边案关乎重要，刻不可缓，祈速抄行。颜均答允由部检卷照抄，第绘图一层须稍缓时日，卷先抄寄送，颜甚爽允。近来部中办事，不似从前之玩疲。清又暗托外交司内刘寿愚从中催促，渠认从速赶办，俟抄交来时，即为飞寄。伏思片马一隅，关系我滇生死问题，用兵不可，让弃非宜，唯有广寻证据，向中央极端磋商，为日后于无可了结中，作求了结之一办法。钧处札饬沿边各属，与维、丽、永、腾所属诸土弁，急密绘地图，各纪其疆里若干，种类若干，承袭若干年，管理若干世，接壤某属地，所出土产若何，年税若干两，列表分记。又片马以北，狼僳以西，其中究有瓯脱地方，我部河源之广狭，道路之分歧，严饬一一密查，标识报缴，作为预备保护未被侵占之土地。愚见如此，钧意以为然否？如有可采，祈火急行之，迟恐不及。诵曰蒉国，百里之言，未尝不痛恨于前清谋国诸臣之不善也。①

本月内

▲蔡锷颁布《云南军都督府公文稽核员规则》，文如下：

第一条　本军府为谋政务全体人员任事勤勉，克日程功，俾政务日臻敏活而免积压丛脞之虞，特令各部、司、局、处各设稽核员一员（由各机关遴员兼任）。

第二条　稽核员之职务权限以公文到达迄于印发期间之程限为断，不涉及公文内容之事理。

第三条　公文程限，略分四项如左。甲、最速之件，限立办立发。乙、速件，限二十四点钟内印发。丙、常件，限七十二点钟内印发。丁、特限事件，限期临时酌定。

第四条　程限之分别，以事体重轻及事机缓急为标准。通常由各机关长官或签阅到文人员定限，特别由行文机关长官定限或办稿人员定限，长官核行之（行文机关于文件封套面上亦须标印最速、速、常等字样，俾各机关一望而知，分别办理）。

第五条　稽核以稽核文件号簿及文稿所列各经手时间为根据。

第六条　各机关所设之稽核文件号簿，须查照公文手续第七条所规定程式办理。文稿面页记入各经手时间，须查照公文手续第十三条办理，俾便稽核。

第七条　稽核员须逐日实行稽核，有无延搁或逾限，亦逐日报告本机关长官，并负其责。

第八条　如有延搁逾限，应查明经手逾限之人，即为负责之人。将逾限文件事由、限期及逾限时刻并负责人姓名报告本机关长官核夺，或罚薪，或记过，或撤差，分别呈报本军府办理。

第九条　本规则自民国元年六月二十四日实行。

▲云南民政司奉军政部、蔡锷令，倡行法治告示。说：

---

① 《上蔡都督书》，《永昌府文征·文录》卷二十三，第20—21页。原函未署日期，由函中内容推定。

案奉军政部令，奉都督府令开：案查中华民国元年五月十二日《政府公报》载大总统令开，共和以法治为基，民权以财产为重，保护财产为世界万国法律所同。自顷战事告终，元气未复，正宜同谋乐利，以奠民生。况保护公产、保护私产、禁止滥捕、禁止撞骗，经前孙大总统办理有案。乃捕人索银之事，迭有所闻，国法何存，民业奚持？本大总统既膺公选，即当以国利民福为己任，用特申戒国人，须知人民权利，载在《临时约法》，保有财产自由，无故不得侵犯。从前用兵之际，虽有将无主财产及官吏私产充公等事，乃出于军事上之便宜，断难沿为习惯。现在政府成立，自应实行法治，严戒武断，嗣后应由各省长官及各军队长官恪遵《约法》，严饬所属切实保护人民财产。倘再有逞私谋夺情事，一经告发，务必按法惩治。其从前迫胁立约尚未履行者，自奉令之日始概失效力。至若坐赃犯科，应行籍没者，自可按照法律由检察官提起公诉，归司法衙门审断，决无尽人可得越俎之理。本大总统为恢复秩序、尊重人权起见，深愿国民同享幸福，共保和平，其各凛遵。此令。等因。除令参谋部、卫戍司令部通令所属军队遵照外，合行令仰该部行民政司通令所属官厅一体遵照等因。奉此，合行令仰该司通令所属官厅一体遵照等因。除分咨通令外，合行示谕。为此，谕诸邑人等一体遵照。倘有借端磕诈，或假托请充军饷公益为名，或以图谋摭拾大总统中华（民国）元年三月初十日赦典以前已结之案，或未发之事妄相呈控威吓，以图泄忿报怨者，准赴军政部本司各衙门呈诉，以凭按律究办。懔之，切切。特示。右谕通知。中华民国元年六月日。

▲吴琨、华封祝、王玉麟、孙光庭奉军都督蔡锷、军政部长李曰垓令，拟定"抑奢崇俭"四条，呈请"颁行各属一体遵守"。说：

案奉军政部钧部令，奉钧都督府令开，案查中华民国元年五月十二日《政府公报》载大总统令开，《传》曰："俭德之共，侈恶之大。卑宫菲食而明哲以兴，瑶室酒池而昏乱以覆。"盖自虞夏之初，以逮元明之末，其国之俗趋于俭，则日进富强；其国之俗趋于侈，则终成祸患。明鉴所垂，千古不爽者也。近代以来，财政日艰，物力大绌，利源所耗，无有纪极。凡民间衣食之需、器皿之费、冠婚丧祭之用，大都较三十年前必加数倍，较百年前必加十倍。物价之贵，用度之增，至于如此。是即格外撙节，力求从俭，尚恐有匮乏之患、冻馁之虞。乃习尚侈华，贪多斗靡，豪宗富室，通都雄埠，提倡侈汰，有如不及，尚朴素者多为人嗤。虽西晋石崇、王恺之争衡，元魏高阳、章武之相炫，无以过之。一燕会之值而至万千，一馈送之价而靡累亿。弊风所煽，仿效恐后，乡里州闾，何以堪此。往往指产举贷，奉觞破家，以致素封化为穷民，贫者流为乞丐，士不能安于乡，而成萧条之状，满目皆是。积民成国，民无以生，国于何有？本大总统为此劝告国民，继自今衣食日用，冠婚丧祭诸费，必不可少者极力从俭，其可少者一概省之，务期多惜一分物力，即多延一分生命。官绅士商，为国民之望，尤宜倡导朴素，化及全国。今当竞争之世，谈立国者皆曰富强，本大总统以为必能俭而后能富，能勤而后能强，今固有富于我、俭于我而强于我者。我国民其屏奢华而师勤俭，即共和幸福，庶永享于无极。此令。等因。合行令仰该部令民政司查照，刊发告示，通饬各属张贴晓谕等因。奉此，合行令仰该司即便遵照，刊发告示，通饬各属张贴晓谕等因。奉此，洵为图治之要端，亟应遵办。兹本司等公同酌议，择其易于实行者，拟定崇俭四条，请颁行各属一体遵守。惟是上行而后下效，有诸己而后求诸人。汉文躬行节俭，故后宫有衣弋绨之贤后。杨绾无异寒儒，故汾阳闻其为相而减声妓。西儒己克车曰：节俭之风，所以滋养国民，而始之生存，长成奢侈者，衰弱国民之大原因。其端自上开之，古今中外，理有同揆。我钧府、部抑奢崇俭，久为全滇所共仰，仍望随时随事以身作则，文武大小各官，有不能仰体德意者，立予处罚。庶几风声所树，民自化之，以植富强之基，而造无量之幸福。是否有当，理合呈请钧府、部查核，发交议会议决颁布示遵。此呈军都督蔡、军政部长李。

计呈清折一扣。

谨将本司会拟定崇俭各条呈请查核施行：

一、无论军警绅商政学各界与普通国民一切服饰器用，均应用本省本国制造品，如有违背者（指此章颁布后有意故违新购制者），由各团体纠察，核其物价，报明本司，罚其十分之三，充为该团体办公之费。原物仍禁服用。

二、宴会以四簋为度，即有尊长重客，不得逾八簋，簋价不得过八元，并禁用燕菜、鱼翅及非本省本国之酒品。惟军政两界与外人交际不在此限。违者亦由各团体纠察，核其价值，报明本司，罚其十分之三，充为各团体办公费。酒席馆包办者亦照罚充。

三、婚嫁禁用金器、全猪、全羊。婿家聘礼，以银器四色、采布四匹、割三道（每道猪肉四斤、酒二瓶），即为礼物已备。如女家需（索），准由各团体纠察，报明本司，议以五元以上十元以下之罚金，充为该团体办公费。女家粉查，以银首饰一套，布衣数件、门帘帐、枕头、镜妆各一套为完备。婿家需索罚者亦如之。嫁娶之日，除至亲款待酒席，止以本日为限外，贺客皆待茶点。违者议以十元以上五十元以下之罚金，均充为各团体办公费。

四、丧葬除棺衾封次［树］称家之有无外，禁止念经、纸扎、酬答、整匹布各糜费。成服奠日，除至亲、任帮忙助力者、恤资助财物者酌备酒席外，吊唁诸客均止待以茶点。违者由各团体纠察，议以五元以上十元以下之罚金，充为该团体办公费。

五、以上四条，均期实行，应责成各地方官与巡警、自治各局所认真查禁，庶官厅与团体互相纠察，力求实效。

7月，吴琨、李曰垓奉蔡锷令，发布印发崇俭告示清折饬属遵照通令。说：

奉军都督府令。前据各厅司会同议复民政、实业两司拟订崇俭四条，由本都督府咨送临时省议会核议去后，兹准议会咨称，当经按照折开各条切实研议，以为中国农工商各业，尚属幼稚时代，一切出产、制造、运输物品，不足以应全国之需，始而仰给于输入品，继而争奇嗜巧，几若服饰、器用，舍输入品不足当其一盼。于是厌薄土物，竞尚新制，奢侈相炫，举国成风。当此民穷财尽，而习尚如斯，不待兵刃相接，而灭亡惨祸，已伏于人人衣食住之中。民政、实业两司有见于此，亟以崇俭诸条，作中流砥柱，冀挽狂澜，用意甚善。惟于供求相剂之理，尚未彻察，遽以违章悬为罚则，恐见诸实行，动多窒碍。如第一条"服饰器用均应用本省本国制造品，如有违背者，由各团体纠察，按其物价，罚其十分之三"等语。查服饰器用，范围甚广，概以本省本国制造品为限，试问其警绅商政学各界与普通国民所需衣饰岂能悉用布制？就令悉用布制，而本省本国自出棉布能有几许？舍棉布而用输入之纱线布，未遽为奢侈也。然而违背新章，动于纠察，彼桀黠者且将借此以鱼肉良懦，推而至于一灯一油、一钟一表，殆难悉数，使物物而察之，人人而罚之，将不胜其烦扰，垂为禁令，而不实行，何贵禁令？行而窒碍，然后中止，不如审于未禁之先，意谓此系道德问题，非法律问题。解决之法，宜助长实业，以清其源。演说劝导，使一般人民，咸知嗜用输入品之隐患，以遏其流。而目前切要之图，则尤在各上级官厅与地方官绅首先提倡，以资观摩而期实行，此本会修正第一条之理由也。第二条"筵价不得逾［过］八元"，以省会论，诚不为侈，若外府州县则八筵之价，有无需二三元者，事贵通行，宜酌中定制，改为不得逾五元，庶几丰约得宜，易于遵守。至此项规章，期于通行全省，若外府州县处违背者，以罚悉令报明两司，未免烦琐，宜于同下加以"暨各该管官"四［五］字，俾其简而易行，此本会修正第二条之理由也。第三条列举婚嫁应用物件，本示过侈者以一定标准，然民间婚嫁事甚琐碎，以所列举者为完备，过此即以罚随之。假如嫁女之家，于所列举各物外，附以箱柜或鞋袜等物，于人情未甚远也。各团体纠察及之，将尽处以罚乎，抑过而不问乎。假如婿家一方面力有不逮，并所列举各物亦不能备，一方面以为定章所有，借口需索，又将何以处之？意谓此等事，只宜以概括之词，略示标准，不宜琐屑列举，免滋流弊，此本会修正第三条之理由也。第四条删去"任"字、"资"字，易"酒席"为"宴席"，其余无须修正。总结一条，用意仍与第一条相贯，端本善，则不能不望于执政诸公，亦本会所愿步趋，以随其后者也。所有修正崇俭各条，除一面通知各属切实提倡外，相应开具清折，咨请核饬颁布见复等由。准此，查所议各节，尚属权衡适当，应即照行，合将咨送清折令发该司，仰即印刷多份，并刊印告示，通饬各属，宣布一律切实施行，并将印就清折呈送二十份，以便分令各厅局查照。除咨复省议会外，此令。计发清折一扣等因。奉此，除刊印告示通令外，合行令仰该□即便遵饬各属，宣布切实施行，并将颁发告示，张贴晓谕，具报查考。此令吴琨、李曰垓。

计发清折一扣。

清 折

议决民政、实业两司拟定崇俭各条：

一、无论军警绅商政学各界与普通国民一切通常服食［饰］器用，均以本省本国制造品为主，先由上级机关极力提倡，由民政司饬各地方官暨自治各团体广为劝导，务期一律实行。

二、宴会以四簋为度，即有尊长重客，不得逾八簋。簋价不得逾五元，并禁用燕菜、鱼翅及非本省本国之酒品、菜品。惟军政两界与外人交际不在此限。违者由各团体纠察，按其价值，报明民政司暨各该管官，罚其十分之三，充为各团体办公费。酒席馆包办者亦照罚充。

三、婚嫁禁用金器，婿家聘金及礼物价额统以十元为率，至多不得过百元。如女家需索，准由各团体纠察，报明民政司暨各该管官，议以五元以上十元以下之罚金，充为该团体办公费。女家妆奁价额统以十元为率，至多不得过六十元。婿家需索者，罚亦如之。嫁娶之日，除至亲款待酒席，止以本日为限外，贺客皆待茶点。违者议以十元以上五十元以下之罚金，均充为各团体办公费。

四、丧葬除棺衾封树称家之有无外，禁止念经、纸扎、酬答、整匹布各糜费。成服展奠日，除至亲、帮忙助力及恤助财物者酌备宴席外，吊唁诸客均只待以茶点。违者由各团体纠察，议以五元以上十元以下之罚金，充为该团体办公费。

以上四条均须由上级长官及各地方官绅首先实行，并由自治各团体认真互相纠察，力求实效。"①

▲李根源回忆他曾电陈蔡锷，"请率师入藏，任戡定之责"。说："藏事再逶谢观望，全局完矣，恢复愈难矣。源已准备数月，愿率所部，直趋札什伦布，缚达赖喇嘛以献。否则，请以军令从事。榆存械弹，勉敷应用，

---

① 以上各件均见《云南军政部民政司倡行法治告示》（1912 年 6 月　日）、《民政司、实业司革新旧俗、崇尚节俭呈》（1912 年 6 月　日）、《实业、民政等司印发崇俭告示、清折饬属遵照通令》（1912 年 7 月　日），云南省档案馆编《云南档案史料》1991 年第 3 期，第33—36 页。

惟饷银须中央担任三百万。一切战后经营，方不棘手。西事后方，请委缪嘉寿负全责。"

"蔡公据电中央。英使朱尔典闻之抗议，谓余办片马事，操切任性，任之入藏，必起中英恶感。袁总统方与英使结纳，仗其力为外援，电止余行，任尹昌衡督师，滇出偏师，以殷承瓛当之。"

李在蔡锷的复电中说："我生不辰，髫龄时遭缅越之沦丧，今又睹西藏之颠危。力能救而不得救其天也欤！"[①]

6月底7月初

▲李华、陈文翰呈请蔡锷仍令周钟岳"接任教育司长，俾得早日交待"。说："顷奉命令开，元年六月二十六日，奉大总统电，任命周钟岳为教育司长等因。当经令饬接任去后，旋据该司长签请辞职，仍任秘书长事务等情前来。除电请大总统示遵外，所有教育司事务，仍着该司长、副司长担任。除通令外，仰即遵照。此令。等因。奉此，奉命之下，曷敢多渎。惟实有不能担任之理由，请为都督陈之。方今民国初成，百端待理，凡肩重任者，必学识、经验、资格三者俱富，方能胜任而愉快。华、翰于三者之中，自顾无一长足录，反正后奉军政部委任，当时亦曾辞之再三。既不获命，又不决然引退者，盖急于恢复学界秩序，以安人心耳。自受事以来，东奔西突，劳怨固所不辞，惟以棉［绵］薄而任艰巨，时忧陨越。况秩序既已恢复，以后筹划一切，正赖得人。华、翰几经审慎，实不敢当此重任，方欲让贤，以资整理，适奉大总统电任周钟岳命令。伏查周秘书长于学识、经验、资格三者均远在华、翰之上，以之任教育司长，实为滇省学务前途之幸福，且系中央命令，周之固辞，似有未便，拟请都督仍令周秘书长接任教育司长，俾得早日交待，以重教育，实叨德便。伏祈衡核饬遵。李、陈谨签呈。"

蔡锷批示"未便照准"。说："来牍阅悉。教育事务为建设第一要义，该司长等自去秋反正以后，热心整顿，劳怨不辞，实于学界前途裨益不少，所请仍令周秘书长接任之处，未便照准，希即仍遵前令，照常办理，是所

[①] 《雪生年录》卷二，第3页。

企望。此缴［批］。"①

7 月

1 日

▲蔡锷电告袁世凯、国务院、参议院、黎元洪、各省都督，云南"近复筹议举办女子爱国富签公债，以专收女子首饰，填给公债票为主旨"。说："云南筹办爱国公债，前已电闻。现绅商认债，尚属踊跃。近复筹议举办女子爱国富签公债，以专收女子首饰，填给公债票为主旨。此事厥有数善：一、全国女子首饰，平均计算每人所制总在银一两以上，可以积少成多；二、以匣藏之首饰凑集为铸金银币之资，化无用为有用；三、金银一成首饰，与消耗品无异，今收集之以铸为国币，可助金融界之活动，而毫无妨碍；四、吾国妇女侈靡之风，可借以裁制。此事迭经集议，众意佥同，刻已拟订章程，容再续寄。各省如何仿照？尚（希）采择施行。滇都督锷叩。东。印。"

又电告袁世凯、国务院、参议院、吉林陈昭常，云南赞同陈昭常所论公债事，云南已拟订"爱国公债章程"。说："陈都督祒电论公债事，深佩闳识。锷前电陈大总统亦力主张此说。顷已拟订云南爱国公债章程，其大概办法，公债总额为五百万元，发行额面分为一元、五元、十元、五十元、一百元五种，以本省钱粮地丁银担保，自民国元年起，十年以内分年偿还，不给利息。其发行及偿还本金，统由富滇银行本、支店及其指定之代理店经理。购公债票方法，凡公务人员均照所约认购外，余悉照财产认购。纯以劝募为主，至不得已时，乃用强迫。其用途得由省议会监督稽查。一切办法，大致与陈都督所论略同。前设筹办处办理，已有端倪，现正设局委员专任其事，并分电各属筹设分局。官绅商民任债者，尚称踊跃。用特电闻，详章另文呈核。滇都督锷叩。东。印。"

2 日

▲蔡锷电陈袁世凯、国务院、参议院、黎元洪，建议"地方行政官自

---

① 《蔡锷集外集》，第 166—167 页。

知县以上宜由任用，而不宜于推选"。"可用本省人，而不宜用本属人"。说："副总统敬电论用人事，博深切明，无任钦服。吾国省界之严，牢不可破。自改革后，各省地方官吏多任用本地人，隔省之弊一除，而排外之风转炽。推其极必至各省自封畛域，益呈分裂之形。故锷鄙意所主张者，一、地方行政官自知县以上宜由任用，而不宜于推选；二、可用本省人，而不宜用本属人。此间任用官员，始终即抱此旨办理，故官吏尚无营私植党之风，而人民亦少甲拥乙攻之弊。去冬，曾以此事电商长沙谭都督，复电亦极赞同。兹读副总统敬电所陈，尤为痛切。现值编订官制，应请酌加采择。滇都督锷叩。冬。印。"①

月初

▲报载蔡锷电请北京中央政府"另举干员，与英人另行重勘"永昌府保山县所属片马界务。说："永昌府保山县所属片马地方，因在滇之西北，为缅甸入川藏之一最要门户，故英人竟于前冬发兵占据。去年虽经李督及滇人竭力争持，要求退兵重勘，讵英人狡赖成性，直与前清外部议索片马作为永租。滇人闻知，惊慌无措。正图对待之际，适义军反正，未能顾及。讵近日又据探报，英人又于片马附近地方私竖界石，广修道路，并增加兵队，又复征收户税。蔡都督闻之，深为愤恚，业已屡电中央。昨又电请另举干员与英人另行重勘，一了数年来中英滇缅界务轇轕未清之弊。"②

4 日

▲6 月下旬③，卯、遮弹压兼交涉副委员周谟电呈李根源所拟改土归流办法。说：

  盖闻事有万端，非解决本根，不足以收治理；机有万变，非统筹全局，不足以固根基。补苴非救时之政，破坏即完全之征。委员奉差几二月矣，孜孜矻矻，不敢一日或懈，常此以往，未始不可收委任之

<hr>

① 以上三电见曾业英编《蔡锷集》（一），第 672—673 页。
② 《滇边保界策》，上海《民立报》1912 年 7 月 5 日。
③ 原呈未署日期，查周谟是 4 月 21 日正式获准充任卯、遮弹压兼交涉副委员的（见以上蔡锷 5 月 21 日复李根源电），而此电中又说"奉差几二月"，当可推定此呈发于 6 月下旬。

功。然考查民情，实事求是，腾冲十土司，非统筹全局，解决本根，万不能收美满完全之效者，谨拟三难四易一危险之政见，为宪台呈之。

为治之道，首先教养，然无养何以有教？各司地之民困亟矣，摆夷居平坝，汉人住高山。居平坝者懒惰自甘，只知谋朝，不顾保夕。汉人虽有知识，奈不能处瘴，视平坝为畏途，但衣食所迫，亦多有冒险进取者。无如土司定制，不准卖田，虽百般手段，其如一片肥壤何？坐此之故，一切居民，均成消极主义，摆夷沃土，失之不才，汉人仰食守株，坐困卯、遮、芒、猛，大小陇川，无不如是。昔商鞅变井田而阡陌，一洗封建之制，秦民始以智力相尚，国因以强，故不除各司世土之例，则汉夷皆偷惰自安，不能振理，民困益深，此其难者一。土司定例，只知剥民而不知爱民，奴隶牛马，几成天职。每岁正供，汉人分上、中、下三等。上户一两二钱，夫役八十名，租豆五梆，米三梆，洋烟八十两（此项近改名曰山租）；中户三分之二；下户减等。摆夷则每岁所入谷米必纳三分之一，年年拜冬拜节点卯，幕东师爷银两，每户或二两余不等，此皆岁额所定，外有特别婚嫁建造等项，不在此例。尤有可畏者，每逢摊派，不论田地多寡，只凭银钱有无。近年居民不堪其累，全家迁徙英地者，不下数千户，为渊驱鱼，为丛驱雀，虽云木那各地，准民种烟，故归之者众。然非各司剥削，当不至此。故不苏民之重赋，则流亡日多，空有土地，此其难者二。十司地面，夷种虽多，但阿昌纯朴，崩竜良善，傈僳胆小，均不能为民害，为害最烈者，实为野人，屋居高岩，官长极毒，以劫掠良民为事。干崖、盏达虽间有之，但不甚胜。若南甸、陇川、户腊撒之南，遮放、猛卯之北，横亘数百里大岭，直达缅界，为野人萃聚之区，各司住近居民，不时受其抢劫。自去岁清兵征猪腰街失利，迄今猖獗愈甚，耕田农夫稍远村寨，即被抢掠。又遮放南与南坎交界之畹丁河边，野人亦众，各司互相控告，由多〔多由〕野人过界而起。其实土司亦失安抚之策，故不去野人之害，则民不聊生，垦荒亦无从下手，此其难者三。

土民苦虐政久矣，抚我则后，虐我则仇，民心向背何常。近来细调加〔加调〕查，汉人思汉官，故不待言，即夷民亦知汉官之善，群思归化，因其势而利导之，易如反掌耳。但十司相连，牵一发动全身，非通盘筹划，不能收功。查腾冲府十司地段，共扎国民军四营，若以四营兵力，分驻芒市、遮放、猛卯、陇川，更以驻腾新军，分三队移南甸、干崖、盏达，俟乾冬候密知各营管带，迫令各司改流，其有自知公理，服从命令者，予以汤沐数邑，如内地各司者然。否则锄而去之，以目下之考查，除南甸、干崖、遮放、猛卯稍有兵力，余则摧枯拉朽耳。一举动之劳而出土司于水火，此改流之易一也。各司既去，建设宜速，南、干、盏三司稍近内地平壤，亦堪久处，可设州县三，芒市、遮放、猛板瘴毒极烈，平地不能常居，必择适宜之处。而三脚岩在三司之中清凉可住。彰凤街又在猛卯、陇川、户腊撒之中，为汉人丛聚之地，二处各设一州县，统计十司共五州县，于冬春两季，赶造监衙，一面召集各寨头人，予以功牌、委状，一面清理户口，安集贫民，至次年冬春，民心大定，将田亩踩丈，各给执照，准其买卖，招来远人，各给荒土，一切实业教育，次第讲求，此善后之易二也。满清时，左宗棠开辟新疆，岁费国帑数十万，终无大益，故后人每引以为戒。即今言边事，动借经费为辞，云南于各土司亦何独不然，是皆局内情形未经审查，故为老成持重之谈。云南于十司不改土则已，设一旦改土归流则以十司之款治十司之地，不必外来分文，但见其盈，不见其绌也。南甸、干崖、盏达物富民殷不必论矣，即以遮放言，汉人居山者分四丛，户口约一千八九百户，摆夷五皖亦不下二千户，共三千八九百户，每户极少以一两五钱论（此不过土司五分之一耳），每年可得五千八百余金，由龙陵出新街，每驮三钱五分之岗头银，年终亦不下二千余金。遮放在各司中较之芒市、猛卯、陇川贫富相悬，不啻霄壤，进款犹若是，则他司可知。五州县之费所出几何，目下故不必需别来之款，两年后更当有十数万金供献滇中作整顿一切之费，是皆实在确情，此经费之易三也。盏达、猛卯、陇川、遮放各司与英界毗连，一旦改流，恐起交涉事件，此人人所虑，但我于各司地面所扎兵丁均系严加约束，百姓一草一木且不令伤，何有于外人之事？其或者事当临机，总不能如初心所拟。可先与驻腾领事秘密订约，我置我官，我清我政，并于各口要隘严防土人生事，自能消患未然。即万一小有交涉，亦可随机应付，总不至酿起兵端，此交涉之易四也。

其所谓危险一者何？各司地自去岁反正后，百姓蠢蠢欲动，皆思脱去土籍，故各司日夜提防，以市恩小民。然其所畏者，不在土民，而在汉官。近来土司常相与言曰：汉官不时差人测我地图，查我户口，又设各处委员，非欲谋我而何其黠者？固思蓄锐养精，其弱者亦不甘束手待毙，买枪制器，时有所闻。若不乘其羽毛未丰，速加剪裁，迟之又久，则彼不受弹压之侵其主权，必挺而走险，与英暗连，是我处于被动地位，纵竭全力，亦不能如今日之完美。况又有失地失民，祸结兵连之事乎！所谓一危险者此也。

以上各项，均系实心调查，无一虚语。若四易既行，三难自迎刃而解，所谓一危险者亦自冰消。十司已去，则云龙、顺宁各司亦易为力矣。既不劳大兵，复不动大款，如不以为多事，更祈转知迤西道及腾冲府。盖事关机密，各处均未上有呈文，即誊真起稿，均由自己，无第二人得与者。蛮烟瘴雨，瘁面惊心，遥望行辕，不胜恋恋。所有情形，理合呈明，尚希俯赐查核施行，此呈云南陆军第二师师长李。周谟呈。

李根源批："呈悉。所陈各节，类能审察情势，默揣机宜，而末段指陈危险一条，尤有深识远虑，仰候转陈军都督府核办可也。"①

7 月 4 日，蔡锷电复李根源说："月密。东电悉。所示改土归流办法，快刀斩麻，自是百年大计。弟当无不赞同，惟梓畅②颇持重。专改腾、龙十司为不妥，请兄熟筹之。锷叩。支。印。"③

其间，有报纸刊文报道蔡锷命新委西道杨觐东到任后，"即行将各边地实行改土归流"，以巩固内地。说："云南永昌府、腾越厅与缅甸相连相隔者，只野人山及怒夷、㑊夷并各土司地方而已。满清时代前腾越厅叶某在任多年，对于边务，毫无整顿，惟以苛待土司为能事。而土司又转以剥削夷民为报酬，因之夷民不堪其扰。近年迁往缅界投英保护者，难计其数。

---

① 以上呈文与批示见《西事汇略》卷九，第 8—11 页。由以下蔡锷复李根源电可知，李于 7 月 1 日将周谟呈文转呈过蔡锷。

② 梓畅，即李曰垓。其实，并非仅李曰垓"颇持重"，又如蔡锷同乡"密友"、时任都督府参议的唐璆也是力主"渐进主义"的。他曾"谨就管见所及，有关于外交边防者发为土司问题一篇，以冀我云南军政府，与迤西将吏及热心边事之君子，鉴一得之愚忧，作百年之硕画，采择而见诸实行，不惟云南之幸，实则中华民国前途之幸"。

③ 曾业英编《蔡锷集》（一），第 485—486 页。是书定此电为 3 月 4 日，应有误。

兼以连年中英委员会勘滇缅界务，着着失败，弃地何止数千里。英人见我可欺，故于前年冬间派兵数千，将我保山县所属片马诸要隘强行占据。因片马地方为缅甸来滇入川过藏之一要隘，英人一得片马，不难长驱直入川藏，故得片马后，大兴工程，广开道路，赶筑营房，近更传闻英人又□片马诸要地加增兵队，以为乘我共和不固之时，一逞其志。蔡都督自得警告，业已屡电中央，请与英使交涉。现在又以欲巩固内地，非先整顿边地不可，欲整顿边地，又非先将怒夷、俅夷及各土司诸地方实行改土归流不可。除已于春间派员景绍武等前往边地考查一切妥（筹）办法外，现在又令新委西道杨觐东君到任之时，即行将各边地实行改土归流，其经费已由鹤庆蒋绅所捐万金拨用。"①

5 日

▲3 日，尹昌衡、张培爵电复蔡锷，赞同滇、川兵分两道入藏，滇军"由中甸经怒江，取道波密、工布，直趋拉萨"。说："宥电敬悉。西藏毗连川滇，双方进攻，牵制敌势，足收事半功倍之效，无任钦佩。惟查尊处入藏，如由中甸经怒江，取道波密、工布，直趋拉萨，较巴塘路捷二十余站。敝处兵队已由打箭炉出关，十七站即抵巴塘。边地军粮难购，彼此兵分两道，免致缺粮，乌拉亦不掣肘。请饬殷君承瓛查照办理，并祈赐复为祷。四川都督昌衡、培爵叩。江。印。七月三号发。"

5 日，蔡锷电复尹昌衡、张培爵说："江电敬悉。前奉总统真、文两电，命先援巴塘，再救藏急。当经电复，略称：滇军北趋巴塘，转察木多入藏，绕越太多，蹈兵家病远之忌。且滇、川同趋一路，重兵云集，粮糈转运，难供给求。巴塘近在川边，川都督率师出关，不难指日荡平，无俟重烦滇力。至擦瓦笼一路虽较捷，然向无台站，番族中梗，转运尤艰，一交冬令，积雪封山，无路可入。前拟由维西出口，经珞瑜野人地方，直达拉萨，工费虽觉艰巨，计划实中肯綮。云云，电请示遵。兹接尊电，意见正同，用特奉闻。滇都督锷叩。歌。印。七月十二午后七时到。"②

① 《滇边保界策》，上海《民立报》1912 年 7 月 5 日。
② 《尹昌衡集》第 1 卷，第 171 页。

6 日

▲蔡锷电复财政部，滇省盐务已筹定十项改良暂行办法。说："效电悉。应饬照办，惟滇省盐务败坏已久，光复后将盐务行政改归实业司主管，课款出纳统归财政司，乃由司详查历年积弊受病原因，筹定改良暂行办法十端：一、裁撤提举大使，分设督煎、督销两机关，互相纠查；二、变通引岸，便民自由买食；三、查收运存旧盐，严催旧欠；四、参酌各井节年实销盐数，暂减额为四千五百万，以疏积盐；五、觅开边井，以抵外私；六、售盐征款，统计正杂平色，折为银元收解，以清积弊；七、应征正杂各款，除铁路费外，余暂统名盐课，就井征收，按月解缴；八、查提井地陋规，明定薪工灶本；九、改并予井，并查封劣质盐井；十、严重缉私，规定简章，声明试办一年。呈经核准，咨交省议会议决，咨行通令照办。现值试办期间，尚未考绩定案。昨办元年度预算，查照新章，参之旧案，预计年可征收盐课、盐厘、团费、学费、练兵费、杂款、公费共银元一百五十万元零。各井必需支款，极力核减，每年需有定开支及无定留备。各井万不可少之留井学费、解课盘费、邮电各费、童工硐费、调查费、特别井硐坍塌水患修费，共银元四十五万六千五百九十四元零。又筹备东昭开井费约五万元，已照编表册，另文咨达。二年度预算大致与元年度不差，除饬司编造细数咨送外，谨先电复汇办。滇都督。鱼。印。"①

又致电成都《西方报》，对其着力于介绍藏、卫边情的办报宗旨表示赞赏。说："藏、卫为我西服岩疆，势同唇齿，历朝不振，徒示羁縻，雪海冰山，永沦荒裔。今则小丑跳梁于内，强邻荐食于外，寝为我忧，皆由我国士夫少悉边情之故。贵报揭此黑幕，使西陲情势昭若发矇，此不独为报界之异军，而实为殖民之先导。至其取材丰富，持论闳通，犹其余事。谨寄数语，用祝伟筹。滇都督蔡锷。鱼。印。"②

8 日

▲蔡锷电贺胡景伊任四川护督。说："读冬电，欣悉我兄护督之职，深

---

① 《蔡锷集外集》，第 158 页。
② 曾业英编《蔡锷集》（一），第 675 页。

为国民得人贺。现硕泉督师援藏，我兄当勉任其难，以副总统之望，并慰蜀民之心。锷叩。庚。印。"①

10 日

▲蔡锷函复朱德裳，自叹不得志心情。说："师晦（按：即朱德裳，字师晦，湖南湘潭人）吾兄足下：不见叔度，鄙吝复生。郇公朵云，飞来自天。欣幸之私，何可言喻。革命告成，大抵志士英豪，奔走呼号之力。以视弟之株守偏隅，其影响之所及，相去何可以道里计。现在建设伊始，而斗筲多据要津，致有为之士，避之若浼。大局前途，何堪设想。昔曾涤生有云，无兵不足深忧，无饷不足痛哭。独举目斯世，求一攘利不先，赴义恐后者，不可亟得，或仅得之，而又抑郁不伸，以挫以去，此则可为浩叹。以方今日，何以异是？内阁甫立，即形摇动，混合体既无长命之理，正式政党及准政体［党］之内阁，又遥遥无成立之期，奈何！奈何！弟待罪滇垣，时形竭蹶，俟局势粗定，即当长揖归田，以遂初志。乃闻京畿有欲弟组织内阁之讹传，明知好事者所为，无当大计。假有此事，弟将遵海而逃，徐寻范蠡于五湖烟水间矣。即颂著安。诸维爱照不宣。弟蔡锷顿首。七月十号。"②

▲四川都督尹昌衡亲率西征军大本营出征西藏。③

11 日

▲蔡锷电复大理李根源，征求滇军援藏意见。说："月密。阳（电）悉。藏乱关系滇、川，理难坐视，加以中央连电敦促拨师赴援。惟由滇入藏，道阻且长，向无营站，番族中梗，悬军深入，转饷甚艰。且滇省财政困难，中央亦无力协助，饷糈一项，尤苦难筹。前议派先遣支队前赴甸、维，再定进止，统计月饷驼运各费，每月若需银四万五六千两，现饬财政司先拨发二十万两，只敷三四月之用。以后如何接济，自应预为之筹。惟岁入只有此数，别无罗掘之方。曾议整理税契，收入尚有把握，而议会反对，致不果行。现将支绌情形咨议会，视其筹款能否别有他法。

① 成都《国民公报》1912 年 7 月 19 日。
② 曾业英编《蔡锷集》（一），第 675—676 页。
③ 《在武侯祠成都各界欢送西征军大本营出发会上的讲话》，《尹昌衡集》第 1 卷，第 178 页。

至中央来电，原令先援巴塘，惟滇军北趋巴塘转察木多入藏，绕越太多，又滇、川同趋一路，重兵云集，粮秣转运，供给难求。故拟由维西出口，经珞瑜野人地方，直达拉萨，程途较近，气候较温，且可预占地步，遏英人由片马席卷俅、怒夷，直捣巴、里塘之路。前组织之侦察队，即令由此分道进行。卓见如何，希复。叔桓拟于廿日前出发，并闻。锷。真。印。”①

▲报载“晚九时，大总统特召全体国务员临时会议，除总理及各总长外，姚锡光、梁士诒均列席，关防甚密。闻所议大略如下：一讨论尹都督之藏事电告；二会议复蔡都督之片马案电；三关于二次国务员之分配；四筹划对于蒙古之处置；五邀请黎副总统来京之稿件；六商议对付借款之方法”。②

11 日前后

▲蔡锷咨请临时省议会讨论援藏筹款办法。说：“查西藏地势广袤，连接滇川，为西陲之奥区、中国之屏蔽。历朝惮于远略，仅事羁縻。前清末叶，外患日殷，乃渐于巴塘、里塘、察木多一带，改设流官，并派兵驻扎拉萨等地。惟当事者懵于边事，措置未尽适宜。自去岁军兴，川藏交通隔绝，驻藏川兵饷馈不继，遂于九月二十三日溃变，四出劫掠，番众交怨。今年二月，达赖由大吉岭招纳布丹廓尔喀游民二千余人，乘虚窜入。川军危困不支，达赖嗾迫缴械出境，诡谋自立，追逐班禅逃入印度，后藏驻兵，尽为所逐，饥流印境。拉萨被困，衙署被占，惨杀汉人，几无遗类。定乡番众，相继俶扰，贡格失守，稻坝继陷，进攻里塘，旁窥中甸，边境乱状，岌岌可危。迭接李师长根源转呈印度陆兴祺电文，丽江姚守转呈中甸冯倅舜生电文，暨驻藏代表顾占文等，驻藏川军管带潘文华等函电请援，情词迫切。当将藏事危迫情形，电陈大总统暨国务院核办在案。旋奉大总统五月佳电，令随时确探情形，密为筹备，以重边卫。又奉五月巧电，令迅派劲旅，会同蜀军协力进行，奠安藏境。又奉六月文电，令协商川督，即派滇军先援巴塘，以固滇边门户各等因。查滇藏境界毗连，势同唇齿。自缅

① 曾业英编《蔡锷集》（一），第 677 页。

② 《总统府十一晚之临时会议》，天津《大公报》1912 年 7 月 14 日。

越沦亡，藩篱既失。若藏卫复陷，滇省益复门户洞开。现藏事日危，万难坐视。惟滇距拉萨六千余里，道路险阻，向无台站，番族中梗，转饷尤艰。据四川筹边处报告，由雅州运米至拉萨，每百斤米运费约需银二十两。滇藏相距窎远，运费尤属不赀；且藏乱方殷，兵力不宜太薄。迭开军事会议，佥谓宜派一先遣支队，约计三千余人，月饷约需二万五千两，出征加饷，每月约需六千三百两，驮马每月约需一万八千两，统计每月约需五万二千三百余两，而出发以前之筹备费尚不在内。滇省财政支绌，自昔已然，反正以前库储只有四十余万，至反正后收入既微，而协款骤停，来源顿竭，幸政费力从撙节，得以勉强支持。现藏事为国防所关，不能置之不顾，而需饷甚巨，筹措为难，已饬财政司勉力筹拨二十万元，然只敷两三月之用，此后如何接济，不能不先事筹维。原拟请中央协助，而近日中央窘困尤甚于滇，实亦无从呼吁。贵会为全滇代表，于人民生计知之最稔，于国防重要轸念尤深，宜如何筹集饷糈，于民生无伤，而于国计有裨之处，应请特开会议，妥筹见复施行，实为公便。"[1]

12 日

▲袁世凯颁布多项命令，其中之一是正式任命蔡锷为云南都督。说：

方今万国并峙，所赖以保持和平者，惟在信守条约，勿相侵越。民国肇造以来，迭经宣布列国，将从前条约继续遵守，幸赖各国坦怀相与，力赞共和，民国丕基于焉永奠，大信所在，岂容或渝。现在国内秩序，虽有回复之象，而对于列邦尤须讲信修睦，乃可巩固邦基，安危存亡，胥视乎此。须知我国此次脱离专制，改建共和，实千载一时之会。当此破坏已终，建设伊始，前途辽远，险象方多，自今以往，正国家祸福之所由分，亦吾人功罪之所由判。凡我国人，各宜履薄临深，互相诰诫，着各省都督、各地方长官督率所属文武军民，讲究约章，切实遵守，勿得稍有违犯，致失大信于天下，而陷国家于危险之途。特此通告，其各懔遵。此令。

民国建设，甫在萌芽，上下一心，官民协力，涤嫌蠲忿，乃克有

---

① 曾业英编《蔡锷集》（一），第 687—688 页。此文原未署日期，蔡锷 7 月 11 日复李根源电中言及"现将支绌情形咨议会，视其筹款能否别有他法"，可知其发于 7 月 11 日前后。

成。凡我国民所共当猛省者也。各省议会立于监督官厅之地位，论名义则显相对待，论事实则隐相维持，若行政官厅日在忧谗畏讥之中，朝不保暮，必至百事废弛，放弃职权，地方秩序无以保持，人民将何所托命？即在议会，若惟抵瑕蹈隙，使贤智之精神才力，销磨于言论争执之间，而国家观念转形薄弱，民间疾苦，未遑调查，亦岂代表人民之本意？数月以来，各省行政长官与该省议会，或因权限而启纷争，或因意气而生冲突，始由误会，继走极端，既无曲谅之诚，复鲜交让之美。本大总统自维薄德，不能使我邦人士，庶化洽太和，内疚于怀，不可终日。要知政府保障民福，议会疏通民情，分虽各殊，道无二致。若彼此抨击，暗斗弗休，何异言居而毁其室家，言行而弃其輗軏？特此布告各省行政长官及各省议会，务宜共体时艰，互相提挈，官有不及，则人民拥护而进为后援，民之所欲则官吏尽力，而助其发展，勿胶成见，勿挟私图，庶几开诚布公，以渐臻于大同之治。此令。

国势兴衰，视民德之纯漓为标准，世界雄骏之国，其民俱有崇信义、重然诺之风，若有以诳语相讥者，若挞市朝，引为奇辱。盖无信不立，圣门之法，言巧言如簧，诗人之大戒。自叔季凉薄，习为欺谩，尔诈我虞，朝三暮四，信誓旦旦，俄顷即忘，谤口嚣嚣，更相朦蔽。今当民国伊始，将欲涤瑕荡秽，必先唤起良知，凡属诈伪行为，即是干犯刑律。自古开国之初，未有诪张为幻，而可以长治久安者。诚以礼义廉耻，国之四维，四维不张，国谁与立？为此申儆全国，宜崇质直之风，毋蹈诡谲之习，洗心革面，咸与维新。此令。

各省统一以来，秩序渐就恢复，各该都督绥靖地方，已著成绩，除业经任命之各都督外，亟应正式任命，以专责成。兹任命黎元洪领湖北都督事，谭延闿为湖南都督，孙道仁为福建都督，蒋尊簋为浙江都督，李烈钧为江西都督，尹昌衡为四川都督，张凤翙为陕西都督，胡汉民为广东都督，陆荣廷为广西都督，蔡锷为云南都督。其各整肃军旅，保卫闾阎，肇造民国之丕基，共扶艰危大局。此令。

尹昌衡现在出差，查办边事，四川都督仍着胡景伊护理。此令。

任命张培爵为四川民政长。此令。中华民国元年七月十二日。①

---

① 《临时大总统令》，天津《大公报》1912 年 7 月 14 日。

▲7日，李根源电陈"省城军都督府"，任宗熙（按：时任筹办怒俅边务委员长）率队进入怒地有关情况。说："顷据任委员宗熙呈称，委员率队进入怒地招抚，禄马登、江东西一带均愿归顺。惟下节、喃竹地、上帕、喇乌各寨负固抗拒，聚众四五百人，夜攻我军，与之相持者六七夜，幸连战数次皆捷，现已占领其地，修建营房。惟余匪逃逸山林，时布谣言，仍非痛剿一二处，俾知我兵威之不可犯，不足以议安抚。此次我军阵亡正兵杨焕川一名，系被药箭穿喉中胸，伤二十余处，登时殒命。此外受伤重之正兵彭正恺、周宗康、刘占标、彭占标、熊青云等共计五名，拟请分别恤赏等语。谨电转陈，乞衡核示遵。根源叩。阳。印。"

12日，都督府电复大理李根源说："阳电悉。任委宗熙所陈各节，尚属布置周妥。此次在怒地阵亡正兵杨焕川一名，准照上等兵阵亡例恤银一百元；伤重正兵彭正恺、周宗康、刘占标、彭占标、熊青云五名，准照一等兵一等伤例各恤银六十元。希即转饬任委分别查明垫给，具报请领。都督府。文。印。"①

▲报载蔡锷以"西藏为中国藩篱，于云南、四川甚有关系，惟该处地方虽富，风气极劣，人民素来迷信神权，一切政事由活佛主之。近因达赖喇嘛不赞成共和，并欲乘虚抗拒，竟在拉萨诸处作乱，与川军大战，川军屡败。现闻藏乱日炽，英人亦有派兵入藏之说，如不即平藏乱，不但于川、滇有碍，即中华前途亦贻害无穷。前中央政府曾有电致蔡都督由滇从速派兵入藏助讨，惟饷需无着，特复电请款。近闻日来连接京、川来电及滇边报告，均以藏中糜烂日甚一日，非有大兵速往征剿，必致蔓延无穷。蔡督乃亦欲速拨大兵，就近入藏助剿。现已成立征西军司令部于前图书馆内，赶筹一切，以便出征云"。

又说："云南前在满清时代，曾练成陆军一镇，以资捍御。去年民军起义后，值四川为赵尔丰盘踞，迤西有陈云龙部猖狂，兵力单薄，不敷分布，乃添招一镇，编为第二师团，援川平西，颇著劳绩。近日以来，片马风云日甚一日，西藏乱事，势尤糜烂，即滇省内部各州县亦虑匪氛，势非此二师团可以济事。军都督乃集各部长议决，非扩张军备不可，乃拟云南全省

---

① 以上二电见曾业英编《蔡锷集》（一），第663—664页。是书所定二电日期为6月7日、12日，误。

增为四师团，每迤各派一师团驻防，将卫戍师（司）令部裁撤，改为第一师总司令部，驻扎省城，统辖各军队，第二师总司令仍驻扎大理，统辖迤西各军队，第三师总司令驻扎蒙自，统辖迤南各军队，第四师总司令驻扎曲靖府城，统辖迤东各军队。第一、第二两师就原有者改编，早已成军，第三、第四两师正在筹备中，想不日即可就绪。闻第一师司令委李鸿祥，第二师司令委李根源，第三师司令委罗佩金，第四师司令委殷承瓛云。"①

▲10 日，姚春魁、孙绍骞电陈"云南军都督、大理总司令"，井地蛮乱情况，并请"迅示机宜"。说："本日戌刻据赵绍云准盐井委员咨开，井地百姓均已投敌，未叛者仅五六十户，变在旦夕，飞咨发兵，保界援邻。又称法商已回叶枝，教士丁良、常保禄、吕恩伯屡催离墩未允。又据江卡委员段鹏瑞逃至阿墩禀称巴、里东阻，江卡失守情形，恳电滇川军府速派军队进剿各情。据此，搂〔维〕西查盐井，逼进阿墩一带，僧蛮同种，虑在牵动，战事瞬息。该教士由川入滇，逗留墩地，不听劝阻，恐保护不及，地方官难负责任，可否请照会领事、主教电饬勿延。查墩地孤连川藏，宜防蔓延。李协（按：指李学诗）认承亲往，当可无虞。仍恐百密一疏，拟再派兵一哨前往接应。至中甸、乡城尤有犬牙，兵单在在可虞。统领拟料理就绪，即开赴中甸，相机办理。惟丽江距甸六站，距墩十四站，邮电不通，情势隔绝，粮草缺乏，情形棘手。谨就管见肃禀，伏乞迅示机宜。署府春魁、统领绍骞同呈。蒸。印。"

12 日，蔡锷电复大理李根源，丽江孙绍骞、姚春魁说："蒸电悉。蛮乱愈炽，警报频来，未可稍疏防范。孙分统拟进驻中甸，并派兵一哨先发，为李协援应，自是正办。如忧粮秫不继，应妥商姚守，设法购备，源源运济。丽、鹤均产米之区，当易集事。至法教士不允离墩，应由墩委婉劝，一面妥为保护，仍候饬司照会法领及主教，电促速回内地，以免疏虞，并由姚守分饬墩委，遇事持以镇静，勿过张惶，至滋惊扰为要。都督府。文。印。"

13 日，又电复李根源，"应饬滇边文武各员严密防范"。说："接川督电，里塘失守，河庭危急，炉城震动。川派先锋一营已过清溪，后队二营过雅州，已飞令赶进，并调边军一营先发往救，昌衡十号前定出发等语。

---

① 《滇省之整军经武》，上海《民立报》1912 年 7 月 12 日。

查藏事日危，应饬滇边文武各员严密防范，毋令窜入，至要。锷。元。印。"①

同日，李根源电陈"省城军都督府"，已饬李学诗速赴墩严防。说："顷据李协学诗禀称，据驻阿墩帮带刘子衡、中哨官杨寿康、弹压委员赵绍云报告称，有教员罗文光等自南墩携眷逃阿墩，询称该处距江卡百廿里，因江卡于阴历五月初四被蛮攻陷，委员段鹏瑞被获，防兵四棚全军阵亡，余八人亦投顺南墩，僧番相继为叛，并云三坝、稻城皆失守，巴塘、盐井异常惊恐等语。并有逃难男妇三十余人。刘帮带已于六月廿六率防兵二棚、土勇十名前往扎谷顶阿董地方扼扎，以防窜入等语。惟防兵单薄，土勇难恃，当将驻防茨中之中哨两棚开往协助，另派小维西之左哨两棚填扎茨中，并由维城酌拨兵丁赴小维西填扎。职营除右哨驻扎白汉洛，不能调动外，只有中、左两哨尚可调遣。现派弁赴丽请领饷弹到后，即亲身星夜驰往阿墩，侦察敌情，督同防备。又禀称，据杨哨弁、赵委员禀称，六月廿七有盐井教士丁司铎率教民廿余人到墩，询称乱情相同，并云刻下盐井僧番欲与江卡叛蛮勾串扑井，川兵驻井仅数十人，恐难抵敌，兼有乘间抢掠而逃之谣。又闻距巴塘百余里之凌康喜一带蛮人与匪联合，众约数千，在大所地方盘踞，风声甚大等语。拟俟饷弹领到，即率驻维四棚迅即赴墩，并将法商教士护送出境各等语。查所禀各节，较为详晰，除已饬速赴墩严防外，谨陈。根源叩。元。"②

13 日

▲蔡锷电请袁世凯、国务院、黎元洪、尹昌衡，即饬前川省大清银行，由先前所扣京铜款项内拨十万元"先汇中央"。说："滇省筹解中央二十万元，以应急需，已于文日电请副总统由鄂购滇铜项下，先行拨解十万元。又前接财政部效电开，川前扣留二十九起头批一半京铜，交价银十二万两，前存大清银行，已电川都督饬该行汇交等语。拟请尹都督即饬该银行，由此项内划拨十万元，先汇中央为感。滇都督锷叩。元。印。"③

---

① 以上三电见《西事汇略》卷八，第17—18页。曾业英编《蔡锷集》所定日期为6月10日、12日、13日，误。
② 《西事汇略》卷八，第18—19页。
③ 曾业英编《蔡锷集》（一），第677—678页。

又电复胡景伊所询"部拨铜价银"一事。说:"虞电敬悉。部拨铜价银十二万两,滇前清银行现已认收,尚未照缴,俟饬缴清后再奉闻。滇都督。元。印。"①

▲11 日,李根源电令丽江孙绍骞、姚春魁,督饬地方官妥办边防粮草,"勿误军需"。说:"蒸电悉。盐井民情叛涣,牵动可虞。阿墩既有李协前往,孙统领料理就绪,即行赴甸防备一切,更可放心。谢中队经饬准备,现边防吃紧,即由孙统领转饬先率驻丽两小队,刻日出发赴墩,以期得力。其派赴各属巡缉之一小队,即饬迅速趱回丽江,候该中队棉衣饷银解到,再行运解前住,以后该中队即听孙统领指挥调遣,俾得迅赴事机。惟谢中队开拔,丽城空虚,现已令第七联第一大队第一中队长杨承禄率所部于元日开赴丽城,以两小队填扎,以两小队出外巡缉,仍归孙统领节制,以便指挥。至教士逗留墩地,应仍一面由姚守严催出境,并候省示办理。途中粮草等项均希会同筹商,督饬地方官妥办,勿误军需为要。根源。真。印。"

13 日,蔡锷电复大理李根源说:"真电悉。昨据孙统领等蒸电,即复文电,计达。谢中队率驻丽两小队赴墩,并令杨中队率所部赴丽,均极周妥,应即照办。都督府。元。印。"②

22 日,姚春魁"加急"电请"云南军都督府外交司、大理"李根源转告"省、榆","河口已陷,渐逼甸、墩,宜严防"等情。说:"顷接阿墩删日禀称,常、吕二教士已离墩赴茨中,丁教士执意驻墩盐井,迭乞滇兵救援情迫,务乞转报。本日维西派吴哨长领二棚兵到墩等语。又准冯丞咨,闻报诺苴、德荣被蛮占去,并谓河口已陷,渐逼甸、墩,宜严防,祈核代电省、榆等由。查蒋秀和真日、谢昆山谏日、第四营一哨霰日均自丽前往,按站约在月杪抵墩。伏候衡核。署府春魁禀。养。印。"③

▲报载蔡锷"拟速拨大兵,就近入藏助剿"。说:"西藏为川、滇藩篱,现达赖喇嘛诡谋独立,川军屡为所败,如不即日平定,于民国前途非常危险。前闻中央政府曾电致蔡都督由滇从速派兵入藏助讨,蔡督以饷需

① 《蔡锷集外集》,第 160 页。

② 以上二电见曾业英编《蔡锷集》(一),第 665—667 页。该书所定二电日期 6 月 11 日、13日,误。

③ 《西事汇略》卷八,第 19 页。

无着复电请款。今闻日来连接京、川来电，及滇边报告，均以藏中糜烂日甚一日，非有大兵速往征剿，必致蔓延无穷。蔡都督深以为然，爰拟速拨大兵，就近入藏助剿。现已成立征西军司令（部）于前图书馆内，赶筹一切，以便出征云。"①

14 日

▲报载"奉都督赵尔巽、粤都督胡汉民、滇都督蔡锷均来密电，条陈关于组织第二次内阁事，均赞成混合制"。②

15 日

▲蔡锷电告袁世凯、国务院，滇军援藏出发时间与路线。说："午密。青电敬悉。滇军先派一混成协援藏，本月廿日前启行。惟藏事危急，前已电饬丽、维统领孙绍骞就近先拨一营前往援应。至入藏道路，似仍以经珞瑜野人山径达拉萨为宜，已派侦察队前往调查。将来或因情形，宜有更动，届时再陈核示。滇都督锷叩。咸。印。"③

▲8 日，报载"刀安仁案，程都督热心昭雪，已移交南京地方检察厅收管。闻刀律师戴彬、刘伯昌专任辩护"。④

9 日，又载"刀安仁案移检察厅后，刘厅长以刀兄弟奔走国事多年，且此次被告，纯系政治上嫌疑，故颇加优待"。⑤

13 日，程德全电询北京司法部，是否"遵行"解京审办刀安仁兄弟。说："北京司法部鉴。灰（按：即 10 日）电敬悉。前据云南干崖土司刀安仁并弟郁安以无辜被拘，呈请省释。查此案先于临时政府在宁时，经滇都督请将土司弟兄拘留，当交警局暂行拘禁，电取罪案。据滇都督将全案证据咨送来宁，嗣内务部移住北京，未及核办。惟该土司弟兄有无确实罪状，非发交法庭审核全案，无以昭折服。至该土司弟兄仍未经定案之人，未便久羁警局，已改发地方检察厅收管，是否解京，转发司法衙门办理，电请

① 《云南出师征藏》，《申报》1912 年 7 月 13 日。
② 《总统府一十四日纪事》，天津《大公报》1912 年 7 月 26 日。
③ 曾业英编《蔡锷集》（一），第 678—679 页。
④ 《专电》，上海《民立报》1912 年 7 月 8 日。
⑤ 《专电》，上海《民立报》1912 年 7 月 9 日。

内务部示（遵）。昨奉内务部蒸（按：即 10 日）电，业将全案咨送贵部核办，饬即径电贵部办理等因。适奉灰电，查此案情节较重，全案证据在京，且高等分厅现时尚未成立，似应将该土司弟兄解京审办，以昭慎重。合请电示遵行。德全。元。印。"①

15 日，报载南京有人为刀安仁请命。说：

> 南京函：云南干崖土司刀安仁及其弟安文今春由临时政府内务部派警拘入南京巡警总局，兹已由程都督饬令警局移交检察厅收管，正式起诉，以期昭雪。爰将关于此案之始末，备细录述于左，以供众览焉。
>
> 一、刀氏家世。刀安仁之远祖姓郗氏，名忠国，为南京应天府上元县人。当明洪武时，以百夫长从沐英南征，军抵潞江，阻于大水，忠国奋勇，衔索渡江，搭造浮桥，军遂得渡，论功，升千夫长。嗣平草寇思南王，升世袭干崖长官司，其子郗朗练因保卫边疆有功，〈功〉封世袭干崖宣抚使司，即今职。朗练子便时平缅乱，奉命入朝，承赐金牌一面、顺刀一口、鞍马一付，赐姓刀氏。干崖刀氏自此始，传至刀定边生替（即生存时让位其子之意），其子辅国承袭。而满人适于是时入关，桂王南狩定边，帅师恭迎，三战兵败，桂王入缅，命定边殿后，与吴三桂战，辅国阵亡，定边遂率二子安国、镇国遁迹野人山。后仍为吴三桂擒获，定边、安国均凌迟处死。镇国年仅五岁，发卖为奴。腾越有胡氏者哀定边父子以忠受祸，乃以金资赎回镇国，待之如子。后三桂叛清旋败，清室以干崖乃明之忠臣，访其后裔，胡氏即以镇国举报，仍复原职。是时滇边各土司缴印降清室，独干崖不然。现尚有光明印绶及两次承赐顺刀藏于家。当定边公子遇害时，切嘱子孙不可忘此深仇。又因惨遭剥皮之刑，干崖至今犹相传不着红色衣，以为记念。是刀安仁主张革命，乃出于遗传之祖训也。
>
> 二、结纳党人。烈士秦力山者，庚子时曾在大通起义，后流转于缅甸，适遇安仁，相得甚欢。安仁遂延秦至家，任为家庭学校之总教，

---

① 《刀安仁尚须解京》，《申报》1912 年 7 月 17 日。

秦乃怂恿安仁兄弟游学东瀛，并以函介绍于孙中山。安仁至东即入同盟会。

三、光复滇边。去年八月，武汉起义，安仁即得南洋总机关部之函，令其响应。遂于九月初间光复滇边各属，为临时都督。时李经羲方盘踞云南，派兵与战，屡为安仁所败（按：迄今无腾越起义史料可证此过程）。后因大理宣告独立，以蔡谔［锷］为都督，安仁遂自河口晋省，为［办］理交代。因论改土归流，主张以教育入手，不必操之过急，与省中当道意见不合，知所持政策，不获采用，乃来南京谒见中山，条陈改土归流办法，而其弟安文方为沪军先锋队参谋教练长，亦来宁，同住于中西旅馆，均被逮。

四、被逮原因。刀安仁兄弟被逮，其主动则为云南都督蔡谔［锷］电告政府，讦其勾结土匪，觊觎内政。而蔡谔［锷］电文一根据于云南第二师师长李根源之报告。是告发刀安仁者实为李根源。按：李根源本为东京士官学校毕业生，当在东京时，曾由刀安仁介绍入同盟会，旋回滇省充陆军学堂总办。其官气太重，刀氏两次致函规讽，谓将报告东京本会，不负介绍责任。李从此衔刀次骨。此次乃故张大其词，欲置之死地云。

五、三次请命。安仁兄弟既入狱，乃请命于孙中山，而南北统一，中山去任，未遑昭雪。又请命于黄克强，而黄氏则以云南所来案卷均被内务部携归北京，无从核办，旋亦去职。最后乃请命于程都督。

六、律师仗义。律师戴彬为《中华民报》主笔，因与秦力山有旧，而自秦亡命滇边，不通消息，此数年颇欲一探其实，为之作传。适闻人言，巡警总局在拘之刀安仁即秦居停，乃往狱中叩问秦氏死滇始末。安仁为之历谈去年在滇光复情形，并政府蹂躏人权、不付公判之非是。戴氏乃慨然力任辩护之责，与都督府交涉，请速付裁判，以重人权。适都督府中人已尽知刀氏之冤，程都督、马民政次长尤欲代为昭雪，遂从戴氏之请，批归江宁地方检察厅管辖。[1]

24 日，又载刀安仁为居正应蔡锷之请所捕。说："云南干崖土司刀安

---

[1] 《为刀安仁请命》，上海《民立报》1912 年 7 月 15 日。

仁并其弟郗安（原名刀安文）由前内务部次长居正准滇都督电逮捕拘禁一案，前经郗安据情禀告陆军部，求伸冤抑。现陆军部已行文江苏都督查照，迅即派员查明虚实，秉公办结。刀氏之有无罪状，当不难指日明白矣。"①

25 日，又载"有由云南迤西来者谈及片马交涉，谓彻始彻终实坏于云南第二师师长李根源一人之手，质言之，直可谓片马之土地人民均为李根源赠送英人之礼物而已。盖当去年九月干崖土司刀安仁（即现被李根源诬陷系于南京狱中者）光复滇边时，曾一面与英人交涉各守边界（其照会英人函件中有谓片马是否永远租借，尚未奉有明文，须俟民国中央政府成立方能决定云云。英人当即允照所请严守中立），一面派杨焕章前往查勘形势，拨兵扼要防守，布置颇为得宜。不意李根源因与刀安仁有私嫌，当至迤西之日，无事不反刀之所为，以为报复之计。惨杀边民，惨杀新军（刀安仁之光复军已经缴械归田，旋多被其虐杀），淫掠妇女（永昌被害者二百余人），无所不至。于是英人啧有烦言，借词干涉，然尚未遽进兵也。而李忽又丧心病狂，因扼守片马之军队系刀安仁所派，乃檄令撤防，速归内地。杨（按：即前述杨焕章）年近七十，为迤西名将，知朝撤防，英人必夕进兵，故当防营撤回时，杨遂遁入深山矣（或云已为李根源诱杀以灭口，未知确否）。杨去后，未数日，英人乃节节进兵，占据片马，全境设立行政官厅，视同属地云。现迤西人民恨李次骨。李知丧权辱国，众怒难犯，已仓皇遁入省城（按：李处理刀事时尚在腾越，并未回省，此言不实），并嫁祸于各土司，以图掩饰。呜呼！李一人不足轻重，其如滇边千余里土地人民何？按：自满清时片马交涉起，忧时之士函电纷争，滇督李经羲曾派李根源前往查勘形势是否为边防要地，以便严重交涉。而李回省报告，竟谓片马荒瘠，于国防毫无关系，并有电到省，谓英兵绝无侵占之事（此电文载在滇报）云云。于是滇督遂不甚注意，而永远租借之事起矣，是片马之丧失，前后皆李根源之罪也。"②

8 月 1 日，江苏提法司呈告程德全，该司不便审理刀安仁案。说："敬陈者。云南土司刀安仁等经蔡都督电请南京政府饬拿拘留一案，昨奉钧谕，准司法部来咨，行令江宁地方审判厅秉公研讯，并发下内务部全卷一宗，

---

① 《胥台短束一束》，《申报》1912 年 7 月 24 日。

② 《送断片马谭——李根源以私害公》，上海《民立报》1912 年 7 月 25 日。

饬司转行该厅遵办各节。兹据该审检厅长及推检等合词面称，该审检厅纯属司法性质，与陆海军军事裁判性质不合，未敢稍逾权限。查刀安仁曾以镇抚使起义腾越，本系军人资格，其在宁被拘，又系南京临时政府因云南电请拘留，由部令拿获。核其电拘之由，系因该省第二师长李根源电称该土司扰乱边境各情。此案事关重大，卷中既无确实证凭，现在政府早经北移，决非江宁一隅之司法机关所能裁决。且双方均系军人，所犯又系军事性质，即论刀安仁弟兄个人资格，抑且关系边务虚实重轻，影响非浅，司法官厅必须两造质对，最重证凭，况非司法范围，决难违法办理。应请电达中央，提交陆军、参谋两部正式开军事法庭，期成信谳而服远人。该审检厅人员所陈各节不为无见，应请都督俯赐察核，电京施行。谨陈。"

6 日，程德全电询北京政府处理刀安仁案办法。说："大总统、国务院均〔钧〕鉴。窃查云南土司刀安仁等经蔡都督电请南京政府饬拿拘留一案，昨准法部来咨（按：应是 6 日以前，7 月份的事），行令江南审判厅秉公研讯。当经饬司转行去后，兹据提法司呈称，查刀安仁曾以镇抚使起义腾越，本系军人资格，其在宁被拘，又系南京临时政府因云南电请拘留，由部令拿获。核其电拘之由，系因该省第二师长李根源电称该土司扰乱边境各情。此案事关重大，卷中既无确实证凭，现在政府早经北移，决非江宁一隅之司法机关所能裁决。且双方均系军人，所犯又系军事性质，即论刀安仁弟兄个人资格，抑且关系边务虚实重轻，影响非浅，司法官厅必须两造质对，最重证凭，况非司法范围，决难违法办理，应请电达中央提交陆军、参谋两部，正式开军事法庭，期成信谳而服远人等情（按：此为 7 月 11 日事，即上述提法司呈程德全文）。德全察核所陈各节，均属实在情形，应请大总统特交陆军、参谋两部速开正式军事法庭，核实审理，俾可昭示边氓而期折服。除俟奉命后再将全案证据暨刀安仁等解京外，谨据实电陈，伏维鉴察。程德全。鱼。印。"

9 日，程德全电告江苏提法司："提法司鉴。准参谋、陆军两部来电，奉大总统令，鱼电悉。刀安仁一案，着即提归中央办理，所有在案证据暨刀安仁等仰一并迅解来京，饬部秉公讯办，分别办理，仍将解送日期报查。都督程。佳。"①

---

① 以上三文、电见《江苏省司法汇报》1912 年第 5 期。

同日，报载程德全"已电饬苏（州）提法司遵照办理矣"。①

15 日，程德全电告北京，"刀安仁等拟令十六号起程"赴京。说："北京交通部鉴。昨奉大总统令，云南土司刀安仁一案，应即提归中央，交参谋、陆军两部讯办等因。兹派差员马恒声、仉作仁带同宪兵六名，押送刀安仁暨其弟刀安文并卷宗等，由津浦直接京津路线遄赴北京。惟案关中央提讯，且系重要人犯，必须指定二等车房两间照料，庶期妥协。应请大部电知浦口、徐州、济南、天津等处车务人员照办。事关中央重案，并请免收车价，以利遄行，而便照料，无任感祷。再，刀安仁等拟令十六号起程，并乞速电各处，仍先示复为企。程德全。删。印。"②

11 月 6 日，迤西各属绅学商界李厚本等数人刊文为李根源所谓"断送片马"事辨诬。说：

> 记者足下：近日报纸，有载云南陆军第二师长李君根源断送片马一节。查李君根源固吾滇兵学家，而兼大政治家者也，家于腾冲。当满清末年，慨中国疆宇日蹙，愤滇疆大吏败坏界务，常思有以挽救之策，非投身革命，不足成功，因以留学日本，习兵政。学成归国，与诸同志日谋改革，吾滇遂于去秋九月，兵不血刃而得光复。洎督师西上，销兵息民，整饬吏治，筹资经营怒求边务，抚绥西北各土司，并遴委妥员分往弹压，责以保边爱民。其为国防计，至周且密。逮至西事大定，李君以积劳成疾，坚意解职。吾滇上下，竭诚致敬，莫遂挽留，军民各界，方为祠祝长生，香花供养，并筹备他日范金为像，以垂李君之名于不朽，而志李君之德于无穷。乃不意近阅大报，登有李君断送片马一则，迹知系前干崖土司现监禁北京陆军部之刀安仁所为。凭空诬捏，肆意诋毁李君，以为脱狱之计。
>
> 按：所载各节，实属虚诬。李君爱国爱乡土之心，滇人士莫不共晓，乃刀安仁稳［隐］蓄逆谋，明肆异志，计不得逞，遂窜身海上，欲坏李君名誉，以遂其稳［隐］蓄逆志。查片马为英人占据一事，肇于滇缅界约之误，滇缅界约一误于刘万胜，再误于石鸿韶，先后弃地数千里，此固中外人士所共知也。时李君方家居闭户读书，闻其事，

扼腕太息，顾自念以一书生处专制下，无权无势，莫可如何，尝为诗以书愤曰：寸土寸黄金，何堪频割弃。又曰：安得湛卢三尺剑，刃尽甘心卖国贼。观其语可以知其为人矣。宣统庚戌（按：1910 年）冬，英兵闯入片马，时李君任讲武堂总办，力请大府，身往查戡〔勘〕，于边塞要隘，绘图百余幅，帖说数万言，归献于前清滇督李经羲为对付之策，并遣心腹诸人，深入密支那侦探敌情，缕言于李经羲，愿率腾、永驻防新军与英人战。李经羲以碍邦交，持不可。英兵旋亦退去。及中国光复，迤西尚未大定，英人乘间自由阑入，其时李君正拼挡西事，派员侦探，始得发见，遂以警告都督府，都督始据以入告中央，此事见诸各报。李君之意，以为民国新建，未肯遽弃外交，甚不欲以干戈相见，而片马之事，固未尝一日忘也。其经营怒求各夷，正所以怀柔远人，以图收回片马之地。今报纸载李君断送片马，不无厚诬李君，想系为刀安仁一面之辞所朦，故论理衡情，登诸报端，以彰公道，不知为人所误，又误误人。地隔万里，本难周知，是不足为怪耳。

查刀安仁在满清时，以求学为名，出游日本，归国时向某洋行购制军械，欲据云南称王，盗各土司地为己有。当时人谓其有革命思想，旋以无机可乘，不果于行，为远近姗笑。去岁九月初六日，今提督张文光首先发难于腾越，函致腾、永各属如期举义，并檄刀安仁全滇现已反正，该土官宜谨守边界，勿萌异志等语。刀安仁闻之，即率兵来腾，希图意外要求，行至南甸，闻各属尚无反正确耗，即勒兵回干崖，遍贴示谕。略云：腾越兵叛，势必不久，大兵朝至，夕即瓦解，本司地面，严加防守，勿得附和，致受牵连，拿获叛兵，立即枭首云云。观此则知其甘心奴隶，毫无革命思想矣。嗣知永昌、龙陵、顺云先后恢复，乃带土勇百余人来腾，求予以名号，甚至逼索饷械，百端要挟，隐为公敌。张君怀柔远人，不忍拒绝，优于礼待。而刀安仁诡谋迄未尽释，迨至李君西来，安仁自知其非，难逃公论，遂假称赴鄂以去。孰知天网恢恢，竟被逮拘于南京。滇中士民闻之，无不鼓掌称快。今竟以妄诞无稽之言，诬诋李君根源，其仇视李君也明矣。滇人士益知为刀安仁诋诬李君，而登诸报端之情已确矣。李君之于公义，固不计人之仇，视刀安仁欲累李君之盛名以泄忿，则李君固青天白日，尤非颠倒黑白、变乱是非者所得损其铢黍。噫！李白可怜都作贼，曾参谁信竟戕人。寄语刀氏，慎勿再为莫须有之谈，以张其簧鼓而重诬大贤也。

迤西各属绅学商界：李厚本、王司才、李文源、熊朝栋、杨秉仁、石奠系、牛承汉、吴承鑫、师源、侯连三、段宇澄、张绅、舒良弼、赵式铭、何适、彭肇纲、段学榘、范宗莹、李德福、彭延铭、周宗麟、张烜文、张世卿、杨发锐、杨复、杨上培、王应元、张肇兴、潘炳章、陈惟寅、李福兴、张洪纲、杨时中、何畏、李澡、周知仁、刘楚湘、和庚吉、周钟琦、李时纯、周雯、蔡谦等公布。①

中旬

▲蔡锷为《滇南公报》创办一周年题贺词。说："南疆一帜。《滇南公报》第一周年纪念书此志祝。民国元年七月。蔡锷。印。"②

▲段宇清上书蔡锷，密陈所获中央所持内政、外交秘闻。说：

顷奉函示，祗悉种切。滇铜畅销，不唯免外货输入，利权被夺，而三迤矿厂庶不致弃货于地，矿业可望扩充。承钧座力请，中央政府若能嘉纳，全国当受其利，不唯滇省之益。第熊总长又在辞职，以后身柄国钧者，不知能如熊总长之能实力赞成此事否也。昨大总统约参议全院议员茶点会，略叙寒暄毕云：以外交危迫，不能行前远交近攻之策，意欲修好日俄，并称陆总长于外交，欧美称赞，此次由俄过日，日人格外优待，尤为日俄最敬重者，选举总理，各国均极欢迎。次谈财政困难，明知借债如饮鸩止渴，况事事要挟，言之痛心，而不敢遽与决裂者，目前非钱实不能行，如人之一身，财如血脉，血脉已断，何能生存。然徒借债自救，终非长久，不能不求生财之法。又裁兵一项，各都督虽能体国，亦急欲汰裁，第需乎钱。现在京师月需三百余万两，南京近来已汇济九百余万两。如浦口各营，日日闹饷，有二三月不能关饷者，日仅发火食钱数十文。如要裁汰，必补清月饷，酌给恩饷，无钱亦何能办到？种种为难，如同坐轮船于大海之中，上有巨

---

① 《李根源不愧男儿：致〈民立报〉记者》，上海《民立报》1912 年 11 月 6 日。

② 《滇南公报》1912 年 7 月 15 日。

雾大风，下逢礁石悬岩，同舟之人，鼓轮者鼓轮，撑舵者撑舵，大众努力，共出险危，自有共庆安平之一日，深望议院补助政府，共维危局。经副议长汤化龙代答云，大总统数月辛劳，能使国内秩序渐复，参议院为国民代表之机关，自当代国民感激。唯外交政策，贵守秘密，其有困难，非身历其境者不能知。至借款裁兵各问题，自提出参议院来，本院始终未曾反对，即或各省略有拒款风潮，本院意在国利民福，不敢苟且。然代政府负责，此亦当为政府所谅。总之，大总统如有一定救国之方针，本院无不同心一意，以为后援，此可代表本院全体答大总统之诚意者也。大总统改容告曰，吾已朽衰，承国民付托之殷，不能不坚苦进行，果能如此同心，本总统亦始终维持，对我国民不以退逊辞也。大总统辞气慷慨，容颜温和，真为可敬。今早到院，总统府函致汤副议长密电三件，命交议员传观一件，系赵尔巽来电。略云大总统、总理钧鉴。日俄协约已成，南满为日本势力范围，外蒙古为俄势力范围，并含有攻守同盟之意。英已赞同在西藏自由行动，美德领事密谓大势如此，爱莫能助。我国外交方法如何，东三省如何对待，乞示方略。一件系汪大燮来电，略云明治天皇开枢密院秘密会议，前首相、外相俱在，日皇亲临，诚日本近来未有之举。议后二相又到参政处商议许久，约为我东三省蒙古问题，不知钧处有电否云云。此二电均注十七。一件系俄电，约去前日本首外二相到俄商约分割东三省蒙古之事，特闻。删。禧。三电仅传观一次，未列油印，亦不作议案，盖守秘密主义也。清仅记大意照录。此事关系最大，维持东亚和平，本各国公认，今日俄既有野心，他国岂能默让，万一交涉不善，则虎战龙争，必惨演于东大陆之野。又见各报载尹都督统川军入藏，前军已经贩〔败〕衄，今英既得日俄允许，在西藏有自由行动，恐入楚之师，或有秦庭暗助，请饬我滇前军留心侦察敌人情形，可进则进，不可轻率。宇清戆愚，桑梓利害攸关，既有所闻，敢密陈之。我都督洞达中外，晓畅戎机，谅荩画周详，勿劳管献。省议会、省官制案已经发交院内，约月内可通过。参议院每省十人，众议院照前谘议局数出三分之一，吾滇可有二十二人。服制、礼制亦交审查，俟通过再为寄呈。①

---

① 《上蔡都督书》，《永昌府文征·文录》卷二十三，第21—22页。

按：原函未署日期，但函中言及"熊总长又在辞职"，以及"又见各报载尹都督统川军入藏，前军已经贩〔败〕衄"两事。财政总长熊希龄辞职于 1912 年 7 月 14 日，而尹昌衡则于 1912 年 7 月 10 日统川军入藏，可见此函当发于 7 月中旬。

16 日

▲蔡锷与罗佩金通电"北京国务院、武昌副总统，各省都督、民政长"，请源源协济出关经营藏卫的尹昌衡。说："院文电敬悉。尹都督慷慨出关，经营藏卫，饷械两绌，难资饱腾。川、滇于藏事有利害密切关系，深惭边瘠，未能稍助军需。各都督、民政长关怀大局，必不使川省独任其难，尚恳源源协济，俾利军行为幸。锷、佩金同叩。铣。印。"①

▲报载"总统府昨接得滇都督蔡锷密电一件，陈述大局阽危，一切情形，力请袁总统主持于内，迅将中央政局布置稳固，以便内外一心，统筹边事等语。洋洋千余言，洞澈利害。袁阅毕颇为动容"。②

又载"陆总理因片马交涉问题，迄今尚未解决，日前面谕外交颜次长，将前清历年交涉全案，检齐速送国务院，以便提议，有所根据。兹悉大总统因日来连接云南蔡都督密电英人节节进步、请示办法各节，特将原电发交国务会议。故陆总理又催取此次交涉全案，外交部日昨已将全案咨送国务院，计界案录要一册、界务节略一册、地图一纸，不日即可提议矣"。

又载"滇都督蔡锷日来迭次密电国务院，据闻其内容系陈述关于财政、交涉两项事宜，情形甚为紧迫。十二号陆总理亲至总统府筹商者，即系关于此事"。③

又载"近来各省协济中央款项，实由湖南谭都督所发起。闻日昨又来长电一道，首称目下财政困难情形，中言刻下银行团之要挟，更增多条外交之困难，言之痛心。使我果有储金以为后盾，尚何难与之交涉更正条约。惟敝省财政困难已达极点，勉为筹措以济中央急需，昨已拨给甘新协饷十

---

① 转引自邓江祁《史海拾遗：蔡锷佚文 20 篇——纪念蔡锷诞辰 136 周年》，http：//www.xhgmw.com/html/xiezhen/renwu/2018/1214/26085.html。尹昌衡 1912 年 7 月 10 日出关"经营藏卫"，此电原订发于 1913 年 6 月 16 日，误。

② 《蔡都督痛陈时局之密电》，天津《大公报》1912 年 7 月 16 日。

③ 《片马交涉全案送院提议》，天津《大公报》1912 年 7 月 16 日。

五万两，又拨与财政部七十五万两，已均电汇在案。杯水车薪，虽云无补，尚望富裕各省并力筹措，源源接济，庶不受借款之祸云云"。①

18 日

▲6 月 25 日，财政部通电黎元洪与南京、天津、济南、杭州、成都、南昌、安庆、福州、广州、开封、桂林、太原、西安、云南、贵阳、兰州、迪化各都督财政司，请各省"饬司查明自上年阴历八月起截至本年阳历六月止该省欠解赔款、洋款数目，克期扫解上海中国银行兑收"，且"以后仍照从前旧案源源汇解"。说："各省应解洋款、赔款，上年军兴以后均各停解，除洋款经前外部与各公使订明将关税暂行截留抵付外，而赔款一项迄今计欠一千七八百万两之巨。现在政府成立已久，各省秩序亦渐恢复，此款一日迟解，即关权一日不能收回。业经外交部于鱼日通电各省，请照从前部中指拨洋款、赔款数目，仍旧筹解在案。顷准湘都督铣电开，关税存储备抵，系属权宜办法，政府成立，自应筹划收回，以免收支之权久落外人之手。若非各省将应解偿款照旧清解，空言交涉，有何效力？查湘省自上年九月至本年阴历四月止，积欠应解新旧案偿款、镑款计共长平银九十二万七千两有奇，除长、岳两关税款汇存汇丰银行约长平银十九万两划抵外，尚欠解银七十三万数千两。现正筹款汇沪，以后仍照案按期汇解。湘省财政本极困难，惟事关大局安危，国权所在，自应竭力图维，以坚信用，而固邦本。从前偿款系解交沪道收存，此次应交何处，乞示遵办，款解后再将细数呈咨。谨先电闻等因。查中央库储如洗，此项赔款、洋款，各省迟解一日，即关税截抵之权，一日在外人之手，所关甚巨。湘省首将前欠新旧案赔款、洋款立筹汇沪，并称以后照案汇解，该都督之体念时艰，顾全大局，诚民国前途之幸。惟数巨时迫，自非各省合力通筹，不独担负日重，仍属涓埃无补，应请贵都督饬司查明自上年阴历八月起截至本年阳历六月止该省欠解赔款、洋款数目，克期扫解上海中国银行兑收，一面电咨本部，以便转拨，并请以后仍照从前旧案源源汇解。事关国际信用，诸公苾抱忧时，当仁不让，谅已早有成算。除电复湘督外，合行电达，仍盼速

① 《谭都督维持财政之要电》，天津《大公报》1912 年 7 月 16 日。

复。财政部。有。"①

18 日，蔡锷电复财政部、外交部，滇省虽"政支绌，已达极点"，但仍会维护"国际信用"，与中央政府"合力应付，共维大局"。说："辰密。有、鱼两电敬悉。当饬司会核。据呈称，滇省年解新案赔款三十万两，自十二次径解，由加收土药、烟草、茶、糖厘金，加提各属商牲税课，裁节绿营兵饷，及司糖、盐，并各所员役薪工等款筹解，已解至前清宣统元年正月份止。又年解克萨镑款四万两，由整顿盐厘、关税等款拨解，不敷之数由筹解练兵经费余款项下添补。又年解汇丰洋息二万七千两，由各署局各放款扣收新章，减平拨解，均作一次解沪，至前清光绪三十四年止。又蒙自关年解摊还俄、法、英、德借款五万两，由征收六成洋税项下作两次分解，已解至前清光绪三十四年止。综计滇省每年应解洋款三十六万七千两，蒙自关应解洋款五万两，二共合解四十一万七千两。嗣因滇省编练陆军及巡防营饷不敷，经清度支部、陆军部会议核复，截留滇省应解洋款，拨作陆军常年经费二十万七千两，拨作铁路巡防营饷二十万，每年共截留洋款四十万七千两。自清宣统元年正、二月起，各照数截留，添供饷需。滇省应解此项截留洋款银两，均由清度支部另筹抵解。除截留外，蒙关尚应解洋款一万两，经该关按年解至上年份止。是滇省应解各款，虽指有定数，而免摊截留，空存其名，每年实仅由蒙关解银一万两。现蒙关征存之款，既暂存备抵洋债，自无从划解，拟请暂照前清宣统元年原案，截留四十万零七千两，由财政部另筹抵解，其余应解一万两，俟财政部与总税务司议定统一办法，公布到滇，再行通筹划拨，呈请核复前来。查滇本著名边瘠，财政支绌，已达极点，惟事关国际信用，应请贵部切实通筹核复，以便合力应付，共维大局。谨先电复。滇都督蔡锷叩。巧。"②

▲汤觉顿函告梁启超国内政党竞争情形，表示创立第三党，必须有"武源地"，蔡锷、蒋尊簋诸人未尝不可"联合"。说：

> 大抵今日中国绝不能有正当之政党（如外国所谓政党）之发生，凡政党之有势力者，无不恃武力为之拥护。同盟会无论矣，即以共和

---

① 《公电》，《政府公报》第 60 号，1912 年 6 月 29 日。
② 曾业英编《蔡锷集》（一），第 679—680 页。

党论，彼虽分子复杂，终久或必破裂。然以现在言，则不能谓其办理之不善也。盖共和党最要者分两部：一即武力，一即文事，而武力一方面则民社任之，文事一方面则国民协进会任之，两者互相依倚，以敢虎视中央（共和党所以能如此者，其武源地全在武昌，如同盟人一用强硬，则武昌共和党人即以兵相向，故同盟人直是无如何也），而同盟会无如之何。当共和党开大会日，同盟会人欲搅散之，如往年吾辈锦辉馆事，使人冲入会场。民社之暴分子即出而拦阻，互肆詈骂，几致用武。共和党人甚有大声疾呼"什么乌龟王八孙中山"等语。又当在参议院选任陆征祥时，共和党人暗持五十余枝枪，如同盟一有反对，则当堂流血，二事同盟人皆无如共和人何也。暴乱与暴乱遇，则有时暴乱者亦无所施其计也。如今忽立一党，其党魁则举国属目之人，其党员则全属书生，全发空论，诚然不必问将来之胜败如何，即开大会之日已有不可思议之危险。政闻社前事不可不鉴，政闻社当如此，第三党更不问可知也。或曰彼二党者皆恃武力，若创第三党则亦何尝不可用武力，今蔡、蒋（按：指蔡锷、蒋尊簋）诸人非可联合者乎。共和党武源地（三字仆创造之名词）恃武昌，吾辈武源地何尝不可恃滇、浙乎。此说极是。昔国民公党欲与（共和建设）讨论会、国民协会联合，即欲举蔡为理事长，而遍拉蒋、岑、王人文诸人。然讨论会、国民协会诸人又反对，谓何种条件皆可，惟须应允一条件，即以公（按：指梁启超）为理事长也。后国民公党诸人亦曰：何种条件皆可，惟暂时不能戴公，合议遂破，佛苏、萧立诚诸人为此事几气死。立诚今见仆犹慷慨言曰：吾党反对任公者，蔡非任公之弟子，蔡当理事长非即任公为理事长乎。如此有成见之人、书生之人，真不能与之共语也云云。闻如此等失机之举，不知若干次，虽讨论会、国民协会诸君子对公之诚意不能不令人感激，然其为此则太左，且非能善为公谋，更非能善为国谋者也。夫共和党何必与之为敌乎，今中国只有同盟党非同盟党耳，联合非同盟党之力，以摧陷同盟党，真乃指顾间事耳，舍此不为，而刘崧生犹倡言他日吾辈正面之敌，非同盟而共和也。嗟乎！岂非认贼作子哉。佛（按：指徐佛苏）亦屡言，苟非共和诸人极用权术与民社合，取武昌以为后援，则同盟势力不知发达到如何地步，吾辈皆无噍类，更何第三党之可议？然而刘、孙、汤、向、张（按：指刘崇佑、孙洪伊、汤化龙、向瑞琨、张君迈）诸君死不明白也，奈之何哉。况共和党人对公感情极好，并非排公，即对于讨论会、国民协会亦甚好，往往太息两会之人不能融洽。前夕共和党干部请仆宴，昨早仆往访共和党，其人皆极有拉拢之意，却又善于为公打算，劝公此时万不可入党，徒为众矢之的，于事无补。虽季常、叔通等号称爱用权术之人，不知其深意何在。至于欲推戴公、欲联合两会，以厚其势而专敌同盟，则其意甚切也（前仆亦曾言共和党万难相合，为其中多术士，盖恐其相排耳。今彼既皆推戴，何妨虚与委蛇耶）。闻两会与共和所以不能合者，实缘有个人私感情在，此事不便明言，且候晤时尽之。又所以必欲推公者，盖全赖公为商标，无公则几不能立。以尔许急切，此中曲者，仆亦不欲多书也。仆非主张必要与共和联合者，亦非主张公入共和者，要之，公何党皆不入，以素人资格归，专在言论界鼓吹，与未入党之优秀分子以及入党之人极力结合，隐然成一无形之党待时发表，舍此别无他策，即仍主持仆初归时之议耳。如公今忽投身一党，则不独同盟与公为敌（按：原函即有此着重号），即共和诸人亦将与公为敌，不特二党单独与公为敌，且恐联合以敌公，即不然亦合同盟之矢，专向公所主持之党而发，共和反得借公以为掩蔽。天下失策之事，岂有过此者乎者。真在仆意计之外者，复闻人评论两会干员，则有崧生坚僻，伯兰颟顸，济武糊涂，淑予诡巧，二张书生，则又恍然若有所悟，而其中离合纵横之事，更不必言也。公以一关系全国之身，而与人共私愤，仆真不能不为公哭，为国家哭也。如晤君迈，万祈坚持归后乃决，即彼所言各党情形亦不可尽信，亦宜言俟归后察看乃能领悟。而偏重仍以联合共和，不出名，暗中主持为主（不可言是仆等之意，宜以为发之公自己耳）。此事关系太大，公直宜坚定，否则，一误不可收拾也。若君迈问仆有函报告开议情形否，则请答已经收到，惟自己此时亦不能速决云云便合，且万宜秘密。如公又忽发大公无我之想，径以仆电与此书示君迈，则大局全坏，而仆与佛、瘿诸人亦不得了矣。切恳，切恳，万叩，万叩……"①

---

① 《汤觉顿致梁启超函》（手稿），国家图书馆藏。

19 日

▲6 日，报载尹昌衡电告北京政府里塘失守等情。说："连接炉、雅来电，里塘失守，河口危急，炉、雅震动等情。前发朱标长兵，据来电先锋一营已过清水，后队二营过雅，天气酷暑，行故稍迟，已飞令兼程前进，并调边军一营，先于二十二日过关，昌衡大队军需，昼夜赶筹，准能届期出发。政府得电后，恐川军兵力单薄，不易得手，复电滇督酌派军队，取道巴塘，协同进攻。"

19 日，蔡锷电请袁世凯核准其"征藏方略"。说："奉命取道巴塘救藏之急，当派殷承瓛率一得力支队，径赴中甸，以窥进取。但兹事详细测度，愚虑所及，尚待熟商。一、滇军北趋巴塘，转察木多入藏，绕越太多，蹈兵家疲远之忌；二、滇、川同趋一路，重兵雾集，粮秣转运，供给难求。三、援川之后，疑谤兹多，在滇军毫无成见，当为川中士大夫所共谅，特恐川军人众，或不能悉捐蒂芥，长相逼处，易滋误会，于军务转多不利。四、巴塘近在川边，川督率师出关，不难指日荡平，无俟重烦滇力。至擦瓦笼一路，路虽较捷，相去究亦无多，且向无驿站，异族中梗，转饷尤艰，步步为营，费更无算，一交冬令，则积雪封山，无路可入，故川上两路，均不宜于滇军。惟由维西出口，经貉㺄野人地方，直达拉萨一路，工费虽觉艰巨，计划实中肯綮。以后藏乱之平，若主力悉在川军，则此路可以缓议。倘不能不令滇军预闻藏事，则滇军行动，即不能不由此路入手。查吾国之于西藏，向取羁縻主义，虽由于不勤远略，而亦地势悬绝有以限之。以后强邻紧逼，若仍虚与委蛇，不为之所，西藏庸可守乎，故实力经营，刻不可缓。其从入之路，东北由青海，北由新疆，独南路皆苦不易。东由四川为正道，然前清边务大臣糜款千万，穷数年之力，其范围仍不出于巴、里塘一带，察木多以西，尚不与焉，此亦由于荒寒夐远，不易着手之故。若滇、藏间之便道凿成，免迂途，因地利，勤屯垦，储军实，一气衔接，西藏经营，可得而言。锷现派侦查队，往探路线，业经出发。俟侦查确定，继以工程，当不难达此目的。滇军训练已久，颇富于战斗力，行间用命，尚堪自信。至兵行前之计划，兵行时之筹备，兵行后之接济，不能不先事筹维，谋定后动。私有所见，用敢缕陈。政府得电，以为缓不济急，未经核准。"①

----

① 以上二电见《西藏用兵记》（五），《申报》1913 年 1 月 31 日。

29 日，甘肃都督赵惟熙也电陈袁世凯以"征藏方略"。说："窃闻达赖回藏，番众响应，嚣然以独立为名，某国又从而利用之。西藏一失，则川滇之藩篱尽撤，甘新亦承其弊，民国基础，不免动摇。法宜一面遣威望素孚之专使，剀切开导，俾就范围，一面与某国交涉，令其撤兵，严守中立，方是正当办法，且亦不背五族平等之义。今见蜀都督通电，既已进兵，其宣慰一节，自应毋庸再计。但盼军麾所指，扫穴犁庭，恢复我民国统一之事业，是则至深企盼者耳。但察时势，深恐窒碍良多，道险且修，彼易设防，我难深入一也。乌拉（驿丁）不便，转运饷糈，至为迟缓二也。藏地奇冷，川兵性不耐寒，设军事迁延，恐难持久三也。愚意拟请由甘肃进兵，既免三难，且收七利，一得之见，祈垂察焉。计由兰州取道青海六十站，可抵拉萨，路途平坦，无崇山大河之阻隔，利一。自备骆驼，以运饷糈，沿途水草丰美，转输不至有缺，利二。甘军性耐劳苦，能于冰天雪地中，坐卧迎敌，三五日不归棚，怡然无事，利三。驻哈喇乌苏，作根据地，得高屋建瓴之势，以窥拉萨，进可以战，退可以守，然后约蜀军道墨竹工以扼其吭，甘军下蓬多垱以系其背，用收夹攻之效，利四。番族东备蜀军，不虞甘军猝下，筹防不及，又无险可守，则虏之腹心易溃，利五。甘肃正当裁兵之际，散枭于田里，终属阴忧，移以西征，使六郡良家子，得奏迹功名，则内地可期宁谧，利六。青海屯垦，已派专使，将来此军凯撤，即可就近开屯，以树先基，利七。综此七利，均似较蜀军易于得手，应请以蜀为正兵，甘为奇兵，滇亦出师中甸，遥作声援，三面雄师，互相策应，彼昏昧无知之达赖，与懒惰性成藏番，似不难左掎右角，等于摧枯拉朽也。查甘省将才军队，均不虞缺乏，拟用步马各十营，合七千五百人，足敷应用。如蒙照准，再由熙荐任统将，筹划方略，上请训示遵行，但此间军械太缺，库帑尤空，非得的饷二百万，新式枪炮如兵额之数者，亦万难办到。愚昧之见，是否可行，伏候钧裁，电复遵照。政府得电后，以藏中已议停战，甘军似无庸进兵，不纳其议。"[①]

20 日前后

▲云南军政部奉蔡锷令，"通报"处理文牍应行纠正事项。说：

---

① 《西藏用兵记》（六），《申报》1913 年 2 月 1 日。

七月十六号奉都督令，各厅司成立以来，于处理文牍应行纠正之事如下：

1. 收发员于分送文牍界线，屡不分明，如关于军事自应径送参谋厅，而每有误送政务厅之事也。

2. 各该厅处收到各文件，若见为非属于本处应办之事，则应立即发还收发员另行递送，不必辗转签送，以免遗漏，而期迅速。

3. 收发员接到事情重大，或紧急之件立待办发者，应径送秘书长或本都督请示。

4. 无论何项电报，应随时送秘书处批阅，其寻常事件则由秘书长径批送政务厅核办。其特别事项则拟具简明意见，请本都督核阅，或径面商请示办理。

5. 各该厅拟办之电稿，照例具稿送核外，并应另缮一份，同时送核，以凭拍发。

6. 凡各该厅处接到电报，应立即核办，毋稍稽延。如已退值，应由值日员速送主办之员办理。

右由副官处通知各该机关（按：通知单机关有秘书处、外交司、政务厅、民政司、参谋厅、财政司、教育司、军谋司、实业司）等因。奉此，相应通报贵处、所、司，请烦查照办理施行。"①

20 日

▲报载"陆总理十七号特发密电于滇都督蔡锷，闻系力请蔡对于唐继尧等之冲突，设法和解，万勿听其决裂，并饬杨荩诚赶速来京襄理要政"。②

又载驻京英使将向中国政府诘责云南栽种罂粟事。说："北京电。驻京英使将向中政府诘责云南栽种莺粟事宜，该省近来广种莺粟，当道置若罔闻，甚至谋以云土运并至越南销售。"

又载："北京电。据云南消息，谓该处有人组织公司，由当道维持，议定招集资本洋一百万圆，拟开地栽种莺粟，专销本省，并运销于越南东京。

① 《军政部转发处理文牍应行纠正事项通报》（1912 年 7 月　日），云南省档案馆编《云南档案史料》1991 年第 3 期。

② 《电致都督之内容》，天津《大公报》1912 年 7 月 21 日。

该省近曾据英国调查中国禁种鸦片成绩代表谢立山君报告，谓已全停栽种，总计农人本年种数约及禁烟前出产五分四之有奇，印度政府现已照约减少运华之土，而中国乃乘四［机］广种莺粟，以期运销越南，抵制印土，此料印度政府不久必将提出抗议。近来浙江及其他数省，因违鸦片条约，曾经中央政府干涉，不知施于滇省，能否或有把握云。"①

22 日

▲蔡锷"大集将校士卒"，誓师援藏。说："民国元年夏六月己亥眛爽，西征军出发，滇军都督蔡锷大集将校士卒乃誓师曰：济济有众明听誓：惟彼藏域，我华藩属。屏蔽西北，深沐翼覆。清政不纲，瓯脱是视。折棰鞭笞，威德失宜。不逞之徒，久蓄异志。殆我军反正，五族共和，胡越一家，肇造伟大民国。乃建设方殷，未遑西愿［顾］。蠢尔藏蕃，乘机煽惑。谬倡独立，冀脱羁绊。敢行暴虐，驱逐我华官，惨杀我汉族，胁迫我军队，损失我统治权，以贻羞于世界。本都督奉大总统命令，将出师恭行天罚，吊民伐罪，出藏民于水火。尔众士当光复之初，人心惶惑，大局未定，卒戡黔乱，旋定川危，迅奏肤功，驱［称］誉民国。逖矣西土，山川阻深。西北高原，冰天雪岭。缒幽凿险，勿辞劳瘁。勖哉尔众，古人有言：师克在和，胜于奋，败于骄。尔尚蓄乃精锐，砺乃锋刃，以效命于疆场。勿以小忿乱大谋，勿以小挫伤大勇，勿以财色肇纷争，勿以意见起冲突。联股肱心膂之谊，收所到必克之功，以恢复我领土，宣扬我国威。露布飞腾，金碧焕彩，是我滇军无上之光荣也。勖哉尔众，功多有厚赏，不迪有显戮，尔尚一乃心力，其克有勋。"

23 日

▲蔡锷电告四川军政府并"征藏军司令官"，援藏滇军以殷承瓛为司令官。说："敝省现派步兵一联为（基）干之混成支队，由殷司令官承瓛率领向中甸、维西前进，剿抚叛番，定期数日由省出发。知关廑注，特闻。滇军都督府。漾。印。"②

① 以上二电见《译电》，《申报》1912 年 7 月 20 日。
② 以上二电见曾业英编《蔡锷集》（一），第 680—681 页。

25 日

▲报载总统府收到蔡锷"来电，催办片马交涉案"。①

下旬

▲国务院电复蔡锷，"款项一节"，请云南"先为筹措"，并询问李根源、殷承瓛现抵何处。说："辰密。两电均悉。铣电谓经营俅、怒，免为敌有，固我藩篱，所见远大。以执事之精心毅力，李师长之勇往直前，有志竟成，必能帖然就范，建勋不世。舍执事谁与归，似无庸另委他员，转多隔阂。元电谓道出维西，经珞瑜、俅、怒，直达拉萨，虽工费艰巨，既无封冻梗塞之虞，又有富庶屯垦之资，联络滇藏，始基宜立，宏规远略，良深钦佩。惟国势孱弱，动多干涉，兵临藏境，暂希勿派大队，或先前赴侦探，审时而动。至款项一节，现在不便借（款），困难已极，请执事先为筹措，一俟款可周转，当为接济。李师长、殷承瓛现抵何处？尚冀随时告知。国务院。印。"②

26 日

▲报载"昨四川胡都督、云南蔡都督、甘肃唐〔张〕都督等电致总统府，略称西藏风云日紧，英兵暗助藏人，西征之兵不及二万，一旦不幸，内地益危。景伊等拟由三省筹拨军饷，一面多派健将与劲旅前往痛剿，一面在三省紧要地加设兵站，以绝其出路。所设兵站地点，约略如下。一、白那山为一站，绝其东南窜之路。二、朔拉岭为一站，以抵喀木县。三、阿穆尼喀察穆山为一站，断其拉布垣之粮路。四、特们塔拉为一站，多伦巴图尔为一站，均防御北窜之危，并可为进攻拉萨之预备。现已派员前往预备，谨先电闻，并祈饬交参谋、陆军部备案。大总统披阅后，即交段总长查核矣"。③

① 《总统府二十五日纪事》，天津《大公报》1912 年 7 月 27 日。
② 曾业英编《蔡锷集》（一），第 659 页。该书所定日期为 1912 年 5 月底或 6 月初，应有误。因电文中询及"李师长、殷承瓛现抵何处"，而蔡锷在 7 月 11 日复李根源电中说殷拟于 7 月 20 日前出发，由此可知国务院此电当发于 7 月下旬。
③ 《电告设立兵站情形》，天津《大公报》1912 年 7 月 26 日。

27 日

▲报载云南"政务会议议决事件提要"。说:"一、规定铜币祖模。暂用旧模鼓铸,一面电催中央颁发。二、滇邕铁路切实办法:(甲)由实业司切实计划,一面与美工程师商酌,续订合同,即先派往勘路,一面拟电致交通部;(乙)咨省议会会议确实筹办之法;(丙)派罗总长赴粤及京协议此事。三、政务厅、参谋厅应改良事件。政务厅与参谋厅既同为都督府内部机关,不宜再用公文行各处,从前刊发军政部、参谋部之印信,即行缴销。其两厅呈请任用人员,须互相查明列表备考。四、就城隍庙改设劝业场。由实业司调查计划。五、储蓄银行附设富滇银行。六、军官加习外国语文并法学。令讲武堂学生加习外国语文及国际法法学通论等项,养成可充对汛员之资格。七、对汛员以军官充之。八、设立金库。由参谋厅伤测地部,将印刷所房间拨充为设立金库及富滇银行之地。九、改富滇银行名目为云南银行。十、省内外公务人员不宜频繁更动。"

29 日

▲报载蔡锷电请袁世凯"速派娴于外交之人,来滇襄助"。说:"现在藏乱方殷,边事日急,加以法人进兵蒙自,英人谋我片马,滇省首当其冲,内政外交,关系极重,维持稍有不妥,前途即不堪设想。请速派娴于外交之人,来滇襄助,共筹一切,以勉〔免〕贻误大局。"①

▲蒋继曾电陈"云南都督(府)军政部、大理"李根源,"巴、江已失,匪势猖獗",以及张世杰退至阿董,"恳军府电川,代陈各情"。说:"都督佳电奉(悉)。川边乱,江卡失,派保卫(队)保教堂。法商贝禄廿六到维,廿九赴丽,先准李协学诗途函,彭司锋因维持民教,候墩信定行止。廿八,阿墩赵委绍云准川盐井张委世杰函开,蛮匪四五千,七月十三陷巴塘,官军被逐,哨弁刘锡章率兵十棚逃,近墩乞阿董,恐蛮匪退逐,启令缴枪入墩等情。查巴、江已失,匪势猖獗,已切实开导维属僧众,安分勿惑。川军既寡众不敌,携械奔滇,人百余,枪相若,宜防隐患。除知李协、赵委,妥商缴枪出印,以坚彼信矣,恳军府电川,代陈各情,俾该逃兵释重负。如办妥到厅,给照护行,并挪公款酌垫川资,俾免骚扰等因。

① 以上二文见《蔡锷集外集》,第 167—168、163 页。7 月 29 日为报纸刊载日期。

去后，是否，特电呈，候示遵。维西通判蒋继曾。艳。印。"①

30 日

▲蔡锷电请陆军部、参谋部，将刀安仁从南京"早日提京讯明严办"。说："准司法部效电，刀安仁案已由国务院交贵部开正式军事法庭裁判，曾于号日将其罪状声叙咨达。兹复据迤西道杨觐东电称，前盏达土司刀思必治因案正法，其子鸿升、鸿祺争袭，几酿巨案。经前腾越厅丞龙文请兵解散，委刀思必发代办。乃刀安仁前踞腾越，改委鸿升承袭，夷众不服，几酿事端。现仍委刀思必发代办，并会同腾越镇李德泳饬营防范等情。查刀安仁前在腾越僭称都督，令沿边各土司均投誓表，复指使已革土司刀上达占踞镇康，戕官戮民。其弟刀安文复勾结各土司抗拒改流，潜谋附外。万一该兄弟幸逃法网，必致扰害边疆，务请早日提京讯明严办。滇都督锷。卅。印。"②

8 月 29 日，报载蔡锷"电请中央对云南叛司（刀安仁）开特别军事裁判"。③

其间，蔡锷还代范熙绩、吴□□电请参谋部，严加监禁刀安仁兄弟，以免后患。说："范密。闻云南干崖土司刀安仁案，已交钧部开军事法庭裁判。此事关系边疆颇巨，谨将范等在滇所闻关于此案确情报闻。查该土司自去秋假革命名义，号召土司，令投誓表，阴图割据。旋因苛派，结怨民间，又滥招土兵，时时哗饷，该土司不能节制，乃潜赴省城，要求巨款、封爵，所图未遂，复航海赴南京。嗣经云南第二师长李根源详陈该土司罪状，始由蔡都督电请南京核办，案悬未结。适闻该土司重赂律师戴彬力为辩护，几至开释。其弟刀安文复昌言释归后，当以兵力与滇军府为难，否则求英保护。滇中舆论大哗，谓放虎还山，沿边数千里，必无宁宇。乃急电请苏督查照原案，迅为结办。兹闻提归中央，由钧部裁判，想该土司兄弟必不至幸逃法网，贻患边疆。查滇省各土司顽梗犷悍，上不奉法，下不

① 《西事汇略》卷八，第 19 页。
② 曾业英编《蔡锷集》（一），第 719—720 页。但所定日期为 8 月 30 日，误。因当时报载刀安仁已于 8 月 15 日从南京押解至北京（见《程德全致北京交通部电》，《申报》1912 年 8 月 19 日）。
③ 《本社专电》，北京《民主报》1912 年 8 月 29 日。

恤民，黑暗野蛮，惨无人理。又受外人笼络，时存归附之心。非及早经营，终为边患。现滇军府持渐进主义，期于潜移默化，消患无形。惟各土司地幅员辽阔，休戚相依，而刀安仁曾经出洋，尤夜郎自大，联结蛮众，颇存野心，处置失宜，必多牵动。拟请严加监禁，以杜枝节而免后患。范□□〔熙绩〕、吴□□同叩。"①

按：电中所言刀安仁"重赂"的律师戴彬，时人称系同盟会舆论机关北京《中华民报》主笔，与革命党人"秦力山有旧"，故而"慨然力任"其"辩护之责"。在他努力下，才由"欲代为昭雪"的江苏都督程德全和"马民政次长"，将案件"批归"给了"江宁地方检察厅管辖"。②

9月6日，报载蔡锷电请押解刀安仁"返滇，以便与英兵对质"。说："片马一案，在李根源为云南副都督时，曾与英国领事交涉退让至百余里外，乃该处土司刀安仁当军兴时，得外人贿赂，遂弃其所管地方而逃，于是英复增兵驻片马，公然占领，适被李侦悉，捕刀安仁于南京。程都督以事关军务，当解来京，参谋、陆军两部本拟对于此案组织军事裁判，以询其究竟。兹因接到滇督电称，解刀返滇，以便与英兵对质。故一时尚未决定办法云。"③

▲报载"云南都督府昨接四川都督来电，谓已出发军队二万余人前征西藏。蔡都督以既有大队川军，尽可平定藏乱，滇军不必再往。惟须将此次征西军编成三大队，开往滇藏边境，以防乱党窜出云"。④

31 日

▲蔡锷电复胡汉民，"中央政府如初产婴儿，似以拥护维持为急"。说："午密。哿电悉。联合各省，一致进行，保障共和，监督政府，热诚闳识，佩仰莫名。惟现在南北猜疑未释，党见复深，非开布公诚，不足以化除畛域。中央政府如初产婴儿，似以拥护维持为急。若举措失当，则彼此互相协商，竭诚忠告，非万不得已之时，不必过加督责。鄙见如此，尚希卓裁。

---

① 曾业英编《蔡锷集》（一），第 724—725 页。
② 《为刀安仁请命》，上海《民立报》1912 年 7 月 15 日。
③ 《刀安仁甘心卖国》，北京《民主报》1912 年 9 月 6 日。
④ 《云南暂罢征西军》，《申报》1912 年 7 月 30 日。

滇都督锷叩。卅一。印。"①

　　▲报载蔡锷电请政府速拨军费二百万，以资派兵赴藏。说："云南、四川向与西藏毗连，而西藏一切政事，则归四川管理。惟藏人迷信神权，知识甚劣。近日中华民国成立，合汉满蒙回藏为一大共和国，讵藏人不惟不即赞成，且力图抗拒。近日因在江孜、拉萨一带作乱，与川兵大战，川兵因众寡不敌，现正受困。因之滇省边地，与西藏交界处大受影响，政府亦以藏乱方巨，深为可虑。乃电令滇督速派重兵赴藏，蔡督以滇省现在经费异常奇绌，若派兵远征，必先筹有军费乃能前往，特电恳政府速拨军费二百万来滇，以资应用。"②

7月底8月初

　　▲农林部咨请蔡锷遵照部电筹办农林渔牧业。说："为咨复事。案准贵都督咨开，接准贵部寒、咸两电，当饬实业司筹办去后，兹据该司呈称，业已遵照办理，并分饬各属切实调查。除渔业一端因该省湖泽无多，水产绝鲜，另行设法整顿外，其农林畜牧各大端，自应实力振兴，以期发达。并预筹办法二十条、表式二纸，拟订实业单行法四种，请先咨部察核，表册另行呈报等情，由贵都督复查无异，转咨到部。准此，本部查该司所拟农蚕林各种改良扩充计划暨调查表册式样，悉系甄采良规，因地制宜，纲举目张，有条不紊，筹划周详，深堪嘉许。果能于已举者力图改良，未办者实心提倡，定可使地尽其利，野无游民，虽向为边陲硗瘠之区，自不难立臻富饶之境。其渔业一项，既限于湖泽鲜少，一时难于措施，自应从长计议。至所拟该省垦荒、森林、农会、蚕林四种单行规章，均尚妥协，既经贵都督核定，应准暂时施行。一俟关于本部各项法规完全订定颁布时，再行咨请通行，以免妨碍而期统一。并希饬将调查表册暨进行情形，从速报告，用凭核办，是所至盼。相应咨复贵都督，请烦查照转饬遵照可也。此咨。"③

---

①　曾业英编《蔡锷集》（一），第686页。
②　《云南边患谈·西藏》，《申报》1912年7月31日。
③　《公文》，《政府公报》第97号，1912年8月5日。